About Pearson

Pearson is the world's learning company, with presence across 70 countries worldwide. Our unique insights and world-class expertise comes from a long history of working closely with renowned teachers, authors and thought leaders, as a result of which, we have emerged as the preferred choice for millions of teachers and learners across the world.

We believe learning opens up opportunities, creates fulfilling careers and hence better lives. We hence collaborate with the best of minds to deliver you class-leading products, spread across the Higher Education and K12 spectrum.

Superior learning experience and improved outcomes are at the heart of everything we do. This product is the result of one such effort.

Your feedback plays a critical role in the evolution of our products and you can contact us - reachus@pearson.com. *We look forward to it.*

सामान्य अध्ययन

पेपर-1

लेखक

● डॉ. शीलवंत सिंह ● सारिका

● डॉ. एस. एस. पाण्डेय ● वी.के. सिंह

● डॉ. ए. पी. सिंह ● रमेश पाण्डेय

सीनियर एडिटर —ऐक्विज़िशन्स: **शेरेल साइमन**
सीनियर एडिटर—प्रोडक्शन: **विपिन कुमार**
एडिटोरियल असिस्टेन्ट —डेवलपमेन्ट: **रक्षा शर्मा**

ISBN 978-93-868-7393-4 (पुस्तक)
ISBN 978-93-868-7390-3 (बॉक्स)

प्रथम मुद्रण

प्रकाशक: पियर्सन इंडिया एजुकेशन सर्विसेज प्राइवेट लिमिटेड, सीआईएन: U72200TN2005PTC0571228
पूर्व में ट्यूटर विस्टा ग्लोबल प्राइवेट लिमिटेड, दक्षिण एशिया में पियर्सन एजुकेशन के लाइसेंसी

मुख्य कार्यालय: 15वीं मंजिल, टॉवर-बी, वर्ल्ड ट्रेड टॉवर, प्लॉट नं. 1, ब्लॉक-सी, सेक्टर-16, नोएडा-201 301, उत्तर प्रदेश, भारत
पंजीकृत कार्यालय: चौथी मंजिल, सॉफ्टवेयर ब्लॉक, इल्नेट सॉफ्टवेयर सिटी, टी.एस.-140, ब्लॉक्स 2 एवं 9,
राजीव गांधी सालाय, तारामनी, चेन्नई-600 113, तमिलनाडु, भारत
फैक्स: 080-30461003, फोन: 080-30461060
www.in.pearson.com, E-mail: companysecretary.india@pearson.com

टाइपसेटर: सक्षम प्रिन्टोग्राफिक्स, दिल्ली
मुद्रक: थॉम्सन प्रेस (इंडिया) लिमिटेड

भारत एवं विश्व भूगोल तथा पर्यावरण एवं पारिस्थितिकी

विषय-सूची

भारत एवं विश्व भूगोल तथा पर्यावरण एवं पारिस्थितिकी

प्रवृत्ति विश्लेषण एवं समग्र रणनीति

सामान्य अध्ययन की प्रारंभिक व मुख्य परीक्षा में भूगोल के प्रश्नों का समावेश किया गया है यहां भूगोल विषय का प्रत्यक्ष सम्बन्ध ***'भारत एवं विश्व भूगोल तथा पर्यावरण एवं पारिस्थितिकी'*** के ज्ञान से है। अध्ययन की दृष्टि से इस विषय को प्रारंभिक व मुख्य परीक्षा के प्रश्नों के आधार पर वर्गीकृत करके पढ़ना, सहज होगा। प्रारंभिक परीक्षा में वस्तुनिष्ठ प्रश्न पूछे जाते हैं जिसमें मुख्य रूप से ब्रह्माण्ड व सौर मण्डल, पृथ्वी की उत्पत्ति, महाद्वीपों का भौतिक एवं आर्थिक ज्ञान, वायुमण्डल, जलमण्डल, मानचित्र आधारित प्रश्न और भारत के संदर्भ में भौतिक विभाजन व आर्थिक विभाजन से सम्बन्धित प्रश्न पूछे जाते हैं। प्रारंभिक परीक्षा में भूगोल के सिद्धांत अर्थात् अवधारणाओं पर आधारित प्रश्न पूछने की प्रवृत्ति भी देखी गयी है।

प्रश्न पूछने की उपरोक्त प्रवृत्ति के आधार पर प्रारंभिक परीक्षा की तैयारी किस प्रकार से की जाए? यह प्रश्न महत्वपूर्ण हो जाता है इस क्रम में दो प्रश्न महत्वपूर्ण हैं—

(i) पाठ्य सामग्री का चयन

(ii) प्रश्नों के वर्गीकरण का आधार और उनकी तैयारी

(i) पाठ्य सामग्री का चयन—इसके अन्तर्गत निम्न पाठ्य सामग्रियों को शामिल किया जा सकता है:

- एटलस (ओरियंट लांग मैन/ऑक्सफोर्ड स्कूल)
- एन.सी.आर.टी की पुस्तकें (कक्षा 6 से 12)
- खुल्लर व माजिद हुसैन

(ii) प्रश्नों के वर्गीकरण का आधार और उनकी तैयारी—प्रारंभिक परीक्षा में पूछे जाने वाले वस्तुनिष्ठ प्रश्नों की प्रकृति के आधार पर प्रश्नों का वर्गीकरण तीन प्रकार से किया जा सकता है जो निम्नवत् है—

1. तथ्य संग्रह पर आधारित प्रश्न

पाठ्य सामग्री को पहली बार पढ़कर उसमें से महत्वपूर्ण तथ्यों को छांट लें व सारणी बनाकर रख लें और इसे बार-बार दोहराते रहने से तथ्य आसानी से याद हो जाते हैं और वस्तुनिष्ठ प्रश्न करते समय इनका तुरंत स्मरण हो जाता है।

तथ्य संग्रह कार्य—

- घास के मैदान।
- जनजाति एवं सम्बन्धित देश।
- मुख्य फसलें और उनके उत्पादक देश।
- खनिज और उनके शीर्ष भण्डारण वाले देश।
- **सौरमण्डल**—सूर्य से दूरी के आधार पर, आकार के आधार पर, ग्रहों का क्रम व प्रत्येक ग्रह की विशेषता।

2. मानचित्र आधारित प्रश्न

ये प्रश्न भारत व विश्व मानचित्र से होने के कारण इनका क्षेत्र विस्तृत होता है। अत: इन प्रश्नों को तैयार करने के लिए एक अच्छे एटलस का अध्ययन बहुत जरूरी है बेहतर यह भी है कि एटलस के अलावा अपने कमरे की दीवारों पर भारत व विश्व के मानचित्रों को टांग लें व जब भी समय मिले इन पर नजर फिराते रहें। इससे मानचित्र की समस्त छवि आपके दिमाग में अंकित हो जाती है। इन प्रश्नों को सही करने के लिए सब कुछ याद रखना मुश्किल कार्य है इसके लिए दिमाग की चित्र स्मृति (Imaginary) को इस्तेमाल करना चाहिए।

मानचित्र कार्य—

- महाद्वीपों व महासागरों की स्थिति।
- प्रमुख सागर, सागर को स्पर्श करने वाले देश।

3. भूगोल के सिद्धांत पर आधारित प्रश्न

भूगोल के सिद्धांत पर आधारित प्रश्नों में अधिकतर प्रश्न मूल सिद्धांतों पर ही आधारित होते हैं जिनकी तैयारी सारणी या मानचित्र का याद करके नहीं बल्कि समझने पर जोर देकर की जा सकती है क्योंकि इससे प्रश्नों पर पकड़ बनेगी और उन्हें आसानी से हल किया जा सकेगा। इस संदर्भ में एन.सी.आर.टी. की पुस्तकें बहुत उपयोगी हैं।

प्रमुख सिद्धांत—

- वायुतंत्र व दाबतंत्र
- तापमान में बदलाव
- प्लेट टेक्टोनिस व उससे जुड़ी भौगोलिक क्रियायें जैसे—भूकंप व ज्वालामुखी
- पवनों के चलने की प्रवृत्ति
- पृथ्वी की उत्पत्ति के सिद्धांत

- **वायुमण्डल**—क्षोभमण्डल, समतापमण्डल, मध्यमण्डल, आयनमण्डल बर्हिमण्डल की विशेषताएं और उनका क्रम।
- प्रमुख स्थानान्तरित कृषि के नाम।
- मैकिण्डर सिद्धांत
- बेबर का सिद्धांत
- क्रिस्ट्रालर
- कोपेन + थॉर्नवेट
- प्रमुख खाड़ी, जलसंधि, द्वीप।
- प्रमुख पर्वत श्रृंखला/पर्वत चोटियाँ, पठार, मरूस्थल, ज्वालामुखी।
- नदियाँ व उनकी सहायक नदियाँ, झील व गर्त।
- जलवायु, स्थानीय पवनें, समुद्री जलधारायें।
- नदियों के किनारे बसे शहर, देशों की राजधानियाँ।
- प्रसिद्ध नगर, औद्योगिक केन्द्र, हवाई अड्डे व बन्दरगाह।
- रेलमार्ग, तेल व गैस पाईप लाइन।
- चक्रवात उत्पत्ति
- नदी तंत्र
- सन्तुलन सिद्धांत
- महाद्वीप + महासागर उत्पत्ति
- आधार तल
- पेडीमेण्ट निर्माण

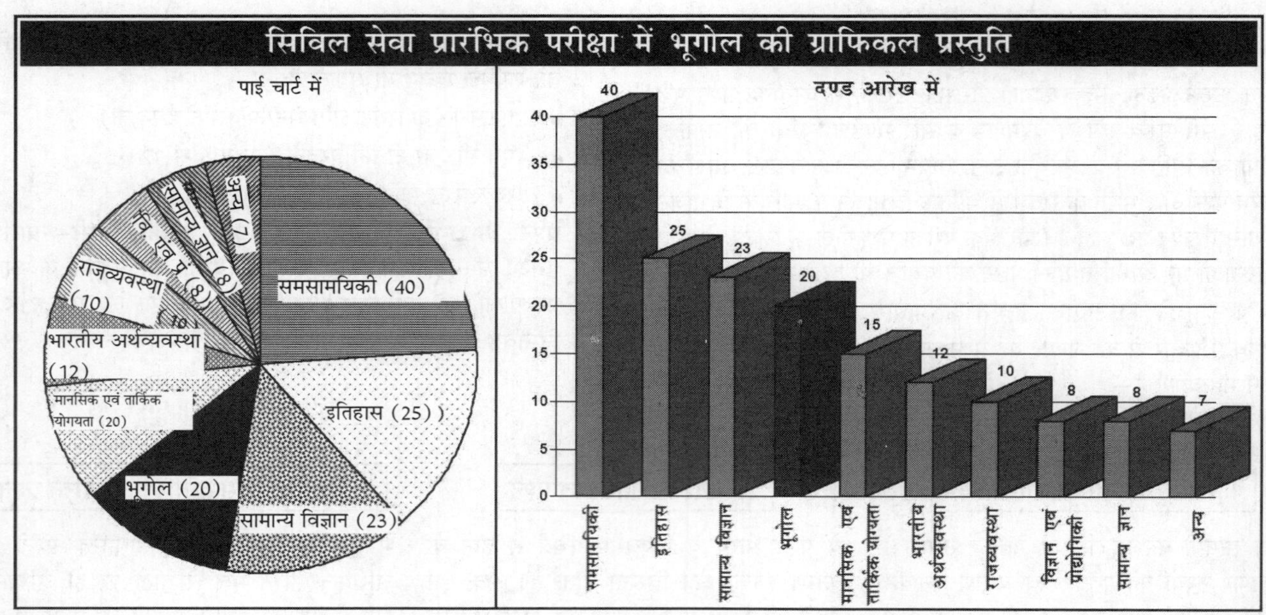

प्रश्नों की प्रवृत्ति

प्रारंभिक परीक्षा में वस्तुनिष्ठ प्रश्न होने से इस परीक्षा की तैयारी मुख्य परीक्षा के शब्द सीमा में बंधे वर्णनात्मक प्रश्नों से कुछ अलग होती है। इन वस्तुनिष्ठ प्रश्नों में चार में से एक सही विकल्प चुनना होता है, जिससे यदि प्रश्न कभी एक बार भी अच्छे से पढ़े गये विषय पर हैं, तो उसके हल के सही होने की संभावना बहुत ज्यादा होती है।

नोट्स बनाने एवं याद करने का तरीका

भूगोल में प्रारंभिक स्तर पर काफी सारे तथ्यों का संग्रह व उनकी जानकारी आवश्यक है व इसे क्रमबद्ध नोट्स बनाकर तैयार किया जा सकता है। निम्नलिखित सामग्री से इन विषय के नोट्स तैयार किये जा सकते हैं—

पाठ्य सामग्री का चयन—इसके अन्तर्गत निम्न पाठ्य सामग्रियों को शामिल किया जा सकता है—

- एटलस (ओरियंट लांग मैन/ ऑक्सफोर्ड स्कूल)
- एन.सी.आर.टी की पुस्तकें (कक्षा 6 से 12)
- डॉ. सविन्द्र सिंह
- योजना, कुरूक्षेत्र, फ्रंटलाइन इत्यादि मासिक पत्रिका में प्रकाशित होने वाले भूगोल से सम्बन्धित आलेख

इस सारी सामग्री को पहली बार पढ़कर उसमें से महत्वपूर्ण तथ्यों को छांट लें व सारणी बनाकर रख लें। इसे बार-बार दोहराते रहने से तथ्य आसानी से याद हो जाते हैं व वस्तुनिष्ठ प्रश्न करते समय इनका तुरंत स्मरण हो जाता है।

तथ्यों की सारणी के अलावा प्रारंभिक परीक्षा में मानचित्र आधारित प्रश्न करने होते हैं। ये प्रश्न भारतीय व विश्व मानचित्र से होने के कारण इनका विस्तार क्षेत्र काफी होता है। विगत कुछ वर्षों में विश्व मानचित्र में वैकल्पिक विषय के भूगोल के स्तर के प्रश्न पूछे गये हैं। अत: इसे तैयार करने के लिए एक अच्छे एटलस का अध्ययन बहुत जरूरी है। बेहतर यह भी है कि एटलस के अलावा भारत व विश्व के मानचित्रों को अपने कमरे की दीवारों पर टांग लें व जब भी समय मिले, इन पर नजर फिराते रहें। इससे मानचित्र की समग्र छवि आपके दिमाग में अंकित हो जाती है। इन प्रश्नों को करने के लिए याद करना मुश्किल काम है। इसके लिए दिमाग की चित्र स्मृति को इस्तेमाल करना चाहिए। नक्शे को कई बार देखें व उसके महत्वपूर्ण तथ्यों को पेंसिल फिरा कर दोहरा लें। इसके बाद प्रत्येक महाद्वीप के महत्वपूर्ण बिन्दुओं की सारणी बना लें। मुख्य रूप से इन नक्शों से महत्वपूर्ण नगर, बंदरगाह, नदियां, सागर, जलडमरू मध्य, खाड़ी, मरुस्थल, घास के मैदान, द्वीप, वनस्पतीय क्षेत्र, पर्वत श्रृंखलाएं व चोटियां, ज्वालामुखी, मुख्य औद्योगिक केन्द्र, मुख्य खनिज केन्द्र, मुख्य रेलमार्ग व जलमार्ग, समुद्री जलधाराएं, गर्त व खाइयाँ पूछे जाते हैं। भारतीय मानचित्र में महत्वपूर्ण परियोजनाएं, महत्वपूर्ण राजमार्ग, रेलमार्ग, हवाई अड्डे, नदियों का अपवाह तंत्र, मुख्य पर्यटन केन्द्र, मुख्य फसलों के क्षेत्रवार वितरण, मुख्य उद्योग, समताप रेखाएं, समवर्षा रेखाएं, मानसून से सम्बन्धित पहलू, मुख्य महानगर पर जोर दिया जाता है। तेल व गैस पाइपलाइन भी पूछी जाती हैं।

इन सारे मानचित्र के विषयों पर यदि अच्छी तैयारी करनी है, तो उसके लिए मुख्य आधार एटलस लिये जा सकते हैं। एटलस में मुख्य नक्शों के अलावा सहायक नक्शे दिये रहते हैं। राजनीतिक मानचित्र में मुख्य नगर व देश मिलते हैं। भौतिक मानचित्र अति महत्वपूर्ण होते हैं क्योंकि इनमें नदियां, पहाड़, आदि अच्छे से दर्शाए जाते हैं। एटलस में ही मुख्य बिन्दुओं को चिन्ह् लगाकर रख लें व समय-समय पर दोहराते रहें।

सिद्धांत आधारित प्रश्नों की प्रवृत्ति

भूगोल के सिद्धांत आधारित प्रश्नों में अधिकतर प्रश्न मूल सिद्धांतों पर ही आधारित होते हैं। इसके लिए एनसीईआरटी की पुस्तक बहुत उपयोगी हैं क्योंकि प्रश्नों का स्तर इन पुस्तकों पर ही आधारित होता है। इस भाग के लिए बहुत महत्वपूर्ण है कि पूरी पुस्तक का अध्ययन किया जाए व याद करने की जगह समझने पर जोर दिया जाए क्योंकि इससे प्रश्नों पर पकड़ बनेगी व उन्हें आसानी से याद किया जा सकेगा। जैसे—वर्षा व बादलों का तंत्र, वायुतंत्र व दाबतंत्र, तापमान में बदलाव से जुड़े पहलू, जलधाराओं का वितरण व उनकी उत्पत्ति के कारण, सामुद्रिक उच्चावच, प्लेट विवर्तन व उससे जुड़ी भौगोलिक क्रियाएं भूकंप व ज्वालामुखी, वायुमंडल की सरंचना आदि पूर्णत: सिद्धांतों पर आधारित विषय हैं। इनको अच्छे से समझ लेने से ये बहुत आसानी से दिमाग में रखे जा सकते हैं। प्रश्न बहुत स्पष्ट व सीधे सिद्धांत आधारित होने से इन्हें करना कठिन नहीं होता पर यह तभी संभव है जबकि इनको एक बार समझ लें। इस तरह पुन: दोहराने की आवश्यकता भी नहीं पड़ती है।

भारत का भूगोल प्रारंभिक परीक्षा

भारत के भूगोल में तैयारी करने के लिए पुन: एटलस से तैयार पृष्ठभूमि बहुत सहायक रहेगी और अध्ययन के समय दिमाग में मानचित्र बना रहने से जल्दी याद होता है। एटलस से तैयार किये गये बिन्दु यहां भी इस्तेमाल होते हैं। भूगोल के प्रारंभिक परीक्षा में निम्नलिखित सूचियों के मिलान के प्रश्न बहुत आते हैं व खनिज व उसके स्थान, उद्योग, परियोजनाएं आदि इसमें मेल करनी होती हैं। ऊर्जा केन्द्रों व वहां ऊर्जा उत्पादन के स्रोतों को भी पढ़ना चाहिए। परियोजनाओं को पढ़ते समय यह जरूर ध्यान देना चाहिए कि वह जलविद्युत, तापविद्युत, बहुद्देशीय, सिंचाई, परमाणु ऊर्जा, आदि में से किस वर्ग की है। इसके लिए एक सूची बनाकर रख लें। स्थान भी जानना आवश्यक है व राज्य भी। यह प्रक्रिया हर वर्ग में अपनानी होती है। उद्योगों की सूची बनाते समय यह ध्यान रखें कि वह निजी है या सार्वजनिक संस्थान। इससे प्रश्न के किसी भी संभावित परिवर्तन के बाद भी मुश्किल नहीं होती।

भारत के भूगोल के प्रारंभिक परीक्षा के प्रश्नों में भारत की जल व अपवाह विभाजन रेखा जैसा प्रश्न पुन: दर्शाता है कि छोटे पहलुओं को अवश्य जोर दें। प्रश्न कहीं से भी बन सकता है, इसलिए कुछ भी छोड़ने की गलती न करें। खासतौर से विगत वर्षों में चर्चा में रह रहे पहलुओं पर प्रश्न आ रहे हैं। यदि कहीं भूकंप या ज्वालामुखी, कोई सम्मेलन या शिखरवार्ता, कोई बड़ी राजनैतिक घटना हुई हो या कोई बड़ी परियोजना घोषित हो, तो उस पर तुरंत प्रश्न बनता है। अत: समसामयिकी के अध्ययन के समय उस घटना को मानचित्र के हिसाब से भी देख लें। भारत की नदियों से जुड़े प्रश्न हर वर्ष आते हैं। वन व राष्ट्रीय उद्यान भी निरंतर पूछे जा रहे हैं।

भूगोल की उपादेयता निबंध के संदर्भ में

- भारत के भूगोल का समग्र अध्ययन यथा जनसंख्या, आर्थिकी, नृजातीय भाषा एवं जाति समूह, संस्कृति तथा भौतिक स्वरूप, पर्यावरण, मृदा आदि के विभिन्न आयामों के अध्ययन के फलस्वरूप इन क्षेत्रों से पूछे गये निबंधों के लेखन में सहायक।
- पर्यावरण भूगोल के अध्ययन से इस विषय पर वैज्ञानिकता एवं विश्लेषणात्मकता से परिपूर्ण निबंध लेखन।

भूगोल की भूमिका समसामयिकी विषयों के संदर्भ में

- भूगोल की मूल अवधारणाओं को समझने के पश्चात् विद्यार्थी स्वयं ही बहुत सारे प्रश्नों का जवाब देने में सक्षम हो जाता है। जैसे—(1) प्लेट विवर्तनिक क्रियाविधि के अध्ययन के पश्चात् वह विश्व के प्रमुख भूकम्पीय एवं ज्वालामुखीय क्षेत्रो की पहचान कर सकता है। (2) मानसून के अध्ययन से वर्षा के वितरण, वन क्षेत्रों एवं फसलों का अनुमान लगा सकता है।
- किसी क्षेत्र विशेष की प्रमुख आर्थिक क्रियाकलापों को समझने में
- भिन्न-भिन्न भू-आकृतिक क्षेत्रों में विभिन्न भाषा, संस्कृति विकसित होने की पृष्ठभूमि को समझने में सहायक।

भूगोल की उपादेयता साक्षात्कार के संदर्भ में

- भूगोल के विद्यार्थी वर्तमान वैश्विक समस्याओं जैसे—आर्थिक असमानता, नृजातीय संघर्ष, भूमण्डलीय तापन, नवीनीकरण तथा संक्रामक बीमारियों के प्रसार इत्यादि विषयों पर समग्र दृष्टिकोण एवं विश्लेषण करने की स्थिति में होते हैं।
- भू-राजनैतिक विवादों एवं देश के अन्दर कार्यरत विघटनकारी शक्तियों की विशेष क्षेत्र में सक्रियता आदि परिघटनाओं की व्याख्या करने में समर्थ।
- विश्व के अन्य देशों के साथ राजनयिक संबंधों एवं व्यापारिक हितों की व्यापक समझ का विकास।
- संसाधनों के संवहनीय विकास, शहर नियोजन, जल प्रबंधन, मृदा प्रबंधन आदि पहलूओं को भौगोलिक कारकों की सहायता से व्याख्यायित करना।

भूगोल की उपादेयता व्यवहारिकता के संदर्भ में

- भौतिक एवं सांस्कृतिक भूदृश्यों में परिवर्तन मानव की बढ़ती भौतिक आवश्यकताओं का परिणाम है, एवं इसका अध्ययन भूगोल के अन्तर्गत होता है।
- भूगोल का समग्र अध्ययन संपूर्ण परीक्षा के दृष्टिकोण से अत्यन्त लाभदायक सिद्ध हुआ है।
- यह विभिन्न क्षेत्रों से जुड़ी समस्याओं के समाधान में अत्यन्त उपयोगी है।
- यह संपूर्ण भारत के विविध आयामों को समझने की दृष्टि प्रदान करता है।

विद्यार्थियों के लिए महत्वपूर्ण सुझाव

- विषय वस्तु एवं अवधारणाओं को स्पष्टता के साथ समझें।
- पाठ्यक्रम अध्ययन के पश्चात् उसका अन्य विषयवस्तु के साथ अन्तर्सम्बन्ध को विवेचित करने की क्षमता विकसित करें।
- उत्तर लेखन का अधिकतम अभ्यास करें।
- मानचित्रों के अध्ययन में सूक्ष्मता एवं शुद्धता का विशेष ध्यान रखें।
- अध्ययन के पश्चात् उस विषयवस्तु का मनन व चिन्तन अवश्य करें।
- आत्मविश्वास को परीक्षा के अंतिम क्षणों तक बनाये रखें।
- स्वप्रेरणा तथा उचित मार्गदर्शन आपके परिश्रम को सफलता की सीढ़ियो तक पहुँचायेगा।

भारत के भूगोल से संबंधित महत्वपूर्ण तथ्य आधारित विषय

- भारत से सम्बन्धित विभिन्न तथ्य उसकी सीमा क्षेत्र
- राष्ट्रीय अंतर्राष्ट्रीय सीमाएँ
- राज्यों का समग्र परिचय
- भारत की नदियाँ एवं नदी जल विवाद
- नहरें, सिंचाई, विद्युत से सम्बन्धित बहुउद्देश्यीय परियोजनाएं और सम्बन्धित बांध और उसके नाम, उसका क्षेत्र
- भारतीय जलवायु का वर्गीकरण एवं प्रभाव
- भारतीय स्थलाकृति बनावट
- भारत के सामाजिक-आर्थिक परिचय
- भारत के कृषि, खनिज एवं उद्योग में शीर्ष वरीयता अनुक्रम वाले राज्य
- ऊर्जा, परिवहन एवं व्यापार
- भारत का पर्यटन
- भारतीय जनसंख्या, जाति और जनजाति, प्रजातियों से सम्बन्धित तथ्य
- भारत के जैव-विविधता, राष्ट्रीय उद्यान एवं पार्क

पाठ्यक्रम विश्व का भूगोल

मूलभूत अवधरणायें

1. सामान्य भूगोल

- ***(देशान्तर और अक्षांश का अर्थ)***
- ***काल्पनिक रेखायें***
  - कर्क रेखा
  - मकर रेखा
  - भूमध्य रेखा/विषुवत रेखा
  - आर्कटिक वृत्त
  - अंटार्कटिक वृत्त
- ***ताप कटिबन्ध***
  - ऊष्ण कटिबन्ध
  - शीतोष्ण कटिबन्ध
  - शीत कटिबन्ध
- ***अन्तर्राष्ट्रीय तिथि रेखा***
  - स्थानीय समय
  - मानक समय

2. हमारा ब्रह्मांड

- ***आकाश गंगा***
- ***सौर मण्डल***
  - सूर्य
  - ग्रह
  - उपग्रह
  - धूमकेतु
  - क्षुद्रग्रह
  - उल्का पिण्ड

3. वायु मण्डल

- वायु मण्डल की संरचना
  - क्षोभमण्डल
  - समतापमण्डल
  - मध्यमण्डल
  - आयनमण्डल
  - बर्हिमण्डल
- वायु दाब पेटियां
- मौसम और जलवायु
- पवनें
  - भूमण्डलीय पवनें
  - मौसमी पवनें
  - स्थानीय पवनें
- चक्रवात
- वर्षण

4. जलमण्डल

- महासागरीय धरातल के प्रकार
- लवणता
- समुद्री पवनें एवं धारायें

महाद्वीपीय अध्ययन

1. अफ्रीका महाद्वीपीय

भौतिक भूगोल

- महासागर, समुद्र, चैनल
- गल्फ वे, खाड़ी, द्वीप
- पर्वत श्रृंखला, रेगिस्तान
- नदी, झील, जलवायु, क्षेत्रीय पवनें
- पठार, अन्य

आर्थिक भूगोल

- कृषि
- खनिज सम्पदा
- जनजातियां
- अन्य

2. यूरोप महाद्वीपीय

भौतिक भूगोल

- महासागर, समुद्र, चैनल
- गल्फ वे, खाड़ी, द्वीप
- पर्वत श्रृंखला, रेगिस्तान
- नदी, झील, जलवायु, क्षेत्रीय पवनें
- पठार, अन्य

आर्थिक भूगोल

- कृषि
- खनिज सम्पदा
- जनजातियां
- अन्य

3. उत्तरीय अमेरिका महाद्वीपीय

भौतिक भूगोल

- महासागर, समुद्र, चैनल
- गल्फ वे, खाड़ी, द्वीप
- पर्वत श्रृंखला, रेगिस्तान
- नदी, झील, जलवायु, क्षेत्रीय पवनें
- पठार, अन्य

आर्थिक भूगोल

- कृषि
- खनिज सम्पदा
- जनजातियां
- अन्य

4. दक्षिण अमेरिका महाद्वीपीय

भौतिक भूगोल

- महासागर, समुद्र, चैनल
- गल्फ वे, खाड़ी, द्वीप
- पर्वत श्रृंखला, रेगिस्तान
- नदी, झील, जलवायु, क्षेत्रीय पवनें
- पठार, अन्य

आर्थिक भूगोल

- कृषि
- खनिज सम्पदा
- जनजातियां
- अन्य

5. ऑस्ट्रेलिया महाद्वीपीय

भौतिक भूगोल

- महासागर, समुद्र, चैनल
- गल्फ वे, खाड़ी, द्वीप
- पर्वत श्रृंखला, रेगिस्तान
- नदी, झील, जलवायु, क्षेत्रीय पवनें
- पठार, अन्य

आर्थिक भूगोल

- कृषि
- खनिज सम्पदा
- जनजातियां
- अन्य

6. अटलांटिका महाद्वीपीय

- महासागर, समुद्र, चैनल, पर्वत श्रृंखला, नदी, झील

7. एशिया महाद्वीपीय (दक्षिण, पूर्व, मध्य, पश्चिम, दक्षिण-पूर्व एशिया)

भौतिक भूगोल

- महासागर, समुद्र, चैनल
- गल्फ वे, खाड़ी, द्वीप
- पर्वत श्रृंखला, रेगिस्तान
- नदी, झील, जलवायु, क्षेत्रीय पवनें
- पठार, अन्य

आर्थिक भूगोल

- कृषि
- खनिज सम्पदा
- जनजातियां
- अन्य

भारत का भूगोल के पाठ्यक्रम का वर्गीकरण

1. **सामान्य भूगोल**
   - क्षेत्रफल
   - अक्षांशीय विस्तार
   - भारत एवं कर्क रेखा
   - मानक समय
   - दक्षिणतम बिंदु
   - प्रपात
   - झीलें
   - सीमावर्ती देश
2. **भारत का भौतिक वर्गीकरण**
   - भारत के प्राकृतिक प्रदेश
   - उत्तर का पर्वतीय प्रदेश
   - पर्वत चोटियां
   - घाटियां
   - दर्रे
   - सतपुड़ा/शिवालिक पर्वत श्रेणियां
   - प्रायद्वीपीय पठार
   - पठार
   - दक्षिण भारत की चोटियां
   - तटीय भाग
   - द्वीप समूह
     - बंगाल की खाड़ी के द्वीप समूह
     - अरब सागर के द्वीप समूह
   - भूकम्पीय जोन
   - राष्ट्रीय राज्यमार्ग
   - राष्ट्रीय जलमार्ग
   - बंदरगाह
   - केंद्रशासित प्रदेश
   - प्रदेश/राज्य
3. **जनजातियां तथा भाषाएं**
4. **भारत की नदी प्रणाली**
   - गंगा नदी तंत्र
   - ब्रह्मपुत्र नदी तंत्र
   - दक्षिण भारत की नदियां
   - अन्य नदियां
   - नदी जोड़ो परियोजना
   - नहर निर्माण
   - बांध निर्माण
   - नदी विवाद/कमेटी
5. **जलवायु क्षेत्र**
   - मानसून
   - वर्षा
   - प्राकृतिक आपदाएं
6. **मृदा**
7. **वन क्षेत्र**
8. **वन्य जीव एवं राष्ट्रीय पार्क**
9. **जल सम्पदा एवं बहुउद्देशीय परियोजनाएं**
10. **कृषि**
11. **खनिज सम्पदा**
12. **जनसंख्या एवं नगरीकरण**

विगत वर्षों के प्रश्नों के आधार पर विश्लेषण व अध्ययन रणनीति

विश्व का भूगोल

क्र सं.	विषयवस्तु	2002	2003	2004	2005	2006	2007	2008	2009	2010	2011	2012	2013	2014	2015	2016	2017	विगत वर्षों के प्रश्नों के आधार पर परीक्षोपयोगी अध्ययन स्रोत
1.	ब्रह्माण्ड एवं सौरमण्डल	1	1	3	2	1	1	1	–	1	–	–	1	–	0	0	–	नक्षत्र, गृह, GMT, रेखाएं
2.	स्थल मंडल	1	1	–	2	–	1	1	–	–	–	1	1	–	1	0	1	मरूस्थल, घास के मैदान, प्लेट, पर्वत
3.	जल मंडल	–	2	–	1	–	–	–	2	1	–	–	1	–	2	1	1	बांध, वर्षा, धाराएं, महासागर, नदी
4.	वायु मंडल	1	1	2	2	–	–	–	–	1	2	–	–	2	2	0	–	पवन, वायुदाब, प्रदूषण, परतें, गैसें, चक्रवात
5.	पर्यावरण संरक्षण	–	–	–	–	–	1	–	–	1	–	–	1	–	3	0	–	वन, मृदा
6.	आर्थिक भूगोल	1	3	1	–	2	1	1	–	1	3	3	2	1	1	1	–	व्यापार, कृषि, खनिज, मूंगफली, तेल, इस्पात, दुग्ध, कोयला उद्योग, तेल, पेट्रोलियम
7.	मानव भूगोल	–	–	1	1	–	–	–	1	–	–	1	–	–	1	0	–	जनजाति
8.	नगरीकरण	–	–	–	–	–	–	–	–	–	–	1	–	–	1	0	–	क्षेत्रफल
9.	क्षेत्रीय भूगोल	–	1	–	–	–	1	1	–	2	1	2	–	3	0	0	–	एशिया, घास के मैदान, अमेरिका, झीलें, शहर, अवस्थिति, अफ्रीका, पूर्वी शहर समूह, यूरोप
10.	अन्य	2	2	1	2	1	1	1	3	1	2	1	1	–	–	–	–	अवस्थिति, लवणता, उपनाम, ज्वालामुखी, राजधानी
	कुल पूछे गए प्रश्न	**6**	**11**	**8**	**10**	**4**	**6**	**5**	**6**	**8**	**8**	**9**	**7**	**6**	**10**	**2**	**2**	

भारत का भूगोल

क्र सं.	विषयवस्तु	2002	2003	2004	2005	2006	2007	2008	2009	2010	2011	2012	2013	2014	2015	2016	2017	विगत वर्षों के प्रश्नों के आधार पर परीक्षापयोगी अध्ययन स्रोत
1.	भौतिक संरचना	–	1	2	2	3	1	1	2	1	1	1	2	–	1	0	1	स्थानीय समय, दर्रे, चोटी, पर्वत श्रेणी, चोटी, मैदान, अवस्थिति दर्रा
2.	अपवाह तंत्र	–	–	1	–	4	1	1	4	4	–	3	2	2	1	0	1	अपवाह तंत्र, नदी उदगम, झील, बांध, परियोजना, प्रपात, नलकूप, डेल्टा
3.	जलवायु	2	–	2	1	1	–	1	1	1	–	–	–	–	1	0	–	वर्षा, मानसून
4.	वन, मिट्टी, सिंचाई परियोजना	2	2	2	–	–	1	5	3	2	1	2	1	2	1	0	–	अभ्यारण्य, उद्यान, आर्द्र भूमि, वन, वन्य जीव, जैव मण्डल, मिट्टी, प्रवाल
5.	कृषि	1	2	–	–	–	1	–	–	–	–	1	–	1	2	0	–	गन्ना, मसालें, जूट, चाय, सोयाबीन, कपास
6.	उद्योग व्यापार	–	1	–	–	–	–	–	–	–	–	–	–	–	2	0	–	अवस्थिति, चीनी
7.	खनिज, शक्ति संसाधन	1	2	3	1	–	1	4	–	–	1	3	1	–	2	0	–	खनिज, ऊर्जा, गैस, मैगनीज, कोयला, पेट्रोलियम, अभ्रक, परमाणु विद्युत
8.	परिवहन	–	1	2	–	1	2	1	–	–	1	1	2	1	1	0	–	रेल राजमार्ग, बंदरगाह, जलमार्ग
9.	मानव भूगोल	2	–	1	2	–	1	2	2	1	–	–	–	1	1	0	1	जनजाति, रहन सहन, नृत्य, नगरीकरण, जनसंख्या
10.	अन्य	1	2	3	2	2	2	2	–	2	2	–	1	–	1	0	1	स्थान, अवस्थिति, प्रदूषण, उपनाम, संस्थान
	कुल पूछे गए प्रश्न	**9**	**11**	**16**	**8**	**11**	**10**	**17**	**12**	**11**	**6**	**11**	**9**	**7**	**13**	**0**	**4**	

पर्यावरण एवं भूगोल के समसामयिक संदर्भ

विषयवस्तु	समसामयिक संदर्भ (भारत व विश्व परिदृश्य सहित)
1. पारिस्थितिकी तंत्र	• जैविक खेती वाला राज्य—सिक्किम • सीन फेबलेट • पारिस्थितिकी संवेदनशक्ति क्षेत्र (दादर एवं नगर हवेली/प्रन्हिता) • हॉटस्पॉट-ANDS
2. प्रदूषण	• ई-कचरा में भारत 5वें स्थान पर • नगोया प्रोटोलॉक
3. जैव विविधता	• जैविक मंडल रिजर्व-क्षेत्र • दर्शनीय पर्यटन स्थल: चिल्का झील • राजाजी राष्ट्रीय उद्यान टाईगर रिजर्व घोषित • गिरी में एशियाई शेरों की संख्या में वृद्धि • रेड डाटा लिस्ट में भारत की 988 प्रजातियाँ • नदियों को जोड़ने की आवश्यकता/प्रभाव
4. वन्यजीव संरक्षण	• नए बाघ रिजर्व • अर्थ ऑवर-2015 • हाथी अभ्यारण्य • तेंदुआ संरक्षण • सेव अभियान • एक सींग वाला गैंडा • ओविल रिडले कछुए • तेंदुओं की वैश्विक स्थिति
5. पर्यावरणीय समस्याएं	• ग्रीनहाउस गैसें तथा कार्बन फुटप्रिंट • पर्यावरण सुधर अवलोकन • ओजोन-क्षरण • रेड लिस्ट में 988 प्रजातियां
6. रिपोर्ट तथा सूचकांक	• पर्यावरण संरक्षण पर-सुब्रमण्यम समिति की रिपोर्ट • वायु गुणवत्ता सूचकांक • पर्यावरणीय निस्पादन सूचकांक • G-एनवायरमेंट क्राइसिस रिपोर्ट • हीट ऑन पॉवर रिमोर्ट • तेरहवी वन रिपोर्ट 2014 • ग्लोबल कार्बन बजट रिपोर्ट 2014 • विश्व जल स्थिति रिपोर्ट 2014 • कार्बन उत्सर्जन रिपोर्ट 2014 • प्रथम पर्यावरण लोकतांत्रिक सूचकांक में भारत 24वें स्थान पर
7. सम्मेलन	• कोप-20 (नौरू-कीमा में) • कोप-21 (पेरिस-फ्रांस में)

(Continued)

विषयवस्तु	समसामयिक संदर्भ (भारत व विश्व परिदृश्य सहित)
8. संगठन/संस्था	• राष्ट्रीय वन्यजीव बोर्ड • IUCN की नयी सूची
9. वर्ष/माह	• 3 मार्च—वन्यजीव दिवस • 5 जून—पर्यावरण दिवस • 20 मार्च—विश्व वानिकी दिवस • 22 अप्रैल—पृथ्वी दिवस • 22 मार्च—विश्व जल दिवस • 16 सितंबर—विश्व ओजोन दिवस
10. नवीन अवधारणायें	• कार्बन फुट प्रिंट • कार्बन क्रेडिट • कार्बन ट्रेडिंग
11. विविध	• ग्रीन हाउस गैस उत्सर्जन में चेन्नई शीर्ष पर • देश का पहला हाथी अभ्यारण्य • हरित बन्दरगाह परियोजना • बन्दरगाह के विकास का महत्व • तोर्नियन ओरेगुटान विलुप्त प्राय जीव • डार्क स्काई दिवस की स्थापना • ब्रेबल केय • गंगा डाल्फिन शहर जियो घोषित

भाग–1 विश्व का भूगोल

अध्याय 1

सामान्य परिचय

इस अध्याय में आप सीखेंगे किः

- ➤ सामान्य भूगोल के मूलभूत ज्ञान और अक्षांश, भूमध्य रेखा।
- ➤ उत्तरी एवं दक्षिणी गोलार्द्ध की स्थिति, ग्लोब की संरचना कैसी है और उसका अध्ययन कैसे करें।
- ➤ सामान्य भूगोल के दैनिक जीवन के अनुप्रयोग।

अक्षांश का अर्थ

भू-पृष्ठ पर भूमध्य रेखा (विषुवत वृत्त Equator) के उत्तर या दक्षिण में पृथ्वी के केंद्र से मापी गयी कोणीय दूरी 'अक्षांश' कहलाती है। इसे अंशों (360°), मिनटों (60′) व सेकेण्डों (60″) में दर्शाया जाता है।

भूमध्य रेखा का अर्थ

भूमध्य रेखा 0° का अक्षांश है जो पृथ्वी को दो बराबर-बराबर भागों में बांटता है। एक भाग उत्तरी गोलार्द्ध कहलाता है और दूसरा भाग दक्षिणी गोलार्द्ध कहलाता है।

अक्षांशीय रेखाओं का अर्थ

भूमध्य रेखा से ध्रुवों तक दोनों गोलार्द्धों में अनेक वृत्त खींचे जाते हैं। ये वृत्त ही 'अक्षांश रेखाएं' कहलाती हैं। अक्षांश रेखा में 0° से 90° उत्तर एवं दक्षिण तक पायी जाती है।

ध्यातव्य हो कि

अक्षांश रेखाओं की कुल संख्या 179 होती है।

0° से 90° उत्तरी गोलार्द्ध	– 89 अक्षांश रेखाएं (90° बिन्दू)
0° से 90° दक्षिणी गोलार्द्ध	– 89 अक्षांश रेखाएं (90° बिन्दू)
0° भूमध्य रेखा	– 1
	179 अक्षांश रेखाएं

उत्तरी एवं दक्षिणी गोलार्द्ध में पायी जाने वाली रेखाएं एवं वृत्त (Lines and Circle of North and South Hemisphere)

उत्तरी गोलार्द्ध	दक्षिणी गोलार्द्ध
(i) कर्क रेखा	(i) मकर रेखा
(ii) आर्कटिक वृत्त	(ii) अंटार्कटिक वृत्त

उत्तरी गोलार्द्ध का अर्थ—भूमध्य रेखा से उत्तर ध्रुव तक का संपूर्ण क्षेत्र उत्तरी गोलार्द्ध कहलाता है। इस गोलार्द्ध में कर्क रेखा एवं आर्कटिक वृत्त पाया जाता है।

(i) कर्क रेखा—भूमध्य रेखा से उत्तरी गोलार्द्ध में 23½° उत्तरी अक्षांश रेखा को 'कर्क रेखा' कहा जाता है।

(ii) आर्कटिक वृत्त—भूमध्य रेखा से उत्तरी गोलार्द्ध में 66½° उत्तरी अक्षांश रेखा को 'आर्कटिक वृत्त' कहा जाता है।

दक्षिण गोलार्द्ध का अर्थ—भूमध्य रेखा से दक्षिण ध्रुव तक का संपूर्ण क्षेत्र दक्षिण गोलार्द्ध कहलाता है। इस गोलार्द्ध में मकर रेखा एवं अंटार्कटिक वृत्त पाया जाता है।

(i) मकर रेखा—भूमध्य रेखा से दक्षिणी गोलार्द्ध में 23½° दक्षिणी अक्षांश रेखा को 'मकर रेखा' कहा जाता है।

(ii) अंटार्कटिक वृत्त—भूमध्य रेखा से दक्षिणी गोलार्द्ध में 66½° दक्षिणी अक्षांश रेखा को 'अंटार्कटिक वृत्त' कहा जाता है।

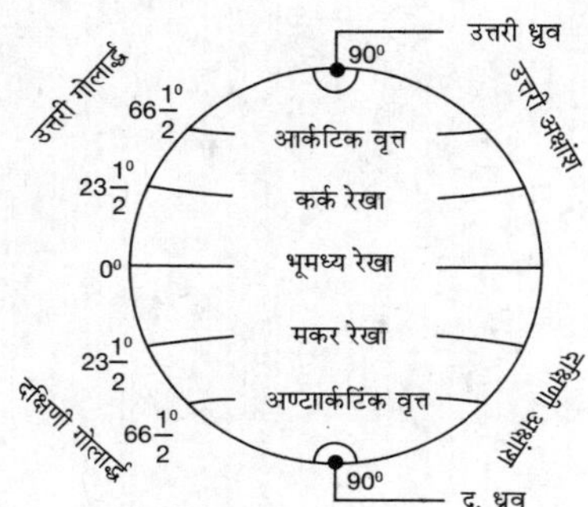

चित्र: अक्षांश (Latitude)

महत्त्वपूर्ण तथ्य—

- भूमध्य रेखा वृहत्तम अक्षांश वृत्त है जिसके दोनों ओर अक्षांश वृत्त क्रमश: छोटे होते जाते है और ध्रुव, बिन्दु मात्र से प्रदर्शित होता है।
- 1° अक्षांश के बीच की दूरी लगभग 111 km होती है।

देशांतर का अर्थ—प्रधान याम्योत्तर (Prime Meridian/Greenwich Meridian) से पूर्व एवं पश्चिम की कोणीय दूरी 'देशांतर' कहलाती है।

प्रधान याम्योत्तर का अर्थ—प्रधान याम्योत्तर रेखा 0° देशांतर को माना गया है। यह लंदन के निकट ग्रीनविच से गुज़रती है। प्रधान याम्योत्तर को अंतर्राष्ट्रीय देशांतर रेखा या ग्रीनविच देशांतर के नाम से जाना जाता है। यह रेखा विश्व के 2 महाद्वीपों के 8 देशों से होकर गुज़रती है, जो निम्नवत हैं—

यूरोप महाद्वीप से यूके, फ्रांस, स्पेन तथा **अफ्रीका महाद्वीप** से अल्जीरिया, माली, बुर्किन फासो, घाना, टोगो

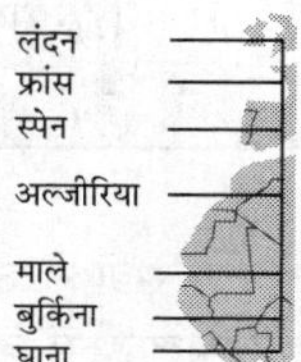

ध्यातव्य हो कि

देशांतर रेखाओं की कुल संख्या 360 होती है।

0° से 180° पूर्व में	=	180
0° से 180° पश्चिम में	=	180
0° प्रधान याम्योत्तर	=	1
		360

180° वाँ देशान्तर एक ही रेखा है जो दोनों गोलार्द्धों में ली जाती है। 180°E और 180°W समान देशांतर हैं।

देशान्तर रेखा का अर्थ—समान देशांतर को मिलाने वाली काल्पनिक रेखा जो कि ध्रुवों से होकर गुज़रती है, देशांतर रेखा कहलाती है। यह Prime Meridian (0°) से पूर्व एवं पश्चिम दिशा में 180° तक होती है।

महत्त्वपूर्ण तथ्य—

- 1° देशांतर की भूमध्य रेखा पर दूरी 111.32 कि.मी. है जो ध्रुवों की ओर कम होती जाती है।
- गोलाकार होने के कारण धुरी पृथ्वी 24 घंटे में 360° घूम जाती है। अत: 1° देशांतर की दूरी तय करने में पृथ्वी को 4 मिनट का समय लगता है। इस प्रकार 15° देशान्तर 60 मिनट (1 घण्टा) में तय किया जाता है। 360° डिग्री दूरी तय करने में 24 घण्टे का समय लगेगा

1° देशांतर = 4 मिनट

15° देशांतर = 60 मिनट (1 घण्टा)

360° देशांतर = $\frac{360}{15}$

= 24 घंटे

- चूंकि सूर्य पूर्व में उदित होता है एवं पृथ्वी पश्चिम से पूर्व अपनी धूरी पर घूमती है। अत: पूर्व का समय आगे और पश्चिम का समय पीछे रहता है। इसी कारण पृथ्वी के सभी स्थानों पर समय की भिन्नता देखने को मिलती है।
- प्रत्येक 15° देशांतर पर 1 घंटे का अंतर होता है। इस प्रकार 0° से 180° पूर्व की ओर जाने पर ग्रीनविच समय में 12 घंटे आगे का समय मिलता है। इसी प्रकार 0° से 180° पश्चिम की ओर जाने पर ग्रीनविच समय से 12 घंटे पीछे का समय मिलता है। यही कारण है कि 180° पूर्व व पश्चिम देशांतर में कुल 24 घंटे अर्थात् एक दिन-रात का अंतर पाया जाता है।

15° देशांतर = 1 घंटा

180° देशांतर = $\frac{180}{15}$

= 12 घंटा

अंतर्राष्ट्रीय तिथि रेखा (International Date Line)—180° देशांतर रेखा को अंतर्राष्ट्रीय तिथि रेखा कहा जाता है। यह ग्रीनविच रेखा के ठीक पीछे अवस्थित है। इसे सन् 1884 में निर्धारित किया गया था। यदि कोई व्यक्ति इस रेखा को पश्चिम से पूर्व की ओर पार करता है, तो एक दिन कम हो जाता है (उसी दिन पहुंचते ही) एवं जब पूर्व से पश्चिम की ओर पार करता है, तो एक दिन बढ़ जाता है।

ध्यातव्य हो कि

जब कोई भारतीय जलयान अंतर्राष्ट्रीय तिथि रेखा को पार कर पश्चिम दिशा में संयुक्त राज्य अमेरिका की तरफ यात्रा करता है, तो एक दिन जोड़ दिया जाता है एवं जब पूर्व दिशा में जापान की तरफ यात्रा करता है, तो एक दिन घटा दिया जाता है।

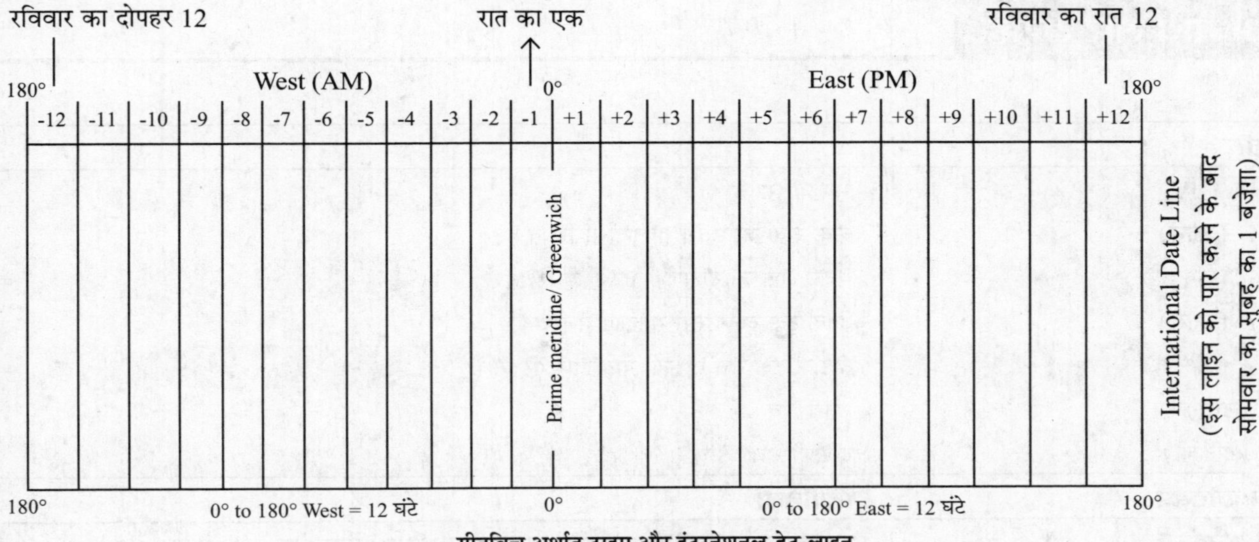

ग्रीनविच अर्थात् टाइम और इंटरनेशनल डेट लाइन

स्थानीय समय (Local Time)

जब किसी स्थान पर सूर्य आकाश में सबसे अधिक ऊंचाई पर होता है, तब दिन के 12 बजते हैं (12 बजे परछांई सबसे छोटी बनती है) इस समय को उस स्थान का 'स्थानीय समय' कहते हैं। एक देशांतर रेखा पर स्थित सभी स्थानों का स्थानीय मान एक ही होता है।

भारत का सर्वाधिक पूर्व (अरूणाचल प्रदेश में वलांग) एवं सर्वाधिक पश्चिम (गुजरात में द्वारिका) में स्थित स्थानों के स्थानीय समय में लगभग 2 घंटे का अंतर मिलता है। अत: एक ऐसे समय की आवश्यकता है जो स्थानीय समय के अंतर को समायोजित कर पूरे देश में एक ही समय अर्थात् मानक समय (Standard Time) लाये।

मानक समय (Standard Time)

किसी देश के मध्य से गुज़रने वाली देशांतर रेखा के अनुसार लिया गया समय उस देश का मानक समय कहलाता है। उदाहरण के लिए भारत के सर्वाधिक पूर्व एवं सर्वाधिक पश्चिम में स्थित स्थानीय समय में लगभग 2 घंटे का अंतर होता है। जबकि इन दोनों स्थानों के मानक समय एक ही है। भारत का प्रामाणिक समय 82½° पू. देशांतर, जो इलाहाबाद के नैनी से गुज़रती है का समय ही संपूर्ण भारत के लिए मानक समय 'Indian Standard Time (IST)' होता है।

ध्यातव्य हो कि

भारत के विभिन्न प्रदेशों में देशांतरीय अंतर के कारण समय में भिन्नता पायी जाती थी। समय की इस भिन्नता को IST के माध्यम से समायोजित किया जाता है। अर्थात सम्पूर्ण भारत के स्थानों का देशांतर भले ही अलग हो परंतु समय एक ही होता है उदाहरणस्वरूप अरूणाचल प्रदेश मे यदि सुबह का 5 बजता है तो गुजरात मे भी सुबह का 5 बजेगा जबकि दोनों राज्यों के मध्य देशांतरीय अंतर व्याप्त है।

अध्याय सार संग्रह

डिग्री		
0°	भूमध्य रेखा	
23½° (उत्तरी)	कर्क रेखा जो उत्तरी गोलार्द्ध में स्थित है।	
23½° (दक्षिणी)	मकर रेखा जो दक्षिणी गोलार्द्ध में स्थित है।	
66½° (उत्तरी)	आर्कटिक वृत्त उत्तरी गोलार्द्ध में स्थित है।	
66½° (दक्षिणी)	अंटार्कटिक वृत्त दक्षिणी गोलार्द्ध में स्थित है।	
90° (उत्तर)	उत्तरी ध्रुव	
90° (दक्षिणी)	दक्षिणी ध्रुव	
ताप कटिबंध	**स्थितियां**	
उष्ण कटिबंध	इसका विस्तार उत्तरी गोलार्द्ध की कर्क रेखा से दक्षिणी गोलार्द्ध की मकर रेखा तक है।	
शीतोष्ण कटिबंध	इसका विस्तार उत्तरी गोलार्द्ध मे कर्क रेखा से आर्कटिक वृत्त के मध्य एवं दक्षिणी गोलार्द्ध मे मकर रेखा से अंटार्कटिक वृत्त तक है।	
शीत कटिबंध	इसका विस्तार उत्तरी गोलार्द्ध मे आर्कटिक वृत्त से उत्तरी ध्रुव तक एवं दक्षिण गोलार्द्ध मे अंटार्कटिक वृत्त से दक्षिणी ध्रुव तक है।	
विभिन्न स्थितियां	**महाद्वीप**	**देश**
प्रधान मध्याह्न रेखा	(i) यूरोप	लंदन (यूके), फ्रांस, स्पेन
	(ii) अफ्रीका	अल्जीरिया, माली, बुर्किना फासो, घाना, टोगो
भूमध्य रेखा (पश्चिम से पूर्व)	(i) द. अमरीका	इक्वाडोर, कोलम्बिया, ब्राज़ील
	(ii) अफ्रीका	गेबन, कांगो, युगांडा, केन्या, सोमालिया
	(iii) एशिया	मालदीव, इंडोनेशिया, किरबाती
कर्क रेखा (पश्चिम से पूर्व)	(i) उ. अमरीका	मैक्सिको
	(ii) अफ्रीका	वेस्टर्न सहारा, मोरटानिया, माली, अल्जीरिया, लीबिया, मिस्त्र
	(iii) एशिया	सउदी अरब, यूएई, ओमान, भारत, बांग्लादेश, स्यांमार, चीन, ताइवान
भारतीय राज्यों मे कर्क रेखा (पश्चिम से पूर्व)	—	गुजरात, राजस्थान, मध्य प्रदेश, छत्तीसगढ़, झारखंड, प. बंगाल, त्रिपुरा, मिजोरम
मकर रेखा (पश्चिम से पूर्व)	(i) द. अमरीका	चिली, अर्जेंटीना, परूग्वे, ब्राज़ील
	(ii) अफ्रीका	नामीबिया, बोत्सवाना, द. अफ्रीका, मोजाम्बिक, मेडागास्कर
	(iii) ऑस्ट्रेलिया	

- अफ्रीका महाद्वीप से कर्क रेखा, मकर रेखा और भू-मध्य रेखा तीनों ही गुज़रती हैं।
- एशिया महाद्वीप से कर्क रेखा और भू-मध्य रेखा गुज़रती हैं।
- उत्तरी अमेरिका महाद्वीप से केवल कर्क रेखा गुज़रती हैं।
- दक्षिण अमेरिका महाद्वीप से मकर रेखा और भू-मध्य रेखा गुज़रती हैं।
- ऑस्ट्रेलिया महाद्वीप से केवल मकर रेखा गुज़रती हैं।
- ब्राज़ील एकमात्र देश है जहां से मकर रेखा और भू-मध्य रेखा गुज़रती हैं।

अध्याय 2

ब्रह्मांड

इस अध्याय में आप सीखेंगे किः

- ब्रह्मांड की उत्पत्ति एवं विकास कैसे हुआ, सौरमण्डल की संरचना और उसके अभिलक्षण क्या-क्या है।
- अक्षांश एवं देशान्तर को समझने के बाद आप किसी भी देश की भौगोलिक स्थिति के बारे में जान सकेंगे।

ब्रह्मांड का अर्थ—पृथ्वी के चारों ओर विस्तृत अनन्त आकाश को 'ब्रह्मांड' कहते हैं। जिसके अंतर्गत एक परमाणु से लेकर आकाशगंगा और उसके समूह मंदाकिनी तक आते है। अतः आकाशगंगा के अनन्त समूह का सम्मिलित रूप ही ब्रह्मांड कहलाता है।

ध्यातव्य हो कि

ब्रह्मांड में गामा, एक्स किरणें व अवरक्त किरणें, पराबैंगनी प्रकाश, दृश्य प्रकाश आदि चुंबकीय तरंगे निकलती हैं।

हम आमतौर पर ब्रह्मांड शब्द का मतलब अंतरिक्ष में मौजूद सभी चीजों के लिए करते है। ब्रह्मांड की विशालता की कल्पना करना मुश्किल है। इसमें अनगिनत आकाशगंगाएँ हैं और प्रत्येक आकाशगंगा अरबों सितारों के होते हैं। हमारा सूर्य भी एक तारा हैं। हम एक समय में पृथ्वी से करीब 6000 सितारे देख सकते हैं। वे सभी एक आकाशगंगा से संबंधित हैं जिन्हें मिल्कीवे या आकाशगंगा कहते हैं।

आकाशगंगा का अर्थ—गुरुत्वाकषर्ण के अधीन बंधे तारों, धूलकणों एवं गैस तंत्र को आकाशगंगा कहते हैं।

मंदाकिनी का अर्थ (आकाशगंगा)—

- आकाशगंगा गैलेक्सी का एक भाग है, जिसमें हमारा सूर्य, पृथ्वी, ग्रह एवं उपग्रह आते हैं।
- आकाशगंगा में 2 खरब से अधिक तारे हैं।
- यह खुली आंखों से देखी जा सकती है और यह अंधेरी रात में एक सफेद पट्टी जैसी दिखायी पड़ती है।
- 'आरियन नेबुला' हमारी आकाशगंगा के सबसे शीतल और चमकीले तारों का समूह है।
- हमारी आकाश गंगा का व्यास 1 लाख प्रकाश वर्ष है।
- सूर्य हमारी आकाशगंगा का एक तारा है जिसे आकाशगंगा के केंद्र की परिक्रमा करने में 22.5 से 25 करोड़ वर्ष का समय लगता है।
- आकाशगंगा का आकार सर्पिलाकार होता है।

ध्यातव्य हो कि

सर्पिलाकार आकाशगंगा एक तश्तरीनुमा आकृति की होती है, जिसमें एक केंद्रीय नाभिक होता है और उसके चारों ओर कई सर्पिलाकार भुजायें होती हैं। इसमें कई नये और पुराने तारे भी सम्मिलित होते हैं।

ब्रह्मांड उत्पत्ति के सिद्धांत—ब्रह्मांड की उत्पत्ति से संबंधित सिद्धांतों को तीन भागों में विभाजित किया जा सकता है—

1. महाविस्फोट/बिग बैंग सिद्धांत
2. स्थिर अवस्था सिद्धांत
3. दोलन/दोलीयमान ब्रह्मांड सिद्धांत

1. **महाविस्फोट/बिग बैंग सिद्धांत—**
   - **प्रतिपादक**—जार्ज लेमेन्टर (बेल्जियम) एवं व्याख्या प्रतिपादक रार्बट बेगनर।
   - इस सिद्धांत के अनुसार ब्रह्मांड की उत्पत्ति आज से लगभग 15 अरब वर्ष (15 बिलियन वर्ष) पहले घने पदार्थों वाले विशाल अग्निपिंड में आकस्मिक ज़ोरदार विस्फोट से हुई, जिसने उस घने पदार्थ को विखंडित कर दिया तथा उसके विखंडित टुकड़े अत्यधिक तीव्र गति (1000 कि.मी./सेकेण्ड) के साथ अंतरिक्ष में बिखर गये। विस्फोट के तत्काल उपरांत ही शीतलन की प्रक्रिया प्रारंभ हो गयी और विस्फोट से निकले पदार्थों के समूह से आकाशगंगा के तारे बने तथा तारे के विस्फोट से निकले पदार्थों से ग्रहों का निर्माण हुआ।

तारे का जीवन चक्र (Life Cycle of Stars)

तारे की उत्पत्ति—आकाश गंगा के घूर्णन से ब्रह्मांड में विद्यमान गैसों के मेघ प्रभावित होते हैं एवं परस्पर गुरूत्वाकर्षण के कारण उनके केंद्र में नाभिकीय संलयन शुरू हो जाता है और हाइड्रोजन के हीलियम में बदलने की प्रक्रिया प्रारंभ हो जाती है। इस अवस्था में यह तारा बन जाता है। यह तारा कई स्थितियों से गुज़रते हुए मृत्यु को प्राप्त करते हैं। ये स्थितियां निम्नवत् हैं—

- **प्रथम स्थिति—रक्तदानव**—जब किसी तारे का केंद्र में उपस्थिति हाइड्रोजन समाप्त हो जाता है, तो इसका वाह्य भाग फूल जाता है एवं लाल रंग का हो जाता है। यह तारे की वृद्धावस्था का प्रथम लक्षण है। ऐसे तारे ही लाल दानव कहलाते हैं।
- **द्वितीय स्थिति—सुपरनोवा**—जब तारे के केंद्र में हीलियम कार्बन में और कार्बन भारी पदार्थ जैसे—लोहा में परिवर्तित होने लगता है, इसके फलस्वरूप तारे में तीव्र विस्फोट होता है जिसे सुपरनोवा कहते हैं।
- **तृतीयस्थिति—श्वेतवामन**—यदि तारे का द्रव्यमान 1.4 Ms (Ms सूर्य का द्रव्यमान है) से कम होती है तो वह अपनी नाभिकीय ऊर्जा खोकर श्वेत वामन में बदल जाता है।
- **चतुर्थस्थिति—कालावामन**—श्वेत वामन ठंडा होकर काला वामन में परिवर्तित हो जाता है।

ध्यातव्य हो कि

- 1.4 Ms चंद्रशेखर सीमा होती है इस सीमा के बाहर तारे आंतरिक मृत्यु से ग्रसित होते हैं।

- **पंचम स्थिति—(Black Hole)**—जीवन की अंतिम अवस्था में, यदि किसी तारे का द्रव्यमान सूर्य के द्रव्यमान से तीन गुने से अधिक हो तो इसमें अनेक आश्चर्यजनक घटनाएं घटित होती हैं यह ध्वस्त होता है और अधिकाधिक सघन होता जाता है इसकी सघनता (उच्च घनत्व) इतनी अधिक होती है कि किसी भी द्रव्य यहाँ तक कि प्रकाश तक को गुज़रने (पलायित) नहीं देता। इसलिए ब्लैक होल को प्रत्यक्षतः नहीं देखा जा सकता।

ध्यातव्य हो कि

- ब्लैक होल का सर्वप्रथम प्रतिपादन अमेरिकी भौतिकी विज्ञानी जान व्हीलर (1967) ने किया था।
- वर्तमान में ब्लैक होल को दूरबीन से देखा जा सकता है।
- ब्लैक होल सिद्धांत का प्रतिपादन एस. चंद्रशेखर द्वारा किया गया था।

अन्य महत्वपूर्ण तथ्य—

- समस्त तारे गतिशील और गुरूत्वाकर्षण के कारण परस्पर भ्रमण करते हैं।
- तारे टिमटिमाते हुए प्रतीत होते हैं क्योंकि उनका प्रकाश हम तक विभिन्न घनत्व वाली वायु से होकर पहुंचता है।
- रातों में तारे चलते हुए प्रतीत होते हैं, वास्तव में ऐसा पृथ्वी के गति के कारण हमें प्रतीत होता है।
- तारों के जीवन का मुख्य आधार उनमें उपलब्ध हाइड्रोजन के भंडार हैं।
- तारों का रंग तापमान पर निर्भर होता है।

सौर मंडल—सूर्य तथा उसके गुरूत्वीय क्षेत्र में परिक्रमा करने वाले ग्रह, उपग्रह, धूमकेतु, उल्कापिंड के समूह को सौरमंडल कहते हैं।

सूर्य (Sun)

- सूर्य जो कि सौरमंडल का जन्मदाता है, एक तारा है।
- यह तप्त गैसों का एक अत्यंत गर्म गोला है, जो सौरमंडल के केंद्र में स्थित है।
- इसकी उत्पत्ति लगभग 4.6 अरब वर्ष (बिलियन वर्ष) पूर्व हुई थी।
- सूर्य की ऊर्जा का स्रोत उसके केंद्र में हाइड्रोजन परमाणुओं का नाभिकीय संलयन द्वारा हीलियम में बदलना है। अर्थात् सूर्य की ऊर्जा नाभिकीय संलयन द्वारा उत्पन्न होती है।

  नाभिकीय अभिक्रियाओं को दो भागों में बांटा जा सकता है—

1. **नाभिकीय विखंडन**—इस अभिक्रिया में एक भारी नाभिक 2 या 2 से अधिक छोटे नाभिक में टूटता है।
2. **नाभिकीय संलयन**—इस अभिक्रिया में दो छोटे नाभिक आपस में संलयित होकर एक भारी नाभिक का निर्माण करते हैं।

- सूर्य के केंद्र में उपस्थित पदार्थ द्रव्य गैसीय अवस्था में होते हैं।

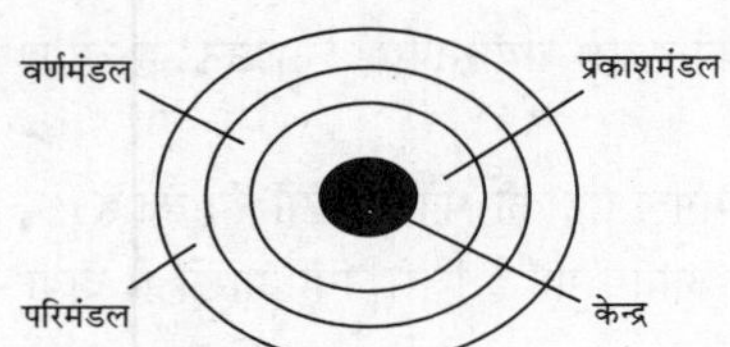

- सूर्य का रासायनिक संगठन

हाइड्रोजन	–	71%
हीलियम	–	27.1%
ऑक्सीजन	–	0.97%
कार्बन	–	0.40%
आयरन	–	0.16%
नीयान	–	0.058%
नाइट्रोजन	–	0.096%
सिलिकन	–	0.099%
मैग्नीशियम	–	0.076%
सल्फर	–	0.040%
अन्य संयुक्त	–	0.001%
		100.0

- सूर्य और पृथ्वी के बीच की औसत दूरी 14.98 करोड़ किमी है अर्थात् इसे 150 × 106 किमी. के निकट माना जा सकता है।
- सूर्य से पृथ्वी तक प्रकाश पहुंचने में 8 मिनट 22 सेकेण्ड (502 सेकेण्ड) का समय लगता है।
- सूर्य का औसत घनत्व 1.4 है जबकि पृथ्वी का औसत घनत्व 5.52 ग्राम/सेमी^{3} है। यहां इस बात को भी स्पष्ट किया जाना आवश्यक है कि पृथ्वी सौरमंडल के 8 ग्रहों में सघनतम ग्रह है।
- सूर्य में सौरमंडल के द्रव्यमान का 99% द्रव्यमान समाहित है।
- सूर्य का द्रव्यमान 2 × 1027 टन है जो पृथ्वी के द्रव्यमान से 3,33,000 गुना अधिक है।

सौर मण्डल (Solar System) की उत्पत्ति के सिद्धांत

सिद्धांत	प्रतिपादक
1. सुपरनोवा	होयल एवं लिटलट
2. बाइनरी स्टार परिकल्पना	ए.एन. रसेल

सिद्धांत	प्रतिपादक
1. ज्वारीय परिकल्पना	जीन्स एवं जैफ्रीन
2. नेब्यूलर सिद्धांत	लाप्लास
3. गैसीय अवधारणा	काण्ट

ग्रह (Planets)

- ये सूर्य से निकले हुए पिंड हैं जो सूर्य की परिक्रमा करते हैं।
- ग्रहों में अपना प्रकाश नहीं होता अर्थात् वे सूर्य के प्रकाश से ही प्रकाशित होते हैं व ऊष्मा प्राप्त करते हैं। (ये अप्रकाशमान होते हुए भी चमकते हैं)।
- सूर्य के सौरमंडल में वर्तमान में 8 ग्रह हैं।

ध्यातव्य हो कि

14–25 अगस्त 2006 के मध्य प्राग (चेक गणराज्य) में अंतर्राष्ट्रीय खगोलीय संघ (International Astronomical Union) की 26वीं बैठक में प्लूटो को ग्रहों की श्रेणी से हटाकर बौने ग्रह (Dwarf Planet) की श्रेणी में डाल दिया गया। अत: ग्रहों की संख्या 9 से घटकर 8 रह गयी है।

चित्र: सौर मण्डल

- इन 8 ग्रहों को दो वर्गों में बांटा जा सकता है—
  - **(i) चट्टान/आंतरिक ग्रह**—बुध (Mercury), शुक्र (Venus), पृथ्वी (Earth), मंगल (Mars)
    नोट—यह आकार में छोटे एवं घनत्व में अधिक होते हैं।
  - **(ii) गैसीय/वाह्य ग्रह**—बृहस्पति (Jupiter), शनि (Saturn), अरूण (Uranus), वरूण (Neptune) (आकार में बड़े और घनत्व में कम होने के कारण वाह्य ग्रहों को Grate Planets भी कहते हैं)

ध्यातव्य हो कि

- इन आंतरिक एवं वाह्य ग्रहों के मध्य (Mars and Jupiter के बीच) क्षुद्र ग्रह पाये जाते हैं।
- सभी ग्रह सूर्य की परिक्रमा पश्चिम से पूर्व दिशा में करते हैं परंतु शुक्र और अरूण इसके अपवाद हैं अर्थात् ये सूर्य के चारों ओर पूर्व से पश्चिम दिशा में परिभ्रमण करते हैं।

आकार के अनुसार बड़े ग्रह—बृहस्पति, शनि, वरूण, अरूण, पृथ्वी, शुक्र, मंगल, बुध।

1. बृहस्पति—

- सूर्य से दूरी में पांचवां ग्रह, जबकि आकार के अनुसार सौरमंडल का सबसे बड़ा एवं भारी ग्रह है।
- इसे सूर्य की परिक्रमा करने में 11.862 वर्ष का समय लगता है।
- सौरमंडल में इसके उपग्रहों की संख्या 67 है। जिसमें गैनिमीड सबसे बड़ा उपग्रह है।
- बृहस्पति को 'लघु सौर तंत्र' भी कहते हैं।
- इसके वायुमंडल में हाइड्रोजन, हीलियम, मीथेन और अमोनिया जैसी गैसें पायी जाती हैं।
- यह तारा और ग्रह दोनों के गुणों से युक्त होता है क्योंकि इसके पास स्वयं की रेडियो ऊर्जा होती है।
- गैनिमीड सौरमंडल का सबसे बड़ा उपग्रह है।

2. शनि—

- यह सूर्य से दूरी में छठा ग्रह है जबकि आकार के अनुसार सौरमंडल का दूसरा सबसे बड़ा ग्रह है।
- इसे सूर्य की परिक्रमा करने में 29.5 वर्ष लगते हैं।
- इसके चारों ओर पूर्ण विकसित वलय हैं जिनकी संख्या 7 है। यह वलय अत्यंत छोटे-छोटे कणों से मिलकर बने हैं।
- शनि को 'गैसों का गोला' एवं 'गैलेक्सी समान ग्रह' भी कहा जाता है।
- आकाश में यह ग्रह 'पीले तारे' के समान दृष्टिगत होता है।
- इसके वायुमंडल में बृहस्पति की तरह हाइड्रोजन, हीलियम, मीथेन और अमोनिया गैसें मिलती हैं।
- इसका सबसे बड़ा उपग्रह 'टाइटन' है जो बुध ग्रह के बराबर है।
- यह मंगल ग्रह की भांति नारंगी रंग का है।
- शनि अंतिम ग्रह है जिसे नंगी आंखों से देखा जा सकता है।

3. अरूण—

- सूर्य से दूरी के अनुसार यह सातवां ग्रह है तथा आकार की दृष्टि से तीसरा बड़ा ग्रह है।
- इसे सूर्य की परिक्रमा करने में 84 वर्षों का समय लगता है।
- अधिक अक्षीय झुकाव के कारण इसे 'लेटा हुआ ग्रह' भी कहते है।
- इस ग्रह की खोज सर विलियम हरशेल (1781) द्वारा की गयी थी।
- टेलीस्कोप से देखने पर यह हरे रंग का दिखाई देता है।
- इसका वायुमंडल सघन है जिसमें हाइड्रोजन, हीलियम, मीथेन और अमोनिया गैसें व्याप्त हैं।
- शनि की भांति इस ग्रह में भी वलय होते है जैसे—एल्फा, बीटा, गामा, डेल्टा तथा एपसिलान।

4. वरूण—

- सूर्य से दूरी के अनुसार यह आठवां ग्रह है।
- इस सूर्य की परिक्रमा करने में 164.81 वर्ष का समय लगता है। अर्थात सौरमंडल के सभी 8 ग्रहों में वरूण को सूर्य की परिक्रमा में सबसे अधिक समय लगता है।
- इस ग्रह की खोज जर्मन खगोलज्ञ जोहान गाले (1846) ने की।
- इसके वायुमंडल में हाइड्रोजन, हीलियम, मीथेन तथा अमोनिया विद्यमान हैं।
- यह ग्रह हल्का पीला दिखाई देता है।
- ट्राइटन व मेरीड इसके प्रमुख उपग्रह है।

5. पृथ्वी—

- सूर्य से दूरी की दृष्टि से तीसरा तथा आकार की दृष्टि से पांचवां ग्रह है।
- चारों ओर मध्यम तापमान, ऑक्सीजन और प्रचुर मात्रा में जल की उपस्थिति के कारण यह सौरमंडल का अकेला ऐसा ग्रह है जहाँ जीवन है। इसलिए इसे 'हरित ग्रह' भी कहा जाता है जो पृथ्वी का वैज्ञानिक नाम है।
- यह शुक्र और मंगल ग्रह के बीच स्थित है और शुक्र पृथ्वी के सबसे निकट है इसके पश्चात् क्रमशः मंगल, बुध और बृहस्पति का स्थान आता है।
- सूर्य एवं पृथ्वी के मध्य बुध और शुक्र ग्रह आते हैं।
- पृथ्वी अपने अक्ष पर 23½° झुकी हुई है और यह अपने अक्ष पर पश्चिम से पूर्व की ओर घूर्णन करती है जिसमे उसे 24 घंटे का समय लगता है।

- इसे सूर्य की परिक्रमा करने में 365 दिन 5 घंटे 48 मि. और 46 सेकेंड का समय लगता है, अर्थात् लगभग 6 घंटे। परंतु सुविधा के लिए हम एक वर्ष में 365 दिन ही गिनते हैं और 6 घंटे का समय छोड़ देते हैं। इस प्रकार चार वर्षों में (6 घंटे × 4 वर्ष = 24 घंटे अर्थात् 1 दिन) 24 घंटे का अथवा 1 दिन (6 घंटे × 4 वर्ष = 24 घंटे) का अंतर हो जाता है और प्रत्येक चौथे वर्ष के फरवरी माह में इस 1 अतिरिक्त दिन को जोड़ दिया जाता है। यही कारण है कि प्रत्येक चौथा वर्ष 366 दिन (लीप वर्ष) का होता है।
- पृथ्वी सूर्य की परिक्रमा 29.8 किमी/सेकेण्ड (लगभग 30 किमी/से) के वेग से चक्कर लगाती है।
- जल की अधिकता के कारण यह अंतरिक्ष से देखने में नीला दिखाई देता है अत: इसे नीला ग्रह भी कहते हैं।
- पृथ्वी और सूर्य के बीच की औसत दूरी को खगोलीय एकक (Astronomical Unit) कहते है।
- पृथ्वी का एकमात्र उपग्रह चन्द्रमा है।

ध्यातव्य हो कि

पृथ्वी एवं शुक्र का आकार लगभग बराबर है अत: दोनों ग्रहों को 'जुड़वा ग्रह' (Twin Planet) या जुड़वा बहनें या शुक्र को पृथ्वी की बहन के नाम से जाना जाता है।

ध्यातव्य हो कि

Astronomical Unit लंबाई मापने की इकाई है। यह इकाई सूर्य एवं पृथ्वी के बीच की औसत दूरी मापने के लिये प्रयोग की जाती है। अन्य इकाइयों में इस प्रकार से समझा जा सकता है—

मीटर में	–	149.598×10^{9}
मिलीमीटर में	–	149.59×10^{12}
प्रकाश वर्ष में	–	15.813×10^{-6}
खगोलीय इकाई	–	149.598×10^{6}

6. शुक्र (Venus)—

- यह सूर्य से दूसरा सबसे निकटतम ग्रह है तथा आकार की दृष्टि से यह सौर मंडल का छठा ग्रह है।
- सूर्य और चन्द्रमा के अतिरिक्त पृथ्वी से दिखने वाला यह सबसे चमकीला पिंड है।
- इसे 'सांझ का तारा' या 'भोर का तारा' कहते है क्योंकि यह शाम को पश्चिम दिशा में तथा सुबह पूरब की दिशा में आकाश में दिखायी देता है।
- शुक्र का कोई उपग्रह नहीं है।
- सौरमंडल का सर्वाधिक गर्म ग्रह शुक्र (475°C) है और उसके बाद बुध का स्थान (350°C दिन एवं 170°C रात) आता है।

ध्यातव्य हो कि

- सर्वपथम यूनानी दार्शनिक अरस्तु (382–322 ई.पू.) ने अपनी पुस्तक On The Heavens में लिखा था कि पृथ्वी 'गोल' (Spherical) है।
- पृथ्वी के गर्भ में पाया जाने वाला धातु लोहा (Iron), निकेल (Nickel) है।
- पृथ्वी के चक्कर से उतपन्न अपकेन्द्रीय बल विषुवत रेखा/भूमध्य रेखा पर सर्वाधिक होता है। इसी बल के प्रभाव के फलस्वरूप विषुवत रेखा पर किसी पिण्ड का भार सबसे कम और ध्रुवों की ओर जाने पर बढ़ता जाता है एवं किसी पिण्ड का भार सबसे अधिक होता है।

7. मंगल (Mars)—

- मंगल की सतह आयरन आक्साइड के कारण लाल है इसलिये इसे 'लाल ग्रह' (Red Planet) भी कहते हैं।
- इस ग्रह की घूर्णन (Rotation) गति पृथ्वी के घूर्णन गति के समान है।
- यह ग्रह अपने की सबसे बड़ी पर्वत चोटी 'निक्स ओलम्पिया' (Nix Olympia) है जो एवरेस्ट से 3 गुना ऊंचा है।
- फोबोस तथा डीमोस मंगल के दो उपग्रह हैं।

ध्यातव्य हो कि

मार्स ओडेसी नामक कृत्रिम उपग्रह से यहां बर्फ और हिम शीतल जल की उपस्थिति की सूचना मिली है। इसीलिए पृथ्वी के अलावा यह एकमात्र ग्रह है जिस पर जीवन की संभावना व्यक्त की जाती है।

8. बुध (Mercury)—

- बुध सूर्य का सबसे निकटतम तथा सौरमंडल का सबसे छोटा ग्रह है।
- इसे सूर्य की परिक्रमा करने में 88 दिन लगते हैं।
- वायुमंडल के अभाव के कारण बुध पर जीवन संभव नहीं है क्योंकि यहाँ दिन अति गर्म व रातें बर्फीली होती हैं।
- इसका ताप सभी ग्रहों में सबसे अधिक (560°) है इसलिये यह गर्म ग्रह की श्रेणी में आता है।

- बुध के सबसे पास से गुज़रने वाला कृत्रिम उपग्रह मैरिनर-10 था जिसके द्वारा लिये गये चित्रों से पता चलता है कि इसकी सतह पर कई पर्वत, क्रेटर और मैदान हैं।
- बुध का कोई उपग्रह नहीं है।

9. यम (Pluto)—

- यम या कुबेर (Pluto) की खोज 1930 ई. में क्लाइड टॉम्बैग ने की थी एवं इसे सौर मंडल का नवाँ एवं सबसे छोटा ग्रह माना गया।
- इसका एकमात्र उपग्रह चेरान है।
- 24 अगस्त, 2006 में चेक गणराज्य के प्राग में हुए अंतर्राष्ट्रीय खगोलीय संघ के सम्मेलन में वैज्ञानिकों ने इससे ग्रह का दर्जा छीन लिया।
- इस सम्मेलन में ग्रह की नई परिभाषा को अपनाया गया जो निम्नवत् है—
  - अब वही पिंड ग्रह कहलायेंगे, जो सूर्य की परिक्रमा करते हैं।
  - अपने गुरूत्वाकर्षण के लिए उनका न्यूनतम द्रव्यमान इतना हो कि वह गोलाकार हो जाए।
  - इसकी कक्षा अपने पड़ोसी की मार्ग की कक्षा को नहीं काटती है।

ध्यातव्य हो कि

- प्लूटो के साथ यही समस्या थी कि उसकी कक्षा Neptune की कक्षा (Orbit) से ओवरलैप करती थी।
- वर्ष 2006 में Pluto के ग्रह का दर्जा समाप्त कर उसे Dwarf Planet का दर्जा दिया गया तथा जून 2008 International Astronomical Union ने घोषित किया कि सौरमंडल में सुदूर स्थित प्लूटो की तरह के सभी आकाशीय पिंड को (Plutotide) प्लोटाइड का दर्जा मिलेगा।
- प्लोटाइड के लिए एक शर्त यह भी है कि उनकी दूरी सूर्य से Neptune की दूरी की तुलना में अधिक होनी चाहिए।

उपग्रह (Satellites)

- ये वे आकाशीय पिंड हैं जो अपने ग्रहों की परिक्रमा करने के साथ-साथ सूर्य के भी चक्कर लगाते हैं।
- ग्रहों की तरह उपग्रह भी सूर्य के प्रकाश से चमकते हैं।
- ग्रहों के समान उपग्रहों का भ्रमण पथ भी अंडाकार होता है।

चन्द्रमा (Moon)

- चन्द्रमा जितना समय परिक्रमण में लेता है उतना ही परिभ्रमण में।
- यह पृथ्वी का उपग्रह है जो पृथ्वी से 384365 किलोमीटर दूर स्थित है।
- चूंकि चन्द्रमा अंडाकार कक्ष में पृथ्वी की परिक्रमा करता है, इसी कारण पृथ्वी एवं चन्द्रमा की दूरी बदलती रहती है। फलस्वरूप जब चन्द्रमा पृथ्वी के सबसे निकट आता है तो वह स्थिति 'सुपर मून' कहलाती है। इस स्थिति को 'पूर्ण चरम चंद्रमा' भी कहते हैं क्योंकि इस स्थिति में चाँद 14% ज़्यादा बड़ा तथा 30% अधिक चमकीला दिखाई पड़ता है।
- एक कैलेन्डर माह में जब दो पूर्णिमाएं हो तो दूसरी पूर्णिमा का चांद 'ब्लू मून' कहलाता है। वस्तुतः इसका मुख्य कारण दो पूर्णिमाओं के बीच के अंतराल का 31 दिन से कम होना है। ऐसा हर दो-तीन साल पर होता है।
- जब किसी वर्ष विशेष में दो या अधिक माह ब्लू मून के होते हैं तो उसे ब्लू मून वर्ष कहा जाता है। वर्ष 2018 ब्लू मून वर्ष होगा।
- चन्द्रमा पर काले धब्बों (Lunar Mare) वाले क्षेत्र को 'शांति का सागर' अर्थात Sea of Transquility भी कहा जाता है।
- चन्द्रमा के धरातल पर खड़े दो व्यक्ति एक-दूसरे की बात नहीं सुन सकते क्योंकि चन्द्रमा में वायुमंडल का अभाव होता है।
- चन्द्रमा पर गुरूत्वाकर्षण बल का मान पृथ्वी के गुरूत्वाकर्षण का 1/6वाँ भाग है इसीलिए पृथ्वी से चन्द्रमा पर ले जाने पर किसी वस्तु का भार घटकर उसके भार का 1/6 हो जाता है।
- जापान ने चन्द्रमा में 'सेलिनी' नामक अंतरिक्षयान 14 सितंबर 2007 को प्रक्षेपित किया। इस प्रकार जापान एशिया का प्रथम देश बना जिसने सफलतापूर्वक चन्द्रमा के कक्ष में अंतरिक्षयान भेजा।

ध्यातव्य हो कि

अगस्त 2012 में दो पूर्णिमा (2 एवं 31 अगस्त) अर्थात 29 दिन के अंतर में पूर्णिमा देखे गये। इसमें 31 अगस्त 2012 के पूर्णिमा को ब्लू मून कहा गया। 31 जुलाई 2015 में ब्लू मून देखा गया। 31 जनवरी 2018 में भी ऐसी स्थिति देखी जाने की संभावना है।

धूमकेतु या पुच्छल तारे (Comets)

- ये आकाशीय धूल, बर्फ और हिमानी गैसों के पिंड हैं जो सूर्य से दूर ठंडे व अंधेरे क्षेत्र मे रहते हैं।
- ये सूर्य की परिक्रमा करते हैं और अपनी कक्षा में घूमते हुए कई वर्षों के पश्चात् जब ये सूर्य के समीप से गुज़रते हैं तो गर्म होकर इनसे गैसों की फुहार निकालती है, जो एक लंबी चमकीली पूंछ के समान प्रतीत होती है। कभी-कभी ये पूछे लाखों कि.मी. लंबी होती है। इसकी पूंछ सदैव सूर्य से दूर होती है, अर्थात् विपरीत दिशा में होती है और सौर हवाओं के सहारे आगे बढ़ती है।

- 18 अप्रैल 2015 तक, केवल 3,485 धूमकेतु देखे गए और नामित किए गए हैं। जुलाई 2013 तक ज्ञात धूमकेतुओं की संख्या 4894 है। जिसमें से प्रमुख है—टेम्पल-1, हेल बॉफ एवं हेली।
- शूमेकर लेवी 9 नामक धूमकेतु (Comet Shoemaker Levy-9) 16 से 22 जुलाई 1994 के मध्य बृहस्पति से टकराया था। इस टक्कर से बृहस्पति ग्रह को कोई नुकसान नहीं हुआ। सौरमंडल के दो घटकों के बीच देखी जाने वाली यह पहली टक्कर थी।

ध्यातव्य हो कि

मानव ने चन्द्रमा पर पहला कदम 20 जुलाई 1969 को रखा था। अमेरिका के अपोलो—11 मिशन द्वारा भेजे गये तीन अंतरिक्ष यात्रियों 1. नील आर्मस्ट्रांग, 2. माइकेल कोलिस, 3. एडविन एल्ड्रिन सम्मिलित थे, जिनमें से केवल नील आर्मस्ट्रांग और एडविन एलड्रिन ने चन्द्र तल पर अपने कदम रखे।

उल्कापिण्ड (Meteors)

- अंतरिक्ष में घूमते धूल और गैस से पिण्ड जब पृथ्वी के समीप से गुज़रते हैं तो पृथ्वी के गुरूत्वाकर्षण के कारण तेज़ी से पृथ्वी की ओर आते हैं और पृथ्वी के वायुमण्डल में आकर घर्षण से चमकने लगते हैं, जो पृथ्वी पर पहुंचने से पूर्व ही जलकर राख हो जाते हैं, इन्हें उल्का पिण्ड (Meteors) कहते है।
- कुछ पिण्ड वायुमण्डल में घर्षण से पूर्णतः नहीं जलते और चट्टानों के रूप में पृथ्वी पर आ गिरते हैं, इन्हें 'उल्काश्म' (Shooting Star/ Falling Star) कहते हैं, इनकी संरचना पृथ्वी के समान है।
- ये रात में टूटते हुए तारे की भांति प्रतीत होते हैं।
- इस तरह के उल्कापिण्ड एरिजोना (USA) तथा साइबेरिया (रूस) में गिरे थे।

क्षुद्रग्रह (Asteriods)

- मंगल और वृहस्पति की कक्षाओं के बीच मुख्य रूप से सूर्य की परिक्रमा करने वाले छोटे-छोटे आकाशीय पिण्ड (विभिन्न आकारों के चट्टानी मलबे) (Asteriods) कहलाते हैं।
- इनकी संख्या लगभग 45000 है।
- ये आकार में चन्द्रमा से भी काफी छोटे हैं। परन्तु कुछ का व्यास 1000 कि.मी. तक बड़ा है।
- इटली के खगोलशास्त्री पियाजी ने (1 जनवरी, 1801) पहला (Asteriod) सिरेस (Ceres) की खोज की। अन्य प्रमुख (Asteriod)—पलास (Pallas), जूनो (Juno) तथा वेस्टा (Vesta) आदि है।
- इनका निर्माण ग्रहों के टूटने से माना जाता है।
- पारसेक (Parsec)—दूरी मापन मात्रक है।
  1 पारसेक = 3.26 प्रकाश वर्ष
- सौर प्रतिदिप्ती (Solar-Flare) सूर्य की सतह से प्रकाश के विस्फोट के रूप में निकलने वाली विशाल ऊर्जा है। इन्हें ब्रह्मांडीय किरणें (Cosmic Rays) कहते है।
- सौर प्रतिदिप्ती के कारण पृथ्वी के दोनों ध्रुवों पर रोशनी की बरसात (Rain of Light) जैसा दृश्य होता है।
- इसे उत्तरी ध्रुव पर उत्तर ध्रुवीय ज्योति (Aurora– Borealis) और दक्षिणी ध्रुव पर दक्षिणी ध्रुवीय ज्योति (Aurora– Australis) कहते हैं।

अध्याय सार संग्रह

ग्रहों का वर्गीकरण

	आधार	ग्रहों की रैंकिंग
(i)	चट्टानी/आंतरिक ग्रह *नोट*—आकार में छोटे एवं घनत्व मे अधिक।	बुध, शुक्र, पृथ्वी, मंगल
(ii)	गैसीय/वाह्य ग्रह *नोट*—आकार में बड़े एवं घनत्व में कम। आंतरिक एवं वाह्य ग्रहों के मध्य (Mars & Jupiter) क्षुद्र ग्रह पाये जाते हैं।	बृहस्पति, शनि, अरूण, वरूण
(iii)	गर्म एवं ठण्डे ग्रह	गर्म ग्रह—बुध, शुक्र ठण्डे ग्रह— बृहस्पति, मंगल, शनि, अरूण, वरूण, पृथ्वी
(iv)	आकार के आधार पर	बृहस्पति, शनि, अरूण, वरूण, पृथ्वी, शुक्र, मंगल, बुध
(v)	सूर्य से दूरी के आधार पर	बुध, शुक्र, पृथ्वी, मंगल, बृहस्पति, शनि, अरूण, वरूण
(vi)	घनत्व के अनुसार ग्रहों का क्रम (बढ़ते क्रम में)	शनि, अरूण, बृहस्पति, वरूण, मंगल, शुक्र, बुध, पृथ्वी
(vii)	द्रव्यमान के अनुसार ग्रहों का क्रम (घटते क्रम में)	बृहस्पति, शनि, वरूण, अरूण, पृथ्वी, शुक्र, मंगल, बुध
(viii)	परिक्रमण (Revolution) के आधार पर (बढ़ते क्रम में) *नोट*—सूर्य के निकट होने के कारण Mercury को परिक्रमण करने मे सबसे कम समय और Naptune को सबसे अधिक समय लगता है।	बुध, शुक्र, पृथ्वी, मंगल, बृहस्पति, शनि, अरूण, वरूण
(ix)	परिभ्रमण (Rotation) के आधार पर (बढ़ते क्रम में)	बृहस्पति, शनि, अरूण, वरूण, पृथ्वी, मंगल, बुध, शुक्र
(x)	अपने अक्ष पर झुकाव के आधार पर (बढ़ते क्रम में)	शुक्र, बृहस्पति, बुध, पृथ्वी, मंगल, शनि, अरूण, वरूण

ग्रहों के प्रमुख उपग्रह (Main Satellites of Planets)

क्र.सं.	ग्रह	उपग्रह की संख्या	प्रमुख उपग्रहों के नाम
1.	बुध	–	–
2.	शुक्र	–	–
3.	पृथ्वी	1	चन्द्रमा
4.	मंगल	2	फोबोस, डिमोस
5.	बृहस्पति	67	गैनीमीड, कैलेस्टो, लो, यूरोपा, हिमालिया, थेबे, मेटिस, टाइटन, रिया
6.	शनि	63	लापेटस, डायोन, टेपिस, इनसेलाइट, मिमास, हाइपेरिओन, फोबे, पण्डोरा, एरियल
7.	अरूण	27	टिटेनिया, ओबेरान, आम्ब्रियल, मिराण्डा, पोर्टिया
8.	वरूण	13	टिट्रान, नेरीड

ग्रहों की उपमाएँ

क्र.	उपमाएँ	ग्रह
1.	सूर्य के निकटस्थ ग्रह	बुध (Mercury)
2.	सर्वाधिक तापान्तर वाला ग्रह	बुध (Mercury)
3.	सर्वाधिक तीव्र परिक्रमा करने वाला ग्रह	बुध (Mercury)
4.	सबसे छोटा ग्रह	बुध (Mercury)
5.	भोर का तारा (Morning Star)	शुक्र (Venus)
6.	शाम का तारा (Evening Star)	शुक्र (Venus)
7.	पृथ्वी के निकटतम ग्रह	शुक्र (Venus)
8.	सर्वाधिक गर्म ग्रह	शुक्र (Venus)
9.	पृथ्वी की जुड़वां बहन (Earth Twin)/भगिनी ग्रह	शुक्र (Venus)
10.	न्यूनतम घूर्णन गति वाला ग्रह	शुक्र (Venus)
11.	लगभग समान घूर्णन एवं परिक्रमण अवधि वाला ग्रह	शुक्र (Venus)
12.	वह ग्रह जिसका एक दिन उसके एक वर्ष से बड़ा होता है।	शुक्र (Venus)
13.	ग्रहों एवं सूर्य के घूर्णन की दिशा के विपरीत दिशा में (clockwise) घूर्णन करने वाला ग्रह	शुक्र एवं अरूण (Venus & Uranus)
14.	सौन्दर्य का देव	शुक्र (Venus)
15.	नीला ग्रह (Blue planet)	पृथ्वी (Earth)
16.	पृथ्वी सदृश ग्रह	मंगल (Mars)
17.	पृथ्वी के लगभग समान दिन व अक्षीय झुकाव वाला ग्रह	मंगल (Mars)
18.	लाल ग्रह (Red Planet)	मंगल (Mars)
19.	सर्वाधिक तीव्र गति से घूर्णन करने वाला ग्रह	बृहस्पति (Jupiter)
20.	मास्टर ऑफ गॉड्स उपमा वाला ग्रह	बृहस्पति (Jupiter)
21.	लघु सौर तंत्रा वाला ग्रह	बृहस्पति (Jupiter)
22.	बृहस्पति से समानता रखने वाला ग्रह	शनि (Saturn)
23.	गैसों का गोला (Globe of Gases)	शनि (Saturn)
24.	आकाशगंगा सदृश ग्रह	शनि (Saturn)
25.	सर्वाधिक चपटा (Oblate) ग्रह	शनि (Saturn)
26.	हरे रंग का दिखने वाला ग्रह	अरूण (Uranus)
27.	पश्चिम में सूर्योदय व पूर्व में सूर्यास्त होने वाला ग्रह	शुक्र व अरूण (Venus & Uranus)
28.	सबसे ठंडा ग्रह	अरूण (Uranus)
29.	लेटा हुआ ग्रह	अरूण (Uranus)
30.	सूर्य से दूरस्थ ग्रह	वरूण (Naptune)

अन्तरिक्ष की प्रमुख माप इकाइयाँ

1.	प्रकाश वर्ष	=	6×10^{12} मील (9.46×10^{12} किमी)
2.	खगोलीय इकाई	=	1.49×10^{8} किमी
3.	पारसेक	=	3.26 प्रकाश वर्ष (Light Year)
4.	कास्मिक वर्ष	=	225 मिलियन वर्ष

खोजे गये नये उपग्रह

1.	केपलर	—	22वीं
2.	केपलर	—	22 ई (22–E)
3.	केपलर	—	20 एफ (20–F)
4.	जी.एल	—	581 जी (581–G)
5.	एच.डी.	—	82212 बी (82212–B)
6.	पी.एस.आर.जे.	—	11719-1438

अध्याय 3

पृथ्वी की गतियाँ

इस अध्याय में आप सीखेंगे किः

- पृथ्वी का सौर मण्डल में क्या स्थान है और पृथ्वी का परिश्रमण एवं परिक्रमण कैसे करती है।
- पृथ्वी के घूर्णन एवं परिभ्रमण के क्या-क्या प्रभाव व परिणाम होते हैं।
- पृथ्वी के दैनिक एवं वार्षिक गति के जीवन में क्या-क्या प्रभाव पड़ते हैं।

पृथ्वी की गतियाँ (Motion of the Earth)—पृथ्वी सौरमंडल का एक ग्रह है जिसकी दो गतियाँ हैं—

1. घूर्णन/परिभ्रमण
2. परिक्रमण

पृथ्वी की गतियाँ

1. घूर्णन/ परिभ्रमण (Rotation)

पृथ्वी सदैव अपने अक्ष पर पश्चिम से पूर्व लट्टू की भांति घूमती रहती है जिसे 'पृथ्वी का घूर्णन या परिभ्रमण' (Rotation) कहते हैं। इसके कारण दिन व रात होते हैं। अत: इस गति को 'दैनिक गति' (Daily motion) कहते हैं।

परिभ्रमण से तात्पर्य है, पृथ्वी का अपने अक्ष पर घूमना

नोट—एपीहीलियन

2. परिक्रमण (Revolution)

पृथ्वी अपने अक्ष पर घूमने के साथ-साथ सूर्य के चारों ओर अंडाकार मार्ग (Geoid) पर 365 दिन तथा 6 घंटे में एक चक्कर पूरा करती है। पृथ्वी के इस अंडाकार मार्ग को 'भू-कक्षा' (Earth Orbit) कहते हैं। पृथ्वी की इस गति को 'परिक्रमण' या 'वार्षिक गति' कहते हैं। इस गति से ऋतु परिवर्तन होता है।

पृथ्वी द्वारा सूर्य के चारों ओर चक्कर लगाना परिक्रमण कहलाता है।

नोट—पृथ्वी के परिक्रमण करने की प्रक्रिया के कारण पृथ्वी दो स्थितियों से गुज़रती है—

(i) पेरीहीलियन (उपसौर /3 जनवरी नज़दीक)

(ii) एपीहीलियन (अपसौर /4 जुलाई दूर)

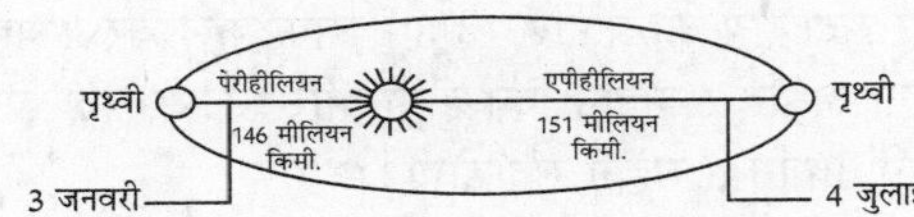

पृथ्वी के परिभ्रमण का प्रभाव—पृथ्वी की घूर्णन प्रक्रिया के कारण पृथ्वी का आधा भाग सूर्य के प्रकाश में रहता है और दूसरा भाग अंधेरे में। प्रकाश वाले भाग में दिन तथा अंधेरे वाले भाग में रात होती है।

पृथ्वी के परिक्रमण का प्रभाव— सूर्य के परिक्रमण मार्ग पर पृथ्वी का अक्ष सदैव एक ओर झुका हुआ रहता है। वर्ष के दौरान पृथ्वी सूर्य की ओर अलग-अलग कोणों पर होती है। ये बदलते कोण हमें विभिन्न सूर्य तीव्रताएँ प्रदान करती है और इसलिए हमें चार अलग-अलग मौसम मिलते हैं।

ध्यातव्य हो कि

पृथ्वी अपनी अक्ष पर 23½° झुकी हुई है लेकिन पृथ्वी का अक्ष इसकी कक्षा के सापेक्ष में 66½° कोण बनाता है।

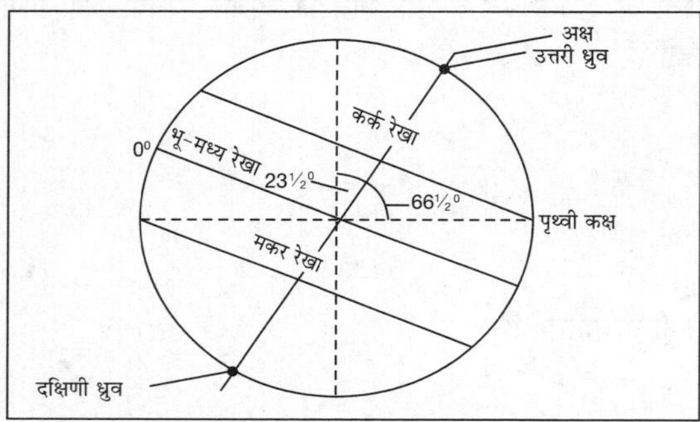

चित्रः पृथ्वी के अक्ष और भू-मध्य रेखा

- पृथ्वी के अक्ष के झुके होने के कारण उत्तरी गोलार्द्ध (North Hemisphere) 6 महीने सूर्य की ओर झुका रहता है और उत्तरी गोलार्द्ध का अधिकांश भाग सूर्य के प्रकाश में रहता है जिसके परिणामस्वरूप यहाँ दिन बड़े और रात छोटी होती हैं। इसके विपरीत इस अवधि में दक्षिणी गोलार्द्ध (South Hemisphere) सूर्य से दूर होता है, अतः वहाँ दिन छोटे और राते बड़ी होती हैं।
- सूर्य के परिक्रमण मार्ग पर जब दक्षिणी गोलार्द्ध सूर्य के सामने झुका होता है तो उसके सभी स्थानों पर दिन बड़े और रातें छोटी होती हैं। इसके विपरीत इस अवधि में उत्तरी गोलार्द्ध सूर्य से दूर होता है अतः वहां दिन छोटे और रातें बड़ी होती हैं।
- जब उत्तरी गोलार्द्ध 6 महीने सूर्य की ओर झुका रहता है तो 'उत्तरी ध्रुव' (North Pole) पर सदा सूर्य का प्रकाश रहेगा जिसके फलस्वरूप यहाँ 24 घंटे दिन होगा अर्थात् 6 महीने दिन होगा और दक्षिण ध्रुव (South Pole) पर 24 घंटे रात होगी अर्थात् 6 महीने रात होगी।
- जब दक्षिणी गोलार्द्ध 6 महीने सूर्य की ओर झुका रहता है तो 'दक्षिण ध्रुव' पर सदा सूर्य का प्रकाश रहेगा जिसके फलस्वरूप यहाँ 24 घंटे दिन होगा अर्थात् 6 महीने दिन होगा और 'उत्तरी ध्रुव' पर 24 घंटे रात होगी अर्थात् 6 महीने रात होगी।

ध्यातव्य हो कि

केवल विषुवत रेखा पर ही दिन और रात की अवधि बराबर होती है। विषुवत रेखा से जैसे-जैसे हम उत्तर या दक्षिण ध्रुवों की ओर जाते हैं दिन और रात की अवधि में अंतर बढ़ता जाता है।

ऋतु परिवर्तन (Change in Season)

- सूर्य के चारों ओर पृथ्वी वृत्ताकार कक्षा में परिक्रमण करती है और प्रत्येक 3-3 महीने के अंतर पर पृथ्वी चार स्थितियों से गुज़रती है। इन स्थितियों की तिथियां लगभग निश्चित होती हैं और ये अवस्थायें ही ऋतु परिवर्तन कहलाती हैं।
- सूर्य का परिक्रमण करने पर पृथ्वी निम्नलिखित परिस्थितियों में आती है—

प्रथम स्थिति	-	21 जून
द्वितीय स्थिति	-	22 दिसंबर
तृतीय स्थिति	-	23 सितम्बर
चतुर्थ स्थिति	-	21 मार्च

प्रथम स्थिति (21 जून) (Summer Solistice)

- इस स्थिति में पृथ्वी का उत्तरी ध्रुव सूर्य के सामने झुका है, जबकि दक्षिणी ध्रुव सूर्य से दूर है।
- सूर्य की किरणें विषुवत रेखा से 23½° उत्तर में अर्थात् कर्क रेखा पर सीधी पड़ रही हैं। इस स्थिति में उत्तरी गोलार्द्ध का अधिकांश भाग प्रकाशित हो रहा है जिससे यहां दिन बड़े, रात छोटी और दोपहर के समय सूर्य की किरणें लंबवत पड़ रही है, इसलिए यहाँ ग्रीष्म ऋतु है। इसके विपरीत द. गोलार्द्ध में सूर्य की किरणें तिरछी पड़ने के कारण गोलार्द्ध का अपेक्षाकृत कम भाग प्रकाशित हो रहा है जिसमें यहाँ दिन छोटे और रात बड़ी हैं, इसलिए यहाँ शीत ऋतु है।

द्वितीय स्थिति (22 दिसंबर) (Winter Solistice)

- इस स्थिति में दक्षिणी ध्रुव सूर्य के सामने झुका हुआ होता है और उत्तरी ध्रुव सूर्य से दूर है।
- सूर्य की किरणें विषुवत रेखा से 23½° दक्षिण में अर्थात मकर रेखा पर सीधी पड़ रही हैं। इस स्थिति में दक्षिणी गोलार्द्ध में दिन बड़े और रातें छोटी होती हैं, इसलिए यहाँ ग्रीष्म ऋतु है। इसके विपरीत उत्तरी गोलार्द्ध में रात बड़ी और दिन छोटे होते हैं, इसलिए यहाँ शीत ऋतु है।

तृतीय एवं चतुर्थ स्थिति (21 मार्च और 23 सितंबर) (Equinox)

- इन दोनों स्थितियों में सूर्य की किरणें दोपहर के समय विषुवत रेखा पर लंबवत पड़ रही हैं। इस समय दोनों ध्रुवों पर भी सूर्य की किरणें पड़ती हैं। परिणामस्वरूप पृथ्वी के दोनों गोलार्द्ध के ठीक आधे भाग प्रकाशित हो रहे हैं। इसलिए इन दोनों तिथियों को सारे संसार में दिन और रात बराबर होते हैं। 23 सितंबर को उत्तरी गोलार्द्ध में शरद ऋतु और दक्षिणी गोलार्द्ध में बसंत ऋतु होती है जबकि इसके विपरीत 21 मार्च को उत्तरी गोलार्द्ध में बसंत ऋतु और दक्षिणी गोलार्द्ध में शरद ऋतु होती है।

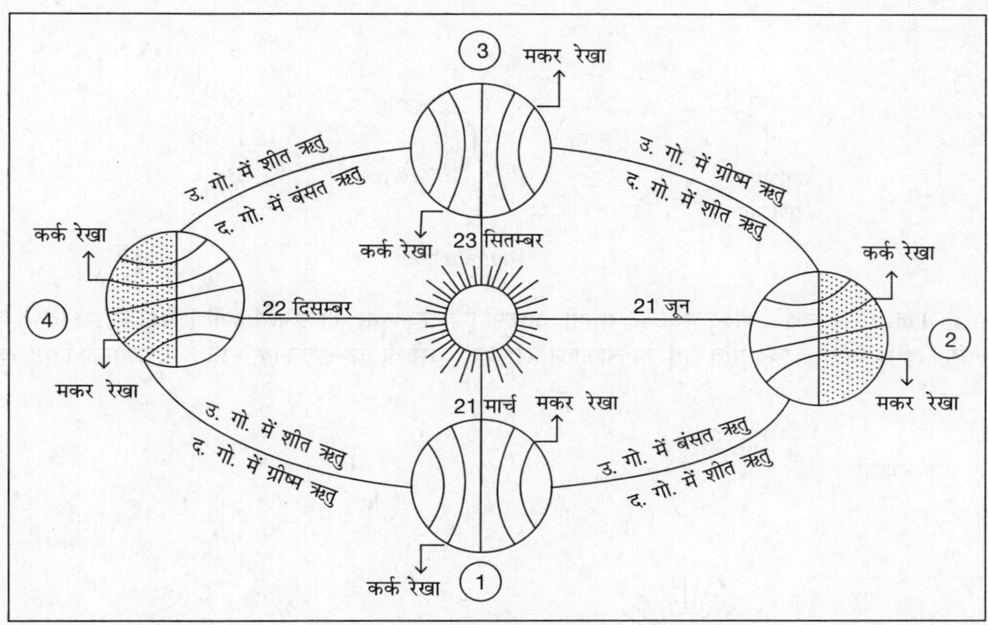

चित्र: ऋतु परिवर्तन

- 21 मार्च को सूर्य उत्तरी गोलार्द्ध में प्रवेश करता है । (उत्तरी गोलार्द्ध में ग्रीष्म)
- 23 सितंबर को सूर्य दक्षिणी गोलार्द्ध में प्रवेश करता है। (दक्षिणी गोलार्द्ध में ग्रीष्म)
- 21 मार्च, 23 सितंबर को दिन और रात बराबर होते हैं।
- वर्ष भर दिन और रात भू-मध्य रेखा पर बराबर होते हैं।
- वर्ष का सबसे लंबा दिन 21 जून (Summer Solistice)
- वर्ष का सबसे छोटा दिन 22 दिसंबर (Winter Solistice)
- वर्ष के 21 जून की दोपहर में छाया सबसे छोटी बनेगी।

ध्यातव्य हो कि

सूर्य की लंबवत किरणें—दोपहर के समय सूर्य की किरणें लंबवत होती हैं और यह किरणें सूर्य के छोटे भाग पर पड़ती हैं अत: उन किरणों से अधिक ऊर्जा प्राप्त होती है।

सूर्य की तिरछी किरणें—सुबह और शाम के समय सूर्य की किरणें तिरछी पड़ती हैं और पृथ्वी के बहुत बड़े भाग पर फैलती हैं। अत: उन किरणों से कम ऊर्जा प्राप्त होती है।

ज्वार भाटा (Tide)

- सूर्य व चंद्रमा की आकर्षण शक्तियों के कारण समुद्री जल दिन में दो बार निश्चित अंतराल पर ऊपर उठता तथा नीचे गिरता है। यह प्रक्रिया ज्वार भाटा कहलाती है। इससे उत्पन्न तरंगों को ज्वारीय तरंगें कहते हैं।
- ज्वार-भाटा की उत्पत्ति सूर्य एवं चंद्रमा के गुरूत्वाकर्षण शक्ति के कारण होती है।
- यद्यपि सूर्य चंद्रमा से बहुत बड़ा है परंतु चंद्रमा की गुरूत्वाकर्षण शक्ति का प्रभाव सूर्य के गुरूत्वाकर्षण शक्ति से दो गुना है इसका कारण चंद्रमा का पृथ्वी से सूर्य की तुलना में अधिक निकट होता है।
- प्रत्येक स्थान पर ज्वार 12 घंटे बाद उत्पन्न होना चाहिए परंतु ऐसा नहीं होता। इसका कारण पृथ्वी और चंद्रमा की गतियां हैं। अत: दो ज्वार भाटे के बीच का अंतराल 12 घंटे 26 मिनट होता है क्योंकि पृथ्वी को अपना 1 घूर्णन पूरा करने में 24 घंटे का समय लगता है जबकि चंद्रमा को पृथ्वी का एक चक्कर पूरा करने में 27 दिन 7 घंटे और 43 मिनट का वक्त लगता है। अर्थात चंद्रमा 24 घंटे में पृथ्वी का 1/28 भाग तय कर पाता है। इसलिए पृथ्वी के उस स्थान को चंद्रमा के समक्ष पहुंचने में 52 मिनट का अतिरिक्त समय लग जाता है।

- ज्वार भाटा दो प्रकार के होते हैं—

1. दीर्घ ज्वार
2. लघु ज्वार

1. **दीर्घ ज्वार (Spring Tides)**—पूर्णिमा एवं अमवस्या के दिन दीर्घ ज्वार की उत्पत्ति होती है क्योंकि इस दिन सूर्य चंद्रमा और पृथ्वी तीनों एक सीध में होते हैं।

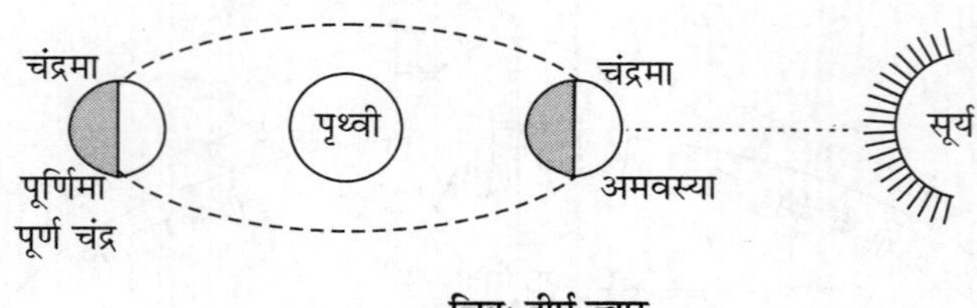

चित्रः दीर्घ ज्वार

2. **लघु ज्वार (Neap Tides)**—कृष्ण व शुक्ल पक्ष की सत्तमी, अष्टमी को लघु ज्वार की उत्पत्ति होती है क्योंकि इस दिन सूर्य, चंद्रमा और पृथ्वी तीनों मिलकर समकोण बनाते हैं तो चंद्रमा व सूर्य का आकर्षण बल एक-दूसरे के विपरीत कार्य करते हैं फलस्वरूप निम्न ज्वार का अनुभव होता है।

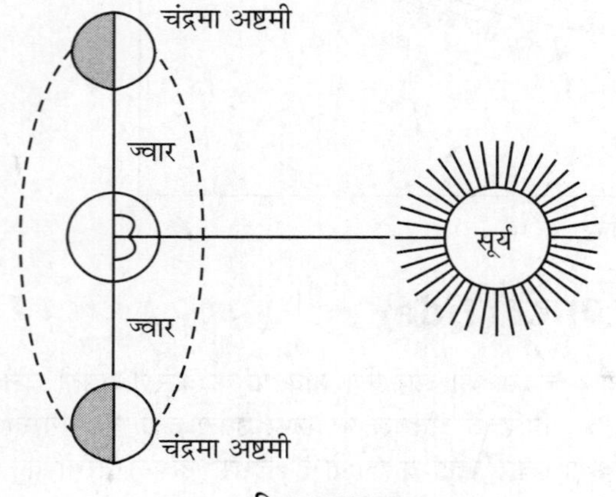

चित्रः लघु ज्वार

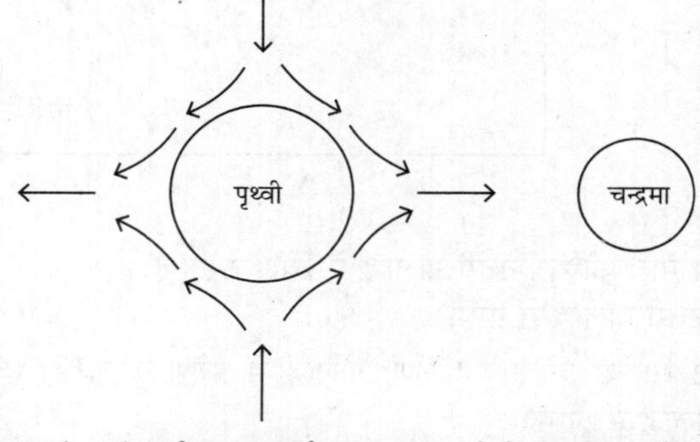

चित्रः चंद्र एवं पृथ्वी का आकर्षण बल एक दूसरे के विपरीत दर्शाते हुए

ध्यातव्य हो कि

- लघु ज्वार सामान्य ज्वार से 20% नीचा व दीर्घ ज्वार सामान्य ज्वार से 20% ऊँचा होता है।

  120% दीर्घ ज्वार   100% सामान्य ज्वार   80% लघु ज्वार
- पृथ्वी पर चंद्रमा के सम्मुख स्थित भाग पर चंद्रमा की गुरूत्वाकर्षण शक्ति के कारण ज्वार आता है, किंतु इसी समय पृथ्वी पर चंद्राविमुखी भाग पर भी ज्वार आता है। इसका कारण पृथ्वी के घूर्णन को संतुलित करने के लिए अपकेन्द्रीय बल (Centrifugal Forces) का शक्तिशाली होना है।

चन्द्र ग्रहण और सूर्य ग्रहण (Lunar Eclipse & Sun Eclipse)

- **चन्द्र ग्रहण (Lunar Eclipses)**—जब पृथ्वी, सूर्य एवं चंद्रमा के बीच आ जाती है, तो चंद्रमा को सूर्य का प्रकाश नहीं प्राप्त हो पाता है, बल्कि पृथ्वी की छाया चंद्रमा पर पड़ने लगती है। इसे चन्द्र ग्रहण कहते हैं। चंद्र ग्रहण सदैव पूर्णिमा (Full Moon) को होता है, परंतु प्रत्येक पूर्णिमा को नहीं। क्योंकि चंद्रमा, पृथ्वी एवं सूर्य प्रत्येक पूर्णिमा को एक सीधी रेखा में नहीं आते हैं।

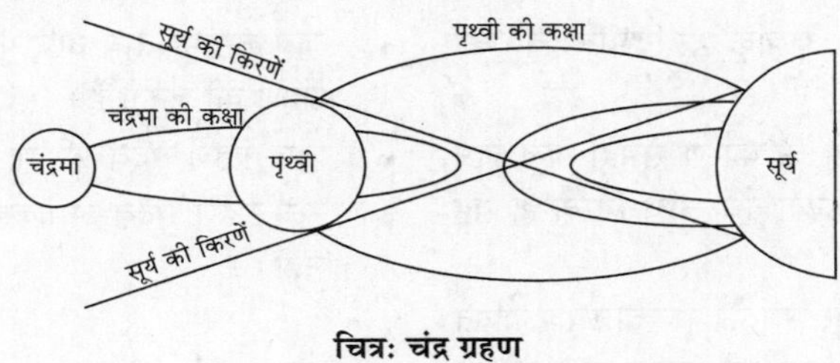

चित्र: चंद्र ग्रहण

ध्यातव्य हो कि

चंद्र ग्रहण अधिकतम 1 घंटे 40 मिनट तक होता है।

- **सूर्य ग्रहण (Sun Eclipses)**—जब चंद्रमा पृथ्वी एवं सूर्य के बीच आ जाता है तो चंद्रमा की छाया पृथ्वी पर पड़ती है एवं सूर्य का प्रकाश पूर्ण रूप से पृथ्वी को नहीं मिल पाता इसे Sun Eclipses कहते हैं। सूर्य ग्रहण सदैव अमावस्या (New Moon) के दिन पड़ता है। परंतु प्रत्येक अमावस्या को नहीं। क्योंकि चंद्रमा पृथ्वी के कक्ष तल में कभी-कभी होता है।

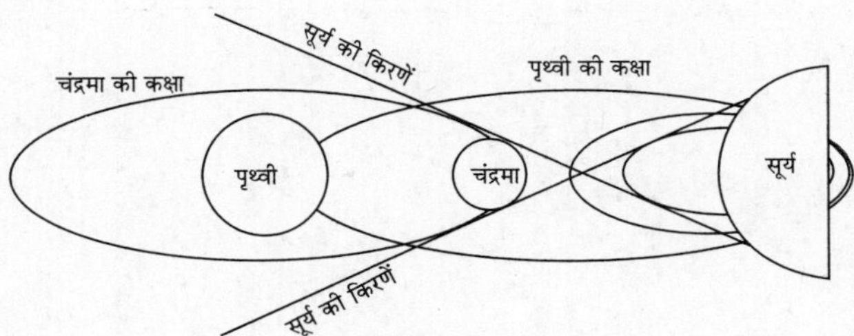

चित्र: सूर्य ग्रहण

ध्यातव्य हो कि

- जब चंद्रमा, सूर्य को पूरी तरह ढक लेता है तो इसे पूर्ण सूर्य ग्रहण कहा जाता है, परंतु जब चंद्रमा सूर्य का कुछ भाग ही ढक पाता है तो इसे आंशिक सूर्य ग्रहण कहा जाता है।
- सूर्य ग्रहण की अवधि में जब सूर्य एक चमकती हुई अंगूठी के रूप में दिखाई पड़ता है तो इसे 'डायमंड रिंग या कोरोना' कहा जाता है।
- एक कैलेण्डर वर्ष में अधिकतम 7 ग्रहण (सूर्य एवं चंद्र ग्रहण को मिलाकर) हो सकते हैं। तथा सूर्य ग्रहण की घटना वर्ष में न्यूनतम 2 बार, अधिकतम 5 बार हो सकती है।
- प्रत्येक सूर्य ग्रहण के दिन पूर्ण सूर्य ग्रहण नहीं होता है।
- पूर्ण सूर्य ग्रहण अधिकतम 7 मिनट 40 सेकेंड तक हो सकता है।

अध्याय सार संग्रह

- पृथ्वी के घूर्णन से दिन और रात होता है, जबकि पृथ्वी के परिक्रमण से ऋतु परिवर्तन होता है।
- 21 जून वर्ष का सबसे बड़ा दिन होता है, जबकि 22 दिसम्बर वर्ष का सबसे छोटा दिन होता है।
- सूर्य और चन्द्रमाँ की आकर्षण शक्तियों के कारण समुद्री जल दिन में दो बार निश्चित अन्तराल पर ऊपर उठता तथा नीचे गिरता है, यह प्रक्रिया ही ज्वार भाटा कहलाता है।
- चन्द्रमाँ की गुरूत्वाकर्षण शक्ति का प्रभार सूर्य के गुरूत्वाकर्षण शक्ति से दो गुना अधिक है, क्योंकि चन्द्रमाँ सूर्य की तुलना में पृथ्वी के अधिक निकट है।
- जब पृथ्वी, सूर्य एवं चन्द्रमाँ के बीच आ जाती है तो यह स्थिति चन्द्र ग्रहण कहलाती है।
- जब चन्द्रमाँ, सूर्य और पृथ्वी के बीच आ जाता है तो यह स्थिति सूर्य ग्रहण की बनती है।
- चन्द्र ग्रहण सदैव पूर्णिमा को होता है, परन्तु प्रत्येक पूर्णिमा को नहीं।
- सूर्य ग्रहण सदैव अमावस्या को होता है, परन्तु प्रत्येक अमावस्या को नहीं।

अध्याय 4

वायुमण्डल

इस अध्याय में आप सीखेंगे किः

- वायुमण्डल क्या है और इसकी आवश्यकता क्यों है। इसकी संरचना और विशेषताएँ कौन-कौन सी है।
- वायुमण्डलीय परिघटना का मानव जीवन में क्या-क्या प्रभाव पड़ता है।
- ऊष्मा बजट और आर्द्रता एवं वर्षण, वायु राशि, एवं चक्रवात के क्या-क्या प्रभाव पड़ते हैं।

वायुमण्डल का अर्थ (Meaning of Atmosphere)

पृथ्वी को चारों ओर से घेरे हुए वायु के वस्तृत फैलाव को वायुमंडल कहते हैं, अर्थात् वायुमंडल अनेक गैसों का मिश्रण है जिसमें ठोस और तरल पदार्थों के कण असमान मात्राओं में तैरते रहते हैं। यह सौर विकिरण की लघु तरंगों को पृथ्वी के धरातल तक आने देता है जबकि विकिरण की लंबी तरंगों के लिए अवरोध् बनता है। इस प्रकार यह ऊष्मा को रोककर एक विशाल की भांति कार्य करता है जिससे पृथ्वी पर औसतन 15° तापमान बन रहता है। यही तापमान पृथ्वी पर जीवमंडल के विकास का आधार है।

वायुमण्डल की संरचना (Composition of the Atmosphere)

वायुमंडल कई गैसों का मिश्रण है। इसके अतिरिक्त वायुमंडल में जलवाष्प (Water Vapour) तथा धूल के कण (Dust Particles) भी उपस्थित हैं।

गैसें

प्रमुख गैस	वायुमंडल के आयतन का %
नाइट्रोजन (N_2)	78%
आक्सीजन (O_2)	21%
आरगन (Ar)	.93%
कार्बन डाई ऑक्साइड (CO_2)	.03%

अन्य गैस

नियान (Ne), हीलियम (He), ओज़ोन (O_3), हाइड्रोजन (H), मिथेन (H_4), क्रिप्टन (Kr), जेजान (Xe)

जलवाष्प

गैसों से अधिक महत्वपूर्ण वायुमंडल में उपस्थित जलवाष्प है जो हमारी जलवायु को सबसे अधिक प्रभावित करते है। वायुमंडल में जलवाष्प की औसत मात्रा 4% है। अति आर्द्र जलवायु की स्थिति में भी आयतन के हिसाब से 6% से अधिक जलवाष्प नहीं होता है। परन्तु अति शुष्क वायु में भी थोड़ा बहुत जलवाष्प अवश्य होता है।

नोट—ऊंचाई के साथ (From Equator to Pole) जलवाष्प की मात्रा कम होती जाती है क्योंकि वायुमंडल में उपस्थित कुल जलवाष्प का 90% भाग वायुमंडल में 4 किमी. से नीचे रहता है।

धूल कण

इनमें मुख्यतः समुद्री नमक, सूक्ष्म मिट्‌टी धुंए की कालिख राख, पराग, धूल तथा उल्कापात के कारण शामिल होते हैं। ये मुख्यतः वायुमंडल के निचले स्थल अर्थात क्षोभमंडल में पाए जाते हैं।

धूल कण—ये धूल कण हमारे जीवन के लिए बहुत ही उपयोगी होती है। इनमें अधिकांश आर्द्रताग्रही केंद्र (Hygroscopic Nuclei) बन जाते हैं जिन पर वायुमंडलीय जलवाष्प का संघनन होता है। इस प्रक्रिया से बादल बनते हैं और वर्षा होती है। धूल कण सूर्याताप को रोकने तथा उसे परावर्तित करने का कार्य भी करते हैं। ये सूर्योदय तथा सूर्यास्त के समय आकाश में लाल और नारंगी रंग की छटाओं का निर्माण करते हैं। इनसे धुन्ध तथा कोहरा भी बनता है। आकाश का नीला रंग धूल के कणों के कारण ही दिखायी देता है।

ध्यातव्य हो कि

सूर्योदय के समय आकाश में छायी लाली को प्रभात (Dawn) तथा सूर्यास्त के समय आकाश में छाया नारंगी रंग की छटाओं को गोधूलि बेला (Twilight) कहते हैं।

ध्यातव्य हो कि

- **ओज़ोन**—यह गैस आक्सीजन का एक विशेष रूप है। यह वायुमंडल में अधिक ऊंचाईयों पर ही अति न्यून मात्रा में मिलती है। यद्यपि वायुमंडल में इसकी मात्रा बहुत कम होती है परंतु यह वायुमंडल का एक महत्वपूर्ण घटक है। यह एक छन्नी की भांति कार्य करती है और सूर्य की पराबैंगनी किरणों (Ultraviolet Radiation) के विकिरण को अवशोषित कर लेती है और हमारे लिए सुरक्षा कवच का कार्य करती है। वायुमंडल में ओज़ोन गैस की मात्रा में कमी होने से सूर्य की पराबैंगनी विकिरण अधिक मात्रा में पृथ्वी पर पहुंचकर तापमान में वृद्धि व चर्म कैंसर का खतरा उत्पन्न हो सकती है।
- यह गैस समताप मंडल के निचले भाग में पायी जाती है।
- जेट वायुयानों से निकलने वाली नाइट्रोजन ऑक्साइड, एयर कंडीशनर, रेफ्रिजेरेटर आदि में प्रयुक्त और निकलने वाली क्लोरोफ्लोरो कार्बन ओज़ोन परत को नुकसान पहुंचाती है।

वायुमण्डल की संरचना (Structure of Atmosphere)—वायुमंडल की 90 किमी की मोटाई में गैसों का मिश्रण लगभग एक सा रहता है। इसलिए इसे 'सममंडल' (Homosphere) कहा जाता है। परंतु इस सीमा के बाद नाइट्रोजन, आक्सीजन, हीलियम व हाइड्रोजन की अलग-अलग आणविक परतें मिलती हैं इसलिये इसे 'विषम मंडल' (Hetrosphere) भी कहा जाता है।

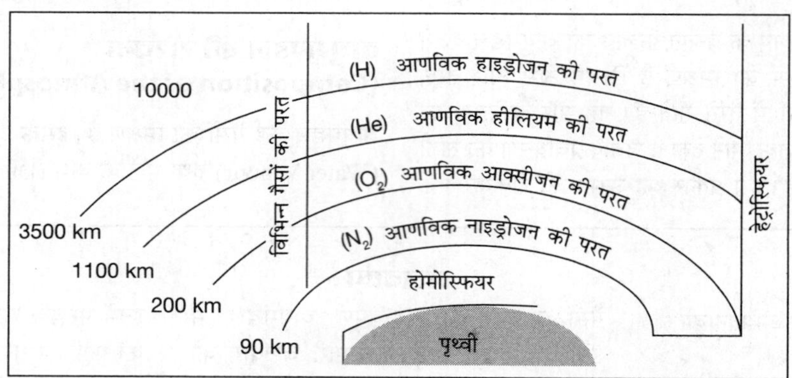

चित्र: चंद्र ग्रहण

- वायुमंडल को 5 परतों में विभाजित किया जा सकता है और प्रत्येक परत को एक दूसरे से पतले संक्रमण क्षेत्र द्वारा अलग किया जा सकता है। संक्रमण क्षेत्र को सीमा कहते है। प्रत्येक सीमा निचले परत के नाम से जानी जाती है। जैसे—क्षोभसीमा जिसके नीचे क्षोभ मंडल है।
- वायुमंडल के 5 परत निम्नवत् है—
  1. क्षोभमंडल (Troposhere) **2.** समतापमंडल (Stratosphere)
  3. मध्यमंडल (Mesophere) **4.** आयनमंडल (Ionosphere)
  5. बर्हिमंडल (Exosphere)

1. क्षोभमंडल (Troposhere)

- यह पृथ्वी की सतह के सबसे नज़दीक होती है।
- इसकी ऊंचाई विषुवत रेखा से ध्रुवों की ओर जाने पर घटती जाती है अर्थात् विषुवत रेखा से यह 16 किमी. तथा ध्रुवों की ओर जाते-जाते 8 किमी. ऊंचाई की रह जाती है।
- मौसम एवं जलवायु की दृष्टि से क्षोभमंडल सर्वाधिक महत्वपूर्ण होता है क्योंकि मौसम सम्बन्धी सभी घटनायें जैसे—वाष्पीकरण, संघनन, कुहरा, पाला, ओस, बादल, हिम वर्षा, ओलावृष्टि, जलवर्षा,

बादलों की गरज, बिजली की चमक, वायुमंडलीय तूफान-चक्रवात, हरिकेन, टारनैडो, टाइफून आदि इसी मण्डल में घटित होते हैं।

- जीवधारियों की दृष्टि से क्षोभमंडल सर्वाधिक महत्वपूर्ण है, क्योंकि मानव सहित सभी जीवित जीवों का अस्तित्व क्षोभमंडल में होने वाली मौसमी घटनाओं के कारण ही सम्भव हो पाया है।
- इस परत में ऊंचाई के साथ-साथ तापमान घटता है और प्रत्येक 165 मी. पर 1°C तापमान कम हो जाता है। इसे सामान्य ताप ह्रास दर (Normal Lapse Rate of Temperature) कहते हैं।
- तापमान ह्रास दर केवल ऊंचाई से ही नहीं बल्कि अक्षांशों से भी प्रभावित होती है। इस नियम के अनुसार यह दर उच्च तापमान वाले धरातल के ऊपर उच्च तथा निम्न तापमान वाले धरातल के ऊपर निम्न होती है—
    - प्रत्येक 165 मी. की ऊंचाई पर 1°C तापमान में कमी
    - अंक्षाश में सूर्य की किरणें पड़ने के कारण तापमान उच्च रहेगा।

(i) ट्रोपोपाज (Tropopouse)

- क्षोभमंडल की ऊपरी सीमा को 'क्षोभसीमा' (Tropopouse) कहते हैं।
- यह बहुत पतली एवं अस्थायी परत है।
- क्षोभसीमा के निकट चलने वाली अत्यधिक तीव्र गति की पवनों को जेट पवन (Jet Streams) कहा जाता है।
- यह परत निचले क्षोभमंडल तथा ऊपरी समताप मंडल को अलग करती है और इसमें दोनों ही परतों के गुण विद्यमान है।

2. समतापमंडल (Stratosphere)

- इसकी ऊंचाई औसतन 50 किमी. तक होती है।
- यह परत वायुयान चालकों के लिए आदर्श होती है क्योंकि इस मंडल में जल-वाष्प, धूलकण आदि नहीं पाए जाते है।
- इस मण्डल का एक महत्वपूर्ण विशिष्टता 'ओज़ोन परत' (Ozone Layer) की उपस्थिति है। इस मण्डल के निचले भाग में 20 किमी. की ऊंचाई तक तापमान में कोई परिवर्तन नहीं होता इसलिए इसे समताप मण्डल कहते है, परन्तु इसके ऊपर (शेष 30 किमी.) तापमान में वृद्धि होती है और उसका कारण है—ओज़ोन परत द्वारा पैराबैंगनी किरणों का अवशोषण।

(i) समतापसीमा (Stratopouse)

- समताप मण्डल की बाह्य सीमा को 'समताप सीमा' कहते हैं और यहाँ से तापमान में वृद्धि होना समाप्त होजाता है।

3. मध्यमंडल (Mesosphere)

- 50 किमी. से 80 किमी. की ऊंचाई वाला वायुमण्डलीय भाग मध्य मण्डल कहलाता है।
- इसमें ऊंचाई के साथ तापमान में गिरावट होती है।

(i) मध्यसीमा (Mesopouse)

- 80 किमी. की ऊंचाई पर तापमान—100°C (सेंटीग्रेट) हो जाता है। इस न्यूनतम तापमान की सीमा को ही Mesopouse कहते हैं, जिसके ऊपर जाने पर तापमान में पुनः वृद्धि होती जाती है।

4. आयनमण्डल (Ionosphere)

- धरातल से 80 से 640 किमी. की ऊंचाई तक विस्तृत वायुमण्डल के भाग को 'आयन मण्डल' कहते हैं।
- इस मण्डल में आयन की प्रधानता होती है।
- आयनमण्डल रेडियों तरंगों को वापस पृथ्वी तक भेजता है। इस प्रकार रेडियों संचार संभव हो पाता है।
- यह पृथ्वी की हानिकारक विकिरण से भी रक्षा करता है।
- ऊंचाई के साथ इस मण्डल में तापमान में वृद्धि होती है।
- आसमान से पृथ्वी की ओर गिरने वाले उल्कापिण्ड (Meteors) इस मंडल में आकर जल जाते हैं। इस प्रकार यह मण्डल पृथ्वी की उल्काओं आदि से भी रक्षा करता है।

नोट—इस मण्डल में ब्रह्माण्ड किरणों (Cosmic Rays) का परिलक्षण होता है। आयन मण्डल अपनी विशिष्टताओं के कारण चार परतों में विभक्त होता है—

1. D–Layer	**2.** E–Layer
3. F–Layer	**4.** G–Layer

परत के नाम	श्रेणी	महत्वपूर्ण तथ्य
1. D-Layer	80–96 km	• यह परत न्यून आवृत्ति (Low Frequency) वाली रेडियों तरंगों को परावर्तन करती है। परन्तु मध्य एवं उच्च आवृत्ति वाली रेडियों तरंगों के सिगनल्स को सोख लेती है। ***नोट***—यह परत सूर्यास्त के साथ ही लुप्त हो जाती है।
2. E-Layer	96–114 km	• यह परत मध्यम एवं उच्च आवृत्ति वाली रेडियों तरंगों को परावर्तित करके पृथ्वी की ओर वापस भेज देती है। ***नोट***—यह परत सूर्यास्त के साथ ही लुप्त हो जाती है।
3. F-Layer	114–360 Km	• यह परत मध्यम एवं उच्च आवृत्ति वाली रेडियों तरंगों को पृथ्वी की ओर वापस परावर्तित करती है। • इस परत का निर्माण 2 उप परतों F_1 और F_2 से हुआ है, जिसका सम्मिलित रूप Appleton (एप्पलटन परत) के नाम से जाना जाता है।
4. G-Layer	360–640 km	• आयन मंडल (Ionosphere) की यह सबसे ऊपरी परत होती है, जिससे सभी प्रकार की रेडियों तरंगें परावर्तित हो सकती है। • इस परत की उत्पत्ति नाइट्रोजन के परमाणुओं पर पराबैगनी फोटान्स की प्रतिक्रिया के कारण होती है। ***नोट***—इसकी स्थिति दिन और रात दोनों वक्त रहती है। परन्तु इसका पता लगाना सम्भव नहीं।

5. **बर्हिमंडल/बाह्य मण्डल/आयतन मण्डल (Exosphere)**

- वायुमण्डल की सबसे ऊपरी परत की ऊंचाई 640 से 1000 किमी. मानी जाती है।
- बर्हिमण्डल की बाह्य सीमा अनिश्चित है। इसे अंतरिक्ष व पृथ्वी के वायुमंडल की सीमा माना जा सकता है। इसके बाद अंतरिक्ष का विस्तार है।
- यहां की वायु में हाइड्रोजन व हीलियम गैसों की प्रधानता है।

नोट—उच्च एवं न्यूनतम तापमान

- अधिकतम ताप दिन के 2 से 4 बजे के बीच प्राप्त होता है क्योंकि इस समय पृथ्वी अधिक मात्रा में ऊष्मा अवशोषित करती है जबकि परावर्तित की गई ऊष्मा कम होती है। इसे दिन का उच्चतम तापमान कहते है, जबकि न्यूनतम तापमान रात्रि 12 बजे न होकर प्रात: 4 से 5 बजे के बीच होता है इस समय पृथ्वी ऊष्मा अवशोषित नहीं करती।

वायुमण्डलीय दाब (Atmospheric Pressure)

- वायु में भार होता है, जिससे धरातल पर उसका दबाव पड़ता है इसी को वायुदाब कहते है। अर्थात् पृथ्वी की एक निश्चित इकाई या क्षेत्रफल पर वायुमंडल की सभी परतों द्वारा पड़ने वाला दबाव, वायुमण्डलीय दाब कहलाता है।

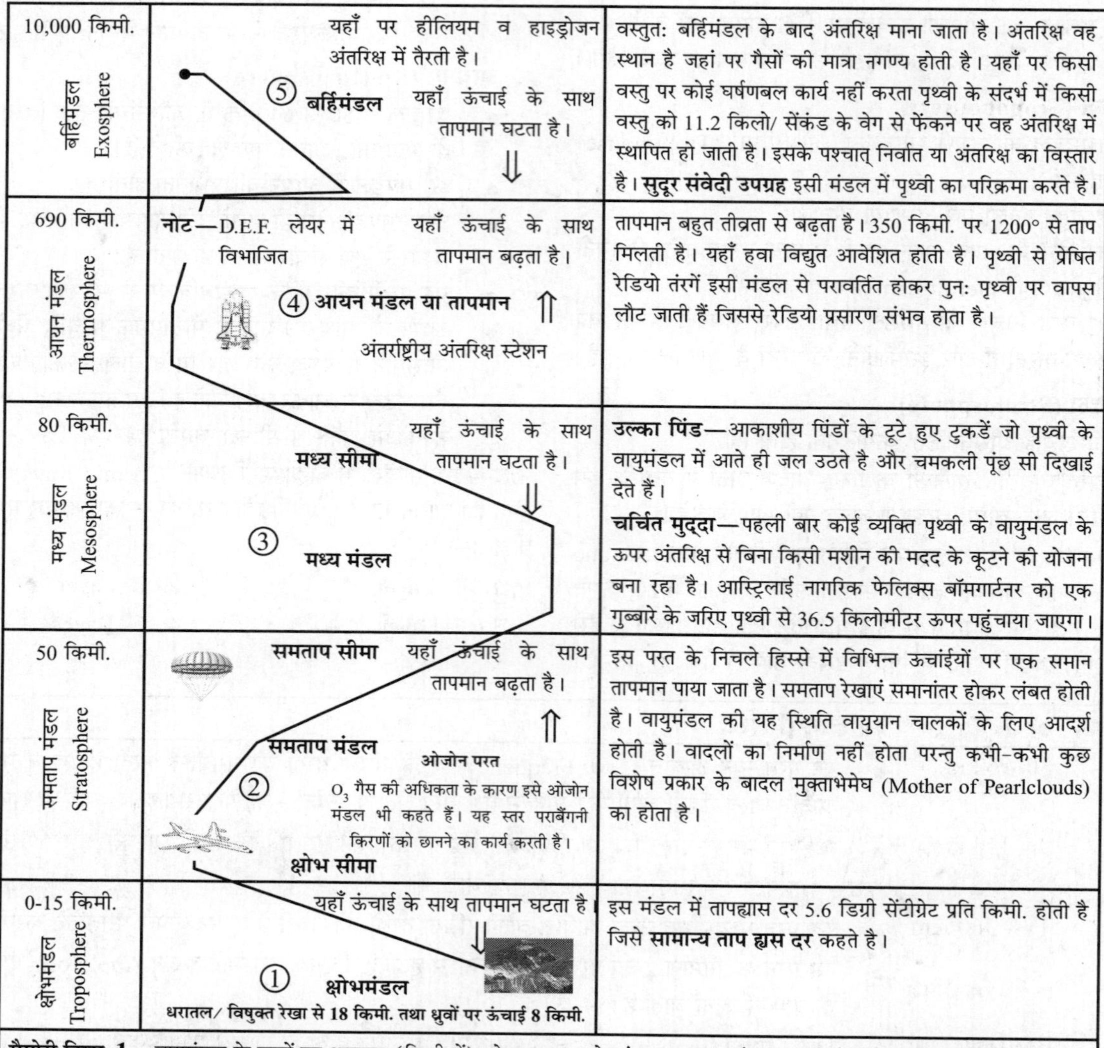

10,000 किमी. बर्हिमंडल Exosphere	यहाँ पर हीलियम व हाइड्रोजन अंतरिक्ष में तैरती है। ⑤ **बर्हिमंडल** यहाँ ऊंचाई के साथ तापमान घटता है। ⇓	वस्तुत: बर्हिमंडल के बाद अंतरिक्ष माना जाता है। अंतरिक्ष वह स्थान है जहां पर गैसों की मात्रा नगण्य होती है। यहाँ पर किसी वस्तु पर कोई घर्षणबल कार्य नहीं करता पृथ्वी के संदर्भ में किसी वस्तु को 11.2 किलो/ सेंकड के वेग से फेंकने पर वह अंतरिक्ष में स्थापित हो जाती है। इसके पश्चात् निवात या अंतरिक्ष का विस्तार है। **सुदूर संवेदी उपग्रह** इसी मंडल में पृथ्वी का परिक्रमा करते है।
690 किमी. आयन मंडल Thermosphere	**नोट**—D.E.F. लेयर में विभाजित यहाँ ऊंचाई के साथ तापमान बढ़ता है। ④ **आयन मंडल या तापमान** ⇑ अंतराष्ट्रीय अंतरिक्ष स्टेशन	तापमान बहुत तीव्रता से बढ़ता है। 350 किमी. पर 1200° से ताप मिलती है। यहाँ हवा विद्युत आवेशित होती है। पृथ्वी से प्रेषित रेडियो तरंगें इसी मंडल से परावर्तित होकर पुन: पृथ्वी पर वापस लौट जाती हैं जिससे रेडियो प्रसारण संभव होता है।
80 किमी. मध्य मंडल Mesosphere	यहाँ ऊंचाई के साथ तापमान घटता है। **मध्य सीमा** ⇓ ③ **मध्य मंडल**	**उल्का पिंड**—आकाशीय पिंडों के टूटे हुए टुकडें जो पृथ्वी के वायुमंडल में आते ही जल उठते है और चमकली पूंछ सी दिखाई देते हैं। **चर्चित मुद्दा**—पहली बार कोई व्यक्ति पृथ्वी के वायुमंडल के ऊपर अंतरिक्ष से बिना किसी मशीन की मदद के कूटने की योजना बना रहा है। आस्ट्रिलाई नागरिक फेलिक्स बॉमगार्टनर को एक गुब्बारे के जरिए पृथ्वी से 36.5 किलोमीटर ऊपर पहुंचाया जाएगा।
50 किमी. समताप मंडल Stratosphere	**समताप सीमा** यहाँ ऊंचाई के साथ तापमान बढ़ता है। ⇑ **समताप मंडल** ② **ओजोन परत** O_3 गैस की अधिकता के कारण इसे ओजोन मंडल भी कहते हैं। यह स्तर पराबैंगनी किरणों को छानने का कार्य करती है। **क्षोभ सीमा**	इस परत के निचले हिस्से में विभिन्न ऊचांईयों पर एक समान तापमान पाया जाता है। समताप रेखाएं समानांतर होकर लंबत होती है। वायुमंडल की यह स्थिति वायुयान चालकों के लिए आदर्श होती है। वादलों का निर्माण नहीं होता परन्तु कभी-कभी कुछ विशेष प्रकार के बादल मुक्ताभमेघ (Mother of Pearlclouds) का होता है।
0-15 किमी. क्षोभमंडल Troposphere	यहाँ ऊंचाई के साथ तापमान घटता है। ⇓ ① **क्षोभमंडल** **धरातल/ विषुक्त रेखा से 18 किमी. तथा ध्रुवों पर ऊंचाई 8 किमी.**	इस मंडल में तापह्रास दर 5.6 डिग्री सेंटीग्रेट प्रति किमी. होती है जिसे **सामान्य ताप ह्रास दर** कहते है।

मैमोरी टिप्स-1—वायुमंडल के परतों का अनुक्रम (हिन्दी में) क्षोसमताव - क्षोभमंडल, समताप मंडल, मध्य मंडल, तापमंडल, बर्हिमंडल

मैमोरी टिप्स-2—वायुमंडल के परतों का अनुक्रम (अंग्रेजी में) TRSTMETHEX ट्रस्टमेथेक्स = Troposphere, Stratosphere, Mesosphere, Thermosphere, Exosphere

मैमोरी टिप्स-3—ताप परिवर्तन का अनुक्रम DIDIDO = Decrease, Increase, Decrease, Increase, Decrease

ध्यातव्य हो कि

वायुमण्डलीय दाब को 'वायुदाबमापी' (Barometer) से मापा जाता है।

- वायुदाब को मिलीबार (mb) में मापा जाता है। एक मिली बार एक वर्ग सेमी. पर 1 ग्राम भार के बल के बराबर होता है।
- धरातल की तुलना में समुद्र तल पर वायुदाब अधिक तथा पर्वतों पर कम होता है।
- यद्यपि वायुदाब परिवर्तनशील होता है फि भी समुद्र तल पर औसत वायुदाब 29.92 इंच या 76 से.मी. पारे के समतुल्य या 1013.2 मिली बार माना जाता है। इसे 14.7 पौण्ड प्रति वर्ग इंच या 1034 ग्राम/वर्ग से.मी. के रूप में भी व्यक्त किया जा सकता है।
- वायुमण्डल में जलवाष्प की मात्रा बढ़ने पर वायुदाब में कमी आ जाती है।
- पृथ्वी के धरातल पर वायुदाब को 'वायुदाब पेटियों' (Pressure Belt) के आधार पर दर्शाया जाता है।
- प्राय: वायुदाब पेटियों को 4 भागों में बांटा जा सकता है—
  - भू-मध्य/विषुवतरेखीय निम्न वायुदाब पेटियाँ
  - उपोष्ण उच्च दाब पोटियाँ
  - उपध्रुवीय निम्न वायुदाब पेटी
  - ध्रुवीय उच्चदाब पेटी

1. **भू-मध्य/विषुवतरेखीय निम्न वायुदाब पेटियाँ**—इस पेटी का विस्तार भूमध्य रेखा के दोनों ओर 0-5° अक्षांशों तक मिलता है। परन्तु यह स्थिति स्थायी नहीं होती है अर्थात् सूर्य के ऋतुवत् उत्तरायण तथा दक्षिणायन होने के कारण इस पेटी में खिसकाव व स्थानान्तरण होता रहता है। भूमध्यरेखा पर वर्ष भर सूर्य की किरणें लम्बवत् पड़ती है तथा वर्ष भर दिन-रात बराबर होते हैं, जिस कारण अत्यधिक तापमान के कारण हवाए गर्म होकर फैलती है तथा ऊपर उठती है। इस कारण यहां सदैव निम्न दाब बना रहता है। इस क्षेत्र में धरातल पर हवाओं में गति कम होने के कारण शान्त वातावरण रहता है। इसी कारण से इस पेटी को शान्त क्षेत्र कहा जाता है। धरातल से कुछ ऊंचाई के बाद इस अवस्था के विपरीत पवन प्रवाह सक्रिय होता है तथा शान्त वातावरण भंग हो जाता है।

ध्यातव्य हो कि

जहाँ तापमान अधिक होगा वहां वायुदाब कम होता है, क्योंकि अधिक तापमान से वहाँ की वायु गर्म होकर ऊपर उठने लगती है अर्थात् तापमान और वायुदाब के मध्य विपरनीत सम्बन्ध है।

तापमान अधिक	वायुदाब कम	हवा ऊपर की ओर उठेगी।
तापमान कम	वायुदाब अधिक	हवा नीचे की ओर जायेगी।

2. **उपोष्ण उच्च दाब पोटियाँ (Sub Tropical High Pressure Belts)**—इस पेटी का विस्तार दोनों गोलार्द्धों में 30° से 35° अक्षांशों तक है। अधिक तापमान के रहते हुए भी यहाँ उच्च वायुदाब रहता है जबकि नियमानुसार अधिक तापमान वाले स्थान पर निम्नवायु दाब होना चाहिए। स्पष्ट है कि इस पेटी का उच्च तापमान से कोई सम्बन्धित नहीं है, बल्कि पृथ्वी की दैनिक गति तथा वायु के अवतलन से सम्बन्धित है। अर्थात भूमध्यरेखा से लगातार पवनें उठकर यहाँ एकत्रित हो जाती है (तापमान वायुदाब) और उसी समय उपध्रुवीय निम्न वायुदाब पेटी से पवन नीचे की ओर एकत्रित हो जाती है। इस कारण यहाँ वायुदाब अधिक हो जाता है। इस प्रकार यह उच्च वायुदाब गतिजन्य (Dynamically Induced) होता है। इस पेटी को 'सिर्फ उत्तरी गोलार्द्ध में अश्व अक्षांश' भी कहा जाता है। क्योंकि प्राचीन काल के नाविकों को इस क्षेत्र में उच्चदाब के कारण नाव चलाने में काफी कठिनाई होती थी और उन्हें जलयानों का बोझ कम करने के लिए कुछ घोड़े समुद्र में फेकने पड़ते थे।

3. **उपध्रुवीय निम्न वायुदाब पेटी (Sub Polar Low Pressure Belts)**—इस पेटी का विस्तार दोनों गोलार्द्धों में 60°-65° अक्षांशों के बीच पाया जाता है। वर्ष भर तापमान कम होने के बावजूद यहाँ निम्न वायुदाब मिलता है, जबकि नियमानुसार जहाँ तापमान कम होता है, वहाँ वायुदाब ज़्यादा होता है अत: यह स्पष्ट है कि इस कम वायुदाब का तापमान से कोई सम्बन्ध नहीं है वास्तव में पृथ्वी की घूर्णन गति (Rotation) के कारण इन अक्षांशों से वायु फैलकर स्थानान्तरित हो जाती है। इसलिए वायु दाब कम हो जाता है।

4. **ध्रुवीय उच्चदाब पेटी (Polar High Pressure Belts)**—अत्यधिक शीत के कारण दोनों ध्रुवों पर उच्च वायुदाब पाया जाता है। उच्च वायुदाब की ध्रुवों पर यह स्थिति वर्ष भर नियमित रूप से पायी जाती है क्योंकि यहाँ वर्ष भर तापमान हिमांक के नीचे रहता है।

पृथ्वी के वायु दाब कटिबन्ध 2 भागों में विभाजित

निम्न वायुदाब कटिबन्ध	उच्च वायुदाब कटिबंध
भू-मध्य रेखा निम्न दबाव बेल्ट (5° NS)	उपोष्णकाटिबन्धीय उच्च दबाव बेल्ट (35° NS)
उपध्रुवीय निम्न लो दबाव बेल्ट (60°)	ध्रुवीय उच्च दबाव बेल्ट 90° NS (NP, SP)

मौसम और जलवायु (Weather and Climate)

किसी स्थान अथवा क्षेत्र का मौसम वहाँ के मौसम संबंधी तत्वों जैसे तापमान वायुदाब, पवनें, आर्द्रता, वृष्टि आदि की, किसी विशिष्ट समय पर उपस्थित, परिस्थतियों को कहते हैं। इसके विपरीत जलवायु इन तत्वों के लम्बी अवधि सामान्यता 30 वर्ष से अधिक के, मौसम संबधी तत्वों के औसत को कहते है। किसी स्थान का मौसम समय के अनुरूप बदलता रहता है। उदाहरणतया सुबह धूप खिली हो सकती है दोपहर के समय बादल छा सकते हैं, दोपहर बाद वर्षा हो सकती है और शाम के समय फि मौसम साफ हो सकता है। इसके विपरीत किसी प्रदेश की जलवायु काफी लम्बे समय तक एक जैसी रहती है। उदाहरणस्वरूप भारत की जलवायु मानसूनी है और यह कई वर्षों तक ऐसी ही रहेगी।

सूर्यातप (Solar Insolation)

- सूर्य, पृथ्वी से 13 लाख गुना बड़ा है एवं उसकी पृथ्वी से औसत दूरी 15 करोड़ किमी. है। सूर्य की किरणें इस दूरी को 3 लाख किमी. प्रति सेकण्ड (186000 मील प्रति सेकंड) की दर से पूरा करती है।
- सूर्य के क्रोड में हाइड्रोजन के परमाणु निरंतर नाभिकीय संलयन के द्वारा हीलियम के परमाणु में बदलते रहते हैं, जिससे अपार ऊर्जा मुक्त होती है।
- सूर्य की बाहरी सतह (फोटोस्फेयर) पर 6000°C तापमान होता है। सूर्य लगातार अंतरिक्ष में अपनी ऊष्मा का विकिरण करता रहता है, जिसे सौर विकिरण (Solar Radiation) कहते है। ये विकिरण लघु तरंगों के रूप में पृथ्वी तक पहुंचती है। पृथ्वी, सौर विकिरण का मात्रा दो अरबवां हिस्सा (0.0005%) ही रोक पाती है। पृथ्वी पर पहुंचने वाली सौर विकिरण को ही सूर्यातप कहते है।
- पृथ्वी का धरातल इस विकिरित ऊर्जा को 2 (1.94) कैलोरी प्रति वर्ग सेमी. प्रति मिनट की दर से प्राप्त करता है। इसे सौर-स्थिरांक (Solar Constant) भी कहते है।

ध्यातव्य हो कि

सौर विकिरण

- पृथ्वी अपनी समस्त ऊर्जा सूर्य से प्राप्त करती है। सूर्य अत्यधिक गर्म गैस का पिण्ड है, जिसके पृष्ठ का तापमान 6000°C है। यह गैसीय पिण्ड निरन्तर अन्तरिक्ष में चारों ओर ऊष्मा का विकिरण करता रहता है, जिसे सौर विकिरण कहते है।
- वायुमण्डल के बाह्य स्तर तक पहुंचने वाली कुल सौर विकिरण की मात्रा 51 प्रतिशत ही पृथ्वी के धरातल तक प्रत्यक्ष या परोक्ष रूप से पहुंच जाता है। यही विकिरण हमारी पृथ्वी पर औसत 15°C तापमान बनाए रखती है एवं हमारे जीवमण्डल के विकास का आधार तैयार करती है।

सूर्यातप का वितरण (Distribution of Insolation)

- सूर्य से पृथ्वी पर प्राप्त होने वाला सूर्यातप सभी स्थानों पर एक समान नहीं है। इसमें स्थानिक परिवर्तन पाया जाता है। यह विषुवत रेखा पर सर्वाधिक होता है और ध्रुवो की ओर कम होता जाता है अर्थात् ध्रवों पर न्यूनतम होता है। विषुवत रेखा पर सूर्यातप की मात्रा ध्रुवो की अपेक्षा लगभग चार गुना अधिक होती है। उष्ण कटिबन्ध क्षेत्रों (Torrid Zone) में सूर्यतप अधिक होता है और मौसमी भिन्नताए कम होती है। इसका कारण यह है कि उष्ण कटिबंध क्षेत्रों में स्थित सभी स्थानों पर वर्ष में दो बार सूर्य लम्बवत चमकता है। शीतोष्ण कटिबन्ध (Temperate Zone) में सूर्यतप की मात्रा उष्णकटिबन्ध से कम है और मौसमी विभिन्नता अधिक है।
- भू-पृष्ठ पर सूर्यातप का वितरण निम्न कारकों पर निर्भर करता है—

1. सूर्य की किरणों का झुकाव
2. सूर्यातप पर वायुमण्डल का प्रभाव
3. स्थल एवं जल का प्रभाव
4. दिन की लम्बाई अथवा धूप की अवधि
5. भूमि की ढाल
6. सूर्य से पृथ्वी की दूरी

1. सूर्य की किरणों का झुकाव—

- सूर्य की किरणों के झुकाव में प्ररिवर्तन, धरातल पर पहुंचने वाली ऊर्जा की मात्रा को दो प्रकार से प्रभावित करता है। प्रथम—जब सूर्य लगभग मध्यान्ह में होता है तो इसकी किरणें धरातल पर लम्बवत पड़ती है और इसलिए अधिक सकेन्द्रित होती है। अत: सूर्यताप की तीव्रता भी अधिक होती है। जब ये किरणें धरातल पर तिरछी पड़ती है तो अधिक क्षेत्र में फैल जाती है और सूर्यताप की तीव्रता कम हो जाती है। दूसरा—सूर्य की सीधी किरणों की अपेक्षा तिरछी किरणें वायुमंडल में अधिक दूरी तय करेगी उनका बिखराव उतना ही अधिक होगा जिसके परिणामस्वरूप धरातल पर उनकी तीव्रता में कमी आ जायेगी।

2. सूर्यातप पर वायुमंडल का प्रभाव—

- सूर्यताप पर वायुमंडल की स्वच्छता अथवा अस्वच्छता का भी काफी प्रभाव पड़ता है। वायुमंडल को पार करते समय सौर विकिरण का कुछ अंश जलवाष्प अथवा गैसों के द्वारा सोख लिया जाता है। वायुमंडल की निम्न परतो में आर्द्रता की मात्रा जितनी ही अधिक होती है, विकिरण का उतना ही अधिक अवशोषण होता है। अत: आर्द्र प्रदेशों की अपेक्षा शुष्क प्रदेशों को अधिक सूर्यताप की प्राप्ति होती है।

3. स्थल एवं जल का प्रभाव—

- सूर्यातप स्थलीय तथा जलीय सतह पर विभिन्न विधि से आचरण करते है। स्थलीय सतह की अपेक्षा जलीय सतह की ऊष्मा क्षमता या विशिष्ट ऊष्मा पाँच गुना अधिक है। इस विषय में सामान्य नियम

यह है कि यदि स्थलीय और जलीय सतह एक समान मात्रा में ऊष्मा प्राप्त करें तो इससे स्थल का तापमान जल की अपेक्षा पाँचगुना अधिक होगा। इसी प्रकार यदि स्थल एवं जल से ऊष्मा वापस कर ली जाए तो स्थल के तापमान में जल के तापमान से पाँच गुना अधिक कमी आएगी। यह बात इस तथ्य से स्पष्ट होती है कि जल में प्राप्त ऊष्मा को संग्रह करने की प्रवृत्ति होती है, जबकि स्थल शीघ्रता से इसे वायुमंडल को वापस कर देता है। जल मुख्य रूप से पारदर्शक है और ऊष्मा की कुछ मात्रा को कई मीटर की गहराई तक जाने देता है। इसके विपरीत स्थल अपारदर्शी है अतः इसके ऊपरी परतों में ही सूर्यातप का बहुत अधिक संक्रेद्रण होता है।

- स्थल त्वरित गर्म
- जल त्वरित गर्म नहीं होता
- ऊष्मा को त्वरित वापस करने के कारण शीघ्र ठण्डा हो जाता है।
- ऊष्मा को त्वरित वापस नहीं करता इसलिए देर में ठण्डा होता है।
- स्थाल अपारदर्शी (ठोस) है इसलिए सूर्यातप का बहुत अधिक संक्रेद्रण होता है।
- जल पारदर्शी (द्रव) है। इसलिए सूर्यातप का सकेन्द्रण कम होता है।

4. दिन की लम्बाई अथवा धूप की अवधि—

- किसी स्थान पर प्राप्त हुई सूर्यातप की मात्रा दिन की लम्बाई अथवा धूप की अवधि पर भी निर्भर करती है। ग्रीष्म ऋतु में दिन बड़े होते है तो इस स्थान में सूर्यातप अधिक प्राप्त होता है। इसके विपरीत शीत ऋतु में दिन छोटे होते है और सूर्यातप कम प्राप्त होता है। भूमध्यरेखा पर सम्पूर्ण वर्ष दिन की लम्बाई लगभग बराबर रहती है इसलिए वहाँ पर सूर्यातप वर्ष भर लगभग समान प्राप्त होता है। ध्रुवों पर छः महीने का दिन तथा छः महीने की रात होती है। अतः वहाँ पर सूर्यातप की प्राप्ति में अत्यधिक विषमताए पायी जाती है।

5. सूर्य से पृथ्वी की दूरी—

- पृथ्वी अंडाकार कक्ष के सहारे सूर्य की परिक्रमा करती है, जिस कारण उसकी सूर्य से दूरी में परिवर्तन होता रहता है। परिणामस्वरूप पृथ्वी पर प्राप्त होने वाली सौर विकिरण में मामूली सा अन्तर आ जाता है। सूर्य के चारों ओर परिक्रमण के दौरान पृथ्वी 4 जुलाई को सूर्य से सबसे दूर (15 करोड़ 20 लाख किमी.) होती है, पृथ्वी की इस स्थिति को अपसौर कहा जाता है। 3 जनवरी को पृथ्वी सूर्य से सबसे निकट (14 करोड़ 70 लाख किमी.) होती है, पृथ्वी की इस स्थिति को उपसौर कहा जाता है। इसलिए पृथ्वी द्वारा प्राप्त वार्षिक सूर्यातप 3 जनवरी को 4 जुलाई की अपेक्षा 6.6 प्रतिशत अधिक होता है।

ध्यातव्य हो कि

- जनवरी के माह में पृथ्वी सूर्य के सर्वाधिक करीब होती है अर्थात् पृथ्वी सूर्यातप बहुत अधिक प्राप्त करती है परन्तु फि भी जनवरी माह में उत्तरी गोलार्द्ध में शीतकाल रहता है। इसके विपरीत जुलाई माह में पृथ्वी सूर्य से सर्वाधिक दूरी पर रहती है अर्थात् पृथ्वी को सूर्यातप बहुत कम प्राप्त होता है परन्तु फि भी जुलाई माह में उत्तरी गोलार्द्ध में ग्रीष्मकाल रहता है।

पृथ्वी का ऊष्मा बजट

- सूर्यातप और पार्थिव विकिरण में संतुलन के कारण पृथ्वी पर औसत तापमान एक समान रहता है। इस संतुलन को ही पृथ्वी का ऊष्मा बजट कहते है।
- ऊष्मा की कुल 100 इकाइयों में 35 इकाइयों पृथ्वी के धरातल पर पहुंचने से पहले ही अंतरिक्ष में परावर्तित हो जाती है। 6 इकाइयां वायुमण्डल की ऊपरी परत से परावर्तन व प्रकीर्णन द्वारा +27 इकाइयां बादलों के ऊपरी छोर से +2 इकाईयां पृथ्वी के हिमाच्छादित क्षेत्रों द्वारा परावर्तित होकर लौट जाती है। (6 + 27 + 2 = 35) सौर विकिरण के इस परावर्तित भाग को 'पृथ्वी का एल्बिडो' कहते है।
- शेष 65 इकाईयां अवशोषित होती है। जो निम्नवत् हैं—

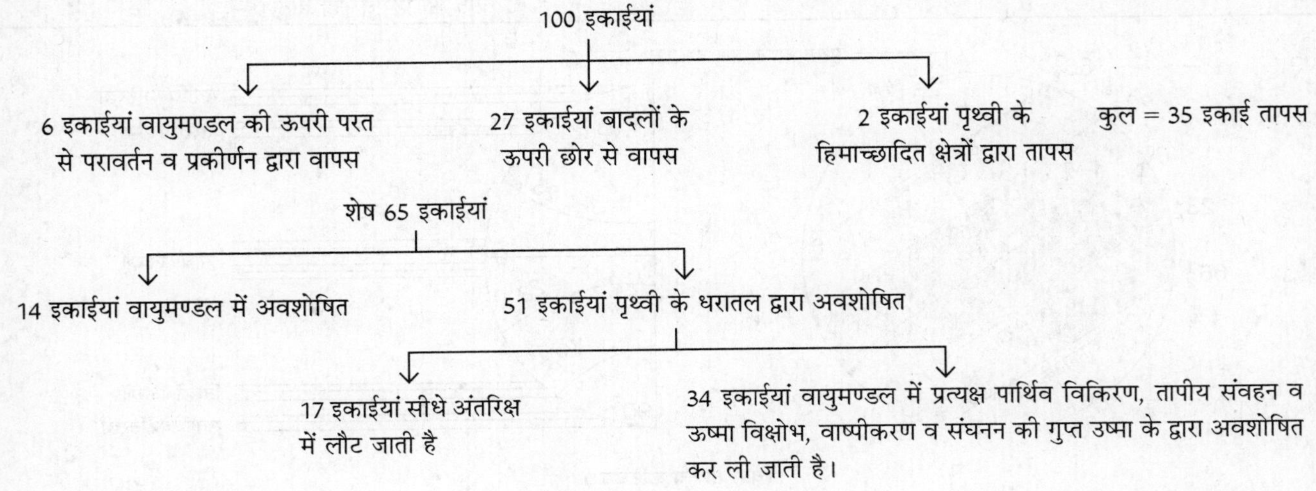

- अंततः वायुमंडल भी सौर विकिरण से प्राप्त 14 इकाईयों व पार्थिक विकिरण से प्राप्त 34 इकाई अर्थात् कुल 48 इकाइयों को अंतरित में वापस कर देता है।
- अतः पृथ्वी के धरातल व वायुमंडल से लौटने वाली विकिरण की इकाईयां क्रमशः 17 और 48 यानि कुल 65 है। इस प्रकार सूर्य से प्राप्त होने वाली 65 इकाइयों का संतुलन हो जाता है। इसे ही पृथ्वी का Heat Budget/ ऊष्मा संतुलन कहते हैं। यही कारण है कि ऊष्मा के इतने बड़े स्थानांतरण के बावजूद भी पृथ्वी न तो बहुत गर्म होती है और न ही ठण्डी होती है।

तापमान

सामान्य लोगों के लिए ऊष्मा तथा तापमान समानार्थी होते हैं परन्तु वास्तविक रूप में ये दोनों शब्द एक दूसरे से सर्वथा भिन्न हैं।

ऊष्मा	तापमान
ऊष्मा ऊर्जा का एक रूप है।	तापमान किसी तत्व या वस्तु की गर्महाट या शीतलता (Hotness and Coldness की गहनता का परिचायक है।

ऊष्मा	तापमान
ऊष्मा किसी तत्व या वस्तु में निहित ऊर्जा की मात्रा को दर्शाती है।	जबकि तापमान उस तत्व या वस्तु के प्रति इकाई आयतन में ऊर्जा या ऊष्मा की मात्रा की भाप को प्रदशित करता है, जिससे उस तत्व या वस्तु की गर्म और शीतलता का बोध होता है।

ध्यातव्य हो कि

- ऊष्मा में वृद्धि या ह्रास कर किसी तत्व या वस्तु का तापमान घटाया एवं बढ़ाया जा सकता है।
- तापमान को थर्मामीटर द्वारा डिग्री (फारेनहाइट या सेंटीग्रेड) में मापा जाता है।
- ऊष्मा और तापमान का घनिष्ठ संबंध है क्योंकि ऊर्मा पर तापमान निर्भर करता है।

तापीय कटिबन्ध

सामान्यतः भूमध्य रेखा से ध्रुवो तक जाने से तापमान में काफी गिरावट आती है। इस तथ्य को आधार मानकर ग्रीक के प्राचीन विद्वानों ने ग्लोब को तापमान कटिबन्धों में बांटा है, जो निम्नवत् हैं—

ताप कटिबन्ध का नाम	क्षेत्र	विशेषता
ऊष्ण कटिबन्धीय क्षेत्र (Torrid Zone)	कर्क रेखा 23 1/2° उत्तर से मकर रेखा 23 1/2° दक्षिण तक	इस कटिबन्ध में सूर्य की किरणें लगभग सारा साल लाम्बिक होती है और तापमान सदा ही अधिक होता है।
शीतोष्ण कटिबन्धीय क्षेत्र (Temperature Zone)	कर्क रेखा 23 1/2° से आर्कटिक तक अर्थात् 66 1/2° उत्तर में तथा मकर रेखा 23 1/2° से अण्टार्कटिक तक अर्थात् 66 1/2° दक्षिण में	इस कटिबन्ध में ग्रीष्म तथा शीत दोनों प्रकार की ऋतुए पाई जाती है।
शीत कटिबन्ध (Frigid Zone)	उत्तर में आर्कटिक वृत्त से उत्तरी ध्रुव तक एवं दक्षिण में अटार्कटिक वृत्त से दक्षिणी ध्रुव के बीच का क्षेत्र	इस कटिबन्ध में सूर्य की किरणें बहुत तिरछी पड़ती हैं इस कारण यहाँ कडाके की सर्दी पड़ती है और ग्रीष्म ऋतु का प्रभाव नहीं होता।

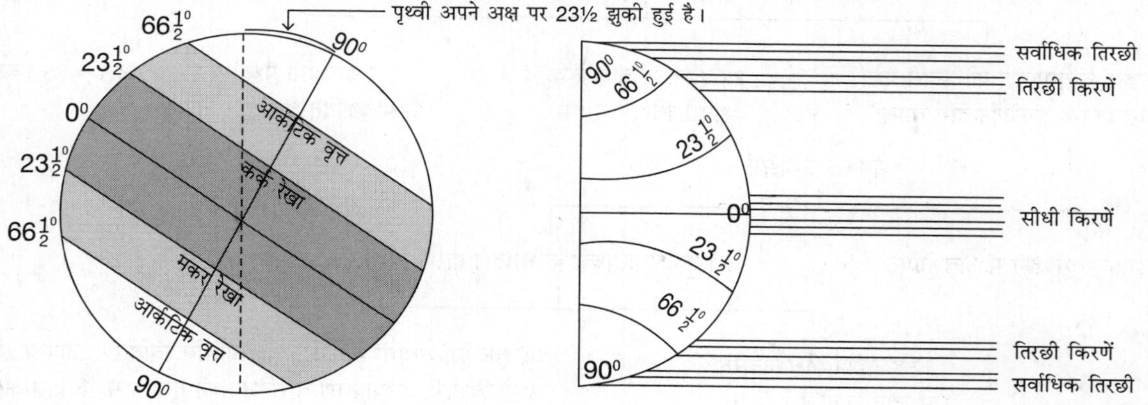

चित्रः तापीय कटिबंध

तापमान अथवा तापीय विसंगति

(Temperature Anomaly or Thermal Anomaly)

- सामान्य परिस्थितियों में भूमध्यरेखा से ध्रुवों की ओर तापमान में निरन्तर कमी होती जाती है और प्रत्येक अक्षांश का अपना तापमान होता है परन्तु समुद्र तल से ऊंचाई, जल एवं स्थल का वितरण, स्थायी पवनें, महासागरीय धराएं आदि अन्य तत्व भी तापमान को प्रभावित करते है। अत: यही करण है कि किसी स्थान के वास्तविक तापमान तथा वहाँ के अक्षांश के तापमान में अंतर आ जाता है तो इस स्थिति को ही तापमान अथवा तापीय विसंगति कहते है।
- जब किसी स्थान का वास्तविक तापमान वहां के अक्षांशीय तापमान से अधिक होता है तो धनात्मक विसंगति होती है इसके विपरीत जब किसी स्थान का तापमान वहां के अक्षांशी तापमान से कम होता है तो ऋणात्मक विसंगति होती है।

स्थान का वास्तविक तापमान	अक्षाशीय तापमान	विसंगति
50°C	40°C	+
30°C	40°C	–

ध्यातव्य हो कि

- उत्तरी गोलार्द्ध में अधिकतम तथा दक्षिणी गोलार्द्ध में न्यूनतम तापमान विसंगति पायी जाती है।

पवनें (Winds)

- पवनें तीन प्रकार की होती हैं—

1. भूमण्डलीय पवनें/प्रचलित पवनें/स्थायी पवनें
2. सामयिक पवनें/मौसमी पवनें
3. स्थानीय पवनें

1. भूमण्डलीय पवनें/प्रचलित पवनें/स्थायी पवनें—

- पृथ्वी के विस्तृत क्षेत्र पर एक ही दिशा में वर्ष भर चलने वाली पवन को भूमण्डलीय पवनें/प्रचलित पवनें/स्थानीय पवनें कहते हैं। ये पवनें एक वायु भार कटिबन्ध् से दूसरे वायु-भार कटिबन्ध् की ओर नियमित रूप से चला करती हैं। अत: इस पवन व्यवस्था को पेटियों के वायु भार एवं ताप कटिबन्ध के अनुसार तीन भागों में बांटा गया है—

(i) व्यापारिक पवनें/सन्मार्गी पवनें
(ii) पछुआ पवनें
(iii) ध्रुवीय पवनें

(i) व्यापारिक/सन्मार्गी पवन (Trade Winds), उपोष्ण उच्च दाब कटिबन्धें से भूमध्य रेखीय निम्न दाब कटिबन्ध् की ओर चलने वाली पवनो को व्यापारिक पवनें कहते हैं। ये 30° से 35° उत्तर व दक्षिण अक्षांशों से Equator के बीच चलती है।

ध्यातव्य हो कि

- Frade शब्द अग्रेजी का नही अपितु जर्मन भाषा का है, जिसका अर्थ है—निश्चित मार्ग, इसका अंग्रेजी शब्द Trade जिसका अर्थ व्यापार होता है, से कोई लेना देना नहीं है।
- फेरेल के नियमानुसार कोरिओलिस बल के प्रभाव में आकर ये पवनें उत्तरी गोलार्द्ध में अपनी दाहिनी (Right) ओर तथा दक्षिणी गोलार्द्ध में अपनी बाई ओर मुड़ जाती है। इस प्रकार ये पवनें उत्तरी गोलार्द्ध में उत्तर पूर्व तथा दक्षिणी गोलार्द्धं में दक्षिणी पूर्वी दिशा में चलती है। इसलिये प्राय: इन्हें पुरवा पवनें भी कहते है।
- भूमध्य रेखा की ओर चलने के कारण ये पवनें अधिक गर्म व शुष्क होती जाती है। इसलिए ये पवनें प्राय: वर्षा नहीं करती। परन्तु जब ये पवनें किसी महासागर को पार करके महाद्वीपों तक पहुंचती है तो यह पवनें महाद्वीपों के पूर्वी भागों में खूब वर्षा करती है जब कि महाद्वीपों के पश्चिमी किनारों पर वर्षा नहीं करती।
- ये पवनें उत्तर एवं दक्षिणी दिशा से चल कर भूमध्य रेखा के निकट एक दूसरे से मिलती है, जहाँ उष्ण कटिबन्धी अभिसरण क्षेत्र (इंटरट्रोपिकल कनवर्जेन्ट ज़ोन-ITCZ) का निर्माण होता है। यहाँ पर पवनें ऊपर को उठकर भारी वर्षा करती है।

(ii) पछुआ पवनें—

- पछुआ पवनें उपोष्ण उच्च वायुदाब कटिबन्धें से उपध्रुवीय निम्न वायु दाब कटिबन्ध् की ओर चलती है।
- ये दोनों गोलार्द्ध में 30°-35° अक्षांशों से 60°-65° अक्षांश की ओर प्रभावित होती है।
- पृथ्वी के घूर्णन से उत्पन्न कोरिओलिस बल के प्रभाव के कारण उत्तरी गोलार्द्ध में यह पवनें दक्षिण पश्चिम दिशा तथा दक्षिणी गोलार्द्ध में यह पवनें उत्तर पश्चिम दिशा की ओर चलती है।

(iii) ध्रुवीय पवनें—

- ध्रुवीय उच्च वायुदाब कटिबन्ध् से उपध्रुवीय निम्न वायुदाब कटिबन्धें की ओर चलने वाली पवनों को ध्रुवीय पवन कहते हैं।
- पृथ्वी के घूर्णन से उत्पन्न कोरिआलिस प्रभाव के कारण इन पवनों की दिशा उत्तरी गोलार्द्ध में उत्तर पूर्व से दक्षिण

ध्यातव्य हो कि

- कोरिआलिस प्रभाव: पृथ्वी के घूर्णन के कारण पवनें अपनी मूल दिशा से विक्षेपित (Deflect) हो जाती है। इसे 'कोरिआलिस बल' कहते है इसका नाम फ्रांसीसी वैज्ञानिक के नाम पर पड़ा है, जिसने सबसे पहले इस बात के प्रभाव का वर्णन सन 1835 में किया। यह बल पृथ्वी के विभिन्न अक्षांशों पर पवनों का विभिन्न मात्रा में विक्षेप करता है। जैसे—

भू-मध्य रेखा (0°)	=	0%	(शून्य)
अक्षांश (30°)	=	50%	
अक्षांश (60°)	=	86.7%	
ध्रुव (90°)	=	100%	(अधिकतम)

- फेरल का नियम—इस बल के प्रभाव के कारण उत्तरी गोलार्द्ध में पवनें दाहिनी ओर तथा दक्षिणी गोलार्द्ध में पवनें बायी ओर मुड़ जाती है। इस विक्षेप को फेरल नामक वैज्ञानिक ने सिद्ध किया था। अत: इसे फेरल (Farrel's Law) कहते है।

पश्चिम तथा दक्षिणी गोलार्द्ध में दक्षिण पूर्व से उत्तर पश्चिम होता है।

- ध्रुवों से आने के कारण ये पवनें अधिक ठंडी होती है। और इनकी जलवाष्प ग्रहण करने की क्षमता कम होती है।

ध्यातव्य हो कि

दोनों गोलार्द्धों में पश्चिमी दिशा से चलने के कारण इन्हें पछुआ पवनें कहते है।

- गर्म अक्षाशों से ठण्डे अक्षाशों की ओर चलने के कारण ये पवनें शीतोष्ण कटिबन्ध में स्थित महाद्वीपों के पश्चिमी भागों (पश्चिमी यूरोप, पश्चिमी कनाडा, पश्चिमी चिली) में वर्ष भर वर्षा करती है।
- दक्षिणी गोलार्द्ध में महासागरों के अधिक विस्तार के कारण अर्थात् स्थलीय भाग कम होने के कारण इन पवनों के मार्ग एवं गति में कोई अवरोध नहीं होता और यहा ये पवनें अधिक नियमित तथा तीव्र गति से चलती है। इसी कारण इसे गोलार्द्ध में 400 अक्षांशों के बीच इन्हें गरजते चालीसा/बहादुर पछुआ (Roaring Forties/ Brove West Wind), 50° अक्षांशों में भयंकर पचास/प्रचंड पचासा (Furious Fifties), और 60° अक्षांश में चीखता साठा (Shrieking Sixties) कहते हैं। ये सभी नाम नाविको द्वारा दिये गये है।

- ये पवनें पछुआ पवनों से टकरा कर पछुआ पवनों के ध्रुवीय वाताग्र पर शीतोष्ण कटिबन्धीय चक्रवातों को जन्म देती है। इससे मौसम में परिवर्तन आता है और व्यापक वर्षा होती है।

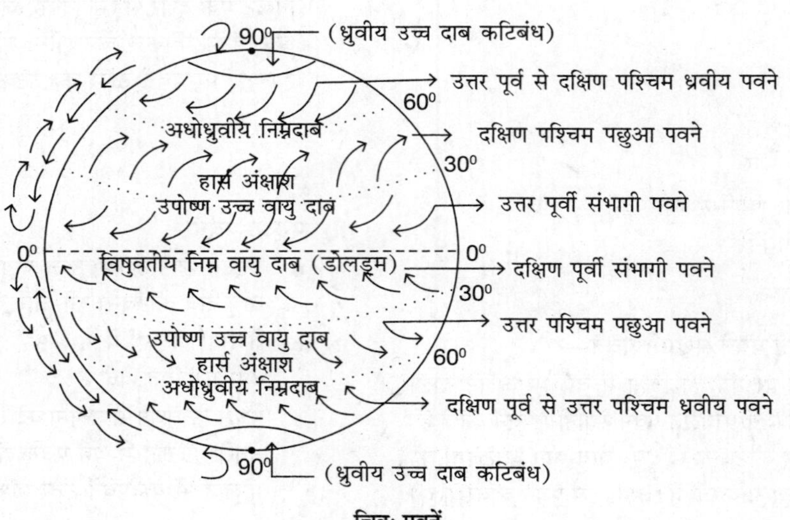

चित्र: पवनें

2. सामयिक पवनें/मौसमी पवनें (Periodic Winds/ Seasonal Winds)—

- मौसम और समय परिवर्तन के साथ जिन पवनों की दिशा में परिवर्तन हो जाते है, उन्हें 'सामयिक पवन या मौसमी पवनें' कहते हैं। ये निम्नलिखित तीन प्रकार की होती हैं—

(i) मानसून पवनें
(ii) स्थल-समीर तथा समुद्र समीर
(iii) पर्वत समीर तथा धरी समीर

(i) मानसून पवनें

- मानसून पवनें वे पवनें हैं, जिनकी दिशा ऋतु के अनुसार बिल्कुल उलट जाती है। वर्तमान में धरातल पर उन सभी स्थानों पर चलने वाली हवाओं को जो मौसम के अनुसार अपनी दिशा में पूर्ण परिवर्तन स्थापित कर लेती हैं मानसून पवनें कहलाती है।
- ये पवनें ग्रीष्म ऋतु के 6 माह में महासागर से महाद्वीपों की ओर एवं शीत ऋतु के 6 माह में महाद्वीपों से महासागर कीओर चलती है।

ध्यातव्य हो कि

- मानसून शब्द अरबी के मौसिम शब्द से लिया गया है, जिसका अर्थ—मौसम होता है।
- आज से 2000 वर्ष पूर्व एक अरबी वैज्ञानिक ने अरबी भाषा के शब्द 'मान' (पानी) और 'सून' (बादल) को जोड़कर 'मानसून' शब्द की रचना की थी, जिसका अर्थ है—पानी के बादल।

(ii) स्थल समीर तथा समुद्र समीर

- समुद्र के निकट दिन के समय जलीय भाग की अपेक्षा स्थल भाग तेज़ी से गर्म होता है, परिणामस्वरूप स्थल की वायु, समुद्र की वायु की तुलना में अधिक गर्म हो जाती है जैसा कि नियम है वायु सदैव उच्च वायु दाब से निम्न वायु दाब की ओर बहती है क्योंकि स्थल गर्म होने के कारण निम्न वायु दाब वाला क्षेत्र बन जाता है इसलिए दोपहर के समय वायु समुद्र से स्थल की ओर बहती है, जो कि आद्र तथा ठण्डी होती है, जिसे 'समुद्र समीर' कहते है।
- रात्रि के समय स्थिति इसके बिल्कुल विपरीत होती है। अर्थात् स्थल जितनी तेज़ी से गर्म होता है उतनी ही शीघ्रता से ठण्डा हो जाता है और पानी गर्म और ठण्डा दोनों ही होने में देर लगती है। नियमानुसार रात्रि के समय स्थल ठण्डा (उच्च वायुदाब) और समुद्र गर्म (निम्न वायुदाब) रहता है। इसलिए वायु स्थल से समुद्र की ओर चलती है, जिसे स्थल समीर कहते है।

दिन

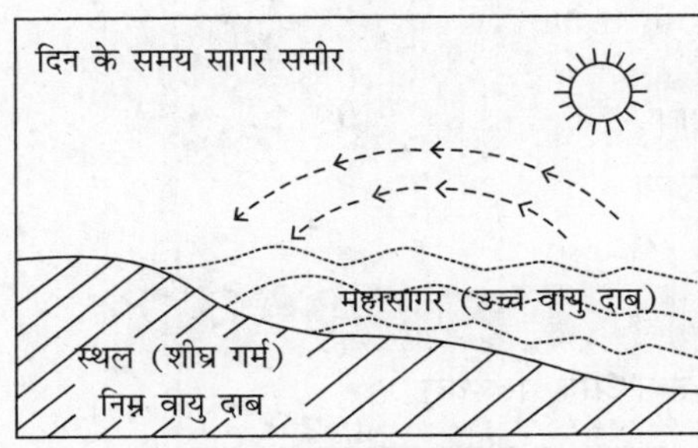

चित्र: समुद्र समीर

रात

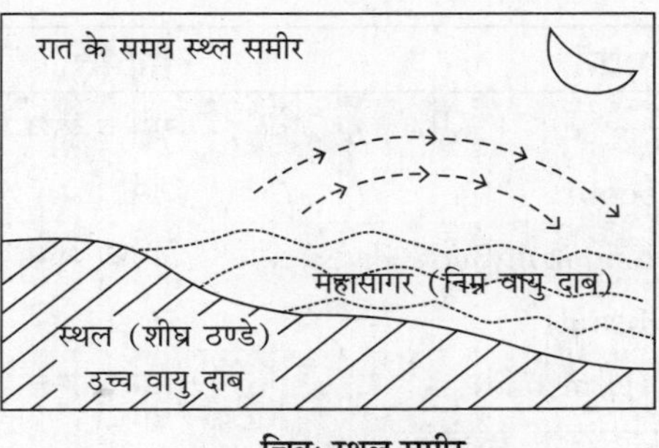

चित्र: स्थल समीर

(iii) पर्वत समीर तथा घाटी समीर

- पर्वतीय प्रदेशों में दिन के समय घाटी की वायु गर्म हो जाती है और पर्वत की ढलान के साथ-साथ ऊपर को उठती है। इसे घाटी-समीर कहते है। यह वायु ऊपर जाकर ठण्डी हो जाती है और कई बार दोपहर के बाद वर्षा करती है।
- रात्रि के समय पर्वत के ऊपर की वायु शीघ्र ठण्डी होकर भारी हो जाती है तथा पर्वत की ढलान के साथ नीचे की ओर उतरना शुरू कर देती है इसे 'पर्वत समीर' कहते हैं।

3. स्थानीय पवनें

- किसी स्थान विशेष में प्रचलित हवा के विपरीत चलने वाली विशेष प्रकार की हवा को स्थानीय पवन कहते हैं। अर्थात् ये वे पवनें है, जो धरातलीय बनावट, तापमान, और वायुदाब की विशिष्ट स्थिति के कारण प्रचलित पवनों के विपरीत दिशा में चलती हैं। ये पवनें बहुत छोटे क्षेत्र को प्रभावित करती है।

ध्यातव्य हो कि

ये स्थानीय पवनें क्षोभमंडल (Troposphere) की निचली परतों तक ही सीमित रहती है।

- ये पवनें गर्म, ठण्डी, बर्फ से भरी, धूल, रेत युक्त आदि कई प्रकार की हो सकती है। जैसे—अमेरिका एवं कनाडा में प्रवाहित होने वाले चिनूक नामक गर्म स्थानीय पवन को हिम भक्षी के नाम से भी जाना जाता है, सहारा से गिनी तट की ओर चलने वाले हरमटन नामक स्थानीय पवन को डाक्टर वायु के नाम से भी जाना जाता है क्योंकि यह वायु इस क्षेत्र निवासियों को आर्द्रता युक्त मौसम में राहत दिलाती है। सहारा मरूस्थल से इटली में प्रवाहित होने वाले सिराक्को पवन बालू के कणों से युक्त होती। इटली में जब वर्षा की बूंदे लाल रंग की हो जाती है। इस प्रकार की वर्षा को इटली में रक्त की वर्षा कहा जाता है।

प्रमुख स्थानीय पवनें

स्थानीय पवनें	प्रकृति	महाद्वीप	स्थान का नाम
लू (Loo)	गर्म व शुष्क	एशिया	उत्तरी भारत, पाकिस्तान
ह्बूब (Haboob)	गर्म	अफ्रीका	सूडान
चिनूक (Chinook or Snow Eater)	गर्म व शुष्क	उ. अमेरिका	राकी पर्वत (संयुक्त राज्य अमेरिका)
मिस्ट्रल (Mistral)	ठण्डी	यूरोप	स्पेन-फ्रांस
हरमटटन (Harmattan) इसे गिनी डाक्अर भी कहते है	गर्म व शुष्क	अफ्रीका	पश्चिमी अफ्रीका
सिरोको (Sirocco)	गर्म व शुष्क	अफ्रीका	सहारा मरूस्थल
सिमून (Simoon)	गर्म व शुष्क	–	अरब मरूस्थल (कुर्दिस्तान इसी रेगीस्तान का क्षेत्र)
बोरा (Bore)	ठण्डी व शुष्क	यूरोप	इटली, हंगरी
ब्लिजार्ड (Blizzard)	ठण्डी	–	टुण्ड्रा प्रदेश
लेवेन्टर (Levanter)	ठण्डी	यूरोप	स्पेन
ब्रिक फील्डर (Brick Fielder)	गर्म व शुष्क	–	ऑस्ट्रेलिया
फ्राइजेम (Fryjem)	ठण्डी	–	ब्राज़ील
पापागयो (Papagayo)	ठण्डी व शुष्क	–	मैक्सिको
खमसिन (Khamsin)	गर्म व शुष्क	अफ्रीका	मिश्र
सोलानो (Solano)	गर्म व आद्रतायुक्त	अफ्रीका	सहारा
पुनाज (Punas)	ठण्डी व शुष्क	–	एण्डीज पर्वत
पुर्गा (Purga)	ठण्डी	–	साइबेरिया
नार्वेस्टर (Narwester)	गर्म	–	न्यूज़ीलैंड
सान्ता एना (Santa Ana)	गर्म व शुष्क	–	कैलीफोर्निया
शामल (Shamal)	गर्म व शुष्क	एशिया	इराक, ईरान
जोण्डा (Zonda)	गर्म व शुष्क	–	अर्जेंटीना
पैम्पेरा (Pampera)	ठण्डी	–	पम्पास मैदान
फॉन (Faun)	–	–	आल्पस (स्विडजरलैण्ड सर्वाधिक प्रभावित क्षेत्र)

प्रमुख स्थानीय पवनें

पवन का नाम	प्रकृति	सम्बन्धित क्षेत्र
गिबली	गर्म	लिबिया
चिली	गर्म	ट्यूनेशिया
ब्रिकफील्डर	गर्म	ऑस्ट्रेलिया
खमसिन	गर्म	मिस्त्र
विलि-विलि	तूफानी पवने	ऑस्ट्रेलिया
सिमूम	गर्म	सहारा तथा अरब मरूस्थल
सिराको/सिरक्को	गर्म	सहारा मरूस्थल से दक्षिण इटली तक

(Continued)

पवन का नाम	प्रकृति	सम्बन्धित क्षेत्र
दक्षिण बर्स्टर	ठण्डी	ऑस्ट्रेलिया
जोन्डा	गर्म	अर्जेन्टीना
चिनूक	गर्म	रॉकी पर्वत श्रेणी (अमेरिका, कनाडा)
हबूब	गर्म	सुडान
हरमटन (डाक्टर हवा)	गर्म	सहारा मरूस्थल
सैमूम	गर्म	इरान और ईराक का कुर्दिस्तान क्षेत्र
विलिर्जाड	ठण्डी	साइबेरिया, कनाडा, यूएस
मिस्ट्रल (रोनघाटी)	ठण्डी	फ्रांस और स्पेन
नारवेस्टर	गर्म	न्यूज़ीलैंड

चक्रवात (Cyclones)

- पवनों का ऐसा चक्र जिसमें अन्दर की ओर वायुदाब कम और बाहर की ओर अधिक होता है, चक्रवात कहलाता है। यह वृत्ताकार या अण्डाकार होता है।
- इसमें वायु चारों ओर उच्च वायु भार के क्षेत्र से केन्द्र के निम्न भार वाले क्षेत्र की ओर चलती है।
- पृथ्वी के घूर्णन के कारण चक्रवात उत्तरी गोलार्द्ध में घड़ियों की सुईयों के विपरीत दिशा (Anticlock) में तथा दक्षिणी गोलार्द्ध में घड़ियों की सुईयों (Clockwise) के अनुसार चलती है।
- उत्पत्ति क्षेत्र के आधार पर चक्रवात 2 प्रकार के होते हैं—

(i) शीतोष्ण कटिबन्धीय चक्रवात (Temperetal Cyclones)

(ii) उष्ण कटिबन्धीय चक्रवात (Tropical Cyclones)

(i) शीतोष्ण कटिबन्धीय चक्रवात

- ये दोनों गोलार्द्ध में 30° अक्षांश 65° अक्षांशों के मध्य क्षेत्रों में दो विभिन्न गुणों वाली पवनों के मिलने से बनते हैं। ये आकार में उष्णकटिबन्धीय चक्रवातों से बड़े होते हैं। परन्तु इनकी गति उष्णकटिबन्धीय चक्रवातों की तुलना में कम होती है।
- ये पछुआ पवनों के साथ चलकर महाद्वीपों की पश्चिमी तटरेखा को प्रभावित करते हैं।

(ii) उष्ण कटिबन्धीय चक्रवात

- दोनों गोलार्द्धों में 8° से 24° अक्षांशों के बीच उत्पन्न चक्रवातों को उष्ण कटिबंधीय चक्रवात कहा जाता है।
- कोरियोलिस बल के अभाव के कारण ये चक्रवात विषुवत रेखा के निकट उत्पन्न नहीं हो पाते।
- उष्ण कटिबन्धीय चक्रवातों के भिन्न स्थानों पर भिन्न नाम होते है—

चक्रवात (Cyclones)	—	हिन्द महासागर (भारत)
हरीकेन (Huricane)	—	कैरिबियन सागर (यू.एस.ए.)
टायफून (Typhoon)	—	दक्षिण चीन सागर (चीन)
विली-विल्सी (Willy–Willies)	—	ऑस्ट्रेलिया
टारनेडो (Tarnadoes)	—	तटीय अमेरिका (सं.रा. अमेरिका की मिसीसिपी घाटी जो कैरीबियन सागर के समीप है)
ट्विस्टर (Twister)	—	स्थलीय अमेरिका

प्रमुख चक्रवात

चक्रवात का नाम	देश
हरिकेन	यूएस तथा पश्चिमी द्वीप समूह (कैरेबियन सागर)
टाइफून	चीन सागर
टारनेडो	यूएस (मैक्सिको की घाटी)

ध्यातव्य हो कि

उष्ण कटिबन्धीय चक्रवात को विभिन्न क्षेत्रों में भिन्न-भिन्न नामों से जाना जाता है, जैसे—ऑस्ट्रेलिया में 'विली-विली' के नाम से जाना जाता है।

- उष्ण कटिबन्धीय चक्रवातों के केन्द्र में 6 से 48 किमी. का एक ऐसा क्षेत्र होता है, जहाँ हवाए एकदम शांत रहती है तभी वहां वर्षा नहीं होती है। इसे चक्रवात का चक्षु (Eye of the Storm) कहते है।

ध्यातव्य हो कि

टारनेडो सबसे छोटा उष्ण कटिबंधीय चक्रवात है, लेकिन सबसे ज़्यादा प्रभावकारी है। इससे काफी बड़े स्तर पर तबाही मचती है। इसकी आकृति कीपाकार होती है। अर्थात् ये धरातल पर संकरे तथा ऊपर वायुमंडल में विस्तृत होते चले जाते है।

वाष्पीकरण (Evaporation)

- जल के तरल से, गैसीय अवस्था में परिवर्तन होने की प्रक्रिया को वाष्पीकरण कहते है। एक ग्राम जल को जलवाष्प में परिवर्तित करने के लिए लगभग 600 कैलौरी ऊर्जा का प्रयोग होता है। इसे वाष्पीकरण की गुप्त उष्मा (Latent Heat) कहते है।
- पृथ्वी के सभी जलीय भागों जैसे—समुद्र, झील, तालाब नदी आदि से हर तापमान पर वाष्पीकरण होता रहता है, परन्तु वाष्पीकरण हर स्थान पर एक सा नही होता।
- वायुमंडल में उपस्थित जलवाष्प का 88 प्रतिशत भाग 60° उत्तरी एवं दक्षिणी अक्षांशों में स्थित महासागरों से प्राप्त होता है।

ध्यातव्य हो कि

वाष्पीकरण की दर वायु के तापमान, शुष्कता तथा गति में वृद्धि होने से बढ़ती है तथा बादलों की उपस्थिति में कम होती है।

आर्द्रता (Humidity)

- वायुमंडल में उपस्थित जलवाष्प को वायुमंडल की आर्द्रता कहते है। पृथ्वी के जलीय भागों में से जो जल वाष्पीकृत होकर गैस का रूप धरण करता है, वह वायुमंडल में मिल जाता है। जिसके कारण वायुमंडल में आर्द्रता पहुंचती है।
- वायु की जलवाष्प शोषण (Absorb) करने की एक निश्चित सीमा होती है, जो वायु के तापमान पर निर्भर करती है। अर्थात् वायु जितनी अधिक गर्म होगी, उसमें आर्द्रता ग्रहण करने की क्षमता भी उतनी ही अधिक होगी।
- आर्द्रता को 'ग्राम प्रति घन मीटर' में नापा जाता है।
- किसी निश्चित तापमान पर एक घन मीटर वायु जितने ग्राम जलवाष्प शोषण कर सकती है, उसे वायु की शोषण करने की क्षमता कहते है।
- जब किसी वायु में उसकी क्षमता के बराबर जलवाष्प आ जाए तो उसे संतृप्त वायु (Saturated Air) कहते है।

संघनन (Condensation)

- जल के गैसीय अवस्था का, तरल या ठोस में परिवर्तित होना संघनन कहलाता है। संघनन दो कारकों पर निर्भर करता है—
  1. तापमान में कमी।
  2. वायु की सापेक्षिक आद्रता।

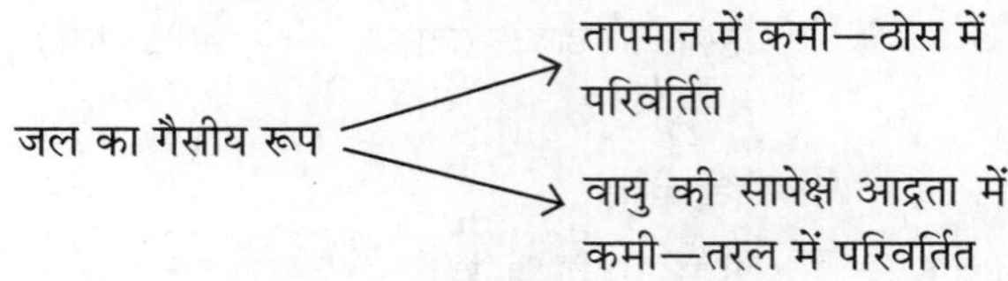

संघनन के रूप

- संघनन की प्रक्रिया से ओस, पाला, कोहरा, धुन्ध, बादल, वर्षा आदि होते हैं, जिन्हें संघनन के रूप कहा जाता है।

ओस (Dew)

- हवा का जलवाष्प, जब संघनित (ठोस, द्रव) होकर छोटी-छोटी बूंदों के रूप में धरातल पर पड़ी वस्तुओं (घास, पत्तियों आदि) पर जमा हो जाती है तो इसे 'ओस' कहते है।

ध्यातव्य हो कि

ओस के निर्माण के लिए साफ आकाश, लगभग शांत वायुमंडल, उच्च सापेक्षिक आर्द्रता एवं ठण्डी तथा लंबी रात का होना आवश्यक है।

कोहरा (Fog)

- कोहरे के निर्माण में वायुमंडल में मौजूद जलवाष्पो की ही भूमिका होती है। यह एक तरह का बादल होता है, जो धरातल के एकदम निकट होता है। धरातल से सही जलवाष्प युक्त वायु जब बड़े पैमाने पर शीतल हो जाती है, तब उस वायु में लदे जलकणों के कारण वायुमंडल की पारदर्शिता या दृश्यता प्रभावित हो जाती है, जिसे कोहरा कहा जाता है।

ध्यातव्य हो कि

कोहरा एवं वर्षा के बादल में प्रमुख अंतर यह कि कोहरे का निर्माण करने वाले जल कणों का व्यास 100 माइक्रान से कम होता है, जबकि वर्षा के बादलों में जल कणों का व्यास 400 - 1000 माइक्रान तक होता है अर्थात् कोहरे की बूंद, वर्षा की बूंदों की अपेक्षा अधिक सूक्ष्म होती है।

धुन्ध (Haze)

- हल्के-फुल्के कोहरे को धुन्ध कहते है। धुन्ध का निर्माण धुए के कण, धूल कण, लवण कण इत्यादि के वायु में उपस्थित होने के कारण होता है। मौसमी विज्ञान में धुन्ध को निचले वायुमंडल की पारदर्शिता या दृश्यता प्रभावित करने वाला कारक माना है। धुन्ध के समय दृश्यता 1 किमी. से अधिक किन्तु दो किलोमीटर से कम की दृश्यता प्रभावित करती है। धुन्ध सूर्योदय तथा सूर्यास्त के समय नदियों, झीलों, तलाबों और सागर-तटीय भागो में बनती है।

ध्यातव्य हो कि

वैसे धुन्ध शब्द उन सभी परिघटनाओं के लिए प्रयुक्त किया जाता है, जिनसे दृश्यता प्रभावित होती है।

कुहासा (Mist)

- कुहासा और कोहरा वस्तुत: एक ही है। अंतर सिर्फ इतना है कि कोहरे में जहां दृश्यता बहुत ज़्यादा प्रभावित होती है, क्योंकि इसमें वायुमंडल में लटकी जल की बूंदें ज़्यादा छोटी होती है वहीं कुहासे में जलबूदें बड़ी होती होती है। अत: दृश्यता कम प्रभावित होती है।

धुआसा/धुम्र कोहरा (Smog)

- बड़े-बड़े शहरों में फैक्टरियों के निकट जब कुहरे में धुए के कण मिल जाते हैं तो उसे धुआसा कहा जाता है। धुआसा कुहरे की तुलना में और अधिक सध्न होता है एवं इसमें दृश्यता और भी कम होती है।

पाला/तुषार (Frost)

- जब संघनन की क्रिया हिमांक से नीचे होती है (0°C या उससे कम पर) तो जलवाष्प जल कणों के बदले हिम कणों में परिवर्तित हो जाता है। इसे ही पाला या तुषार कहा जाता है।

ध्यातव्य हो कि

पाला के निर्माण के लिए उन सभी परिस्थितियों का होना आवश्यक है, जो ओस के निर्माण के लिए है।

बादल (Cloud)

- पृथ्वी के धरातल से विभिन्न ऊंचाईयों पर वायुमंडल में, मौजूद जलवाष्पों के संघनन से निर्मित जल कणों की राशि को बादल कहते है।
- धरातल से जल का वाष्पीकरण लगातार होता रहता है जब जलवाष्प युक्त वायु ऊपर उठती है तो प्रसरण की प्रक्रिया से वह शीतल होकर संतृप्त हो जाती है। जब तापमान ओसांक (0°C से नीचे) पहुंचता है तो सघनन होकर जलवाष्प अत्यन्त सूक्ष्म जलकणों में परिवर्तित हो जाती है। दो विभिन्न तापमान रखने वाली वायुराशियों के आपस में मिश्रण से भी मेघो की रचना होती है। अन्त में यह कहा जा सकता है कि जलकणों की संघनित संरचना ही बादल के रूप में नजर आती है।

ध्यातव्य हो कि

बादलों को ऊंचाई, आकार आदि के आधार पर आठ प्रकार के बादलों को तीन वर्गो में बाटा जा सकता है।

बादलों के प्रकार

(a) उच्च मेघ (6000 से 12000 मी. ऊंचाई)
- **(i)** पक्षाभ मेघ (Cirrus clouds)
- **(ii)** पक्षाभ स्तरी मेघ (Cirrus Stratus Clouds)
- **(iii)** पक्षाभ कपासी मेघ (Cirro Cummulus Clouds)

(b) मध्य मेघ (2000 से 6000 मी ऊंचाई)
- **(i)** मध्य क्षेत्र (Alto Stratus Clouds)
- **(ii)** कपासी मध्य क्षेत्र (Alto Cummulus Clouds)

(c) निम्न मेघ (2000 मी. तक ऊंचाई)
- **(i)** स्तरी कपासी मेघ (Stratus Cummulus Clouds)
- **(ii)** स्तरी मेघ (Stratus Clouds)
- **(iii)** वर्षा स्तरी मेघ (Cumulo Nimbus Clouds)

(i) पक्षाभ मेघ

- ये आसमान में सबसे अधिक ऊंचाई पर सफेद रेशम की भांति कोमल व छितराए मेघ होते हैं। ये हिम कणों से बने होते हैं इसलिए इनसे वर्षा नहीं होती। परन्तु चक्रवात के आगमन के क्रम में सबसे पहले यही मेघ दिखाई पड़ते हैं। इसलिए ये मेघ चक्रवात के आगमन के सूचक कहे जाते हैं।

(ii) पक्षाभ-स्तरी मेघ

- ये वृहद क्षेत्र में दूधिया चादर की भांति फैले होते हैं। इनके कारण सूर्य और चन्द्रमा के चारों ओर प्रभामंडल (Halo) का निर्माण होता है। चक्रवात के आगमन के क्रम पक्षाभ मेघ के तत्काल बाद यही मेघ दिखाई पड़ते है। अत: यह मेघ भी निकट भविष्य में चक्रवात आगमन की सूचना देते हैं।

(iii) पक्षाभ-कपासी मेघ—

- ये सफेद रंग के छोटे-छोटे गोलों की भांति दिखाई पड़ते पड़ते हैं एवं प्राय: समूह में या लहरदार रूप में दिखाई पड़ते हैं।

(i) उच्च स्तरीय मध्य मेघ

- ये आकाश में भूरे या नीले रंगों में मोटी परतों के रूप में फैले रहते हैं। इनकी सघनता जब बहुत ज़्यादा होती है तब सूर्य

चन्द्रमा स्पष्ट दिखाई नहीं देते है। और इनसे लगातार बारिश की संभावना बनी रहती है।

(ii) कपासी मध्य मेघ

- ये सफेद एवं भूरे रंग के पतले गोलाकार धब्बों की तरह दिखाई देते हैं। सम्पूर्ण आसमान में ये महीन चादर के रूप में बिखरे दिखाई देते हैं।

(i) स्तरीय कपासी मेघ

- ये हल्के भूरे या सफेद रंग के गोलाकार धब्बों के रूप में मिलते हैं एवं सामान्यत: ये जाड़े के मौसम में सम्पूर्ण आसमान को आवृत्त कर लेते हैं। ये सामान्यत: साफ मौसम के संकेतक है।

(ii) स्तरीय मेघ

- ये धरातल के निकट कुहरे के समान बादल है इनमें कई परते पाई जाती है। सामान्यत: ये आकाश में पूरी तरह छाए रहते हैं। शीतोष्ण कटिबंधीय क्षेत्रों में शीत ऋतु में दो विपरीत स्वभाव वाली वायुराशियों के मिलने से इनका निर्माण प्राय: हो जाता है।

(iii) कपासी वर्षा मेघ

- इन मेघों से तेज बौछार के रूप में वर्षा होती हैं साथ ही ओले और तड़ित झंझा भी उत्पन्न होते है उन्हें Thunder Storm भी कहा जाता है।

वर्षण (Percipitation)

- जब जलवाष्प युक्त वायु ऊपर को उठती है, तो तापमान में कमी आने के कारण उसका संघनन (गैस का तरल या ठोस में परिवर्तन) होने लगता है। इस तरह मेघों का निर्माण होता है। कुछ समय बाद मेघों में जलवाष्प की मात्रा अधिक हो जाती है और वायुमंडल उसे संभाल नहीं पाते हैं, फलस्वरूप वर्षा विभिन्न रूपों जैसे—फुहार, सहिम वर्षा, ओलावृष्टि का कारण बन जाती है।

वर्षा (Rainfall)

- वर्षा अन्तर्गत जल की बूंदें गिरती हैं। इन बूंदों का आकार 0.5 मिमी. से 5.0 मिमी. तक का हो सकता है।
- वर्षा की बूंदों के बरसने को भी वर्षा की संज्ञा दी जा सकती है यदि वह विस्तृत क्षेत्र पर हो रही हो।

फुहार (Drizzle)

- जब वर्षा की बूंदें अत्यंत सूक्ष्म (0.5 मिमी. से भी कम) सघन एवं समान आकार की होती तथा वायु प्रवाह की दिशा में उड़ती हुई प्रतीत होती है तो एसी वर्षा को फुहार कहा जाता है।

सहिम वर्षा (Sleet)

- जलवृष्टि और हिम वृष्टि के मिश्रण को सहिम वर्षा कहा जाता है।

हिमपात (Snowfall)

- जब तापमान हिमांक से नीचे होता है तो वर्षण हिमकणों के रूप में होती है, जिसे हिमवृष्टि या हिमपात कहा जाता है।

ओलावृष्टि (Hoilfall)

- जब बर्फ की कड़ी एवं बड़ी गोलियों की बौछार होने लगती है, तो इसे ओलावृष्टि कहा जाता है।

उत्पत्ति के आधार पर वर्षा को तीन प्रकार में वर्गीकृत किया जाता है—

1. संवाहनीय वर्षा (Convectional Rainfall)
2. पर्वतीय वर्षा (Orographic Rainfall)
3. चक्रवाती वर्षा (Cyclonic Rainfall)

1. संवाहनीय वर्षा

- धरातल के गर्म होने के कारण वायु गर्म होकर ऊपर उठती है। अधिक ऊपर उठकर वायु ठंडी हो जाती और उसमें संघनन (गैस का तरल एवं ठोस में परिवर्तन) प्रारम्भ हो जाता है तथा वर्षा हो जाती है। इस प्रकार की वर्षा को 'संवाहनीय वर्षा' कहते है।

ध्यातव्य हो कि

विषुवतीय प्रदेश/भूमध्य रेखीय क्षेत्रों एवं शान्त पेटी (डोलड्रम) में यही वर्षा होती है। उच्चतापमान तथा आद्रता के कारण इन क्षेत्रों में दोपहर 2 से 3 बजे के बीच घनघोर बादल छा जाते हैं कुछ क्षणों की मूसलाधर वर्षा के बाद 4 बजे सायं तक वर्षा रूक जाती है।

2. पर्वतीय वर्षा

- जब जलवाष्प से लदी हुई गर्म वायु के मार्ग में कोई पर्वत आता है तो ये पवनें उससे टकराकर ढाल के सहारे ऊपर उठकर ठंडी होती है एवं अपनी नमी को वर्षा के रूप में गिरा देती है। इस प्रकार पर्वतीय क्षेत्र की जो ढाल पवन के सम्मुख होती है वहां खूब वर्षा होती है इसे पवनाभिमुख ढाल (Windward Slop) कहते है। परन्तु जैसे ही पवन पर्वत की दूसरी ढलान पर उतरने लगती है, तो वायु ताप वृद्धि के कारण गर्म और शुष्क होने लगती है, इस प्रकार वायु की सापेक्षिक आर्द्रता में कमी आ जाती है और वर्षा बहुत कम या नहीं होती। इसे 'पवन विमुख ढाल' (Leeward Slope) या 'वृष्टि छाया प्रदेश' (Rain Shadow Region) कहते हैं।

ध्यातव्य हो कि

भारत में इसका सर्वोत्तम उदाहरण परिचमी घाटा पर स्थित महाबलेश्वर (वर्षा 600 सेमी.) तथा पूणें (वर्षा 70 सेमी.) है, जो एक-दूसरे से मात्रा कुछ किलोमीटर की दूरी पर ही स्थित है।

3. चक्रवाती वर्षा (Cyclonic Rain)

- चक्रवाती वर्षा तब होती है जब दो विभिन्न तापमानों की वायु राशिया (गर्म एवं शीतल के टकराने से भीषण) तूफानी दशाए उत्पन्न हो जाती है और तब गर्म नम वायु, ठंडी भारी वायु के ऊपर चढ जाने की प्रक्रिया से संघनित होकर वर्षा करती है अर्थात चक्रवातों के कारण होने वाली वर्षा को चक्रवाती वर्षा कहते हैं।
- इस प्रकार की वर्षा विशेषकर शीतोष्ण कटिबन्धीय चक्रवाती क्षेत्रों में होती है।

वर्षा का वितरण

- अधिकतम वर्षा भूमध्य रेखा के आस-पास प्राप्त होती है और न्यूनतम वर्षा ध्रुवो के आस-पास होती है।
- 400 से 600 उत्तरी तथा दक्षिणी अक्षांशों के बीच भी अधिक वर्षा वाले क्षेत्र हैं।
- 300 से 350 उत्तरी तथा दक्षिणी अक्षांशों में कम वर्षा प्राप्त होती है।

ध्यातव्य हो कि

वर्षा का यह वितरण विश्व की वायुदाब पेटियों से संबंधित है, अर्थात अधिक वर्षा वाले भागों में तथा न्यून वर्षा वाले भागों में पायी जाती है।

- वर्षा के अक्षांशीय वितरणों में महाद्वीपों एवं महासागरों की स्थिति तथा पवनों की दिशा के कारण परिवर्तन आ जाता है जैसे—'समुद्र से आने वाली वायु वर्षा करती है, जबकि स्थल से आने वाली वायु वर्षा नहीं करती।' सन्मार्गी पवनों की पेटी में महाद्वीपों के पूर्वी भागों में वर्षा अधिक तथा पश्चिमी भागों में वर्षा कम होती है।'इसी प्रकार पछुआ पवनों की पेटी में महाद्वीपों के पश्चिमी भागों में वर्षा कम होती है।
- पर्वत श्रेणियों की स्थिति भी वर्षा को प्रभावित करती है जैसे—जब कभी पर्वत श्रेणी आर्द्र एवं उष्ण वायु के रास्ते में आती है तो भारी वर्षा होती है। उदाहरण स्वरूप अरब सागर की मानसून पवनों के रास्ते में पश्चिमी घाट के आने से पश्चिमी तटीय मैदान में खूब वर्षा होती है, परन्तु जब कभी पर्वत श्रेणी, पवनों के समानान्तर हो तो वर्षा नहीं होती यही कारण है कि अरावली पर्वत के होते हुए भी राजस्थान में वर्षा नही होती।

अध्याय सार संग्रह

- पृथ्वी को चारो ओर से घेरे हुए वायु के विस्तृत फैलाव को वायुमण्डल कहते हैं।
- पृथ्वी का औसतन तापमान 15° सैल्सियस है।
- वायुमण्डल कई गैसों का मिश्रण है, जिसमें प्रमुख हैं—नाइट्रोजन, ऑक्सीजन, ऑरगन, कार्बनडाईऑक्साइड।
- वायुमण्डल में जलवाष्प की औसत मात्रा 2 से 4 प्रतिशत के बीच साथ-साथ जलवाष्प की मात्रा कम होती जाती है।
- धूल-कणों में मुख्यत: समुद्री नमक, सूक्ष्म मिट्टी, धुंए की कालिख व राख, धूल तथा उल्कापात के कण आदि का समावेश होता है।
- ओज़ोन परत समताप मण्डल के निचले हिस्से में पायी जाती है, जो सूर्य की पराबैगनी किरणों के विकिरण को अवशोषित कर लेती है और हमारे लिए सुरक्षा कवच का कार्य करती है।
- जेट वायुयानों से निकलने वाली नाइट्रोजन ऑक्साइड, ए.सी. और रेफ्रिजेरेटर आदि प्रयुक्त और निकलने वाली क्लोरोफलोरो कार्बन ओज़ोन परत को नुकसार पहुंचाती है।
- वायुमण्डल को परतों के आधार पर पाँच भागों में बांटा जा सकता है—1. क्षोभ मण्डल, 2. समताप मण्डल, 3. मध्य मण्डल, 4. आयन मण्डल, 5. बाह्यमंडल
- वायुमण्डलीय दाब को बैरोमीटर से नापा जा सकता है।
- सूर्याताप का पृथ्वी पर वितरण निम्न कारकों पर निर्भर करता है—सूर्य की किरणों का झुकाव, सूर्य तप पर वायुमण्डल का प्रभाव, स्थल एवं जल का प्रभाव, दिन की लम्बाई अथवा धूप की अवधि, भूमि की ढाल तथा सूर्य से पृथ्वी की दूरी।
- ऊष्मा ऊर्जा का एक रूप है, जबकि तापमान किसी तत्व या वस्तु की गरमाहट या शीतलता की गहनता का परिचायक है।
- ऊष्मा या वृद्धि या ह्रास कर किसी तत्व या वस्तु का तापमान घटाया या बढ़ाया जा सकता है।
- कोरिओलिस बल के कारण उत्तरी गोलार्द्ध में पवनें दाहिनी ओर तथा दक्षिणी गोलार्द्ध में पवनें बायीं ओर मुड़ जाती हैं।

वायुमण्डल

- वायुमण्डल में गैसो की मात्रा—1. नाइट्रोजन, 2. ऑक्सीजन, 3. ऑरगन
- वायुमण्डल की संरचना :

क्षोभ मण्डल	-	सबसे निचली परत, समस्त मौसमी परिवर्तन यही होते है।
समताप मण्डल	-	वायुयान की उड़ान के लिए आदर्श एवं ओज़ोन परत पायी जाती है जो पराबैगनी किरणों को अवशोषित करती है।
मध्य मण्डल	-	आयनमंडल एवं समतापमंडल के मध्य का क्षेत्र
आयन मण्डल	-	विद्युत चुंबकीय कण पाये जाते हैं तथा रेडियो तरंगों का परावर्तन होता है।
बाह्यमण्डल	-	वायुमण्डल की सबसे अंतिम परत और यहाँ से अंतरिक्ष का प्रारम्भ होता है, हाइड्रोजन और हीलियम गैसों की प्रधानता होती है।

अध्याय 5

जलमण्डल

इस अध्याय में आप सीखेंगे किः

- ➤ जलमंडल की संरचना, इसका विस्तार और महासागरीय धरातल की विशेषताएं एवं अभिलक्षण क्या-क्या है।
- ➤ समुद्री विज्ञान के सामाजिक एवं आर्थिक जीवन पर कैसे-कैसे प्रभाव पड़ते है।
- ➤ जलमंडल के विस्तार व वर्गीकरण के क्या आधार है।

जलमंडल का अर्थ (Meaning of Hydrosphere)

- जलमंडल से तात्पर्य पृथ्वी पर उपस्थित समस्त जलराशि से है, जिसके अन्तर्गत—महासागर, सागर, नदियाँ, हिमनदियो, झीले तथा भू-जल को सम्मिलित किया जाता है।
- पृथ्वी के कुल क्षेत्रफल तीन चौथाई भाग (71%) भाग पर जल तथा केवल एक चौथाई भाग (29%) पर स्थल है। यही कारण है कि पृथ्वी को जलग्रह या नीला ग्रह कहा जाता है।
- कुल जल (71%) का 97 प्रतिशत समुद्रों में, 2.16 प्रतिशत अर्द्धस्थायी हिम के रूप में 0.63 प्रतिशत भू-गर्भीय जल के रूप में 0.03 प्रतिशत अन्य जल रूपों में रहता है। मात्र 0.0001 प्रतिशत जल, जलवाष्प (ठोस व द्रव) के रूप में रहता है।
- उत्तरी गोलार्द्ध में जलमंडल तथा स्थलमंडल लगभग बराबर है, परन्तु दक्षिणी गोलार्द्ध में जलमंडल, स्थलमंडल से 15 गुना अधिक है। इसलिये दक्षिण गोलार्द्ध को जलीय गोलार्द्ध कहते है।
- जलमंडल के अधिकतर भाग पर महासागरों का विस्तार है बाकी भाग पर सागर तथा झीले है।
- विश्व के मानचित्र को देखने से पता चलेगा कि पृथ्वी तल के 76 प्रतिशत भाग पर महासागरों का विस्तार है। महासागर चार है, जिनमें प्रशान्त महासागर सबसे बड़ा (16.5 करोड़ वर्ग किमी.) है अन्य आर्कटिक महासागर है।
- सागर में मुख्यता—बेरिग सागर, दक्षिण चीन सागर, ओखेटक सागर, जापान सागर, कैरीबियन सागर, पूर्वी चीन-सागर, बाल्टिक सागर, काला व लाल सागर आदि प्रमुख है।
- पृथ्वी पर उपस्थित जल की कुल मात्रा का 97.25 प्रतिशत भाग जल महासागरों में है, जो खारा है और जलराशि का मात्र 2.5 प्रतिशत भाग ही स्वच्छ या मीठा जल है।

महासागरीय धरातल (Ocean Floor)

- महासागरों का धरातल समतल नहीं बल्कि काफी उबड़-खाबड़ है। अतः महासागरीय धरातल को निम्न भागों में विभक्त किया जा सकता है—

(i) महाद्वीपीय मग्नतट (The Continental Shelf)—

- महाद्वीपो का किनारे वाला वह भाग, जो कि महासागरीय जल में डूबा रहता है, उस पर जल की औसत गहराई 100 फैदम (Fathom) तथा ढाल 1 घंटा है, 'महाद्वीपीय मग्नतट' कहलाता है।

  नोट—1 Fathom = 1.8 मी.

अन्य महत्वपूर्ण तथ्य—

- जिन तटो पर पर्वत, समुद्री तट के साथ फैले रहते हैं वहाँ मग्नतट सकरे होते हैं, जैसे दक्षिण अमेरिका का प्रशान्त महासागरी मग्नतट एण्डीज के कारण संकरा हो गया है।

- जिन तटो के स्थलीय तटवर्ती भाग मैदानी है, वहाँ पर मग्नतट अधिक विस्तृत होते है।
- महाद्वीपो के निमग्न तट के उथले सागर मत्स्य ग्रहण के प्रमुख क्षेत्र है। संसार का एक चौथाई (20 प्रतिशत) पेट्रोलियम व गैस यही से प्राप्त होता है। साथ ही बालू व बजरी के भी ये विशाल भंडार है।
- महाद्वीपीय निमग्न तट महासागरों के कुल क्षेत्रफल के 7.5 प्रतिशत भाग पर फैला हुआ है।

(ii) महाद्वीपीय ढाल (Continental Slop)—

- जलमग्न तट तथा गहरे सागरीय मैदान के बीच तीव्र ढालवाले क्षेत्र को 'महाद्वीपीय मग्न ढाल' कहा जाता है। इसे महाद्वीपो की अन्तिम सीमा भी कहा जाता है।

अन्य महत्वपूर्ण तथ्य—

- महाद्वीपीय मग्न तट और महाद्वीपीय ढाल के बीच की सीमा 'एडेसाइट रेखा' (Andesite Line) कहलाती है, क्योंकि यहां एडेसाइट चट्टाने मिलती है।
- महाद्वीपीय ढाल 2° से 5° तक होती है।
- महाद्वीपीय ढाल की गहराई 200 मीटर से 3660 मीटर तक होती है।
- महाद्वीपय ढाल समुद्रों के लगभग 6.5 प्रतिशत भाग में विस्तृत है।

(iii) गहरे सागरीय मैदान (Deep Sea Plains)—

- गहरे सागरीय मैदान महासागरीय नितल का सर्वाधिक विस्तृत क्षेत्र होता है। जिसकी गहराई 3000 से 6000 मीटर तक होती है। समस्त महासागरीय क्षेत्रफल के लगभग 75.9 प्रतिशत भाग पर सागरीय मैदान का विस्तार पाया जाता है।

अन्य महत्वपूर्ण तथ्य—

- सागरीय मैदान, एक महासागर से दूसरे महासागर में भिन्न-भिन्न हो सकते है।

(iv) महाद्वीपीय उत्थान (Continental Rise)—

- महाद्वीपीय ढाल की समाप्ति पर महासागरीय धारातल कुछ ऊपर को उठा हुआ मिलता है। अवशिष्टि पदार्थों के जमा होने के कारण महाद्वीपीय उत्थान बनते हैं। यहाँ गैस एवं तेल का शेष 80 प्रतिशत भाग पाया जाता है।

(v) अंतसागरीय गर्त/महासागरीय गर्त (Trenches/ Oclanic Deep)—

- महासागरीय गर्त महासागरों के सबसे गहरे भाग होते है, इनके ढाल खड़े होते है।

अन्य महत्वपूर्ण तथ्य—

- महासागरों में कुल 57 गर्तों का पता लगाया गया है।

जिनमें	32	प्रशान्त महासागर में
	19	अटलांटिक महासागर में
	6	हिन्द महासागर में।
	57	

- विश्व की सबसे गहरी गर्त में मेरियाना (चैलेन्जर) है जो कि उत्तर प्रशान्त महासागर में फिलीपाइन्स के पास में स्थित है।

विश्व की महत्वपूर्ण गर्तों

रैंक	**गर्त का नाम**	**स्थिति**	**गहराई (मीटर में)**
1.	मेरियाना (चैलेंजर)	प्रशान्त महासागर	11,022
2.	टोंगा	प्रशान्त महासागर	10,882
3.	स्वायर	उ.पू. प्रशान्त महासागर	10,475
4.	पोर्टोरिको	पश्चिमी द्वीप समूह	8,385
5.	क्यूराइल	सरवालीन	10,498
6.	रोमशे	दक्षिण अटलांटिक महासागर	7,631
7.	सुण्डा	पूर्वी हिन्द महासागर	7,450

(vi) जलमग्न कटक (Submarine/ Oceanic Ridges)—

- से कुछ 100 किमी. चौड़ी तथा कई हजार किलोमीटर लम्बी पर्वत श्रेणियों के समान होते हैं। ये पृथ्वी पर सबसे लम्बा पर्वत तन्त्र बनाते है। मध्य अटलांटिक कटक इसका सबसे अच्छा उदाहरण है। इनकी कुल लम्बाई 75000 किमी. से भी अधिक है। इनका निर्माण विभिन्न कारणों से हुआ है। जिसमें 'विवर्तनिक शक्तियाँ' (Tectonic Forces) महत्वपूर्ण है। जब इनका ढाल तीव्र होता है तो ये पर्वत श्रेणियों की भांति होते हैं, परन्तु ढाल के मन्द होने पर ये चौड़े पठारो के समान होते हैं। ये मुख्यत: महासागरों के मध्य में पाये जाते है।

(vii) नितल पहाड़ियां (Abyssal Hills)—

- महासागरीय नितल पर हजारो की संख्या से ऐसी पहाड़ियां पायी जाती है, जो समुद्र के जल में डूबी हुई है, जिनका शिखर नितल से 1000 मीटर से अधिक ऊपर उठा हो उन्हें समुद्री पर्वत कहते है। इन सभी आकृतियों का निर्माण ज्वालामुखी प्रक्रिया द्वारा हुआ है।

नोट—सर्वाधिक नितल पहाड़ियां प्रशान्त महासागर में है।

(viii) जलमग्न के नियम (Submarine Canyons)—

- ये महासागरीय नितल पर गहरे गार्ज है, जो तीव्र ढालों वाली गहरी घाटिया होते है। अत: सागरीय के नियन प्राय:

महासागरीय किनारो पर सभी महासागरों में मिलते हैं, के नियन प्रायः महाद्वीपीय ढाल, मग्नतर व उत्थानों पर ही पाये जाते हैं।

अन्य महत्वपूर्ण तथ्य—

- सबसे अधिक के नियन प्रशान्त महासागर में पाये जाते हैं।
- संसार के सबसे लम्बे जलमग्न के निययन बेरिंग सागर में पाये जाते हैं।
- विश्व का सबसे प्रसिद्ध केनियन हडसन केनियन है, जो हडसन नदी के मुहाने से शुरू होकर अटलांटिक महासागर तक चला गया है।

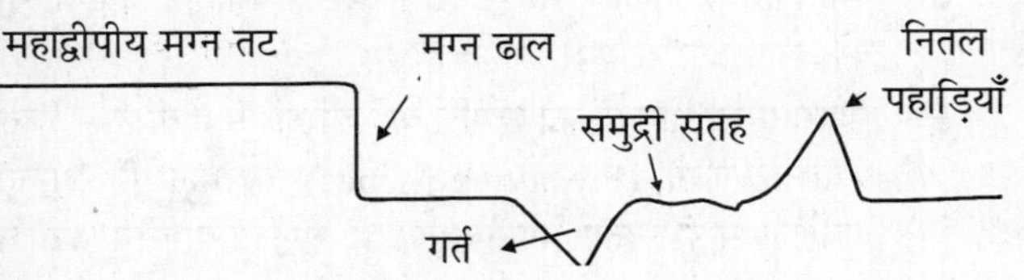

तट, शोल, भित्ती (Cost, Shoal, Reefs)

- ये क्रमशः अपरदन, निक्षेपण तथा जैविक प्रक्रियाओं से निर्मित होती हैं।
- **तट**—ये समतल शीर्ष वाले उत्थान होते हैं और महाद्वीपों के किनारे स्थित होते है। ये प्रमुख मत्स्यन क्षेत्र है।
  उदाहरण—ग्राण्डबैंक, डागरबैंक
- **शोले**—ये उथली गहराई वाले जलमग्न उत्थान के प्रथक भाग है। यहाँ जल की गहराई छिछली होती है इसलिए ये नौसंचालन के लिए खतरनाक है।
- **भित्ती**—इनका निर्माण जीवित या मृत जीवों के जैविक निक्षेप से होता है। सागरीय नितल पर ये टीले या कटको की तरह दिखते है। प्रवाल भित्तियां मुख्यतः प्रशान्त महासागर की विशेषता है।

ध्यातव्य हो कि

विश्व की सबसे बड़ी प्रवाल भित्ति क्वीसलैण्ड तट (ऑस्ट्रेलिया) के निकट स्थित है। जो ग्रेट बैरियर रीफ के नाम से प्रसिद्ध है। भित्तियों वाले क्षेत्र भी नौसंचालन के लिए खतरनाक माने जाते हैं क्योंकि ये समुद्री जलस्तर तक या उसके ऊपर भी उठ जाते हैं।

लवणता (Salinity of Sea Water)

- सामान्य रूप से 'सागरीय जल के भार एवं उसमें घुले हुए पदार्थों के भार के अनुपात को सागरीय लवणता कहते हैं।' समुद्री जल की औसत लवणता 35 प्रति हजार ग्राम है अर्थात् समुद्र के एक हजार ग्राम (एक किलोग्राम) जल में लगभग 35 ग्राम लवण होता है।
- प्रमुख लवणों का वितरण निम्नवत् है—

लवण का नाम	मात्रा (ग्राम प्रति हजार ग्राम)	कुल लवणता का प्रतिशत
सोडियम क्लोराइड (Nacl)	27.213	77.8
मैग्नेशियम क्लोराइड (Mgcl)	3.807	10.9
मैग्नेशियम सल्फेट ($MgSO_4$)	1.658	4.7
कैल्शियम सल्फेट ($CaSO_4$)	1.260	3.6
पोटेशियम सल्फेट (KSO_4)	0.863	2.5
कैल्शियम कार्बोनेट (Kcl)	0.123	0.3
मैग्नेशियम बोमाइट ($MgBr_2$)	0.076	0.2
कुल	**35.000**	**100.0**

नोट—लवणता के संघटकों में क्लोरीन (Cl) सबसे ज़्यादा मिलने वाला तत्व है।

लवणता के स्रोत (Source of Salinity)

- महासागरीय लवणता का मुख्य स्रोत पृथ्वी है। पृथ्वी के आरंभ में, निर्मित ठोस सतह में, लवण का अनुपात अधिक था। समय के साथ इस सतह का अपरदन हुआ एवं ये लवण सागर में पहुंचे। नदियाँ भी निरंतर स्थल भागों से लवणों को सागरों तक पहुंचाती रहती है। इसके अलावा पवन द्वारा भी नमक का स्थल से सागर में स्थानान्तरण होता रहता है, जिसके कारण महासागरीय लवणता में वृद्धि हुई है।

लवणता का विवरण (Distribution of Salinity)

- भूमध्य रेखा पर लवणता
- कर्क तथा मकर रेखा पर लवणता
- ध्रुवो के समीप लवणता

- **भूमध्य रेखा पर लवणता—**
  - भूमध्य रेखा के निकट लवणता की मात्रा कम होती है इसका प्रमुख कारण है यहाँ पर होने वाली भारी वर्षा। चूंकि इस क्षेत्र में अमेजन तथा जायरे जैसी विशाल नदियां बड़ी मात्रा में स्वच्छ जल (मीठा जल/लवणता विहीन) समुद्र में गिराती है, इसलिए, यहाँ की लवणता अपेक्षाकृत कम रहती है। अतः यहाँ पर लवण की मात्रा केवल 35 प्रति हजार है।
- **कर्क तथा मकर रेखा पर लवणता—**
  - इस क्षेत्रों में लवणता की मात्रा सबसे अधिक होती है इसका कारण यह है कि यहाँ पर वर्षा की कमी के कारण नदियों की

ध्यातव्य हो कि

सबसे ज़्यादा लवणता

वान झील	— वान झील	—	330 प्रति हजार है।
मृत सागर	— इजराइल जार्डन	—	240 प्रति हजार है।
साल्ट लेक	— अमेरिका	—	220 प्रति हजार है।

संख्या कम है, जो कम मात्रा में मीठा पानी समुद्र में गिराती है। इसके अतिरिक्त इन क्षेत्रों में जल का वाष्पीकरण अधिक मात्रा में होता है और वाष्पीकरण अधिक होने से लवणता बढ़ती है। अत: इन क्षेत्रों में लवणता 37 प्रति हजार के लगभग है।

- **ध्रुवो के समीप लवणता—**
  - यहाँ पर 20 से 30 प्रति हजार लवणता होती है, क्योंकि यहाँ पर तापमान की कमी के कारण वाष्पीकरण कम होता है। इसके अतिरिक्त हिम के पिघलने से ताजा पानी समुद्रों को मिलता है।
  - सागरों में सबसे ज़्यादा लवणता लाल सागर में पायी जाती है।
  - वान झील तथा मृत सागर में अधिक लवणता के कारण जल का घनत्व इतना बढ़ गया है कि यहाँ मनुष्य डूब नहीं सकता।

महासागरीय तरंगे (Ocean Waves)

- तरंगे, महासागरीय सतह की डोलायमान गति है। इसमें सागरीय जल-स्तर नीचा या ऊंचा होता रहता है। परन्तु अपने स्थान में बहकर अन्य स्थान पर नहीं जाता। यदि कोई तैरने वाली वस्तु (जैसे लकड़ी का टुकड़ा या गेंद) जल स्तर पर फेंक दी जाए तो वह अपने ही स्थान पर ऊपर नीचे या आगे-पीछे होती रहेगी, जबकि तरंगे आगे बढ़ती दिखाई देगी।
- प्रत्येक तरंग के दो भाग होते हैं—

  (1) तरंग श्रृंग (Crest)

  (2) तरंग गर्त (Trough)

  तरंग श्रृंग—तरंगों की ऊपरी भाग को कहते है।

  तरंग गर्त—तरंगों के नीचे धसे भाग को कहते है।
- दो तरंग श्रृंगों के बीच की दूरी को तरंग दैध्य (Wave Length) कहते है।
- श्रृंग तथा तरंग गर्त के बीच की दूरी को तरंग की ऊंचाई (Wave Height) कहते है।
- एक सेकंड के समयान्तराल में दिए गए बिन्दु से गुज़रने वाली तरंगो की संख्या को तरंग आवृत्ति (Wave Frequency) कहते है।
- किसी निश्चित स्थान पर दो तरंगों के गुज़रने की अवधि को तरंग काल (Wave Period) कहते है।
- एक क्रांतिक बिन्दु पर आकर तरंग के श्रृंग खंडित होकर विक्षुब्द जल समूह में बदल जाते हैं, जिसे ब्रेकर या स्वाश कहते है।
- तट से, जिस दूरी पर तरंगो के श्रृंग टूटते हैं तथा सूरज के रूप में बदलते है, उस दूरी से यदि तट के समानांतर रेखा खींची जाए तो उसे 'प्रतोड़न रेखा' (Plung Line) कहते हैं।
- विक्षुब्ध जल का तट की ओर संचालित भाग 'जल उद्धावन' (Up-wave) तथा समुद्र की ओर वापस लौटने वाला भाग 'पश्चधावन' (Back-wave) कहलाता है।

  नोट—सूरज द्वारा ही तटीय भाग में कांट-छांट होते हैं।

महासागरीय धारायें (Ocean Currents)

- एक निश्चित दिशा में महासागरीय जल के प्रवाहित होने की गति को 'महासागरीय धारा' कहते है।
- महासागरीय धाराओं की उत्पत्ति कई कारणों से होती है— जिनमें प्रचलित पवने (Prevailing Winds) तापमान में भिन्नता, लवणता में भिन्नता, वाष्पीकरण, भू-धूर्णन, सागरीय तटों की आकृति तथा ऋतु परिवर्तन प्रमुख है परन्तु सबसे अधिक प्रभाव 'प्रचलित पवनों' (Planerary Wind) का है।
- धाराएं दो तरह की होती है—(1) गर्म धाराएं। (2) ठण्डी धाराएं।
- जो धाराएं भूमध्य रेखा से ध्रुवो की ओर गति करती है, वे गर्म धाराएं कहलाती है, में उन क्षेत्रों का तापमान बड़ा देती है, जहाँ यह प्रभावित होती है और जो धाराएं ध्रुवो से भूमध्य रेखा की ओर गति करती है वे ठण्डी धाराएं कहलाती है और तापमान को ठण्डा करती है।
- कारिओलिस बल के प्रभाव से उत्तरी गोलार्द्ध में धाराएं दाहिनी (Right Side) और दक्षिणी गोलार्द्ध में बायी ओर (Left Side) प्रवाहित होती है।

प्रशान्त महासागर की जलधाराएं

- धाराओं के अध्ययन के आधार पर प्रशान्त महासागर की धाराओं को दो वर्गों में बांटा जा सकता है।

उत्तरी प्रशान्त महासागर की जलधाराएं		दक्षिणी प्रशान्तमहासागर की जलधाराएं	
जलधाराएं	**प्रकृति**	**जलधाराएं**	**प्रकृति**
उत्तरीय विषुवती रेखीय धारा	गर्म	दक्षिणी विषुवती रेखीय धारा	गर्म
क्योरोशियो की धारा	गर्म	पूर्वी ऑस्ट्रेलिया की धारा	गर्म
उत्तरी प्रशान्त धारा	गर्म	दक्षिणी प्रशान्त धारा	ठण्डी
अलास्का की धारा	गर्म	पेरू या हम्बोल्ट धारा (पेरूवियन)	ठण्डी

(Continued)

जलधाराएं	प्रकृति	जलधाराएं	प्रकृति
कैलीफोर्निया की धारा	ठण्डी	एल नीनो की धारा	गर्म
ओखास्टक की धारा	ठण्डी	ला नीनो	ठण्डी
ओयोशियो की धारा	ठण्डी	केल्विन धारा	गर्म
अल्यूशियन धारा	गर्म	विपरीत विषुवत रेखीय धारा	गर्म

अटलांटिक महासागर की जलधाराएं

- अटलांटिक महासागर की जलधाराओं को भी दो भागों में बांटा गया है—

उत्तरी अटलांटिक महासागर की जलधाराएं		दक्षिणी अटलांटिक महासागर की जलधाराएं	
जलधाराएं	प्रकृति	जलधाराएं	प्रकृति
उत्तरीय विषुवती रेखीय धारा	गर्म	दक्षिणी विषुवती रेखीय धारा	गर्म
कैरीबियन धारा	गर्म	ब्राज़ील की धारा	गर्म
एण्टलीज की धारा	गर्म	फॉकलैंड की धारा	गर्म
फ्लोरिडा की धारा	गर्म	पश्चिमी पवन प्रवाह/ दक्षिणी पवन प्रवाह	ठण्डी
गल्फस्ट्रीम	गर्म	अटलांटिक प्रवाह	–
उत्तरी अटलांटिक प्रवाह	गर्म	बेंगुला की धारा	ठण्डी
नार्वे की धारा	गर्म	गिनी तट की धारा	गर्म
इरमिंजर धारा	गर्म	विपरीत विषुवत रेखीय धारा	गर्म
रेनेल की धारा	गर्म		
लेब्राडोर की धारा	ठण्डी		
कनारी की धारा	ठण्डी		

हिन्द महासागर की जलधाराएं

- उत्तर में पूर्वत: स्थल से घिरा अर्द्धमहासागर होने के कारण, हिन्द महासागर में धाराओं के संचरण की विशेषताएं अटलांटिक तथा प्रशान्त महासागर से भिन्न है। यह उत्तर में भारत, पूर्व में ऑस्ट्रेलिया तथा पश्चिम में अफ्रीका से घिरा हुआ है। विषुवत रेखा के उत्तर में इसका विस्तार बहुत कम है। इसलिए इसकी धाराओं में 'प्रचलित मानसून पवनों' का अति प्रबल प्रभाव होता है।
- विषुवत रेखा के दक्षिण में हिन्द महासागर का विस्तार दक्षिणी ध्रुव महासागर तक है। इस विशाल क्षेत्र में धाराओं का क्रम अन्य महासागरों जैसा ही है अर्थात वामावर्त्त (Anti Clockwise) के रूप में परिसंचरण करती है। उन पर ऋतु परिवर्तन का प्रभाव नहीं पड़ता तथा वे साल दर साल एक ही दिशा में प्रवाहित होती रहती है।
- प्रशान्त और अटलांटिक महासारग की जलधाराओं की तरह ही हिन्द महासागर की जलधाराओं को भी दो वर्गों में बांटा गया है—

उत्तरी हिन्द महासागर की जलधाराएं		दक्षिणी हिन्द महासागर की जलधाराएं	
जलधाराएं	प्रकृति	जलधाराएं	प्रकृति
उत्तरीय विषुवती रेखीय धारा	गर्म	दक्षिणी विषुवती रेखीय धारा	गर्म
उत्तर-पूर्व मानसून अपवाह	गर्म	मोजम्बिक की धारा	गर्म
प्रति विषुवतरेखीय या विरूद्ध	गर्म	मेडागास्कर धारा	गर्म
विषुवत रेखीय धारा	–	अगलुहास धारा	गर्म
दक्षिण-पश्चिमी मानसून अपवाह	गर्म	दक्षिणी हिन्द धारा	ठण्डी
		पश्चिमी ऑस्ट्रेलियाई धारा	ठण्डी

महासागरीय धाराओं का प्रभाव (Influence of Ocean Currents)

- महासागरीय धाराएं, जिन तटीय भागों से होकर गुज़रती है, वहाँ की मौसम संबंधी दशाओं में पर्याप्त संशोधन करती है।
- ये तापमान, आर्द्रता और वृद्धि को प्रभावित करती है।
- ठण्डी धाराएं, ध्रुवीय तथा उपध्रुवीय क्षेत्रों से अपने साथ प्लवक लाती है, जिससे मछलियों के लिए खाद्य-पदार्थ की आपूर्ति होती है। फलत: इन क्षेत्रों में मछलियों की वृद्धि होती है।
- महासागरीय धाराएं जलमार्गो को निश्चित करती है, जिसके सहारे व्यपारिक जलयानों का परिवहन किया जाता है।
- ठण्डी धाराओं द्वारा बड़ी-बड़ी हिम शिलाए निम्न अक्षांशों की ओर लायी जाती है, जिनके टकराने के कारण जलयान क्षतिग्रस्त हो जाते हैं।
- गर्म धाराओं के कारण ठण्डे स्थानों के बन्दरगाह सालभर खुले रहते हैं।

अध्याय सार संग्रह

जलमण्डल

- पृथ्वी के 70.8 भाग पर जल और 29.2 भाग पर स्थल है।
- महासागरों का क्षेत्रफल के आधर पर रैक 1. प्रशान्त 2. अटलांटिक 3. हिन्द 4. आर्कटिक
- पृथ्वी पर जल का वितरण (% में): महासागर में (97.25), हिमानिया में (2.05), भूमिगत जल (0.68), झीलें (.01) वायुमंडल में—0.001

विश्व के प्रमुख सागर		**विश्व की प्रमुख नदियाँ**		**विश्व की प्रमुख झीलें**	
सागर	**सागर की सीमा को स्पर्श करने वाले देश**	**नदियाँ**	**महाद्वीप**	**झीलें**	**देश से स्पर्श करती सीमाएं**
1. भूमध्य सागर ***नोट—यूरोप और अफ्रीका को अलग करता है।***	जिबराल्टर, मान्टीनीगरो लेबनान, स्पेन, अल्बानिया, मिस्र, फ्रांस, ग्रीस, लीबिया, मोनक्को, टर्की, माल्टा, इटली, साइप्रस, ट्यूनेशिया, स्लोवेनिया, सीरिया, अल्जीरिया, क्रोशिया, इजराइल, मोरक्को।	1. डेन्यूब (जर्मनी में)	यूरोप	1. कैस्पियन सागर	रूस, कजाकिस्तान, ईरान, तुर्कमेनिस्तान, अजरबैजान,
2. जापान सागर	जापान के पूर्व में।	2. सेंटलारेन्स नदी	उ. अमेरिका	2. सुपीरियर झील	अमेरिका एवं कनाडा
3. बेरिंग सागर	रूस के पूर्व में।	3. मिसीसिपी नदी	उ. अमेरिका	3. बाल्टन झील	हंगरी (यूरोप)
4. काला सागर ***नोट—यूरोप और एशिया के बीच स्थित।***	रोमानिया, बुल्गारिया, यूक्रेन, रूस, टर्की व जॉर्जिया।	4. कोलोरैडो नदी	उ. अमेरिका	4. विक्टोरिया झील	केन्या, युगाण्डा तथा तंजानिया
5. तिमोर सागर	ऑस्ट्रेलिया के उ.पूर्व में।	5. कोलम्बिया नदी	उ. अमेरिका	5. नासिर झील	मिस्र
6. लाल सागर ***नोट—एशिया को अफ्रीका से अलग करता है।***	मिस्र, सुडान, इरीट्रिया जिबूती, साउदी अरब व यमन।	6. मैकेन्जी नदी (कनाडा की सबसे लम्बी नदी)	उ. अमेरिका	6. मिशीगन झील	यूएस
7. पीला सागर	कोरिया के पश्चिम में।	7. हडसन नदी (यूएस में)	उ. अमेरिका	7. टांगानीका झील	तंजानिया, जाम्बिया, एवं जायरे
8. दक्षिण चीन सागर ***नोट—चीन के दक्षिण में स्थित।***	ब्रूनई, चीन, इण्डोनेशिया, मलेशिया, ताइवान, फिलीपीन्स व वियतनाम।	8. नील नदी (विश्व की सबसे लम्बी नदी)	अफ्रीका	8. बैकाल झील	रूस
9. पूर्वी चीन सागर	जापान, चीन, ताइवान, उ. कोरिया।	9. जायरे या कांगो नदी	अफ्रीका	9. विनीपेग झील	कनाडा

(Continued)

विश्व के प्रमुख सागर		विश्व की प्रमुख नदियाँ		विश्व की प्रमुख झीलें	
सागर	सागर की सीमा को स्पर्श करने वाले देश	नदियाँ	महाद्वीप	झीलें	देश से स्पर्श करती सीमाएं
		10. नाइजर नदी	अफ्रीका	10. अरलसागर झील	कजाकिस्तान तथा उजबेकिस्तान
		11. जैम्बेजी नदी	अफ्रीका	11. न्यासा (मलावी) झील	मोजांम्बिक, मलावी तंजानिया
		12. ओरेंज नदी	अफ्रीका	12. ओण्टेरियो एवं ईरी झील	यूएस एवं कनाडा
		13. राइन नदी	यूरोप	13. चाड झील	नाइजीरिया, नाइजर, चाड एवं कैमरून
		14. टेम्स नदी (इंग्लैण्ड में)	यूरोप	14. निकारागुआ झील	निकारागुआ
		15. वोल्गा नदी (यूरोप की सबसे बड़ी नदी)	यूरोप	15. रूडोल्फ झील	केन्या
		16. डार्लिंग नदी (ऑस्ट्रेलिया की सबसे बड़ी नदी)	ऑस्ट्रेलिया	16. प्योंग	चीन
		17. विक्टोरिया नदी	ऑस्ट्रेलिया	17. हूवर झील	यूएस
		18. अमेजन नदी (विश्व की सबसे बड़ी नदी)	द. अमेरिका		
		19. पराग्वे नदी	द. अमेरिका		
		20. ओरिनिको नदी	द. अमेरिका		
		21. सेनफ्रांसिस्को	द. अमेरिका		

झील से सम्बन्धित महत्वपूर्ण तथ्य

- सुपीरियर झील — विश्व की सबसे बड़ी मीठे पानी की झील।
- बैकाल झील — विश्व की सबसे गहरी झील
- मृत सागर — विश्व की सबसे नीची झील
- सर्वाधिक लवणता वाली झील — (1) वान झील (टर्की), (2) मृत सागर (जार्डन), (3) ग्रेट साल्ट लेक (यूएस)
- क्रेटर झील — मृत ज्वालमुखी में पानी भरने से निर्मित झील क्रेटर झील कहलाती है विक्टोरिया झील (अफ्रीका), टिटीकाका झील (एण्डीज पर्वत) इसके उत्तम उदाहरण हैं। भारत मे लोनार झील (महाराष्ट्र)।
- कैस्पियन सागर — विश्व की सबसे बड़ी खारे पानी की झील है।
- टिटिकाका — सबसे ऊंचाई पर स्थित नौकापन झील है।
- ढिसी सिकरू — तिब्बत → सबसे ऊँची झील
- सबसे बड़ी झील — कैस्पियन सागर

महासागरीय धाराएं			प्रमुख बांध		जल प्रपात		
धारा	**महासागर**	**प्रवृति**	**बांध**	**नदी**	**जल प्रपात**	**नदी**	**देश**
मेडागास्कर	हिन्द	गर्म	गैंडकुली, बोल बिले	कोलम्बिया नदी	एंजेल	कैरोनी नदी	वेनेजुएला
मोजम्बिक	हिन्द	गर्म	करीबा बांध	जेम्बेजी नदी	नियाग्रा	सेंट लारेन्स नदी	यूएस, कनाडा
अलास्का	प्रशान्त	गर्म	अस्वान बांध (अफ्रीका का सबसे ऊंचा बांध)	नील नदी	ब्राऊनी	–	न्यूज़ीलैंड
ओखोटस्क	प्रशान्त	ठण्डी	कैजी बांध	नाइजर नदी	सदर लैण्ड	–	न्यूज़ीलैंड
कैलिफोर्निया	प्रशान्त	ठण्डी	इन्गा बांध	जायरे/कांगो नदी	विक्टोरिया	जाम्बेजी नदी	जिंबाब्वे
एल–निनो	प्रशान्त	गर्म	कोबरा बासा बांध	जेंबेजी नदी	जोग	शरावाती नदी	भारत (कर्नाटक)
पेरू या हम्बोल्ट	प्रशान्त	ठण्डी	सेन्नार बांध	नीली नील नदी	ग्रैण्ड	–	कनाडा
लानीनो	प्रशान्त	ठण्डी	टर्बेला बांध	सिन्धु नदी			
लेब्राडोर	अटलांटिक	ठण्डी	अतातुर्क बांध	टिग्रिस नदी			
फॉकलैण्ड	अटलांटिक	ठण्डी	ओआहे बांध	मिसूरी नदी			
गल्फ स्ट्रीम	अटलांटिक	गर्म	समारा बांध	वोल्गा नदी			
फ्लोरिडा	अटलांटिक	गर्म					
ब्राज़ील एवं नार्वे	अटलांटिक	गर्म					
केनारी की धारा	अटलांटिक	ठण्डी					

महासागरीय धाराएं

अंटलांटिक महासागर की धाराएँ

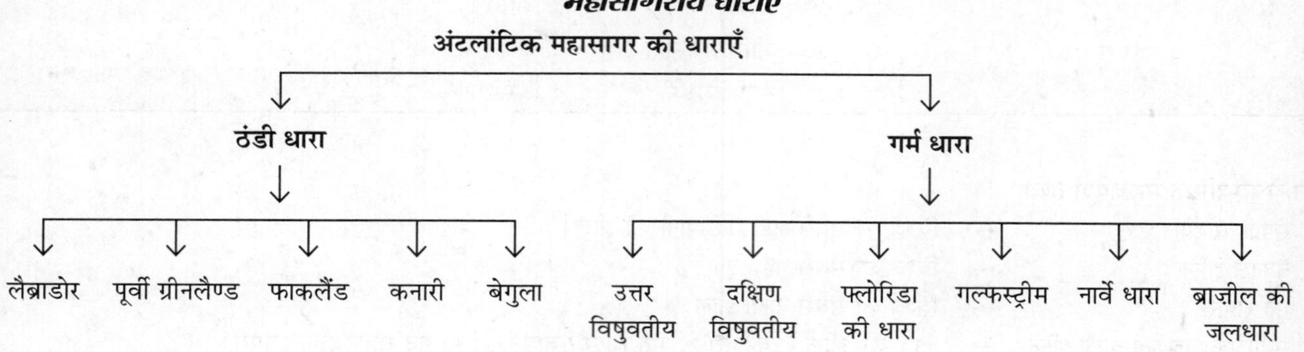

प्रशान्त महासागरीय

अंटलांटिक महासागर की धाराएँ

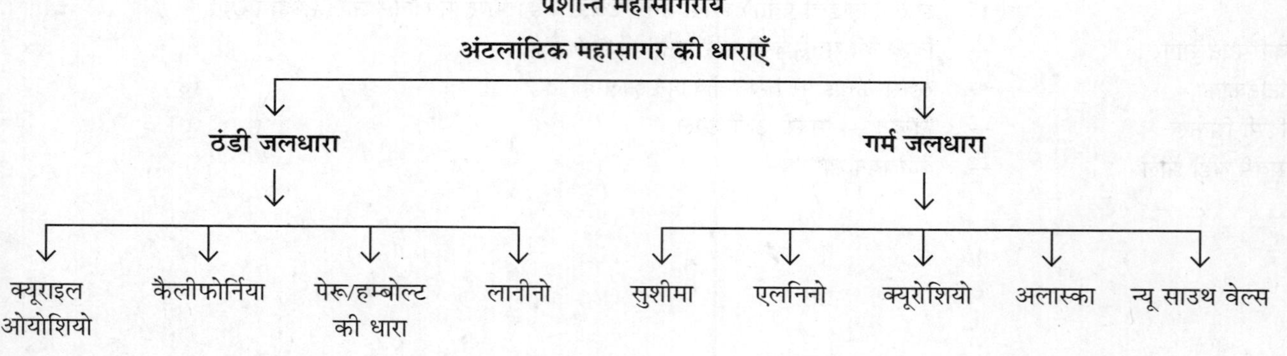

अध्याय 6

स्थल मण्डल

इस अध्याय में आप सीखेंगे किः

- पृथ्वी की उत्पत्ति और उसकी आन्तरिक संरचना का विकास कैसे हुआ और उसकी विशेषताएं क्या है।
- स्थल मंडल में स्थिति चट्टानें, ज्वालामुखी, भूकम्प के कारण और प्रभाव क्या है।
- मैदान, पर्वत, पठार झील व द्वीपों की संरचना एवं विशेषताएं क्या-क्या है।

पृथ्वी की उत्पत्ति (Origin of the Earth)

वैज्ञानिक	सिद्धांत
कास्ते-डि-बफन	एक विशाल धुमकेतु सूर्य से टकराया होगा, जिसके जलस्वरूप अत्यधिक मात्रा में पदार्थो का उत्सर्जन हुआ यह बिखरा हुआ पदार्थ ही संघटित होकर ग्रहों में रूपान्तरित हो गया।
जेम्सजीन्स एवं जैफरीन ज्वारीय परिकल्पना	सूर्य मूल रूप से एक गैसीय पिण्ड था। एक विशालकाय तारा सूर्य के काफी निकट पहुंचा और उसके गुरूत्वाकर्षण ने सूर्य की सतह पर कई ज्वारों को जन्म दिया, जिसके परिणाम स्वरूप सूर्य के पदार्थ का कुछ अंश सूर्य से अलग हो गया। इस अलग हुए पदार्थ ने सूर्य की परिक्रमा प्रारम्भ कर दी।
आटो शिमट की अंतरातक धूल परिकल्पना	अंतरिक्ष मूलरूप में धुलकणों से भरा हुआ था इन धूल कणों को सूर्य द्वारा आकर्षित किया गया और ये कण सूर्य के चारो और घूमने लगे। आपस में टकराने के कारण इनकी गति धीमी होती गयी तथा ये एकत्रा होकर बड़े ग्रहों के रूप में बदल गये। शेष असंगठित पदार्थ ने उपग्रहो का आकार ग्रहण कर लिया। शिमट के अनुसार भारी कण उच्च गुरूत्वीय कर्षण के कारण सूर्य के निकट बने रहे जबकि हल्के कण दूर तक बिखर गये। इस द्रव्य को सौर प्रणाली भी पुष्ट करती है जिसमें आन्तरिक ग्रहो बुध, शुक्र, पृथ्वी और मंगल का निर्माण भारी तत्वों तथा बाहरी ग्रहो बृहस्पति, शनि, अरूण, वरूण का निर्माण हल्के तत्वों से हुआ हैं।

पृथ्वी की आंतरिक संरचना

पृथ्वी की आन्तरिक संरचना तीन परतो की बनी होती हैं।

Crust	Mantle	Core
भूपटल	मेंटल	क्रोड

भूपटल (33 किमी)

1. पृथ्वी की सबसे ऊपरी परत को भूपटल कहते हैं।
2. इसकी औसत मोटाई 33 किमी. है।
3. यह एक ठोस परत है जिसकी रचना चट्टानों से हुई है।
4. पृथ्वी के सबसे हल्के तत्व भूपटल पर पाये जाते हैं जैसे सिलकान एवं एल्यूमीनियम।
5. भूपटल पर 29.2% महाद्वीप तथा 70.8% पर महासागर हैं।

मेंटल (33 to 2900 Km)

- भूपटल के समाप्त होते ही ठीक इसके नीचे मेंटल हैं। अर्थात भूपटल पर टिकी हैं। जो 2900 किमी तक विस्तृत हैं।
- मेंटल को दो प्रमुख परतों में बांटा गया है जिन्हें क्रमशः ऊपरी मैटल एवं निचला मैटल कहते हैं। निचला मैटल को दुर्बलता मण्डल भी कहा जाता हैं।
- मेंटल के प्रारम्भ से 100-200 किमी. की गहराई तक के भाग को (एस्कोनोस्फेयर) कहते है तथा 200 से 650 किमी के बीच वाली परत जो संक्रमण कहते हैं।
- मेंटल में सिलिकान व मैग्नीशियम पाया जाता हैं।
- क्रोड (2900 से 6731 किमी)
- मेंटल के ठीक नीचे अर्थात 2900 किमी के बाद पृथ्वी का क्रोड प्रारम्भ होता है जो पृथ्वी के केन्द्र तक विस्तृत हैं।
- क्रोड को भी वाह्य कोड तथा आंतरिक कोड में बांटा गया हैं।
- वाह्य कोड तथा आन्तरिक कोड की परतों को अलग करने वाला क्षेत्र संक्रमण क्षेत्र कहलाता है।
- क्रोड में सबसे भारी तत्व पाये जाते हैं जैसे निकिल और फेरियम।

समस्त पृथ्वी

समस्त पृथ्वी तथा क्रस्ट के महत्वपूर्ण तत्व

समस्त पृथ्वी		क्रस्ट	
तत्व	**प्रतिशत**	**तत्व**	**प्रतिशत**
लोहा	35.5	आक्सीजन	46.8
आक्सीजन	30.0	सिलिकन	27.7
सिलिकन	15.0	एल्यूमिनियम	8.1
मैग्नीशियम	13.0	लोहा	5.0
निकल	2.4	मैग्नीशियम	2.0
गन्धक	1.9	कैल्शियम	3.6
कैलिशयम	1.1	पोटेशियम	2.4
एल्यूमिनियम	1.1	सोडियम	2.8
	100.0		4

चट्टानें/शैल

शैलो का निर्माण एक से अधिक खनिजों के मेल से होता है।

शैलो का वर्गीकरण

उत्पत्ति के आधार पर शैलो को निम्न तीन वर्गों में बाटा जाता हैं।

1. आग्नेय शैल
2. अवसादी अथवा तलहटी शैल
3. रूपान्तरित अथवा कायान्तरित शैल

आग्नेय शैल

आग्नेय शब्द लैटिन शब्द इग्निस से लिया गया है, जिसका शाब्दिक अर्थ अग्नि होता हैं। परन्तु आग्नेय शैल का निर्माण अग्नि से नही अपितु भूपटल के नीचे उपस्थित तप्त-तरल मैग्मा के ठण्डा होने से होता है। आग्नेय चट्टान रवेदार होती हैं। इसे प्राथमिक चट्टान या मातृ चट्टान कहते हैं, क्योंकि पृथ्वी की उत्पत्ति के पश्चात् सर्वप्रथम इसका ही निर्माण हुआ था। अवसादी व रूपान्तरित चट्टान इसी से निर्मित होते हैं। इनमें परते नही होती तथा जीवावशेष (Fossils) भी नही पाये जाते हैं। इन चट्टानो मे पानी का प्रदेश बहुत ही कम होता हैं।

नोट—क्रस्ट का लगभग 90 प्रतिशत भाग आग्नेय चट्टानो से बना है।

स्थिति एवं संरचना के अनुसार आग्नेय चट्टाने 2 प्रकार की हैं।

I आन्तरिक आग्नेय चट्टाने

II बाह्य आग्नेय चट्टाने

1. **आन्तरिक आग्नेय चट्टाने (Internal Igneous Rocks)**—जब मैग्नट धरातल तक पंहुचने से पहले ही उसके नीचे जम जाता है तो आन्तरिक आग्नेय चट्टानो का निर्माण होता है ये भी 2 प्रकार की होती है—

   I. पातालीय आग्नेय चट्टाने

   II. मध्यवर्ती आग्नेय चट्टाने

   I. **पातालीय आग्नेय चट्टाने (Plutonic Igneous Rocks)**—Plutonic शब्द यूनानी भाषा के Pluto शब्द से बना हैं। जिसका अर्थ है पाताल। जब मैग्नम पृथ्वी के अंदर काफी गहराई पर जम जाता है तो पातालीय चट्टाने का निर्माण होता है। अधिक गहराई पर स्थित होने के कारण मैग्मा को ठंडा होकर जमने में काफी समय लग जाता है जिससे इसके रवे बहुत बड़े होते है। ग्रेनाइट पातालीय आग्नेय चट्टानो का सबसे अच्छा उदाहरण है।

   दक्षिण भारत के दक्खन पठार, छोटा नागपुर पठार, राजस्थान तथा हिमालय के कुछ भागों में विभिन्न रंगो के जैसे भूरे, लाल, गुलाबी, या सपफेद ग्रेनाइट मिलते हैं। ग्रेनाइट का उपयोग भवन निर्माण तथा सड़क निर्माण के लिये किया जाता है। बहुत से पुराने भवन जैसे—किले व मन्दिर ग्रेनाइट से बने हैं।

   II. **मध्यवर्ती आग्नेय चट्टाने**—प्रायः भूगर्भ से निकलने वाला मैग्मा धरातल पर नही पंहुच पाता और मार्ग में मिलने वाली दरारों, छिद्रो एवं नली में जमकर ठोस हो जाता है और मध्यवर्ती आग्नेय चट्टानो का निर्माण करने वाला मैग्मा पातालीय चट्टानो के मैग्मा की तुलना में जल्दी ठाडा होता है जिससे मध्यवर्ती आग्नेय चट्टानो के रवे पातालीय चट्टानो के रवो से छोटे होते है। डोले राइट तथा पेरमेटाइब् इन चट्टानों के महत्वपूर्ण उदाहरण है।

2. **बाह्य आग्नेय चट्टाने (External Igneous Rocks)**—तरलै मैग्ना जब पृथ्वी के धरातल पर पंहुचता है तो उसका गैसीय अंश

वायुमण्डल में विलीन हो जाता है। इस गैस रहित मैग्मा को 'लावा' कहते है। यह लावा जब ठोस रूप धारण कर लेता है तो इसे 'बाह्य आग्नेय चट्टान' कहते हैं। इसे ज्वालामुखी चट्टान भी कहते है। बाहर आकर लावा एकदम ठंडा हो जाता है जिससे इन चट्टानो के रवे छोटे होते हैं। ये चट्टाने देखने में महीन कणों वाली लगती है। जब इनके कण बहुत ही महीन होते है तो वे चट्टाने कांच जैसी दिखाई देती हैं। बेसाल्ट इस प्रकार की चट्टानो का प्रमुख उदाहरण है। यह चट्टाने प्रायद्वीपीय भारत के पश्चिमोत्तर भाग में लगभग 5 लाख वर्ग किमी क्षेत्र में फैली हुई है।

इस क्षेत्र को डेक्कन ट्रैप कहते है। बेसाल्ट का उपयोग सड़क बनाने के लिए किया जाता है। इन चट्टाने के क्षरण से काली मिट्टी का निर्माण होता है जिसे रैगट कहते है।

ध्यातव्य हो कि

- सभी आग्नेय चट्टाने मैग्मा से बनी होती है।
- ये चट्टाने पर्तरहित, कठोर, सघन तथा जीवाश्म रहित होती हैं।
- इनका रंग बेसाल्ट जैसा गहरा तथा ग्रेनाइट जैसा हल्का होता है, जो उनमें पाये जाने वाले सिलिका की मात्रा पर निर्भर करता है। सिलिका की मात्रा कम होने पर रंग गहरा और अधिक होने पर हल्का होता हैं।
- जब चट्टानो में सिलिका की मात्रा अधिक होती है उन्हें अम्लीय कहते है जिन चट्टानो में सिलिका की मात्रा कम होती है उन्हें क्षारीय कहते है।

आग्नेय चट्टान की विशेषताएँ

1. मैग्मा ही अधिकांश कच्चे धातुओं का स्त्रोत है। अतः अधिकांश धातुएं आग्नेय चट्टानो मे पायी जाती है। उनमे पाये जाने वाले अधिक महत्व के खनिज है चुंबकीय लोहा, निकेल, तांबा, सीसी, जस्ता, क्रोमाइट, मैगनीज और कुछ दुर्लभ खनिज जैसे—सोना, हीरा, प्लैटिनम।
2. अवसादी शैल अवसादी अर्थात Sedimentary शब्द की उत्पत्ति लैटिन शब्द सेंडीमेंटस से हुई है जिसका अर्थ व्यवस्थित होना है। यद्यपि अवसादी शैले क्रस्ट के पूरे आयतन का केवल 5 प्रतिशत ही बनाती है तो भी ये पृथ्वी के स्थलमण्डल के 75 प्रतिशत भाग को घेरे हुए है। इसका तात्पर्य यह है कि ये चट्टान आग्नेय चट्टानो की तुलना में बहुत ही कम है परन्तु पृथ्वी के तल पर ये विस्तृत रूप से फैली हुई है। संक्षेप में—अवसादी शैले अपने महत्व को केवल विस्तार तक ही सीमित रखती है न कि भू पृष्ठ की गहराई के लिए।

पृथ्वी के धरातल पर कोई भी चट्टान ऋतु परिवर्तन का शिकार होती है और अपरदन के कारक उस पर हावी हो जाते है। परिणामस्वरूप चट्टाने टूटकर टुकड़ो में बिखर जाती है और फिर छोटे-छोटे कणो में बदल जाती है जिसे अवसाद कहते है। अवसाद से बनी चट्टान जिसे अवसादी चट्टान कहते है। इन अवसादो का जवाब अधिकतर समुद्रों के पिछले भाग, नदियों के शान्त जल और झील के तल पर होता है।

ध्यातव्य हो कि

बालू, मिट्टी, बजरी, रोड़ी अवसाद के ही रूप है पौधे और जानवरों के अवशेषो से उत्पन्न जैव पदार्थ भी अवसादी चट्टानो का निर्माण करते है।

विशेष—अवसादी शैलो का निर्माण अवसादी के एकत्रीकरण के फलस्वरूप होता है।

- इनमें जीवाश्य (Fossils) पाये जाते है।
- इनमें परते पायी जाती है।
- ये चट्टाने रवेदार (Crystal) नही होती।
- अवसादी चट्टानो की सबसे बड़ी विशेषता उनमें संधियों तथा जोड़ो का पाया जाना है।

अवसादी चट्टानो की विशेषताएँ

- अवसादी चट्टानो में आर्थिक महत्व वाले खनिज कम पाये जाते है। किन्तु लौह-अयस्क इमारती पत्थर, कोयला और सीमेंट बनाने वाले पत्थरों के स्रोत ये अवसादी चट्टाने ही है।
- सूक्ष्म समुद्री जीवो के सड़ने से बनने वाले खनिज तेल भी अवसादी चट्टानो में ही पाये जाते है परन्तु कुछ उपयुक्त संरचना वाली चट्टानो में ही खनिज तेल के भंडार पाये जात है।
- रूपान्तरित शैल Metamorphic शब्द लैटिन शब्द Meta और Morph (रूप) से बना है। जिसका शाब्दिक अर्थ होता है रूप बदलना। पृथ्वी में पाए जाने वाले ताप, दाब अथवा दोनो के संयुक्त प्रभाव के कारण आग्नेय तथा अवसादी शैलो के रंग-रूप, संरचना, कठोरता आदि में परिवर्तन आ जाता है, इस परिवर्तन को कायान्तरण कहते है और इस प्रक्रिया से जिन चट्टानो का निर्माण होता है उन्हें रूपान्तरित चट्टाने कहते हैं।

रूपान्तरित शैलो के उदाहरण

1. **संगमरमर**—भारत में संगमरमर मुख्यता राजस्थान में मिलता है। आगरा का ताजमहल यही से प्राप्त श्वेत संगमरमर से बना है भारत में लाल, काले, तथा हरे संगमरमर भी मिलते है
2. **स्लेट**—भारत में यह बिहार के मुंगेर जिले (खड़गपुर पहाड़ी) तथा हिमालय में पीरपंजाल और कांगड़ा में पाया जाता है।
3. **क्वार्ट्जाइट**—भारत में यह राजस्थान, झारखंड, छत्तीसगढ़, और तमिलनाडु से पायी जाती हैं।

4. **नीस**—भारत में सामान्यत: असम भारत के अधिकांश भागों, असम, प.बंगाल, झारखंड, ओडिशा, छत्तीसगढ़, और राजस्थान के कुछ भागों में मिला है इसका उपयोग अधिकतर इमारती पत्थर के रूप में किया जाता है।
5. **शिस्ट**—भारत में यह मुख्यत: दक्षिण भारत के अधिकांश भागो, प.बंगाल, झारखंड, छत्तीसगढ़, तथा राजस्थान में पायी जाती है। ये हिमालय पर्वत पर भी मिलती है।

अन्य—ऐम्पफी बोलाइट (Amphibolite) तथा फाइलाइट (Phyllite) हैं।

रूपान्तरित चट्टानो की विशेषताएँ

- रूपान्तरित चट्टानों (संगमरमर, स्लेट, क्वाट्जांइट, नीस) का प्रयोग भवन निर्माण सामाग्री में किया जाता है।
- रूपान्तरण के दौरान रूपान्तरित चट्टानों में अनेक बहुमूल्य रत्न जैसे—माणिक तथा नीलम जैसे नये और बहुमूल्य जवाहरात उत्पन्न होते है।

चट्टानी चक्र (Rock Cricle)

भूगर्भ से निर्गत मैग्मा से आग्नेय शैल (Igneous Rock) का निर्माण होता है।

अवसादी चट्टाने धरातल पर बनती है—आग्नेय शैल के अपरदन और क्षरण में अवसादी शैल (Sedementary Rock) का निर्माण

रूपान्तरण के (भूपटल) अंदर होता हैं—पृथ्वी के ताप एव दाव के संयुक्त प्रभाव के कारण रूप में परिवर्तन होने से रूपान्तरित (Metamorphic Rock) शैल का निर्माण होता हैं।

ज्वालामुखी (Volcanoes)

ज्वालामुखी पृथ्वी के अर्न्तगत बलो Endogenetiction से उत्पन्न भू-संचलन की एक आकस्मिक घटता हैं। ज्वालामुखी प्राय: एक गोल आकार के छिद्र अथवा खुला भाग होता है, जिससे होकर पृथ्वी के अत्यंत तप्त भुगर्भ से गैस, धुंआ, तरल-लावा, कंकड़, पत्थर, जल एवं चट्टानो के टुकड़ो से युक्त गर्म पदार्थ पृथ्वी के धरातल पर प्रकट होते है। ज्वालामुखी द्वारा पिघले हुए पदार्थो के बाहर फेंकने कि क्रिया को उद्दार कहते हैं, जब पिघली हुई चट्टाने धरातल को तोड़कर बाहर निकलती है, तो तीव्र विस्फोट होता है और प्राय: इसके पहले भूकम्प होने लगता हैं। विस्फोट के स्थान पर धरातल की ठोस चट्टाने टूट-फूट कर हवा में काफी ऊंचाई तक उछलती हैं। जल वाष्प तथा अन्य गैसो के विशाल बादल निकलते हैं, वायुमण्डल, राख, धुंआ, बादलो से भर जाता है और तब अति गर्म पिघला हुआ लावा बाहर निकलता हैं।

ज्वालीमुखी का वर्गीकरण (Classification of Volcanoes)

1. सक्रिय ज्वालामुखी (Active Volcanoes)
2. प्रसुप्त ज्वालामुखी (Dormant Volcanoes)
3. विलुप्त ज्वालामुखी (Extinctt Volcanoes)

1. **सक्रिय ज्वालामुखी**—इस तरह के ज्वालामुखी का मुख खुला होता है और उसमें से लावा, गैस व राख सदैव निकलते रहते हैं। वर्तमान में इनकी संख्या 500 से अधिक है। इनमें प्रमुख है—माउण्ट एटना (सिसली द्वीप इटली) एवं स्ट्राम्बोली (लपारी द्वीप इटली)। स्टाम्बोली को भूमध्य सागर का प्रकाश स्तम्भ (Light House) कहते है।

ध्यातव्य हो कि

वर्तमान में संसार का सर्वाधिक सक्रिय ज्वालामुखी किलायु है जो अमेरिका के हवाई द्वीप में स्थित हैं।

2. **प्रसुप्त ज्वालामुखी**—ये ज्वालामुखी उद्गार (Eruption) के बाद शांत हो जाते है और फिर पुन: अचानक विस्फोट करने लगते है। अचानक सक्रिय हो जाने से ये अपार जन धन की क्षति होती है। इनसे प्रमुख है—

   इटली का विसुवियस, इक्वाडोर का 'विकबोर जी' जापान का फ्यूजीयामा एवं इडानेशिया का क्रा काटाओ।

ध्यातव्य हो कि

भारत में अण्डमान-निकोबार द्वीप समुह के नारकोडम द्वीप में सूक्षुप्त ज्वालामुखी (Dormate Volcanoes) हैं।

3. **विलुप्त ज्वालामुखी**—यह उद्गार के बाद पूर्णतया समाप्त हो जाते है और उनके सुख में जल भरकर झीलो का निर्माण होता है जिसे क्रेटर झील कहते है। इनमें प्रमुख है म्यांमार का पोपा, ईरान का कोह सुल्तान एव देबवंद, तंजानिया का किलीमंजारो, इक्वाडोर का चिम्बराजी, और एण्डीज पर्वत श्रेणी का एकांकागुआ विलुप्त ज्वालामुखी है।

माउण्टेन पर्वत

भू-400 का वह भाग जो निकटवर्ती प्रदेश से एकदम ऊंचा होता चला गया हो और धरातल से सामान्यत: 1000 मीटर से अधिक ऊंचा हो और जिसका ऊपरी भाग बहुत कम विस्तार वाला हो किन्तु उसका ढाल तीव्र व बहुत विस्तारित हो, पर्वत कहलाता हैं।

विस्तृत आधर अत्यधिक ऊंचाई, तीव्र ढाल तथा चोटी युक्त शिखर ऐसी कुछ विशेषताएं है जो पर्वतों को पठारों तथा मैदानो से अलग करती है।

ध्यातव्य हो कि

पर्वतो के लघु भाग को जिनका क्षेत्रीय विस्तार कम और ऊंचाई 1000 मीटर से कम होता है पहाड़ी कहते है।

समस्त भू पटल के लगभग 26 प्रतिशत भाग पर पर्वत एवं पहाड़ियों का विस्तार है।

पर्वतों का वर्गीकरण (Classification of Mountain)

1. वलित पर्वत (Folded Mountain)
2. भ्रंश अथवा खण्ड पर्वत (Block Mountain)
3. ज्वालामुखी पर्वत (Volcanic Mountain)

वलित पर्वत (Folded Mountain)

जब दो प्लेटे एक दूसरे की ओर चलकर या फिर टकराकर मुड़ जाती है जो उससे वालित पर्वत या मोड़दार पर्वत का निर्माण होता है ।

इस प्रक्रिया में भारी प्लेटे नीचे चली जाती हैं और हल्की प्लेट ऊपर की तरफ अग्रसर होती है ऐसे में प्लेटो के अग्रभाग मुड़ जाते हैं जिससे वलित पर्वतों का निर्माण होता है। ये पर्वत विश्व के सर्वाधिक ऊंचे व विस्तृत पर्वत है।

ध्यातव्य हो कि

एशिया में हिमालय, यूरोप मे आल्पस, उत्तरी अमेरिका मे राकी तथा दक्षिण अमेरिका मे एण्डीज, Folded Mountain के उदाहरण हैं।

भ्रंश अथवा खण्ड पर्वत (Block Mountain)

पृथ्वी की आंतरिक शक्तियों के कारण भूपृष्ठ पर दरारे पड़ जाती है। ये दरारे भूगर्भ में काम कर रही तनाव की शक्तियों के लम्बवत दिशा में कार्य करने से पड़ती है। इन्हीं शक्तियों के कारण किसी क्षेत्र का यदि एक ओर का भाग ऊपर उठ जाए या किसी क्षेत्र के आस-पास के भाग नीचे धंस जाए तो ऊपर उठा हुआ भाग भ्रंश पर्वत कहलाता हैं।

विश्व के भ्रंश पर्वत	देश	महाद्वीप
सतपुड़ा पर्वत	भारत	एशिया
विंध्याचल पर्वत	भारत	एशिया
साल्ट रेंज	पाकिस्तान	एशिया
सियरा नेवादा	यू.एस.ए	अमेरिका
रूबेन्जोरी	युगाण्डा	अफ्रीका
हार्ज	जर्मनी	यूरोप
ब्लैक फारेस्ट	जर्मनी	यूरोप
वासजेस	फ्रांस	यूरोप

ज्वालामुखी पर्वत (Volcanoes Mountain)

इस पर्वत का निर्माण ज्वालामुखी विस्फोट के कारण होता है। जब ज्वालामुखी से निकलने वाला लावा गाढ़ा होता है जो अधिक दूर तक नही फैल सकता और ज्वालामुखी के मुंह के पास ही जमकर पर्वत का रूप ग्रहण कर लेता है क्योंकि यह ज्वालामुखी से निकले लावा, राख, तथा शैल चूर्ण आदि के जमा होने से बनता है अत: इसे संचयित या संगृहीत पर्वत Mountain of Occumulation कहते हैं।

विश्व के ज्वालामुखी पर्वत	देश	महाद्वीप
फ्यूजीयामा अम्लीय लावा से निर्मित	जापान	एशिया
विसुवियस इटली	यूरोप	
पोपा अम्लीय लावा से निर्मित	म्यामार	एशिया
मौनोलोआ क्षारीय लावा से निर्मित	यू.एस.ए	उ. अमेरिका
सस्ता	यू.एस.ए	उ. अमेरिका
रेनियर	यू.एस.ए	उ. अमेरिका
किलिमंजारो	तंजानिया	अफ्रीका

अवशिष्ट पर्वत या घर्षित पर्वत (Residual or Reli of Mountain)

इस श्रेणी के पर्वत का निर्माण अपरदनात्मक क्रिया के कारण होता हैं। अपरदन के विभिन्न कारक यथा वायु, हिमतट आदि के कारण प्राचीन काल के उच्च भू-भाग को अपरदन के द्वारा घिस देते हैं बाकी बचे हुए भाग को अवशिष्ट या घर्षित पर्वत कहते हैं। भारत में विंध्याचल, सतपूड़ा, महादेव, पश्चिमी घाट पहाड़, पूर्वी घाट पहाड़, नीलगिरी, पारसनाथ तथा राजमहल की पहाड़िया इसी प्रकार के पर्वत हैं।

पठार (Plateaus)

पठार वह उच्च भूमि है जो अपने समीपवर्ती धरातल से ऊंचे एवं सपाट तथा चौड़े शीर्ष वाले होते है। इसलिए इन्हें प्राय: मेज के आकार की भू-आकृति भी कहा जाता हैं।

पठार का वर्गीकरण (Classification of Plateaus)

1. अंत: पर्वतीय पठार Intermountain Plateaus
2. गिरीपद पठार Piedmout Plateaus
3. गुम्बदाकार पठार Dome Shaped Plateaus
4. महाद्वीप पठार Continental Plateaus
5. ज्वालामुखीय पठार Volcanic Plateaus

ध्यातव्य हो कि

समुद्र तल से इनकी औसतन ऊंचाई 500 मीटर तक होती है।

अंतः पर्वतीय पठार (Intermountain Plateaus)

इस श्रेणी के पठार चारो ओर से पर्वतों से घिरे होते हैं। भू पटल के सर्वोच्च, सर्वाधिक विस्तृत तथा अत्यधिक जटिल पठार इसी श्रेणी में आते हैं।

उदाहरण—कोलविया का पठार (यू.एस.ए) बोलिविया व पेरू का पठार, एशिया माइलर का पठार (ईरान) इसी श्रेणी के पठार हैं।

ध्यातव्य हो कि

विश्व का सबसे ऊंचा पठार तिब्बत का पठार (5000 मीटर) इस श्रेणी के पठार का सर्वोत्तम उदाहरण है जो उत्तर में क्यूनलुन व दक्षिण में हिमालय पर्वतों से घिरा हुआ हैं।

गिरीपद पठार (Piedmout Plateaus)

इस श्रेणी के पठार पर्वतों के आधार या तलहटी में स्थित होते हैं ये एक ओर उच्च पर्वतो से घिरे होते हैं तथा दूसरी ओर से ये सागर या मैदान से घिरे होते है। पठार का सागरोन्मुख या मैदान की ओर वाला ढ़ाल तीव्र कगार युक्त (तेज ढ़ाल जो ऊंचे क्षेत्र को अलग करती है) होता है। ऐसे पठार की रचना समीपवर्ती पर्वत के साथ ही होता है।

उदाहरण—संयुक्त राज्य अमेरिका का पीडमाण्ड पठार, दक्षिण अमेरिका के पेटागोनिया का पठार तथा भारत में शिलांग का पठार आदि इस श्रेणी के पठार के उत्तम उदाहरण है।

गुम्बदाकार पठार Dome (Shaped Plateaus)

इस श्रेणी के पठार का निर्माण भू-पटल से वलय की क्रिया द्वारा गुम्बद नुमी उत्थान के कारण होता है।

उदाहरण—संयुक्त राज्य अमेरिका का ओजार्क पठार, भारत का छोटा नागपुर एवं रामगढ़ का पठार आदि इसके उत्तम उदाहरण है।

महाद्वीप पठार (Continental Plateaus)

इस प्रकार के पठार चारो ओर से मैदानो अथवा समुद्रो से घिरे हुए होते हैं। ये पठार अपने निकटवर्ती क्षेत्रों से बहुत ही ऊंचे होते हैं। ये भू-स्थल के ऊपर उठ जाने से बनते है और काफी विस्तृत होते है।

उदाहरण—ब्राज़ील, दक्षिण अफ्रीका, पश्चिमी ऑस्ट्रेलिया, दक्षिण भारत, ग्रीनलैण्ड, अंटार्टिका तथा अरब के पठार इसके प्रमुख उदाहरण हैं।

ज्वालामुखीय पठार (Volcanic Plateaus)

इस श्रेणी के पठार का निर्माण ज्वालामुखी से निकलने वाले लावे के जमाव से होता है।

उदाहरण—भारत में दक्कन लावा का पठार, उत्तरी अमेरिका में कोलम्बिया का पठार, आइसलैंड, दक्षिण अमेरिका में पेटागोनिया तथा ब्राज़ील के पठार, दक्षिणी अफ्रीका, न्यूज़ीलैंड, साइबेरिया आदि के पठार इसके उत्तम उदाहरण हैं।

भूकम्प (Earthquakes)

भूकम्प का साधारण अर्थ है भूमि का कांपना अर्थात पृथ्वी का हिलना। जब किसी वाहय या आन्तरिक कारणों से भूपटल में कम्पन उत्पन्न होते है तो उसे भूकम्प कहते हैं।

अधिकांश भूकम्प भूतल के नीचे पृथ्वी के अंदर लगभग 50 से 100 किमी की गहराई पर उत्पन्न होते है। पृथ्वी के आन्तरिक भाग में जिस स्थान पर भूकम्प उत्पन्न होता है उसे भूकम्प का उत्पत्ति केन्द्र अर्थात मूल केन्द्र कहते है। भूकम्प के उत्पत्ति केन्द्र के ठीक ऊपर धरातल पर स्थित बिंदु को भूकम्प का अधिकेन्द्र Epicenter कहते हैं।

ध्यातव्य हो कि

भूकम्प के उत्पत्ति केन्द्र से भूकम्प तरंगें पृथ्वी के अंदर चारो ओर विस्तारित होती है, ठीक उसी प्रकार भूकम्प के अधिकेन्द्र से भी भूकम्प तरंगें भूतल पर चारो ओर विस्तारित होती हैं। परन्तु इन तरंगें की तीव्रता में कमी अधिकेन्द्र से दूर जाने पर होती है।

भूकम्प का मापन—

भूकम्पीय तीव्रता का मापन रिक्टर स्केल एवं मरकेली स्केल पर किया जाता है। रिक्टर स्केल का आविष्कार 1934 में चार्ल्स रिक्टर ने किया था। रिक्टर स्केल पर अंकित 1.10 तक की संख्या को यदि देखा जाये तो प्रत्येक अंक भूकंपमापी यंत्र (Seismograph) पर 10 गुने आयाम को तथा 22 गुनी ऊर्जा वदि का निर्देशन करता है।

भूकंप का वितरण (Distribution of Earthquakes)

भूकम्प विश्व के कमजोर भागो में ही अधिक आते हैं। सम्पूर्ण विश्व में भूकम्प क्षेत्रों के वितरण को निम्न पेटियो में बांटा जा सकता है।

1. **प्रशान्त महासागरीय पेटी—**
   विश्व के 63 प्रतिशत भूकम्प प्रशान्त महासागर के तटीय भागो में आते है। इसे रिंग ऑफ फायर कहते है। यहां पर ज्वालामुखी भी सबसे अधिक है। इस क्षेत्र में चिली कैलिफोर्निया, अलास्का, जापान, फिलपींस, न्यूजीलैंड आते है।
2. **मध्य महाद्वीपीय पेटी Mid Continental Ball—**
   इस पेटी में विश्व के 21 प्रतिशत भूकम्प आते हैं। यह पेटी मैक्सिको से शुरू होकर अटलांटिक महासागर, भूमध्यसागर, आल्पस तथा काकेसस से होती हुई हिमालय पर्वत तथा उसके समीपवर्ती क्षेत्रो तक फैली हुई है।
3. **अन्य क्षेत्र Other Ball—**
   शेष 11 प्रतिशत भूकम्प विश्व के अन्य भागो में अचानक आते रहते है इनमें से सबसे महत्वपूर्ण क्षेत्र पूर्वी अफ्रीका का महान विभ्रंश घाटी के आस-पास तक अदन की खाड़ी से अरब सागर तक का क्षेत्र एवं हिन्द महासागर की भूकम्पीय पेटी सम्मिलित की जाती है।

भूकम्प का प्रभाव

नकारात्मक प्रभाव	सकारात्मक प्रभाव
मानव प्रतिष्ठानों और निर्माणो जैसे भवनो, रेलमार्गो, पुलो, बांधों, कस्बों और नगरो की क्षति और विनाश मानव और जनजातियो को हानि। विध्वंसकारी अग्नि, बाढ़, भूस्खलन और हिमे भूस्खलन होना।	खनिजो का ऊपर आना, जल स्तर का ऊपर आना, बन्दरगाहो का विकास नई भूमि का विकास

भूकम्पो का पुर्वानुमान

- वायुमण्डल में रेडान गैसों की मात्रा बढ़ने लगती है।
- कुओं मे जल स्तर ऊपर की ओर उठने लगता हैं।
- भूकम्प के पहले भूखंड के धीमी गति से खिसकने के फलस्वरूप एक बड़े क्षेत्र में शैलो में असंख्य छोटी-छोटी दरारे पड़ जाती है।
- जीवों की विचित्र क्रियाओं से
- बिलो से सांप बिच्छुओं विशेषकर चीटियां, दीमक, तथा अन्य बिल बनाकर रहने वाले जानवर अपने छिपने के स्थानों से निकल जाते है। चिड़िया जोर से चहचहाती है तथा पशु जैसे कुत्ते एक नियत प्रकार से भौंकते और रोते है।

मरूस्थल

मरूस्थल स्थलखंड के शुष्क एवं अदृशुष्क भाग है पृथ्वी पर ये मुख्यत: उच्च वायुदाब वाले High Pressure Belt क्षेत्रों में मिलते है। खासकर वहां जहां वायु नीचे उतरती है तथा ताप अधिक होता है। महाद्वीप स्थिति या तट से दूरी भी इसकी उत्पत्ति का कारण है क्योंकि आंतरिक भागो में बढ़ने पर वर्षा की मात्रा में काफी कमी आ जाती है।

नोट—विश्व का सबसे बड़ा मरूस्थल सहारा है।

अन्य प्रमुख मरुस्थल

मरुस्थल	देश	महाद्वीप
गोबी	मंगोलिया	एशिया
कालाहारी	बोत्सवाना नामीबिया एवं द. अफ्रीका	अफ्रीका
तकला माकन	चीन	एशिया
थार मरूस्थल	उत्तर पश्चिमी भारत व पाकिस्तान	एशिया
अटाकामा	उत्तरी चिली द. अमेरिका	(संसार का सबसे शुष्क मरूस्थल है यहां सोडियम नाइट्रेट, तांबा और अन्य खनिज के विशाल भण्डार हैं।)

मैदान (Plains)

धरातल पर मिलने वाले अपेक्षाकृत समतल एवं निम्न भू-भाग को मैदान कहा जाता है। भू-पटल के लगभग 41 प्रतिशत भाग पर मैदानों का विस्तार पाया जाता है।

द्वीप (Island)

स्थलखण्ड का ऐसा भाग जिसके चारो ओर जल का विस्तार पाया जाता है द्वीप कहलाता है।

ध्यातव्य हो कि

विश्व का सबसे बड़ा द्वीप ग्रीनलैण्ड है जो आर्कटिक महासागर में स्थित है। श्रीलंका, क्यूबा, आयरलैण्ड, आइसलैंड, होन्शु प्रमुख है।

प्रायद्वीप (Peninsular)

पृथ्वी पर भू-भाग का ऐसा क्षेत्र, जो तीन ओर संपाकी एवं एक ओर से स्थल द्वारा घिरा हो प्रायद्वीप कहते हैं जैसे—दक्षिण भारतीय प्रायद्वीप आदि।

महाद्वीप (Continent)

पृथ्वी पर भू भाग की सबसे बड़ी इकाई को महाद्वीप कहते है सम्पूर्ण पृथ्वी का स्थल क्षेत्र 7 महाद्वीपो में बंटा है—

1. एशिया
2. अफ्रीका
3. उत्तरी अमेरिका
4. दक्षिणी अमेरिका
5. अंटार्टिका

6. यूरोप
7. ऑस्ट्रेलिया

झील (Lakes)

सामान्य रूप में झील भूतल के वे विस्तृत गढ्ढ़े होते हैं जिनमें जल भरा होता है। इस तरह झील स्थल के आन्तरिक भाग में स्थित जलपूर्ण गर्त होती है। झील, जल के दो स्थिर भाग होती है जो चारों तरफ से स्थल खण्डो से घिरी होती है तथा स्थल भाग में स्थित होती है झील की दूसरी विशेषता उसका अस्थायित्व है अर्थात झीले बनती है विकसित होती है धीरे-धीरे तलहट से भरकर दलदल में बदल जाती है और ऊपर उठकर समीपी स्थल के बराबर हो जाती है। इस तरह कहा जा सकता है कि झील स्थल पर स्थिर जल के अस्थायी स्थलरूप होती हैं।

उदाहरण—

संसार की सबसे ऊंची झील	—	तिब्बत की ठिसोसिकरन है।
संसार की सबसे नीची झील	—	मृत सागर
संसार की सबसे बड़ी मीठे पानी की झील, ताजे पानी की झील	—	सुपीरियर
विश्व की सबसे बड़ी खारे पानी की झील	—	कैस्पियम सागर
विश्व की सबसे गहरी झील बैकाल	—	साइबेरिया में (रूस)

अध्याय सार संग्रह

स्थलमण्डल (Lithosphere)

- पृथ्वी की बनावट का क्रम (बाहर से अन्दर): भूपटल (Crust) → मेंटल (Mantle) → कोर (Core)

विश्व की प्रमुख पर्वत श्रेणियां

पर्वत श्रेणियां	स्थिति
• हिमालय-काराकोरम हिन्दुकुश	दक्षिण मध्य एशिया
• तियेनशान	दक्षिण मध्य एशिया
• ड्रेकेन्सबर्ग	द. पूर्व अफ्रीका
• आल्पस	मध्यवर्ती यूरोप
• स्कैडिनेवियन रेंज	पश्चिमी नार्वे
• एटलस	उ. पश्चिमी अफ्रीका
• यूराल पर्वत श्रेणी	मध्य रूस (एशिया-यूरोप)
• ग्रेट डिवाइडिंग रेंज	पूर्वी ऑस्ट्रेलिया
• अप्लेशियन	पूर्वी यूएस व कनाडा
• अलास्का श्रेणी	अलास्का, यूएस
• राकी पर्वत श्रेणी	पश्चिमी उत्तरी अमेरिका
• पिनाइन पर्वत	इग्लैण्ड
• पिरेनीस पर्वत	फ्रांस-स्पेन सीमा पर
• जूरा पर्वत	फ्रांस
• वॉसजेस पर्वत	फ्रांस

विश्व के प्रमुख ज्वालामुखी

ज्वालामुखी	द्वीप, देश
(i) सक्रिय ज्वालामुखी (Active Volcanoes)	
• किलायु (सर्वाधिक सक्रिय)	हवाईद्वीप, यूएस
• माउण्ट एटना	सिसली द्वीप, इटली
• स्ट्राम्बोली	लेपारीद्वीप, इटली
• कोटोपैक्सी	इक्काडोर
• माउण्ट इरेबस	रासद्वीप, अंटार्टिका
• मौनालोआ	हवाई द्वीप, यूएस
• बैरन द्वीप	अंडमान निकोबार, भारत
(ii) सुषुप्त ज्वालामुखी (Dormant Volcanoes)	
• विसुवियस	इटली
फ्यूजीयामा	जापान
• क्राकाटाओ	इंडोनेशिया
• नारकोडम	अंडमान निकोबार भारत
(iii) शांत ज्वालामुखी (Extinct Volcanoes)	
• पोपा	म्यामार
• कोहसुल्तान एवं देवबंद	ईरान
• किलीमंजारो	तंजानिया
• चिम्बराजो	इक्काडोर
• एकांकागुआ	एण्डीज पर्वत

विश्व के प्रमुख पठार

पठार	देश व महाद्वीप
• ओजार्क पठार	यूएस (उ. अमेरिका)
• अनातोलिया पठार	तुर्की (यूरोप)
• शान का पठार	म्यामार (एशिया)
• मध्य साइबेरिया पठार	रूस (एशिया)
• प्रायद्वीपीय पठार	भारत (एशिया)
• बोलिविया पठार	बोलिविया (द.अमेरिका)
• अलास्का पठार	यूएस (उ. अमेरिका)
• गुयाना पठार	वेनेजुएला (गुयाना)
• कोलम्बिया पठार	यूएस (उ. अमेरिका)
• ब्राज़ील पठार	ब्राज़ील (द. अमेरिका)
• पैंटागोनिया पठार	(अर्जेन्टीना द.अमेरिका)
• तिब्बत का पठार	तिब्बत (एशिया)
• कोलैरेडो पठार	यूएस (उ. अमेरिका)
• माटोग्रासो पठार	ब्राज़ील (द. अमेरिका)
• छोटा नागपुर पठार	भारत (एशिया)

ज्वालामुखी से सम्बन्धित महत्पूर्ण तथ्य—

- सर्वाधिक ऊँचाई पर स्थित सक्रिय ज्वालामुखी ओघस डेल सलाडो।
- स्ट्रामबोली (इटली) को भू-मध्य सागर के **प्रकाश स्तंभ** की उपमा प्रदान की गयी है।
- विश्व का सबसे ऊंचा ज्वालामुखी पर्वत कोटोपैक्सी है, जो इक्वाडोर में है।
- अंटार्कटिका महाद्वीप का एक मात्र सक्रिय ज्वालामुखी 'माउण्ट इरेबस' है।
- विश्व के ज्लावामुखी का लगभग 2/3 भाग प्रशान्त महासागर के दोनों तटीय भागों में पाये जाने के कारण इस क्षेत्र को Fire Ring of the Pacific Ocean (प्रशान्त महासागर का अग्निवलय) कहते हैं।

विश्व के प्रमुख मरूस्थल

मरूस्थल	विस्तार
• सहारा (अफ्रीका) • ये अफ्रीका महाद्वीप के 1/4 भूभाग को कवर करता है।	अल्जीरिया, चाड, लीबिया माली, मारितानिया, नाइजर, सुडान, मिस्त्रा ट्यूनेशिया, मोरक्को
• गोबी (एशिया)	मंगोलिया और चीन
• कालाहारी (अफ्रीका)	बोत्सवाना
• तकलामकान (एशिया)	सीक्यांग, चीन
• नामिब (अफ्रीका)	नामीबिया
• थार (एशिया)	उत्तरी पश्चिमी भारत और पाकिस्तान
• संसार का सर्वाधिक जनसंख्या वाला मरूस्थल	
• अटकामा (द. अमेरिका) • संसार का सर्वाधिक शुष्क मरूस्थल • यहां विश्व का सबसे बड़ा देश—इंडोनेशिया नाइट्रोजन भण्डार है। • मकर रेखा पर स्थित है।	

विश्व के प्रमुख घास के मैदान

घास के मैदान	क्षेत्र
• डाउन्स	ऑस्ट्रेलिया
• पम्पास	अर्जेंटीना और उरूग्वे (द. अमेरिका)
• प्रेयरी	उ. अमेरिका
• सवाना	अफ्रीका, ऑस्ट्रेलिया
• स्लेवस	द. अमेरिका
• स्टेपीज	यूरोप, उत्तरी एशिया
• टैगा	यूरोप एशिया
• वेल्ड्स	द. अफ्रीका
• लैनोस	वेनेजुएला (द. अमेरिका)
• हंगरी (यूरोप)	• क्यूबा
• कैन्टबरी	• न्यूज़ीलैंड
• उत्तरी चिली	• कैम्पास

विश्व के प्रमुख द्वीप

द्वीप	स्थिति
• ग्रीन लैण्ड ***नोट***—विश्व का सबसे बड़ा द्वीप।	आर्कटिक महासागर
• न्यूगिनी	प. प्रशान्त महासगार
• मेडागास्कर	हिन्द महासगार
• बोर्निया	हिन्द महासागर
• सुमात्रा	हिन्द महासागर
• विक्टोरियाद्वीप	उत्तरी आर्कटिक महासगार
• जावा द्वीप	हिन्द महासागर
• श्रीलंका	हिन्द महासागर
• पुस्ताज	कैरीबियन सागर
• आयरलैण्ड ब्राज़ील	उत्तरी अटलांटिक महासगार

नोट—विश्व का सबसे छोटा द्वीप—नारू

अध्याय 7

दक्षिण अमेरिका

इस अध्याय में आप सीखेंगे किः

- सामान्य परिचय के उसकी भौगोलिक, सामाजिक एवं आर्थिक स्थिति क्या है।
- दक्षिण अमेरिका अन्य महाद्वीप से किन-किन कारणों से अलग है।

सामान्य परिचय

- द. अमेरिका संसार का चौथा बड़ा महाद्वीप है। इसका लगभग दो तिहाई भाग विषुवत वृत्त के दक्षिण मे उष्ण कटिबंध मे फैला है।
- इस महाद्वीप का आकार त्रिभुजाकार है। उत्तर मे पनामा नहर बन जाने के पश्चात् यह उत्तरी अमेरिका महाद्वीप से पृथक हो गया है।
- दक्षिण में ड्रेक-पैसेज इसे अंर्टाकटिका महाद्वीप से पृथक करता है।
- इस महाद्वीप का उत्तरी भाग काफी चौड़ा है किन्तु दक्षिण की ओर यह क्रमशः पतला होकर प्रायद्वीप बनता हैं। इसका दक्षिणतम सिरा हार्न अंतरीय है।
- इस महाद्वीप से मकर रेखा, बिल्कुल मध्य से गुजरती है और विषुवत रेखा अमेजन बेसिन से होकर गुजरती है।

ध्यातव्य हो कि

द. अमेरिका, मध्य अमेरिका, मैक्सिको और वेस्टइंडीज को मिलाकर लैटिन अमेरिका कहते है। लैटिन प्राचीन रोमवासियो की भाषा थी जैसे अनेक भारतीय भाषाओं का विकास संस्कृत से हुआ है वैसे ही अनेक यूरोपीय भाषाओं जैसे—स्पेनी, पुर्तगाली, फ्रांसीसी तक इतालवी की जननी लैटनी है। इन भाषाओं को बोलने वाले लोगो को लैटिन कहते है। 16वी शताब्दी मे पुर्तगाल और स्पेन से बड़ी संख्या में लैटिन लोग आकर इस भाग मे बस गये। इसलिए इस महाद्वीप को लैटिन अमेरिका कहा जाने लगा।

- इस महाद्वीप मे कुल 15 देश हैं—सबसे बड़ा देश—ब्राज़ील
  सबसे छोटा देश—फ़ॉकलैंड

भौतिकी भूगोल (Physical Geography)

सागर, समुद, जलसन्धि (Ocean, Sea, Strait)

महासागर — द. अमेरिका के पूर्व मे अटलांटिक महासागर और पश्चिम मे प्रशान्त महासागर अवस्थित है।

सागर — द. अमेरिका के उत्तर मे कैरेबियन सागर है।

जलसंधि —
- *मैगलन जलसंधि*—यह प्रशान्त महासागर को अटलांटिक महासागर से जोड़ती है।
- *ड्रेक पैसेज*—यह अंर्टाकटिका को द. अमेरिका से अलग करता है और प्रशान्त महासागर को अटलांटिक महासागर से जोड़ता है।

पनामा नहर — यह अटलांटिक महासागर (कैरीबियन सागर) को प्रशान्त महासागर से जोड़ती है और ये पूर्वी U.S.A को पश्चिम U.S.A के मध्य मार्ग को कम करती है।

खाड़ी

- दारीन की खाड़ी
- पनामा की खाड़ी
- श्वायाकिल की खाड़ी
- सान जॉर्ज की खाड़ी
- मच्छरों की खाल

खाड़ी	बेय
जिसका सागरवर्ती भाग सकरा व स्थलवर्ती भाग चौडा होता है खाड़ी कहलाता है।	जिसका सागरवर्ती भाग चौडा व स्थलवर्ती भाग सकरा होता है बेय कहलाता है।

बेय

- मारोजो बेय
- साओ मार्कोस बेय

द्वीप

- **गैलापागोस द्वीप समूह**—यह प्रशान्त महासागर मे स्थित है और इक्वाडोर देश के अन्तर्गत आता है।
- **फाकलैंड द्वीप समूह**—य द. अटलांटिक महासागर में स्थित द्वीप है और यू. के. के अन्तर्गत आता है।

पर्वत, मैदान और हाइलैंड

पर्वत

- **एन्डीज पर्वत श्रृंखला**—ये द. अमेरिका के पश्चिमी भाग मे विस्तृत है। यह विश्व की सबसे लम्बी वलित पर्तत श्रेणी है। इसका निर्माण द. अमेरिकी प्लेट और प्रशान्त कहासागरीय प्लेट के अभिशरण (टकराने) से हुआ है। उत्तर मे यह तीन श्रेणियो मे विभाजित है—
  (i) पश्चिमी कार्डिलेरा
  (ii) मध्य कार्डिलेरा
  (iii) पूर्वी कार्डिलेरा
- **एकान्कागुआ**—यह अर्जेटीना मे स्थित, द. अमेरिका का सबसे ऊँचा पर्वत शिखर है।
- **सेरो ओजास डेल सलाडो**—यह अर्जेटीना व चिली की सीमा पर स्थित विश्व का सबसे ऊँचा सक्रिया ज्वालामुखी पर्वत है।
- **चिम्बोराजो**—ये इक्वाडो मे स्थित सुबत ज्वालामुखी पर्वत है।
- **कोटोपैक्सी**—ये इक्वाडो मे स्थित सक्रिय ज्वालामुखी पर्वत है।

मैदान

- **बोलीविया पठार**—यह बोतिविया मे स्थित अन्तरापर्वतीय पठार है।
- **पेंटागोनिया पठार**—यह अर्जेटीना मे एण्डीज पर्वत के पूर्वी ढाल पर विस्तृत एक पर्वतापदीय पठार है।
- **माटो ग्रोसो पठार**—यह ब्राज़ील मे अवस्थित गुम्बदाकर पठार है और ये कई नदिया का उद्‌गम स्रोत है।

हाइलैंड

- **गुयना उच्चभूमि क्षेत्र**—यह वेनेजुएला, गुयना, सुरीनाम, फेंच गुयना एवं उ. ब्राज़ील मे विस्तृत भूमि क्षेत्र है। यहाँ धात्विक खनिज सम्पदा के प्रचुर भंडार पाये जाते है और ये कई नदियो के उद्‌गम स्त्रोत है।
- **ब्राजीलियन उच्च भूमि क्षेत्र**—ये ब्राज़ील के पूर्वी भाग मे विस्तृत उच्च भूमि क्षेत्र है। यहाँ धात्वक खनिज सम्पदा के प्रचुर भंडार पाये जाते है।

झील और नदी

- **माराकैबो (Maracaibo Lake)**—यह वेनेजुएला मे स्थित लैगून झील है। यहाँ खनिज तेल एवं प्राकृतिक गैस के प्रचुर भण्डार पाए जाते है।

ध्यातव्य हो कि

समुद्र तट से पृथक होकर तटीय क्षेत्रो मे निर्मित छिछली खारे पानी की झीले लैगून झीले कहलाती है।

- **टिटिकाका झील**—यह पेस और बोलिविया मे स्थित विश्व की सबसे अधिक ऊचाई पर स्थित नौकायन झील है।
- **मारा चिकूटा झील**—यह अर्जेटीना में अवस्थित है।

नदी

ओरोनिको गुआना

- ये गुयना उच्च भूमि से निकलकर, डेल्टा बनाती हुई अटलांटिक महासागर मे गिरती है।
- इस पर केरू जल विद्युत परियोजना स्थापित है यह बेनेजुएला को जल विद्युत ऊर्जा उपलब्ध कराती है।
- ओरीनिका नदी बेसिन मे खनिज तेल के भण्डार पाये जाते है।

मगदलेना नदी

- यह कोलंबिया मे एण्डीज पर्वत से निकलकर कैरेबियन सागर मे गिरती है।
- इस नदी घाटी मे पेट्रोलियम एव प्राकृतिक गैस के भंडार पाये जाते है।

अमेजन नदी

- यह पेरू मे एण्डीज पर्वत से निकलकर पूर्व की ओर बहती हुई ब्राज़ील को पारकर अटलांटिक महासागर मे गिरती है।
- यह विश्व की सबसे बड़ी नदी और दूसरी सबसे लंबी नदी है।
- इसकी सहायक नदिया—नेग्रा, जापुरा, तापाजोस, रियोग्रीनो मैडीरा तथा टोकिटनस इसकी मुख्य सहायक नदिया है।

साओ फ्रान्सिका नदी

- यह ब्राज़ील मे ब्राज़ील उच्च भूमि से निकलकर अटलांटिक महासागर मे गिरती है।
- इस पर पालो अफोसो जल प्रदात्त स्थित है।

पराना नदी

- ब्राज़ील की उच्च भूमि से निकलकर, अटलांटिक महासागर मे गिरती है।
- इस पर गुयारा जलप्रपात और इगासू जलप्रपात स्थित है।
- पराना नदी पर इवापू जल विद्युत परियोजना स्थित है। यह ब्राज़ील को 60% जल विद्युत उपलब्ध कराती है।
- इसकी सहायक नदियो में—पराग्वे, पिल्कामोया, सलाडो
- पराग्वे की राजधानी अंसुकिओन (Asuncion), पराग्वे नदी के किनारे स्थित है।

कोलोरेडो नदी

- यह नदी एण्डीज पर्वत से निकलकर, अर्जेन्टीना मे बहती हुई, अटलांटिक महासागर में गिरती है।

ध्यातव्य हो कि

सिनकोना—इसकी छाल से कुनैन प्राप्त किया जाता है जिसे मलेरिया के उपचार मे प्रयोग मे लाया जाता है।

कर्नोबा—इससे मोम प्राप्त किया जाता है। जिसका प्रयोग जूतो की पालिश, मोमबत्ती तथा फर्नीचर की पालिश के लिये किया जाता है।

महोगनी—कठोरे लकड़ी प्राप्त की जाती है। कठोर लकड़ीवाले इस वनों में वाल्सा नामक संसार की सबसे हल्की लकड़ी मिलती है।

चिकिल—चिकिल से चुइंगम बनाया जाता है।

अमेजन नदी द्रोणी रबड के वृक्षो का मूल स्थान है इसलिए इस क्षेत्र को जंगली रबड का घर कहा जाता है। अमेजन बेसिन को विश्व का फेफड़ा कहा जाता है क्योकि विश्व की 22% आक्सीजन यही पायी जाती है यहाँ एक ही जलवायु प्रदेश के अन्तर्गत विश्व की सर्वाधिक जैव विविधता पायी जाती है।

जलवायु और स्थानीय पवन

जलवायु

- दक्षिण अमेरिका का अधिकांश भाग विषुवतीय रेखा व मकर रेखा के मध्य मे स्थित है और यहाँ से विषुवत एवं मकर रेखा गुजरती है इसलिए विश्व का दूसरा उष्णकटिबन्धीय महाद्वीप कहा जाता है। यहाँ पर पायी जाने वाली जलवायु प्राय: गर्म है।

विषुवती रेखीय जलवायु—इस प्रकार की जलवायु दक्षिण अमेरिका के ब्राज़ील, पेरू, कोलंबिया, द. गुयना, द. बेनेजुएला एवं द. सूरीनाम मे पायी जाती है। इस जलवायु प्रदेश मे वर्ष भर उष्ण आद्र जलवायु पायी जाती है। यहाँ मिश्रित प्रजाति के सघन एवन एक साथ पाये जाते हैं यहाँ उष्ण कटिबन्धीय वर्षा वन को सैलवास कहा जाता है। यहाँ महोगनी, एबोनी, रोजबुड, चिकिल रबड़, कैबिनेट बुड, सिनकोना तथा कर्नोबा प्रकार के वृक्ष पाय जाते है।

सवाना जलवायु—अमेजन वनो के उत्तर और दक्षिण मे अर्थात वेनेजुएला एवं ब्राज़ील मे सवाना प्रकार की जलवायु पायी जाती है। ये घास भूमि प्रदेश है। उत्तर में ओरोनिको नदी द्रोणी मे घास के प्रदेशो का स्थानीय नाम लोनोस है। दक्षिण मे ब्राज़ील के मध्यवर्ती भाग मे इन्हे केपोस कहते है। इस प्रदेश मे साल के कुछ महीने सूखे रहते है। वर्षा मुख्यरूप से ग्रीष्म ऋतु मे होती है। केपांस क्षेत्र मे येर्वा मुख्य वृक्ष है इस वृक्ष की पत्तियो को चाय की पत्तियो के समान ही उबालकर पेय पदार्थ के रूप मे प्रयोग किया जाता है।

उपोष्ण जलवाय—यह उत्तरी अर्जेटीना और पश्चिमी पराग्वे के निम्नभूमि प्रदेशो में वर्षा ग्रीष्म ऋतु सूखी रहती है। यहाँ वर्षा बहुत अधिक होती है। यह प्रदेश घने वनो और घास से ढके है। स्थानीय लोग इस प्रदेश को ग्रान चाको कहते है। ग्रान चाको के वनो का प्रमुख पेड क्वेब्रेको है जिसका अर्थ है कुल्हाडी तोडने वाला। इस वृक्ष से टैनिक अम्ल निकाला जाता है, जिसका उपयोग चमड़ा जमाने और रंग रोगन में किया जाता है।

उष्णमरूस्थलीय जलवायु—दक्षिण पेरू तथा उत्तरी चिली के कुछ भागो में गर्म मरूस्थलीय जलवायु पायी जाती है। इस प्रदेश को अटाकामा का मरूस्थल कहते है। उत्तरी चिली में स्थित अरिका (Arica) विश्व का शुष्कतम स्थल है। नागफनी तथा कंटीली झाडियाँ इस प्रदेश की प्राकृतिक वनस्पतियाँ है।

भूमध्यसागरीय जलवायु—अटाकामा मरूस्थल के दक्षिण में अर्थात मध्य चिली मे भूमध्य सागरीय जलवायु पायी जाती है। इस प्रदेश में वर्षा शीत ऋतु मे होती हैं और ग्रीष्म ऋतु शुष्क और गर्म रहती है। यहाँ सदाबहार वृक्ष मिलते है ओक, अखरोट, चेस्टनट, अंजीर के पेड़ इस प्रदेश के सामान्य वृक्ष है। यहाँ अंगूर और संतरे की भी कृषि की जाती है।

महासागरी जलवायु—महाद्वीप के सुदूर दक्षिण अर्थात दक्षिणी चिली में महासागरीय जलवायु पायी जाती है। यहाँ साल भल वर्षा होती है। यह प्रदेश शीतोष्ण कटिबंध मे है। अत: यहाँ की जलवायु शीतल है। इस प्रदेश में शीतोष्ण मिश्रित्र वन पाये जाते है। चीड और बीच इन वनो के मुख्य वृक्ष है।

स्थानीय पवन

पेम्पेरो पवने—दक्षिण अमेरिका के पम्पास क्षेत्र (अर्जेटीना के मध्य भाग के घास मैदान को पम्पास कहते है) मे चलने वाली ठण्डी पवन को पेम्पेरा कहा जाता है।

जोण्डा पवन—अर्जेंटीना मे एण्डीज पर्वत से पूर्वी भाग की ओर चलने वाली गर्म पवन को जोण्डा पवन कहते है।

फ्रायजेन पवन—यह ब्राज़ील के अमेजन बेसिन मे चलने वाली ठण्डी पवन को फ्रायजेन कहते है।

वन्य प्राणी

- द. अमेरिका विशेषतया अमेजन नदी की द्रोणी मे विविध प्रकार के वन्य प्राणी बहुत बड़ी संख्या में मिलते है। यहाँ लगभग 1500 जातियो के रंग-बिरंगे पक्षी पाये जाते है। द. अमेरिका को 'पक्षियो का महाद्वीप' कहा जाता है।

पक्षी/वन्य प्राणी		विशेषता
केंडोर	—	संसार का सबसे बडा शिकारी पक्षी
रीआ	—	न उड़ पाने वाला पक्षी (यह हमे द. अफ्रीका के शुतुरमुर्ग) तथा ऑस्ट्रेलिया के ऐमू पक्षी की याद दिलाता है।
एनाकोंडा	—	यहाँ का विशाल अजगर है जो 10 मीटर तक लम्बा होता है।
ऐंट ईटर तथा आर्मेडिलो	—	यहाँ के विचित्र जानवर है ये बहुत प्राचीन काल के स्तनधरी जीवो में से बचे रह गये है।
प्यूमा	—	यह सिंह परिवार का खतरनाक जानवर है ये चीते से अधिक बलवान होता है।
जगुआर	—	यह प्यूमा की भांति एक शिकारी जानवर है। ***नोट***—यह सिंह परिवार का खतरनाक जानवर है यह चीते से अधिक बलवान होता है।
लामा	—	एडीज पर्वतमाला के ऊचे भागो में इन्हे बोझा ढोने के काम मे लाया जाता है यह लंबी गर्दन वाले ऊँट प्रजाति के है।
अल्पाका	—	लामा की एक छोटी किस्म है यह भी एण्डीज के ऊँचे पठारो में रहते है।
ग्वानको	—	यह एक जंगली लामा है जो पेटागोनिया के मरूस्थल मे पाया जाता है।

रेगिस्तान (Desert)

अटाकामा मरूस्थल—यह उत्तरी चिली व पेरू के दक्षिण मे विस्तृत है। यह मरूस्थल विश्व का शुष्कतम मरूस्थल है।

पेटागोनियन रेगिस्तान—यह अर्जेन्टीना मे विस्तृत है। यह वृष्टि छाया प्रदेश (Rain Shadow Region) के अन्तर्गत आता है इसलिए यहाँ वर्षा कम होती है। यह अर्धशुष्क मरूस्थल है। यह प्रदेश भेड़ पालन के लिये जाना जाता है। यहाँ लामा और अल्पाका पाये जाते है।

प्रमुख फसले (नकदी)	***देश***
कहवा	ब्राज़ील (ब्राज़ील में कहवा के बागानौ का फजेण्डा कहते है)कोलम्बिया कोलम्बिया मे कहवा के बगानो को फेन्का कहते है (ब्राज़ील मे टेरारोक्सा मृदा को कहवा मृदा के नाम से जाना जाता है)
कोको	ब्राज़ील, कोलम्बिया और वेनेजुएला में होती है।
कपास	ब्राज़ील
गन्ना	ब्राज़ील (यह विश्व मे सबसे बडा गन्ने का उत्पादक देश है)
रबड	ब्राज़ील, कोलम्बिया

आर्थिक भूगोल (Economical Geography)

कृषि

स्थानान्तरिक कृषि

रोका — ब्राज़ील मे स्थानान्तरित कृषि को रोका कहते है।

फोनुको — बेनेजुएला मे स्थानान्तरित कृषि को कोनुको कहते है।

प्रमुख फसले (खाद्यान्न)	***देश***
गेहूँ	अर्जेन्टीना, पराग्वे
रसदारफल	चिली

वाणिज्यिक पशुपालन

ब्राज़ील — ब्राज़ील पशुओ की संख्या मे विश्व मे प्रथम स्थान पर है।

ऊरूग्वे — ऊरूगवे की 5% अर्थवरूवस्थ पशुपालन पर आधारित है तथा यहाँ की गाये ज्यादा दूध देती है।

खनिज

प्रमुख खनिज	देश
लौह अयस्क	ब्राज़ील
मैगनीज	ब्राज़ील (मैग्नीज उत्पादन मे ब्राज़ील इस महाद्वीप के प्रथम रखता है)
टिन	वोलीविया (टिन के उत्पादन मे बोलीविया का विश्व मे चौथा स्थान है)
टगस्टन	बोलीविया
चाँदी	पेरू
ताबाँ	चिली (चिली को विश्व तावे की राजधनी भी कहा जाता हैं चिली का चुम्कीकमाता पठार ताँबे के उत्पादन के लिए विख्यात है।
वाक्साइट	गुयाना सूरीनाम
सोना	पेरू, ब्राज़ील, अर्जेन्टीना
पेट्रोलियम	वेनेजुएला (ओपेक का सदस्य और इस महाद्वीप का सबसे बडा पेट्रोलियम उत्पादक देश है)
प्राकृतिक गैस	कोलम्बिया, अर्जेन्टीना
यूरेनियम	ब्राज़ील, अर्जेन्टीना
फॉस्फेट	पेरू

जनजातियां (Tribes)

- दक्षिणी अमेरिका के मूल निवासी रेड इंडियनो (मंगोल प्रजाति) को माना जाता है।

बोरो	ब्राज़ील
मिश्रित्र प्रजाती के लोग	
इण्डियन + यूरोपियन	मेस्टीजा (White)
इण्डियन + अश्वेत	जैम्बो
अंश्वेत + यूरोपीय	मुलाटो (White)

ध्यातव्य हो कि

- मेनासगेरास यह ब्राज़ील मे स्थित सबसे अधिक खनिज सम्पदा वाला स्थान है।
- पेरू के तट के पास गुआना द्वीप मे संसार के सबसे अच्छे ग्वानो खाद्य (पक्षियो का बीट) के भंडार है जो एक प्राकृतिक खाद है। बिना वर्षा वाले इन मरूस्थलीय द्वीपो मे बहुत बड़ी संख्या में गुआना पक्षी रहते है सैकड़ो वर्षो से लोग इस खाद्य का प्रयोग विभिन्न फसलो मे करते आ रहे है। गन्ने और कपास की फसल के लिए आजकल इस खाद की बहुत मांग है।

- सुरीनाम, गुयाना, त्रिनिदाद और टोबैगो में भारतीय मूल के लोग बड़ी संख्या में बसे है।
- इजरायल के बाद विश्व मे यहूदियो की सबसे अधिक संख्या अर्जेन्टीना में है।

अन्य

- **इस महाद्वीप का ट्रांस**—इंडियन रेलमार्ग प्रशान्त महासागर को अटलांटिक महासागर से जोड़ता है (वालपरे जो (प्रशान्त महासागर) से ब्यूनस आर्यर्स (अटलांटिक महासागर) तक

दक्षिण अमेरिका के प्रमुख शहर

शहर	देश	विशेषता
साओपोलो	ब्राज़ील	द. अमेरिका का सबसे बडा शहर (जनसंख्या के आधार पर) है इसे ब्राज़ील का कहवा मण्डी एवं प्रमुख औद्योगिक शहर कहा जाता है।
सेन्तोस	ब्राज़ील	ब्राज़ील का कहवा पत्तन है। यही से ब्राज़ील कहवा का निर्यात करता है।
रियोडि जेनेरियो	ब्राज़ील	यहाँ विश्व में प्रथम पृथ्वी शिखर सम्मेलन का आयोजन किया गया था। यह ब्राज़ील का प्रमुख औद्योगिक शहर भी है।
माउण्ट वीडिया	उरूग्वे	यह उरूग्वे का प्रशासनिक शहर है मांस का निर्यातक है।
ब्यूनस आयर्स	अर्जेन्टीना	यह अर्जेन्टीना का प्रमुख गेहूँ निर्यातक शहर है।

भूमध्य रेखा को स्पर्श करने वाले देश—इक्वाडोर, कोलंबिया, ब्राज़ील
मकर रेखा को स्पर्श करने वाले देश—सर्दी, अर्जेटीना, परागुए, ब्राज़ील

अध्याय सार संग्रह

- दक्षिण अमेरिका भौगोलिक दृष्टि से संसार का चौथा सबसे बड़ा महाद्वीप है।
- गुयाना पठार जो कि पूर्वी उच्च भूमि में स्थित है, में विश्व का सबसे ऊँचा प्रपात 'एंजिल' मिलता है।
- ब्राज़ील, कोलम्बिया और इक्वाडोर संसार में कहवे के सबसे बडे उत्पादक है।
- ब्राज़ील में कहवा के बड़े-बड़े बागान मिलते हैं जिन्हें फजेंडा कहा जाता है।
- चिली का 'चुक्कीकमाता' पठार तांबे के उत्पादन के लिए विश्व प्रसिद्ध है इसे 'ताँबा की राजधानी' के नाम सम्पूर्ण विश्व में जाना जाता है।
- दक्षिण अमेरिका के मूल निवासियों 'रेड इंडियन' भी कहा जाता है।
- दक्षिण अमेरिका के विषुवतीय प्रदेशों में 'वाल्सा' नामक लकड़ी पायी जाती है जिससे जीवन रक्षक नौकाएं एवं कॉर्क बनाई जाती है।
- दक्षिण अमेरिका में सिनकोना वृक्ष पाये जाते है जिससे मलेरिया की दवा कनैन, स्वास्थ्य हितकारी सिद्ध हुई है।
- सर्वाधिक जल विद्युत उत्पादन पराना नदी पर 'इटेटु' बहुउद्देशीय परियोजना की निर्माण किया गया है।
- ब्राज़ील का सर्व प्रथम 'वोल्टा-रिटोन्डा' इस्पात कारखाना स्थापित किया गया।
- टेराडेल फ्यूगो द्वीप, अर्जेटीना के दक्षिण भाग में स्थित है जो कि मैगलन जलसंधि द्वारा पृथक होता है।
- पशुपालन के वृहद स्तर के केन्द्रों को 'एस्टेशियाँ' कहा जाता है। तथा 'अल्फाल्फा' घास उगाई है जो कि पशुओं का प्रिय भोजन मानी जाती है।

अध्याय 8

ऑस्ट्रेलिया

इस अध्याय में आप सीखेंगे किः

- आस्ट्रेलिया का सामान्य परिचय एवं उसकी सामाजिक आर्थिक स्थिति कैसी है।
- आस्ट्रेलिया अन्य महाद्वीप से कैसे और किन-किन बातों से अलग है।

सामान्य परिचय

- पूरी तरह से दक्षिणी गोलार्द्व मे अवस्थित यह महाद्वीप विश्व का सबसे छोटा महाद्वीप है।
- इस महाद्वीप मे ऑस्ट्रेलिया, न्यूज़ीलैंड एवं प्रशान्त महासागर में बिखरे छोट-बड़े द्वीपो को शामिल किया जाता है, यहाँ के अधिकतर द्वीपो की उत्पत्ति ज्वालामुखी उद्‌गार या प्रवाल के द्वारा हुआ है।
- ऑस्ट्रेलिया को महाद्वीपीय देश, प्यासी भूमि का देश, कंगारूओ का देश एवं जीवित जीवाश्मो का देश कहा जाता है।
- ऑस्ट्रेलिया के लगभग मध्य से होकर मकर रेखा गुजरती है।
- ऑस्ट्रेलिया की खोज एक अंग्रेज नाविक कैप्टेन जेम्स कुक ने सन् 1770 में की।
- ऑस्ट्रेलिया 6 स्वशासी राज्यों तथा 2 केन्द्र शासित क्षेत्र में है।

आस्ट्रेलिया के प्रमुख शहर

प्रमुख शहर		देश
1. पश्चिमी ऑस्ट्रेलिया	—	पर्थ (ऑस्ट्रेलिया का सबसे बडा राज्य)
2. उत्तरी क्षेत्र	—	डार्विन
3. द. ऑस्ट्रेलिया	—	एडीलेड
4. क्वींसलैंड	—	ब्रिसबेन
5. न्यू साउथ वेल्स	—	सिडनी
6. विक्टोरिया	—	मेलबर्न

केन्द्रशासित प्रदेश		राजधानी
1. कैनबरा	—	केनबरा
2. तस्मानिया	—	होबार्ट

ध्यातव्य हो कि

ऑस्ट्रेलिया की राजधनी कैनबरा है।

भौतिकी भूगोल (Physical Geography)

सागर समुद्र और जलसन्धि

महासागर—आस्ट्रेलिया के पूर्व मे प्रशान्त महासागर, दक्षिण में दक्षिण महासागर और पश्चिम में हिन्द महासागर अवस्थित है।

सागर—इसके उत्तर में अराफुरा सागर उत्तर पूर्व में कोराल सागर, दक्षिण पूर्व मे तस्मान सागर और उत्तर पश्चिम मे ट्रिमन सागर अवस्थित है।

वॉस जलसंधि—यह तस्मानिया और ऑस्ट्रेलिया को अलग करता है और प्रशान्त महासागर और द. महासागर की जलराशियो को मिलाता है।

टोरेस जलसंधि—यह पपुआ न्यू ग्रिनी द्वीप को ऑस्ट्रेलिया से अलग करता है और कोराल सागर तथा अराफुरा सागर की जलराशियो को मिलाता है।

खाड़ी

- कार्पेन्ट्रिया की खाड़ी
- स्पेन्सर की खाड़ी
- एडमिरल्टी की खाड़ी
- कैंब्रिज की खाड़ी
- यूसुफ बोनापार्ट की खाड़ी
- महान ऑस्ट्रेलियाई बाइट

बेय

- शार्लोट की राजकुमारी
- शूल बेय
- मुठभेड़ बेय
- डुबटजुल द्वीप बेय
- शार्क बेय
- कोलिअर बेय ब्रंसविक बेय

द्वीप

द्वीप	स्थित
न्यू गिनि	पापुआ न्यू गिनी
उत्तरी द्वीप	न्यूज़ीलैंड
दक्षिणी द्वीप	न्यूज़ीलैंड
तस्मानिया द्वीप ऑस्ट्रेलिया	

पर्वत और पठार (Mountain & Plateau)

पर्वत

(i) **ग्रेट डिवाइडिंग रेंज**—यह ऑस्ट्रेलिया के पूर्वी भाग में विस्तृत वलित पर्वत श्रेणी है। इसके दक्षिण भाग में न्यू इंग्लैंड रेंज, लिवरपूल रेंज और आस्ट्रेलियन आलप्स है। इसकी सबसे ऊँची पर्वत चोटी माउण्ट कोसिको है।

(ii) **ग्रे रेंज**—यह क्वींसलैंड के दक्षिण में विस्तृत पर्वत श्रेणी है।

(iii) **मैकडॉनेल रेंज**—ऑस्ट्रेलिया के मध्यवर्ती भाग में विस्तृत पर्वत श्रेणी है। इसके बीच में आयर्ज राक है।

(iv) **ग्रे रेंज**—यह पश्चिमी ऑस्ट्रेलिया मे स्थित पर्वत श्रेणी है।

(v) **हम्सर्सली रेंज**—यह पश्चिमी ऑस्ट्रेलिया मे स्थित पर्वत श्रेणी है।

(vi) **विक्टोरिया और डार्लिंग रेंज**—इसे आयर्स राक कहते हैं यह रंग बदलती है।

पठार (Plateau)

(i) **बार्कले पठार**—ऑस्ट्रेलिया के उत्तर में अवस्थित है।

(ii) **किम्बरले पठार**—यह ऑस्ट्रेलिया के उत्तर क्षेत्र मे विस्तृत है।

(iii) **बुकलैण्ड पठार**—यह क्वींसलैंड मे स्थित है।

उच्च भूमि

(i) **आर्नहामलैण्ड**—यह उत्तरी क्षेत्र मे विस्तृत अवशिष्ट, उच्च भूमि क्षेत्र है। यहाँ यूरेनियम के भण्डार पाये जाते है।

अन्य

(i) **नुलारबोर मैदान**—यह द. ऑस्ट्रेलिया के दक्षिण में स्थित मैदानी क्षेत्र है।

(ii) **ग्रेट आर्टीजन**—यह ऑस्ट्रेलिया के क्वींसलैंड में निम्न भूमि क्षेत्र है। इसे पाताल तोड कुआ कहते हैं क्योकि इन गहरे कूपों से पानी निरन्तर अपने आप बड़े बंग से बाहर निकलता है।

ध्यातव्य हो कि

ऑस्ट्रेलिया मे कार्पेन्ट्रिया की खाड़ी से बेय ऑफ एक्सीटर तक निम्न भूमि क्षेत्र विस्तृत और ऑस्ट्रेलिया का अधिकांश भाग पर्वत या पठार है।

(iii) **ग्रेट बैरियर रीफ**—ऑस्ट्रेलिया के उत्तर पूर्वी तट (क्वींसलैंड के निकट) के साथ-साथ समुद्र मे एक प्रवात भिप्त (मूगें की चट्टानो की बहुत चौड़ी दीवार जैसी) है, जिसे ग्रेट बैरियन रीफ कहते हैं। इसे पानी के बगीचा भी कहते हैं विश्व प्रसिद्ध इस प्रवाल भित्ति की लम्बाई 1900 किमी से अधिक है। इस प्रवाल भित्ति का निर्माण प्रवाल नाम के अत्यन्त छोटे-छोटे जीवो के अस्थिपंजरों (Coral Polypes) के लगातार जमाव के हुआ है। इस प्रवात की चट्टानो के ऊँचे-नीचे ढाल बोल रिज है।

रेगिस्तान

ग्रेट सेन्डी डिजर्ट	—	प. ऑस्ट्रेलिया
गिब्सन डिजर्ट	—	प. ऑस्ट्रेलिया
ग्रेट विक्टोरिया डिजर्ट	—	प. ऑस्ट्रेलिया से द. ऑस्ट्रेलिया तक
तनामी डिजर्ट	—	उत्तरी ऑस्ट्रेलिया
सिम्पसन डिजर्ट	—	उत्तरी और द. ऑस्ट्रेलिया के मध्य में
स्टर्ट स्लोन डिजर्ट	—	द. ऑस्ट्रेलिया, क्वींसलैंड और न्यू साउथ वेल्स मे विस्तारित

झील

(i) **इरी झील**—द. ऑस्ट्रेलिया मे स्थित ऑस्ट्रेलिया की सबसे बड़ी झील है। यह समुद्र तल से 12 मीटर नीचे है। इसे ऑस्ट्रेलिया का मृत हृदय प्रदेश कहा जाता है। यह आंतरिक अपवाह बनाती है। इसमे नदिया भी आकर गिरती है।

(ii) **निराशा झील और कार्नेगी**—यह प्रदेश ऑस्ट्रेलिया मे स्थित खारे पानी की झीले है।

नदी (River)

(i) **मरे और डार्लिग नदी**—यह ग्रेट डिवाइडिंग रेंज से निकलकर एन्काउटर की खाड़ी में गिरती है। इसकी सहायक नदियाँ डार्लिग मुरूमबुजी तथा लाचलन है।

(ii) **फट्ज़िजॉय नदी**—यह ग्रेट डिवाइडिगं रेंज से निकलर कोराल सागर में गिरती है यह मकर रेखा को चार बार काटती है।

जलवायु और स्थानीय पवन (Climatae & Local Wind)

जलवायु

- मकर रेखा ऑस्ट्रेलिया को दो बारबर भागों मे विभाजित करती है। इसकें उत्तर में उष्ण कटिबंधीय जलवायु तथा दक्षिण में शीतोष्ण कटिबंधीय जलवायु पायी जाती है।
- ऑस्ट्रेलिया की जलवायु निम्नलिखित कारणो से प्रभावित होती है।
  - अंक्षाशीय विस्तार
  - ऊचाई
  - समुद्र से दूरी
  - जल धाराएं

ध्यातव्य हो कि

ऑस्ट्रेलिया की ऋतुए उत्तरी गोलार्द्व की ऋतुओ के विपरीत होती है उदाहरणस्वरूप जब हमारे देश में ग्रीष्म ऋतु होती है, तब ऑस्ट्रेलिया मे शील ऋतु होती है।

- **उष्णकटिबन्धीय जलवायु**—यह ऑस्ट्रेलिया के उत्तरी भाग मे पायी जाती है और यहाँ पर उष्ण कटिबन्धीय वर्षा वन पाये जाते है।
- **सवाना जलवायु**—यह ऑस्ट्रेलिया के उत्तरी क्षेत्र क्वीनसलैण्ड और द. ऑस्ट्रेलिया मे पायी जाती है। यहाँ ग्रीष्म ऋतु मे वर्षा तथा शीत ऋतु मे शुष्कता पायी जाती है। यहाँ वृक्षो के साथ लंबी-लंबी घासे पायी जाती है। साथ ही शेर, चीता, तेन्दुआ, जिराफ, जेब्रा, कंगारू इत्यादि जंगली जानवर पाये जाते है।
- **मरूस्थलीय जलवायु प्रदेश**—इसके अन्तर्गत ऑस्ट्रेलिया का दो तिहाई भाग आता है इसलिए ऑस्ट्रेलिया को प्यासी भूमि का देश कहते है।
- **भूमध्य सागरीय जलवायु**—यह ऑस्ट्रेलिया के पर्थ एवं एडिलेड मे पायी जाती है यह शीत ऋतु मे वर्षा एवं ग्रीष्म ऋतु मे शुष्कता होती है। यहाँ वनस्पतियो मे यूकेलिप्टस पायी जाती है। ऑस्ट्रेलिया इसका जन्मस्थान है यहाँ रसदार फल अंगूर, संतरे, अंजीर आदि भी पाये जाते है।
- **शीतोष्ण जलवायु प्रदेश**—इसके अन्तर्गत न्यू साउथ वेल्स, विक्टोरिया और दक्षिण ऑस्ट्रेलिया के कुछ भाग आते है। यहाँ शीतोष्ण घास के मैदानो को 'डाउन्स' कहते है। यहाँ गेहूँ की खेती अधिक की जाती है।
- **ब्रिटिश तुल्य जलवायु**—इस प्रकार की जलवायु तस्मानिया मे पायी जाती है और यहाँ पछुआ पवनो से साल भर वर्षा होती है यहाँ चौड़ी पत्ती वाले शीतोष्ण वन पाये जाते है।

स्थानीय पवन

- **सदर्ली वस्टर**—दक्षिणी पूर्व ऑस्ट्रेलिया मे चलने वाली ठण्डी पवनो को सदर्ली वस्टर कहते है।
- **ब्रिकफील्डर**—दक्षिणी ऑस्ट्रेलिया मे चलने वाली गर्म पवनो को ब्रिक फील्डर कहते है।

वन्य जीव प्राणी

- **प्लेटिपस**—यह संसार की सबसे विचित्र जन्तु है। पशु और पक्षियो के मिश्रित लक्षणो वाला यह जीव पानी के अन्दर जीवित रह सकता है, भूमि पर चलता-फिरता है और जमीन के अंदर लंबी सुरंग खोद लेता हैं चार पैरो वाला यह जीव पक्षियो की तरह अंडे देता है।
- **ऐमू**—यह बडे आकार का पक्षी है परन्तु उड़ नहीं सकता परन्तु अफ्रीकी शुतुरमुर्ग की भांति तेज चाल से दौड़ सकता है।
- **कुकाबर्रा**—इस लाफिंग जैकास भी कहते है, क्योकि इसकी बोली विचित्र हंसी सी लगती है।
- **लार्यर बर्ड**—यह संसार के सबसे सुंदर पक्षियो मे से है। यह नकल करने अर्थात मिमिकरी करने मे बड़ी कुशल है। यह पक्षियो के गाने कार के हार्न और कुत्ते की भौकने की आवाज की नकल करने मे माहिर है। कंगारू, वेल्लाबी और कोआल ऑस्ट्रेलिया के धनी वर्ग के प्राणी है।

ध्यातव्य हो कि

धनी वर्ग के प्राणियो के पेट के पास खाल की थैली जैसी बनी होती है जिसमे से अपने बच्चे की आसानी से उठाये फिरते है।

आर्थिक भूगोल (Economical Geography)

कृषि

ऑस्ट्रेलिया के बहुत बडे भाग मे वर्षा बहुत ही कम होती है। अत: यहाँ के कुल क्षेत्रफल का 15% भू-भाग कृषि योग्य होते हुए भी मात्रा 4% भू भाग पर खेती की जाती है। अधिकतर कृषि देश के-दक्षिणी-पश्चिमी, दक्षिण-पूर्वी तथा पूर्वी तटीय भागो मे होती है। जहाँ पर्याप्त मात्रा मे जल मिलता है। ऑस्ट्रेलिया भी भारत की तरह कृषि प्रधान देश है।

प्रमुख फसले	देश
गेहूँ	न्यू साउथ तथा पश्चिमी आस्ट्रेलिया
नोट—गेहूँ ऑस्ट्रेलिया की सबसे महत्वपूर्ण खाद्य फसल है। जौयई और मक्का यहाँ की अन्य खाद्य फसले है।	
मक्का	क्वींसलैंड तथा न्यूसाउथ वेल्स
गन्ना	क्वींसलैंड
तंबाकू	क्वींसलैंड
सेव	न्यू साउथ वेल्स
अंगूर	पर्थ और एंडिलेड

पशुपालन

भेड पालन—ऑस्ट्रेलिया मे विश्व की एक तिहाई भेड़ पाली जाती है। चीन के बाद यह विश्व की दूसरा सबसे बडा भेड़पालन राष्ट्र है। भेड़ो को मुख्यता ऊन के लिये पाला जाता है। मर्रे और डार्लिग नदियो के बीच फैला क्षेत्र भेड़पालन के लिए सर्वाधिक उपयुक्त है। यहाँ मैरिनो जाति की भेड़े पाली जाती है इन भेड़ो से सबसे अच्छी ऊन मिलती है। ऑस्ट्रेलिया मे भेड़ पालन केन्द्रो को स्टेशन तथा इन केन्द्रों मे काम करने वाले मजदूरो को जेकारू कहा जाता है।

ध्यातव्य हो कि

- क्वींसलैंड और साउथ वेल्स भेड़ पालन के प्रमुख राज्य हैं।
- विश्व के चार शीर्ष ऊन उत्पादक देश—चीन, ऑस्ट्रेलिया, न्यूज़ीलैंड एवं ईरान है।

डेरीफार्मिंग—न्यूसाउथ वेल्स और विक्टोरिया डेरीफामिंग के लिए प्रसिद्ध है। ऑस्ट्रेलिया विश्व मे दुग्ध एवं दुग्ध उत्पाद के निर्यात मे अग्रणी है।

पशुचारण—अच्छा मांस देने वाले पशु क्वींसलैंड तथा उत्तरी क्षेत्र की घासभूमियों पर पाले जाते है। क्वींसलैंड मांस का का सर्वाधिक उत्पादक तथा निर्यातक राज्य है।

घास भूमिया—ऑस्ट्रेलिया की घासभूमियाँ 2 प्रकार की है—

उष्णकटिबंधी	शीतोष्णकटिबंध
• उष्णकटिबंधी घासभूमियाँ उत्तर मे फैली है। इन्हे सवाना कहते है।	• शीतोष्ण कटिबंधी घासभूमियाँ मर्रे और डार्लिग नदियो की द्रोणियो मे फैली है। जहाँ इन्हे डाउस कहते है।
• सवाना मे साल्ट ब्रुश और मुल्गा नामक पौधे की झाडियाँ उगाई जाती हैं।	• डाउन्स में जहाँ-तहाँ यूके लिप्टस के पेड़ उगते है। • डाउन्स 'आस्ट्रेलिया की पार्क भूमि' के नाम से प्रसिद्ध है।

खनिज

प्रमुख खनिज		क्षेत्र / स्थान
लौह अयस्क	—	पिल्बारा क्षेत्र, आयर प्रायद्वीप
सोना	—	पश्चिमी ऑस्ट्रेलिया राज्य का कालगूर्ली तथा कूलगार्डी विश्व प्रसिद्ध स्वर्ण खाने है दानो स्थानो ऑस्ट्रेलिया मे स्वर्ण नगरी के रूप मे प्रसिद्ध है।
बॉक्साइट	—	क्वींसलैंड राज्य मे स्थित वीपा बाक्साइट के विश्वप्रसिद्ध निक्षेपो मे एक है।
जस्ता और चांदी	—	न्यूसाउथ वेल्स राज्य मे स्थित ब्रोकन हिल लेड
तेल एवं प्राकृतिक गैस	—	उत्तरी प्रांत मे स्थित एलिस स्प्रिंग मे विशाल तेल और प्राकृतिक गैस के भण्डार है।
यूरेनियम	—	आर्नहमलैण्ड क्षेत्र (विश्व मे तीसरा स्थान)
टिन	—	तस्मानिया

जनजातियां

अन्य

- ऑस्ट्रेलिया की 60% जनसंख्या 8 शहरो मे निवास करती है। सिडनी, कैनबरा, मेलबर्न, ऐडिलेड, पर्थ डार्विन, ब्रिसबेन, हार्बट।
- ऑस्ट्रेलिया की अधिकांश जनसंख्या (85% से अधिक) शहरो में निवास करती है फिर भी ऑस्ट्रेलिया कृषि प्रधान देश है। ऑस्ट्रेलिया के 4-5% भाग मे कृषि कार्य किया जाता है। फिर भी ऑस्ट्रेलिया कृषि प्रधान देश है। ऑस्ट्रेलिया मे विस्तृत कृषि की जाती है।

- ट्रांस ऑस्ट्रेलिया रेलवे मार्ग—ये पर्थ से लेकर सिडनी तक है अर्थात देश के आरपार जानेवाला मार्ग है। इसकी कुल लम्बाई 4000 किमी है। सामान्य परिचय
- न्यूज़ीलैंड, दक्षिणी प्रशांत महासागर में, ऑस्ट्रेलिया के दक्षिण पूर्व मे ऑस्ट्रेलिया से लगभग 2000 किमी की दूरी पर अवस्थित है।
- न्यूज़ीलैंड की खोज आबेल तस्मान (पुर्तगाली यात्री) ने किया था जिसे सन 1796 मे कैप्टन जेक्स कुक द्वारा प्रमाणित किया गया
- न्यूज़ीलैंड को दक्षिण का ब्रिटेन भी कहा जाता है।
- न्यूज़ीलैंड 23 द्वीपो के देश है।

द्वीप		1. उत्तरी द्वीप	2. दक्षिणी द्वीप	3. स्टीवर्ट द्वीप
जलसंधि	—	1. **कुक जलसन्धि**—यह उत्तरी द्वीप और दक्षिणी द्वीप को अलग करता है।		
		2. **फोवेक्स जलसन्धि**—यह दक्षिणी द्वीप और स्टीवार्ट द्वीप को अलग करता है।		
खाड़ी	—	1. बेय ऑफ प्लेंटी		
पर्वत	—	1. **दक्षिणी आल्पस**—न्यूज़ीलैंड के दक्षिण मे स्थित वलित पर्वत श्रेणी है। इसकी सबसे ऊँची पर्वत चोटी माउटकुक है।		
		2. तारारुआ रेंज और रुआपेहू उत्तरी द्वीप पर स्थित ज्वालामुखी है।		
मैदान	—	1. **कैंटरबरी मैदान**—दक्षिणी न्यूज़ीलैंड मे स्थित यह मैदान भेड़ पालन के लिये जाना जात है यहाँ की भेड़ो को कैण्टरबरी मेमना कहते है।		

मैदान—न्यूज़ीलैंड की जलवायु ऊँचाई, आक्षांश, समुद्री, जलधराओ इत्यादि से प्रभावित होती है। यहाँ पछुआ पवनों से वर्ष भर वर्षा होती है यहाँ ब्रिटिश तुल्य जलवायु पायी जाती है। इसलिये इसे दक्षिण का ब्रिटेन कहा जाता है।

स्थानीय पवन—यहाँ नार्वेस्टर नामक गर्म स्थानीय पवन चलती है।

कृषि—गेहूँ, आलू, चुकन्दर जो

डेरी फामिंग—न्यूज़ीलैंड का कुल क्षुत्रफल का 50% से अधिक भाग चारागाह है। यह डेयरी का अत्यधिक विकास हुआ है न्यूज़ीलैंड संसार का सबसे बडा दुग्ध पदार्थो का निर्यातक देश है।

वन्य जीव प्राणी—ऐमू, कीवी तथा कोकाबर्रा यहाँ के विशिष्ट पक्षी है। कीवी न्यूज़ीलैंड का राष्ट्रीय पक्षी है।

जनजाति—न्यूज़ीलैंड के मूल निवासी माओरी कहलाते है।

ध्यातव्य हो कि

न्यूज़ीलैंड की राजधनी वेलिंगटन है। इसके प्रमुख शहर क्राइसचर्च हैमल्टन है।

अध्याय सार संग्रह

- आस्ट्रेलिया का विस्तार 28°15' दक्षिणी आकाश से 54°30' दक्षिणी अंक्षाश तक है जबकि देशांतरीय विस्तार 112°9' से 109°12' पूर्वी देशांतर तक है।
- आस्ट्रेलिया महाद्वीप की खोज सन् 1770 ई. में 'जेम्स कुक' ने की थी।
- आस्ट्रेलिया का सबसे ऊँचा शिखर 'कोशिमुस्को' ग्रेट डिवाइछिंग रेंज में ही स्थित है।
- आस्ट्रेलिया की सबसे प्रमुख कृषि क्षेत्र मर्रे-डार्लिंग है जिसकी भूमि सबसे अध्कि उपजाऊ है इसी उपजाऊ भूमि को 'रेवरिना' कहा जाता है।
- यहाँ वर्षा की कमी के कारण निम्न भूमि क्षेत्रों में अनगिनत गहरे कुएं खोदे गये है जिनसे स्वतः ही तीव्र वेग के साथ जलधारा उत्पन्न होती रहती है, इसके विस्तृत क्षेत्र को 'ग्रेट आर्टीजन बेसिन' कहा जाता है।
- आस्ट्रेलिया की जलवायु के द्वारा उत्पन्न उष्णकटिबन्धीय चक्रवातों का भम सदैव बना रहता है इन्हें 'विली-विली' के नाम से जाना जाता है, पूर्व सन् 2015 में 20 जनवरी के दिन 'मर्सिया और लाम' नामक चक्रवात आए जिससे सर्वाधिक जान-माल की हानि पहुँची।
- आस्ट्रेलिया में विभिन्न जीव-जन्तु भी पाये जाते है जिनमें से कोकाबर्रा नामक जीव अपनी विचित्र हँसी के द्वारा जाना जाता है, इसे लॉकिंग जेकॉस भी कहा जाता है।
- यहाँ विश्व का एक तिहाई भेड़ पालन किया जाता है, यहाँ की भेड़ों की किस्म 'मेरिनो' है, जिन्हें भेड़ पालन केन्द्रों में पाला जाता है इन केन्द्रो में कार्य करने वाले मजदूरों को 'जेकारू' कहा जाता है।
- आस्ट्रेलिया का सबसे बड़ा नगर सिड़नी है जिसका पोताश्रय 'पर्ल हार्बर' विश्व के प्रसिद्ध पत्तनों में से एक है।
- किरीबाती द्वीप की जनसंख्या 10 लाख है यह ऑकलैण्ड, न्यूज़ीलैंड, प्रंशात द्वीप के मध्य क्षेत्र में स्थित है इसका द्वीप का उच्चतम बिन्दु समुद्र तल से केवल 20 मीटर ऊँचा होने के कारण यह संकटग्रस्त द्वीप कहा जाता है।

अध्याय 9

अफ्रीका महाद्वीप

इस अध्याय में आप सीखेंगे कि:

- अफ्रीका महाद्वीप का परिचय एवं उसकी भौगोलिक, सामाजिक एवं आर्थिक स्थिति किस प्रकार है।
- अफ्रीका महाद्वीप के प्रमुख अभिलक्षण कौन-कौन हैं।

सामान्य परिचय

- अफ्रीका विश्व का द्वितीय सबसे बडा महाद्वीप (एशिया के बाद) है जिसे 'अन्ध महाद्वीप' (Dark Continent) भी कहते है क्योकि शेष विश्व से इसका बहुत बडा भाग दूर रहा है।
- अफ्रीका पठारो का महाद्वीप है। अफ्रीका सभी महाद्वीप में सबसे अधिक उष्ण है।
- यह विश्व का एकमात्र महाद्वीप है जिससे होकर भूमध्य रेखा कर्क रेखा और मकर रेखा गुजरती है।
- यह यूरोप के दक्षिण एवं एशिया के दक्षिण पश्चिम में अवस्थित है।
- यह एक मात्र महाद्वीप है जिसके क्षेत्र का विस्तार चारो गोलार्द्धो में पड़ता है और यहाँ के ज्यादातर देश कर्क रेखा में अवस्थित है।
- यह एशिया से स्वेज जलसंधि से जुडा हुआ है एव यूरेशिया से तीन जगहो पर अलग होता है तथा जिब्राल्टर जलसंधि स्वेज नहर एवं बाबा अत मंदेब जलसंधि

भौतिकी भूगोल (Physical Geography)

सागर, समुद्र, चैनल, जलसन्धि

सागर—अफ्रीका महाद्वीप के पूर्व में हिन्द महासागर और पश्चिम मे अटलांटिक महासागर है।

समुद्र—अफ्रीका के उत्तर में भूमध्य सागर है जो अफ्रीका को यूरोप से अलग करता है।

ध्यातव्य हो कि

मोरक्कों, अल्जीरिया, ट्यूनिशिया, लीबिया और मिस्त्र भूमध्य सागर से संलग्नित देश है।

अफ्रीका के उत्तर पूर्व में लाल सागर है जो अफ्रीका को एशिया से अलग करता है।

ध्यातव्य हो कि

मिस्त्र, सूडान, अरीट्रिया एवं जिबूली लाल सागर से संलग्नित देश है।

अफ्रीका के पूर्व में अरब सागर है।

चैनल—मोजाम्बिक चैनल मोजाम्बिक देश के पूर्व में अवस्थित है।

ध्यातव्य हो कि

मोजाम्बिक चैनल, मोजाम्बिक और मेडागास्कर के मध्य अवस्थित है।

जलसन्धि—जलसन्धि दो जलराशियों को जोड़ती है।

जलसन्धियां

जिब्राल्टर जलसंधि—ये भूमध्य सागर को अटलांटिक महासागर से जोड़ती है और यूरोप को अफ्रीका से अलग करती है। इस भूमध्य सागर की कुंजी कहते है।

बाब.अल मंडेब की स्ट्रेट—यह लाल सागर को अरब सागर से जोड़ती है।

महत्वपूर्ण खाड़ी

गेब्स की खाड़ी	गेब्स की खाड़ी
सिर्टे की खाड़ी	अदन की खाड़ी
गिनी की खाड़ी	

हिंद महासागर के द्वीप	**अटलाटिंक महासागर के द्वीप**
पेम्बा I	अज़ोरेस डे
जंजीबिन I	मादेइरा
माफिया I	पीटचटकी
प्रोविडेंस I	केप वर्दे
अल्डबरा I	अरेंसिओं
सेशेल्स I	सेंट हेलेना
कोमोरोस I	साओ पैर की अंगुली
मेडागास केरी	(यह अफ्रीका महाद्वीप का सबसे बडा द्वीप है)

पर्वत और पठार (Mountain & Plateau)

पर्वत

(i) पर्वत श्रेणी

1. **एटलस माउंटेन रेंज**—इसका विस्तार यूरोप तक है। यह इस महाद्वीप का वलित पर्वत है इस पर्वत श्रेणी का विस्तार मोरक्को अल्जीरिया और ट्यूनीशिया तक है।
2. **डार्कजेनबेरी पर्वत**—दक्षिण अफ्रीका के दक्षिण पूर्वी भाग में विस्तृत वलित पर्वत को ड्रेकेन्सवर्ग पर्वत कहते है।

(ii) पर्वत श्रेणी

1. **किलिमंजारो पर्वत**—यह तंजानिया में स्थित, अफ्रीका महाद्वीप का सबसे ऊँचा पवर्त है। यह एक ज्वालामुखी पर्वत है।
2. **माउण्ट केन्या**—ये केन्या में स्थित ज्वालामुखी पर्वत है। विषुवत रेखा इससे होकर गुजरती है।
3. **एल्गान पर्वत**—केन्या मे स्थित ज्वाला मुखी पर्वत है।
4. **रूवनजारो पर्वत**—यह युगाण्डा एवं जायरे के मध्य स्थित एक भ्रंश पर्वत है। इस चन्द्र पर्वत भी कहा जाता है।
5. **यूथोपिया पर्वत**—यह यूथोपिया मे स्थित ज्वालामुखी उच्च भूमि है।
6. **दारफूर पर्वत**—उत्तरी सूडान में स्थित उच्च भूमि क्षेत्र है यहाँ खनिज तेल के भण्डार पाये जाते है।
7. **तिबस्ती पर्वत**—यह लिबिया व चाड में विस्तृत उच्च भूमि क्षेत्र है।
8. **हॉगर पर्वत**—यह दक्षिणी अल्जीरिया में विस्तृत उच्च भूमि क्षेत्र है। यहाँ खनिज तेल एवं प्राकृतिक गैस के भडार पाये जाते है।
9. **फाऊदा जौलान**—यह गिनी में विस्तृत उच्च भूमि क्षेत्र है। यहाँ बाक्साइड के भण्डार पाये जाते है।

पठार (Plateau)

(i) कारू प्रदेश (पठार)—यह दक्षिण अफ्रीका के दक्षिणी भाग में विस्तृत सीढी दार पठार है। यहाँ शुष्क स्टेपी घासे पायी जाती है। यह प्रदेश भेड़ पालन के लिये जाना जाता है। यहाँ मेरिनो नामक भेड़ पायी जाती है।

(ii) वेल्ड प्रदेश—दक्षिण अफ्रीका के उत्तरी पूर्वी भाग में विस्तृत ऊँच भूमि क्षेत्र है। इसे उच्च वेल्ड या बुश बेल्ड के नाम से भी जाता जाता है। यहाँ गेहूँ का उत्पादन अधिक होता है।

(iii) कटंगा का पठार—यह जायरे और जाम्बिया में विस्तृत पठार है। यहाँ तांबा और कोबाल्ट के प्रचुर भंडार पाये जाते है।

कटंगा पठार [Katanga Plateau]

(iv) बीया बाइ का पठार—यह अंगालो मे स्थित गुम्बदाकर पठार है।

(v) जोस का पठार—यह नाइजीरिया मे स्थित पठार है यहाँ टिन के भण्डार पाये जाते है।

(vi) कैमरून का पठार—कैमरून मे स्थित यह अफ्रीका का एक मात्र सक्रिय ज्वालामुखी पर्वत है।

देश और राजधानी (Countries & Capital)

Career of Equator	**Equator to Capricorn**
देश	राजधानी
मोरक्को	रबात
अल्जीरिया	अल्ज़ीयर्स
ट्यूनीशिया	ट्यूनिश
लीविया	हून (खिपोली)
मिस्त्र	काहिरा
पश्चिमी सहारा	एल. आइपुन

मलावी झील/न्यासा झील—यह मलावी, मोजाम्बिक और तंजानिया से धिरी हुई भ्रंश घाटी में स्थित झील है [MMT]

टंगानिका झील—यह जायरे, जाम्बिया, तन्जानिया व बरून्डी से छिरी हुई भ्रंश घाटी में स्थित झील है, यह भ्रंश घाटी मे स्थित विश्व की दूसरी गहरी झील है।

किबू झील—यह जायरे और रवान्डा के बीच भ्रंश घाटी मे स्थित झील है।

एडवर्ड एव एल्बर्ड झील—यह दोनो युगाण्डा एव जायरे के मध्य भ्रंश घाटी मे स्थित है।

रूडोल्फ झील—यह केन्या मे भ्रंश घाटी मे स्थित झील है।

विक्टोरिया झील—यह तन्जानिया युगण्डा एवं केनिया से धिरी हुयी अफ्रीका की सबसे बड़ी झील है। विषुवत रेखा इससे होकर गुजरती है।

चाड झील—यह चार देशो नाइजर, चाड, नाइजीरिया एव कैमरून से घिरी हुयी है। यह खारे पानी की झील है।

वोल्टा झील—यह घाना मे स्थित है।

नगामी झील—यह जिम्बाब्बे और बोत्स्वाना की सीमा पर अवस्थित है।

नासिर झील—यह मिस्त्र मे अवस्थित है।

ध्यातव्य हो कि

अफ्रीका महाद्वीप की सबसे बड़ी झील है—1. विक्टोरिया 2. टंगानिका 3. न्यासा 4. चाड 5. डनासिट है।

नदी (River)

ऑरेंज नदी: यह डेकन्सबर्ग पर्वत से निकलकर द. अटलाटिक महासागर मे गिरती है और यह दक्षिण अफ्रीका व नामीबिया के मध्य प्राकृतिक सीमा बनाती है।

ध्यातव्य हो कि

टंस इसकी सहायक नदी है।

ऑरेंज नदी—यह नदी दक्षिण अफ्रीका मे वेल्ड क्षेत्र से निकलकर हिन्द महासागर मे गिरती है। यह मकर रेखा को दो बार काटती है।

जम—यह कटंगा के पठार से निकलकर मोजाम्बिक चैनल मे जाकर गिरती है। इस नदी पर विश्व का सबसे ऊँचा जल प्रपात (झरना) स्थित है।

कांगों (जायरे) नदी—यह अफ्रीका की दूसरी सबसे बड़ी नदी है जो कटंगा के पठार से निकलकर अटलांटिक महासागर मे गिरती है। यह विषुवत रेखा को दो बार काटती हुई स्टैनरी और लिविंग स्टोन नामक दो जल प्रपातो का निमार्ण करती है। यह नदी विश्व की सबसे अधिक जल विद्युत क्षमता वाली नदी है लेकिन इसमे इसकी कुल क्षमता का केवल 1% ही जल विद्युत पैदा किया जाता है।

ध्यातव्य हो कि

विश्व का सबसे ऊँचा जल प्रपात विक्टोरिया, जम्बेजी नदी पर अवस्थित है। इस नदी पर करीबा बांध तथा कोबरा बाध अवस्थित है जो विद्युत उत्पादन के लिये प्रसिद्ध है।

नील नदी

- यह विक्टोरिया झील से निकलकर भूमध्य सागर मे गिरती है।
- यह विश्व की सबसे लम्बी नदी है।
- बहर अल अरब, नीली नील और अटबारा इसकी सहायक नदियाँ है।
- यह नासिर झील से होकर गुजरती है।
- इस नदी पर मिस्त्र मे आशवान बाँध अवस्थित है जो अफ्रीका का सबसे ऊँचा बांध है। यह बांध नील नदी के बहाव का नियन्त्र करता है।
- खारतूम (उ. सूझान की राजधानी) सफेद नील और नीली नदी के संगम पर स्थित है।
- सुडान मे नीली नील पर सेन्नार बांध अवस्थित है।

ध्यातव्य हो कि

मिस्त्र की राजधनी काहिरा इसके डेल्टाई क्षेत्र मे स्थित है। मिस्त्र को नील नदी का वरदान कहा जाता है।

सेनेगल नदी—यह गिनी मे फूटा जलान से निकलकर सेनेगेल और मारटानिया के मध्य प्राकृतिक सीमा बनाती हुई अटलांटिक महासागर मे गिरती है।

निजेन नदी—यह गिनी मे फूटा जलान से निकलकर नाईजीरिया मे डेल्टा बनाती हुई गिनी की खाड़ी मे गिरती है इस पर नाइजीरिया मे कैन्जी बांध स्थापित है। नाइजर नदी के किनारे नियामी (नाइजर की राजधनी) और बमाको (माली की राजधनी मे अवस्थित है।)

जलवायु (Climate)

विषुवतीय प्रदेश—अफ्रीका महाद्वीप का विस्तार 37°14 N से 345° S अंक्षाश के मध्य हुआ है। अत: यहाँ का अधिकांश भाग उष्णकटिबंध (Torred Zone) मे फैला है विश्व के सभी महाद्वीपो मे सर्वाधिक उष्णकटिबंधीय परिस्थितियो का विस्तार अफ्रीका महाद्वीप मे ही है। अत: यहाँ लगभग वर्ष भर ऊँचा तापमान रहता है। संसार मे सबसे ऊँचा तापमान 58°C लीबिया के अल-अजीजिया नामक स्थान पर दर्ज किया गया है। विषुवत रेखा के निकट वर्ष भर भारी वर्षा होती है जिससे जलवायु उष्णार्द्र रहती है। इसे विषुवतीयजलवायु कहते है। भीषण गर्मी पड़ने के कारण गर्म

हवा ऊपर उठकर फैल जाती है। और संघनित होकर नित्य दोपहर के वर्षा करती है। विषुवतीय जलवायु के कारण इस क्षेत्र मे उष्ण कटिबंधीय या विषुवतीय वर्षा वन मिलते है। अफ्रीका महाद्वीप मे सर्वाधिक वर्षा पश्चिमी कैमरून में होती है। क्षेत्रानुसर गिनी खाड़ी का तटवर्ती भाग एवं मेडागास्कर सर्वाधिक वर्षा प्राप्त करता है।

सवाना या सूडान-तुल्य प्रदेश—वर्षा वन के उत्तर और दक्षिण मे ऐसे प्रदेश है जहाँ ग्रीष्म ऋतु वर्षा ग्रीष्म काल मे होती है। औसल गर्मी तथा वर्षा की कमी के कारण वनस्पति के नाम पर यहाँ ज्यादातर घास ही उगती है। उष्णकटिबंधीय वर्षा वन क्रमश: विरत और कम वृक्षो वाले होते जाते है अन्तत: उनका स्थान घास की भूमि ले लेती है। लंबी ओर मोटी घास के इस क्षेत्र को सवाना कहते है तथा इस प्रकार की जलवायु को सवाना या सूडान तुल्य जलवायु कहते है।

मरूस्थलीय जलवायु प्रदेश—सवाना के उत्तर और दक्षिण, दोनो ही ओर विस्तृत मरूस्थल पाये जाते है। उत्तरी मरूसथल का नाम सहारा है और दक्षिणी मरूस्थल का नाम कालाहारी है। यहाँ की जलवायु बहुत की गर्म और शुष्क है। विश्व के सबसे ऊँचे तापमान इन्ही मरूस्थलों मे दर्ज किये गये है। यहाँ वर्षा नाममात्र की ही होती है। इस प्रकार की उष्ण एवं अत्यधिक शुष्क जलवायु को मरूस्थलीय जलवायु कहते है। इन मरूस्थलो में प्राकृतिक वनस्पति के नाम पर यत्रा-तंत्र केवल कंटीली झाडियाँ, कैक्टस, नागफनी, रपजूर आदि ही मिलते है।

भूमध्य सागरीय जलवायु प्रदेश—अफ्रीका के उत्तरी और दक्षिणी तटीय प्रदेशों में भू मध्य सागरीय जलवायु पायी जाती है। यहाँ वर्षा शीत ऋतु मे होती है और ग्रीष्म ऋतु शुष्क रहती है। इन प्रदेशो में शीत ऋतु न ज्यादा ठंडी होती है और न ही ग्रीष्म ऋतु में ज्यादा गर्मी। अफ्रीका के दक्षिणी और पूर्वी उच्च भूमि प्रदेशो की जलवायु शीतल है।

ध्यातव्य हो कि

अफ्रीका के उष्ण घास के मैदान सवना और शीतोष्ण घास के मैदान बेल्ड्स कहलाते है। कागज बनाने में प्रयुक्त एम्पारटो घास उत्तरी अफ्रीका मे बहुतायत से उगती है।

प्रमुख मरूस्थल	विस्तार
सहारा मरूस्थल	मारटानिया, अल्जीरिया, माली, लीबिया
लीबिया मरूस्थल	लीबिया और मिस्त्रा
ओगाइन	सोमालिया
कालाहारी मरूस्थल	बोत्सवाना
नामीबियन मरूस्थल	नामीबिया
पूर्वी मरूस्थल	मिस्र
इगुयदी मरूस्थल	मारटानिया और अलजीरिया

स्थानीय पवनें

स्थानीय पवनो में प्रमुख है—सिराको, खमसिन, हरमटटन, हबूब, फेपकाक्टर

सिरक्को—ये सहारा मरूस्थल से यूरोप की तरफ चलने वाली गर्म, शुष्क और धूलभरी पवन है। जब यह भूमध्य सागर को पार करती है तो यह प्रचुर मात्रा में नमी प्राप्त कर लेती है और इटली पहुँच कर वर्षा करती है। चूकि यह अपने साथ लाल धूल उड़ाकर ले जाती है इसलिए इटली मे लाल वर्षा होती है। इसलिये वहाँ के लोग इसे खूनी वर्षा कहते है।

ध्यातव्य हो कि

यह सहारा मरूस्थल से मिस्त्र की ओर चलने वाली गर्म शुष्क और धूलभरी हवा है। इसे मिस्त्रा मे खमसिन नाम से जाना जाता है।

हरमट्टन—यह सहारा मरूस्थल से गिनी की खाड़ी की ओर गर्म, शुष्क और धूलभरी पवन है जब यह गिनी तट पर पहुचती है तो वहाँ की नमी को सुखा देती है जिससे वहाँ के लोग बीमारी से निजात पा जाते है और वे इसे डाक्टर पवन के नाम से पुकारते है।

हबूब—सूडान से चलने वाली ठण्डी पवन को हबूब कहा जाता है।

केप डाक्टर—दक्षिण अफ्रीका के केपटाउन प्रान्त मे चलने वाली ठण्डी पवन को केपडाक्टर कहते है।

देशो के पुराने नाम

पुराने नाम	वर्तमान प्रचलित नाम
द. रोडेशिया	जाम्बिया
उ. रोडेशिया	जिम्बाबे
गोल्ड कोस्ट	घाना
आइवरी कोस्ट	कोट द. आइवरी
अपर वोल्टा	बुर्किनाफासो
बेचुआना लैण्ड	बोत्सवाना
बासुतो लैण्ड	स्वाजी लैण्ड
द. पश्चिम अफ्रीका	नामीबिया
यू. ए. आर	आरमिस्त्र
जायरे	D. R. C

लाइबेरिया एव इथियोपिया कभी किसी के उपनिवेश नही बने।

आर्थिक भूगोल

कृषि — स्थानान्तरित कृषि
स्थायी कृषि

स्थानान्तरित कृषि—यह जनजाति समूहो द्वारा घने जंगली प्रदेशो में है। इसमे जंगल के कुछ क्षेत्र को काटकर साफ कर लिया जाता और 3-4 वर्ष तक कृषि कार्य किया जाता है। उसके पश्चात् जब मृदा की उर्वरता समाप्त हो जाती है तो ये उसे छोड़ कर दूसरे स्थान पर चले जाते है। ओर वहाँ भी इसी प्रकार जंगलो को काटते है और कृषि करते हैं इसे अवैज्ञानिक कृषि भी कहा जाता है क्योकि इससे मृदा अपरदन की समस्या पैदा होती है। इस विश्व में अलग-अलग नाम से जाना जाता है।

अफ्रीका की स्थानान्तरिक कृषि

उ. पश्चिमी अफ्रीका	—	फैंग
पूर्वी अफ्रीका एवं कांगो बेसिन	—	मसोल
मेडागास्कर	—	टैवी

स्थायी कृषि

फसले	उत्पादक देश
कोको	धना (कोको त्रिभुज) नाइजीरिया जायरे, आइवरी कोस्ट ***नोट***—संसार में कोक के कुल व्यापार का 60% हिस्सा अफ्रीका से आता है।
चाय	केन्या, तंन्जानिया, युगाण्डा ***नोट***—केन्या विश्व मे चाय का द्वितीय बडा निर्यातक है।
कहवा (काफी)	इथोपिया (ये काफी का मूलस्थान है) केन्या तन्जानिया ***नोट***—भारत मे सबसे अधिक कहवा कर्नाटक मे पाया जाता है।
रबड	लाइबेरिया कांगो गैबन जायरे
ताडतेल	नाइजीरिया नाइजर जायरे
मक्कद.	द.अफ्रीका, जिम्बाम्बे
मूंगफली	नाइजीरिया
कपास	मिस्त्रा, सुडान
गेहूँ	दक्षिण अफ्रीका, जिम्बाम्बे, मिस्त्रा
चावल	मिस्रा एव अंधीकाश अफ्रीका देश ***नोट***—तंजानिया के जंजीबार और पेम्बा द्वीपो मे लौंग, इलायची और नारियल भारी मात्रा में उत्पादन किया जाता है।

खनिज

अफ्रीका अनेक बहुमूल्य खनिजों मे बहुत संपन्न है। संसार के देशो मे सोना, हीरा, प्लैटिनम, क्रोनियम और कोबाल्ट के उत्पादन मे अफ्रीका का पहला स्थान है।

खनिज	उत्पादक देश
सोना	द. अफ्रीका (जोहन्सबर्ग, विटवाट्स रेडं, प्वाश्वाने)
प्लेटिनम	द. अफ्रीका
हीरा	द. अफ्रीका (किम्बरले), घाना, जायरे, जाम्बिया
मैगनीज	द. अफ्रीका, गैबान
ताँबा एव कोबाल्ट	जायरे एव जाम्बिया
वाक्साइड	मिनी, घाना
टिन	नाइजीरिया (जोंस का पठार)
फास्पफेट	मोरक्को
पेट्रोलियम	नाइजीरिया, अल्जीरिया
प्राकृतिक गैस	लीबिया, मिसत्रा, उ. सूडान
यूरेनियम	द. अफ्रीका, नामीबिया, बोत्सवाना, घाना

जनजातिया

जनजातिया	देश
पिग्मी	कांगो बेसिन
मसाइ	केन्या, युगाण्डा, तन्जानिया
तेसा, अचोल	युगाण्डा
हुतु, तुप्सी	रवाण्डा व बुरूण्डी
जुलू	द. अफ्रीका
बोअर	द. अफ्रीका
बुशमेन	बोत्सवाना

अन्य

हार्न आपफअफ्रीका—सोमालिया, इथोपिया, जिबूती, इरीट्रिया

स्थल अवरूद्व देश—माली, बुरकीना फासो, नाइजर, चाड, द. सुडान, मध्य अफ्रीका, जगराज्य, युगाण्डा, रूवाण्डा, बुरूण्डी, मलावी, जाम्बिया, जिम्बाबवे, लेसोथो, स्वाजीलैण्ड।

अफ्रीका के तटीय रेखा

खाद्यान्न तटीय रेखा—सियरा लियोन एवू लाइबेरिया

आइवरी तटीय रेखा—कोट द आइवरी

स्वर्ण तटीय रेखा—घाना

दास तटीय रेखा—नाइजीरिया, टोगो, बेनिन

अफ्रीका एक दृष्टि में

आधार	नाम	विशेषताएं
• महासागर	भारत महासागर	अफ्रीका के पूर्व में स्थित।
	अटलांटिक महासागर	अफ्रीका के पश्चिम में स्थित।
• सागर	भू-मध्य सागर	मोरक्को, अलजीरिया, टयूनेशिया, लीबिया, मिस्त्र,
	लाल सागर	मिस्त्र सूडान, इरिट्रिया, जिबूती
	अरब सागर	अफ्रीका के पूर्व में स्थित है।
• चैनल	मोज़ाम्बिक चैनल	यह चैनल मोजैम्बिक देश के पूर्व में तथा मेडागास्कर द्वीप के पश्चिम में स्थित जल की चौड़ी जल राशि है।
• जलसंधि	जिब्राल्टर की जलसंधि	भूमध्य सागर + अटलांटिक महासागर को जोड़ती है और यूरोप को अरीका से अलग करती है।
	बाब-अल-मन्देब की जलसंधि	लाल सागर + अरब सागर को जोड़ती है और एशिया को अफ्रीका से अलग करती है।
• खाड़ी	गेब्स की खाड़ी	–
	सिड़रा की खाड़ी	–
	अदन की खाड़ी	–
	गिनी की खाड़ी	–
• पर्वत शृखंला	एटलस	मोरक्को, अल्जीरिया, टयूनेशिया,
	ड्रैंकेसबर्ग	दक्षिण अफ्रीका
• पर्वत और संबंधित तथ्यों	किजिमंजारो	तंजानियां में स्थित। (ज्वालामुखी पर्वत है)
	माऊन्ट केन्या	केन्या में स्थित (ज्वालामुखी पर्वत है) भूमध्य रेखा इससे होकर गुजरती है।
	माऊन्ट एल्गों	केन्या में स्थित (ज्वालामुखी पर्वत है)
	माऊन्ट रेवेन्ज़ोरि	यूगाण्डा और जायरे के मध्य स्थित है। (भ्रंश पर्वत है)
	इथियोपियाई हाइलैंड	इथोपिया में अवस्थित (ज्वालामुखी उच्च भूमि है)
	माऊन्ट दारफुर	उत्तरी सूडान में स्थित (उच्च भूमि क्षेत्र एवं खनिज तेल के भण्डार)
	माऊन्ट तिबेस्ती	लिबिया व चाँड के मध्य स्थित (उच्च भूमि क्षेत्र)
	माऊन्ट होग्गर	अल्जीरिया में स्थित (उच्च भूमि क्षेत्र व खनिज तेल .प्राकृतिक गैस)
	माऊन्ट फ़ॉटा डेललोन	गिनी में स्थित (उच्च भूमि व बॉक्साइड के भण्डार)
• पठार और संबंधित तथ्यों	ग्रेट करू	दक्षिण अफ्रीका में स्थित (स्टेपी घास .मैरीनो भेड़)
	उच्च वेल्ड	दक्षिण अफ्रीका में स्थित (उच्च भूमि क्षेत्र + गेहूँ का उत्पादन)
	माऊन्ट कैमरून	कैमरून में स्थित (सक्रिय ज्वालामुखी पर्वत)
	बीए पठार	अंगोला में स्थित (गुम्बदाकार पठार)
	कटंगा पठार	जायरे और जाम्बिया में स्थित (ताँबा + कोबाल्ट)
	जोस पठार	नाइजीरिया (टिन)
• झील	टंगानिका झील	जाम्बिया + जायरे + तंजानियां + बरूण्डी (भ्रंशघाटी)
	मलावी/ न्यासा झील	मलावी + मोजाम्बिक + तंजानिया (भ्रंश घाटी)

(Continued)

आधार	नाम	विशेषताएं
	कियु झील	जायरे + रवाण्डा (भ्रंश घाटी)
	एडबर्ट और अल्बर्ट झील	यूगाण्डा + जायरे (भ्रंश घाटी)
	विक्टोरिया झील	तंजानिया + यूगाण्डा + केन्या (भूमध्य रेखा इससे होकर गुजरती है)
	चाड झील	चॉड + नाइजीरिया + नाइजर + कैमरूम (खारे पानी की झील)
	नसीर झील	मिस्त्र
	नगामी झील	जिम्बावे + बोत्सवाना
	वोल्टा झील	घाना
• रेगिस्तान	सहारा रेगिस्तान	मोर्टानिया + अल्जीरिया + माली + लिबिया
	पूर्वी रेगिस्तान	मिस्त्र
	ओगर्डन रेगिस्तान	सोमालिया
	लीबिया रेगिस्तान	लिबिया + मिस्त्र
	कालाहारी रेगिस्तान	बोत्सवाना
	नामीब रेगिस्तान	नामिबिया
	एर्ग इगुइदि रेगिस्तान	मोर्टानिया + अल्जीरिया
• नदी	ऑरेंज	ड्रेकन्सबर्ग से निकल कर अटलांटिक महासागर में गिरती है। वोन इसकी सहायक नदी है। यह द. अरीका व नामीबिया के मध्य प्राकृतक सीमा बनाती है।
	लिम्पोपो	वेल्ड क्षेत्र से निकल कर हिन्दमहासागर में गिरती है। मकर रेखा को दो बार काटती है।
	ज़ांबेज़ी	कटंगा के पठार से निकलकर मोजाम्बिक चैनल में गिरती है। इस नदी पर कोबरा और करीबा बाँध स्थित है, जो विद्युत उत्पादन में सहायक है। विश्व का सबसे ऊँचा जल प्रपात विक्टोरिया इस नदी पर स्थित है।
	ज़ैरे/ कांगो	यह कटंगा के पठार से निकल कर अटलांटिक महासागर में गिरती है। यह अरीका की दूसरी सबसे बड़ी नदी है।
	नील	विक्टोरिया झील से निकलकर भूमध्यसागर में गिरती है। बहर-अल-अरब, नीली नील, अत्बारा इसकी सहायक नदियां हैं तथा मिश्र में इसी नदी पर आश्वाना बांध स्थित है। यह विश्व की सबसे लम्बी नदी है। उत्तरी सुडान की राजधनी खारतूम इस नदी के किनारे स्थित है। मिस्त्र की राजधानी कायरे इस नदी के डल्टाई क्षेत्र स्थित है।
	सेनेगल	गिनी में फाउटा जालौन पठार से निकल कर अटलांटिक महासागर में गिरती है। सेनेगल और मारटानिया के मध्य प्राकृतिक सीमा बनाती है।
	नाइजर	गिनी में फाउटा जलान से निकल कर नाइजीरिया में डेल्टा बनाती हुई गिनी की खाड़ी में गिरती है। इस पर नाइजीरिया में कैन्जी बांध स्थापित है। इस नदी के किनारे नाइजर की राजधनी नियामी तथा माली की राजधनी बमाको स्थित है।
• स्थानीय पवन	एक प्रकार का हवा	सहारा मरूस्थल से इटली की ओर चलती है (इसे इटली में खूनी वर्षा कहा जाता है।)
	खमसिन	सहारा मरूस्थल से मिस्त्र की ओर चलती है
	हरमेटें	सहरा मरूस्थल से गिनी की खाड़ी की ओर चलती है (इसे गिनी के तट पर डॉक्टर पवन कहते है)

(Continued)

आधार	नाम	विशेषताएं
	हबूब	सूडान में चलती है (ठण्डी पवन है)
	कपडोक्टर	दक्षिण अफ्रीका में चलती है (ठण्डी पवन है)
• जनजाति	मसाई	केन्या, युगाण्डा, तंजानियां
	जूलू	दक्षिण अफ्रीका में
	बुशमैन	बोत्सवाना
	बोअर	दक्षिण अफ्रीका में
	पिग्मी	कांगो बेसिना
• द्वीप	हिन्दमहासागर	पेम्बा द्वीप, जंजीबारा, माफिया, अल्डैबरा, प्रोविडेन्स, सैशल्स, कॉम्रास, मेडागास्कर, (अफ्रीका का सबसे बड़ा द्वीप)
	अटलांटिक महासागर	एजोर्स्स, मेदिरा, कनारे, केपवर्दे, सेन्टहेलेना, साओटोम, असेन्शन

महत्वपूर्ण तथ्यः झील

देश	झील
• जायरे	(डीआरसी) टंगानिका, कियू, एडवर्ट, अल्बर्ट
• तंजानिया	टंगानिका, मलावी/ न्यासा
• यूगाण्डा	एडवर्ट और अल्बर्ट, विक्टोरिया

ध्यातव्य हो कि

क्षेत्रफल के आधार पर अफ्रीका महाद्वीप की शीर्ष झीले—1. विक्टोरिया 2. टंगानिका 3. न्यासा 4. चाड 5. नसीर है।

महत्वपूर्ण तथ्यः झील

झील	सीमा को स्पर्श करने वाले देशों की संख्या	देशों के नाम
• टंगानिका	4	जाम्बिया + जायरे + तंजानिया + बरूण्डी
• चाड	4	चाड + नाइजीरिया + नाइजर + कैमरून
• विक्टोरिया	3	तंजानिया + युगाण्डा + केन्या
• मलावी/ न्यासा	3	मलावी + मोजाम्बिक + तंजानिया
• कियू	2	जायरे + खाण्डा
• एडवर्ट अल्बर्ट	2	युगाण्डा + जायरे
• नगामी	2	जिम्बाम्बे + बोत्सवाना
• वोल्टा	1	घाना
• नासिर	1	मिस्त्र

महत्वपूर्ण तथ्यः नदियाँ

• अटलांटिक महासागर में गिरने वाली नदियाँ	ऑरेंज, ज़ैरे/ कांगो, सेनेगल
• हिन्द महासागर में गिरने वाली नदियाँ	लिम्पोपो
• भूमध्य सागर में गिरने वाली नदियाँ	नील
• मोजाम्बिक चैनल में गिरने वाली नदियाँ	जेम्बेजी
• गिनी की खाड़ी में गिरने वाली नदियाँ	नाइजर

महत्वपूर्ण तथ्यः मरुस्थल

देश	मरुस्थल
अल्जीरिया	ऑरेंज, ज़ैरे/ कांगो, सेनेगल
लीबिया	लिम्पोपो
मिस्त्रा	नील
मोर्टानिया	नाइजर

देश व राजधनी

देश	राजधनी
अल्जीरिया	अलगिरेस
अंगोला	लुंडा
चाड	नदजामेना
मिस्त्र	काहिरा
इथियोपिया	आदीस अबाडा
घाना	अक्करा
केन्या	नइओबी
कीब्या	तरिओबी
माली	बामाको
मोरक्को	विंडहॉक
नाइजर	नियामे

देश	राजधनी
नाइजीरिया	अबुजा
रवांडा	किगाली
सेनेगल	डकार
सोमालिया	मोगादिशू
दक्षिण अफ्रीका	तशवाने
एस सूडान	खारटाऊन
तंजानिया	डोडोमा
युगांडा	कंपाला
जाम्बिया	लुसाका
जिम्बाब्वे	हरेरे

अध्याय सार संग्रह

- अफ्रीका महाद्वीप एकमात्र ऐसा महाद्वीप है, जिसमें 'विषुवत वृत्त कर्क वृत्त' और मकर वृत्त गुजरते है।
- विक्टोरिया झील अफ्रीका की सबसे बड़ी झील है जिसमें से विश्व की सबसे लम्बी 'नील नदी' बहती है।
- अफ्रीका में जलविद्युत उत्पादन की प्रमुख नदी 'जेम्बेजी' है जिस पर स्थित 'विक्टोरिया जलप्रपात' अपनी ऊँचाई के लिए विश्व प्रसिद्ध है।
- तंजानिया के जंजीबार और पेम्बा द्वीपों में लॉग और इलायची प्रचुर मात्रा में पाए जाते है।
- अफ्रीका का सबसे उत्तरी बिन्दु 'एल-घिराम प्वांइट' (ट्युनिशिया) तथा दक्षिणतम बिंदु 'केप अगलुहार्स', पूर्वी बिंदु हैगुन प्वांइट तथा सबसे पश्चिमी बिन्दु 'केप वेर्ड स्थित' एल्मादी प्वाइंट (सेनेगल) है।
- अफ्रीका की कांगो नदी विषुवत रेखा को दो बार काटती है तथा स्टैनली और 'लिविंग स्टोन' जल प्रपातों का निर्माण करती है।
- संसार का सर्वाधिक तापमान 59°C वाला क्षेत्र लीबिया (अलअजीजिया) में है।
- विश्व में हीरा, प्लेटिनम, कोबाल्ट एवं क्रोमियम उत्पादन में अफ्रीका शीर्ष स्थान पर है।
- अल्जीरिया अफ्रीका का सबसे बड़ा प्राकृतिक गैस उत्पादक देश है।
- अफ्रीका महाद्वीप के कालाहारी क्षेत्र में बुशमैन, कांगो बेसिन में पिग्गी, सहारा में बद्दू एवं पूर्वी अफ्रीका में मसाई जनजाति पायी जाती है।
- अफ्रीका के भूमध्यरेखीय झील तन्त्र में टुर्काना, टांगनीका और न्यासा झील सम्मिलित है।
- नाइजर नदी को पॉम तेल की नदी के नाम से भी जाना जाता है।
- हॉर्न ऑफ अफ्रीका में सम्मिलित देश 'इथिओपिया, जिबूती, इरीट्रिया और सोमालिया' है।

अध्याय 10

यूरोप महाद्वीप

इस अध्याय में आप सीखेंगे किः

- ➤ यूरोप के सामान्य परिचय और उसकी भौगोलिक स्थिति के बारे में जानेंगे।
- ➤ यूरोप महाद्वीप की विशेषताओं एवं अभिलक्षण के बारे में जानेंगे कि यह महाद्वीप कैसे अन्य महाद्वीप से भिन्न है।

सामान्य परिचय

- यूरोप उत्तरी गोलार्द्ध का सबसे छोटा तथा क्षेत्रफल की दृष्टि से सात महाद्वीपो मे छठा महाद्वीप है।
- इसे प्रायद्वीपो का प्रायाद्वीप तथा यूरेशिया का प्रायद्वीप भी कहा जाता है।
- यूरोप पूर्व मे काकेशस पर्वत तथा कैस्पियन सागर द्वारा एशिया से पृथक होता है।
- यूरोप की तट रेखा बहुत कटी-फटी है जिसके परिणामस्वरूप यहाँ प्राकृतिक पोताश्रयों और पत्तनो के लिए अनेक उपयुक्त स्थान उपलब्ध है।

राजनीतिक विभाजन

- **स्कैडिनेवियन देश**—आइसलैण्ड + नॉर्वे + स्वींडन + डेंनमार्क
- **बाल्टिक देश**—एस्तोनिया + लाटविया + लिधुआनिया
- **निम्न भूमि देश**—बेल्जियम + नीदरलैण्ड + लक्जमबर्ग
- **बाल्कन राज्य**—यूगोस्लाविया (साबिया + मांटीनंग्रो) + स्लोबानिया + क्रोंएशिया + बोस्निया-हर्जेगोविना + मैकडोनिया + बुल्गारिया ग्रीस + रूमानिया + अल्बानिया
- **बेनेलक्स देश**—बेल्जियन + नीदरलैण्ड + लक्जमबर्ग
- **आइबेरिया देश**—स्पेन + पुर्तगाल
- **UK ग्रेटब्रिटेन**—उत्तरी आयरलैण्ड स्काटलैण्ड + ईग्लैण्ड + वेल्स
- **यूरोपियन यूनियन 28 देश**—फ्रांस, लक्जेमबर्ग, डेनमार्क, ब्रिटेन, जर्मनी, बेल्जियम, आयरलैण्ड, हालैण्ड, इटली, स्पेन, ग्रासी, पुर्तगाल, आस्ट्रिया, फिनलैण्ड, स्वीडन, पोलैण्ड, हंगरी, स्लोवेनिया, स्लोवाकिया, लिथुआनिया, चेक गणराज्य, एस्टोनिया, लाटविया, साइप्रस, माल्टा, बुल्गारिया, रूमानिया और क्रोएशिया।
- **यूरोजोन 19 देश**—आस्ट्रिया, बेल्जियम, फिनलैण्ड, फ्रांस, जर्मनी, आयरलैण्ड, इटली, लैक्जेमवर्ग, नीदरलैण्ड, पुर्तगाल, स्पेन (इन 11 देशो ने 1999 को Euro को अपनी आधिकारिक मुद्रा के रूप मे अपनाया) ग्रीस, स्लोवेनिया, माल्टा, साइप्रस, स्लोवाकिया, एस्टोनिया, लटाविया तथा लिथुआनिया।

भौतिकी भूगोल (Physical Geography)

सागर, समुद्र, जलसन्धि, और चैनल
(Ocean, Sea, Strait & Channel)

सागर—यूरोप के उत्तर मे आर्कटिक महासागर तथा पश्चिम मे अटलांटिक महासागर है।

समुद्र—

- **भूमध्य सागर**—यूरोप और अफ्रीका के बीच में
- **श्वेत सागर**—आर्कटिक महासागर
- **बाल्टिक सागर**—आर्कटिक महासागर
- **उत्तरी सागर**—अटलांटिक महासागर मे ब्रिटेन के पूर्व

- **आइरिश सागर**—अटलांटिक महासागर मे ग्रेट ब्रिटन और आयरलैण्ड के मध्य
- **एड्रियाटिक सागर**—भूमध्यसागर मे इटली के उत्तरी पूर्व में
- **अयोनियन सागर**—भूमध्यसागर मे ग्रीस और इटली के बीच में
- **काला सागर**—यूरोप और एशिया के बीच मे
- **ओज़ोव सागर**—यूक्रेन के दक्षिण पूर्व तथा काला सागर के उत्तर में
- **मरमरा सागर**—काला सागर के दक्षिण पश्चिम मे
- **एजिअन सागर**—भूमध्यसागर मे ग्रीस और तुर्की के बीच मे
- **ट्राईनियन सागर**—यह इटली के दक्षिण मे अवस्थित है।

जलसन्धि:

डोवर जलसन्धि—यह फ्रांस और U.K. को अलग करता है और उत्तरी सागर एवं इंग्लिश चैनल को जोडता है।

- **बोनीफासो जलसन्धि**—यह कोर्सिका को सरडिनिया से अलग करता है।
- **मैसियान जलसन्धि**—यह सिसली और इटली को अलग करता है और अयोनियन सागर को ट्राईनियन सागर से जोडता है।
- **टोरंटो जलसन्धि**—यह एड्रियाटिक सागर को अयोनियन सागर से जोड़ती है।
- **बासपोरस जलसन्धि**—यह मरमरा सागर को काला सागर से जोड़ती है।
- **कर्च जलसन्धि**—यह काला सागर को अजोव सागर से जोड़ती है।

चैनल

- **इंग्लिश चैनल:** यह यू.के. और फ्रांस के मध्य स्थित है।
- **उत्तर चैनल:** यह आइरिश सागर को अटलांटिक महासागर से जोडता है।
- **सेंट जियोग्री का चैनल:** यह आइरिश सागर को केलेटिक सागर से जोडता है।

खाड़ी—

- खाड़ी
  - वोथीनियां की खाड़ी
  - जेनोओ की खाड़ी
  - फिनलैंड की खाड़ी
  - लियानस की खाड़ी
  - रीगा की खाड़ा
  - टोरंटो की खाड़ी

- HDI 2011 मे यूरोप देशो की रेकिगं—

देश	रैकिंग
नार्वे	1
स्विटजरलैण्ड	3
नीदरलैण्ड	4
जर्मनी	6
डेनमार्क	10

पर्वत रेंज

1. **स्कैंण्डनेविपन पर्वत श्रेणी**—यह नार्वे, स्वीडन एवं फिनलैण्ड मे विस्तृत वलित पर्वत श्रेणी है।
2. **जोलेन पर्वत श्रेणी**—यह नार्वे और स्वीडन मे विस्तृत पर्वत श्रेणी है।
3. **पेनाइन पर्वत श्रेणी**—इग्लैण्ड मे विस्तृत वलित पर्वत श्रेणी है।
4. **कैम्ब्रियन पर्वत श्रेणी**—यह वेल्स मे विस्तृत पर्वत श्रेणी है।
5. **काला जंगल**—यह जर्मनी मे स्थित भ्रशोध पर्वत श्रेणी है।
6. **घूरा माऊन्ट रेंज**—फ्रांस सव स्वीटजरलैण्ड मे विस्तृत वलित पर्वत श्रेणी है।
7. **पिरेनीज पर्वत शृंखला**—ये फ्रांस व स्पेन के मध्य विस्तृत वलित पर्वत श्रेणी हैं यह पर्वत श्रेणी दोनो देशो के मध्य प्राकृतिक सीमा बनाती है।
8. **कैण्टाब्रियन पर्वत श्रेणी**—उत्तरी पश्चिमी स्पेन मे विस्तृत पर्वत श्रेणी है।
9. **ऐपीनाइन पर्वत श्रेणी**—इटली मे विस्तृत वलित पर्वत श्रेणी है।
10. **पिन्डस पर्वत श्रेणी**— यह ग्रीस मे विस्तृत वलित पर्वत श्रेणी है।
11. **बाल्कन पर्वत श्रेणी**—यह बुल्गारिया मे विस्तृत पर्वत श्रेणी है।
12. **कारपेथियन पर्वत श्रेणी**—यह यूक्रेन, रोमानिया एवं पोलैण्ड मे विस्तृत पर्वत श्रेणी है।
13. **ट्राससिलवेनिया**—यह रोमानिया मे विस्तृत पर्वत श्रेणी है।
14. **यूराल पर्वत**—यह रूस मे विस्तृत प्राचीन वलित पर्वत श्रेणी है। यह यूरोप एवं एशिया के मध्य प्राकृतिक सीमा बनाती है।
15. **ट्राससिलवेनिया**—यह रूस, जार्जिया, अर्मेनिया एवं अजरबैजान मे विस्तृत नवीन वलित पर्वत श्रेणी है। इसकी सबसे ऊँची पर्वत चोटी एल्बर्स है और यह यूरोप की सबसे ऊची पर्वत चोटी है।

ध्यातव्य हो कि

काकेशस पर्वत श्रेणी एशिया और यूरोप के मध्य प्राकृतिक सीमा बनाती है।

16. **दिनारिक पर्वत श्रेणी**—यह क्लोवेनिया क्रोएशिया, मोन्टेनिग्रो, बोसनिया हर्गेगोविना मे स्थित पर्वत श्रेणी है।
17. **आल्प्स एमटीएस रेंज**—यह इटली, स्वीटजरलैण्ड, फ्रांस एव आस्ट्रिया मे विस्तृत वलित पर्वत श्रेणी है। इसकी सबसे ऊँची चोटी मान्ट बलेन है।

माउन्ट पेक

1. **एटना पर्वत**—सिसली मे स्थित सक्रिय ज्वालामुखी पर्वत है।
2. **विसुवियस पर्वत**—यह इटली मे स्थित सुपुप्त ज्वालामुखी पर्वत है।

मैदान

1. **हंगरी का मैदान**—यह कारपेथियन पर्वत श्रेणी एवं दिनारिक अल्पस पर्वत श्रेणी के मध्य स्थित अन्तरापर्वतीय मैदान है। यहाँ घास के मैदान को 'पुस्टाज (Pustaz)' कहते है।
2. **वालचियन का मैदान**—यह रोमानिया मे विस्तृत मैदान है।
3. **फ्रांस के मैदान**—यह फ्रांस मे विस्तृत यूरोप का सबसे बडा मैदान है।
4. **उत्तर यूरोपीय मैदान**—यह हिमानीकृत अपरदनात्मक मैदान है।

झील और नदी

झील

- **जेनेवा झील**—यह स्विटजरलैण्ड मे स्थित हिमानीकृत झील है।
- **कान्सटेनस झील**—यह जर्मनी मे स्थित हिमानीकृत झील है।
- **लादोगा एवं ओनेगा झील**—यह उत्तरी रूस मे स्थित हिमानीकृत झील है।

नदी

- **टेम्स नदी**—यह इग्लैण्ड मे कास्टवोल्ड पर्वत से निकलकर उत्तरी सागर मे गिरती है। लंदन इसके किनारे स्थित है।
- **एल्ब नदी**—यह जर्मनी मे हार्ज पर्वत से निकलकर उत्तरी सागर मे गिरती है और एक्चुरी बनाती है। हेम्बर्ग शहर इसके किनारे स्थित है।
- **वसर नदी**—जर्मनी मे बोहिमिया फारेस्ट से निकलकर उततरी सागर मे गिरती है।
- **राइन नदी**—यह जर्मनी मे काला जंगल से निकलकर उत्तरी सागर मे गिरती है। यह भृंग घाटी मे बहती है। इसे कोयला नदी भी कहा जाता है। रोनी नसकी सहायक नदी है जो कोयले के भण्डार के लिए जानी जाती है।
- **सीन नदी**—यह फ्रांस मे जुरा पर्वत से निकलकर लियोन की खाड़ी मे गिरती है यह नदी नहरो के द्वारा सीन और राइन को जोड़ती है।
- **एबरो नदी**—यह स्पेन मे कैटाबयन पर्वत से निकलकर भूमध्य सागर
- **पो नदी**—यह इटली मे अल्पस पर्वत से निकलकार एड्रायटिक सागर मे गिरती है। इसे इटली की गंगा कहते है।
- **टिबर नदी**—यह इटली मे अपेनाइन पर्वत श्रेणी से निकलकर ट्राईनियन सागर मे गिरती है। इटली की राजधनी रोम इस नदी के तट पर स्थित है।
- **डेन्यूब नदी**—यह जर्मनी मे कॉन्स्टेंस झील के पास से निकलकर आस्ट्रिया, स्लोवाकिया, हंगरी, (एबरो नदी) सर्बिया, रोमानिया होते हुए काला सागर मे गिरती है।

ध्यातव्य हो कि

- यह स्लोवाकिया, क्रोएशिया, रोमानिया, बुल्गारिया एवं यूक्रेन के मध्य प्राकृतिक सीमा बनाती है।
- वियना, बेलग्रेड एव बुडापेस्ट इसके किनारे स्थित है।

ध्यातव्य हो कि

- वोल्गा यूरोप की सबसे लम्बी नदी है जो कि रूस में है।

जलवायु और स्थानीय पवन (Climatae & Local Wind)

जलवायु

- **टुण्ड्रा जलवायु**—इस प्रकार की जलवायु नार्वे, स्वीडन, फिनलैण्ड व उत्तरी रूस मे पायी जाती है। यहाँ 6 महीने अँधेरा रहता है क्योकि यहाँ सूर्य की किरने तिरछी पडती है।

ध्यातव्य हो कि

यहाँ लाइकेन, काई जैसी वनस्पतियाँ पायी जाती है।

- **टैगा जलवायु प्रदेश**—इस प्रकार की जलवायु नार्वे, स्वीडन, बेलारूस मे पायी जाती है। यहाँ शंकुधरी वृक्ष पाये जाते है। जो मुलायम लकड़ी वाले वृक्ष होते है। चूंकि एक ही प्रकार के वृक्ष विस्तृत क्षेत्र मे पाये जाते है इसलिए इनका वाणिज्यिक दोहन आसान होता है।

ध्यातव्य हो कि

इस प्रदेश मे पाडजाल मृदा पायी जाती है।

- **भूमध्यसागरीय जलवायु**—इस प्रकार की जलवायु भूमध्य सागर के आस पास के देशो जैसे पुर्तगाल, स्पेन, फ्रांस, इटली, ग्रीस, अल्वानिया, माउण्टेनेग्रो, सर्बिया, बोसनिया-हर्जेगोविना मे पायी जाती है। यहाँ शीत ऋतु मे वर्षा ग्रीष्म ऋतु मे शुष्कता होती है।

ध्यातव्य हो कि

यहाँ रसदार फलो की कृषि होती है। इसलिये इस प्रदेश को उद्यान भूमि प्रदेश कहा जाता है।

- **पश्चिमी यूरोपीय जलवायु**—इस प्रकार की जलवायु यू. के. आयरलैण्ड, जर्मनी, नीदरलैण्ड, फ्रांस, बेल्जियम इत्यादि मे पायी जाती है। यहाँ पछुआ पवनो से वर्ष भर वर्षा होती है। यह प्रदेश शीतोष्णकटिबन्धीय चक्रवातो से प्रभावित रहते है।

स्थानीय पवन

- **मिस्ट्रल पवन**—यह फ्रांस मे रोन नदी घाटी मे चलने वाली ठण्डी पवन है। इसके प्रभाव से फसलो को बहुत नुकसान होता है इससे पाला पड जाता है।
- **वाइज पवन**—यह फ्रांस के पश्चिमी भाग मे चलने वाली ठण्डी पवन है।
- **फॉन पवन**—यह अल्पस पर्वत से इटली की ओर चलने वाली गर्मपवन है यह उत्तरी अमेरिकी की चिनूक समतुल्य है।
- **बोरा पवन**—यह दक्षिणी यूरोप मे ग्रीस, अल्बानिया, सर्बिया, मउण्टेनिग्रो से होते हुए एड्रियाटिक सागर की ओर चलने वाली ठण्डी पवन है।
- **लेवेण्टर पवन**—स्पेन मे चलने वाली ठण्डी पवन को लेवेण्टर कहते है।
- **लेवेचे पवन**—स्पेन मे चलने वाली गर्म पवन को लेवेचे पवन कहते है।

आर्थिक भूगोल (Economical Geography)

कृषि

प्रमुख फसल	उत्पादक देश
गेहूँ	फ्रांस, जर्मनी, हंगीर, रोमानिया
जौ	फ्रांस, जर्मनी
मक्का	फ्रांस, जर्मनी, हंगरी
चुकन्दर	जर्मनी
आलू	आयरलैण्ड
अंगूर, सन्तरा और जैतून	फ्रांस, स्पेन, इटली, ग्रीस

डेयरी उद्योग

डेयरी उद्योग के लिए प्रसिद्ध देश-डेनमार्क, नार्वे, यूके, जर्मनी

मत्यसन पालन

मत्यसन पालन के लिए प्रसिद्ध देश - यूके, नार्वे, फ्रांस

खनिज

प्रमुख फसल		उत्पादक देश
लौह अयस्क	—	स्वीडन (किरूना, गैलिवरे), जर्मनी (सीजरलैण्ड घाटी) फ्रांस (लारेन क्षेत्र) स्पेन विल्बाओ), यूके (नार्थम्पटन)
कोयला	—	जर्मनी (रूर बेसिन) तथा उत्तरी फ्रांस और बेल्जियम के सार बेसिन, ग्रेट ब्रिटेन की पिनाइन पर्वत श्रेणी पोलैण्ड का साइलिसियन कोयले के बडे भण्डारो मे एक है।
बॉक्साइट	—	दक्षिणी फ्रांस, ग्रीस, हंगरी
सीसा, जस्ता	—	स्पेन, सार्बिया, मांटीनेग्रो
पेट्रोलियम एवं प्राकृतिक गैस	—	यूके एवं जर्मनी का सागर क्षेत्र
यूरेनियम	—	स्पेन, फ्रांस, जर्मनी, यूके
चाँदी	—	पोलैण्ड

प्रमुख उद्योग

शहर		उद्योग के लिए प्रसिद्ध
• ग्लासगो	—	लौह एवं इस्पात उद्योग
• लिवरपुल	—	वस्त्र उद्योग
• मैनचेस्टर	—	सूती वस्त्र उद्योग
• लंकाशयर क्षेत्र	—	यह सूती वस्त्र उद्योग के लिये प्रसिद्ध है इसे सूती वस्त्र की कब्रगाह कहा जाता है।
• बर्किंघम	—	मोटरगाड़ी उद्योग, लौह इस्पात उद्योग
• लंदन	—	इलेक्ट्रानिक उद्योग, वायुयान, विद्युत अपकरण
• डबलिन	—	वस्त्र उद्योग, लौह एवं इस्पात उद्योग, जलपोत निर्माण केन्द्र
• ओस्लो	—	कागज एवं लुग्दी उद्योग, मत्सयन
• स्वीडन	—	वस्त्र, मोटरगाड़ी, विद्युत उपकरण

अन्य

फिनलैण्ड

- इसे हज़ार झीलो का देश कहा जाता है।
- हेलिन्सकी यहाँ का बंदरगाह है।
- हेलिन्सकी मे कागज एवं लुग्दी उद्योग स्थापित है।
- फिनलैण्ड मे लैप्स नामक जनजाति पायी जाती है।
- बर्लिन—इलेक्ट्रानिक एवं वस्त्र उद्योग
- हैम्बर्ग—यहा नदीय बंदरगाह है।

अध्याय सार संग्रह

- यूरोपीय महाद्वीप का सबसे उत्तरी बिन्दु केप नोर्डकिन (नार्वे) है, महाद्वीप का उत्तरी छोर केप माइज फ्लीजेली (81°51' उत्तरी अक्षांश) है दक्षिणी बिन्दु 'पुण्टा डे तरिफा' एवं पश्चिमी किनारा कोबो डोटोका एवं पूर्वी छोर मूराल पर्वत का पोलनी भाग है।
- यूरोप के नवीन पर्वतों में आल्पस (फ्रांस) और काकेशस पर्वत प्रमुख है।
- यूरोप में चार प्रकार की जलवायु पायी जाती हैं—
  उत्तरी भाग—उपध्रुवीय तथा टुण्ड्रा जलवायु
  पश्चिमी भाग—सागरीय जलवायु
  मध्य भाग—समशीतोष्ण जलवायु
  पूर्वी भाग—महाद्वीपीय जलवायु
- यूरोप के पूर्वी भाग (यूक्रेन तथा बेलारूस) में स्टेपी घास के मैदान पाये जाते हैं।
- यूरोप की प्रमुख खाड़ियाँ

नाम	**अवस्थिति**
रीगा की खाड़ी	बाल्टिक सागर
फिनलैण्ड की खाड़ी	बाल्टिक सागर
बोथनिया की खाड़ी	बाल्टिक सागर
इंग्लिश चैनल	अटलांटिक महासागर
बिस्के की खाड़ी	अटलांटिक महासागर
लायन की खाड़ी	भूमध्य सागर

- यूरोप के मुख्य प्रायद्वीप

नाम	**महत्वपूर्ण तथ्य**
आइबेरियन प्रायद्वीप या स्पैनिश पठार	बिस्के की खाड़ी, भूमध्य सागर और अटलांटिक महासागर से घिरी हुई।
बाल्कन प्रायद्वीप	काला सागर, एजिअन सागर और एड्रिआटिक सागर से घिरी हुई बुल्गारिया, मेसिडोनिया, अल्बानिया और ग्रीस जैसे देश इसके अन्तर्गत सम्मिलित है।
कोला प्रायद्वीप	रूस में श्वेत सागर और आर्कटिक महासागर से घिरी हुई।

- यूरोप स्थित यूक्रेन के स्टेपी क्षेत्र को विश्व का अन्न भण्डार या रोटी की डलिया कहा जाता है।

11 अध्याय

उत्तरी अमेरिका

इस अध्याय में आप सीखेंगे किः

- उत्तरी अमेरिका का परिचय उसकी भौतिक सरंचना कैसी है।
- उत्तरी अमेरिका के विविध सामाजिक, आर्थिक तथा राजनैतिक पहलू क्या है।

सामान्य परिचय

- उत्तरी अमेरिका, एशिया और अफ्रीका महाद्वीप के बाद संसार का तीसरा सबसे बड़ा महाद्वीप है।
- यह महाद्वीप तीन महासागरों से घिरा है:

  पश्चिम में—प्रशांत महासागर

  पूर्व में—अटलांटिक महासागर

  उत्तर में—आर्कटिक महासागर
- यह महाद्वीप उत्तर-पश्चिम में अलास्का, उत्तर-पूर्व में लैब्राडोर तथा दक्षिण में पनामा के मध्य फैला हुआ है।
- उत्तरी अमेरिका उत्तर दिशा में ठंडे और वीरान द्वीपों की शृंखला में टूटा हुआ है जबकि दक्षिण में यह महाद्वीप, भूमि की एक संकरी पट्टी के रूप में बदल गया है जिसे 'मध्य अमेरिका' कहते है जो उत्तरी अमेरिका और दक्षिणी अमेरिका को आपस में जोड़ता है।
- 'पश्चिमी द्वीप' (वेस्टइंडीज) समूह के नाम से प्रसिद्ध अनेक द्वीपों का एक समूह भी इसी महाद्वीप का अंग है।
- उत्तरी अमेरिका का कुल क्षेत्रफल 2 करोड़ 40 लाख वर्ग किलोमीटर से कुछ अधिक है इसका तीन-चौथाई क्षेत्र कनाडा और संयुक्त राज्य अमेरिका के अंतर्गत आता है तथा शेष एक चौथाई भाग में ग्रीनलैंड, मैक्सिकों तथा कई छोटे-छोटे देश आते है।

भौतिकी भूगोल (Physical Geography)

- उत्तरी अमेरिका को चार प्रमुख भौतिक भागों में विभाजित किया जा सकता है, ये है:

1. कनेडियन शील्ड
2. अपलेशियन पर्वत या पूर्वी उच्च भूमियाँ
3. मध्यवर्ती विशाल मैदान
4. पश्चिमी कार्डिलेरा या पर्वत श्रेणी

कनेडियन शील्ड

- प्राचीन कठोर चट्टानों से निर्मित यह शील्ड, कनाडा के लगभग आधे भाग में फैली है। यहाँ निरन्तर अपरदन और अपक्षय के कारण इसकी ऊँचाई 300-400 मीटर से भी कम रह गई है।
- इसके बड़े भाग में दलदली भूमि और अनेक झीलों जैसे-ग्रेट बियर, विनिपेग तथा ग्रेट लेक्स है।
- इसके उत्तरी भाग वर्ज़ के अधिकतर महीनों में बर्फ और हिम से ढके रहते हैं।
- इसके दक्षिणी भाग में 'ग्रेट लेक्स' तथा 'सेंट लारेंस' नदी की निम्न भूमियाँ हैं। सेंट लारेंस इस प्रदेश की मुख्य नदी है जो अटलांटिक महासागर में गिरती है।

ध्यातव्य हो कि

यह नदी उत्तरी अमेरिका का सबसे अधिक व्यस्त अन्तः स्थलीय जलमार्ग है।

- विश्व प्रसिद्ध 'नियाग्रा जल प्रपात' इरी और ओंटेरियो झील के बीच स्थित है।
- कनेडियन शील्ड बहुमूल्य खनिज संसाधनों का भंडार है। यहाँ सोना, चाँदी, निकल, लोहा, ताँबा, प्लैटिनम, रेडियम, कोबाल्ट और यूरेनियम पाए जाते है।

अपलेशियन पर्वत

- यह उत्तर-पूर्व में स्थित है जिसे 'पूर्वी उच्च भूमि' के नाम से जाना जाता है। किसी समय में यह पर्वत बहुत ऊँचे थे परंतु सदियों से नदियाँ और हिमानियाँ इनका अपरदन करती रही हैं। परिणामस्वरूप घिस-घिस कर इनकी ऊँचाई कम हो गई है।
- हडसन नदी अपलेशियन पर्वतों से होकर बहती है। इसे इरी नहर के द्वारा 'ग्रेट लेक्स' से जोड़ दिया गया है।
- यहाँ के प्रमुख खनिज कोयला, ताँबा और सीसा है।

मध्यवर्ती विशाल मैदान

- उत्तरी अमेरिका का मध्यवर्ती भाग मध्यवर्ती विशाल मैदान या निम्न भूमि के नाम से जाना जाता है। यह अपलेशियन पर्वतों से लेकर राकी पर्वतों तक 2000 किलोमीटर तक तथा उत्तर में मैकेन्जी नदी के डेल्टा से लेकर दक्षिण में टेक्सास के तटीय मैदानों के छोर तक 6000 किलोमीटर तक फैला है।
- इसके मध्यवर्ती और दक्षिणी भाग में मिसिसिपी-मिसौरी नदियों की विशाल, निम्न तथा समतल द्रोणी फैली हुई है जिसकी मिट्टी कृषि कार्य के लिए बहुत उपजाऊ है।

पश्चिमी कोर्डिलेरा

- इस महाद्वीप की पूरी लंबाई में उत्तर से दक्षिण तक फैला यह क्षेत्र पर्वतीय प्रदेश है जिसका सबसे ऊँचा पर्वत शिखर 'माउण्ट मैकिन्ले' है जो अलास्का में स्थित है। इसके अलावा कुछ समान्तर पर्वत श्रेणियां भी हैं 'रॉकी पर्वत' इसका श्रेष्ठ उदाहरण है। तटीय श्रेणी तथा सियरा नेवादा इसकी दो अन्य पर्वत श्रेणियाँ हैं। इन पर्वत श्रेणियों से घिरे कुछ अंतरा-पर्वतीय पठार है। 'ग्रेट बेसिन' इस महाद्वीप का सबसे बड़ा अंतरा-पर्वतीय पठार है।
- ग्रेट बेसिन के दक्षिण में 'कोलोराडो का पठार' है जिसे कोलोरेडो और उसकी सहायक नदियों ने बहुत मुलायम बना दिया है तथा इन मुलायम चट्टानों में बहुत लंबे, गहरे तथा दीवार के समान खड़े किनारे वाले महाखड्डे हैं जिसे 'कैनियन' कहते हैं। संसार का सबसे बड़ा कैनियन कोलोरेडो का 'ग्राड कैनियन' है जो अपनी प्राकृतिक सुन्दरता के लिए विश्व प्रसिद्ध है।
- अलास्का और मैक्सिको के पश्चिमी कार्डिलेरा में अनेक सक्रिय ज्वालामुखी है। अतः पृथ्वी के आंतरिक भाग की उष्मा, दरारों से भूमिगत जल को इतना गर्म कर देती है कि पानी उबलने लगता है जो गर्म जल के स्रोत जिसे 'उष्णोत्स' (गीजर) कहते है, के रूप में धरातल पर निकलता है। सबसे प्रसिद्ध उष्णोत्स 'ओल्ड-फेथफुल' है जो येलोस्टोन नेशनल पार्क में स्थित है।
- उत्तरी अमेरिका के आर्थिक विकास में यहाँ की नदियों विशेषकर-कोलोराडो, सेंट लारेंस, मिसिसिपी और मैकेन्जी आदि नदियों की महत्वपूर्ण भूमिका है।
- यहाँ के प्रमुख खनिज कोयला, सीसा, जस्ता, सोना और ताँबा है।

उत्तरी अमेरिका की जलवायु

- दक्षिण में उष्णकटिबंधीय प्रदेशों तथा उत्तर में शीत प्रदेशों के बीच विस्तृत उत्तरी अमेरिका आकार में बहुत बड़ा है अतः यहाँ की जलवायु में बहुत विविधता है।
- उत्तरी ध्रुवीय क्षेत्र तथा पश्चिमी उच्च भूमियाँ बहुत ठंडी हैं जबकि ठंडी धाराओं से प्रभावित अटलांटिक तथा प्रशांत महासारगर के तट महाद्वीप के आंतरिक भागों की तुलना में कम गर्म है। लेकिन दक्षिण से आने वाली गर्म पवनों के प्रभाव से न्यूयार्क जैसे स्थानों में कभी-कभी गर्मी का प्रकोप हो जाता है।
- उत्तरी अमेरिका के तापमान और वर्षा को महासागरीय धाराएँ भी प्रभावित करती है।
- प्रशांत महासागर के तट पर 'पछुआ पवनों' से पूरे वर्ष भारी वर्षा होती है जबकि पूर्वी मध्य अमेरिका की उच्च भूमि तथा पश्चिमी द्वीप समूह (वेस्टइंडीज) में उत्तर पूर्वी 'सन्मार्गी पवनों' से भारी वर्षा होती है।
- शीत ऋतु के तापमानों में ग्रीष्म ऋतु की अपेक्षा क्षेत्रीय विभिन्नताएँ अधिक पाई जाती है जैसे महाद्वीप के उत्तर तथा मध्यवर्ती भागों में तापमान हिमांक से भी नीचे चला जाता है।

उत्तरी अमेरिका की प्राकृतिक वनस्पति

- महाद्वीप के उत्तरी भाग में शीत ऋतु लंबी होती तथा आठ से नौ महीनों तक बर्फ जमी रहती है यहाँ ग्रीष्म ऋतु अपेक्षाकृत शीतल और छोटी होती है। इस अवधि में केवल काई, लाइकेन ओर कुछ प्रकार की घास ही उग पाती है। इसे 'टुंड्रा प्रदेश' कहा जाता है। ध्रुवीय भालू, कैरिवू, मस्कबैल और हिरन टुंड्रा प्रदेश के प्रमुख जानवर है।
- टुंड्रा प्रदेश के दक्षिण में शंकुधारी वनों की चौड़ी पेटी है जिसे 'टैगा प्रदेश' कहते हैं। इन वनों में बाल्सम, देवदार तथा लाल और सफेद

चीड़ के वृक्ष पाए जाते हैं। इनमें मुलायम लकड़ी मिलती है। टैगा प्रदेश कनाडा में अटलांटिक महासागर से लेकर प्रशांत महासागर तथा संयुक्त राज्य अमेरिका की पश्चिमी उच्च भूमियों की उच्च क्षेणियों में पाए जाते है। टैगा प्रदेश में शीत ऋतु ठंडी और कठोर तथा ग्रीष्म ऋतु कोष्ण और छोटी होती है। वर्षा कम होती है और वह भी हिम के रूप में होती है। पर्वतों की चोटियां सदैव हिम और स्थायी बर्फ से ढकी रहती हैं।

- टैगा प्रदेश के दक्षिण में 'मिश्रित वनों' का क्षेत्र है। इन वनों में शंकुधारी तथा पर्णपाती वन पाए जाते हैं। पर्णपाती कठोर लकड़ी वाले वनों के प्रमुख वृक्ष लाल और सफेद स्प्रूस, चीड़ और हैम्लाक है। मिश्रित वन दक्षिणी-पूर्वी कनाडा तथा उत्तर-पूर्वी संयुक्त राज्य अमेरिका में फैले हैं। यहाँ सामान्य वर्षा होती है। शीत ऋतु ठंडी तथा ग्रीष्म ऋतु कोष्ण होती है।
- उष्ण कटिबंधीय बन मध्य अमेरिका, मैक्सिको के पूर्वी भागों में तथा पश्चिमी द्वीप समूह में पाए जाते हैं। यहाँ बहुत भारी वर्षा होती है तथा तापमान सदा ऊँचा रहता है इन वनों में ताड़, मोहगनी और रोजवुड नामक वृक्ष पाए जाते हैं।
- उत्तरी अमेरिका के आंतरिक भागों में घास भूमियां पाई जाती हैं इन्हें 'प्रेयरीज' कहते हैं। प्रेयरीज में लंबी और पौष्टिक घास उगती है। यहाँ शीत ऋतु में बहुत ठंड और ग्रीष्म ऋतु में बहुत गर्मी पड़ती है और अधिकतर वर्षा ग्रीष्म ऋतु में होती है।
- संयुक्त राज्य अमेरिका के दक्षिण पश्चिमी भागों में तथा मैक्सिको के उत्तर पश्चिमी भागों में वर्षा कम होने के कारण वहाँ एक पथरीला और रेतीला मरूस्थल है जहाँ अनेक प्रकार के कैक्टस पाए जाते हैं। यहाँ शीत ऋतु ठंडी तथा ग्रीष्म ऋतु गर्म होती है।
- कैलिफोर्निया के पश्चिमी तट पर भूमध्य सागरीय जलवायु पाई जाती है। यहाँ ग्रीष्म ऋतु गर्म और शुष्क होती हे जबकि शीत ऋतु मृदुल और सामान्य वर्षा वाली होती है। यहाँ के प्रमुख वृक्ष जैतून, चीड़, संतरा, चेरी तथा कार्क ओक है।

उत्तरी अमेरिका की भूमि संसाधन

- उत्तरी अमेरिका के कुल क्षेत्रफल का लगभग दसवाँ भाग कृषि के लिये प्रयुक्त किया जाता है।
- प्रमुख फसलें—मक्का, गेहूँ और जौ
- अन्य फसले—कपास, तंबाकू, सोयाबीन और अलसी

ध्यातव्य हो कि

संसार की आधी मक्का अकेले उत्तरी अमेरिका में पैदा होती है।

- मक्का के पौधे का मूल स्थान संभवत—दक्षिणी मैक्सिको है। यह आज भी मैक्सिको की प्रमुख फसल और भोजन है।
- गेहूँ का उत्पादन कनाडा और संयुक्त राज्य अमेरिका के प्रेयरी क्षेत्र में होता है।
- कपास और तंबाकू मुख्य रूप से मिसिसिपी द्रोणी के दक्षिणी भागों में पैदा की जाती है।
- कपास के उत्पादन में संयुक्त राज्य अमेरिका और मेक्सिका प्रमुख है।
- चावल और गन्ने की खेती मैक्सिको की खाड़ी के तट में मुख्य रूप से की जाती है।

वन संपदा

- उत्तरी अमेरिका में विशाल वन संपदा है और महाद्वीप का बहुत बड़ा भाग वनों से ढका है। यहाँ मुख्य रूप से तीन प्रकार के वन पाए जाते हैं, जो निम्नवत हैं—

तीन प्रकार के वन	स्थान/ देश	प्रमुख वृक्ष	प्रमुख वन उत्पाद
शंकुधारी वन लुग्दी मुलायम	कनाडा के अधिकांश क्षेत्रों, संयुक्त राज्य के कार्डिलेरा	चीड़, फर और बाल्सम उत्तरी भाग, पश्चिमी	मुलायम लकड़ी, कागज और सेलुलोस, राल तथा तारपीन लकड़ी से प्राप्त होता है। ***नोट***—सेलुलोस का उपयोग रेयॉन के कपड़े बनने में होती है।
मिश्रित वन (शंकुधारी वन फर्नीचर)	संयुक्त राज्य के पूर्वी भाग पर्णपाती वन	मैपिल, बांस, और सफेद चीड़	सफेद चीड़ से अखबारी कागज बाँज वृक्षों की लकड़ी से मैपिल वृक्ष का रस मीठा होता है जिससे चीनी बनाई जाती है।
उष्ण कटिबंधीय वन सिगारों	दक्षिण मैक्सिकों तथा मध्य अमेरिका	मोहगनी और रोजवुड	अच्छे किस्म की कठोर लकड़ी मिलती है जिसका प्रयोग के बक्से बनाने में तथा भवन निर्माण में काम आती है।

खनिज

- उत्तरी अमेरिका विभिन्न खनिज संसाधनों जैसे—पेट्रोलियम, प्राकृतिक गैस, निकल, जस्ता, एस्बेस्टस, सोना, चाँदी, ताँबा और लौह अयस्क से खूब संपन्न है।

प्रमुख खनिज		क्षेत्र
निकल, लौह अयस्क, सोना, प्लेटिनम और ताँबा	—	कनाडियन शील्ड
लौह अयस्क	—	सुपीरियर झील का क्षेत्र
सोना	—	ओंटेरिया ***नोट***—यह संसार की सोने की सबसे बड़ी खान है।
एन्थ्रासाइट तथा उच्चकोटि के बिटुमिनस कोयला	—	अपलेशियन उच्च भूमियाँ ***नोट***—संसार में मुलायम कोयले के सबसे बड़े क्षेत्र।
पेट्रोलियम और प्राकृतिक गैस	—	मैक्सिकों की खाड़ी तथा अटलांटिक महासागर के तटीय मैदान।
गंधक, फास्फेट और पोटाश	—	संयुक्त राज्य अमेरिका
ताँबा, पेट्रोलियम, प्राकृतिक गैस, कोयला फास्फेट	—	पश्चिमी कार्डिलेरा
सीसा और जस्ता	—	ब्रिटिश कोलम्बिया
चाँदी	—	मैक्सिको

जल शक्ति

- उत्तर अटलांटिक जलशक्ति के संसाधनों में बहुत सम्पन्न है और बड़े पैमाने पर जल-विद्युत का उत्पादन करता है। सेंट लारेंस नदी, अपलेशियन क्षेत्र तथा कोलोरैडो और कोलम्बिया नदियों की घाटियाँ जल विद्युत के विकास के लिए आदर्श स्थल हैं।
- उत्तरी अमेरिका में नियाग्रा जलप्रपात, जल विद्युत का बहुत बड़ा स्रोत है।

मत्स्य संसाधन

- उत्तरी अमेरिका के उत्तर-पूर्व तट के आस-पास छिछला सागर है जिसमें मछलियां प्रचुर मात्रा में पाई जाती हैं। ऐसे छिछले सागरीय क्षेत्रों को 'मत्स्य बैंक' या 'मत्स्य ग्रहण क्षेत्र' कहते हैं। न्यू फाउंडलैंड के तट के निकट 'ग्रैंड बैंक' नाम का मत्स्य ग्रहण क्षेत्र संसार भर में प्रसिद्ध है।
- प्रशांत महासागर के तट पर 'टूना' और 'सालमन' नाम की मछलियाँ पकड़ी जाती है जिन्हें घरेलू उपयोग एवं निर्यात के लिए संबंधित करके डिब्बों में बंद किया जाता है।

परिवहन

- उत्तरी अमेरिका का परिवहन तंत्र सुविकसित और आधुनिक है। यहाँ सड़कों और रेलमार्गों का एक सघन जाल है। सामानों के परिवहन के लिए अभी भी मुख्य रूप से तटीय तथा अंत: स्थलीय जलमार्गों का प्रयोग किया जाता है।
- उत्तरी अमेरिका में कई अच्छे पत्तन हैं। इनमें से अधिकतर अटलांटिक के तट पर स्थित हैं।
- मिसिसिपी और सेंट लारेंस नौका संचालन के योग्य बड़ी नदियां हैं।
- उत्तरी अमेरिका के सभी महत्वपूर्ण नगर वायुमार्गों द्वारा जुड़े हुए है।

अध्याय सार संग्रह

- क्षेत्रफल की दृष्टि से यह विश्व का तीसरा सबसे बड़ास महाद्वीप है। यह महाद्वीप उत्तर में आर्कटिक महासागर पूरब में अटलांटिक महासागर और पश्चिम में प्रशांत महासागर से घिरा हुआ है। इस महाद्वीप में विश्व का सबसे बड़ा द्वीप ग्रीनलैंड सम्मिलित है।
- दक्षिण अमेरिका से उत्तरी अमेरिका पनामा स्थलसंधि के द्वारा जुड़ा हुआ है। इसी स्थलसंधि को काटकर पनामा नहर निकाली गई है जो कैरेबियन सागर (अटलांटिक महासागर का एक भाग है) और प्रशांत महासागर के बीच एक कड़ी का काम करती है।
- कनाडयिन (लॉरेंशियन) शील्ड में हिमोढ़ों के जमाव से अनेक झीलों का निर्माण हुआ है, जिनका उत्तर से दक्षिण क्रम है- ग्रेट बियर, ग्रेट स्लैव, अथावस्का, रेंडियर और विनिपेग झील।
- कनाडयिन शील्ड के दक्षिण में मीठे पानी की पाँच झीलें मिलती हैं। पश्चिम से पूर्व इनका क्रम है- सुपीरियर, मिशीगन, ह्यूरन, इरी और ओंटेरियो। इन पाँचों झीलों को सम्मिलित रूप से 'ग्रेट लेक्स' कहते हैं। 'सुपीरियर झील' विश्व में मीठे पानी की सबसे बड़ी झील है।
- इरी और ओंटारियो के बीच विश्वप्रसिद्ध 'नियाग्रा जलप्रपात' मिलता है।
- इस महाद्वीप के पश्चिम में अलास्का से लेकर पनामा तक लंबी पर्वत श्रेणियाँ मिलती हैं जिसे 'पश्चिमी कार्डिलेरा' कहते हैं। पश्चिम कार्डिलेरा की सर्वप्रमुख पर्वत श्रेणी 'रॉकी' है जिसकी पूरी लंबाई 6000 किमी. है।
- उत्तरी अमेरिका की सबसे ऊँची चोटी मैकिन्ले एक सक्रिय ज्वालामुखी है जो अलास्का में स्थित है। पोपोकेटेपेटल (मैक्सिको) मृत ज्वालामुखी का उदाहरण है।
- महाद्वीप की पूर्वी उच्चभूमि 'अप्लेशियन पर्वत' कहलाती है। मध्यवर्ती मैदान का उत्तरी भाग कनाडियन प्रेयरी कहलाता है जो गेहूँ, मक्का और कपास की खेती के लिए विश्वप्रसिद्ध है।
- उत्तरी अमेरिका में संयुक्त राज्य अमेरिका के दक्षिण पूर्वी तट (मैक्सिको की खाड़ी) पर चलने वाले चक्रवात हरीकेन ओर टोरनेडो कहलाते हैं।
- उत्तरी अमेरिका के शीतोष्ण घास का मैदान 'प्रेयरी' कहलाता है।
- यहाँ का प्रमुख कॉर्न (मक्का) उत्पादक क्षेत्र संयुक्त राज्य के अंतर्गत पड़ता है जो 'मक्का पेटी' (Corn Belt) के नाम से जाना जाता है। कपास के उत्पादन का प्रमुख क्षेत्र मक्के की पेटी के दक्षिण है जहाँ की भूमि अति उर्वरा है। मिसीसीपी द्रोणी का यह दक्षिणी भाग 'कपास की पेटी' (Cotton Belt) के नाम से प्रसिद्ध है। यहाँ के Sea Island और Upland अमेरिकी कपास की माँग सारे विश्व में होती है।
- क्यूबा द्वीप को गन्ने का प्रमुख उत्पादक होने के कारण 'चीनी का कटोरा' कहा जाता है।
- संयुक्त राज्य अमेरिका रूस, कनाडा तथा चीन के बाद चौथा सबसे बड़ा देश है।
- सं.रा. अमेरिका में गर्म जल के कई स्रोत हैं, जिसे 'गीजर' कहते है। सबसे प्रसिद्ध गीजर 'ओल्ड फेथफुल' (Old Faithful) एलोस्टोन नेशनल पार्क में स्थित है। एक्सेल्शियर गीजर भी यहीं स्थित है।
- गेहूँ उत्पादन में सं.रा. अमेरिका का विश्व में तीसरा स्थान है। संसार का लगभग एक तिहाई कपास संयुक्त राज्य में पैदा होता है। यह तंबाकू का भी अग्रणी उत्पादक है। वर्जीनिया का तंबाकू अपनी गुणवत्ता के लिए विश्व प्रसिद्ध है।
- सं.रा. अमेरिका ताँबा का दूसरा और चाँदी का तीसरा बड़ा उत्पादक है।
- सं.रा. अमेरिका के मोंटाना राज्य की बूटे खान विश्व की सबसे बड़ी तांबे की खान है। इसे 'पृथ्वी की वृहत्तम संपन्न पहाड़ी' भी कहते है।
- सोना मुख्यत: ओंटारियो से निकाला जाता है। यहाँ संसार की सबसे बड़ी सोने की खान है।
- सं.रा. अमेरिका का सबसे बड़ा औद्योगिक प्रदेश मिसीसिपी नदी से लेकर अटलांटिक महासागर तक विस्तृत है। यह विश्व का सबसे बड़ा औद्योगिक क्षेत्र माना जाता है।
- सं.रा. अमेरिका का डेट्रायट मोटर गाड़ियों के निर्माण के लिए प्रसिद्ध है। विश्व में सर्वाधिक मोटर गाड़ियाँ यहीं बनती हैं। एक्रॉन विश्व का सबसे बड़ा सिंथेटिक रबड़ व टायर बनाने का केंद्र है।
- सान फ्रांसिस्को में 'सिलिकन वैली' है जो कि सॉफ्टवेयर व कम्प्यूटर उद्योग के लिए विख्यात है। प्रसिद्ध नासा केंद्र 'जेएफके' फ्लोरिडा के 'केप केनवेरल' में हैं।
- रूस के बाद कनाडा संसार का दूसरा बड़ा देश है।
- संसार में अखबारी कागज के उत्पादन में कनाडा का पहला स्थान है। यहाँ के कागज उद्योग मांट्रियल में केन्द्रित है।
- कनाडा संसार में गेहूँ का एक अग्रणी निर्यातक देश है। रेड बेसिन में अवस्थित उसका विनिपेग नगर विश्व की सबसे बड़ी गेहूँ मंडी है।
- कनाडा में न्यूफाउंडलैंड और नोवास्कोशिया में क्रमश: ग्रैंड बैंक तथा जॉर्जेज बैंक नामक प्रमुख मत्स्यन क्षेत्र अवस्थित हैं।
- कनाडा के अल्बर्टा प्रांत में अवस्थित 'वुड बफैलो नेशनल पार्क' विश्व का सबसे बड़ा संरक्षित उद्यान है। ओंटारियो में सोने व डॉवसन सिटी (यूक्रॉन) में चाँदी का उत्पादन होता है।
- कनाडा में लौह-अयस्क का सबसे बड़ा निक्षेप लेब्रोडोर-क्यूबेक सीमा पर पायी जाती है। यह संसार के प्रमुख लौह निर्यातक देशों में एक है।

- कनाडा निकेल व कोबाल्ट का विश्व में सबसे बड़ा उत्पादक देश है। ओंटारियो प्रांत के सडबरी खान क्षेत्र में इनके वृहत्तम निक्षेप हैं।
- संसार में सीसे और जस्ते का सबसे बड़ा निक्षेप (भंडार) ब्रिटिश कोलंबिया में है। यहाँ की सुलिवान खान विश्व की सबसे बड़ी सीसा-जस्त खान है।
- कनाडा में दो पार-महाद्वीपीय रेलमार्ग है—(1) ट्रांस कनाडियन पैसिफिक रेलमार्ग जो न्यू ब्रंसविक के सेंट जोन्स से प्रशांत महासारगर के तट पर स्थित वैंकुवर तक जाता है। (2) कनाडियन राष्ट्रीय रेलमार्ग, जो नोवास्कोशिया के हैलीफैक्स नगर से ब्रिटिश कोलंबिया के प्रिंस रूपर्ट तक जाती है।

12 अध्याय

एशिया महाद्वीप

इस अध्याय में आप सीखेंगे कि:

- एशिया महाद्वीप का परिचय, इसका वर्गीकरण और भौतिक संरचना कैसी है।
- एशिया महाद्वीप के सामाजिक-आर्थिक व्यवस्था और उसकी विशेषताओं के बारे में सीखेंगे कि वह अन्य महाद्वीप से अलग कैसे है।

सामान्य परिचय

- एशिया तथा यूरोप यद्यपि एक ही भू-खंड के हिस्से हैं फिर भी सामान्यत: इन्हें अलग-अलग महाद्वीपों के रूप में जाना जाता है।
- विश्व के कुल भूभाग का एक-तिहाई एशिया में है। इस प्रकार से एशिया सभी महाद्वीपों में सबसे बड़ा महाद्वीप है।
- एशिया महाद्वीप का अक्षांशीय विस्तार 10° दक्षिण अक्षांश से 80° उत्तरी अक्षांश के बीच है और इसका देशान्तर विस्तार (पूर्व से पश्चिम) 25° पूर्व देशान्तर से 170° पश्चिमी देशान्तर के बीच है।
- एशिया महाद्वीप की मुख्य भूमि का पूरा विस्तार विषुवत रेखा के उत्तर में स्थित है।
- एशिया महाद्वीप का अधिकतर भाग पूर्वी गोलार्द्ध में स्थित है परंतु इसका कुछ भाग पश्चिमी गोलार्द्ध में भी स्थित है।

भौतिकी भूगोल (Physical Geography)

- एशिया को पाँच प्रमुख भौतिक विभागों में बाँटा जा सकता है। ये पाँच विभाग निम्नवत हैं—

1. उत्तर की निम्न भूमियाँ
2. मध्यवर्ती पर्वतीय पट्टी
3. दक्षिणी पठार
4. बड़ी नदियों की घाटियाँ
5. द्वीप समूह।

उत्तर की निम्न भूमियाँ (मैदान)

- एशिया महाद्वीप के उत्तरी भाग के पश्चिम में यूराल पर्वत से पूर्व में लीना नदी के मध्य विस्तृत निम्न भूमि क्षेत्र है। इस निम्न भूमि को 'साइबेरिया का मैदान' कहते हैं।
- इस मैदान में ओब, येनीसा और लीना नदियाँ बहती हैं जो मध्य एशिया की उच्च भूमियों और पर्वतों से निकलकर उत्तर दिशा की ओर बहती हैं।
- संसार की सबसे गहरी झील 'बैकाल' साइबेरिया में स्थित है। वैज्ञानिकों के अनुमान के अनुसार समस्त विश्व की झीलों के मीठे पानी का 20% अकेला बैकाल झील में है।

मध्यवर्ती पर्वतमालाएँ

- उत्तरी निम्न भूमियों के दक्षिण में वलित पर्वतों एवं पठारों का जाल है।
- पामीर के पठार पर अनेक पर्वत श्रृंखलाएँ आकर मिलती हैं जो पामीर गाँठ का निर्माण करती हैं। पामीर के पठार को 'संसार की छत' के नाम से जाना जाता है क्योंकि यह संसार का सबसे ऊँचा पठार है।

- पामीर के पठार से कई पर्वत श्रृंखलाएँ विभिन्न दिशाओं में फैली हैं, जो निम्नवत हैं:

दिशाएँ	पर्वत श्रृंखलाओं के नाम
पश्चिम की ओर	हिंदुकुश
उत्तर पूर्व की ओर	तिएनशान
पूर्व की ओर	क्युनलुन
दक्षिण पूर्व की ओर	काराकोरम व हिमालय

नोट—उपरोक्त पर्वत श्रृंखला में कई श्रेणियाँ, पर्वत, पठार तथा उच्च भूमियाँ हैं।

- पामीर ग्रंथि के दक्षिण-पूर्व की ओर काराकोरम तथा हिमालय की श्रेणियाँ फैली हुई हैं। इनमें विश्व के कुछ उच्चतम शिखर जैसे माउन्ट एवरेस्ट (विश्व का उच्चतम शिखर) तथा K^2 (दूसरा उच्चतम शिखर) क्रमशः हिमालय तथा काराकोरम श्रेणियों से संबंधित है।
- दक्षिण में, काराकोरम तथा हिमालय एवं उत्तर में, क्युनलुन श्रेणी के बीच 'तिब्बत का पठार' स्थित है।
- पश्चिम में तिएनशन पर्वतमाला तथा उत्तर-पूर्वी साइबेरिया की पर्वत श्रृंखलाओं के बीच यहाँ प्राचीन वलित पर्वतों—अल्ताई, याब्लोनोय तथा स्टेनोवाय श्रेणियों की खण्डित 'अर्द्धचंद्राकार पहाड़ियाँ' हैं।
- यहाँ तारिम बेसिन तथा गोबी का विशाल ठण्डा मरूस्थल भी है।

दक्षिणी पठार

- मध्यवर्ती पर्वतीय पट्टी के दक्षिण में कुछ पठार हैं जो अति प्राचीन शैलों से निर्मित हैं।
- ये पठार एशिया की मुख्य भूमि के दक्षिण की ओर निकले हुए प्रायद्वीपों के भू-भाग हैं। इनमें अरब का पठार, भारत का दक्षिणी पठार तथा यूनान का पठार सम्मिलित है।

महान नदी घाटियाँ

- इन पर्वतों तथा पठारों के बीच संसार की कुछ सबसे अधिक उपजाऊ नदी घाटियाँ हैं जिनमें प्रमुख निम्नवत हैं—दजला, फरात, सिंधु, गंगा-ब्रह्मपुत्र, अयारवादी (इरावदी), मेकांग, सिक्यांग, चांग जियांग और ह्वांग आदि।
- उपरोक्त नदी घाटियाँ विश्व के सर्वाधिक सघन बसे क्षेत्रों में से हैं।

द्वीप समूह

- एशिया की भूमि का सबसे रोचक लक्षण इसके अधिकतर द्वीपों का दक्षिण पूर्व तथा पूर्व में स्थित होना है।
- एशिया महाद्वीप के तीन प्रमुख द्वीप समूह हैं—हिंदेशिया, फिलीपीन्स और जापान।

जलवायु

- एशिया की जलवायु को प्रभावित करने वाले प्रमुख कारक निम्नवत हैं:
  - इसका विशाल आकार
  - व्यापक अक्षांशीय विस्तार
  - उच्चावच
  - वृहत पर्वतीय अवरोध का एशिया में पूर्व से पश्चिम तक विस्तार
  - यूरोप के साथ इसकी खुली सीमा
- शीत ऋतु में एशिया के आंतरिक भाग बहुत ठंडे हो जाते हैं और समुद्र से बहुत दूर होने के कारण तापमान हिमांक से नीचे चला जाता है। शीतकाल में एशिया के अधिकांश भागों में वर्षा नहीं होती जबकि इसके विपरीत ग्रीष्म ऋतु में एशिया का अधिकतर भाग अत्यधिक गर्म हो जाता है और महाद्वीप के अधिकांश भागों में ग्रीष्म ऋतु में महासागरों की ओर से आने वाली आर्द्रतायुक्त वायु से वर्षा होती है।
- एशिया की जलवायु को प्रभावित करने वाले उपरोक्त कारकों के प्रभाव यहाँ के तापमान तथा वर्षा के प्रतिरूपों पर स्पष्ट दिखाई देते हैं जैसे—उत्तर-पूर्व साइबेरिया में 'बरखोयान्स्क' उत्तरी गोलार्द्ध का सबसे ठंडा स्थान है जहाँ जनवरी माह में औसतन तापमान .45° सेल्सियस होता है। ग्रीष्म काल में उत्तर-पश्चिम भारत के अनेक स्थानों और फारस की खाड़ी क्षेत्रों में तापमान लगभग 33° सेल्सियस रिकार्ड किया जाता है। भारत में मेघालय राज्य का मौसिनराम विश्व का सबसे अधिक वर्षा प्राप्त करने वाला स्थान है जबकि एशिया में लाल सागर से लेकर मंगोलिया तक फैला विश्व का सबसे बड़ा क्षेत्र ऐसा भी है जहाँ वर्षा बहुत कम होती है। अतः यह स्पष्ट है कि एशिया महाद्वीप में तापमान और वर्षा में बहुत अधिक भिन्नता मिलती है।

प्राकृतिक वनस्पति एवं वन्यजीव

- एशिया की प्राकृतिक वनस्पति में व्यापक विभिन्नता पाई जाती है क्योंकि इन प्राकृतिक वनस्पतियों का यहाँ की जलवायु से घनिष्ठ संबंध है। एशिया की प्राकृतिक वनस्पतियों को मुख्यतया छः भागों में बाँटा जा सकता है, जो निम्नवत हैं—(i) टुण्ड्रा वनस्पति (ii) शंकुधारी (टैगा) वन (iii) शीतोष्ण कटिबंधीय घास (iv) मरुस्थलीय वनस्पति (v) मानसूनी वन (vi) विषुवतीय वर्षा वन

1. **टुण्ड्रा वनस्पति**—एशिया के उत्तरी तट पर टुण्ड्रा वनस्पति की पेटी है। इस क्षेत्र की अधितर भूमि वर्ष के अधिकांश समय में हिम से ढकी रहती है। यहाँ वार्षिक वर्षा लगभग 30 सेमी. तक मुख्यतः हिम के रूप में होती है। ग्रीष्म ऋतु छोटी और ठंडी होती है जबकि शीत ऋतु लंबी और बहुत अधिक ठंडी होती है। इसके फलस्वरूप पौधे लंबे नहीं हो पाते।

   प्रमुख वनस्पतियाँ—काई और लिचेन

   प्रमुख पशु—रेनडियर

2. शंकुधारी (टैगा) वन—टुण्ड्रा प्रदेश के दक्षिण में शंकुधारी वनों की विस्तृत पेटी है। यहाँ पर वार्षिक वर्षा 25 से 50 सेमी. के बीच मुख्यत: हिम के रूप में होती है। यहाँ पर शीत ऋतु अत्यधिक ठंडी तथा ग्रीष्म ऋतु मामूली गर्म होती है। वाष्पीकरण कम होने के कारण थोड़ी-सी वर्षा ही वृक्षों के उगने और बढ़ने के लिए पर्याप्त होती है।

प्रमुख वनस्पतियाँ—मुलायम लकड़ी वाले वृक्ष जैसे—चीड़, फर और स्प्रूस।

प्रमुख पशु—यहाँ के वनों में समूर (मुलायम बालों वाली खाल) वाले जानवर जैसे—लोमड़ी, सेबल तथा मिंक पाए जाते हैं।

3. शीतोष्ण कटिबंधीय घास—टैगा के दक्षिण में शीतोष्ण कटिबंधीय घास के मैदान हैं जिन्हें स्टेपीज कहा जाता है। यहाँ शीत ऋतु में अत्यधिक ठंड तथा ग्रीष्म ऋतु में अत्यधिक गर्मी पड़ती है। वार्षिक वर्षा 20 से 40 सेमी. के बीच होती है। वाष्पीकरण अधिक होने के कारण यहाँ होने वाली वर्षा, वृक्षों के उगने और बढ़ने के लिए पर्याप्त है। इसलिए यहाँ पर प्रचुर मात्रा में हरी-भरी घास भूमियाँ मिलती हैं॥

प्रमुख वनस्पतियाँ—हरी-भरी घास भूमियाँ

प्रमुख पशु—घास खाने वाले जानवर जैसे बारहसिंगा

4. मरूस्थलीय वनस्पतियाँ—दक्षिण-पश्चिम और मध्य एशिया के विशाल भू-भाग पर मरुस्थल है। अरब और थार के ऊष्ण मरुस्थल दक्षिण-पश्चिम एशिया में हैं जबकि गोबी और तिब्बत के ठंडे मरुस्थल मध्य एशिया में हैं। इन सभी प्रदेशों में मरुस्थलीय वनस्पति पाई जाती है चूंकि पेड़-पौधों की वद्धि के लिए अनुकूल दशाएँ न मिलने के कारण यहाँ छोटी-छोटी कंटीली झाड़ियाँ और कुछ निम्न कोटियों की घास उगती है।

प्रमुख वनस्पतियाँ—छोटी-छोटी कटीली झाड़ियाँ

प्रमुख पशु—ऊँट, गधा और विशिष्ट प्रकार का छोटा हिरण।

नोट—ऊँचे पठारी भागों में याक पाया जाता है।

5. मानसूनी वन—दक्षिणी, दक्षिणी-पूर्वी तथा पूर्वी एशिया में मानसूनी वन पाए जाते हैं। इस प्रदेश में ग्रीष्म ऋतु गर्म और आर्द्र होती है। यहाँ अधिकतर वर्षा ग्रीष्म ऋतु में 62 से 1250 सेमी. के मध्य होती है। शीत ऋतु मृदुल तथा शुष्क होती है। उत्तर-पूर्वी एशिया में अपेक्षाकृत अधिक ठंडी जलवायु मिलने के कारण शीतोष्ण वन पाए जात हैं।

प्रमुख वनस्पतियाँ—सागौन, साल, चंदन

प्रमुख पशु—हाथी

6. विषुवतीय वर्षा वन—एशिया के सुदूर दक्षिणी भागों में, जो विषुवत रेखा के अधिक निकट हैं, विषुवतीय वर्षा वन मिलते हैं। ये वन संघन होते हैं।

प्रमुख वनस्पतियाँ—विविध प्रकार के वृक्ष, पौधे तथा झाड़ियाँ।

प्रमुख पशु—लंगूर, बंदर

जन समुदाय

- क्षेत्रफल और जनसंख्या की दृष्टि से एशिया सबसे बड़ा महाद्वीप है यहाँ पर विश्व की 59% से अधिक जनसंख्या निवास करती है।
- यहाँ पर विभिन्न नृजातीय समूह के लोग निवास करते हैं जिनके द्वारा विभिन्न भाषाएं बोली जाती हैं। साथ ही यह महाद्वीप संसार के सभी प्रमुख धर्मों का प्रादुर्भाव स्थल रहा है अर्थात यह कहा जा सकता है कि इतनी अधिक विविधता के बावजूद भी एशिया के लोग एक सूत्र में पिरोए हुए हैं।
- परिवार तथा गाँव एशिया की परंपरागत इकाइयां थीं जो औद्योगीकरण एवं नगरीकरण होने के कारण अलग-अलग दर से परिवर्तित हो रहे हैं। आज एशिया के लगभग प्रत्येक देश में पुराने और नई जीवन पद्धतियाँ साथ-साथ विद्यमान हैं।

प्राकृतिक संसाधन

- एशिया अनेक प्राकृतिक संसाधनों जैसे मृदा, वन एवं खनिज संसाधनों में धनी है। परंतु इन संसाधनों का वितरण असमान है। संसाधनों के उपयोग की प्रकृति एवं सीमा मुख्य रूप से लोगों की आकांक्षाओं और उनके वैज्ञानिक एवं तकनीकी विकास की दर पर निर्भर करती है। उदाहरणस्वरूप जापान के पास बहुत सीमित मात्रा में प्राकृतिक संसाधन है परंतु फिर भी यह संसार के सबसे अधिक औद्योगिक रूप से विकसित देशों में से एक है। अगर हम अल्प मात्रा में उपलब्ध संसाधनों के आधार पर आधुनिक अर्थव्यवस्था को स्थापित करने की क्षमता को देखें तो शायद यह संसार के देशों में प्रथम स्थान पर होगा। ऐसा जापानी लोगों की दक्षता के कारण ही संभव है। ये आयातित कच्चे पदार्थों की बड़ी निपुणता और कुशलता से उच्च गुणवत्ता वाली अधिक मूल्यवान वस्तुओं जैसे—इलेक्ट्रॉनिक वस्तुओं, कैमरों और मोटर वाहनों में बदल देते हैं।
- एशिया के प्रमुख प्राकृतिक संसाधन के वितरण के प्रारूप निम्नवत हैं—

1. मृदा संसाधन—एशिया का बहुत बड़ा भाग पर्वतों और मरुस्थलों से घिरा हुआ है। अत: एशिया की कुल भूमि का छठवां भाग ही कृषि योग्य है जो मुख्य रूप से मैदानों और नदी घाटियों में फैला हुआ है। कुछ नदी घाटियों में जहाँ उपजाऊ मृदा, उपयुक्त जलवायु और सुनिश्चित जल आपूर्ति है वहाँ कृषि कार्य बहुत पहले ही प्रारंभ हो गया था।

2. वन संसाधन—एशिया में मुख्यत: तीन प्रकार के वन पाए जाते हैं जो निम्नवत हैं—

वनों के प्रकार	स्थान	वनों की विशेषता
1. शीतोष्ण कटिबंधीय कोणधारी वन	रूस, जापान और हिमालय के पर्वतीय प्रदेशों में समुद्रतल से 1600 से 3300 मीअर की ऊंचाई के मध्य पाए जाते हैं।	इन वनों से मुलायम लकड़ी प्राप्त होती है जो इमारती कामों में तथा कागज की लुग्दी और रेयान बनाने में काम आती है।
2. मानसूनी वन	दक्षिण, दक्षिण-पूर्ण के कुछ भागों और पूर्व एशिया में मिलते हैं।	इन वनों में सागौन, साल और बांस जैस उपयोगी वृक्ष पाए जाते हैं।
3. विषुवतीय वन	हिंदेशिया और मलेशिया तथा विषुवत रेखा के निकट के कुछ द्वीप समूह में मिलते हैं।	इन वनों में विविध प्रकार के वृक्ष, पौधे तथा झाड़ियां मिलती है।

3. खनिज संसाधन—एशिया में अनेक प्रकार के खनिज जैसे लोहा, मैंगनीज, बाक्साइट, अभ्रक, टिन, कोयला, खनिज, तेल और प्राकृतिक गैस पाई जाती हैं। इन संसाधनों का वितरण असमान है, जो निम्नवत हैं—

खनिज संसाधन	प्रमुख देश
लोहा	रूस, चीन, अजरबैजान और भारत
अभ्रक और बॉक्साइट	भारत
टिन	मलेशिया
कोयला	रूस, यू.एस. और भारत
खनिज तेल और प्राकृतिक गैस	मध्य, दक्षिण-पश्चिम और दक्षिण एशिया के दशों में

- वर्तमान समय में कोयला, खनिज तेल और प्राकृतिक गैस जैसे जीवाशम ईंधन ऊर्जा के स्रोत बने हुए हैं।

आर्थिक क्रियाएँ

- एशिया महाद्वीप की प्रमुख आर्थिक क्रिया 'कृषि' है। यहाँ सभी प्रकार की प्रमुख कृषि पद्धतियाँ (पुरातन से आधुनिक तक) देखी जा सकती हैं जो निम्न प्रकार से हैं—(i) स्थानान्तरित (Shifting) कृषि (ii) सघन कृषि (iii) विस्तृत कृषि

1. स्थानांतरी कृषि—स्थानांतरी कृषि के प्रमुख तत्व निम्नवत हैं:

- **विशेषता**—फसल उगाने का सबसे प्राचीन तरीका।
- **कार्य पद्धति**—कृषि के विविध कार्य जैसे—मिट्टी खोदना और फसलों को काटने का कार्य साधारण और अपरिष्कृत औजारों द्वारा किया जाता है। इस प्रकार की कृषि में वन के एक भाग को आग लगाकर साफ कर दिया जाता है तत्पश्चात् पुराने ढंग से भूमि की जुताई और बीज की बुआई की जाती है और जब फसल पककर तैयार हो जाती है तो एसे काट लिया जाता है। जब दो-तीन वर्ष उपरांत मृदा की उर्वरता समाप्त हो जाती है तब उस भूमि को छोड़ कर वन के दूसरे स्थान को कृषि के लिए साफ किया जाता है।
- **प्रमुख पक्ष**—पहला तो इस प्रकार कह कृषि से उत्पादन बहुत कम होता है और दूसरा बहुत-सी बहुमूल्य वन सम्पदा व्यर्थ नष्ट हो जाती है।

2. सघन कृषि—सघन कृषि के प्रमुख तत्व निम्नवत हैं:

- **विशेषता**—कृषि की यह पद्धति एशिया में सर्वाधिक प्रचलित है।
- **कार्य पद्धति**—जनसंख्या घनतव अधिक होने के कारण यहाँ औसतन खेतों के आकार बहुत छोटे हैं। इन छोटे भूखण्डों पर काफी शारीरिक श्रम का प्रयोग किया जाता है। और कृषि कार्य बड़े व्यवस्थित ढंग से किया जाता है जैसे—खेत को जोतना, पंक्तियाँ बनाना, बीज बोना, खाद डालना, खेतों की सिंचाई, खरपतवार निकालना, फसल काटना तथा अंत में बाजार के लिए अथवा रखने के लिए अनाज को तैयार करना शामिल हैं।
- **प्रमुख पक्ष**—इस पद्धति से फसलों का उत्पादन अधिक होता है। किसान एक ही खेत से एक वर्ष में दो या तीन फसलें तक ले सकते हैं। परंतु यह मृदा की उर्वरता तथा जल आपूर्ति की अनिश्चितता पर निर्भर करता है।

3. विस्तृत कृषि—विस्तृत कृषि के प्रमुख तत्व निम्नवत हैं:

- **विशेषता**—यह कृषि पश्चिमी साइबेरिया और मध्य एशिया के कुछ क्षेत्रों में की जाती है।
- **कार्य पद्धति**—जनसंख्या घनत्व कम होने के कारण यहाँ खेतों का आकार बड़ा है। इस प्रकार बड़े-बड़े खेतों पर मानव श्रम से कार्य चलाना संभव नहीं होता इसलिए इन खेतों पर कृषि का सारा कार्य मशीनों से किया जाता है। मशीनों के अंतर्गत ट्रेक्टर छिड़काव द्वारा सिंचाई करने की मशीनें तथा फसल काटने की मशीनें सम्मिलित हैं।
- **प्रमुख पक्ष**—कृषि की यह पद्धति पूर्णता वैज्ञानिक है जिससे कुल उत्पादन अधिक होता है।

- एशिया में उगाई जाने वाली प्रमुख फसलें निम्नवत हैं—

प्रमुख फसल	उत्पादक देश
चावल	भारत, चीन, जापान, बांग्लादेश और दक्षिण-पूर्व एशिया के देश।
गेहूं	पश्चिम साइबेरिया, कजाकिस्तान, चीन, उत्तरी भारत, पाकिस्तान और दक्षिण पश्चिम एशिया के देश।
गन्ना	पाकिस्तान, भारत, चीन, थाईलैंड और हिंदेशिया
चाय	भारत, श्रीलंका, चीन, जापान और हिंदेशिया
कपास	चीन, मध्य एशिया के देश (तजाकिस्तान, कजाखिस्तान, तुर्कमेनिस्तान और उजबेकिस्तान) भारत और पाकिस्तान
रबड़	मलेशिया, हिंदेशिया, थाईलैंड, भारत, चीन और श्रीलंका

परिवहन

- सड़कें और रेलमार्ग परिवहन व्यवस्था के अति सामान्य साधन हैं। भू-भाग की प्रकृति इनके निर्माण को प्रभावित करती है। एशिया में मैदानी और घनी जनसंख्या वाले क्षेत्रों मे सड़कें और रेलमार्गों के सघन जाल हैं।
- एशिया के सुदूर क्षेत्रों को विश्व के अन्य भागों से जोड़ने में वायुमार्ग का महत्वपूर्ण योगदान है।
- समुद्र परिवहन प्राचीनकाल से ही महत्वपूर्ण रहा है। पूर्व और पश्चिम के मध्य व्यापार मुख्य रूप से महासागरों द्वारा ही किया जाता रहा है। समुद्री मार्ग भारी सामानों के लिए सदैव ही, सबसे सस्ता परिवहन का साधन रहा है।

अध्याय सार संग्रह

- एशिया विश्व का सबसे बड़ा महाद्वीप है, जो पृथ्वी के स्थलीय क्षेत्रफल के लगभग 30 प्रतिशत (4.46, 14000 वर्ग किमी.) भाग पर विस्तृत है।
- लाल सागर और स्वेज नहर एशिया को अफ्रिका से अलग करता है। बेरिंग जलसंधि द्वारा यह उत्तर अमेरिका से अलग होती है।
- मंगोलिया, नेपाल, भूटान, तुर्कमेनिस्तान, उज्बेकिस्तान, किर्गिस्तान, तजाकिस्तान, कजाकिस्तान, लाओस आदि देश स्थलरुद्ध देश हैं अर्थात् उनकी सीमा समुद्र को नहीं छुती है।
- एशिया महाद्वीप में तीन प्रमुख प्रायद्वीप हैं—अरब का प्रायद्वीप व इंडोचीन का प्रायद्वीप। अरब प्रायद्वीप विश्व का सबसे बड़ा प्रायद्वीप है।
- फिलीपींस द्वीपसमूह के पास विश्व का सबसे गहरा सागरीय गर्त मैरियाना गर्त (11034 मी.) है जो कि प्रशांत महासागर में स्थित है। मध्य एशिया में स्थित पामीर पठार को 'विश्व की छत' कहते हैं।
- रूस के एशियाई भाग को 'साइबेरिया' कहते हैं। ओब, एनेसी और लीना इसकी प्रमुख नदियाँ हैं। ये तीनों नदियाँ आर्कटिक महासागर में गिरती हैं।
- विश्व की सबसे गहरी झील बैकाल (गहराई—1741 मीटर) एवं सबसे बड़ी झील कैस्पियन सागर (क्षेत्रफल—3,71,800 वर्ग किमी.) भी साइबेरिया में ही स्थित है।
- सबसे अधिक वर्षा का क्षेत्र भारत के मेघालय राज्य की खासी पहाड़ियों में स्थित मासिनराम में होती है। इससे पहले चेरापूँजी (नया नाम—सोहरा) विश्व का सबसे अधिक वर्षा का क्षेत्र माना जाता था।
- एशिया का सबसे गर्म स्थान जैकोबाबाद (पाकिस्तान) तथा सबसे ठंडा स्थान बरखोयान्स्क (साइबेरिया) है, जहाँ तापमान क्रमश: 57°C तथा -69°C मिलता है। बर्खोयास्क को 'पृथ्वी का शीत ध्रुव' भी कहते हैं।
- एशिया में खाद्यान्न की प्रमुख फसलें धान, गेहूँ, मक्का, ज्वार-बाजरा और रागी है, जबकि प्रमुख नकदी फसलों के अंतर्गत चाय, गन्ना, जूट, कपास, रबर और तंबाकू आते हैं।
- रबड़ उत्पादन में थाईलैंड विश्व में सर्वप्रथम स्थान रखता है।
- विश्व की सबसे ऊँची रेलवे लाइन का निर्माण चीन में किया गया है। उ.प्र. चीन के हिंगहाए प्रांत से शुरू होकर तिब्बत के ल्हासा तक फैली इस रेलवे लाइन की ऊँचाई 4500 मी. है।
- एशिया में ही विश्व का सबसे लंबा (1300 मी.) प्लेटफार्म गोरखपुर (उ.प्र.) तथा सबसे लंबा रेलमार्ग ट्रांस-साइबेरियन रेलमार्ग स्थित है।
- किरथर, सुलेमान और हिन्दुकुश पाकिस्तान की प्रमुख पर्वत श्रेणियाँ हिमालय सहित भातीय उपमहाद्वीप को शेष एशिया से अलग करती है। इसमें तीन प्राकृतिक द्वार (दर्रे) हैं—खैबर, बोलन और गोलन। खैबर दर्रा हिंदुकुश में तथा बोलन दर्रा किरथर श्रेणी में स्थित है।
- पाकिस्तान के उत्तर पश्चिमी सीमा प्रांत (NWFP) में 'स्वात घाटी' अवस्थित है जिसे पाकिस्तान का स्वर्ग कहा जाता है।
- पाकिस्तान का परमाणु शक्ति केंद्र काहुटा है और खुशाब में परमाणु रिएक्टर निर्माणाधीन है।
- मानव विकास सूचकांक में अफगनिस्तान सबसे निचले पायदात पर है।
- नेपाल में हिमालय की तीनों श्रेणियाँ वृहत् हिमालय, मध्य हिमालय और शिवालिक मिलती है।
- एवरेस्ट, धौलागिरि, कंचनजंघा, मकालू, अन्नपूर्णा, गौरीशंकर आदि नेपाल की प्रमुख चोटियाँ है। विश्व की सबसे ऊँची चोटी एवरेस्ट (सागरमाथा, ऊँचाई-8848 मी.) नेपाल और चीन की सीमा पर पड़ता है। कंचनजंघा नेपाल और सिक्किम (भारत) के सीमावर्ती क्षेत्र में है।
- नेपाल की दक्षिणी सीमा के साथ-साथ दलदली मैदान है जिसे 'तराई' कहते हैं। इसकी जलवायु उष्णार्द्र है।
- भारत की मदद से बनाई गई चुक्खा, कुरिछ व ताला जल विद्युत परियोजना से भूटान को जलविद्युत प्राप्त हो रहा है।
- सकल राष्ट्रीय प्रसन्नता सूचकांक अपनाने वाला भूटान विश्व का एकमात्र देश है।
- बांग्लादेश डेल्टाई प्रदेश है जो विश्व के सबसे बड़े डेल्टा (गंगा-ब्रह्मपुत्र डेल्टा) पर स्थित है।
- डेल्टाई भाग में ज्वारीय वन मिलते हैं जो सुंदरवन के नाम से प्रसिद्ध है। इसमें बाघ मिलते हैं।
- कॉक्स बाजार विश्व की सबसे बड़ी बलुई पुलिन है।
- बांग्लादेश में ब्रह्मपुत्र को 'जमुना' कहा जाता है। गंगा में मिलने के बाद संयुक्त धारा को 'पद्मा' कहा जाता है।
- उपजाऊ डेल्टाई मिट्टी एवं अनुकूल जलवायु के कारण विश्व में सर्वाधिक जूट का उत्पादन करता है एवं जूट उद्योग बांग्लादेश का सर्वप्रमुख उद्योग है।
- विषुवत रेखा के निकट होने के कारण श्रीलंका में सालों भर भारी गर्मी पड़ती है।
- चाय श्रीलंका की राष्ट्रीय आय का प्रमुख साधन है, क्योंकि यह विश्व में चाय का सबसे बड़ा निर्यातक देश है।
- मालदीव दक्षिण एशिया का सबसे छोटा राष्ट्र है। भारत के मिनीकॉय द्वीप से 8° चैनल के द्वारा अलग होती है।
- विश्वव्यापी तापन के कारण मालदीव के अस्तित्व पर ही खतरा उत्पन्न हो गया है। दिसंबर 2009 में कोपेनहेगेन में जलवायु परिवर्तन पर हुए सम्मेलन कॉप-15 में इसके प्रति चिंता व्यक्त की गई है।
- मानव विकास सूचकांक में दक्षिण एशियाई (सार्क) देशों में मालदीव प्रथम स्थान रखता है।

- दक्षिण-पूर्व एशिया में प्रति व्यक्ति पेट्रोलियम उत्पादन में 'ब्रुनई' का स्थान प्रथम है।
- कम्बोडिया में 'अंकोरवाट मंदिर' (विष्णु मंदिर) अत्यधिक प्रसिद्ध है।
- इंडोनेशिया विश्व का सबसे बड़ा सिनकोना उत्पादक देश है। बांडुंग इसका सबसे बड़ा उत्पादक केंद्र है।
- सिनकोना से कुनैन बनाई जाती है जो मलेरिया की दवा है।
- संसार का सबसे ऊँचा पठार तिब्बत, अब चीन के अधिकार क्षेत्र में है जहाँ से सिंधु, सतलज, ब्रह्मपुत्र, साल्वीन और मेकांग जैसी बड़ी नदियाँ निकलती हैं। इसके उत्तर में तकलामाकन पठार है जो कि ठंडा और सुनसान रेगिस्तान है।
- चीन की बड़ी नदियाँ यांगटीसीक्यांग, सीक्यांग और ह्वांगहो है। ये तीनों पूर्व की ओर बहते हुए प्रशांत महासागर से मिलती हैं। ह्वांगहो के जल में पीली मुलायम मिट्टी बहने के कारण इसे 'पीली नदी' भी कहते हैं।
- चीन विश्व का सबसे बड़ा (36%) चावल उत्पादक देश है। इसके मुख्य उत्पादक क्षेत्र हैं। गेहूँ उत्पादन में चीन ने अब विश्व में प्रथम (17%) स्थान प्राप्त कर लिया है।
- चीन विश्व का दूसरा सबसे बड़ा मक्का उत्पादक देश है।
- तंबाकू उत्पादन में भी चीन का स्थान विश्व में प्रथम है।
- चाय का सबसे बड़ा उत्पादक देश चीन है और भारत दूसरे स्थान पर है।
- चीन विश्व का सर्वाधिक (27%) कपास उत्पन्न करने वाला देश है।
- शंघाई देश का सबसे बड़ा सूती वस्त्रोद्योग केंद्र और सबसे बड़ा पत्तन है। शंघाई 'चीन का मानचेस्टर' कहलाता है।
- 'हांगकांग व मकाओ' चीन में विलय किए गए नवीनतम भू-भाग हैं जो पहले क्रमश: ब्रिटेन एवं पुर्तगाल के उपनिवेश थे।
- जापान का 'फ्यूजीयामा' (सुषुप्त ज्वालामुखी) सबसे बड़ा ज्वालामुखी है। यह होन्शू द्वीप में टोकियो के पास है।
- प्राकृतिक उपहार के रूप में जापान को एक लंबी तटरेखा (27,000 किमी.) मिली है जो दंतुरित है। अत: प्राकृतिक पत्तनों का यहाँ स्वाभाविक विकास हुआ है।
- मत्स्य उद्योग में जापान का चीन के बाद विश्व में दूसरा स्थान है।
- शहतूत की पत्तियों पर पाले गए रेशम के कीड़ों से प्राप्त कच्चा रेशम पैदा करने में जापान का विश्व में प्रथम स्थान है।
- जापान विश्व का सबसे बड़ा जलपोत उत्पादक देश भी है।
- दक्षिणी भाग में संसार का सबसे बड़ा रेतीला मरुस्थल है, जिसे 'रब-अल-खाली' कहते हैं।
- खनिज तेल के भंडारण व निर्यात में सऊदी अरब का संसार में पहला स्थान है, जबकि उत्पादन में रूस के बाद दूसरा स्थान है।
- ओमान ईरान से हॉरमुज जलसंधि के द्वारा अलग होता है।
- सऊदी अरब के बाद तेल भंडार में इराक का विश्व में दूसरा स्थान है।
- 31 अक्टूबर, 2011 को अमेरिका के भारी विरोध के बावजूद फिलिस्तीन को 'यूनेस्को' की पूर्ण सदस्यता प्रदान कर दी गई।

भाग-2 भारत का भूगोल

अध्याय 13

भारत का भूगोल

इस अध्याय में आप सीखेंगे किः

- भारत का परिचय, उसका आकार एवं विस्तार के बारे में सामान्य जानकारियों के साथ-साथ भारत-वैश्विक स्थिति के बारे में जानकारी कैसे प्राप्त होगी।
- भारत का भूगोल कैसे भारत की ताकत है और मजबूरी भी।

सामान्य परिचय

- भारत विषुवत् रेखा के उत्तर में उत्तरी गोलार्द्ध में अवस्थित है। भारतीय मुख्य भूमि दक्षिण में कन्याकुमारी से उत्तर में इंदिरा कॉल (जम्मू एवं कश्मीर) तक 8°4' उत्तरी अक्षांश से 37°6' उत्तरी अक्षांश तक तथा पश्चिम में गौर मोता (गुजरात) से पूर्व में अरूणाचल प्रदेश (किबिधु) तक 68°7' पूर्वी देशान्तर से 97°25' पूर्वी देशान्तर के मध्य अवस्थित है।
- भारत का दक्षिणतम बिन्दु 'इंदिरा प्वाइण्ट' ग्रेट निकोबार द्वीप में अवस्थित है। इंदिरा प्वाइण्ट को **'पिगमेलियन प्वाइण्ट'** तथा **'पारसन प्वाइण्ट'** भी कहा जाता है।
- भारत की स्थिति विषुवत् रेखा के उत्तर में है और कर्क रेखा इसके मध्य से होकर गुज़रती है। यह रेखा हमारे देश के 8 राज्यों यथा गुजरात, राजस्थान, मध्यप्रदेश, छत्तीसगढ़, झारखण्ड, पश्चिमी बंगाल, त्रिपुरा और मिजोरम से होकर गुज़रती है।
- भारत में **द्वीपों की कुल संख्या 247** है जिसमें से **204** द्वीप **अण्डमान निकोबार** द्वीप समूह में स्थित है। इसके अतिरिक्त **43 अरब सागर** में स्थित है। अण्डमान एवं निकोबार द्वीप समूह ज्वालामुखी निर्मित तथा लक्षद्वीप प्रवाल निर्मित है। लक्कादीव, मिनीकाय और अमीनीदीव लक्षद्वीप समूह के प्रमुख द्वीप है। रामेश्वरम द्वीप भारत और श्रीलंका के मध्य स्थित है।
- भारत की स्थलीय सीमाएँ उत्तर-पश्चिम में अफगानिस्तान और पाकिस्तान को स्पर्श करती हैं जबकि उत्तर में चीन, नेपाल, उत्तरपूर्व में भूटान तथा पूर्व में बंगलादेश एवं म्यांमार देश से मिली हुई हैं। हमारे देश की सबसे लम्बी स्थलीय सीमा बांगलादेश 4096.7 किमी. चीन को स्पर्श करती है जबकि सबसे छोटी स्थलीय सीमा भूटान के साथ है।
- भारत का क्षेत्रफल विश्व के क्षेत्रफल का 2.4% और जनसंख्या 16.5% है। भारत का कुल क्षेत्रफल 32,87,263 वर्ग किलोमीटर है। 2011 की जनगणना के अनुसार भारत की जनसंख्या 121 करोड़ है। (स्रोत जनसंख्या एवं नगरीकरण)
- बंगाल की खाड़ी के तट पर स्थित भारतीय राज्य हैं—तमिलनाडु, आन्ध्रप्रदेश, उड़ीसा और पश्चिमी बंगाल, जबकि अरब सागर के तट पर स्थित राज्य हैं—गुजरात, महाराष्ट्र, गोवा, कर्नाटक तथा केरल। अंडमान निकोबार द्वीप समूह की समुद्री सीमा सबसे लंबी है जबकि राज्यों में **गुजरात** की समुद्रतटीय सीमा सबसे लम्बी है और गोवा की सबसे छोटी।
- भारत के सम्पूर्ण क्षेत्रफल की विभागीय स्थिति है—
  - 10.6% भाग पर पर्वत हैं,
  - 18.5% भाग पर पहाड़ हैं,
  - 27.7% भाग पर पठारी क्षेत्र हैं जबकि
  - 43.2% भाग पर मैदान हैं।

  (स्रोत –Alka Gautam Indian Geo)

भारत से जुड़ी अन्तर्राष्ट्रीय सीमा रेखाएँ

ड्यूरण्ड रेखा—भारत तथा अफगानिस्तान (अब पाकिस्तान) के मध्य अवस्थित।

मैकमोहन रेखा—भारत तथा चीन के मध्य।

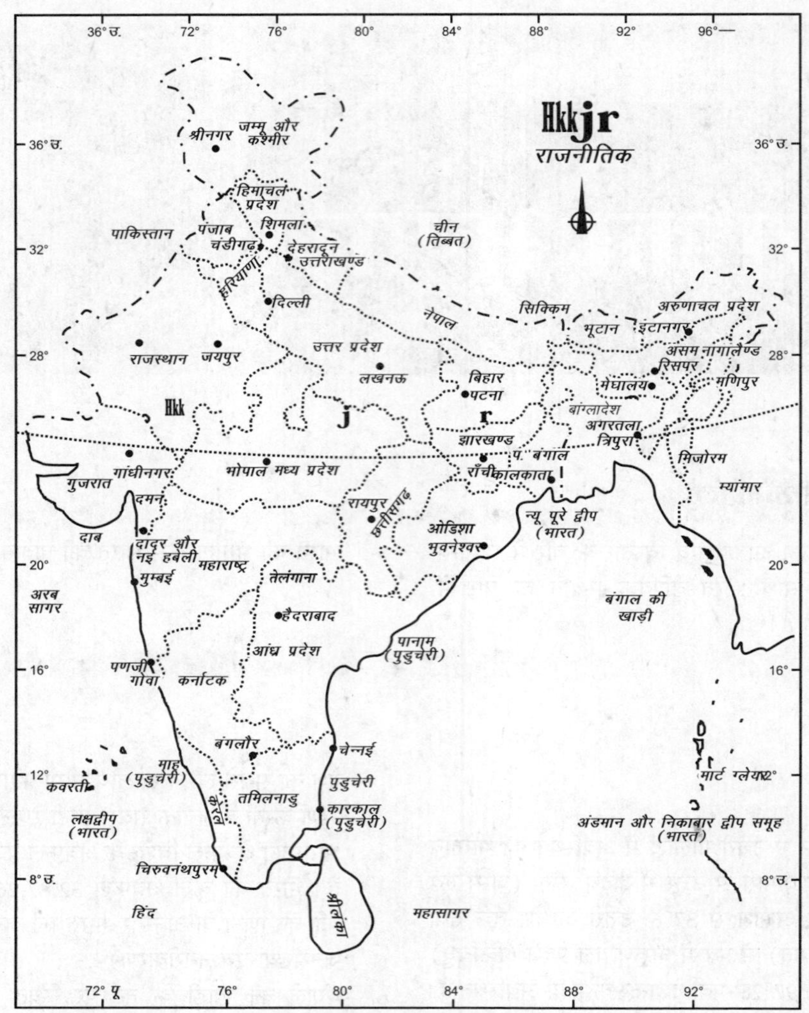

चित्र: भारत का राजनीतिक मानचित्र

रेडक्लिफ रेखा—भारत तथा पाकिस्तान के मध्य स्थित है।

- पाक जलडमरू मध्य श्रीलंका को भारत से पृथक करती है।
- ग्रेट चैनल इण्डोनेशिया के सुमात्रा द्वीप और ग्रेट निकोबार द्वीप को पृथक करती है।
- त्रिपुरा एवं बांग्लादेश के बीच की सीमा-शून्य रेखा।

भारत एक नजर में

- क्षेत्रफल — 32,87,263 वर्ग किमी.
- जनसंख्या — 1 अरब 21 करोड़ 05 लाख
- राज्यों की संख्या — 29 (28 + तेलगांना)
- केन्द्रशासित प्रदेशों की संख्या — 07
- सबसे बड़ा राज्य (क्षेत्रफल की दृष्टि से) — राजस्थान (3,42,239 वर्ग किमी.)
- सबसे छोटा राज्य — गोवा (3702 वर्ग किमी)
- क्षेत्रफल सबसे बड़ा केन्द्रशासित राज्य —अण्डमान एवं निकोबार द्वीप समूह (8249 वर्ग किमी)
- सबसे बड़ा जिला — कच्छ (गुजरात—45652 वर्ग किमी)
- सबसे छोटा जिला — माहे (पाण्डिचेरी—9 वर्ग किमी)
- क्षेत्रफल सबसे छोटा केन्द्रशासित राज्य — लक्षद्वीप
- अक्षांशीय विस्तार — 8°4' से 37°6' उत्तरी अक्षांश
- देशांतरीय विस्तार — 68°7' से 97°25' पूर्वी देशान्तर
- उत्तर-दक्षिण की दूरी — 3214 किलोमीटर

- पूर्व-पश्चिम की दूरी — 2933 किलोमीटर
- स्थल सीमा — 15,200 किलोमीटर
- समुद्री सीमा — 7516.6 किलोमीटर

भारत के प्रमुख चैनल

- भारत-इंडोनेशिया — ग्रेट चैनल
- लघु-अंडमान (कारनिकोवार) — 10° चैनल
- मिनीकाय-लक्षद्वीप — 90 चैनल
- मालद्वीप-मिनीकाय — 8° चैनल
- भारत-श्रीलंका — मन्नार की खाड़ी
- त्रिपुरा की सीमाएं — तीनों ओर से बांग्लादेश से घिरी हैं।
- पाकिस्तान की सीमा से लगे भारतीय राज्यों में सर्वाधिक लंबी सीमा — जम्मू कश्मीर है।

शीर्ष पाँच भौगोलिक क्षेत्र वाले जिले घटते क्रम में

- कच्छ (45652) किमी.^{2} में
- लेह (45110) किमी.^{2} में
- जैसलमेर (38428) किमी.^{2} में
- वाड़मेर (28387) किमी.^{2} में
- बीकानेर (27284) किमी.^{2} में

अध्याय सार संग्रह

- पाकिस्तान और भारत की सीमा को स्पर्श करने वाले राज्य—जम्मू-कश्मीर, पंजाब, राजस्थान, गुजरात।
- भारत एवं अफगानिस्तान की सीमा को जम्मू-कश्मीर स्पर्श करता है।
- भारत एवं चीन को स्पर्श करने वाले राज्य—जम्मू-कश्मीर, हिमांचल प्रदेश, उत्तराखण्ड, सिक्किम और अरूणाचल प्रदेश।
- म्यांमार को स्पर्श करने वाले राज्य—अरूणाचल प्रदेश, नागालैंड, मणिपुर, मिजोरम।
- बंगलादेश को स्पर्श करने वाले राज्य—मिजोरम, त्रिपुरा, असम, मेघालय एवं पश्चिम बंगाल।
- अफगानिस्तान को स्पर्श करने वाला राज्य—जम्मू कश्मीर।
- नेपाल को स्पर्श करने वाले राज्य—उत्तर प्रदेश, उत्तराखण्ड, बिहार, पश्चिम बंगाल, सिक्किम।
- भूटान को स्पर्श करने वाले राज्य—सिक्किम, पश्चिम बंगाल, असम, अरूणाचल प्रदेश।
- भारत की स्थलीय सीमा की लम्बाई 15,200 किमी तथा मुख्य भूमि की समुद्र तटीय सीमा की लम्बाई 6,100 किमी तथा मुख्य भूमि, लक्षद्वीप समूह और अण्डमान-निकोबार द्वीप समूह के समुद्रतट की कुल लम्बाई 7,516.6 किमी है। इस प्रकार भारत की कुल सीमा (15200 + 7516.6 = 22716.6 किमी.)
- भारत पूर्णतया उत्तरी-गोलार्द्ध में स्थित है। देश का विस्तार उत्तर से दक्षिण तक 3,214 किमी और पूर्व से पश्चिम तक 2,933 किमी है।
- विश्व में क्षेत्रफल की दृष्टि से भारत का स्थान सातवां तथा जनसंख्या की दृष्टि से दूसरा है।
- अण्डमान एवं निकोबार द्वीप समूह **मरकत द्वीप** (एमराल्ड आईलैण्ड) के नाम से प्रसिद्ध है।
- लक्षद्वीप समूह में लक्कादीव, मिनीकाय और अमीनीदीव प्रमुख द्वीप हैं।
- यद्यपि लक्षद्वीप का स्थलीय क्षेत्रफल कम है किन्तु इसका लैगून क्षेत्र 4,200 वर्ग किमी, स्थलीय जल क्षेत्र 20,000 वर्ग किमी तथा विशिष्ट आर्थिक क्षेत्र (EEZ) लगभग 700,000 वर्ग किमी क्षेत्र में फैला हुआ है।
- अरब सागर के तट पर स्थित भारतीय राज्य क्रमशः गुजरात, महाराष्ट्र, गोवा, कर्नाटक तथा केरल हैं जबकि बंगाल की खाड़ी के तट पर स्थित भारतीय राज्य तमिलनाडु, आन्ध्र प्रदेश, उड़ीसा और पश्चिमी बंगाल हैं।
- गुजरात सबसे अधिक लम्बी समुद्र-तटीय सीमा वाला राज्य है जबकि गोवा की समुद्र-तटीय सीमा सबसे छोटी है।
- 82°30′ पूर्वी देशान्तर रेखा नैनी (इलाहाबाद, उत्तर प्रदेश) से होकर गुज़रती है।
- कोच्चि का जुड़वां नगर एर्नाकुलम तथा हैदराबाद का जुड़वां नगर सिकन्द्राबाद है।
- रामेश्वरम द्वीप (तमिलनाडु) भारत और श्रीलंका के मध्य स्थित है।
- आदम का पुल भारत और श्रीलंका के मध्य स्थित है।
- पाण्डिचेरी केन्द्रशासित क्षेत्र के अन्तर्गत **माहे** (केरल में), **कराइकल** (तमिलनाडु में) तथा **यनम** (आन्ध्र प्रदेश में) तथा मुख्य पाण्डिचेरी तमिलनाडु में हैं
- भारत और चीन के बीच की सीमा को **मैकमोहन रेखा** तथा भारत और पाकिस्तान के बीच की सीमा को **रेडक्लिफ रेखा** के नाम से जाना जाता है।
- देश में जिलों की सर्वाधिक संख्या **उत्तर प्रदेश** राज्य (75) में है।
- देश में तहसीलों की सर्वाधिक संख्या **आन्ध्र प्रदेश** राज्य (1,125) में है।
- देश में नगरों की सर्वाधिक संख्या **तमिलनाडु** राज्य (832) में है।
- देश में गांवों की सर्वाधिक संख्या **उत्तर प्रदेश** राज्य (1,07,452) में है।
- गाँवों की कुल संख्या—6.41 लाख (2011)

1. **क्षेत्रफल**	—	32,87,263 वर्ग किमी. (विश्व का 2.4 प्रतिशत) विश्व में सातवाँ स्थान
2. **अवस्थिति**	—	उत्तरी गोलार्द्ध में 8°4′ से 37°6′ उत्तरी अक्षांश और 68° 7′ से 97° 25′ पूर्वी देशान्तर के मध्य विस्तृत
3. **पूर्व से पश्चिम विस्तार**	—	2933 किमी.
4. **उत्तर से दक्षिण विस्तार**	—	3214 किमी.
5. **शीर्ष बिन्दु**	—	उत्तरतम बिन्दु—इंदिरा कॉल, सियाचिन ग्लेशियर (जम्मू कश्मीर) दक्षिणतम बिन्दु—इंदिरा प्वाइंट (ग्रेट निकोबार) भूमि का दक्षिणतम् बिन्दु—कन्याकुमारी (तमिलनाडु) पश्चिमतम बिन्दु—गौरमाता/सरक्रीक (गुजरात) पूर्वोत्तम बिन्दु —किबिथु (अरूणांचल प्रदेश)
6. **मानक समय**	—	इलाहाबाद के निकट नैनी से गुजरने वाली 82.50 पूर्वी देशान्तर रेखा को माना गया है जो ग्रीनवीच समय से 5:30 घंटे आगे है।

नोट—82.50 पूर्वी देशान्तर 5 राज्य यथा—उत्तर प्रदेश, मध्यप्रदेश, छत्तीसगढ़, ओडिशा एवं आंध्र प्रदेश से होकर गुज़रती है।

7. **कर्क रेखा** — भारत के आठ राज्यों यथा—राजस्थान, गुजरात, मध्यप्रदेश, छत्तीसगढ़, झारखण्ड, पश्चिम बंगाल, त्रिपुरा और मिजोरम से होकर गुज़रती है।

8. **भारत के पड़ोसी देश** — भारत के कुल 9 पड़ोसी देश है, जिनमें 7 स्थलीय सीमा से सम्बद्ध है, जबकि श्रीलंका व मालदीव जलीय सीमा से सम्बद्ध है।

देश	अवस्थिति	सीमा की लम्बाई (किमी में)	सम्बद्ध राज्य
बांग्लादेश	भारत के पूर्व में	4096.7 किमी.	प. बंगाल, असोम, त्रिपुरा, मेघालय, मिजोरम
चीन	भारत के उत्तर में	3488 किमी.	जम्मू कश्मीर, हिमांचल प्रदेश, उत्तराखण्ड, सिक्किम, अरूणांचल प्रदेश
पाकिस्तान	भारत के उत्तर पश्चिम	3323 किमी.	गुजरात, पंजाब, राजस्थान, जम्मू कश्मीर
नेपाल	भारत के उत्तर में	1751 किमी.	उत्तराखण्ड, उत्तर प्रदेश, सिक्किम, बिहार, प. बंगाल
म्यांमार	भारत के पूर्व में	1643 किमी.	अरूणांचल प्रदेश, मणिपुर, मिजोरम, नागालैंड
भूटान	भारत के उत्तर में	699 किमी.	सिक्किम, प. बंगाल, अरूणांचल प्रदेश, असोम
अफगानिस्तान	भारत के उत्तर पश्चिम में	106 किमी.	जम्मू कश्मीर (पीओके)

नोट—भारत के 17 राज्य पड़ोसी देशों की स्थलीय सीमाओं से जुड़े हैं।

- **भारतीय भूमि का वर्गीकरण**—1. उत्तर पर्वतीय प्रदेश, 2. सिन्धु और गंगा का मैदान, 3. प्रायद्वीपीय पठार, 4. तटवर्ती मैदान एवं द्वीप समूह।

14 अध्याय

भारत की भौतिक संरचना

इस अध्याय में आप सीखेंगे किः

- ➤ भारत की भूगर्भीय संरचना एवं उसका वर्गीकरण किस प्रकार करते हैं। इसके संदर्भ में सम्पूर्ण भौतिक संरचना की क्रमवार जानकारी प्राप्त होगी।
- ➤ भूगर्भीय संरचना कैसे, किसी देश को आर्थिक समृद्ध बना देती है और इसका उस देश के ऊपर क्या प्रभाव पड़ता है।

भौतिक स्वरूप

भारत जैसे विशाल भूखंड के लिए यह कोई आश्चर्यजनक बात नहीं है कि इसमें कहीं ऊँचे गगनचुम्बी पर्वत पाये जाते है तो कहीं विस्तृत मैदान और कहीं कठोर भूमि वाले पठार। किन्हीं भागों में उष्ण बालू के मरुस्थल पाये जाते हैं तो कहीं सघन वन।

भू-गर्भीय संरचना की दृष्टि से भारतीय उपमहाद्वीप को चार भौतिक विभागों में बाँटा जा सकता है—

1. उत्तरी पर्वतीय प्रदेश (हिमालय पर्वत श्रृंखला)
2. सतलुज-गंगा-ब्रह्मपुत्र का मैदान
3. दक्षिण का विशाल प्रायद्वीपीय पठार
4. तटीय मैदान एवं द्वीप।

उत्तरी पर्वतीय प्रदेश

यह पर्वतीय भाग महान हिमालय पर्वत शृंखला के एक भाग का निर्माण करते हैं जो भारतीय भू-खंड के बाहर तक विस्तृत है तथा विश्व के सर्वाधिक युवा वलित पर्वतों में से एक है।

उत्पत्ति तथा उत्थान (Origin or Upheaval)—प्लेट विवर्तनिकी सिद्धान्त के अनुसार हिमालय की उत्पत्ति दो महाद्वीपों के आपस में टकराने से हुई है। वैज्ञानिकों के अनुसंधानों द्वारा ज्ञात हुआ है कि आज जहाँ हिमालय पर्वत स्थित है वहाँ एक विशाल सागर (टेथिस) स्थित था। इस सागर के दक्षिण में एक महाद्वीप (गोंडवाना भूमि) था जिसके अवशेष आज दक्षिण अमेरिका के पूर्वी भाग, अफ्रीका के प्रायद्वीपीय भारत और आस्ट्रेलिया के रूप में विद्यमान है। टेथिस सागर के उत्तर में भी एक और ऐसा ही महाद्वीप स्थित था जिसको अंगारा भूमि कहते हैं।

भू-वैज्ञानिकों के अनुसार मध्य जीवकल्प (Mesozoic) के अन्त में गोंडवाना भूमि तथा अंगारा भूमि के बीच स्थित टेथिस सागर का तल प्रदेश भूगर्भ के उत्थान के कारण ऊपर उठने लगा। उठते-उठते वह सागर तल की सतह तक आ पहुँचा और उसके जल ने गोंडवाना भूमि के कुछ निचले प्रदेशों को आवृत कर लिया। इसी के साथ-साथ गोंडवाना महाद्वीप विस्थापन के प्रभाव से टूट गया और उसके स्थान पर हिन्द महासागर की सृष्टि हुई। परन्तु टेथिस सागर के तल प्रदेश का उत्थान इतने पर भी समाप्त नहीं हुआ।

भूगर्भ के उत्थान के कारण वह अधिकाधिक ऊंचा उठता गया और इसके परिणामस्वरूप कुछ ऐसी पर्वत श्रेणियां बनी जिन्हें हम चीन से लेकर यूरोप तक फैली हुई पाते हैं। इन्हें अल्पाइन समूह की पर्वत श्रेणियां भी कहते हैं जिसका हिमालय पर्वत एक भाग है। इसी समय वृहद स्तरीय उथल-पुथल होने से दक्षिण भारत में बड़े पैमाने पर दरारों से द्रव लावा का प्रवाह फैला। यह सभी क्रिटेसियस युग के उत्तरार्द्ध की घटनाएं मानी जाती हैं।

हिमालय विश्व की नवीनतम मोड़दार या वलित पर्वतमाला है। कश्मीर से अरूणाचल प्रदेश तक हिमालय पर्वत श्रृंखला 2,500 किमी लम्बाई में फैली हुई है। पूर्व में इसकी चौड़ाई 150 किमी तथा पश्चिम में 500 किमी है। इसकी औसत ऊँचाई 6100 मीटर है। एशिया महाद्वीप में 6500 मीटर से अधिक ऊँची चोटियाँ 94 हैं जिनमें से 92 चोटियाँ इसी पर्वतीय प्रदेश में स्थित हैं। यह पर्वतमाला भारत के 5 लाख वर्ग किमी क्षेत्र में विस्तृत है।

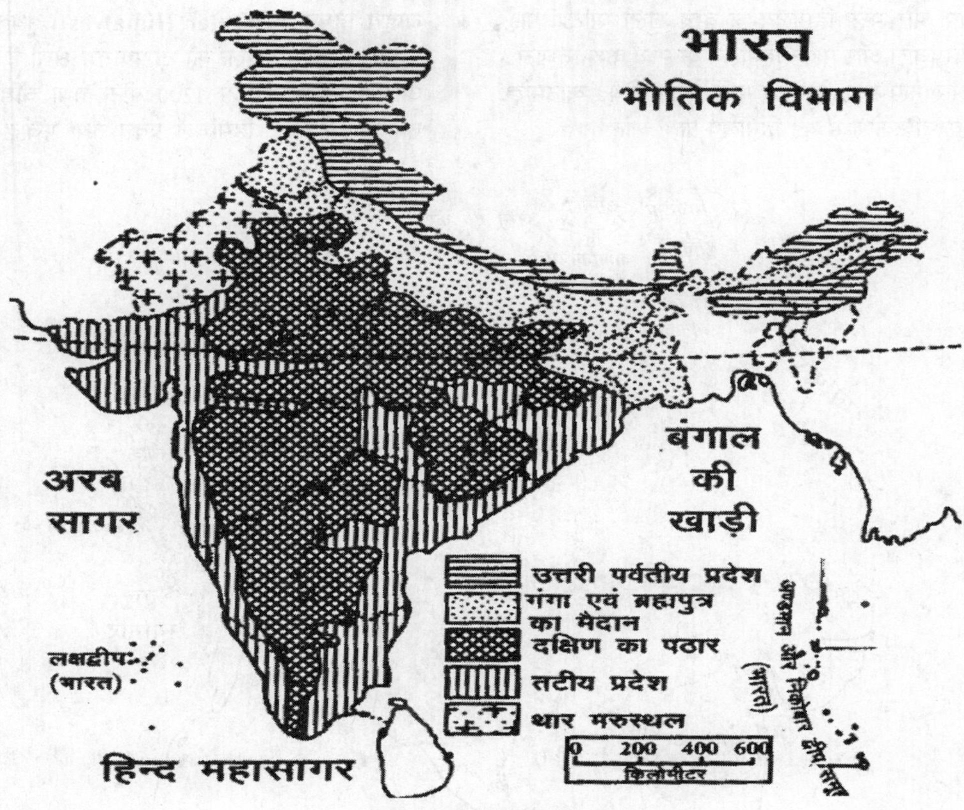

चित्र: भारत का भौतिक विभाग

हिमालय श्रेणियों का वर्गीकरण (Classification of Himalayan Range)

- हिमालय तीन समानान्तर पर्वत श्रृंखलाओं के रूप में है जिन्हें उत्तर से दक्षिण की ओर क्रमशः:

  (i) हिमाद्रि, (ii) हिमांचल, और **(iii) शिवालिक** नाम दिया जाता है
- **हिमाद्रि**—हिमालय की सबसे ऊँची पर्वत श्रेणी है। इसकी लम्बाई 2500 किमी है। इसकी औसत ऊँचाई 6100 मीटर तथा औसत चौड़ाई 25 किमी है। इसे **वृहत्त हिमालय** अथवा **आन्तरिक हिमालय** (Great Himalyas or Inner Himalyas) भी कहा जाता है। यह नंगा पर्वत से लेकर नामचाबर्वा पर्वत तक एक पर्वतीय दीवार के रूप में फैला है। विश्व की अधिकांश ऊँची पर्वत चोटियाँ इसी पर्वत श्रेणी में अवस्थित हैं। जैसे एवरेस्ट 8852 मीटर, कंचनजंगा 8598 मीटर, मकालू 8481 मीटर, नंगापर्वत 8126 मीटर, नंदा देवी 7817 मीटर, त्रिशूल, बद्रीनाथ, नीलकंठ एवं केदारनाथ हैं। एवरेस्ट चोटी को पहले तिब्बती भाषा में **चोमोलुंगमा** कहते थे।
- इस पर्वतीय श्रेणी में अनेक दर्रे मिलते हैं। कश्मीर में बुर्जिल और जोजिला; हिमांचल प्रदेश में बारलाचला, शिपकीला; उत्तरांचल में थागला, नीति और लिपूलेख तथा सिक्किम में नाथूला व जेलेपला दर्रे, अरूणाचल प्रदेश में बोमडिला, बुमला, टुंगला और पुंगम दर्रे महत्वपूर्ण हैं। यह हिमांचल की प्राचीन श्रेणी है तथा अभी भी निर्माणावस्था में है।

प्रमुख दर्रे

1. **बुर्जिला**—बुर्जिल पाक अधिकृत कश्मीर और श्रीनगर को जोड़ती है।
2. **जोजिला**—कश्मीर को लद्दाख से जोड़ती है।
3. **शिपकीला**—सतलुज का गार्ज, हिमांचल प्रदेश और तिब्बत।
4. **बड़ालाचला**—जम्मू कश्मीर एवं हिमांचल।
5. **नीति एवं लिपुलेख दर्रा**—उत्तरांचल एवं तिब्बत।
6. **नाथूला एवं जेलेप्ला**—सिक्कम एवं तिब्बत।
7. **बुमला, टुंगला, बोमडिला**—अरूणाचल प्रदेश एवं तिब्बत।

- सर्वोच्च हिमालय के दक्षिण में **मध्य या लघु हिमालय** (Lesser or Middle Himalyas) है। इसकी ऊँचाई 3700 से 4500 मीटर तथा औसत चौड़ाई 80 किमी है। पीरपंजाल, धौलाधार, नागटिब्बा, महाभारत हिमालय के इस भाग की पर्वत श्रेणियाँ हैं। भारत के **अधिकांश पर्यटक स्थल** जैसे—शिमला, डलहौजी, मसूरी, रानीखेत, नैनीताल, दार्जिलिंग आदि लघु हिमालय के दक्षिणी ढलानों पर स्थित है। पीरपंजाल श्रेणी पर स्थित दो प्रमुख दर्रे हैं—बंदिल पीर दर्रा तथा बनिहाल दर्रा (जवाहर टनल—जम्मू श्रीनगर महामार्ग इसी से होकर गुज़रता है)। इसके ढालों पर कोणधारी वन तथा छोटे-छोटे घास के मैदान पाए जाते हैं जिन्हें कश्मीर में मर्ग (गुलमर्ग, सोनमर्ग), उत्तराखंड में बुग्याल और पयार तथा मध्यवर्ती भागों में दुआर एवं दून कहा जाता

है। महान हिमालय और मध्य हिमालय के बीच खुली घाटियाँ पाई जाती हैं, जैसे—पीरपंजाल और महान हिमालय के मध्य कश्मीर घाटी, महान हिमालय और महाभारत श्रेणी के मध्य नेपाल स्थित काठमांडू घाटी हैं। विवर्तनिक दृष्टिकोण से यह हिमालय प्रायः शांत है।

- **बाह्य हिमालय (Outer Himalyas)** अथवा **शिवालिक श्रेणी** हिमालय पर्वत श्रृंखला की **दक्षिणतम** श्रेणी है। इस पर्वत श्रेणी की औसत ऊँचाई 900 से 1200 मीटर तथा चौड़ाई 10 से 50 किमी तक है। कश्मीर, हिमांचल प्रदेश तथा पंजाब में ये पर्वत श्रेणियाँ

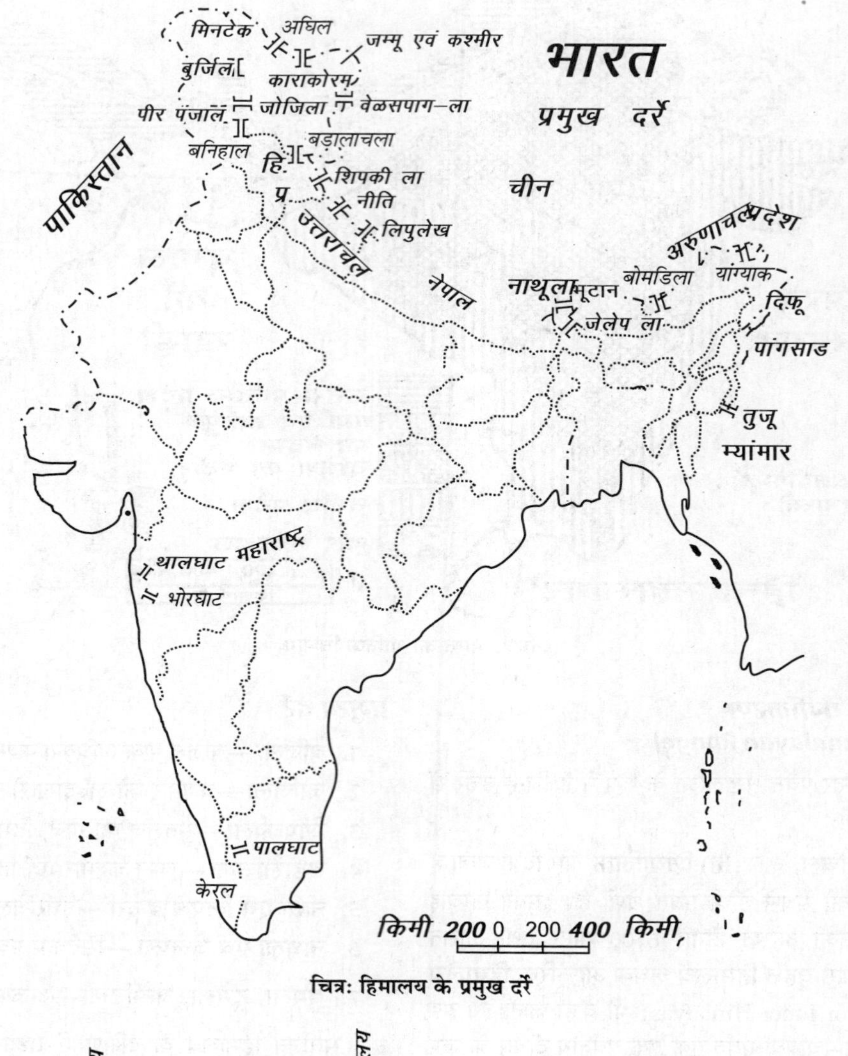

चित्रः हिमालय के प्रमुख दर्रे

सिन्धु–गंगा का मैदान
शिवालिक या बाह्य हिमालय
मध्य हिमालय
वृहत हिमालय
लद्दाख श्रेणी
ब्रह्मपुत्र घाटी
कैलाश श्रेणी
तिब्बत का पठार
कुनलुन की ढाल
दक्षिण
समुद्र सतह
उत्तर

चित्रः हिमालय पर्वत समूह : दक्षिण से उत्तर तक का पार्श्व चित्र

अधिक चौड़ी है। इसे गोरखपुर के समीप '**डूंडवा श्रेणी**' तथा पूर्व में '**चूरियामूरिया श्रेणी**' कहा जाता है। शिवालिक को जम्मू में जम्मू पहाड़ियों तथा अरूणाचल प्रदेश में डाफला, मिरी, अबोर और मिशमी पहाड़ियों के नाम से जाना जाता है। यह हिमालय पर्वत श्रृंखला का नवीनतम भाग है।

- **ट्रांस हिमालय**—यह महान हिमालय के उत्तर में स्थित है। इसमें लद्दाख, जास्कर, कैलाश, कराकोरम प्रमुख पर्वत श्रेणियाँ हैं। कराकोरम श्रेणी को उच्च एशिया की रीढ़ कहा जाता है। यहाँ के प्रमुख हिमनद हैं—हुंजा घाटी में हिस्पार और बाटुरा, शिग्गर घाटी में (सिंध की सहायक घाटी) विचाफो और बाल्टोरो, तथा नुब्रा घाटी में सियाचिन। कराकोरम श्रेणी के प्रमुख शिखर—K2 (8611 मीटर), हिडन (806 मीटर), ब्रॉड पीक (8047) गाशेर ब्रुम (8068 मीटर)।

हिमालय का प्रादेशिक विभाजन (Regional Classification of Himalyas)

सिडनी बुरार्ड नामक भूगर्भशास्त्री ने महान हिमालय का वर्गीकरण नदी घाटियों के आधार पर किया है। इन्होंने हिमालय की पश्चिमी सीमा सिंध नदी तथा पूर्वी सीमा ब्रह्मपुत्र नदी द्वारा निर्धारित की है। इन्होंने हिमालय के चार वर्ग बताए हैं—

1. **पंजाब हिमालय**—सिन्धु नदी तथा सतलुज नदी के मध्य अवस्थित पर्वतीय भाग; अधिकांश भाग जम्मू-कश्मीर तथा हिमांचल प्रदेश में विस्तृत है। इसकी लम्बाई 560 किमी है। इस भाग की मुख्य पर्वत श्रेणियां लद्दाख, रोहतांग, पीरपंजाल, जास्कर तथा जोजिला दर्रा है।
2. **कुमायूं हिमालय**—इस पर्वत श्रृंखला का विस्तार सतलुज तथा काली नदियों के मध्य 320 किमी की लम्बाई में विस्तृत है। यह पंजाब हिमालय का अपेक्षाकृत अधिक ऊँचा भाग है। इसमें नैनीताल, अल्मोड़ा, गढ़वाल आदि सम्मिलित हैं। भागीरथी और यमुना नदियों का उद्‌गम क्षेत्र इसी हिमालय में स्थित है।

   प्रमुख चोटियां हैं—बद्रीनाथ एवं केदारनाथ। नंदादेवी कुमायूं हिमालय का सर्वोच्च शिखर है।
3. **नेपाल हिमालय**—यह पर्वत प्रदेश हिमालय का सबसे लम्बा प्रादेशिक विभाग है। यह **काली नदी से तिस्ता नदी तक** लगभग 800 किमी की लम्बाई में विस्तृत है। विश्व की सर्वोच्च पर्वत श्रृंखलाएं माउन्ट एवरेस्ट, कंचनजंगा, धौलागिरी, मकालू आदि इसी श्रेणी में है।
4. **असम हिमालय**—असम हिमालय **तिस्ता नदी से लेकर दिहांग तक** 720 किमी लम्बाई में फैला हुआ है। इस पर्वतीय प्रदेश की प्रमुख चोटियां है—कुला कांगड़ी, चुमलहारी, काबरू, जागसांगला आदि। इस हिमालय में अनेक पहाड़ियाँ भी पायी जाती हैं जैसे नागा पहाड़ियाँ, कोहिमा, मणिपुर, मिजो, खासी आदि। इस भाग की प्रमुख नदियाँ दिबांग, दिहांग, लोहित तथा ब्रह्मपुत्र हैं।

हिमालय पर्वतों की भूवैज्ञानिक रचना

इस पर्वतीय प्रदेश में अत्यन्त प्राचीन चट्टानों से लेकर नवीन चट्टानों तक प्रत्येक की रचना मिलती है। इस क्षेत्र में तलछटीय जमाव हिमालय की कुल लम्बाई में हजारा और कश्मीर से लेकर धुर-पूर्व तक मिलते हैं। किन्तु सघन या विश्लेषणात्मक भूवैज्ञानिक अध्ययन अभी तक केवल दो ही भागों में किया गया है। ये भाग क्रमशः उत्तरी-पश्चिमी हिमालय और मध्यवर्ती हिमालय हैं।

पहले भाग के अन्तर्गत, हजारा, कश्मीर, पीरपंजाल और हिमालय की अन्य भीतरी श्रेणियां सम्मिलित की जाती हैं। यहां पैलियोजोइक कल्प तथा मैसोजोइक कल्प की चट्टानें भीतरी भाग में मिलती हैं, जबकि बाहरी भाग में जम्मू की पहाड़ियों में टर्शियरी युग की चट्टानें। जास्कर और पीर-पंजाल की पहाड़ियों के बीच कश्मीर की घाटी पूर्णतः विकसित पैलियोजोइक चट्टानों की बनी है।

उत्तरी-पश्चिमी हिमालय में उषः कल्प (आर्कियन कल्प Archean Era) की चट्टानों के समूह चिलास, गिलगित, बाल्टिस्तान, उत्तरी कश्मीर, लद्दाख ओर जास्कर श्रेणियों में मिलते हैं। कश्मीर और हजारा में इन्हें बलवाला समूह की संज्ञा दी गई है। इनमें स्लेट, क्वार्ट्ज, शिस्ट, रवेदार चूने का पत्थर, डोलोमाइट और फाइलाइट खनिजें मिलती हैं। इस भाग में बहुत अधिक मोड़ और भिंचाव पाये जाते हैं।

मध्यवर्ती हिमालय की उत्तरी सीमा में स्पीती की घाटी, कुमायूं और गढ़वाल प्रदेशों का विशेष रूप से अध्ययन किया जाता है। यहां कैम्ब्रियन युग से लेकर क्रिटेशियस युग तक की चट्टानें एवं तत्कालीन जीवावशेष या फोसिल्स (Fossils) मिलते हैं।

स्पीती घाटी और कुमायूं प्रदेश में दक्षिणी भारत से मिलती-जुलती धारवाड़ चट्टानें मिलती हैं। अभ्रक, शिष्ट, स्लेट और फाइलाइट आदि की ग्रीसबच द्वारा बैक्रित क्रम की संज्ञा दी गयी है। इनके पश्चात् हेमन्त क्रम मिलता है जिसमें शेल, स्लेट, क्वार्ट्ज आदि की अधिकता पायी जाती है। यह चट्टान समूह नेपाल से पूर्व तक फैले हैं।

शिमला-गढ़वाल प्रदेश के उप-हिमालय में कश्मीर के समान ही चट्टानी समूह मिलते हैं, जिन्हें जूतोघ और चैल-क्रम कहा जाता है। चक्राता के उत्तरी भाग में चैल-क्रम ही अधिक विकसित पाया जाता है। गढ़वाल के कुछ भागों में अरावली सदृश चट्टानों का क्रम मिलता है और विष्णु प्रयाग तथा बद्रीनाथ के बीच में उषः कल्प की चट्टानें मिलती है

नेपाल सिक्किम प्रदेश में—उषः कल्प आर्कियन क्रम (Rocks of Archean System) की चट्टानों को दार्जिलिंग क्रम की चट्टानों की संज्ञा दी गयी है। सिक्किम में इन चट्टानों में ताँबे के पर्याप्त भंडार पाये जाते हैं।

भूटान एवं पूर्वी हिमालय प्रदेश में बक्सा क्रम मिलता है। यह क्रम छोटा नागपुर की धारवाड़ चट्टानों से मिलता-जुलता है। डॉ. ब्राउन के अनुसार सदिया सीमान्त प्रदेश के समीप अभोर की पहाड़ियों में फाइलाइट, क्वाटर्ज, स्लेट, अभ्रक, शिष्ट, चूने का पत्थर तथा डोलोमाइट पाया जाता है।

लघु हिमालय में स्पीती घाटी, कुमायूं प्रदेश, एवरेस्ट प्रदेश और असम हिमालय में कार्बोनीफेरस और परमियन समुदाय के उदाहरण भी मिलते हैं। इनमें चूने का पत्थर विशेष रूप से पाया जाता है।

पूर्वी हिमालय का विश्लेषणात्मक भूवैज्ञानिक अध्ययन घने वन, भारी वर्षा, दलदली भूमि आदि भौतिक बाधाओं के कारण बहुत सीमित पैमाने पर ही पाया जाता है। यहां का शिलांग का पठार प्रायद्वीप का ही कठोर भाग

है, जिसने भिंचाव के समय हिमालय के दक्षिण दिशा में बढ़ने पर अवरोध उत्पन्न किया था।

पश्चिमी हिमालय तथा पूर्वी हिमालय में अन्तर

पूर्वी हिमालय की ऊंचाई बिहार तथा पश्चिमी बंगाल के मैदान से एकदम बढ़ जाती है और एवरेस्ट तथा कंचनजंगा जैसी ऊंची चोटियां एक दूसरे के निकट स्थित हैं। जबकि पश्चिमी हिमालय की उंचाई धीरे-धीरे शृंखलाओं के क्रम में बढ़ती है। जम्मू-कश्मीर की निम्न उप-हिमालयी पहाड़ियों को पीरपंजाल व धौलाधार जैसी निम्न हिमालयी श्रेणियों द्वारा आवृत्त किया गया है।

पश्चिमी हिमालय में औसत वार्षिक वर्षा 100 से.मी. से कम होती है। यही कारण है कि यहां वनस्पति के रूप में मुख्यत: अल्पाइन तथा शंकुल आकार के वन पाये जाते हैं। जबकि पूर्वी हिमालय में औसत वर्षा 200 से.मी. से अधिक होती है। इसका मुख्य कारण यह है कि उत्तरी पूर्वी हिमालय के क्षेत्र वर्षा के क्षेत्रों से अधिक नजदीक है। पूर्वी हिमालय में विस्तृत क्षेत्र पर घने सदापर्णी वन पाए जाते हैं।

हिमालय और दक्षिणी भारत या दक्कन की संरचना की तुलना

हिमालय पर्वत की संरचना दक्षिणी भारत की संरचना से पूर्णत भिन्न है—

1. यह दक्षिणी भारत से कहीं अधिक नवीन काल का (अल्पाइन क्रम का) पर्वत तन्त्र है।
2. इसकी उत्पत्ति टेथिस महासागर की भू-अभिनति (land upliftment)से हुई है अत: इसकी संरचना में अवसादी चट्टानों का आधिक्य पाया जाता है।
3. इस विशाल पर्वत में अनेक मोड़ों, भ्रंशों और ग्रीवाखण्डों के उदाहरण मिलते हैं।
4. हिमालय पर्वत का सम्पूर्ण निर्माण आकस्मिक ढंग से न होकर तीन पृथक कालों में हुआ है। अभिनवकालीन पर्वत तन्त्र होने से ही यहां असम, नेपाल, बिहार के क्षेत्रों में समय-समय पर भूकम्प आते रहते हैं।
5. यद्यपि भूतल की बाहरी शक्तियाँ (वर्षा, ताप, नदियां) लगभग 3 करोड़ वर्षों से इसका क्षरण कर रही है किन्तु दक्षिणी प्रायद्वीप जैसा विशाल परिवर्तन इसमें दृष्टिगोचर नहीं होता।
6. हिमालय प्रदेश की नदियां अभी अपनी युवावस्था में ही हैं, अत: उनके द्वारा दृष्टिगोचर कटाव अधिक होता है और इसी कारण यहां गहरी घाटियां या गार्ज मिलते हैं जिससे अनेक जलोढ़ पंख (alluvial fans) बन गए हैं जिन्हें सामान्यत: भाबर कहते हैं जबकि प्रायद्वीपीय नदियां प्रौढ़ावस्था में हैं और उनकी घाटियां भी अधिक चौड़ी हैं।

हिमालय का महत्व—हिमालय पर्वत का भारत के भौतिक, आर्थिक, एवं जलवायु सम्बन्धी अवस्थाओं पर गहरा प्रभाव पड़ा है जैसा कि निम्नलिखित तथ्यों से स्पष्ट है।

1. **मौसम एवं जलवायु पर प्रभाव**—यह पर्वत साइबेरिया की ओर से आने वाली ठण्डी और शुष्क पवनों से भारत की रक्षा करते हैं। जिसके कारण भारत अपनी अक्षांशों वाले दूसरे प्रान्तों से कम से कम 3°C गर्म रहता है जिससे जाड़े का मौसम अधिक कठोर नहीं हो पाता है। जिसके फलस्वरूप उत्तरी मैदानों में जनसंख्या का सघन जमाव सम्भव हो पाया है। हिमालय मानसूनी हवाओं को रोककर उन्हें मुख्यत: भारतीय स्थलखंड में ही वर्षा करने के लिए बाध्य करता है।
2. **प्रमुख नदियों का स्त्रोत**—हिमालय के हिम क्षेत्रों से अनेक हिमानियां विकसित होती हैं। इनसे सदावाहिनी नदियों का उद्गम होता है।
3. **उपजाऊ मिट्टी का स्त्रोत**—हिमालय की नदियां ऊंचाइयों से गिरते समय अपक्षय व अपरदन या अनाच्छादन (Denudation) द्वारा कई खनिजों से समृद्ध उपजाऊ मिट्टी बहाकर लाती है। यह उपजाऊ मिट्टियां उत्तरी मैदान को सघन जुताई वाले सर्वाधिक विस्तृत कृषि क्षेत्र में बदल देती है।
4. **पर्यटन**—हिमालय के हिमाच्छादित शिखरों और नैसर्गिक दृश्यों के कारण इन पर्वतों का महत्व यात्रियों, पर्यटकों और अन्वेषकों के लिए बढ़ जाता है। पर्यटन स्थल में कई महत्वपूर्ण धार्मिक स्थल भी मौजूद हैं, यह देश विदेश के यात्रियों को आकर्षित करके अर्थव्यवस्था की मजबूती में एक महत्वपूर्ण योगदान करती है।
5. **खनिज सम्पदा का भंडार**—यह क्षेत्र बहुत से खनिजों का भंडार है जो अभी पूर्ण रूप से व्यवहार में नहीं लाया गया है। वैज्ञानिकों के अनुसार इस क्षेत्र में तेल, कोयला, सीसा, जस्ता, तांबा, सोना, चांदी इत्यादि के बहुत बड़े भंडार की सम्भावना है।

सतलुज—गंगा—ब्रह्मपुत्र का मैदान

स्थिति एवं विस्तार

यह मैदान उत्तरी पर्वतीय भाग एवं दक्षिण के पठारी भाग के मध्य में फैला है। यह भारत का ही नहीं वरन् विश्व का सबसे अधिक उपजाऊ और घनी जनसंख्या वाला मैदान है। इस मैदान का ढाल बड़ा समतल है। इस मैदानी भाग में गहराई तक कांप मिट्टी के जमाव पाए जाते हैं। इसमें उत्तरी राजस्थान एवं पंजाब-हरियाणा से लेकर उत्तरी भारत के असम राज्य तक का भाग सम्मिलित है। पश्चिम में पाकिस्तान में (सिन्धु का मैदान) एवं पूर्व में बंगलादेश में (गंगा-ब्रह्मपुत्र का डेल्टा) इसी का विस्तार हैं

यह मैदान सिन्धु, गंगा, ब्रह्मपुत्र और उनकी अनेक सहायक नदियों द्वारा लाकर जमा की गयी कांप मिट्टी से बना है। अत: यह बहुत ही उपजाऊ है। **अरावली पर्वत श्रेणी, सिन्धु-सतलुज समूह एवं गंगा नदी** समूहों के बीच में **जल-विभाजक** का काम करती है। अत: इस मैदान के पश्चिमी और पूर्वी भाग क्रमश: पश्चिमी और पूर्वी मैदान कहलाते हैं। ब्रह्मपुत्र का मैदान अलग से सुदूर पूर्वी भारत (असम) में विस्तृत है।

1. **पश्चिमी मैदान (Western Plains)**—इसे सिन्धु का मैदान भी कहते हैं। भारत में इसका सतलुज बेसिन ही आता है, अत: भारत में इसे सतलुज का मैदान भी कहते हैं। इसका अधिकांश भाग (जिसमें पश्चिमी पंजाब और सिन्ध सम्मिलित है) पाकिस्तान में है। इस भाग

में मिट्टी के उभरे हुए टीले (दड़े) अधिक पाए जाते हैं। कहीं-कहीं इन टीलों के बीच में निम्न भूमि भी मिलती है जिसे तल्ली कहते हैं। वर्षा के दिनों में यह तल्लियां जल से भरकर झीलों का रूप ले लेती हैं जिसे ढांढ कहते हैं।

- **पंजाब-हरियाणा का मैदान**—पश्चिम की ओर ही पंजाब तथा हरियाणा में फैला हुआ भाग है, जिसमें सतलुज, व्यास और रावी नदियां बहती हैं। इसे **पंजाब का मैदान** कहते हैं। नदियों के सहारे बाढ़-ग्रस्त क्षेत्र फैले हैं। ऊंचे क्षेत्र को **बेट** (Wet) कहते हैं। पंजाब के उत्तरी-पश्चिमी भाग को **बारी दोआब** (Bari Doab), पूर्व को **बिस्त दोआब** (Bist Doab), दक्षिण को **हरियाणा का मैदान** (Haryana Plain) कहते हैं। इनमें से दोनों दोआब सिंचाई की सुविधाओं के कारण हरे-भरे हैं, किन्तु शेष मैदान जल के अभाव में प्राय: शुष्क रहे हैं। अब यहां भी भाखड़ा व्यास एवं अन्य बांधों की नहरों व यमुना की नहरों से सिंचाई व्यवस्था का विस्तार किया जा रहा है।
- **राजस्थान का मैदान**—इस मैदान का दक्षिण-पश्चिमी भाग पूर्ण मरूस्थल है। यह मरूस्थली भूमि स्थानान्तरणशील बालू टिब्बों से आच्छादित है, जिसे स्थानीय भाषा में 'धारिया' कहा जाता है। जैसलमेर के दक्षिणी भागों में अनेक प्लाया झीलों का निर्माण हुआ है जिसे 'रण' कहते हैं तथा ये झीले अभिकेन्द्रयी झीलों का उदाहरण प्रस्तुत करती हैं। बांगर क्षेत्र में नमकयुक्त झीलों की प्रधानता है, जिसे स्थानीय भाषा में 'सार' कहा जाता है। अरावली से निकलने वाली छोटी-छोटी नदियों का अपवाह क्षेत्र बांगर प्रदेश है। बांगर के उर्वर क्षेत्र को रोही कहा जाता है।

2. **पूर्वी मैदान (Eastern Plains)**—गंगा बेसिन का यह पूर्वी भाग ही वास्तव में मुख्य मैदान है। इस विशाल मैदान की गहराई बहुत अधिक है। यहाँ प्रतिवर्ष गंगा और उसकी सहायक नदियों द्वारा लायी गयी बारीक कांप मिट्टी की तहें जमती जाती हैं, अत: हजारों मीटर की गहराई तक खुदाई करने पर भी पुरानी चट्टानों का पता नहीं चलता है। यह मैदान अपेक्षाकृत अधिक नम तथा निम्न भूमि वाला है। गंगा के मैदान को धरातल के विचार से दो भागों में बांटा गया है : **बांगर** और **खादर**।

गंगा का सारा मैदान बांगर और खादर नामक ऊंची-नीची भूमि से बना है। बांगर की ऊंचाई कहीं-कहीं 30 मीटर है लेकिन ऊंचाई में इस तरह का लहरदार उतार-चढ़ाव पाया जाता है कि सरसरी दृष्टि से देखने पर बांगर और खादर में बहुत ही कम अन्तर दृष्टिगोचर होता है। यही कारण है कि इस मैदान में धरातल का उतार-चढ़ाव समुद्री लहरों के समान मालूम होता है।

बांगर के मैदान का विस्तार उत्तर प्रदेश में सबसे अधिक पाया जाता है जबकि खादर की बहुतायत बिहार और पश्चिमी बंगाल में विशेष रूप से है। पंजाब की भांति पश्चिमी उत्तरी प्रदेश में भी कहीं-कहीं बालू के ढेर पाये जाते हैं जिन्हें भूड़ (Bhoor) कहते हैं। यह भूड़ प्राचीनकाल में जल के बहाव से बन गये थे। सिन्धु के मैदान की भांति वायु द्वारा बने बालू के टीले गंगा के मैदान में नहीं मिलते क्योंकि इस मैदान में बालू और सूखी मिट्टी कम पायी जाती है।

पूर्वी मैदान का पश्चिमी भाग उत्तर प्रदेश के अन्तर्गत आता है जिसमें गंगा और यमुना नदियों के दोआब सम्मिलित हैं। हरिद्वार से अलीगढ़ तक का भाग **ऊपरी दोआब** (Upper Doab) कहलाता है। इसका ढाल बहुत ही धीमा है। इसी भाग में **पूर्वी यमुना** और **ऊपरी गंगा नहरों** से सिंचाई की

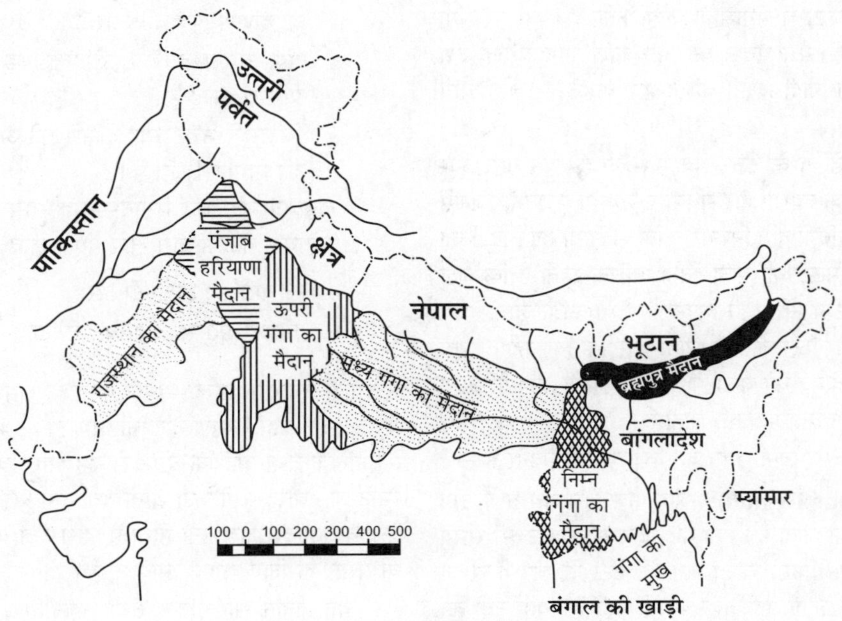

चित्र: उत्तर भारत के महान मैदान

जाती है। अलीगढ़ से इलाहाबाद तक **मध्य दोआब** क्षेत्र अधिक धीमे ढाल वाला और उपजाऊ है। इसमें गंगा की निचली नहर द्वारा सिंचाई होती है। इलाहाबाद के निकट यह दोआब समाप्त हो जाता है।

गंगा-यमुना के दोआब तथा उत्तर प्रदेश के उत्तरी मध्य भाग पर **रुहेलखण्ड का मैदान** फैला है। इसका ढाल दक्षिण-पूर्व को है जिसमें रामगंगा, शारदा और गोमती नदियां बहती हैं। इस मैदान में अत्यन्त उपजाऊ कांप मिट्टी पायी जाती है।

उत्तर प्रदेश का उत्तरी पूर्वी भाग **अवध का मैदान** है, जिसमें घाघरा, राप्ती और गोमती नदियों ने काफी गहराई तक कांप मिट्टी बिछा दी है। इस मैदान के विभिन्न भागों को **पुरबिया, सरयूपार** तथा **गोमती का मैदान** कहते हैं।

गंगा की मध्य और निचली घटी में उत्तरी बिहार, दक्षिणी बिहार, उत्तरी बंगाल तथा गंगा-ब्रह्मपुत्र का डेल्टा फैला है।

उत्तरी बिहार का मैदान (North Bihar Plain) गंगा के उत्तरी भाग में है। इसमें घाघरा, गण्डक और कोसी नदियां बहती हैं। इसका ढाल दक्षिण और दक्षिण-पूर्व की ओर है। यह मैदान अत्यन्त उपजाऊ है, किन्तु छपरा से खमरिया तक का क्षेत्र दलदली है जिसमें छोटे-बड़े कई तालाब फैले हैं। जिसे स्थानीय भाषा में 'चौड़' भूमि कहा जाता है। उत्तरी बिहार के समान ही दक्षिणी बिहार में भी दलदली भूमि मिलती है। जिसे पटना में 'जल' तथा मोकामा के पूर्वी भागों में 'ताल' कहा जाता है।

दक्षिणी बिहार का मैदान (South Bihar Plain) गंगा नदी के दक्षिणी भाग में तथा बिहार के मध्यवर्ती भाग पर फैला है। यह पश्चिम की ओर अधिक चौड़ा है। इसका ढाल उत्तर तथा उत्तर-पूर्व की ओर है। छोटा नागपुर के पठार से निकलने वाली सोन, पुनपुन आदि नदियां इसमें होकर बहती हैं और गंगा में मिल जाती हैं।

उत्तरी बंगाल का मैदान (North Bengal Plain)—हिमालय की तलहटी से लेकर गंगा के डेल्टा व गंगासागर तक फैला है। इस पर गंगा और ब्रह्मपुत्र नदियां बहती हैं। इस मैदान का अधिकांश भाग बंगला देश में है। उत्तरी बंगाल के पर्वत-पादीय क्षेत्र को **दुआर** कहते हैं, जहां चाय अधिक पैदा की जाती है।

ब्रह्मपुत्र का मैदान गंगा के डेल्टा के उत्तर-पूर्व में फैला है। यह गारो और हिमालय पहाड़ के बीच में एक लम्बा और संकरा पट्टीनुमा मैदान है जिसमें ब्रह्मपुत्र एवं उसकी सहायक नदियों द्वारा निरन्तर पर्वतों से लायी हुई मिट्टी का जमाव होता रहा है। जल में मिट्टी की मात्रा इतनी अधिक रहती है कि जल के बहाव में थोड़ी-सी रुकावट पड़ने पर ही मिट्टी के ढेर एकत्रित होकर द्वीप बन जाते हैं और जल चारों ओर फैल जाता है। यही कारण है कि ब्रह्मपुत्र नदी में द्वीप बहुत पाए जाते हैं। ब्रह्मपुत्र की घाटी में चावल, नारंगी, सुपारी, अन्य फल, जूट, सुपारी तथा चाय अधिक पैदा की जाती है।

उच्चावच की दृष्टि से इस मैदानी भाग का विवरण इस प्रकार है—

1. **भाबर प्रदेश (Bhabar Region)**—यह क्षेत्र हिमालय तथा गंगा के मैदान के मध्य पाया जाता है। गंगा के मैदान की यह उत्तरी सीमा है। यह प्रदेश 8 से 16 किमी चौड़ी संकरी पट्टी के रूप में स्थित है। यह प्रदेश कृषि के लिए अधिक उपयोगी नहीं है। यहाँ नदी का प्रवाह अदृश्य हो जाता है।
2. **तराई (Terai)**—भाबर के दक्षिण में समानान्तर अवस्थित है, यहाँ नदी पुनः दृष्टिगत होती है। यह प्रायः दलदली क्षेत्र होता है।
3. **बांगर प्रदेश (Bangar Region)**—बांगर प्रदेश पुरानी जलोढ़ मिट्टी द्वारा निर्मित प्रदेश हैं जहाँ नदियों की बाढ़ का जल नहीं पहुँचता है। कृषि के लिए यह प्रदेश उपयोगी नहीं है।
4. **खादर प्रदेश (Khadar Region)**—खादर प्रदेश वह नीचा भाग है जहाँ बाढ़ का जल पहुँच जाता है । इस प्रदेश का निर्माण नवीन जलोढ़ द्वारा होता है। यह प्रदेश अत्यधिक उपजाऊ है।

उत्तरी विशाल मैदान का प्रादेशिक विभाजन

उच्चावच में भिन्नताओं के कारण इसे निम्नलिखित भागों में बाँटा जा सकता है:

1. **सिन्ध का मैदान**—सिंधु नदी द्वारा निर्मित सिन्धु नदी के पश्चिम में मैदान मुख्यतः बांगर से निर्मित है। पूर्वी भाग डेल्टाई है। उत्तरी भाग मृतिका मरूभूमि है एवं दक्षिणी भाग बालू और दोमट मिट्टी का बना है।
   - जलोढ़ बालू और मृत्तिका के धरातल पर लम्बे और संकरे गर्त है जिसे धोरोस कहते हैं।
   - जहाँ क्षारीय झील पाए जाते हैं उसे धांड कहते हैं।
2. **पंजाब एवं हरियाणा का मैदान**—सतलुज, व्यास, रावी, चिनाब, एवं झेलम नदियों द्वारा बने मैदान। यह दोआब का बना हुआ मैदान है। शिवालिक पहाड़ियों से लगे मैदान में नदियों की अपरदन क्रिया द्वारा खड्डों का निर्माण होता है जिसे स्थानीय भाषा में 'चो' कहते हैं।
3. **गंगा का मैदान**—यह उत्तर प्रदेश, बिहार, एवं पश्चिम बंगाल में फैला है।
   - गंगा का डेल्टा विश्व का सबसे बड़ा डेल्टा है। सामान्य ढाल पूर्व या दक्षिण-पूर्व की ओर है।
   - गंगा-यमुना दोआब, रोहिलखण्ड और अवध इस मैदान की प्रसिद्ध इकाई है।
   - बिहार में उत्तर और दक्षिण की अनेक नदियों ने पंखानुमा शंकु का निर्माण किया है।
4. **ब्रह्मपुत्र नदी का मैदान**—यह सम्पूर्ण मैदान ब्रह्मपुत्र तथा उसकी सहायक नदियों द्वारा लाए गए जलोढ़ अवसाद से निर्मित है।
   - लम्बाई-640 किलोमीटर
   - चौड़ाई-90 से 100 किलोमीटर

उत्तरी मैदान का महत्व—यह भारत के लगभग एक-चौथाई क्षेत्रफल को घेरे हुए है। यहां सम्पूर्ण देश की लगभग 45% जनसंख्या निवास करती है। भौगोलिक तथा आर्थिक दृष्टि से यह भारत का सर्वोत्तम भाग है। उपजाऊ मिट्टियां, बारहमासी जल श्रोतों तथा अनुकूल जलवायु ने इस क्षेत्र को कृषि के लिए आदर्श क्षेत्र बना दिया है। इस क्षेत्र की स्थलाकृति संचार माध्यमों के प्रसार के लिए काफी उपयुक्त है।

यह मैदान सांस्कृतिक तथा राजनीतिक दृष्टिकोण से भी महत्वपूर्ण है। यह मैदान सिंधु घाटी से लेकर आर्य संस्कृति, मध्यकालीन सामंतवाद,

मुगल साम्राज्य तथा राष्ट्रीय आंदोलन तक सभी प्रमुख एतिहासिक घटनाओं का रंगमंच रहा है। यह क्षेत्र धार्मिक दृष्टि से भी बहुत महत्वपूर्ण है। इस क्षेत्र में हरिद्वार, मथुरा, प्रयाग, वाराणसी, सारनाथ, अयोध्या, पटना, गया जैसे तीर्थस्थल मौजूद हैं जो पर्यटन की दृष्टि से भी काफी महत्व रखते हैं।

प्रायद्वीपीय पठार (The Peninsular Plateau)

- इसकी आकृति अनियमित त्रिभुजाकार है, जिसका आधार दिल्ली एवं राजमहल की पहाड़ियों के बीच उत्तरी मैदान की दक्षिणी सीमा तथा शीर्ष कन्याकुमारी है।
- यह पठार भारत का प्राचीनतम भूखंड है, जिसकी समुद्रतल से औसत ऊँचाई 600 से 900 मीटर है।
- यह तीन ओर से पर्वतों से घिरा है। उत्तर से दक्षिण की लम्बाई 1600 किमी तथा पूर्व से पश्चिम में इसकी चौड़ाई 1400 किमी है।
- नर्मदा और ताप्ती नदियों की घाटियों ने इसे दो असमान भागों में बांट दिया है।
- उत्तरी भाग को मालवा का पठार और दक्षिणी भाग को दक्कन ट्रेप कहते हैं।

1. **मालवा का पठार**—यह पठार नर्मदा एवं ताप्ती नदियों एवं विध्यांचल पर्वत के उत्तर पश्चिम में फैला है।
    - इसके उत्तर-पश्चिम में अरावली पर्वत तथा उत्तर-पूर्व में गंगा का मैदान स्थित है।
    - यह ग्रेनाइट जैसी कठोर चट्टानों से बना है।
    - इसकी ऊँचाई 800 मीटर है।
2. **अरावली की पहाड़ियाँ**—यह मालवा के पठार के उत्तर-पश्चिम में स्थित है।
    - लम्बाई—692 किमी।
    - इन पहाड़ियों की 80% लम्बाई राजस्थान में है।
    - यह विश्व की सबसे प्राचीन वलित पर्वत माला है जो अपरदन के कारण अवशिष्ट पर्वत में परिवर्तित हो गयी है।
    - इस पर्वतमाला की सबसे ऊँची चोटी **गुरु शिखर** (1722 मी.) है जो आबू पर्वत में स्थित है।
3. **दक्कन पठार**—यह पठार ताप्ती नदी के दक्षिण में फैला है। यह उत्तर पश्चिम में सतपुड़ा तथा विंध्याचल, उत्तर में महादेव और मैकाल, पूर्व में पूर्वी घाटी एवं पश्चिम में पश्चिमी घाटी से घिरी हुई है।
    - गंगा
    - लावा निर्मित पठार;
    - औसत ऊँचाई—600 मीटर;
    - दक्षिण में यह पठार 1000 मीटर ऊँचा है।
4. **पश्चिमी घाट**—यह दक्षिण पठार का पश्चिमी सीमा बनाता है। इसे **सह्याद्री (Sahyadri) पर्वत** भी कहते हैं।
    - पश्चिम घाट में उत्तर से दक्षिण की ओर विद्यमान दर्रे—थालघाट, भोरघाट, पालघाट एवं शेनकोट्टा है।
    - **थालघाट**—मुम्बई से नासिक को जोड़ने वाला मार्ग इससे होकर जाता है।
    - **भोरघाट**—यह मुम्बई और पुणे को जोड़ता है।
    - पश्चिमी घाट के दक्षिण में नीलगिरी, अन्नामलाई, पालनी तथा इलाइची की पहाड़ियाँ स्थित है।
    - अन्नामलाई पहाड़ियों में स्थित अनाईमुड्डी शिखर दक्षिण भारत का सबसे ऊँचा पर्वत शिखर है।
    - नीलगिरि पहाड़ियों में स्थित **दोदाबेटा** (Doda-Betta) शिखर नीलगिरि का सबसे ऊँचा पर्वत शिखर है। इसी पर ऊटकमंडल (ऊटी) नाम का पर्यटन स्थल भी है।
    - नीलगिरी, पश्चिमी घाट, पूर्वी घाट और दक्षिणी पहाड़ियों का मिलन स्थल है।
    - यह अरब सागर से आने वाली दक्षिणी पश्चिमी मानसूनी पवनों के लगभग लम्बवत् दिशा में है। इस कारण पश्चिम तटीय मैदान में भारी वर्षा होती है।
5. **पूर्वी घाट**—यह घाट दक्षिण पठार के पूर्वी किनारों पर स्थित है।
    - औसत ऊँचाई—600 मीटर है।
    - इसको विभिन्न भागों में विभिन्न नामों से पुकारा जाता है जैसे—नल्लामलाई, वेलीकोडा, पालकोडा, जाबादी एवं शेवराय।
    - पूर्वी घाट से किसी बड़ी नदी का उद्गम नहीं है।
    - यह बंगाल की खाड़ी से आने वाली दक्षिण पश्चिम मानसून पवनों के लगभग समानांतर है, फलस्वरूप यह अधिक वर्षा नहीं करा पाती है।

प्रायद्वीप के भू-भौतिक विभाग

1. स्थलाकृतिक विशेषता की दृष्टि से निम्न भाग—
    - अरावली की पहाड़ी
    - विंध्य पर्वत
    - राजमहल
    - पूर्वी घाट पर्वत
    - पश्चिमी घाट पर्वत
2. प्रायद्वीपीय पठार की विशेषता के आधार पर निम्न भाग—

    (i) मध्यवर्ती उच्च भूमि
    - मालवा का पठार
    - बुन्देलखण्ड नेस
    - विंध्यन पठार

    (ii) पूर्वी पठार
    - बघेलखण्ड का पठार
    - छत्तीसगढ़ का पठार
    - दण्डकारण्य पठार

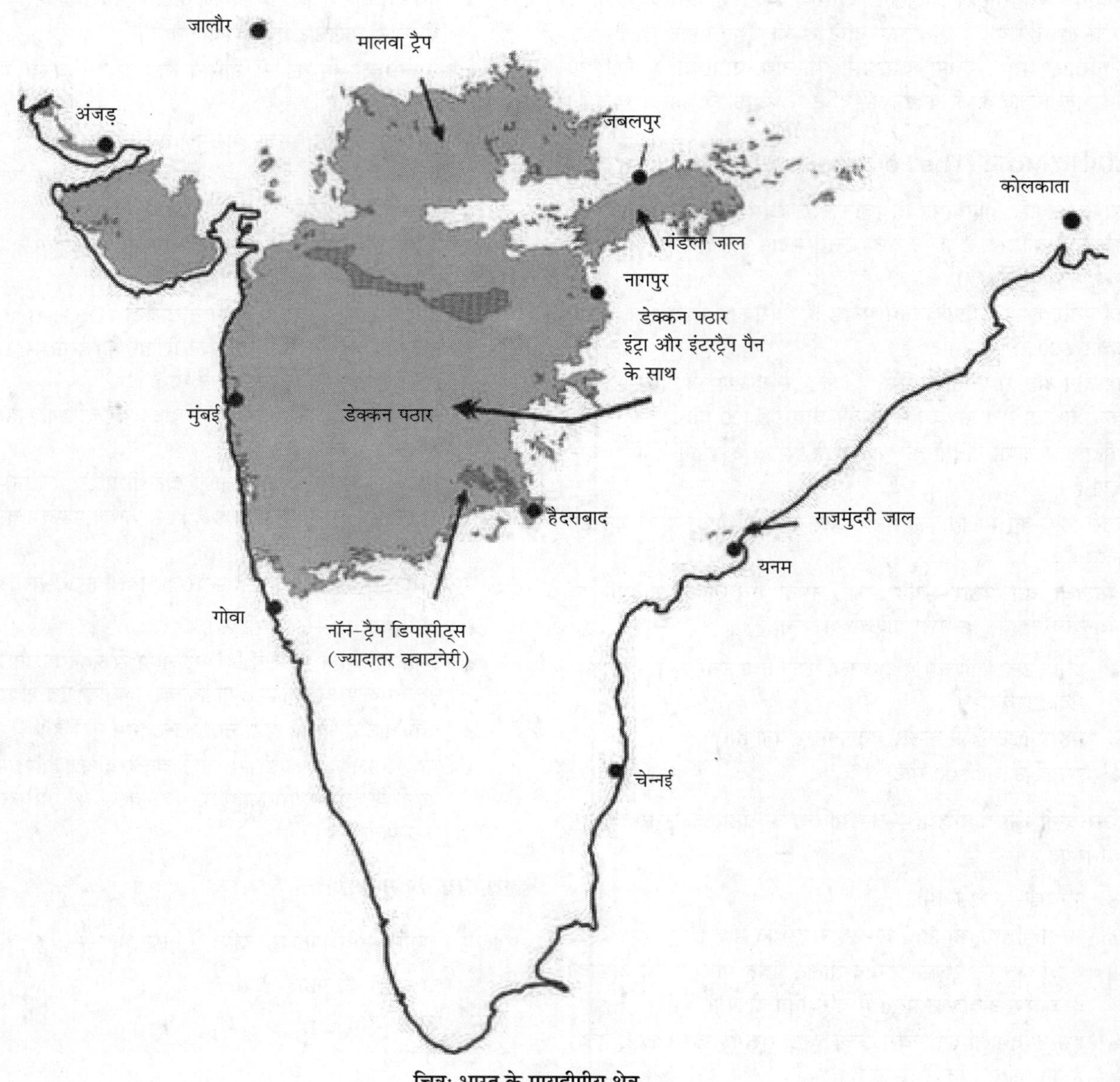

चित्र: भारत के प्रायद्वीपीय क्षेत्र

- छोटा नागपुर का पठार
- मेघालय का पठार

(iii) काठियावाड़ का पठार

(iv) दक्कन का पठार

- महाराष्ट्र का पठार
- आन्ध्र का पठार
- कर्नाटक का पठार

3. प्रायद्वीपीय पठार की आंतरिक पहाड़ियाँ—

- सतपुड़ा श्रृंखला
- अजंता की पहाड़ियाँ
- महादेव की पहाड़ियाँ
- पारसनाथ की पहाड़ी
- यह पठार अपने अस्तित्व के अधिकांशकाल तक समुद्र की सतह के ऊपर रहा है, अत: अपरदन के कारकों ने इसे करोड़ों वर्षों तक प्रभावित किया है।
- प्री-कैम्ब्रियन काल में अरावली पहाड़ियों का उत्थान हुआ तथा कैम्ब्रियन काल में विंध्यन पर्वतों का उत्थान हुआ।
- अपेक्षाकृत नए उत्थान का प्रमाण पालनी तथा नीलगिरी की पहाड़ियाँ हैं।

- पठार के उत्तर-पश्चिमी भाग में दरारी उद्भेदन द्वारा लावा के प्रवाह से दक्कन ट्रैप का निर्माण हुआ।
- पश्चिम के अरब सागरीय खण्ड के अवतलन (Subsidence) के कारण हिन्द महासागर का जल भू-भाग पर आ गया जिसे अरब सागर कहते हैं।

1. स्थालाकृतिक विशेषता की दृष्टि से निम्न भाग—

(i) अरावली की पहाड़ियाँ

- अवशिष्ट पर्वत श्रेणियाँ
- अत्यधिक अनाच्छादित
- विश्व के प्राचीनतम मोड़दार पर्वतों में से एक
- औसत ऊँचाई 1500 मीटर
- लंबाई 1800 कि.मी.
- सबसे ऊँची चोटी—गुरूशिखर
- पश्चिम की ओर माही व लूनी नदियाँ निकलती हैं।
- पूर्व की ओर की प्रमुख नदी—बनास (चंबल की सहायक नदी)

(ii) विंध्य पर्वत

- लंबाई 1200 कि.मी.
- इस श्रृंखला का भारी अपरदन हो चुका है
- औसत ऊँचाई 500-700 मीटर
- पश्चिमी भाग पर लावा है किन्तु पूर्वी भाग पर लावा नहीं है
- पश्चिम में भारनेर पर्वत श्रेणी तथा पूर्व में कैमूर पहाड़ियाँ हैं।

(iii) राजमहल की पहाड़ी

- प्रायद्वीपीय पठार की उत्तरी-पूर्वी सीमा पर स्थित
- विकास मुख्यत: विदर उद्गार का परिणाम
- मुख्यत: बेसाल्ट से बनी अवशिष्ट पहाड़ी
- औसत ऊँचाई—400 मीटर

(iv) पूर्वी घाट पर्वत

- ये पर्वत पूर्वी समुद्र तटीय मैदान के समानांतर महानदी की घाटी से दक्षिण में नीलगिरी तक उत्तर-पूर्व से दक्षिण-पश्चिम दिशा में फैले हैं।
- लंबाई—1300 कि.मी.।
  (*सौजन्य:* परीक्षा वाणी इंडियन जिओ.)
- अवशिष्ट पर्वत हैं
- इनका विकास कुडप्पा संरचना से हुआ है
- स्थलाकृति विशेषताओं की दृष्टि से इसे तीन भागों में विभाजित करते हैं:

  (a) महानदी व गोदावरी के मध्य विकसित श्रृंखला
    - औसत ऊँचाई 615 मीटर
    - सर्वोच्च शिखर—महेन्द्रगिरी 1501 मीटर

  (b) गोदावरी व कावेरी के मध्य विकसित श्रृंखला
    - औसत ऊँचाई 900-1100 मीटर
    - इस श्रृंखला के उत्तरी भाग को नल्लामलाई पहाड़ियाँ कहते हैं।
    - कृष्णा-कावेरी के बीच के भाग को पालकोंडा पहाड़ी कहते हैं।

  (c) कावेरी के दक्षिणी भाग में विकसित श्रृंखला
    - औसत ऊँचाई सामान्यत: 1000 मीटर से अधिक
    - ये सभी श्रृंखलाएँ अंतत: नीलगिरी व पालनी की पहाड़ियों में मिल जाती हैं।

(v) पश्चिमी घाट पर्वत

- इन पर्वतों का भौगोलिक फैलाव नर्मदा घाटी से लेकर कन्याकुमारी तक है
- इसे सहयाद्रि भी कहते हैं
- सहयाद्रि पर्वतीय क्षेत्र नीलगिरी पहाड़ियों के उत्तर का भाग है
- 16° उत्तरी अक्षांश रेखा इसे दो भागों में विभाजित करती है

  (a) उत्तरी सहयाद्रि
    - औसत ऊँचाई 900 मीटर
    - उत्तर में स्थित दो दर्रे हैं।
    - थालघाट-मुंबई से नासिक
    - भोरघाट-मुंबई से पुणे
    - उत्तरी सहयाद्रि का सर्वोच्च शिखर—काल्सुबाई (1646 मीटर)

  (b) दक्षिणी सहयाद्रि
    - सर्वोच्च शिखर-कुद्रेमुख 1892 मीटर तथा पुष्पगिरी 1714 मीटर
    - नीलगिरी पहाड़ियों का सर्वोच्च शिखर—दोद्दाबेटा (2636 मीटर) (दक्षिण भारत का दूसरा सर्वोच्च शिखर)।
    - नीलगिरी पहाड़ियों के दक्षिण में पालघाट का दर्रा स्थित है।
    - अन्नामलाई पहाड़ी तथा इलायची पहाड़ियों के बीच भी एक दर्रा है जिसे शेनकोट्टा गैप के नाम से जाना जाता है।
    - अनाइमुदी (2695 मीटर)—अन्नामलाई पहाड़ियों में स्थित दक्षिणी भारत का सर्वोच्च शिखर।

2. प्रायद्वीपीय पठार की विशेषताओं के आधार पर निम्न भाग—

(i) मध्यवर्ती उच्च भूमि (Middle Highland)—

- प्रायद्वीपीय भू-भाग का उत्तरी भाग
- कठोर आग्नेय और कायान्तरित शैलों का बना है
- इसे तीन उप-पठारों में बाँटा गया है

(a) मालवा का पठार

- लावा निक्षेपों से निर्मित काली मिट्टी का मैदान
- यहाँ बहने वाली मुख्य नदियाँ-बनास, चंबल, सिंध, माही तथा बेतवा।
- मानव बसाव का प्रमुख केन्द्र

(b) बुन्देलखण्ड नीस (GNEISS)

- मालवा पठार के पूर्व की ओर स्थित।
- इसकी स्थलाकृति नीसं तथा क्वार्टजाइट के गहन अपरदन से विकसित हुई है।
- यहाँ बहने वाली प्रमुख नदियाँ-धसान, केन, टोंस आदि।

(c) विन्ध्य पर्वत श्रेणी

- लम्बाई 1200 कि.मी.
- प्राचीन युग की परतदार चट्टानों से बनी हैं
- इस श्रेणी में लाल बलुआ पत्थर प्रधान रूप से मिलता है
- यह श्रेणी काफी अपरदित है
- औसत ऊँचाई 500-700 मीटर

(ii) पूर्वी पठार

- प्रायद्वीप भू-भाग के पूर्वी भाग में फैला है।
- इसे पाँच उप-विभागों में विभक्त किया जाता है—

(a) बघेलखण्ड पठार

- मैकाल श्रृंखला के पूर्व में स्थित
- इसके उत्तर में सोनपुर की पहाड़ियाँ तथा दक्षिण में रामगढ़ की पहाड़ियाँ स्थित हैं।
- मध्य भाग पूर्व से पश्चिम की ओर ऊँचा है

(b) छतीसगढ़ पठार

- बघेलखण्ड पठार के दक्षिण में स्थित है
- यहाँ कुडप्पा संरचना की चट्टानें मिलती हैं
- इस पठार में वेनगंगा की घाटी तथा महानदी का ऊपरी बेसिन सम्मिलित है
- इस पठार की ऊँचाई दक्षिण की ओर बढ़ती जाती है

(c) दण्डकारण्य पठार

- छत्तीसगढ तथा आन्ध्र प्रदेश के सीमावर्ती क्षेत्र में स्थित है
- अत्यंत ही ऊबड़-खाबड़ पठार है
- मुख्यत: आर्कियन चट्टानों से बना है
- औसत ऊँचाई 700 मीटर

(d) छोटानागपुर का पठार

- प्रायद्वीपीय पठार उत्तरी पूर्वी सीमावर्ती पठार है।
- औसत ऊँचाई 700-900 मीटर के मध्य
- पारसनाथ की पहाड़ियाँ इसी पठार पर स्थित हैं।
- प्रमुख नदियाँ—महानदी, सोन, स्वर्णरेखा, दामोदर
- यह पठार खनिज पदार्थों की दृष्टि से भारत के सर्वाधिक धनी प्रदेशों में से है।

(e) मेघालय का पठार

- छोटानागपुर के पठार का समकालीन।
- औसत ऊँचाई—700-900 मीटर
- इस पठार को शिलांग का पठार भी कहते हैं
- यह अत्यधिक कटा-फटा व वनों से भरा क्षेत्र है
- हिमालय निर्माण के समय यहाँ भी नवोन्मेष की क्रिया हुई है जिसके कारण इस पठार के पश्चिमी भाग में गारो पहाड़ियाँ, मध्य भाग में खासी-जैयन्तिया पहाड़ियाँ तथा उत्तर-पूर्व में मिकिर पहाड़ियों का निर्माण हुआ।
- खासी पहाड़ियों के दक्षिण में चेरापूँजी स्थित है।
- इस पठार पर बहने वाली दो प्रमुख नदियाँ-दुदनई व कैसबई है।

(iii) काठियावाड़ का पठार

- कच्छ के दक्षिण में स्थित है
- औसत ऊँचाई 200-400 मीटर
- सबसे कम ऊँचा पठारी क्षेत्र है
- मूलत: लावा निर्मित है
- गिरनार पहाड़ियों में जूनागढ़ के पास गोरखनाथ स्थान काठियावाड़ा में सबसे ऊँचा है
- काठियावाड़ा के उत्तर-पूर्व में छोटा रण है

(iv) दक्कन का पठार

- यह पठार सतपुड़ा माहदेव मैकाल जल विभाजक रेखा के दक्षिण में एक त्रिभुजाकार आकृति में विस्तृत है।
- क्रिटेशियस तथा पूर्व टर्शियरी काल में होने वाले ज्वालामुखी विस्फोट से निकले बेसिक लावा से इसका निर्माण हुआ है।
- 5 लाख वर्ग कि.मी. क्षेत्र में फैला है।
- सामान्य ढाल-उत्तर तथा उत्तर-पश्चिम से दक्षिण तथा दक्षिण-पूर्व की ओर है
- राजनीतिक दृष्टिकोण से मध्यप्रदेश, महाराष्ट्र, आन्ध्र प्रदेश, कर्नाटक तथा गुजरात राज्यों के भागों में फैला है।
- ताप्ती नदी इसकी उत्तरी सीमा बनाती है
- दक्षिण-पश्चिम की चट्टानें खनिज पदार्थों में बहुत धनी हैं। लोहा, मैंगनीज, सोना अभ्रक, मैग्नीशियम तथा बॉक्साइट पाए जाते हैं।

- इस पठार को तीन भागों में बांटा जा सकता है

(a) महाराष्ट्र का पठार

- इसे दक्षिणी लावा प्रदेश भी कहते हैं
- मूलतः लावा निर्मित बेसाल्ट से बना है
- लावा की गहराई 2000 कि.मी. तक है
- औसत ऊँचाई 300-900 मीटर

(b) आन्ध्र का पठार

- दक्कन पठार के दक्षिण-पूर्वी भाग में विस्तृत है।
- इसके दो भाग हैं: (1) तेलंगाना का पठार (2) रायलसीमा का पठार

(c) कर्नाटक का पठार

- मैसूर का पठार भी कहते हैं।
- मुख्यतः आर्कियन ग्रेनाइट तथा नेस चट्टानों से बना है, लेकिन बंगलौर से मैसूर के मध्य लावा पठार भी पाए जाते हैं।
- इस पठार को दो भागों में बाँटते हैं।
- उत्तरी भाग, कर्नाटक पठार कहलाता है
- दक्षिणी भाग, मैसूर का पठार कहलाता है।
- दक्षिण की ओर यह नीलगिरी द्वारा सीमाबद्ध है
- मैसूर पठार का पश्चिमी भाग मलनाड के नाम से जाना जाता है।
- कर्नाटक में शरावती नदी पर स्थित जोग या गाँधी या गेरसोप्पा जलप्रपात भारत का सर्वोच्च जलप्रपात है।

3. प्रायद्वीपीय भारत की कुछ आन्तरिक पहाड़ियाँ

(i) सतपुड़ा श्रृंखला

- एक ब्लॉक पर्वत जो नर्मदा तथा ताप्ती नदी के धँसान के मध्य विकसित हुआ है।
- औसत ऊँचाई 1000 मीटर
- सर्वोच्च शिखर-पंचमढ़ी (1350 मीटर), अमरकंटक (1127 मीटर)

(ii) अजंता की पहाड़ियाँ

- सतपुड़ा पहाड़ियों के समानांतर दक्षिण-पूर्व में स्थित
- तुलनात्मक दृष्टि से कम ऊँची

(iii) महादेव की पहाड़ियाँ

- सतपुड़ा श्रृंखला के ऊत्तर-पूर्व में स्थित
- मुख्यतः चूनापत्थर, डोलोमाइट द्वारा निर्मित हैं

(iv) पारसनाथ की पहाड़ी

- ऊँचाई 1358 मीटर

प्रायद्वीप की भू-वैज्ञानिक संरचना (Geology of The Peninsula)

दक्षिण प्रायद्वीप के आधे से अधिक भाग की रचना, अति प्राचीन युग की नीस और ग्रेनाइट चट्टानों से हुई है। इस प्रायद्वीप का कुछ भाग प्राचीन युग में समुद्र के गर्भ में चला गया था। इस डूबे हुए भाग पर नदियों द्वारा लाया गया चट्टानों का चूर्ण जमा होता चला गया तथा ऊपर के दबाव और नीचे की गर्मी आदि के कारण चट्टानों का रूप धारण करता गया। यह घटना धारवाड़ युग में हुई थी। अतः ये चट्टानें **धारवाड़ चट्टानें** कहलाती हैं। इस प्रकार की चट्टानें प्रायद्वीप में तीन विभिन्न भागों में पतली और संकरी पट्टियों के रूप में कुमारी अन्तरीप से लेकर आन्ध्र प्रदेश व पूर्वी घाटों से होती हुई उड़ीसा, मध्य प्रदेश और राजस्थान तक फैली हैं। इनके क्षेत्र इस प्रकार हैं—

1. कर्नाटक, धारवाड़ और बेल्लारी क्षेत्र।
2. छोटा नागपुर, जबलपुर, नागपुर, रीवा एवं झारखण्ड के हजारीबाग जिले में।
3. अरावली पर्वतमाला तथा उत्तर में लद्दाख, जास्कर श्रेणी, कुमायूं, गढ़वाल, हिमालय, दार्जिलिंग प्रदेश।

इन चट्टानों में जीवावशेषों का अभाव पाया जाता है, किन्तु ये खनिज पदार्थों में धनी हैं। जबलपुर के निकट नर्मदा घाटी में संगमरमर की चट्टानें पाई जाती हैं। भारत के सर्वोत्तम लोहा, सोना, मैंगनीज, हीरा आदि खनिज इन्हीं चट्टानों में पाए जाते हैं। इनमें फ्लूराइट, तांबा, क्रोमाइट, सीसा, वूलफॉम, अभ्रक, एस्बेस्टस, घीया पत्थर आदि भी मिलते हैं।

पुराणयुग में कुड्डप्पा समूह की चट्टानों का निर्माण तमिलनाडु के कुड्डप्पा जिले में हुआ है। इन चट्टानों में भी शिलाभूत अवशेष नहीं पाए जाते। पेन्नार तथा पापाघ्नी नदी घाटियों में इनका उत्तम विकास हुआ है, किन्तु गोदावरी और कृष्णा की घाटी, छत्तीसगढ़ मध्य प्रदेश के रीवा, बिजावर, ग्वालियर, मुम्बई में कालड़गी और बेलगांव के बीच के प्रदेश में भी इस समूह की चट्टानों का प्रसार मिलता है। राजस्थान में ये शिलाएं अजमेर तथा पश्चिमी मेवाड़, अलवर, अजबगढ़, एरिनपुरा में मिलती हैं। इन चट्टानों में कुछ उपयोगी खनिज मिलते हैं जैसे—स्लेट, बालू पत्थर, सीसा, जस्ता, तांबा धातु, एस्बेस्टस, घीया पत्थर, संगमरमर आदि।

विन्ध्य समूह की शिलाएं कुड्डप्पा शिलाओं के बाद बनी हैं। इन शिलाओं का नाम विन्ध्याचल के नाम पर पड़ा है। ये शिलाएं पूर्व और पश्चिम की ओर बिहार के सासाराम नामक स्थान से लेकर अरावली पर्वत के छोर पर स्थित चित्तौड़गढ़ तक फैली हैं।

विन्ध्य समूह के निम्न खण्ड का खुला रूप करनूल, सोन की घाटी, छत्तीसगढ़ की भीमानदी की घाटी में गुलबर्गा और बीजापुर जिलों में पाया जाता है। इसमें चूने का पत्थर और शेल पाया जाता है। अनुमानतः यह खण्ड समुद्र के गहरे पानी में बना है। किन्तु इस समूह का ऊर्ध्व खण्ड (जो कैमूर, रीवा, पन्ना, भांडेर, आदि समुदायों के नाम से ज्ञात है) छिछले समुद्र में बना अनुमान किया जाता है क्योंकि इसकी चट्टानों के स्तरों पर लहरों के चिन्ह बने मिलते हैं।

इन चट्टानों में हीरे, चूने के पत्थर, मकान बनाने तथा सजावट के लिए उत्तम श्रेणी के संगमरमर, चीनी मिट्टी और अग्नि मिट्टी मिलती है। बालू शिलाओं का आधिक्य है जिनका उपयोग आगरा, दिल्ली, जयपुर, फतेहपुर सीकरी, सारनाथ और सांची के स्तूपों में किया गया है।

दक्षिणी प्रायद्वीप का आर्थिक महत्व (Economic Significance of the Deccan Peninsula)

1. यह क्षेत्र अत्यन्त प्राचीन चट्टानों से बना होने के कारण खनिज पदार्थों में धनी है। कर्नाटक में सोना, मध्य प्रदेश व छत्तीसगढ़ में हीरा, संगमरमर, चूने का पत्थर, मैंगनीज, आन्ध्र प्रदेश में कोयला, सोना, लोहा, क्रोमियम, मध्य प्रदेश, झारखण्ड और उड़ीसा में लोहा पाया जाता है। संगमरमर, कोयला, बलुआ पत्थर, चीनी मिट्टी, अग्नि मिट्टी, अभ्रक, ग्रेफाइट, कुरूंदम, रॉक फॉस्फेट, तांबा आदि भी यहां पर्याप्त मात्रा में मिलता है।
2. लावा मिट्टी रासायनिक तत्वों में धनी होने के कारण, कपास के उत्पादन के लिए महत्वपूर्ण है। दक्षिण में लैटेराइट मिट्टी रासायनिक तत्वों में धनी होने के कारण, कपास के उत्पादन के लिए महत्वपूर्ण है। दक्षिण में लैटेराइट मिट्टी वाले पहाड़ी भागों में चाय, कहवा तथा रबड़ का उत्पादन होता है। पहाड़ी ढालों पर गरम मसाले, काजू, केला और आम भी पैदा किये जाते हैं। निम्न भागों में नारियल, गन्ना, धान, कपास, सुपारी, साबूदाना, अनानास, तम्बाकू, मूंगफली और तिलहन पैदा किये जाते हैं।
3. प्रायद्वीप पर साल, सागान, शीशम तथा चन्दन के बहुमूल्य वन मिलते हैं। लाख, बीड़ी बनाने के लिए चौड़ी पत्ती वाले टीमरू और तेंदू वृक्ष, महुआ, अग्नि घास, राशा घास, हर-बहेड़ा, लाख, शहद, आंवला, चिरोजी आदि उपजें भी प्राप्त की जाती हैं।
4. यहां अब ढाक, अरण्ड, शहतूत, पलास आदि वृक्षों के कुञ्ज लगा कर विभिन्न प्रकार के रेशम के उत्पादन में तेज़ी से वृद्धि की जा रही है।
5. पठार पर ऊटकमण्ड, पंचमढ़ी, महाबलेश्वर आदि स्वास्थ्यवर्द्धक स्थान हैं।
6. भारत का उत्तम श्रेणी का 98 प्रतिशत कोयला पठारी भाग में मुख्यत: दामोदर, बाराकर एवं दामुदा शृंखलाओं के जमावों में पाया जाता है। इन जमावों के साथ-साथ कठोर क्वार्ट्जाइट, अग्नि मिट्टियां एवं बालू शिलाएं भी पाई जाती हैं।
7. पठारी भागों से नीचे उतरते समय अनेक नदियां अपने मार्ग में झरने (शरावती पर ग रसोप्पा, पेरियार पर पेरियार, कावेरी पर शिवसमुद्रम) बनाती हैं जिनसे जल-विद्युत शक्ति उत्पन्न की जाती है।

तटीय मैदान (The Coastal Plain)

दक्षिणी पठार से पूर्वी एवं पश्चिमी तट की ओर अर्थात् पूर्वी तथा पश्चिमी घाट और समुद्र के बीच में समुद्रतटीय मैदान विस्तृत हैं। ये मैदान या तो समुद्र की क्रिया द्वारा बने हैं या नदियों द्वारा लायी गयी कांप मिट्टी आदि के जमाव द्वारा।

दो प्रकार के तटीय मैदान

1. **पश्चिम तटीय मैदान**—यह मैदान पश्चिमी घाट एवं अरब सागर के तट के बीच गुजरात से कन्याकुमारी तक फैला हुआ है।
   - इसकी औसत चौड़ाई 64 किमी है।
   - मुम्बई से गोवा तक इस प्रदेश को कोंकणतट, मध्य भाग को कन्नड़ तथा दक्षिणी भाग को मालाबार तट कहते हैं।
   - कोंकण तट पर ज्वरनदमुख अधिक पाए जाते हैं।
   - मालाबार तट पर लैगून एवं बालू के टीले पाए जाते हैं।
   - पश्चिमी तट पर बंदरगाहों की संख्या अधिक है।
2. **पूर्वी तटीय मैदान**—यह मैदान पूर्वीघाट तथा बंगाल की खाड़ी के उत्तर में गंगा के मुहाने से दक्षिण में कन्याकुमारी तक फैला हुआ है।
   - इसे महानदी एवं कृष्णा नदियों के बीच उत्तरी सरकार का तट तथा कृष्णा एवं कावेरी नदियों के बीच कोरोमंडल तट कहते हैं। यहाँ चिलका एवं पुलीकट लैगून झील पाए जाते हैं।
   - पूर्वी तट पर प्राकृतिक बंदरगाहों की संख्या कम है।

पश्चिमी तटीय मैदान (Western Coastal Plain)

यह प्रायद्वीप के पश्चिम में खम्भात की खाड़ी से लेकर कुमारी अन्तरीप तक अरब सागर के तट और पश्चिमी घाटों के बीच फैले हैं। इस तटीय मैदान में बहने वाली नदियां छोटी और तीव्रगामी हैं, अत: इनके द्वारा पश्चिमी घाट पर होने वाली वर्षा का जल व्यर्थ ही समुद्र में बहकर चला जाता है। तीव्रगामी होने के कारण इनके द्वारा मिट्टी भी अधिक नहीं जम पाती है।

पश्चिमी तटीय मैदान के निम्न उप-विभाग किये जाते हैं—

1. **गुजरात का मैदान (Gujarat Plain)**—सौराष्ट्र से सूरत तक विस्तृत है। यह मैदान कच्छ और सौराष्ट्र प्रायद्वीप के तट एवं पश्चिमी गुजरात की तटीय पट्टी के रूप में फैला है। इसका ढाल पश्चिम तथा दक्षिणी-पश्चिम की ओर है। यह समुद्र तल से अधिक ऊंचा नहीं है। भीतरी क्षेत्र कांप मिट्टी के कारण उपजाऊ हैं, किन्तु तटीय क्षेत्रों में ज्वार का जल भरते रहने से नमकीन दलदल अधिक पाये जाते हैं। तट पर सर क्रीक, कोरी क्रीक, कच्छ की खाड़ी तथा खंभात की खाड़ी है, जिसके कारण यह तट काफी कटा-फटा है। इस तट पर अनेक द्वीप हैं, जैसे—नोरा, कारूंभर, वेदी, पिरोटिन। इस भाग में अनेक स्थानों पर खनिज तेल मिलने तथा सारे गुजरात में वस्त्र उद्योग का निरन्तर विकास होने से तटीय पट्टी में भी पर्याप्त आर्थिक विकास होता जा रहा है। यहां पर अनेक व्यापारिक एवं औद्योगिक केन्द्र विकसित हो गये हैं। नर्मदा नदी बांध परियोजना पूरी हो जाने पर इसका अधिक तेज़ी से विकास हो सकेगा। अधिकांश तटीय मैदान उपजाऊ कांप मिट्टी के बने हैं।
2. **कोंकन का तटीय मैदान (Konkan Coastal Plain)**—यह दमन से लेकर गोआ तक फैला है। यह तटीय मैदान अधिक कटा-फटा है, किन्तु तट के समीप सामुद्रिक लहरों द्वारा बालुका स्तूप

एकत्रित कर दिये गये हैं। इस मैदान में वर्षा अधिक होती है। यह काफी उपजाऊ है। अत: यहां आम, नारियल, चावल अधिक पैदा होते हैं। मुम्बई के निकट कई जल-विद्युत योजनाएं क्रियान्वित कर महानगर को विद्युत की आपूर्ति की जाती है। थालघाट एवं भोरघाट के दर्रे क्रमश: मुम्बई एवं गोआ के दक्षिण-पूर्व में स्थित है। इस तटीय मैदान में बहने वाली नदियों का उत्तर से दक्षिण की ओर क्रम इस प्रकार है:-पिंजल, बसाक, भोगरावां, जुआरी।

3. **कर्नाटक (मैसूर) का तटीय मैदान (Karnataka or Mysore Coastal Plain)**—यह मैदान गोआ से लेकर मंगलौर तक फैला है। उत्तरी भाग में यह संकरा किन्तु दक्षिणी भाग में अधिक चौड़ा है। वर्षा अधिक होने तथा सामान्य तापमान अनुकूल होने से सुपारी, गरम मसाले, केला, आम, नारियल, चावल अधिक पैदा किये जाते हैं यहां के तटीय भाग के निकट बालू के टीले पाये जाते हैं। फिर भी तट से 8-10 किलोमीटर का पूर्वी भाग उपजाऊ एवं उन्नत कृषि का क्षेत्र है। यहां पर समतल भूमि पाई जाती है। पूर्व की ओर सीढ़ीनुमा ढाल पाया जाता है। अब पूर्ववर्ती भाग में या घाट के पश्चिमी ढालों पर काजू, केला, आम, सुपारी, कहवा एवं काली मिर्च की बागात कृषि की जाती है। सारा तटीय भाग कर्नाटक राज्य में है एवं सर्वत्र सघन आबाद है। प्रमुख नदियों का उत्तर से दक्षिण की ओर का क्रम-कालिन्दी, शारावती, नेत्रावती आदि।

4. **मालाबार का तटीय मैदान (Malabar Coastal Plain)**—यह मंगलौर से कुमारी अन्तरीप तक फैला है। यह काफी चौड़ा है। इसमें लम्बे और संकरे **अनूप** (Lagoons) छिछले झील या लैगून या **कयाल** पाये जाते हैं जो नदियों के मुहाने पर बालू जम जाने से बने हैं। पश्चिमी तटीय मैदान की सबसे बड़ी झील वेम्बनाड झील इसी मैदान में स्थित है। पेरियार इस मैदान में बहने वाली सबसे लम्बी नदी है। यहीं पर पूर्ववर्ती पश्चिमी घाट सबसे ऊंचे हैं। पालघाट दर्रा नीलगिरी के दक्षिण में स्थित है एवं यहीं से होकर सड़क एवं रेलमार्ग तमिलनाडु व कर्नाटक राज्य की ओर गये हैं। समस्त ही तटीय मैदान उपजाऊ कांप व महीन लैटेराइट मिट्टी से निर्मित है। यहां की जलवायु उष्ण व आर्द्र है। यहां पर रबर, सिनकोना, कहवा, गर्म मसाले, पान, नारियल, अनेक फल, लेमन व रोशाघास आदि के फार्म सर्वत्र पाये जाते हैं। चाय उभरे पहाड़ी ढालों पर पैदा की जाती है। धान एवं गन्ना की कृषि निचले मैदानों में अधिक की जाती है। यहां की 50 प्रतिशत जनसंख्या कस्बों एवं नगरों में रहती है। तट पर कई आणविक खनिज (मोनोजाइट, जिरकन, बालू आदि) भी पर्याप्त पाये जाते हैं।

पूर्वी तटीय मैदान (The Eastern Coastal Plain)

यह मैदान पश्चिमी तटीय मैदान की अपेक्षा अधिक चौड़ा है। यह गंगा के मुहाने से कुमारी अन्तरीप तक अरब सागर और पूर्वी घाट के बीच फैला है। पूर्वी तटीय मैदान को सामान्यत: तीन उप-विभागों में विभक्त किया जाता है—

1. **उत्कल का तटीय मैदान (The Utkal Coastal Plains)**—गंगा के डेल्टा से कृष्णा के डेल्टा तक विस्तृत है। इसे उत्तरी सरकार या गोलकुण्डा का उत्तरी तटीय मैदान भी कहते हैं। यह मैदान उड़ीसा में तट के सहारे लगभग 400 किलोमीटर की लम्बाई में फैला हैं। महानदी के डेल्टा में यह अधिक चौड़ा है, जहाँ बालू के अनेक टीले पाये जाते हैं। इस डेल्टा में ज्वारीय वन फैले हैं। जिन्हें सुन्दरी नाम से जाना जाता है। अधिकांश मैदान की मिट्टी उपजाऊ होने के कारण चावल और जूट पैदा किया जाता है। इसी डेल्टा के दक्षिण की ओर चिल्का झील स्थित है। झील के दक्षिण में पूर्वी घाट समुद्र तट के काफी समीप रहते हुए विशाखापट्टनम जिले (आंध्र प्रदेश) तक चले गये हैं। विशाखापट्टनम बन्दरगाह डॉल्फिन नाम की चट्टान के पीछे सुरक्षित है।

2. **आन्ध्र या काकीनाडा का तटीय मैदान (The Andhra or Kakinada Coastal Plain)**—यह मैदान आन्ध्र प्रदेश के तटीय भाग में पुलीकट झील तक फैला है। इसमें गोदावरी और कृष्णा नदियों के डेल्टा स्थित हैं। इस तटीय मैदान में विशाल कोलेरू झील स्थित है। यहां यह पूर्णत: समतल व उपजाऊ अवसादों के जमाव युक्त सुप्रवाहित एवं सिंचित भाग हैं। अत: यह भाग दक्षिणी भारत का विशेष उपजाऊ प्रदेश भी है। यहां नारियल, केला, चावल, गन्ना, जूट, तम्बाकू, कपास, तिलहन, दलहन आदि अधिक पैदा किए जाते हैं। इस तट पर विशाखापट्टनम, काकीनाडा एवं मसुलीपट्टनम मुख्य बन्दरगाह है।

3. **तमिलनाडु या कोरोमण्डल का तटीय भाग (The Tamilnadu or Coromandal Coastal Plain)**—यह मैदान पुलीकट झील से लेकर कुमारी अन्तरीप तक फैला है और 100 किलोमीटर चौड़ा है। सम्पूर्ण तटीय भाग में कावेरी, पेन्नार (उत्तरी व दक्षिणी) पालर, वैगेई, आदि नदियां ऊंचे पश्चिमी घाट की नीलगिरी, इलायची व अन्नामलाई की श्रेणियों से निकलकर सम्पूर्ण तटीय भागों को हरा-भरा, समतल एवं विशेष उपजाऊ बना देती हैं। इन नदियों के कारण यह तट कई स्थानों पर पर्याप्त चौड़ा भी हो गया है। यहां पर धान, केला, गन्ना, नारियल, तिलहन, फल व सब्जियां खूब पैदा की जाती हैं। चेन्नई, न्यूतूतीकोरिन या तूतीकोरिन व नागापट्टनम यहां के मुख्य बन्दरगाह हैं। मन्नार की खाड़ी (दक्षिण में) मोती के लिए प्रसिद्ध है।

दोनों ही तटों पर निमज्जन एवं उत्थापन के परिणाम या प्रणाम देखने को मिलते हैं। पश्चिमी तट में मुम्बई के निकट निमज्जन व कच्छ के निकट उत्थापन के प्रसाण मिलते हैं। इसी प्रकार पूर्वी तट पर पांडिचेरी के निकट निमज्जन के प्रमाण मिलते हैं। पूर्वी तट की अपेक्षा पश्चिमी तट अधिक कटा-फटा है। फलस्वरूप यहाँ प्राकृतिक पोताश्रय पूर्वी तट की तुलना में अधिक हैं। पूर्वी तट का महाद्वीपीय मग्न तट पश्चिमी तट के महाद्वीपीय मग्न तट की तुलना में संकरा है।

तटीय मैदानों का आर्थिक महत्व

भारत के तटीय मैदानों का आर्थिक महत्व अग्रांकित तथ्यों से स्पष्ट होता है—

1. पूर्वी तथा पश्चिमी तट पर उपजाऊ व चौड़े मैदानों में चावल, गन्ना व नारियल की खेती व्यापक रूप से की जाती है। तटों पर नारियल, काजू, सुपारी, रबड़, गरम मसाले, अग्नि व लेमन घास, उष्णकटिबन्धीय फल तथा ताड़ के कुंज पाये जाते हैं। नारियल की जटाओं से विभिन्न प्रकार की वस्तुएं बनाना (रस्से, पांवदान, पंखे, चटाइयां आदि) इन तटों पर मुख्य कुटीर उद्योग हैं।
2. तट से घाट की ओर के ढाल पर कहवा, चाय व गरम मसाले के बगीचे पाये जाते हैं।
3. मालाबार तट तथा पूर्वी नदियों के डेल्टाई क्षेत्रों में मछलियां पकड़ी जाती हैं। मछलियों के लिवर से तेल प्राप्त करना, मछलियों को नमक में सुखाकर डिब्बों में बन्द करना, मोती निकालना और नमक तैयार करना तटों के अन्य मुख्य उद्यम हैं। अब यहां झींगा मछली पालन उद्योग का तेज़ी से विकास कर उसका विदेशों को निर्यात बढ़ाया जा रहा है।
4. इन्हीं तटों पर भारत के सभी 12 मुख्य बन्दरगाह स्थित हैं (कांडला, मुम्बई, न्हावाशेवा, मारमागाओ, नया मंगलौर, कोचीन, कोझी कोड चेन्नई, तूतीकोरिन, विशाखापट्टनम, पारादीप व हल्दिया) जिनके द्वारा देश का विदेशी व्यापार होता है।
5. पश्चिमी तट पर केरल में मोनाजाइट नामक बहुमूल्य खनिज मिलता है तथा दोनों तट के सहारे-सहारे पेट्रोलियम प्राप्त होने की सम्भावनाएं हैं। गोदावरी एवं कावेरी के डेल्टा क्षेत्र में खनिज तेल के पर्याप्त भण्डार पाये गये हैं। इनका तेज़ी से विदोहन प्रारम्भ कर दिया गया है।
6. दोनों तटों के सहारे पिछली शताब्दियों में आने वाले अरब, पुर्तगाली, डच व्यापारियों ने अपनी कोठियां स्थापित कीं। पूर्वी तट पर तो मन्दिरों और उद्यानों का जमघट-सा हो गया है। मदुरै, थंजावुर, कांचीपुरम, रामेश्वरम, धनुषकोटि आदि के अतिरिक्त प्राचीन भारतीय संस्कृति के चिन्ह भवनों के रूप में मिलते हैं।
7. स्वास्थ्य की दृष्टि से एवं प्राकृतिक सौन्दर्य का आनन्द लेने के लिए पंजिम, वास्को, मझगांव, जुहू, चेन्नई, गोपालपुर और पुरी के सामुद्रिक तटों पर असंख्य सैलानी आते हैं।

पश्चिमी तथा पूर्वी तटीय मैदान की तुलना

पश्चिमी तटीय मैदान

1. यह संकरा तथा अधिक नम है
2. इस मैदान में कई छोटी व तीव्रगामी नदियां बहती हैं जो डेल्टा बनाने में असमर्थ रहती हैं
3. इस मैदान के दक्षिण भाग में अनेक लैगून हैं
4. पश्चिमी तट अधिक कटा-फटा है जिसके कारण यहां पर अधिक बन्दरगाह पाये जाते हैं

पूर्वी तटीय मैदान

1. अधिक चौड़ा तथा अपेक्षाकृत शुष्क है
2. यहां कई बड़ी-बड़ी नदियों (महानदी, गोदावरी, कृष्णा इत्यादि) ने बड़े-बड़े डेल्टा बनाए हैं।
3. इस मैदान में लैगून की संख्या कम है (चिल्का एक प्रसिद्ध लैगून झील है)
4. यह कम कटा-फटा है और इस कारण बन्दरगाह भी अपेक्षाकृत कम हैं

भारत के द्वीप (Islands Of India)

भारत के अधिकार क्षेत्र में कुल 247 द्वीप है, जिसमें 204 द्वीप बंगाल की खाड़ी में स्थित है। अण्डमान निकोबार द्वीप समूह में बैरन और नारकोण्डम दो प्रसिद्ध ज्वालामुखी द्वीप हैं।

द्वीप समूह

1. **अंडमान एवं निकोबार द्वीप समूह**—अंडमान एवं निकोबार दो मुख्य समूहों का बना है। अंडमान के अन्तर्गत उत्तरी, मध्य तथा दक्षिणी अंडमान तीन द्वीप समूह शामिल है, जो निकोबार से दस डिग्री चैनल द्वारा पृथक किये जाते हैं। ग्रेट निकोबार, निकोबार समूह का सबसे बड़ा द्वीप है।

   यह द्वीप समूह टर्शियरी सामुद्रिक वलित पर्वतों के समुद्र में उभरे हुए भाग है। द्वीप समूहों की यह शृंखला वास्तव में म्यांमार की अराकानयोमा शृंखला का विस्तार है जो आगे चलकर सुमात्रा द्वीप से जुड़ जाती है।

   सेडलपीक तथा माउंट धुलियार दो प्रमुख चोटियां है। यह द्वीप समूह टर्शियरी युग के बालुका पत्थर, चूना पत्थर तथा शैल चट्टानों से बने हैं। नदियों की संख्या बहुत है किन्तु यह अत्यंत छोटी होती हैं तथा शीघ्र ही संकरी खाड़ियों में लुप्त हो जाती हैं। पहाड़ियों से गिरने वाली धाराएं गहरी घाटियों तथा तट के निकट छोटे-छोटे उपजाऊ कृषि मैदान बनाती हैं। कुछ द्वीप प्रवाल भित्तियों द्वारा आवृत है। बैरन तथा नरकोंडम द्वीप ज्वालामुखी द्वीप है। द्वीप समूह के कुल क्षेत्रफल का लगभग 86% भाग सघन उष्णकटिबंधीय सदाबहार वनों तथा कच्छ वनस्पतियों से आवृत्त है। निकोबार की जलवायविक परिस्थितियां रबड़ की खेती के लिए उपयुक्त है।
2. **लक्षद्वीप**—अरब सागर में स्थित यह द्वीप समूह प्रवाल उत्पत्ति के हैं तथा तटीय प्रवाल भित्तियों से घिरे हुए हैं। इस द्वीप समूह का सबसे बड़ा द्वीप मिनीकाय है।
3. **पामबन द्वीप**—चट्टानी सतह वाला पामबन द्वीप भारत व श्रीलंका के बीच स्थित है। यह तमिलनाडु के रामानाड जिले में प्रायद्वीपीय सतह का एक विस्तार है।

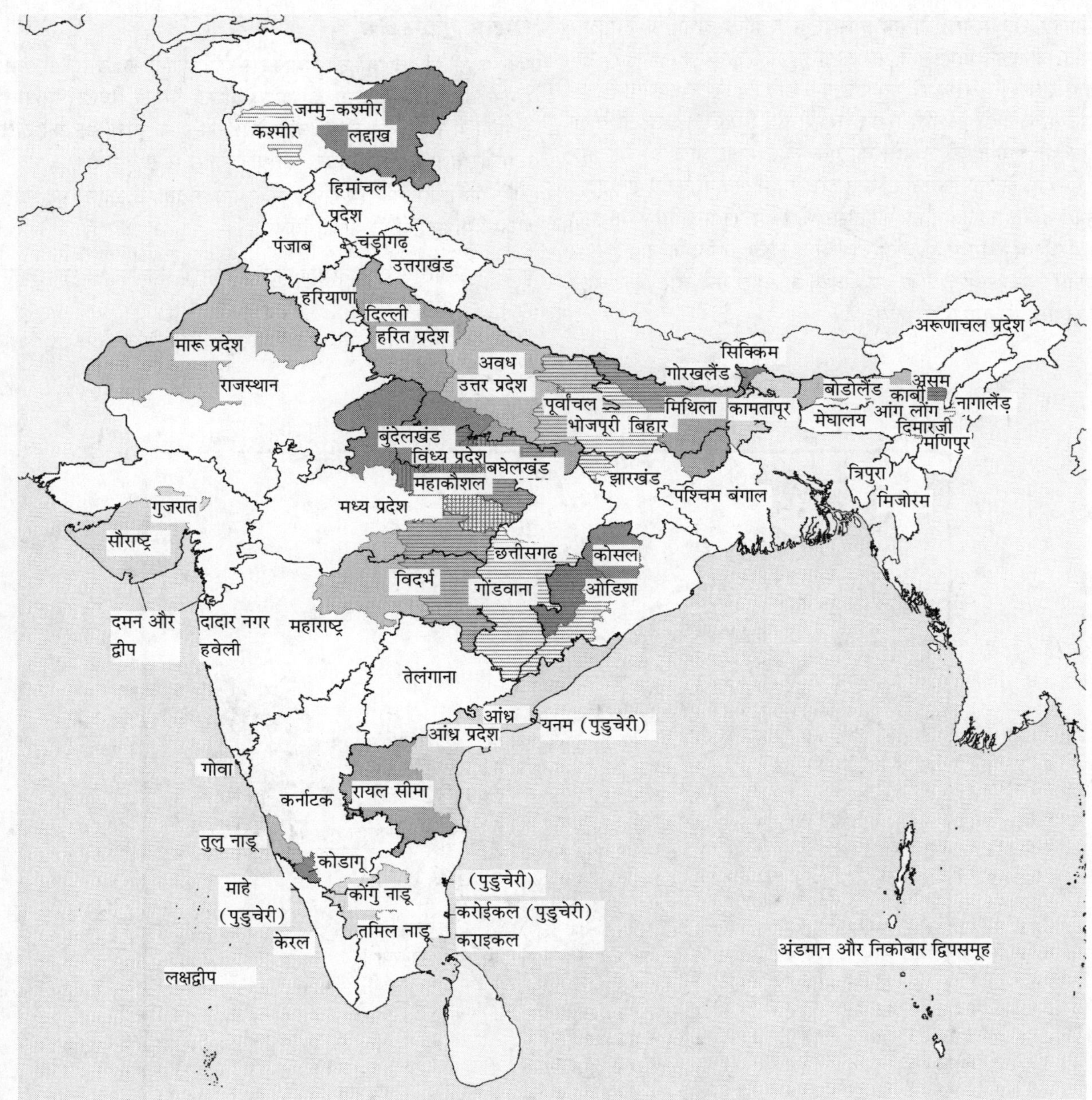

चित्रः भारत का भौगोलिक प्रदेश

भारत के भूकंप क्षेत्र

भारत वैश्विक भूकंप भी एक प्रमुख पेटी (अल्पाइन-हिमालय) के समीप स्थित है। भारत का प्रमुख भूकंप क्षेत्र मुख्य सीमा भ्रंश के साथ फैला हुआ है जो पश्चिम में हिंदुकुश पर्वत से पूर्व में सदिया तक जाता है तथा अंडमान निकोबार द्वीप समूह से दक्षिण दिशा में मुड़कर इंडोनेशिया द्वीप समूह तक व्याप्त होता है। इस क्षेत्र की उच्चस्तरीय भूकंपनीयता का कारण इस पेटी का उस रेखा के साथ-साथ चलना है जहां भारतीय प्लेट यूरेशियन प्लेट से मिलती है। अभिसारी होने के कारण भारतीय प्लेट यूरेशियन प्लेट के नीचे क्षेपित हो रही है। यह संचलन एक तीव्र दबाव को जन्म देता है जो चट्टानों में संचित होता रहता है तथा समय-समय पर भूकंपों के रूप में बाहर होता है।

1962 में भूकम्प वैज्ञानिकों एवं भूगर्भशास्त्रियों की एक समिति ने भारत को पांच प्रमुख भूकंप क्षेत्रों में वहां सम्भावित तीव्रता के आधार पर बांटा है जो चित्र में दर्शाया गया है। इसके अतिरिक्त भारत को प्राकृतिक भागों के अनुरूप भी भूकंप क्षेत्रों के रूप में देखा जा सकता है।

हिमालय क्षेत्र सबसे अधिक अस्थिर हैं क्योंकि अभी भी हिमालय पर्वत पूर्णतः सन्तुलन प्राप्त नहीं कर पाया है और ऊंचे उठ रहे हैं। अतः इस भाग में सबसे विध्वंसकारी भूकंप उत्पन्न होते हैं। इसके अलावा सिंधु-गंगा मैदान के जलोढ़ों के नीचे स्थित भुरभुरी एवं विखंडित चट्टानों वाला तनाव क्षेत्र भी भूकंपों की उत्पत्ति का एक स्रोत माना जाता है। यह क्षेत्र अस्थिर भू-भाग के सन्निकट है। किन्तु इस क्षेत्र में भूकंपों का प्रभाव इतना विनाशकारी नहीं होता है। भूकंप का तीसरा क्षेत्र दक्षिणी प्रायद्वीप है जो हाल तक एक स्थिर भू-भाग माना जाता था। परन्तु लातूर भूकंप के बाद इस पर बहुत विचार किया गया है तथा इस क्षेत्र में भी कुछ ऐसे छोटे-छोटे क्षेत्रों का पता लगा है जो भूकंप सम्भावित हैं।

भारतः भूकंप क्षेत्र

भूकम्प की तीव्रता मर्केली पैमाने पर मापी जाती है। इसमें 1 से 12 तक रोमन अक्षर अंकित रहते हैं। दूसरा प्रसिद्ध पैमाना रिक्टर पैमाना है। इसे 9 भागों में विभाजित किया जाता है। 1 से 9 के बीच 3.5 की तीव्रता को कमज़ोर तथा 8.9 की तीव्रता को प्रलयकारी माना गया है।

भारतीय मानक संस्थान ने भूकम्पीय तीव्रता के आधार पर भारत को 5 भूकम्पीय क्षेत्रों में विभाजित किया है:—

क्षेत्र 1— अत्यंत कम तीव्रता वाले विकीर्ण भूकम्प की सम्भावना वाला क्षेत्र

क्षेत्र 2— दो से चार तक भूकम्प परिमाण माप वाला क्षेत्र

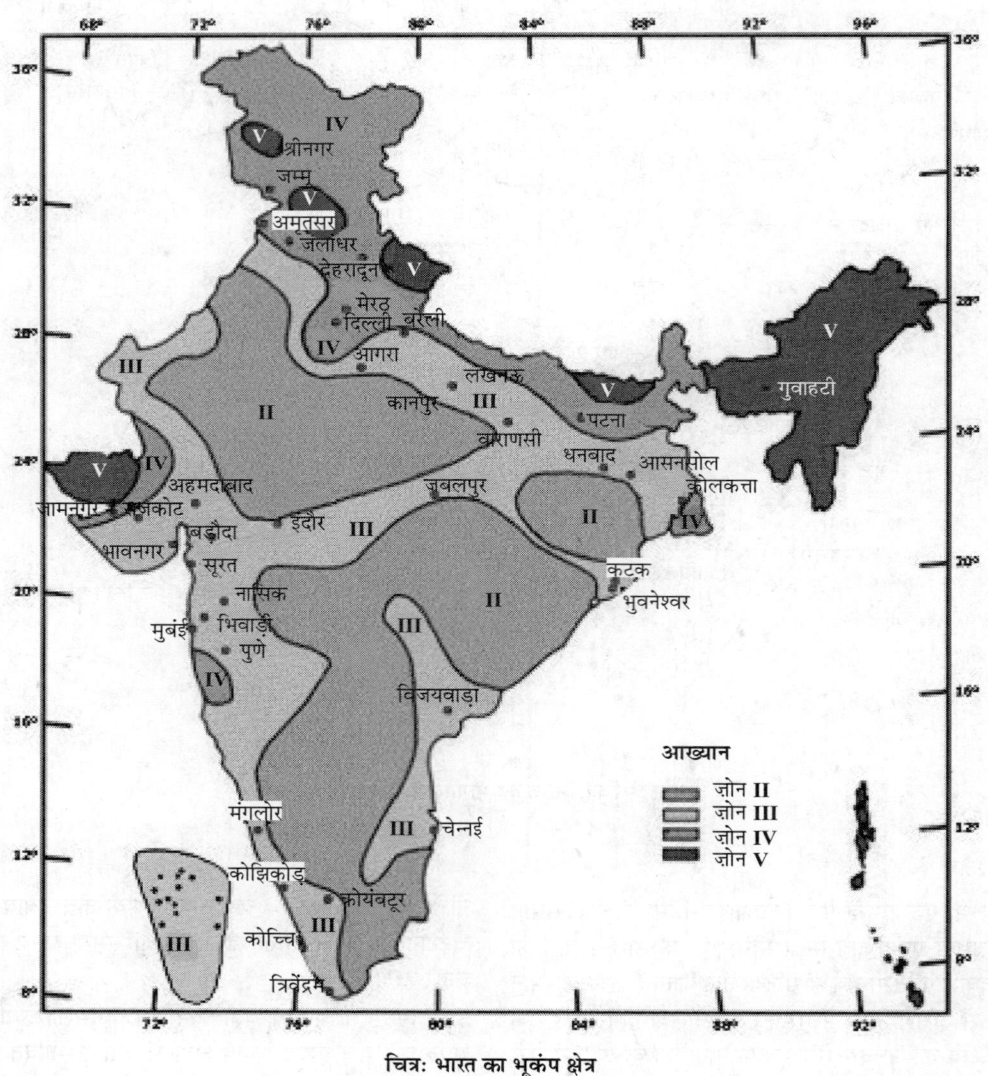

चित्रः भारत का भूकंप क्षेत्र

नोट—भू-वैज्ञानिकों के अनुसार लातूर भूकंप, वर्तमान क्षेत्रीकरण के पुनर्अध्ययन की आवश्यकता पर बल देता है। उल्लेखनीय है कि प्रायद्वीपीय क्षेत्र को कम खतरे वाला क्षेत्र माना गया है।

क्षेत्र 3— चार से 6.5 तक भूकम्प परिमाण माप वाला क्षेत्र (बड़े बांधों के निर्माण के कारण)

क्षेत्र 4— अक्सर 5 से 7 तक परिमाण माप वाले भूकम्पों का संभावित क्षेत्र

क्षेत्र 5— अक्सर 8 से अधिक परिमाण माप वाले भूकम्पों का क्षेत्र।

अत्यधिक भूकम्प संभावित क्षेत्र के अन्तर्गत जम्मू और कश्मीर, हिमांचल प्रदेश, उत्तरांचल, नेपाल-बिहार सीमा, बिहार, उत्तर-पूर्वी राज्य आते हैं। टेक्टानिक प्लेट के प्रभाव के कारण यह क्षेत्र भूकम्पीय क्षेत्र है। हिमालय वर्तमान समय में भी अपने संतुलन की अवस्था में नही आ पाया है और अभी भी इसकी ऊँचाई बढ़ रही है।

भारतीय गंगा क्षेत्र हिमालय क्षेत्र के दक्षिण में स्थित है। अभी तक जितने भूकम्प इस क्षेत्र में आए हैं रिक्टर पैमाने पर उनकी तीव्रता 6 से 6.5 के बीच रही है। इस क्षेत्र को तुलनात्मक तीव्रता का क्षेत्र कहा गया है। अधिक जनसंख्या के कारण यह अधिक हानि की संभावना वाला क्षेत्र है।

प्रायद्वीपीय क्षेत्र संतुलित क्षेत्र है तथा निम्न तीव्रता वाला क्षेत्र है। अन्य एकांगी क्षेत्रों में शामिल हैं, जलाशय प्रेरित भूकम्पीय क्षेत्र यथा-कोयना, इडुक्की।

लातूर में भूकंप आने के बाद भू-वैज्ञानिकों की प्रायद्वीपीय अवस्था पर एक चर्चा

1993 में महाराष्ट्र के लातूर-उस्मानाबाद जिले में आये भूकंप (जिसमें 10,000 लोग मारे गए) ने भूवैज्ञानिकों की इस मान्यता को खंडित कर दिया कि प्रायद्वीपीय भारत भूकंपीय गतिविधियों से हिमालयी पेटी की तुलना में अपेक्षाकृत अधिक सुरक्षित है।

हालांकि इस क्षेत्र में पहले भी कई भूकंप आ चुके थे, जैसे— महाबलेश्वर (1764), बेल्लारी (1843), सतपुड़ा (1938), रत्नगिरि (1962) एवं कोयना नगर (1967) आदि। किंतु लातूर भूकंप का अधिकेंद्र उस क्षेत्र में स्थित था, जिसे भूवैज्ञानिकों द्वारा भूकंप की न्यूनतम संभावना वाला क्षेत्र घोषित किया गया था। इस भूकंप ने प्रायद्वीपीय भारत के केंद्र में स्थित कुछ सघन जनसंख्या वाले जिलों को प्रभावित किया। इसने यह दर्शा दिया है कि कन्याकुमारी से लेकर हिमालयी गिरिपदों (Peneplane) तक फैला भारतीय भूखंड भूकंपीय गतिविधियों के लिए अमेघ सुरक्षित नहीं है।

लातूर भूकंप के संबंध में अनेक व्याख्याएं पेश की जा चुकी हैं। इनमें सबसे अधिक संभावित व्याख्या यह है कि दो प्लेटों के टकराव से पैदा तीव्र दबाव के फलस्वरूप प्रायद्वीप कई स्थानों पर ऊर्ध्ववलित हो चुका है तथा प्राचीन भ्रंश, जो देश के उप-भूतल स्तर पर आड़े-तिरछे रूप में व्याप्त हो चुके थे, अचानक पुन: सक्रिय हो गये हैं। लातूर भूकंप ऐसे ही किसी भ्रंश के पुन: सक्रिय होने का परिणाम था। 2001 में आया गुजरात का विनाशकारी भूकंप भी ऐसी ही किसी सक्रियता का प्रतिफलन था। 1973 में जनार्दन नेगी एवं एन. कृष्ण ब्राह्मन नामक दो भारतीय भूवैज्ञानिकों ने लातूर के निकट गुरुत्वीय दबाव के अंतरों को मापा तथा यह विचार प्रस्तुत किया कि यहाँ एक 390 किमी. लंबी कर्दुवाड़ी भ्रंश घाटी मौजूद थी। इस क्षेत्र में कई भ्रंश क्षेत्र हैं, जो भविष्य में पुन: सक्रिय हो सकते हैं। इन उच्च जोखिम वाले भूकंप क्षेत्रों को यथोचित रूप से मानचित्रित करने की आवश्यकता रेखांकित की गई।

कुर्दुवाड़ी परिकल्पना को भारतीय भू-चुम्बकत्व संस्थान (मुंबई) के डॉ. एस.जी. गोकरन एवं अन्य विशेषज्ञों द्वारा अस्वीकृत कर दिया गया। इन वैज्ञानिकों ने 120 किमी. लंबी कोरोची-कुर्दुवाड़ी-बारसी-तड़वाल पट्टी का विस्तृत अध्ययन करने के पश्चात् यह निष्कर्ष पेश किया कि कुर्दुवाड़ी भ्रंश का कोई अस्तित्व नहीं है। भू-अध्ययन केंद्र (तिरुवनंतपुरम) के भूवैज्ञानिकों का मानना है कि भूकंपीय एवं गैर-भूकंपीय क्षेत्रों का परंपरागत विभाजन अप्रासंगिक हो चुका है तथा प्रायद्वीपीय भूखंड का कोई भी क्षेत्र भूकंपों से मुक्त नहीं है।

यदि प्राचीन भ्रंश सिद्धांत को स्वीकार कर लिया जाये तो अभी तक सुरक्षित माने जाने वाले कई क्षेत्र उच्च जोखिम श्रेणी में शामिल हो जायेंगे। दक्कन ट्रैप (मुंबई समेत) वर्तमान में प्रमुख मेघनीय क्षेत्र है। गोदावरी पेटी एवं बेल्लारी-मालाबार भ्रंश (शीघ्र या विलंब से) पुन: सक्रिय होकर कई दक्षिणी शहरों को जोखिम वाले क्षेत्र की श्रेणी में ला सकते हैं। विन्ध्य श्रेणियों में स्थित नर्मदा-सोन भ्रंश, जो उपमहाद्वीप को ठीक मध्य से विभाजित करता है, भूतकाल में कई भूकंपीय झटकों का साक्षी रहा है। उत्तर में, दिल्ली भी दिल्ली-हरिद्वार भ्रंश के एक छोर पर स्थित है। यहां तक कि कोलकाता भी उच्च जोखिम वाले क्षेत्रों की श्रेणी में आता है। विभिन्न अध्ययन दर्शाते हैं कि प्रत्येक 200 से 300 वर्षों के अंतराल पर हिमालय क्षेत्र में रिक्टर पैमाने पर आठ या उससे अधिक तीव्रता वाले भूकंप आते हैं। भारत में पिछले 50 वर्षों में ऐसे चार भूकंप आ चुके हैं, जिनके द्वारा प्लेट सीमांतों पर निर्मित होने वाला तनाव विमुक्त हुआ है। किंतु कश्मीर, गढ़वाल एवं नागालैंड में 250 किमी. लंबे ऐसे तीन अंतराल मौजूद हैं, जहां पिछले 200 वर्षों में एक भी बड़ा भूकंप नहीं आया है। अत: भूवैज्ञानिक आगामी भविष्य में इन क्षेत्रों में किसी प्रचंड भूकंप की आशंका व्यक्त कर रहे हैं।

भारत में ज्वालामुखी

बैरन द्वीप (अण्डमान-निकोबार द्वीप) को छोड़कर वर्तमान में कहीं भी सक्रिय ज्वालामुखी नहीं है। भूगर्भिक प्रमाणों के आधार पर भारत के ज्वालामुखी क्षेत्र निम्न हैं—

- धारवाड़-डालमा (झारखण्ड) में बेसाल्ट के प्रमाण मिलते हैं।
- कुडप्पा-बीजापुर और ग्वालियर क्षेत्र।
- विंध्य-मलानी (जोधपुर), किराना (पंजाब)।
- पैलियोजोइक-कश्मीर, उत्तरी पंजाब और हिमांचल प्रदेश।
- मेसोजोइक-राजमहल पहाड़ियाँ (झारखण्ड), अबोर पहाड़ियाँ (अरूणाचल प्रदेश)।

8. **भारत के पड़ोसी देश—** भारत के कुल 9 पड़ोसी देश है, जिनमें 7 स्थलीय सीमा से सम्बद्ध है, जबकि श्रीलंका व मालदीव जलीय सीमा से सम्बद्ध है।

देश	अवस्थिति	सीमा की लम्बाई (किमी में)	सम्बद्ध राज्य
बांग्लादेश	भारत के पूर्व में	4096.7	प. बंगाल, असोम, त्रिपुरा, मेघालय, मिजोरम
चीन	भारत के उत्तर में	3488	हिमांचल प्रदेश, जम्मू कश्मीर, सिक्किम, अरूणांचल प्रदेश, उत्तराखण्ड
पाकिस्तान	भारत के उत्तर पश्चिम	3323	गुजरात, पंजाब, राजस्थान, जम्मू कश्मीर
नेपाल	भारत के उत्तर में	1751	उत्तराखण्ड, उत्तर प्रदेश, सिक्किम, बिहार, प. बंगाल
म्यांमार	भारत के पूर्व में	1643	अरूणांचल प्रदेश, मणिपुर, मिजोरम, नागालैंड
भूटान	भारत के उत्तर में	699	सक्किम, प. बंगाल, अरूणांचल प्रदेश, असोम
अफगानिस्तान	भारत के उत्तर पश्चिम में	106	जम्मू कश्मीर (पीओके)

- भारतीय भूमि का वर्गीकरण: 1. उत्तर पर्वतीय प्रदेश, 2. सिन्धु और गंगा का मैदान, 3. प्रायद्वीपीय पठार, 4. तटवर्ती मैदान एवं द्वीप समूह

भारत की पर्वत श्रेणियां, चोटियां, दर्रे, मैदान एवं पठान

उत्तर पर्वतीय प्रदेश

(A) हिमालय पर्वत प्रदेश

आधार	(i) वृहत्त हिमालय	(ii) लघु हिमालय	(iii) शिवालिक
विस्तार	नंगा पर्वत (J&K) नामचाबरवा (अरुणाचल) तक	महान/वृहत्त हिमालय के दक्षिण में	लघु हिमालय के दक्षिण में
चोटियाँ/ पर्वत श्रेणियाँ	• माउंट एवरेस्ट (नेपाल) • कंचनजंघा (सिक्किम व नेपाल सीमा पर) • मकालू (नेपाल) • धौलागिरी (नेपाल) • नंगा/नागा पर्वत (जम्मू कश्मीर) • अन्नपूर्णा (नेपाल) • नंदा देवी (उत्तराखण्ड) • केदारनाथ (उत्तराखण्ड) • नंदाकोट (उत्तराखण्ड) • बद्रीनाथ (उत्तराखण्ड)	• पीरपंजाल श्रेणी (कश्मीर) **नोट**—झेलम एवं व्यास नदी के बीच स्थित • धौलाधार श्रेणी (हिमांचल एवं आंशिक विस्तार उत्तराखण्ड में) • महाभारत श्रेणी (नेपाल) • **अन्य महत्वपूर्ण तथ्य—** शिमला, मसूरी, चकराता, नैनीताल, रानीखेत, दार्जिलिंग जैसे—स्वास्थ्यवर्धक स्थान लघु हिमालय के निचले भाग में स्थित है।	शिवालिक को लघु हिमालय से अलग करने वाली घाटियों को पश्चिम में 'दून' (जैसे—देहरादून) तथा पूरब में 'द्वार' (जैसे-हरिद्वार) कहते हैं। ***नोट:*** यह हिमालय का सबसे नवीन भाग है।

नोट—उत्तर से दक्षिण में पर्वत श्रेणियों का सही क्रम है—काराकोरम, लद्दाख, जास्कर, पीरपंजाल, धौलाधार।

(B) ट्रांस हिमालय/ तिब्बत हिमालय

- यह महान हिमालय के उत्तर में स्थित है।
- काराकोरम, लद्दाख जास्कर एवं कैलाश पर्वत श्रेणियां शामिल हैं।
- काराकोरम श्रेणी को (Back Bone of High Asia) कहा जाता है।

(C) पूर्वांचल की पहाड़ियां

पहाड़ियां	विशेषता
• मिश्मी—	अरूणांचल के दिवांग जिले में अवस्थित।
• डाफ्ला—	अरूणांचल प्रदेश में।
• मिरी—	अरूणांचल प्रदेश के लखीमपुर जिले में।
• पटकोई ब्रुम—	अरूणांचल प्रदेश के चांगलांग जिले में।
• नागा—	नागालैंड में।
• लुसाई—	मिजोरम में।
• गारो, खासी—	मेघालय में।
	जयंतिया
• रेंग्मा—	असम में
• अबोर—	अरूणांचल प्रदेश में।

राज्यवार देश के प्रमुख दर्रे

राज्य	प्रमुख दर्रे
हिमांचल प्रदेश	शिपकीला, रोहतांग दर्रा, बड़ालाचा
उत्तराखण्ड	माना दर्रा, नीति दर्रा
सिक्किम	नाथूला दर्रा, जेलेप्ला दर्रा
अरूणाचल	बोमडिला दर्रा, यांग्याप दर्रा, दीफूदर्रा
जम्मू कश्मीर	काराकोरम, जोजीला, बुर्जिल, पीरपंजाल, बनिहाल अघिल, खारदुगला
मणिपुर तुजु दर्रा	
दिल्ली, मुम्बई	थालघाट दर्रा
पुणे, बेलगांव	पालघाट दर्रा
मदुरै, कोट्टायम (केरल)	शेनकोट्टा गैप

सिंधु और गंगा का मैदान

ढाल के आधार पर मैदान का वर्गीकरण

वर्गीकरण	स्थिति	मैदान	अन्य विशेषता
• भाबर	शिवालिक के गिरिपदों में सिन्धु एवं तिस्ता नदी के बीच विस्तृत।	कंकड पत्थर वाला मैदान।	• नदियां अंतर्ध्यान रहती है।
• तराई	भाबर के ठीक दक्षिण में स्थित।	महीन रेत एवं चिकनी मिट्‌टी का मैदान।	• मैदान समतल होने के कारण नदियों का पानी इधर-उधर फैलने से दलदल का निर्माण होता है और यह प्रदेश घने वनों से ढका है।
• बांगर/भागर	तराई के दक्षिण में।	प्राचीन जलोढ़ से निर्मित मैदान।	• खादर की तुलना में अधिक ऊंचा प्रदेश होने के कारण बाढ़ का पानी सामान्यत: नहीं पहुंचता।
• खादर	बांगर के पूर्व में।	नवीन जलोढ़ से निर्मित मैदान।	• अपेक्षाकृत नीचा होने के कारण बाढ़ का पानी आने से जमीन उपजाऊ बनी रहती है। बिहार, पूर्वी उ.प्र प. बंगाल, गंगा-ब्रह्मपुत्र का डेल्टाई प्रदेश खादर का उदाहरण है।

दक्षिण का पठार

पठार	राज्य में विस्तार	अन्य विशेषताए
• मालवा का पठार	मध्य प्रदेश।	• लावा निर्मित पठार वर्तमान में काली मिट्‌टी के जमाव वाला मैदान बन गया है। इस पठार में उर्मिल/गुम्बदाकार मैदान मिलते हैं। इस पठार के उत्तर में ग्वालियर की पहाड़ियां एवं बुंदेलखण्ड का पठार है जबकि उत्तर-पूर्व में बघेलखंड का पठार है।
• बुंदेलखण्ड का पठार	उत्तर प्रदेश एवं मध्य प्रदेश की सीमा पर।	• यह पठार ग्वालियर पठार और विध्यांचल श्रेणी के बीच में है।
• बघेलखण्ड का पठार	मध्य प्रदेश एवं आंशिक भाग छत्तीसगढ़।	• विध्यन श्रेणी के पूर्व में बघेलखण्ड का पठार स्थित है।
• छोटा नागपुर का पठार (भारत का रूर प्रदेश)	झारखण्ड एवं आंशिक विस्तार ओडिशा, प. बंगाल, बिहार और छत्तीसगढ़	• गोडवाना चट्‌टानों से निर्मित यह पठार बाक्साइट, अभ्रक, चिकनी मिट्‌टी, टंगस्टन, चूना पत्थर, तांबा, इमारती पत्थर एवं कोयले की दृष्टि से काफी धनी है। इस पठार की सबसे ऊंची पर्वत चोटी पारसनाथ है जो छत्तीसगढ़ में स्थित है।
• दक्कन का पठार	महाराष्ट्र, कर्नाटक, तेलंगाना, आन्ध्र प्रदेश	• लावा से निर्मित यह पठार त्रिभुजाकार है। इस पठार पर महानदी, गोदावरी, कृष्णा व कावेरी नदियां पश्चिम से पूर्व दिशा की ओर बहती है।
• तेलंगाना का पठार	तेलंगाना, आन्ध्र प्रदेश, छत्तीसगढ़	• गोदावरी नदी इस पठान को दो भागों में बांटती है : 1. उत्तरी भाग (पहाड़ी तथा वनाच्छादित) और 2. दक्षिणी भाग (उर्मिल मैदान जो तालाब निर्माण के लिए आदर्श है।
• कर्नाटक/मैसूर का पठार	कर्नाटक	• बाबा बूदन की पहाड़ी जो लौह अयस्क के लिए प्रसिद्ध है इस पठार पर अवस्थित है यहाँ की प्रमुख नदियाँ कृष्णा, तुंगभद्रा एवं कावेरी है।
• दण्डकारण्य का पठार	छत्तीसगढ़, ओडिशा, आन्ध्र प्रदेश	• ऊबड़ खाबड एवं अनुपजाऊ क्षेत्र है।
• मेघालय का पठार	मेघालय	• दक्कन के पठार का पूर्वी विस्तार हैं पश्चिम से पूर्व की ओर क्रमश: गारो, खासी, जंयतिया पहाड़ियाँ अवस्थित है खासी पहाड़ी के दक्षिण में चेरापूंजी एवं मासिनराम स्थित है।

प्रायद्वीपीय भारत की पर्वत श्रेणियां/पहाड़ियां

पर्वत श्रेणियां	विस्तार	सबसे ऊंची चोटी	अन्य
• अरावली श्रेणी	दिल्ली से गुजरात तक	गुरूशिखर (आबू)	• अल्वर में हर्ष नाथ की पहाड़ी, उदयपुर में जगां पहाड़ियों में स्थित) की पहाड़ी तथा स्थानीय नाम मेवात की पहाड़ी है। **नोट—**यह विश्व की प्राचीनतम पहाड़ी है।
• विंध्य श्रेणी	मध्य प्रदेश, माल्वा के पठार के दक्षिण में	–	• लाल बलुआ पत्थर, भवन सामग्री, हरे पन्ने आदि के लिए प्रसिद्ध। बांधवगढ़ राष्ट्रीय उद्यान यहीं स्थित है। यह पर्वत ही उत्तर और दक्षिण को एक दूसरे से स्पष्ट रूप से अलग करता है।
• मैकाल श्रेणी	शहडोल, माडला (म. प्र.) एवं बिलासपुर (छत्तीसगढ़) में	अमर कंटक	• मैकाल श्रेणी सतपुड़ा श्रेणी का पूर्वी भाग है। **कान्हा राष्ट्रीय उद्यान** मैकाल श्रेणी में स्थित है।
• सतमाला पहाड़ियां	मध्य प्रदेश व गुजरात की सीमा के बीच स्थित	–	• इस श्रेणी को **नासिक का ज्वैल** भी कहते हैं।
• अजन्ता श्रेणी	महाराष्ट्र	–	• महाराष्ट्र के तापी नदी के दक्षिण में पश्चिम से पूर्व दूधना नदी के उत्तर तक फैली है इसी में 29 गुफाओं की श्रृंखला है जो गुप्तकालीन चित्रों के लिए विश्व प्रसिद्ध है।
• बाला घाट श्रेणी	पश्चिमी महाराष्ट्र तथा मध्य प्रदेश	–	–
• गिरिनाथ पहाड़ियां	जुनागढ़ जिला (गुजरात)	गोरखनाथ	• यह **एशियाई बब्बर** शेर का निवास स्थल है।
• कच्छ की पहाड़ियां	गुजरात	–	• भूकम्प की दृष्टि से संवेदनशीनल है।
• राजमहल पहाडियां	झारखण्ड	पारसनाथ	• कोयला, तांबा, लोहा तथा मैगनीज, बहुतायत में पाया जाता है।
• नन्लामलाई पहाड़ियां	आन्ध्रप्रदेश और तमिलनाडु	–	• ये पहाड़ियां पूर्वी घाट का ही अंग है। लौह अयस्क, मैगनीज लाइमस्टोन आदि मिलते हैं।
• पचमलाई पहाड़ियां	तमिलनाडु के मध्य में	–	• ग्रीन माउंट के नाम से प्रसिद्ध एवं लिग्नाइट के भण्डार पाये जाते हैं।
• इलायची पहाड़ियां	केरल व तमिलनाडु में	–	• पश्चिमी घाट का दक्षिणी विस्तार है। चाय व इलायची के उत्पादन के लिए प्रसिद्ध।
• अन्नामलाई पहाड़ियां	तमिलनाडु व केरल	अनाईमुड़ी (दक्षिण भारत का सर्वोच्च शिखर)	• एलीफैंटा पहाड़ियों के नाम से भी प्रसिद्ध है।
• नीलगिरी पहाड़ियां	तमिलनाडु	दोदा बेट्टा	• पूर्वी एवं पश्चिम घाट का संगम स्थली। **यह यूनेस्को द्वारा जैवमंडल आरक्षित क्षेत्र घोषित है।**
• बाबाबूदन पहाड़ियां	चिकमंगलुरू (कर्नाटक)	मलायागिरी	• **भद्रा वन्य जीव अभ्यारण** और केमागुंडी हिल स्टेशन भी इन्ही पहाड़ियों में स्थित है। यह लौह अयस्क का क्षेत्र है।
• महाबलेश्वर	महाराष्ट्र	–	• यह पहाड़ी कृष्णा नदी का उद्‌गम स्थल है।
• सतपुडा श्रेणी	मध्यप्रदेश	धूपगढ़ (पंचमढ़ी में अवस्थित)	• विध्य श्रेणी के समानांतर दक्षिण में स्थित यह श्रेणी नर्मदा व तापी नदियों के बीच अवस्थित है।

नोट—
- दक्षिण भारत के पश्चिम घाट के पर्वतों का उत्तर से दक्षिण क्रम—1. सतमाला, 2. बालाघाट, 3. हरीशचन्द्र, 4. महाबलेश्वर, 5. नीलगिरी, 6. अन्नामलाई, 7. कार्डेमम।
- दक्षिण भारत के पूर्वी घाट के पर्वतों का उत्तर से दक्षिण क्रम—1. मलयागिरी, 2. महेन्द्रगिरी, 3. अन्नामलाई, 4. पालकोंडा, 5. जावदी, 6. शेवराय, 7. पालनी।
- मध्य भारत की प्रमुख श्रेणियों का उत्तर से दक्षिण क्रम—1. अरावली, 2. विंध्य, 3. सतपुड़ा, 4. अजंता।

अध्याय सार संग्रह

- क्षेत्रफल की दृष्टि से प्रायद्वीपीय पठारी प्रदेश देश का सबसे बड़ा भौतिक प्रदेश है। यह गोंडवाना लैंड का क्षेत्र है।
- मालवा का पठार लावा निर्मित काली मिट्टी से बना है।
- दक्कन के पठार को महाराष्ट्र पठार भी कहते हैं। यह बैसाल्ट चट्टानों का बना है।
- सतपुड़ा एवं अजन्ता की पहाड़ियों के बीच के क्षेत्र को **खानदेश** कहते हैं।
- अरावली पर्वतमाला विश्व की सबसे प्राचीन वलित पर्वतमाला है।
- माउन्ट एवरेस्ट हिमालय पर्वतमाला की तथा गॉडविन ऑस्टिन के 2 काराकोरम पर्वतमाला की सबसे ऊँची पर्वत चोटियाँ हैं।
- पीरपंजाल और बनिहाल दर्रे मध्य हिमालय में स्थित हैं। बनिहाल दर्रे से होकर जम्मू श्रीनगर मार्ग गुज़रता है।
- मध्य हिमालय के उत्तरी ढाल पर पाए जाने वाले घास के छोटे-छोटे मैदान को **मर्ग** कहते हैं। जैसे—गुलमार्ग, सोनमार्ग, टंनमार्ग
- गोवा से मंगलोर तक के तट को कनारा तट कहते हैं।
- संसार का सबसे ऊँचा सड़क मार्ग (3450 मी.) कश्मीर-लेह मार्ग है, जो काराकोरम दर्रे को पार करती है।
- **मालवा का पठार** लावा निर्मित काली मिट्टी से बना है। इस पठार से होकर चम्बल, काली सिंध, पार्वती, बेतवा, माही और निवाज नदियां प्रवाहित होती हैं। **भोपाल नगर** बेतवा और पार्वती नदियों के दोआब में स्थित है। दो नदियों के मध्य विस्तृत भू-भाग को **दोआब** कहते हैं।
- दक्कन का पठार को महाराष्ट्र पठार भी कहते हैं। यह बेसाल्ट चट्टानों का बना है। गोदावरी नदी इस पठार से होकर प्रवाहित होती है। **वस्तुतः प्रायद्वीपीय भारत का वह भाग जो सतपुड़ा श्रेणी के दक्षिण में है, दक्कन का पठार कहलाता है।**
- हैदराबाद एवं सिकन्दराबाद तेलगांना पठार के निचले समतल भागों में स्थित है।
- कृष्णा, तुंगभद्रा एवं कावेरी नदियां **कर्नाटक पठार** से होकर प्रवाहित होती हैं। इस पठार का पश्चिमी भाग मलनाड के नाम से जाना जाता है।
- प्रायद्वीपीय पठारी प्रदेश **अनावृत्तिकरण अनाच्छादन (Denudation)** की क्रियाओं से सर्वाधिक प्रभावित है। इस प्रदेश की प्रमुख पर्वत श्रृंखलाएं अरावली, विन्ध्याचल, सतपुड़ा, पश्चिमी घाट एवं पूर्वी घाट हैं।
- नर्मदा एवं ताप्ती नदियों के बीच में **सतपुड़ा पर्वतमाला** स्थित है। इसकी सबसे ऊंची चोटी **धूपगढ़** है जो 1,350 मीटर ऊंची है, धूपगढ़ पर्वत चोटी महादेव पर्वत पर स्थित है। धूपगढ़ के समीप ही **पंचमढ़ी** पर्यटक स्थल स्थित है।
- सतपुड़ा के पश्चिमी भाग को **राजपीपला**, मध्यवर्ती भाग को **महादेव** एवं पूर्वी छोर को **'अमरकंटक'** कहते हैं।
- अमरकंटक के पूर्वी भाग को **'मैदान श्रेणी'** कहते हैं, जिसके सहारे छत्तीसगढ़ का मैदान विस्तृत है।
- मेघालय या शिलांग पठार को भारतीय पठार से अलग करने वाली जलोढ़ प्रदेश की चौड़ी पट्टी **गारो-राजमहल** विदर है।
- मेघालय पठार का सर्वोच्च शिखर **नोकरेक** है।
- **गुरूशिखर** अरावली पर्वतमाला की सबसे ऊंची चोटी है। यह 1,722 मीटर ऊंची है और राजस्थान राज्य के सिरोही जिले में स्थित है।
- पश्चिमी घाट को **सह्याद्रि** भी कहते हैं। धरातलीय विविधताओं के आधार पर सह्याद्रि की उत्तरी, मध्य और दक्षिणी सह्याद्रि में विभक्त किया गया है।
- पूर्वी एवं पश्चिमी घाट में सबसे बड़ा अन्तर यह है कि पूर्वी घाट में श्रृंखलाबद्ध श्रेणियों का अभाव है।
- **थालघाट, भोरघाट, पालघाट** और **शेनकोटा गेप** पश्चिमी घाट के प्रमुख दर्रे हैं।
- गोदावरी, भीमा एवं कृष्णा नदियों का उद्गम उत्तरी सह्याद्रि से होता है। **कलसुबाई** (1,646 मीटर) और **महाबलेश्वर** (1,430 मीटर) उत्तरी सह्याद्रि की ऊंची पर्वत चोटियां हैं। **थालघाट** और **भोरघाट** दर्रे इसी भाग में स्थित हैं।
- **कुद्रेमुख** (1,892 मीटर) और **पुष्पागिरि** (1,714 मीटर) मध्य सह्याद्रि की प्रमुख पर्वत चोटियां हैं। तुंगभद्रा और कावेरी नदियों का उद्गम इसी भाग से होता है।
- **अनाई मुडी** अन्नामलाई पर्वत श्रेणी का सर्वोच्च शिखर है जो 2,695 मीटर ऊंचा है। दोदा बेटा नीलगिरी पर्वतमाला का सर्वोच्च शिखर है। अनाई मुडी दक्षिणी भारत का सबसे ऊंचा पर्वत शिखर है।
- **मेलयगिरी पर्वत श्रेणी** चन्दन के वनों के लिए प्रसिद्ध है।
- कच्छ प्रायद्वीप में **गिरनार** (1,117 मीटर) सबसे ऊंचा पर्वत शिखर है।
- **अरावली** तथा **पूर्वीघाट** प्राचीन वलित पर्वत हैं जबकि सतपुड़ा, विन्ध्याचल और पश्चिमी घाट ब्लॉक पर्वत के उदाहरण हैं।
- कुल्लू घाटी धौलाधार पर्वत श्रेणी तथा बृहत् हिमालय के बीच में स्थित है। इस घाटी से होकर व्यास नदी बहती है। कुल्लू घाटी सेब (Apple) की कृषि के लिए विख्यात है।
- हिमालय पर्वत श्रृंखला का ढाल भारत की ओर **उन्नतोदर** (convex) प्रकार का है। अतः पर्वतारोही भारत की तरफ से नहीं चढ़ते।
- पटकोई एवं नागा श्रेणियां भारत और म्यांमार के बीच जल विभाजक हैं।
- **माउण्ट एवरेस्ट** नेपाल देश में तथा के 2 **गॉडविन ऑस्टिन** पाक अधिकृत कश्मीर में है।
- भारतीय हिमालय की सबसे ऊंची पर्वत चोटी **कंचनजंगा** (8,598 मीटर) है जो सिक्किम राज्य में स्थित है।
- **पीरपंजाल** और **बनिहाल** दर्रे मध्य हिमालय में स्थित हैं। **बनिहाल दर्रे** से होकर जम्मू-श्रीनगर मार्ग गुज़रता है।

- **बड़ा लाचाला दर्रा** (हिमांचल प्रदेश) लेह को कुल्लू-मनाली और कैलांग से जोड़ता है। **बुर्जिल दर्रा** गिलगिट को श्रीनगर से जोड़ता है जबकि श्रीनगर-लेह मार्ग जोजिला-दर्रा से होकर गुज़रता है।
- **काराकोरम दर्रे** द्वारा भारत तथा तारिम बेसिन के बीच सम्पर्क स्थापित होता है।
- मध्य हिमालय के उत्तरी ढालों पर पाए जाने वाले घास के छोटे-छोटे मैदानों को **मर्ग** कहते हैं। इनमें गुलमर्ग, सोनमर्ग, टंगमर्ग प्रमुख हैं।
- पीरपंजाल एवं महान् हिमालय के बीच कश्मीर की घाटी स्थित है। **झेलम नदी** इसी घाटी से होकर बहती है। इस घाटी के पश्चिमी छोर के निकट धनुषाकार **वूलर झील** स्थित है।
- कांगड़ा एवं कुल्लू की घाटियां हिमांचल प्रदेश राज्य में हैं।
- सालटोरो, बाटुरा, सियाचिन और हिस्पार ट्रांस हिमालय के चार प्रमुख हिमनद हैं।
- हिमालय की सबसे बाहरी या दक्षिणी श्रेणी को **शिवालिक** कहते हैं।
- शिवालिक एवं मध्य हिमालय के बीच विद्यमान घाटियों को पश्चिम में **दून** तथा पूर्व में **द्वार** कहते हैं। जैसे—देहरादून, हरिद्वार
- **ट्रान्स हिमालय** अथवा तिब्बत हिमालय में लद्दाख, जास्कर, कैलाश और काराकोरम पर्वत श्रेणियां सम्मिलित हैं।
- जास्कर एवं लद्दाख श्रेणियों के बीच **सिन्धु नदी की घाटी** विस्तृत है।
- **डाफाबम** (4,578 मीटर) मिशमी पहाड़ियों तथा **सारामती** (3,826 मीटर) नागा पहाड़ियों की सबसे ऊंची पर्वत चोटियां हैं।
- भारतीय प्लेट के उत्तर की ओर खिसक कर यूरेशियाई प्लेट के साथ टकराने से हिमालय पर्वत शृंखलाओं का निर्माण हुआ है।
- हिमालय का वर्तमान स्वरूप ऋतु अपक्षय एवं हिमानी और प्रवाहित जल जैसे अपरदन कारकों के द्वारा निर्मित हुआ है। ये कारक वर्तमान में भी कार्यरत हैं।
- **करेवा झीलें, नदी वेदिकाएं** और **स्तनपायी प्राणियों के अवशेष** हिमालय की युवावस्था को प्रदर्शित करने वाले लक्षण हैं।
- हिमालय की उत्पत्ति से सम्बन्धित सर्वमान्य सिद्धान्त **प्लेट-विवर्तनिक** सिद्धान्त है।
- हिमालय से निकलने वाली नदियों में घाघरा नदी को छोड़कर शेष सभी नदियां **जलोढ़ शंकुओं** का निर्माण करती हैं।
- भारत का पश्चिमी तट अधिक कटा-फटा है इसलिए इस तट पर बन्दरगाह अधिक संख्या में हैं।
- मुम्बई से गोआ तक के पश्चिमी तट को **कोंकण तट**, गोआ से मंगलौर तक के तट को **कनारा तट** तथा मंगलौर से तिरूवनन्तपुरम तक के तटीय भाग को **मालाबार तट** के नाम से जाना जाता है।
- कोंकण तट में मुम्बई द्वीप के चारों ओर फैली उल्हास की थाना संकीर्ण खाड़ी वृत्ताकार खुली खाड़ी है।
- महाद्वीपीय मग्न-तट (continental shelf) की चौड़ाई पूर्वी तट की अपेक्षा पश्चिमी तट पर अधिक है।
- पूर्वी तट के उत्तरी भाग को **उत्तरी सरकार तट** तथा दक्षिणी भाग को **कोरोमण्डल तट** के नाम से जाना जाता है। कोरोमण्डल तट पर वर्षा लौटते हुए उत्तरी-पूर्वी मानसूनी पवनों द्वारा होती है।
- श्रीहरिकोटा द्वीप बंगाल की खाड़ी में नेल्लौर के निकट अवस्थित है।
- न्यूमूर, गंगासागर, श्रीहरिकोटा, पांबन और बैरन बंगाल की खाड़ी में तथा दीव, गांधेर, एलीफेण्टा, मिनीकॉय और विलिंगटन अरब सागर में अवस्थित मुख्य द्वीप हैं।
- भारत के प्रथम क्रम के चार प्राकृतिक प्रदेशों को 31 द्वितीय क्रम के प्रदेशों में विभाजित किया गया है।

अध्याय 15

अप्रवाही प्रणाली

इस अध्याय में आप सीखेंगे कि:

- भारत के पर्वत, पठान, मैदान एवं द्वीप समूह के सामान्य ज्ञान के साथ-साथ भारत के आर्थिक एवं सामाजिक तथा राजनैतिक महत्व क्या हैं।
- भू-आकृति की संरचना और उसके अभिलक्षण क्या-क्या हैं।

भौतिक दृष्टि से देश में प्रायद्वीपोत्तर तथा प्रायद्वीपीय नदी प्रणालियों का विकास हुआ है, जिन्हें क्रमशः हिमालय तथा दक्षिण के पठार नाम से जाना जाता है।

अपवाह तंत्र (Drainage Pattern)

कुछ मूलभूत परिभाषाएँ

अपवाह—निर्धारित जलमार्गों द्वारा जल के प्रवाह को अपवाह कहते हैं।

अपवाह तंत्र—जलमार्गों के जाल को अपवाह तंत्र कहते हैं।

प्राकृतिक अपवाह का प्रतिरूप—नदियों और सहायक नदियों के विन्यास को प्राकृतिक अपवाह का प्रतिरूप कहा जाता है।

किसी क्षेत्र के अपवाह को निर्धारित करने वाले क ारक हैं—चट्टानों का स्वरूप, ढाल, स्थल-आकृति, प्रवाहित जल की मात्रा आदि।

भारतीय नदी तंत्र (Indian River System)

1. **हिमालय की नदियाँ**—हिमालय से तीन मुख्य नदी-तन्त्र प्रवाहित होते हैं। ये नदियाँ तिब्बती उच्च प्रदेश के दक्षिणी ढाल से निकलती हैं और हिमालय के अक्ष के समानान्तर अनुदैर्ध्य द्रोणियों (Longitudinal Troughs) में बहने के पश्चात् मैदानों तक पहुँचने के लिए पर्वतों के शृंगों को भेद कर अचानक दक्षिण की ओर मुड़ जाती हैं। सिन्धु, सतलुज, अलकनन्दा, गंडक, कोसी व ब्रह्मपुत्र गहरे महाखड्डों को बनाती हुई आगे बढ़ती हैं। विद्वानों का विश्वास है कि ये नदियाँ हिमालय के निर्माण की सभी अवस्थाओं में बहती रहीं। इसके फलस्वरूप इन नदियों के किनारे ऊपर उठते गए जबकि इनका तल गहरा होता गया और इस प्रकार महाखड्डों का निर्माण हुआ। अतः हिमालय से निकलने वाली नदियाँ पूर्ववर्ती अपवाह का ज्वलन्त उदाहरण हैं।

2. **प्रायद्वीपीय नदियाँ**—प्रायद्वीपीय नदियों की चौड़ी, उथली तथा लगभग संतुलित घाटियाँ इस तथ्य की ओर संकेत करती हैं कि ये नदियाँ हिमालय की नदियों की तुलना में काफी अधिक लम्बे समय से प्रवाहित हो रही हैं और प्रौढ़ अवस्था को प्राप्त कर चुकी हैं। कुछ भ्रंश क्षेत्रों को छोड़कर शेष सभी स्थानों पर नदी तलों की ढाल-प्रवणता बहुत मंद है। अब अपरदनकारी शक्तियाँ यहाँ पार्श्ववत् ही क्रियाशील हैं।

भारतः नदियाँ

प्रायद्वीपीय भाग में मुख्य जल-विभाजक पश्चिमी घाट है जो पश्चिमी तट के बहुत ही निकट स्थित है। अतः प्रायद्वीप की अधिकांश नदियाँ पश्चिम से पूर्व दिशा में बहती हैं। इसके दो अपवाद नर्मदा तथा तापी नदियाँ हैं जो पूर्व से पश्चिम में भ्रंश द्रोणियों में बहती हैं। उल्लेखनीय है कि ये द्रोणियाँ इन नदियों ने नहीं बनाई। पश्चिमी घाट को मूल

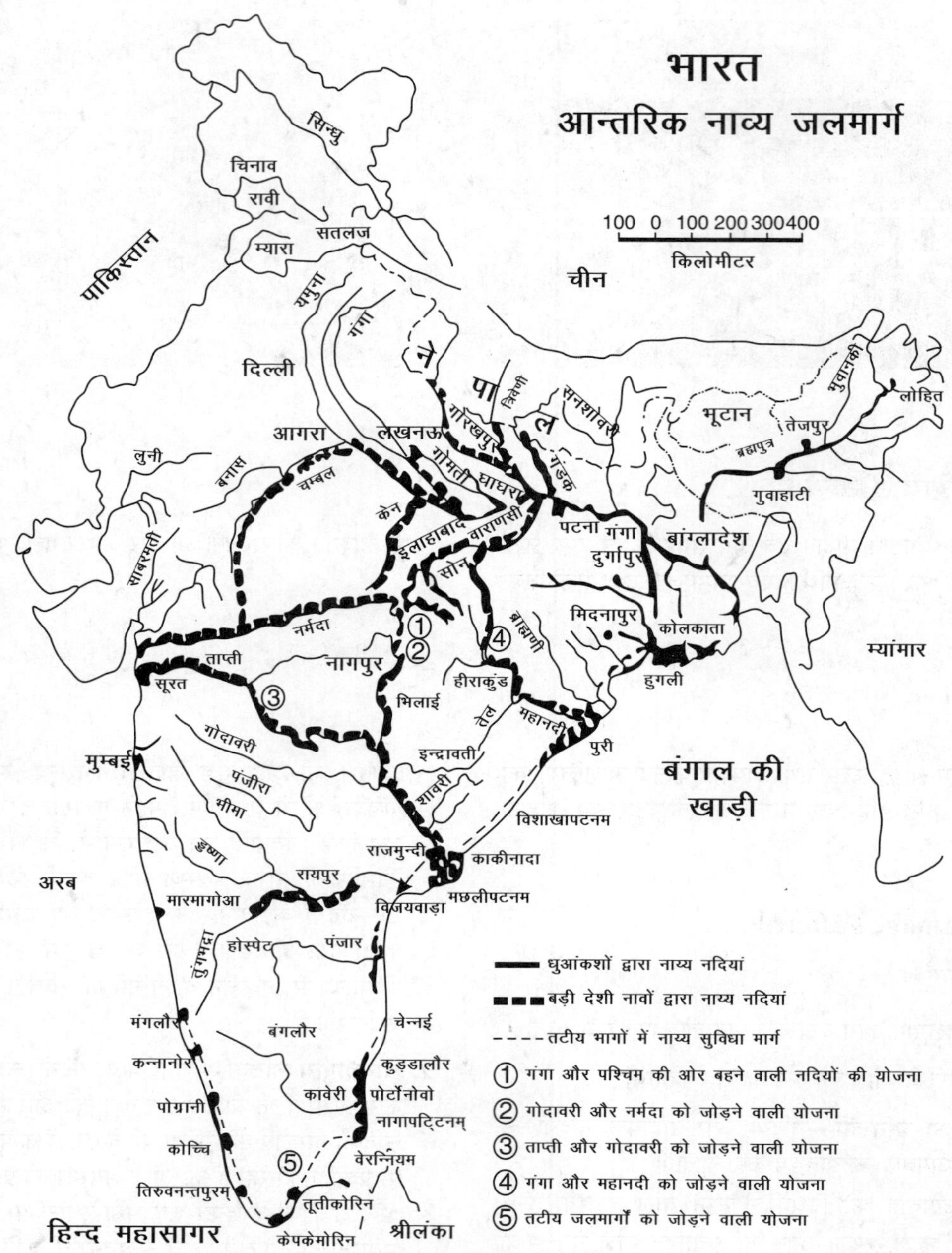

चित्र: भारत की नदियाँ एवं आंतरिक जलमार्ग

प्रतिनिधि जल-विभाजक मानकर इन तथ्यों को स्पष्ट किया जा सकता है। प्रायद्वीपीय प्रखण्ड के पश्चिमी धँसाव के परिणामस्वरूप इसका एक भाग जलमग्न हो गया तथा इसने मूल जल-विभाजक के दोनों ओर स्थित नदियों के सममित विन्यास को भी अस्त-व्यस्त कर दिया। दूसरा विरूपण हिमालय की हलचल के समय हुआ जबकि प्रायद्वीपीय खण्ड के उत्तरी पार्श्व का अवतलन हो गया जिसके परिणामस्वरूप द्रोणी-भ्रंश हुआ। नर्मदा तथा तापी नदियाँ इसी द्रोणी भ्रंश में बहती हैं। प्रायद्वीपीय नदियाँ अनुवर्ती प्रवाह का प्रतिनिधित्व करती हैं।

हिमालयी तथा प्रायद्वीपीय नदियों की भिन्नताएँ (Difference between Himalayan and Peninsular River Systems)

हिमालय तथा प्रायद्वीपीय नदियों की भिन्नताएँ निम्नलिखित हैं—

हिमालय पर्वत की नदियाँ

1. हिमालय पर्वत की नदियाँ अधिक लम्बी हैं।
2. हिमालय की नदियों के जलग्रहण क्षेत्र काफी बड़े हैं।

3. हिमालय की नदियों की संख्या अधिक है।
4. हिमालय की नदियाँ हिमाच्छादित प्रदेशों से निकलती हैं और वर्षा तथा बर्फ के पिघलने से जल प्राप्त करती हैं। अत: ये सारा साल बहती रहती हैं।
5. हिमालय की नदियाँ गहरे गॉर्ज बनाती हैं।
6. हिमालय की नदियाँ विसर्प बनाती हैं और मार्ग भी बदल लेती हैं।
7. हिमालय की नदियाँ जहाजरानी तथा सिंचाई के अनुकूल हैं।
8. हिमालय की नदियाँ अभी अपने विकास की बाल्यावस्था में हैं।
9. हिमालय की नदियाँ पूर्ववर्ती हैं। (के वल तीन—ब्रह्मपुत्र, सतुलज एवं सिंधु)
10. हिमालय की नदियाँ बड़े-बड़े डेल्टा बनाती हैं। गंगा-ब्रह्मपुत्र विश्व का सबसे बड़ा डेल्टा है।

प्रायद्वीपीय पठार की नदियाँ

1. प्रायद्वीपीय पठार की नदियाँ कम लम्बी हैं।
2. प्रायद्वीपीय नदियों के जलग्रहण क्षेत्र अपेक्षाकृत छोटे हैं।
3. प्रायद्वीपीय नदियों की संख्या कम है।
4. प्रायद्वीपीय नदियाँ वर्षा पर निर्भर करती हैं इसलिए ग्रीष्म ऋतु में सूख जाती हैं।
5. प्रायद्वीपीय नदियाँ उथली घाटियों में बहती हैं।
6. प्रायद्वीपीय नदियाँ अपेक्षाकृत सीधा मार्ग अपनाती हैं और अपना मार्ग नहीं बदलतीं।
7. प्रायद्वीपीय नदियाँ जहाजरानी तथा सिंचाई के अनुकूल नहीं हैं।
8. प्रायद्वीपीय नदियाँ प्रौढ़ अवस्था को पहुँच चुकी हैं।
9. प्रायद्वीपीय नदियाँ अनुवर्ती हैं। अर्थात पठार निर्माण के बाद इनका उद्‌भव हुआ।
10. प्रायद्वीपीय नदियाँ अपेक्षाकृत छोटे डेल्टा बनाती हैं। नर्मदा तथा तापी ने डेल्टा के स्थान पर ज्वरनदमुख बनाए हैं।

हिमालयी तथा प्रायद्वीपीय नदियों द्वारा विकसित अपवाह प्रतिरूप

हिमालयी नदियाँ विभिन्न प्रकार के अपवाह प्रतिरूप विकसित करती हैं, जो निम्न हैं—

अपवाह के प्रकार

1. **पूर्ववर्ती अपवाह (Antecedent Drainage)**
   - इस प्रकार का अपवाह तब विकसित होता है जब कोई नदी अपने मार्ग में आने वाली भौतिक बाधाओं को काटते हुए अपनी पुरानी घाटी में ही प्रवाहित होती है।
   - हिमालय से निकलने वाली सिन्धु, सतलुज, ब्रह्मपुत्र, भागीरथी, तिस्ता आदि नदियाँ पूर्ववर्ती अपवाह प्रतिरूप का निर्माण करती हैं।

ध्यातव्य हो कि

- यमुना की सहायक केन नदी सतना (म.प्र.) के निकट कैमूर हिल्स से निकलती है और बाँदा के निकट यमुना में मिलती है।
- गोमती नदी का उद्‌गम स्थल-पीलीभीत (उ.प्र.) जिले की फुल्हर झील से है।
- घाघरा नदी गंगा से छपरा में मिलती है।
- हिरण्य-यमुना की सहायक नदी है।

2. **क्रमहीन अपवाह (Insequent Drainage)**
   - जब कोई नदी अपनी प्रमुख शाखा से विपरीत दिशा से आकर मिलती है, तब क्रमहीन अपवाह प्रतिरूप का विकास होता है।
   - ब्रह्मपुत्र में मिलने वाली सहायक नदियाँ दिहांग, दिबांग एवं लोहित इसी प्रकार के अपवाह बनाती हैं।
3. **खण्डित अपवाह (Intermittant Drainage)**
   - उत्तर भारत के विशाल मैदान में पहुँचने के पूर्व भाबर क्षेत्र में विलीन हो जाने वाली नदियाँ खण्डित अपवाह का निर्माण करती हैं।
4. **मालाकार अपवाह (Braided Drainage)**
   - वे नदियाँ जो समुद्र में मिलने से पूर्व कई शाखाओं में विभक्त होकर डेल्टा बनाती हैं, वे मालाकार अपवाह का निर्माण करती हैं।
5. **अन्त: स्थलीय अपवाह (Inland Drainage)**
   - राजस्थान के मरूस्थलीय क्षेत्र में अरावली पर्वतमाला से निकलकर विलीन हो जाने वाली नदियाँ अन्त: स्थलीय अपवाह बनाती हैं।
6. **समानान्तर अपवाह (Parallel Drainage)**
   - उत्तर के विशाल मैदान में पहुँचने वाली पर्वतीय नदियाँ समानान्तर अपवाह प्रतिरूप विकसित करती हैं।
7. **आयताकार अपवाह (Rectangular Drainage)**
   - उत्तर भारत की कोसी तथा उसकी सहायक नदियाँ आयताकार अपवाह विकसित करती हैं।

दक्षिण भारत अथवा प्रायद्वीपीय पठारी भाग में प्रवाहित होने वाली नदियाँ भी विभिन्न प्रकार के अपवाह प्रतिरूप विकसित करती हैं जो निम्न हैं—

1. **अनुगामी अपवाह (Consequent Drainage)**
   - जब कोई नदी धरातलीय ढाल की दिशा में प्रवाहित होती है, तब अनुगामी अपवाह का निर्माण होता है।
   - दक्षिण भारत की अधिकांश नदियाँ अनुगामी अपवाह का उदाहरण है।

2. **परवर्ती अपवाह (Subsequent Drainage)**
   - जब नदियाँ अपनी मुख्य नदी में ढाल का अनुसरण करते हुए समकोण पर आकर मिलती है, तब परवर्ती अपवाह निर्मित होता है।
   - दक्षिण प्रायद्वीप के उत्तरी भाग से निकलकर गंगा तथा यमुना नदियों में मिलने वाली नदियाँ चंबल, केन, काली, सिंध आदि नदियाँ परवर्ती अपवाह विकसित करती हैं।
3. **आयताकार अपवाह (Rectangular Drainage)**
   - विध्यन चट्टानों वाले प्रायद्वीपीय क्षेत्र में नदियाँ आयताकार अपवाह का निर्माण करती हैं क्योंकि ये मुख्य नदी में मिलते समय चट्टानी संधियों से होकर प्रवाहित होती है तथा समकोण पर आकर मिलती हैं।
4. **जालीनुमा अपवाह (Trellis Drainage)**
   - जब नदियाँ पूर्णत: जाल का अनुसरण करते हुए प्रवाहित होती है तथा ढाल के परिवर्तन के अनुसार उसके मार्ग में भी परिवर्तन हो जाता है तब जालीनुमा अपवाह प्रणाली का निर्माण होता है।
   - पूर्वी सिंहभूमि के प्राचीन वलित पर्वतीय क्षेत्र में इस प्रणाली का विकास हुआ है।
5. **अरीय प्रवाह (Radial Drainage)**
   - इसे अपकेन्द्रीय अपवाह भी कहा जाता है। इसमें नदियाँ एक स्थान से निकलकर चारों दिशाओं में प्रवाहित होती है।
   - दक्षिण भारत में अमरकंटक पर्वत से निकलने वाली नर्मदा, सोन तथा महानदी अरीय अपवाह का निर्माण करती हैं।
6. **पादपाकार अथवा वृक्षाकार अपवाह (Denditric Drainage)**
   - जब नदियाँ सपाट एवं चौरस धरातल पर प्रवाहित होते हुए मुख्य नदी की धारा में मिलती हैं, तब इस प्रणाली का विकास होता है।
   - दक्षिण भारत की अधिकांश नदियाँ पादपाकार अपवाह का निर्माण करती हैं।
7. **समानांतर अपवाह (Parallel Drainage)**
   पश्चिमी घाट से निकलकर पश्चिम दिशा में तीव्र गति से बहकर अरब सागर में गिरने वाली नदियाँ समानांतर अपवाह का निर्माण करती हैं।

प्रमुख नदियों के उद्गम और अपवाह

- **सिन्धु नदी** तिब्बत में मानसरोवर झील के निकट चेमायुंगदुंग ग्लेशियर से 5,180 मीटर की ऊंचाई से निकलती है। भारत में यह नदी जम्मू एवं कश्मीर राज्य में प्रवेश करती है। तत्पश्चात् यह नदी पाकिस्तान में प्रवाहित होती हुई कराँची के निकट अरब सागर में जाकर मिलती है। इस नदी की कुल लम्बाई 2880 कि.मी. है, जबकि भारत में इसकी लम्बाई 709 कि.मी. है। सतलुज, व्यास, रावी, चिनाब, झेलम, सिंगी, जास्कर, गरवगं, चू, स्यांग, शिगार, गिलगिट सिन्धु की प्रमुख सहायक नदियां हैं। पाकिस्तान के सखूर, हैदराबाद, डेरागाजीखान, डेराइस्माइल खान नगर इस नदी के किनारे पर स्थित हैं।
- झेलम नदी कश्मीर घाटी के दक्षिण-पूर्व में स्थित वेरिनाग के निकट शेषनाग झील से (परिपंजाल श्रेणी से) झरने से निकलती है। कश्मीर में प्रवाहित होने के बाद पाकिस्तान में प्रवेश करके यह नदी त्रिमू के निकट चिनाब के साथ मिल जाती है। इसकी लम्बाई लगभग 1180 किमी है। किशनगंगा, लिद्दर, करवेस, पुंछ इसकी सहायक नदियां हैं। श्रीनगर इस नदी के किनारे बसा हुआ है। यह नदी सिंधु की सहायक नदियों में सबसे छोटी है।
- व्यास नदी हिमालय में स्थित रोहतांग दर्रे के निकट 4,330 मीटर की ऊंचाई पर स्थित व्यास कुण्ड से निकलती है। पंजाब में यह नदी हरिके बैराज नामक स्थान पर सतलुज नदी से मिल जाती है। इसकी कुल लम्बाई 625 किमी. है। पार्वती, सैन्ज, तीर्थन और ऊहल इसकी प्रमुख सहायक नदियां हैं। मण्डी नगर इस नदी के किनारे पर बसा हुआ है। पोंग बांध एवं हरिके बैराज इसी नदी पर बनाए गए हैं।
- सतलुज नदी का उद्गम तिब्बत में मानसरोवर झील के निकट 5,000 मीटर की ऊंचाई पर स्थित राकसताल है। इसे शतद्रु नदी भी कहते हैं। शिपकी दर्रे के निकट यह नदी भारत में प्रवेश करती है। पंजाब में रूपनगर में भाखड़ा-नंगल बांध इसी नदी पर बना हुआ है। साथ ही नाथपा झाकरी बांध और कोल बांध भी इसी नदी पर बने हुए हैं। हरिके बैराज नामक स्थान पर यह व्यास नदी से मिल जाती है। इसकी कुल लम्बाई 1,440 किमी है। इसमें से 1,050 किमी की लम्बाई भारत में है। स्पीति और वासपा इसकी सहायक नदियां हैं। लुधियाना और फिरोजपुर इस नदी के किनारे पर बसे हुए हैं।
- रावी नदी रोहतांग दर्रे (कांगड़ा)के निकट से निकलती है। धौलाधार श्रेणी में यह नदी गहरा गार्ज बनाती है। इसकी कुल लम्बाई 720 किमी है। चम्बा नगर इसी नदी के किनारे पर स्थित है। थीन बांध रावी नदी पर बनाया गया है।
- चिनाब नदी को हिमांचल प्रदेश में चन्द्रभागा कहते हैं। चन्द्र तथा भागा इस नदी के उद्गम स्थल हैं जो लाहुल के बाड़ा लाचा दर्रे के दोनों ओर स्थित हैं। यह सिंधु नदी की सबसे बड़ी सहायक नदी है। यह नदी पीरपंजाल में गहरा गार्ज बनाती है। इसकी लम्बाई 1,180 किमी है। रावी, चन्द्रा और भागा इसकी सहायक नदियां हैं। सलाल और दुलहस्ती बांध इस नदी पर बने हुए हैं।
- गंगा नदी उत्तराखण्ड के गढ़वाल हिमालय में केदारनाथ चोटी के उत्तर में 6,600 मीटर की ऊंचाई पर स्थित गंगोत्री हिमनद से निकलती है। देवप्रयाग में जब अलकनन्दा एवं भागीरथी आपस में संयुक्त होती है तब इस संयुक्त धारा को गंगा के नाम से जाना जाता है। हरिद्वार के निकट यह नदी मैदानी भाग में प्रवेश करती है। इलाहाबाद के निकट इसमें यमुना, गाजीपुर के समीप गोमती, छपरा के समीप घाघरा, सोनपुर के निकट गण्डक तथा पटना के समीप सोन नदी गंगा में

मिलती है। गंगा की सहायक नदियों में रामगंगा, घाघरा, गण्डक, बूढ़ी गण्डक, बागमती और कोसी नदियाँ बाएं किनारे से मिलती हैं, जबकि यमुना, सोन और दामोदर नदियाँ इसमें दाएं किनारे से मिलती हैं। इसमें से सोन और दामोदर प्रायद्वीपीय भारत की नदियां हैं। गंगा नदी फरक्का के समीप दक्षिण की ओर मुड़ जाती हैं और यहाँ पर यह कई शाखाओं में बँट जाती हैं। हुगली प्रमुख शाखा है, जो पश्चिम बंगाल में बहती है। गंगा नदी की कुल लम्बाई 2,525 किमी है, बांग्लादेश में गंगा नदी को पद्मा के नाम से जाना जाता है। भारत में गंगा का अपवाह क्षेत्र लगभग 8,61,404 वर्ग किमी है। हरिद्वार, कानपुर, इलाहाबाद, पटना, भागलपुर, वाराणसी और कोलकाता नगर गंगा नदी के किनारे पर अवस्थित हैं। भागीरथी पर टिहरी बांध तथा गंगा पर फरक्का बांध बनाया गया है।

- यमुना नदी बन्दरपूंछ के पश्चिमी ढाल पर स्थित हिमानी से यमुनोत्री हिमनद से 6,315 मीटर की ऊंचाई से निकलती है। 1,375 किमी बहने के बाद यह नदी इलाहाबाद के निकट गंगा से मिल जाती है। इसकी सहायक नदियों में चम्बल, बेतवा, गिरी तथा केन मुख्य हैं। दिल्ली, मथुरा, आगरा, हमीरपुर और इलाहाबाद इस नदी के किनारे पर स्थित हैं।
- गोमती नदी पीलीभीत जिले से निकलती है। इसकी लम्बाई लगभग 940 किमी है। यह गाजीपुर के निकट गंगा नदी से मिल जाती है। सई, जोमकाई, बर्ना, गच्छई और चुहा इसकी सहायक नदियां हैं। लखनऊ और जौनपुर इस नदी के किनारे पर बसे हुए हैं।
- घाघरा नदी को सरयू नदी के नाम से जाना जाता है। यह नदी तिब्बत के पठार में स्थित म्पसातुंग हिमनद से निकलती है। नेपाल में इसे मांचू या करनाली के नाम से जाना जाता है। छपरा के निकट यह नदी गंगा से मिल जाती है। शारदा, राप्ती एवं छोटी गण्डक इसकी प्रमुख सहायक नदियां हैं। अयोध्या इसी नदी के किनारे पर स्थित है।
- गण्डक नदी नेपाल-चीन सीमा पर धौलाधार पर्वत श्रेणी से निकलकर नेपाल में बहने के बाद बिहार के चम्पारन जिले में प्रवेश करती है। इस नदी को नेपाल के पहाड़ी भाग में सालिग्रामी तथा मैदानी भाग में नारायणी कहते हैं। सोनपुर के निकट यह गंगा नदी से मिल जाती है। इसकी लम्बाई लगभग 300 किमी है। काली गण्डक और त्रिशूली इसकी प्रमुख सहायक नदियां हैं।
- कोसी नदी का प्रारम्भिक प्रवाह सात धाराओं में होता है। मुख्य धारा को अरूणा नाम से जाना जाता है, यह माउण्ट एवरेस्ट के पास गोसाईं थान से निकलती है। इनकी अन्य धाराएं मिलाम्ची, भोटिया, सप्तकोसी, टाम्बा, लिक्खू, दुग्ध तथा तम्बूर हैं। कई धाराओं में बहने के पश्चात् यह भागलपुर जिले में कारागोला नामक स्थान पर गंगा से मिल जाती है। इसकी लम्बाई लगभग 730 किमी है। सून कोसी, तामू कोसी, लिक्षु कोसी, फूध कोसी और अरूण कोसी इसकी सहायक नदियां हैं।
- दामोदर नदी पलामू (झारखण्ड) से निकलती है। इसकी लम्बाई लगभग 541 किमी है। फुलटा के पास यह हुगली नदी में मिल जाती है। बाराकर इसकी प्रमुख सहायक नदी है। धनबाद और दुर्गापुर नगर इस नदी के किनारे पर स्थित हैं। पंचेत, तिलैया, कोनार, अय्यर, बर्गो और मैथान बांध इस नदी पर बनाए गए हैं।
- ब्रह्मपुत्र नदी तिब्बत में मानसरोवर झील के दक्षिण-पूर्व में लगभग 100 किमी दूर स्थित 5,150 मीटर ऊंचाई पर स्थित चेमायुंगदुंग नामक हिमनद से निकलती है। तिब्बत में ब्रह्मपुत्र नदी को सांगपो कहते हैं। नामचा बरवा के निकट यह दक्षिण की ओर मुड़ जाती है और भारत में अरूणाचल प्रदेश में प्रवेश करके असम में बहती हुई बांग्लादेश में प्रवेश करती है। बांग्लादेश में इसे जमुना नदी के नाम से जाना जाता है। यह नदी गंगा की जलधारा पद्मा से मिल कर विश्व का सबसे बड़ा डेल्टा बनाती है। ब्रह्मपुत्र की प्रमुख सहायक नदियाँ हैं-मनास, मटेली, सुबनसिरी, लोहित, तिस्ता, सुरमा आदि। सिन्धु तथा गंगा की भांति यह भी एक पूर्ववर्ती अपवाह-तंत्र है जो कि हिमालय पर्वत में दिहांग गार्ज बनाती है। ब्रह्मपुत्र नदी की कुल लम्बाई लगभग 2,900 किमी है, इसमें से 1,346 किमी की लम्बाई भारत में है। गुवाहाटी और डिब्रूगढ़ नगर इस नदी के किनारे पर स्थित हैं।
- महानदी मध्य प्रदेश में अमरण्टक के दक्षिण में सिहावा के निकट से निकलती है और उड़ीसा में प्रवाहित होती हुई बंगाल की खाड़ी में जाकर मिलती है। महानदी की कुल लम्बाई 857 किमी तथा अपवाह क्षेत्र 1,41,600 वर्ग किमी है। कांकेर, सम्बलपुर और कटक इस नदी के किनारे पर स्थित हैं। हीराकुड, तिरकपाड़ा और बरोज बांध इस नदी पर बनाए गए हैं। सियोनाथ, हसदेव, मंड और ओब नदियाँ उत्तर की ओर से आकर महानदी में मिलती हैं। तेल नदी बांई ओर से इसकी प्रमुख सहायक नदी है।
- गोदावरी नदी महाराष्ट्र के नासिक जिले में पश्चिमी घाट पर स्थित त्र्यम्बक गांव से निकलती है। आन्ध्र प्रदेश में मछलीपट्टनम के निकट यह नदी बंगाल की खाड़ी में जाकर मिलती है। गोदावरी नदी प्रायद्वीपीय पठार की सबसे बड़ी नदी है। गोदावरी नदी की लम्बाई 1,465 किमी है। इसका अपवाह क्षेत्र 3,12,812 वर्ग किमी है। गोदावरी को वृद्ध गंगा और दक्षिण की गंगा के नाम से जाना जाता है। उत्तर में इसकी प्रमुख सहायक नदिया प्राणहिता, इंद्रावती, शबरी, पेनगंगा, बेनगंगा, वर्धा, ताल मुला, प्रवरा आदि हैं। दक्षिण में मंजीरा इसकी मुख्य सहायक नदी हैं।
- कृष्णा नदी महाराष्ट्र में महाबलेश्वर के निकट 1,337 मीटर की ऊंचाई से निकलती है तत्पश्चात् कर्नाटक तथा आन्ध्र प्रदेश में बहती हुई विजयवाड़ा के निकट बंगाल की खाड़ी में जाकर मिलती है। प्रायद्वीपीय भारत में प्रवाहित होने वाली यह दूसरी सबसे बड़ी नदी है। सतारा और विजयवाड़ा नगर इस नदी के किनारे पर बसे हुए हैं। श्रीसेलम और नागार्जुन सागर बांध इस नदी पर बनाए गए हैं। कोयना, यरला, वर्णा, पंचगंगा, दूधगंगा, घाटप्रभा, मालप्रभा, भीमा, तुगभद्रा और मूसी कृष्णा की प्रमुख सहायक नदियाँ हैं। इनमें तुंग भद्रा, कृष्णा की सबसे छोटी सहायक नदी है।

- तुंगभद्रा नदी तुंगा और भद्रा नदियों से मिलकर बनी है। तुंगा पश्चिमी घाट की गंगामूल चोटी (1,200 मीटर ऊंचाई) से तथा भद्रा काडूर जिले से निकलती है। इस नदी की लम्बाई 1,400 किमी है। कुर्नूल के पास यह कृष्णा नदी से मिल जाती है।
- कावेरी नदी पश्चिमी घाट में कुर्ग जिले में ब्रह्मगिरिमाला में 1,341 मीटर की ऊंचाई से निकलती है। यह कर्नाटक, केरल, पाण्डिचेरी तथा तमिलनाडु राज्य में प्रवाहित होती हुई कारकौल के निकट बंगाल की खाड़ी में जाकर मिलती है। इस नदी की कुल लम्बाई 805 किमी तथा अपवाह क्षेत्र लगभग 87,900 वर्ग किमी है। कावेरी नदी द्वारा शिवसमुद्रम नामक स्थान पर बना गरसप्पा जलप्रपात दर्शनीय है। यह प्रपात मैसूर के पठार में स्थित है। तिरूचिरापल्ली नगर इस नदी के किनारे पर बसा हुआ है। उत्तर की ओर से हेमावती, लोकपावनी, शिमसा और अरकावती कावेरी की प्रमुख सहायक नदियाँ हैं। जबकि दक्षिण की ओर से इसकी मुख्य सहायक नदियाँ हैं:-लक्ष्मणतीर्थ, कबबीनी, सुवर्णवती, भवानी और अमरावती। तमिलनाडु में प्रवेश करने के पूर्व कावेरी को 'मेका दाटु, थंडम कावेरी आदि नामों से जाना जाता है। प्राचीन काल का प्रसिद्ध कावेरीपत्तनम बंदरगाह कावेरी नदी के तट पर ही था।
- अरब सागर में जाकर मिलने वाली नदियों में नर्मदा, ताप्ती, माही, साबरमती और लूनी नदियां प्रमुख हैं।
- नर्मदा नदी मध्य प्रदेश में अमरकण्टक पहाड़ी से 900 मीटर की ऊंचाई से निकलकर गुजरात में भड़ौंच के निकट अरब सागर में खम्भात की खाड़ी में जाकर मिलती है। प्रायद्वीप की पश्चिम प्रवाह वाली नदियों में नर्मदा सबसे बड़ी है। इसके उत्तर में विंध्याचल और दक्षिण में सतपुड़ा पर्वत है। नर्मदा नदी पर भेड़ाघाट का संगमरमर का कपिलधारा या धुआँधार जल प्रपात बहुत ही दर्शनीय है। इसकी ऊंचाई 15 मीटर है। नर्मदा नदी की कुल लम्बाई लगभग 1,312 किमी तथा अपवाह क्षेत्र 98,796 वर्ग किमी है। ओंकारेश्वर, जबलपुर, रायगढ़ इस नदी के किनारे स्थित हैं। इस नदी को मेकल सुता या शंकरी या रेवा के नाम से जाना जाता है। महेश्वर, इंदिरा सागर, ओंकारेश्वर, सरदार सरोवर बांध इस नदी पर बने हुए हैं जबकि इसकी सहायक नदी तवा पर रानीपुर बांध बना हुआ है। बंजर, शेर, शक्कर, तवा, गंवाल, छोटी तवा, हिरन आदि नर्मदा की सहायक नदियाँ हैं।
- ताप्ती नदी का उद्‌गम स्थल बेतुल जिले का 792 मीटर ऊँचा मुल्ताई नामक स्थल है। यह प्रायद्वीप की पश्चिमी प्रवाह वाली दूसरी सबसे बड़ी नदी है। ताप्ती की कुल लम्बाई लगभग 724 कि.मी. है और इसका कुल जलग्रहण क्षेत्र लगभग 64,750 वर्ग कि.मी. है। इसकी मुख्य सहायक नदियाँ हैं-लावदा, पटकी, गज्जल, अम्भोरा, कपरा, सियरा, इतौली, पूर्णा, सुकी, हरकी, मनकी, अरूणावती, पंझरा आदि। नर्मदा के समानान्तर प्रवाहित होती हुई सतपुड़ा के दक्षिण में सूरत के समीप एक ज्वारनदमुखं का निर्माण करने के बाद ताप्ती नदी अरब सागर में गिर जाती है।
- साबरमती नदी का उद्‌गम स्थल राजस्थान के उदयपुर जिले में अरावली पर्वत पर स्थित जयसमंद झील है। साबरमती प्रायद्वीप की पश्चिमी प्रवाह वाली तीसरी सबसे बड़ी नदी है। साबर और हाथमती इसकी मुख्य सहायक नदियाँ हैं। साबरमती नदी की कुल लम्बाई लगभग 300 कि.मी. है और इसका कुल जलग्रहण क्षेत्र 21,674 वर्ग कि.मी. है। अहमदाबाद इसी नदी के तट पर बसा हुआ है।
- माही नदी का उद्‌गम मध्यप्रदेश के ग्वालियर जिले में होता है और यह नदी धार, रतलाम तथा गुजरात के कुछ भागों से प्रवाहित होती हुई अंततः खम्भात की खाड़ी में विलीन हो जाती है। यह नदी 560 कि.मी. लम्बी है।
- लूनी नदी का उद्‌गम स्थल राजस्थान में अजमेर जिले के दक्षिण-पश्चिम में अरावली पर्वत का अन्नासागर है। यह नदी 450 कि.मी. लम्बी है। अजमेर में पुष्कर झील से निकलने वाली सरसुती सूखड़ी, बीवड़ी, मीठड़ी आदि। इसकी मुख्य सहायक नदी है। यह नदी कच्छ के रन के उत्तर में समाप्त हो जाती है।

भारत की झीलें

1. **विवर्तनिक झील**—कश्मीर का वूलर झील, कुमायूं हिमालय की झीलें।
2. **ज्वालामुखी क्रिया से निर्मित झील**—लोनार झील (महाराष्ट्र)
3. **लैगून झील**—चिल्का झील (उड़ीसा), पुलीकट झील (तमिलनाडु), कोलेरू झील (आंध्रप्रदेश)
4. **हिमानी द्वारा निर्मित झील**—राकसताल, नैनीताल, सातताल, भीमताल, नौकुछियाताल, खुरपाताल।
5. **वायु द्वारा निर्मित झीलें**—राजस्थान की सांभर, डीडवाना, पंचभद्रा, लूनकरनसर।

प्रमुख जलप्रपात

1. **जोग या गेरसोप्पा या महात्मा गाँधी प्रपात**—शारावती नदी पर
2. **शिवसमुद्रम**—कावेरी नदी पर,
3. **पायकारा**—नीलगिरी के पर्वतीय क्षेत्र में,
4. **येना जलप्रपात**—महाबलेश्वर के पास,
5. **गोकाक प्रपात**—कृष्णा की सहायक (गोकाक नदी पर)
6. **धुँआधार जल प्रपात**—नर्मदा नदी पर,
7. **बिहार जल प्रपात**—टोंस नदी पर,
8. **चूलिया जल प्रपात**—चम्बल नदी पर (कोटा के समीप)
9. **मधार जल प्रपात**—चम्बल नदी पर,
10. **पुनासा जल प्रपात**—चम्बल नदी पर।

भारत का नदी तंत्र झीलें, जल प्रपात, बहुउद्‌देशीय योजनाएं

उद्‌गम की दृष्टि से भारतीय अपवाह तंत्र को दो भागों बांटा जा सकता है—
1. हिमालयी अपवाह तंत्र, 2. प्रायद्वीपीय अपवाह तंत्र

हिमालयी अपवाह तंत्र

आधार	सिन्धु नदी तंत्र	गंगा नदी तंत्र	ब्रह्मपुत्र नदी तंत्र
उद्गमस्थल	सिन्धु का उद्गम स्थल तिब्बत में मानसरोवर झील के निकट।	गंगा का उद्गम स्थल उत्तराखंड के उत्तरकाशी जिले में गोमुख के निकट 'गंगोत्री हिमनद' से। ***नोट***—यहां ये भागीरथी के नाम से जानी जाती है। जब भागीरथी नदी देवप्रयाग में अलकनंदा से मिलती है तब यह गंगा नाम से जानी जाती है।	ब्रह्मपुत्र का उद्गम स्थल मानसरोवर झील के निकट कैलाश श्रेणी की एक हिमानी से निकलती है। ***नोट***—तिब्बत में यह **'सांगपो नाम'** से जानी जाती है।
सहायक नदियाँ	झेलम, चिनाब, रावी, व्यास, सतलुज।	अलकनंदा, भागीरथी, रामगंगा, यमुना, गोमती घाघरा, गंडक, कोसी।	दिबांग, लोहित, सेसरी, मानस, सुबन सिरी, धनश्री, सीरीभाद्री, संकोस, धारला, तिस्ता बुरही, दिहांग, कुलसी,
सहायक नदियों की सहायक नदियाँ	1. **झेलम**—किशनगंगा, लिदार, पुंछ करवेस 2. **चिनाब**—रावी, चन्द्रा भागा 3. **व्यास**—पार्वती, सैन्ज, तीर्थन 4. **सतलुज**—सिप्ती, वासपा	1. **रामगंगा**—कोह नदी 2. **यमुना**—गिरी, असम, चंबल, बेतवा केन, टोंस ***नोट***—चंबल की सहायक नदियाँ है—**काली सिंध, बनास, नेपाज, क्षिप्रा, दूधी नदी** • बेतवा की सहायक नदियाँ है—**धसान, बीना** 3. **गोमती**—सई, जोमकाई, बर्ना, गच्छई 4. **घाघरा**—राप्ती, शारदा, छोटी गंडक ***नोट***—शारदा की सहायक नदियाँ है—**सरयू, राम गंगा, सुहेली** 5. **गंडक**—काली गंडक, त्रिशुली 6. **कोसी**—सूनकोसी, तामू, दूध कोसी, अरूण तामूर कोसी, तलखू।	

प्रायद्वीपीय अपवाह तंत्र

नदियाँ	उद्गम स्थल	सहायक नदियाँ
• गोदावरी नदी (प्रायाद्वीपीय भारत की सबसे लम्बी नदी)	त्रयम्बक पहाड़ी (नासिक महाराष्ट्र)	• मंजरा, पेनगंगा, वर्धा, वेनगंगा, इन्द्रावती, सबरी, प्राणहिता, मानेर, सबरी।
• कृष्णा नदी	महाबलेश्वर के नजदीक (महाराष्ट्र)	• कोयना, घाटप्रभा, मालप्रभा, भीमा, तुंगभद्रा, मूसी, मुनेरू। ***नोट***—तुंगभद्रा की सहायक नदियों में—कुमुदवती, वर्धा, हागरी तथा हिंद शामिल है।
• नर्मदा नदी	अमरकंटक (महाराष्ट्र)	• हिरण, ओरसांग, बर्ना, कोलार, वुरनेर, तावा, कुंडी, बंजर, नामोदास, सोमोदेवी।
• महानदी	दण्डकारण्य पठार (छत्तीसगढ़)	• इब, मांड, हंसदेव, शिवनाथ, ओंग, जोंक, तेल, संदूर, लीलागर, मनियारी, अमनेर, कोयल।
• कावेरी नदी	ब्रह्मगिरी (कर्नाटक)	• हरगो, हेमवती, शिमशा, अर्कावती, लक्ष्मणतीर्थ, काविनी, स्वर्णवती, भवानी, अमरावती, नोयेल।
• तापी/ताप्ती	बैतूल जिले में मुल्ताई (म.प्र.)	• पूर्णा, बैतूल, पाटकी, गांजल, धातरंज, बोकाड, अरूणावती, गोमाई, गिर्ना, बोरी पंजरा, ओनर
• पेन्नार नदी	चेन्नाकेशव पहाड़ी (कर्नाटक)	• जायमंगली, चित्रावती, सागीलेरू, कचेरू, पागिन

अन्य नदियाँ

- **माही नदी (विंध्य पर्वतमाला, म.प्र.)**—सोम, अनास और पनप सहायक नदियाँ।
- **साबरमती नदी (अरावली पर्वतमाला, राजस्थान)**—सैई, हाथमाटी, वाकुल, वतरक एवं हरनव सहायक नदियाँ।

अन्य महत्वपूर्ण तथ्य

- **अरब सागर में गिरने वाली नदियाँ**—नर्मदा, तापी (ताप्ती), साबरमती नदी, माही नदी, लूनी नदी।
- **बंगाल की खाड़ी में गिरने वाली नदियाँ—महा**नदी, ब्राह्मणी नदी, स्वर्ण रेखा नदी, गोदवरी नदी, कृष्णा नदी, कावेरी नदी, पेन्नार नदी, पलार नदी, ताम्रपाणी नदी

देश की प्रमुख झीलें

प्रमुख झीलें	राज्य	महत्वपूर्ण तथ्य
• वूलर झील	जम्मू कश्मीर	भारत की वृहदतम ताजे पानी की झील है। यह झेलम नदी पर स्थित है।
• डल झील	जम्मू कश्मीर	हिमानी निर्मित ताजे पानी की झील है।
• सांभर झील	राजस्थान	अंतः स्थलीय वृहद्तम खारे पानी की झील है। भारत के 60% नमक की आपूर्ति यहाँ से होती है।
• देबर झील	उदयपुर (राजस्थान)	खारे पानी की झील, नमक उत्पादन हेतु प्रसिद्ध, देश की सबसे बड़ी कृत्रिम झील।
• लोकटक झील	मणिपुर	उत्तर-पूर्वी भारत की सबसे बड़ी ताजे पानी की झील, यह झील विश्व में तैरती द्वीपीय झील के रूप में प्रसिद्ध है। तैरता हुआ राष्ट्रीय उद्यान यहीं स्थित है।
• चिल्का झील	ओडिशा	भारत की वृहद्तम लैगून झील, खारे पानी की झील, झींगा उत्पाद हेतु प्रसिद्ध है।
• पुलिकट झील	आंध्रप्रदेश	खारे पानी की लैगून झील।
• बेम्बंनाद झील	केरल	खारे पानी की लैगून झील।
• लोनार झील	महाराष्ट्र	ज्वालामुखी/उल्कापात द्वारा निर्मित।
• रेणुका झील	सिरमौर जिला (हिमांचल प्रदेश)	ताजे जल की झील, यही पर लायन सफारी स्थित है।
• रूपकुण्ड झील	उत्तराखण्ड	ताजे पानी की प्राकृतिक झील है।
• सूरजताल	हिमांचल प्रदेश	बाडा लाचा दर्रे के निकट ताजे पानी की झील है।
• सोंगमो झील	गंगटोक (सिक्किम)	ताजे पानी की झील है।
• भीमताल	कुमायुँ क्षेत्र (उत्तराखण्ड)	मीठे पानी की झील, केन्द्र में एक छोटा द्वीप है, राष्ट्रीय अन्तर्राष्ट्रीय पर्यटन हेतु प्रसिद्ध
• पंचभद्रा झील	बारमेड जिला (राजस्थान)	खारे पानी की झील, प्रदूषण ग्रस्त झील है।
• भोज झील	भोपाल/म.प्र.	मीठे पानी की झील व आर्द्र भूमि, प्रदूषण ग्रस्ति झील है।
• हिमायत सागर झील	आन्ध्रप्रदेश	मानव निर्मित झील
• पुष्कर झील	अजमेर जिला (राजस्थान)	मानव निर्मित झील, ब्रह्मा जी का मंदिर यही स्थित है।

प्रमुख जलप्रपात

जलप्रपात	अवस्थिति/राज्य	नदी
• कुंचिकल (भारत का सबसे ऊंचा जलप्रपात)	शिमोगा (कर्नाटक)	वराही नदी
• बारेही पानी	मयूरभंज (उड़ीसा)	बुधवलांग नदी
• लांग शियाग	पश्चिमी खासी पहाड़ी (मेघालय)	किंशी नदी
• दूध सागर	कर्नाटक एवं गोवा	मांडवी नदी
• किम्रेम	पूर्वी खासी पहाड़ी (मेघालय)	***नोट***—यह जलप्रपात चेरापूंजी (सोहरा) में है।
• थलईयार	तमिलनाडु	***नोट***—तमिलनाडु का सबसे ऊँचा जलप्रपात
• जोग/महात्मा गांधी सागर	कर्नाटक	शरावती नदी
• धुआंधार	जलबपुर (मध्यप्रदेश)	नर्मदा नदी

अध्याय सार संग्रह

- वैतरणी नदी उड़ीसा राज्य से निकलती है।
- देवप्रयाग में अलकनंदा और भागीरथी मिलकर गंगा नदी का रूप लेती है।
- गोदावरी, दक्षिण की गंगा के नाम से जानी जाती है।
- दक्षिण भारत की अधिकांश नदियाँ अनुगामी प्रवाह प्रणाली के अंतर्गत प्रवाहित होती है।
- झेलम नदी का मुहाना वुलर झील में स्थित है।
- सोन नदी का उद्‌गम अमरकंटक पहाड़ियों में होता है।
- शारदा नदी को गौरी गंगा, चौकी और काली के नाम से भी जाना जाता है। यह नदी भारत (उत्तराखण्ड) और नेपाल की सीमा बनाती है।
- सुवर्ण रेखा नदी का उद्‌गम स्थल झारखण्ड में छोटा नागपुर पठार पर है। यह नदी बंगाल की खाड़ी में स्वतंत्र रूप से गिरती है।
- ताम्रपर्णी नदी कल्याणतीर्थम नामक स्थल पर 90 मीटर ऊँचे जल प्रपात का निर्माण करती है। यह नदी मन्नार की खाड़ी में गिरती है।

16 अध्याय

जलवायु

इस अध्याय में आप सीखेंगे किः

- भारत की जलवायु, मौसम की संरचना स्थिति कैसी है और इसके वितरण के क्या आधार हैं। भारत के जलवायु के सामाजिक, आर्थिक महत्व और सकारात्मक एवं नकारात्मक पहलू क्या हैं।
- जलवायु का भारत के सामाजिक, आर्थिक व्यवस्था पर क्या प्रभाव पड़ता है।

भारत का उपमहाद्वीपीय स्वरूप, विशाल अक्षांशीय विस्तार, विषम एवं विविध भौतिक रचनाएं, स्वतंत्र भू-आकृतिक इकाइयाँ आदि सभी तथ्यों ने मिलकर भारतीय उपमहाद्वीप में विशिष्ट जलवायु दशाओं को जन्म दिया है। इस विशाल देश को कर्क रेखा लगभग दो बराबर भागों में बांटती है जिसके कारण तापमान में अत्यधिक विविधता पायी जाती है। वर्षा की स्थिति भी कुछ इसी प्रकार है। एक ओर मॉसिनराम (मेघालय) विश्व का सबसे अधिक वर्षा वाला क्षेत्र है तो दूसरी ओर थार मरुस्थल में न्यूनतम वर्षा होती है। स्पष्ट है कि भारत में जलवायु की दशा में देश के विभिन्न भागों में बहुरूपीय अन्तर पाया जाता है।

ध्यातव्य हो कि

मॉसिनराम भारत का वह क्षेत्र है जहाँ पर सर्वाधिक वर्षा रिकार्ड की गई है और दूसरा क्षेत्र, जहाँ सर्वाधिक वर्षा चेर्रापूंजी नामक स्थान पर होती है।

भारत की जलवायु पर दो बाहरी कारकों का विशेष प्रभाव पड़ता है— (i) उत्तर की ओर हिमालय की ऊंची हिमाच्छादित श्रेणियां इसको संशोधित महाद्वीपीय जलवायु (Modified Continental Climate) का रूप देती हैं। जिसकी प्रमुख विशेषताएं स्थलीय पवनों का आधिक्य, वायु की शुष्कता और अधिक दैनिक ताप-परिसर है एवं (ii) दक्षिण की ओर हिन्द महासागर की निकटता इसको उष्ण मानसूनी जलवायु देती है जिसमें उष्ण कटिबन्धीय जलवायु की आदर्श दशाएं प्राप्त होती हैं।

वास्तव में भारत उष्ण मानसूनी जलवायु का आदर्श देश है। इसके ऐसे विकास के प्रधान कारण हिमायल की विशिष्ट स्थिति, अक्षांशीय विस्तार, महाद्वीपीयता एवं प्रायद्वीपीय भारत का दूर तक हिन्द महासागर में विस्तार है।

भारत की जलवायु पर विषवत् रेखा की निकटता, कर्क रेखा का देश के मध्यवर्ती भाग से गुजरने, कुछ भागों के समुद्रतल से अधिक ऊंचे होने तथा दक्षिणी भाग का तीन ओर से समुद्र द्वारा घिरा होने का भी विशेष प्रभाव पड़ता है। अत: देश के विभिन्न भौतिक विभागों के तापमान में बड़ा अन्तर पाया जाता है।

इस महादेश में वास्तविक तापमान के सामान्य वितरण की दृष्टि से सूर्य की सापेक्ष स्थिति का विशेष महत्व है। सामान्यत: फरवरी से जून तक तापमान में क्रमिक वृद्धि होती जाती है। इसी भांति जुलाई से दिसम्बर तक तापमान निरन्तर घटते जाते हैं। देश के अधिकांश भागों में जनवरी सबसे शीतल माह होता है। अत: इस माह में न्यूनतम तापमान भी अंकित किए जाते हैं। जबकि इससे दूसरी ओर जुलाई के प्रारम्भ से ही सारे देश में वर्षा होने व नम पवनें चलने से वास्तविक तापमान गिरने लगते हैं।

भारत की ऋतुएँ

सामान्यतया भारत की जलवायु मानसूनी है। मानसूनी विभिन्नताओं के आधार पर वर्ष को चार ऋतुओं में बाँटा गया है।

उत्तर-पूर्वी मानसून की ऋतुएँ

1. **शीत ऋतु**—दिसंबर से फरवरी तक।
2. **ग्रीष्म ऋतु**—मार्च से जून तक।

दक्षिण-पश्चिम मानसून की ऋतुएँ

1. **वर्षा ऋतु**—मध्य जून से मध्य सितंबर।
2. **मानसून के लौटने का समय**—मध्य सितंबर से नवंबर तक।

शीत ऋतु

- यह ऋतु दिसम्बर से शुरू होती है।
- इस ऋतु में तापमान दक्षिण से उत्तर की ओर कम हो जाता है।
- इस ऋतु में विशेषतया स्वच्छ आकाश, निम्न तापमान एवं आर्द्रता, मन्द समीर और वर्षारहित सुहावना मौसम होता है।
- इस मौसम में भूमध्य सागर क्षेत्रों से उत्पन्न विक्षोभों के आने से उत्तरी भारत में हल्की वर्षा होती है। शीत ऋतु में इन्हीं विक्षोभों के कारण कश्मीर और हिमांचल प्रदेश में भारी हिमपात भी होता है तथा इन विक्षोभों के गुजर जाने के पश्चात् प्राय: शीत लहरें आती हैं।
- उत्तरी पूर्वी मानसून के कारण शीत ऋतु में तमिलनाडु के कोरोमंडल तट पर भी वर्षा होती है क्योंकि उत्तर पूर्वी मानसून लौटते समय बंगाल की खाड़ी से आर्द्रता ग्रहण कर लेता है। अत: शीतकाल में उत्तरी भारत में उच्च वायुदाब एवं दक्षिण भारत में निम्न वायुदाब क्षेत्र स्थापित हो जाता है।

ग्रीष्म ऋतु

- ग्रीष्म ऋतु का समय मार्च से जून तक है। मई महीने में उत्तरी भारत अधिकतम तापमान एवं न्यूनतम वायुदाब के क्षेत्र में परिवर्तित होने लगता है। थार मरूस्थल पर मिलने वाला न्यूनतम वायुदाब क्षेत्र बढ़कर छोटानागपुर पठार तक पहुँच जाता है। कभी-कभी स्थलीय गर्म एवं शुष्क वायु का आर्द्र वायु से मिलने के कारण तेज हवा के साथ मूसलाधार वर्षा होती है तथा ओले गिरते हैं। इसे मानसून पूर्व वर्षा कहते हैं।
- **मैंगोशावर**—मानसून के पूर्व केरल एवं पश्चिम तटीय मैदानों में होने वाली वर्षा।
- **काल वैशाखी**—ग्रीष्म ऋतु में असम एवं पश्चिम बंगाल में शाम में गरज के साथ होने वाली वर्षा। इसे नोर-वेस्टर (Nor–westers) भी कहते हैं।
- **चेरी ब्लॉसम**—कर्नाटक और केरल में होने वाली मानसून पूर्व वर्षा। इससे कहवा उत्पादन वाले क्षेत्रों को बहुत लाभ होता है।
- **लू**—ग्रीष्म ऋतु में उत्तर पश्चिमी भारत के शुष्क भाग में चलने वाली गरम हवा।

वर्षा ऋतु

- वर्षा ऋतु का समय: 1 जून को केरल के तट पर पहली मानसूनी वर्षा होती है। 21 जनू से कह सकते हैं क्योंकि 21 जून तक उत्तर भारत में मानसून आ जाता है। 15 जुलाई से 15 सितम्बर तक है।
- जून महीने में सूर्य की किरणें कर्क रेखा पर सीधी पड़ती हैं जिसके कारण पश्चिमी मैदानी भागों में कम वायुदाब का क्षेत्र बन जाता है और यह इतना प्रबल होता है कि कम वायुदाब के क्षेत्र को भरने के लिए दक्षिणी गोलार्द्ध की व्यापारिक पवनें भूमध्य रेखा को पार कर इस ओर बढ़ती है, तो पृथ्वी की गति के कारण इनकी दिशा में परिवर्तन हो जाता है और ये दक्षिण-पश्चिम से उत्तर-पूर्व दिशा में बहने लगती है। इसी कारण जून-सितंबर के मध्य होने वाली वर्षा को दक्षिण पश्चिम मानसूनी वर्षा कहते हैं।
- दक्षिण-पश्चिम मानसून सर्वप्रथम 5 जून के आसपास केरल तट पर वर्षा करती है, एवं महीने भर में पूरे देश में वर्षा होने लगती है।
- दक्षिण-पश्चिमी मानसून पवनें जब स्थलीय भागों में प्रवेश करती हैं, जब प्रचण्ड गर्जन एवं तड़ित झंझावात के साथ तीव्रता से घनघोर वर्षा करती है इस प्रकार की वर्षा को 'मानसून का फटना' (Burst of Monsoon) कहा जाता है।
- भारतीय उपमहाद्वीप की स्थलाकृति के कारण दक्षिण-पश्चिम मानसून दो शाखाओं में बँट जाती है।

  1. अरब सागर शाखा
  2. बंगाल की खाड़ी शाखा

1. अरब सागर शाखा

- मानसून की अरब सागरीय शाखा सबसे पहले पश्चिमी घाट से टकराकर वहाँ वर्षा करती है, फिर दक्कन पठार एवं मध्य प्रदेश में बंगाल की खाड़ी से आने वाली मानसून शाखा से मिल जाती है जिस कारण पश्चिमी हिमालय में भारी वर्षा होती है।
- दक्कन के पश्चिमी घाट के पूर्वी भाग में वृष्टिछाया तथा गुजरात एवं राजस्थान में पर्वत अवरोधों के अभाव के कारण वर्षा कम होती है।

2. बंगाल की खाड़ी शाखा

- बंगाल की खाड़ी का मानसून दक्षिण हिन्द महासागर की स्थायी पवनों की वह शाखा है जो भूमध्य रेखा को पार करके भारत में पूर्व की ओर प्रवेश करती है।
- बंगाल की खाड़ी शाखा सर्वप्रथम म्यांमार के अराकान तट से टकराकर तीव्र वर्षा करती है, फिर ये पवनें सीधे उत्तर की दिशा में मुड़कर गंगा के डेल्टा क्षेत्र से होकर खासी पहाड़ियों तक पहुँचती है (यहाँ गारो, खासी एवं जयंतिया पहाड़ियों की **कीपनुमा आकृति** के कारण अत्यधिक वर्षा होती है)

मानसून के लौटने का समय

- अक्टूबर तक वर्षा की तीव्रता में कमी आ जाती है एवं मानसून पवनें लौटने लगती हैं जिसे मानसून पवनों का प्रत्यावर्तन कहते हैं। इस समय आकाश साफ हो जाता है एवं तापमान बढ़ने लगता है। जलस्रावित भूमि और अधिक तापमान के कारण वायु की आर्द्रता बढ़ जाती है, जिससे लोगों को 'उमस' का सामना करना पड़ता है। उमस की इस स्थिति को **क्वार की उमस** या अक्टूबर की गर्मी के नाम से जाना जाता है।
- मानसून के लौटने के बाद उत्तर भारत का निम्न वायुदाब क्षेत्र खिसक कर बंगाल की खाड़ी की ओर चला जाता है, जो चक्रवात के लिए उत्तरदायी होता है तथा यह चक्रवात भारी तबाही मचाता है।
- इस ऋतु में लौटते हुये मानसून के बंगाल की खाड़ी से गुजरने के कारण कुछ आर्द्रता आ जाती है और जब ये तमिलनाडु तट से टकराती है तो वहाँ वर्षा होती है।

भारतीय मौसम का रचना-तन्त्र (Mechanism of Indian Weather)

भारतीय मौसम के रचनातन्त्र के कारकों को मोटे तौर पर निम्नलिखित तीन रूपों में देखा जा सकता है—

1. दाब तथा वायु का धरातलीय वितरण।
2. ऊपरी वायु परिसंचरण (Upper air circulation), वायुराशियों का अन्तर्प्रवाह (Inflow of air masses) तथा जेट प्रवाह।
3. शीत ऋतु में पश्चिमी विक्षोभों तथा वर्षा ऋतु में उष्ण कटिबन्धीय चक्रवातों के आने से वर्षा होना।

उपर्युक्त रचना-तंत्र का अध्ययन वर्ष की दो मुख्य ऋतुओं, शीत एवं ग्रीष्म ऋतु के सन्दर्भ में किया जा सकता है—

1. **शीतकाल में भारतीय मौसम का रचना-तन्त्र**—शीतकाल में भारतीय मौसम सामान्यत: मध्य एवं पश्चिमी एशिया के दाब के

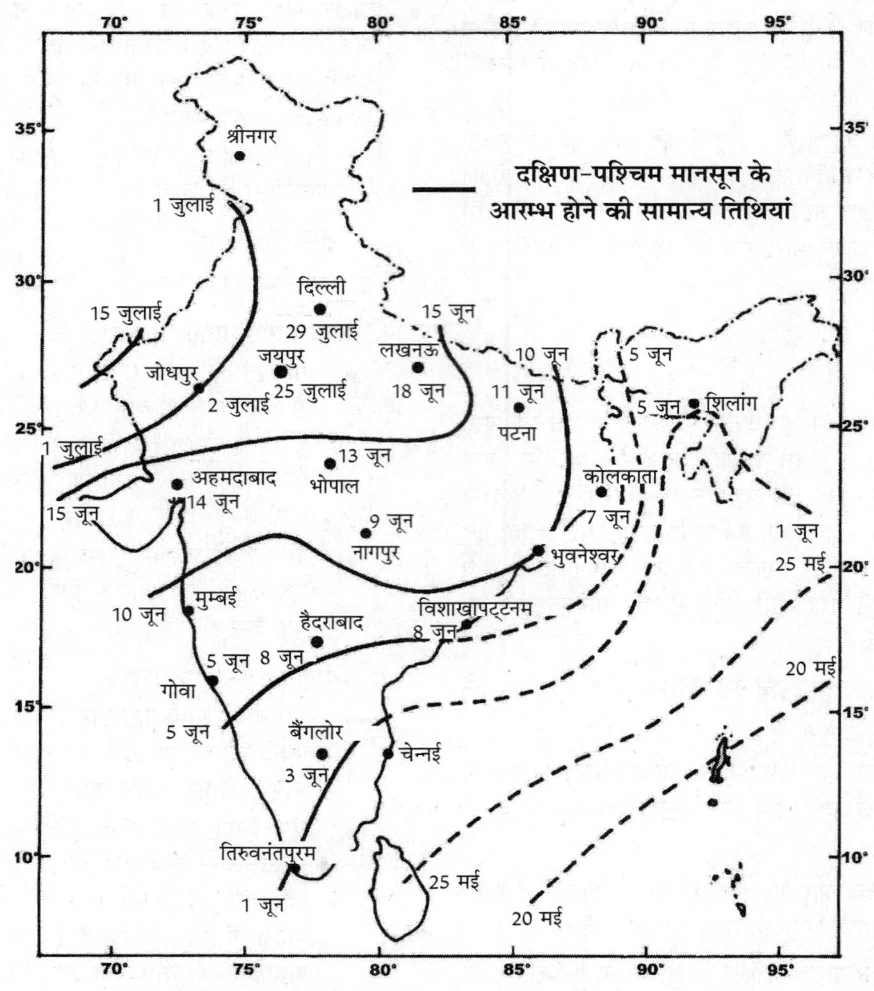

चित्र: भारत: दक्षिण-पश्चिम मानसून के आरम्भ होने की सामान्य तिथियां

वितरण से प्रभावित होता है। हिमालय के उत्तर में स्थित उच्च दाब केन्द्र से प्रायद्वीप की ओर निम्न स्तरीय शुष्क वायु चलने लगती है। मध्य एशिया एवं साइबेरिया के उच्च दाब केन्द्र से बाहर की ओर चलने वाली धरातलीय हवाएँ भारत में शुष्क महाद्वीपीय व्यापारिक पवनों के रूप में पहुँचती हैं। यहाँ उत्तरी-पश्चिमी महाद्वीपीय पवन भारतीय व्यापारिक पवनों के सम्पर्क में आती है। कभी-कभी यह मध्य गंगा घाटी तक पहुँच जाती है जिससे मध्य गंगा घाटी तक का सम्पूर्ण क्षेत्र उत्तरी-पश्चिमी पवनों के प्रभाव में आ जाता है।

वायु का उपर्युक्त प्रारूप केवल धरातल के निकट ही होता है। वायुमंडल के ऊपरी भाग में वायु का संचरण जेट वायु धाराओं द्वारा स्पष्ट किया जाता है।

(i) जेट वायुधाराएं (Jet Stream)—ये पवनें धारातल से 6 से 7 कि.मी. की ऊंचाई पर चलती हैं। ऊंचे स्तरों पर इन पवनों की गति बहुत अधिक हो जाती है। ये पवनें कभी-कभी 12 से 16 कि.मी. की ऊंचाई पर भी चलती हैं। 12 से 13 कि.मी. की ऊंचाई पर इन पवनों की गति 180 कि.मी. प्रति घंटा हो जाती है। इन्हीं पवनों को जेट वायुधाराएं कहते हैं। ऋतुओं के अनुसार इन जेट वायुधाराओं की स्थिति बदलती रहती है। शीत ऋतु में पश्चिमी जेट वायुधारा का अक्ष हिमालय के दक्षिणी ढालों पर स्थित होता है। लेकिन दक्षिण-पश्चिमी मानसून के आगमन के साथ यह उत्तर की ओर खिसक कर पूरी ऋतु में वहीं रहता है। दक्षिण-पश्चिमी मानसून के दौरान पूर्वी जेट वायुधारा 25° उ. अक्षांश वृत्त के दक्षिण भाग के ऊपर बहती है। इस समय इसकी गति 90 कि.मी. प्रति घंटा होती है। अगस्त में यह 15° उ. अक्षांश वृत्त पर सीमित हो जाती है। पूर्वी जेट वायुधारा ऊपरी क्षोभमंडल में 30° उ. अक्षांश वृत्त के उत्तर की ओर कभी नहीं खिसकती।

वर्ष की विभिन्न अवधियों में जेट वायुधाराओं के अक्ष उत्तर या दक्षिण की ओर खिसकते रहते हैं। इनके अध्ययन से दक्षिण-पश्चिम मानूसन के आगमन, वर्षा ऋतु में विच्छेद और पीछे हटने का पूर्वानुमान लगाने में सहायता मिलती है।

(ii) पश्चिमी विक्षोभ (Western Disturbances)—उपोष्ण कटिबंधीय पछुआ (Tropical Westerlies) पवनों के ऊपरी वायु के गर्त उत्तर-भारत के ऊपर पूर्व की ओर आगे बढ़ते हैं। भारतीय मौसम विज्ञान में इन्हें पश्चिमी विक्षोभ कहा जाता है। आगे बढ़ते हुए इन गर्तों से पवनें गोल-गोल घूमती हुई चलने लगती हैं। इन्हीं के द्वारा शीत ऋतु में वर्षण होता है। पश्चिमी गर्तों और निम्न स्तरीय चक्रवातीय तूफानों की उत्पत्ति भूमध्य सागर या पूर्वी अटलांटिक प्रदेश में होती है। इनके अलावा गौण चक्रवात पश्चिमी एशिया के ऊपर बनते हैं। इनके जीवन का इतिहास प्रशांत या अटलांटिक के शीतोष्ण कटिबंधीय चक्रवातों के समान ही होता है। ये भारत के ऊपर लगभग अधिविष्टि अवस्था (Occulded state) में ही पहुँचते हैं।

2. **ग्रीष्मकाल में भारतीय मौसम का रचना-तन्त्र**—ग्रीष्मकाल के आगमन के साथ ही सूर्य उत्तर की ओर स्थानान्तरित हो जाता है और धरातलीय एवं उच्च स्तरीय वायु का परिसंचरण (circulation) विपरीत दिशा में होने लगता है।

जुलाई में धरातल के निकट भूमध्य रेखीय निम्न दाब कटिबन्ध (Inter-Tropical Convergence Zone-ITCZ) उत्तर की ओर स्थानान्तरित होकर हिमालय के लगभग समानान्तर 25° उत्तरी अक्षांश पर आ जाता है। इसे भूमध्य रेखीय द्रोणी (Equatorial Trough) भी कहते हैं। इस समय तक पश्चिमी जेट-प्रवाह भारतीय क्षेत्र से लौट चुका होता है। निम्न दाब का क्षेत्र होने के कारण यह भूमध्य रेखीय द्रोणी, वायु को विभिन्न दिशाओं से अपनी ओर आकर्षित करती है। दक्षिणी गोलार्द्ध से सामुद्रिक उष्ण कटिबन्धीय (Maritime Tropical-MT) वायु भूमध्य रेखा को पार करने के पश्चात् इस कम वायु-दाब वाले क्षेत्र की ओर प्रवाहित होती है। इसी को दक्षिणी-पश्चिमी मानूसन कहते हैं।

क्षोभ-मण्डल के ऊपरी स्तरों में दिशा इससे बिल्कुल भिन्न होती है। उत्तरी भारत पर एक पूर्वी जेट-प्रवाह 150 मिलीबार के दाब स्तर पर बहता है। यह जेट-प्रवाह उष्ण कटिबन्धीय चक्रवातों अथवा गर्तों को भारत की ओर आकर्षित करता है। इन गर्तों के मार्ग अधिकतम वर्षा वाले क्षेत्र हैं।

भारतीय वर्षा के स्वरूप (Forms of Indian Railfall)

भारत में मुख्यत: वर्षा के तीन स्वरूप होते हैं—

1. **पर्वतीय वर्षा (Orographic Rain)**—भारत में मानसून के द्वारा होने वाली वर्षा का 84 प्रतिशत भाग पर्वतीय वर्षा के रूप में होता है। हिमालय और पश्चिमी घाट के सभी क्षेत्रों में (जहाँ मानसून पवनें पर्वतों को पार करने के लिए प्रयत्नशील रहती हैं) पवनों के ऊँचे उठने के कारण उनके ठण्डी हो जाने से वर्षा हो जाती है। इस प्रकार पर्वतीय वर्षा में पवनमुखी ढालों पर पवनविमुखी ढालों की अपेक्षा अधिक वर्षा होती है। उदाहरणार्थ, पश्चिमी तट पर स्थित मंगलौर में 330 सेंटीमीटर वर्षा होती है जबकि बंगलौर में केवल 86 सेंटीमीटर और तमिलनाडु के पूर्वी तट पर केवल 38 सेंटीमीटर वर्षा होती है। इस प्रकार जहाँ चेरापूंजी के पास मॉसिनराम गांव में 1392 सेंटीमीटर से भी अधिक वर्षा होती है वहां 40 किलोमीटर दूर शिलांग में वर्षा का औसत केवल 215 सेंटीमीटर ही होता है।

2. **चक्रवातीय वर्षा (Cyclonic Rain)**—अधिकतर चक्रवातों या तूफानों के कारण होती है। इनमें से कुछ चक्रवात तापमान में स्थानीय अन्तर के कारण उत्पन्न होते हैं। कुछ अन्य पड़ोसी देश से उठकर भारत की ओर बढ़ते हैं। चक्रवात अपने-अपने क्षेत्र में

वर्षा को केन्द्राभूत तथा घनीभूत करते हैं। अत: भारत के किसी स्थान विशेष में जहाँ अधिक या कम वर्षा होती है तो उसका कारण चक्रवातों की प्रचण्डता होती है।

3. **संवहनीय वर्षा (Convectional Rain)**—यह स्थानीय गर्मी के कारण होती है। इस गर्मी के कारण आठों पहर जलज मेघ बनते जाते हैं। इस प्रकार भी वर्षा प्राय: स्थानीय होती है। इसमें गर्म हवा ऊपर उठकर ठण्डी हो जाती है और वर्षा कर देती है।

भारतीय वर्षा की विशेषताएँ (Salient Features of Indian Rainfall)

भारत की औसत वर्षा 108 सेंटीमीटर मानी गयी है किन्तु इसमें उल्लेखनीय परिवर्तन हो जाते हैं। सामान्य से +30 सेंटीमीटर अथवा –20 सेंटीमीटर (जैसा कि 1917 और 1899 में हुआ था) परिवर्तन होते पाये गये हैं भारतीय वर्षा की प्रमुख विशेषताएं ये हैं—

1. भारत की सम्पूर्ण वर्षा का 75 प्रतिशत भाग ग्रीष्म ऋतु (जून से सितम्बर तक) में दक्षिणी-पश्चिमी मानसून से प्राप्त होता है। शीत ऋतु के मानसून का महत्व भारत के लिए अधिक नहीं है।
2. ग्रीष्म ऋतु में होने वाली वर्षा विश्वसनीय नहीं होती है। किसी-किसी वर्ष कुछ विशेष क्षेत्रों में ही घनघोर वर्षा होती है जिससे वहाँ भयानक बाढ़ों का सामना करना पड़ता है लेकिन कभी-कभी उन्हीं स्थानों पर इतनी कम वर्षा होती है कि वहाँ प्राय: अकाल पड़ जाते हैं।
3. किसी वर्ष वर्षा निश्चित समय से पूर्व ही आरम्भ हो जाती है और निश्चित समय से पूर्व ही समाप्त हो जाती है जिससे खरीफ की फसल नष्ट भी हो जाती है और रबी की फसल को बोने में कठिनाई होती है।
4. वर्षा का वितरण भी समान नहीं है। किन्हीं भागों में वर्षा 350 सेंटीमीटर से अधिक होती है जबकि अन्य भागों में 15 सेंटीमीटर से भी कम।
5. वर्षा लगातार नहीं होती वरन् कुछ दिनों के अन्तर से रुक-रुककर हुआ करती है। कभी-कभी तो यह अन्तर जुलाई और अगस्त के महीने में बहुत लम्बा हो जाता है जिससे किसानों को बड़ी हानि उठानी पड़ती है क्योंकि इससे खड़ी फसलें सूख जाती हैं।
6. किन्हीं भागों में वर्षा बड़ी तेज़ी से होती है जबकि अन्यत्र यह केवल बौछार के रूप में होती है। भारी वर्षा का सम्बन्ध बंगाल की खाड़ी की ओर से आने वाले चक्रवातों से होता है। एक ही दिन में 50 सेंटीमीटर वर्षा हो जाना कोई आश्चर्यजनक बात नहीं है। बिहार के पूर्णिया जिले में एक ही दिन में 68 सेंटीमीटर तक वर्षा होने का उल्लेख है। नेल्लोर जैसे सूखे क्षेत्र में भी 24 घंटों में 57 सेंटीमीटर और पाली राजस्थान जिले में 24 घंटों में 62 सेंटीमीटर वर्षा हुई है। इसलिए कहा जाता है—'It pours, it never rains, in India.' जब वर्षा अधिक तेज़ी से गिरती है तो वर्षा का जल भूमि का क्षरण कर उसे कृषि के अयोग्य बना देता है।
7. कुल वर्षा का 75 प्रतिशत जून से सितम्बर के महीनों में प्राप्त होता है अर्थात् वर्ष का प्राय: दो-तिहाई भाग सूखा ही रह जाता है। इस सूखे काल में फसलों की सिंचाई करनी पड़ती है।
8. भारत के विशाल क्षेत्रों में वर्षा की अनिश्चितता बहुत अधिक रहती है। उदाहरण के लिए, राजस्थान में जहाँ वर्षा केवल 15 सेंटीमीटर होती है अनिश्चितता 35 प्रतिशत से अधिक है, परन्तु कानपुर में जहाँ 90 सेंटीमीटर वार्षिक वर्षा होती है वहां अनियमितता केवल 2 प्रतिशत है।

मानसून की सबसे कम अनियमितता उत्तरी-पूर्वी भारत में होती है। वर्षा की अनिश्चतता का अधिकतम और न्यूनतम वर्षा वाले क्षेत्रों में विशेष महत्व नहीं है। क्योंकि अधिकतम वर्षा के क्षेत्रों में सदैव ही फसलों के लिए पर्याप्त जल प्राप्त हो जाता है। इसी प्रकार शुष्क क्षेत्रों में भी फसलों के लिए सिंचाई के साधनों की समुचित व्यवस्था पहले से ही रहती है, किन्तु अन्य क्षेत्रों में कभी-कभी लम्बे समय तक वर्षा नहीं होने से भारी क्षति पहुंचती है। ऐसे क्षेत्र देश के मध्यवर्ती भागों में स्थित हैं जहां साधारणतया 50 से 100 सेंटीमीटर तक वर्षा होती है। यही भाग भारत के प्रमुख अकाल क्षेत्र (Famine Zones) भी कहलाते हैं। यह आश्चर्यजनक तथ्य है की एक ओर जहाँ कुडप्पा, अनन्तपुर (आन्ध्र प्रदेश), गुजरात, महाराष्ट्र तथा राजस्थान के पश्चिमी जिलों में सूखा पड़ता है, वहीं दूसरी ओर तमिलनाडु, असम और बिहार बाढ़ से पीड़ित रहते हैं।

स्थूल दृष्टि से वर्षा की निश्चितता और उसकी अनिश्चितता के अनुसार भारत को दो भागों में बांटा जा सकता है—

1. **निश्चित वर्षा वाले प्रदेश**—इसके अन्तर्गत हिमालय का तराई प्रदेश, पश्चिमी बंगाल, असम, अरुणाचल प्रदेश, मिजोरम, नागालैंड, मेघालय, त्रिपुरा, मणिपुर, पश्चिमी मालाबार तट, पश्चिमी घाट के पश्चिमी ढाल और नर्मदा की ऊपरी घाटी सम्मिलित किए जाते हैं। यहां वर्षा प्राय: 150 सेंटीमीटर से भी अधिक होती है।
2. **अनिश्चित वर्षा वाले प्रदेश**—इन प्रदेशों के अन्तर्गत उत्तर प्रदेश, पश्चिमी और ऊत्तरी राजस्थान, उत्तर प्रदेश का सीमावर्ती भाग, मध्य राजस्थान का पठारी भाग, पंजाब, हरियाणा, महाराष्ट्र और गुजरात के मध्यवर्ती भाग, पूर्वी घाट के ढाल, सम्पूर्ण तमिलनाडु, आन्ध्र प्रदेश का दक्षिणी और पश्चिमी भाग, कर्नाटक, बिहार और उड़ीसा के कुछ जिले हैं। यहाँ पर अधिकांश भागों में वर्षा 100 सेंटीमीटर से भी कम होती है।

डॉ. स्टाम्प के अनुसार वर्षा का सामान्य वितरण

1. **अधिक वर्षा वाले भाग**—इसमें पश्चिम तट के कोंकण, मालाबार और दक्षिणी कनारा तथा उत्तर में हिमालय की दक्षिणवर्ती तलहटी में उत्तर प्रदेश, उत्तराखण्ड, बिहार, झारखण्ड, पश्चिमी बंगाल, असम, नागालैंड, अरुणाचल प्रदेश,

मिजोरम, मणिपुर तथा त्रिपुरा सम्मिलित हैं। अधिक जलवृष्टि के कारण इन क्षेत्रों में उष्ण-कटिबन्धीय सदाबहार वन मिलते हैं। इन क्षेत्रों की मुख्य उपज धान है तथा वर्षा की मात्रा 200 सेंटीमीटर से अधिक होती है।

2. **साधारण वर्षा वाले भाग**—इस क्षेत्र के अन्तर्गत पश्चिमी घाट के पूर्वोत्तर ढाल, पश्चिमी बंगाल के दक्षिणी-पश्चिमी भाग, उड़ीसा, बिहार एवं झारखण्ड, दक्षिण-पूर्वी उत्तर प्रदेश सम्मिलित हैं। इस क्षेत्र में वर्षा की विषमता 15 से 20 प्रतिशत तक रहती है। मानसून की अनिश्चितता बढ़ने पर यहाँ की कृषि एवं अर्थतन्त्र को अपार हानि उठानी पड़ती है। इस क्षेत्र में अतिवृष्टि एवं अनावृष्टि से अकाल पड़ते हैं। अत: यहां बड़ी-बड़ी सिंचाई योजनाएं कार्यान्वित की गयी हैं।
3. **न्यून वर्षा वाले भाग**—साधारण वर्षा वाले क्षेत्र के बीच में दक्षिण के पठार से लेकर गुजरात, समस्त मध्य प्रदेश एवं छत्तीसगढ़, उत्तरी और दक्षिणी आन्ध्र प्रदेश, कर्नाटक, पूर्वी राजस्थान, दक्षिणी पंजाब, हरियाणा और दक्षिणी-पश्चिमी उत्तर प्रदेश एवं उत्तरांचल में वर्षा 50 से 100 सेंटीमीटर तक होती है। वर्षा की मात्रा न केवल अपर्याप्त है वरन् अनिश्चित भी है। वर्षा की विषमता 20 से 30 प्रतिशत तक रहती है। अतएव सही अर्थ में ये क्षेत्र अकाल क्षेत्र कहे जाते हैं। यहाँ सिचाई की अधिक आवश्यकता पड़ती है और उसी के सहारे ज्वार, बाजरा, कपास, तिलहन एवं गेहूं पैदा किया जाता है।
4. **अपर्याप्त वर्षा वाले भाग**—उत्तरी गुजरात, पश्चिमी हरियाणा, पश्चिमी राजस्थान एवं लद्दाख में वर्षा की मात्र 50 सेंटीमीटर से भी कम होती है। आंध्र प्रदेश का रायल सीमा भी ऐसा ही क्षेत्र है। इन क्षेत्रों में बहुत ही कम वर्षा होने से सिंचाई के सहारे ही फसलें पैदा की जा सकती हैं। लद्दाख का प्रदेश ठण्डा मरुस्थल जैसा है।

वार्षिक वर्षा

सम्पूर्ण वर्षा का 75% दक्षिण-पश्चिमी मानसून से, 10% मानसून पूर्व काल में, 13% मानसून के उपरान्त तथा 2% वर्षा शीतकाल में होती है।

भारत के जलवायु प्रदेश (Climate Regions of India)

जलवायु प्रदेशों के अनुसार, भारत को इस प्रकार बांटा है—

कोपेन का वर्गीकरण

(Koeppen's Classifcation)

डॉ. ब्लादिमिर कोपेन ने वनस्पति, वर्षा, न्यूनतम व उच्चतम तापमान, तापान्तर, आदि के आधार पर विश्व को अनेक जलवायु प्रदेशों में बांटा था। इनके अनुसार वनस्पति के द्वारा ही किसी स्थान पर तापमान और वर्षा का प्रभाव ज्ञात किया जा सकता है। इन्होंने अपने वर्णन में सांकेतिक शब्दों का प्रयोग किया है। भारत को इन्होंने निम्न जलवायु विभागों में बांटा है—

1. **अधिक वर्षा वाले जलवायु प्रदेश (Heavy Rainfall Climatic Region or Amw)**—इस प्रदेश में मानसूनी पवनों द्वारा ग्रीष्म ऋतु में अधिक वर्षा होती है तथा शुष्क ऋतु अपेक्षतया छोटी होती है। इनमें उष्ण कटिबन्धीय सदाबहार वन मिलते हैं। मालाबार तट तथा पश्चिमी घाटों के दक्षिण-पश्चिमी भागों में यही जलवायु प्रदेश मिलता है। यहाँ वर्षा 300 सेंटीमीटर तक होती है तथा तापान्तर कम पाया जाता है। यह जलवायु विषुवत रेखा से मिलती जुलती है।
2. **उष्ण कटिबन्धीय सवाना जलवायु प्रदेश (Tropical Sawana Climate Region or Aw)**—इन प्रदेशों में ग्रीष्म ऋतु में भीषण गर्मी पड़ती है तथा वर्षा भी अधिकतर ग्रीष्म ऋतु में ही होती है। शीत ऋतु सूखी और उष्ण होती है। यहाँ सवाना सदृश तथा मानसूनी वनस्पति मिलती है। कर्क रेखा से दक्षिणवर्ती भारत अर्थात् अधिकांश गुजरात, महाराष्ट्र, दक्षिणी मध्य प्रदेश, छत्तीसगढ़, कर्नाटक, आन्ध्र प्रदेश, पश्चिमी तमिलनाडु, उड़ीसा, दक्षिणी-पश्चिमी बंगाल और झारखण्ड इस जलवायु प्रदेश में सम्मिलित किए जाते हैं।
3. **शीतकालीन वर्षा वाले जलवायु प्रदेश (Winter Rainfall Climatic Region or As)**—इन भागों में शीत ऋतु में उत्तरी-पूर्वी मानसूनों से वर्षा होती है। दक्षिण-पूर्वी तटों पर स्थित अधिकांश पूर्वी तमिलनाडु एवं दक्षिण-पूर्वी आन्ध्र प्रदेश का तटीय भाग इस प्रदेश में आते हैं।
4. **जलवायु प्रदेश (BShw)**—यह अर्ध-शुष्क जलवायु का प्रदेश है जिसमें वर्षा ग्रीष्म ऋतु में साधारण तथा शुष्क ऋतु में बिल्कुल नहीं होती। वनस्पति मुख्यत: स्टैपी प्रकार की होती है। कांटेदार झाड़ियां और घास पैदा होती हैं। अरावली के पश्चिमी ढाल का बोगड़ क्षेत्र, पश्चिमी हरियाणा, पश्चिमी पंजाब और पश्चिमी कश्मीर तथा कर्नाटक के आन्तरिक भागों में इस प्रकार के जलवायु प्रदेश मिलते हैं।
5. **उष्ण मरूस्थलीय जलवायु प्रदेश (Hot Desert Climate Region (BWhw))**—इस प्रदेश में शुष्क उष्ण मरुस्थलीय जलवायु की दशाएं पायी जाती हैं। वर्षा बहुत कम होती है किन्तु वाष्पीकरण क्रिया अधिक होती है। राजस्थान का पश्चिमी क्षेत्र, उत्तरी गुजरात एवं दक्षिणी हरियाणा इसी प्रदेश के अन्तर्गत आते हैं।
6. **मध्य-तापीय जलवायु प्रदेश (Cwg)**—इस प्रदेश में शीत ऋतु की मौसमी पवनों से प्राय: वर्षा नहीं होती। वर्षा ग्रीष्म ऋतु के कुछ महीनों तक ही सीमित होती है। साधारणत: वर्षा ऋतु में वर्षा शुष्क ग्रीष्म ऋतु की अपेक्षा दस गुनी अधिक होती है। अरुणाचल प्रदेश, असम, पश्चिमी बंगाल, उत्तर प्रदेश के उत्तरी भाग और पंजाब, हरियाणा, राजस्थान के पूर्वी भाग तथा मालवा के पठार इस प्रदेश में सम्मिलित किए जाते हैं। पश्चिमी भागों में सिंचाई की सहायता से कृषि का अधिक विकास हो सका है।

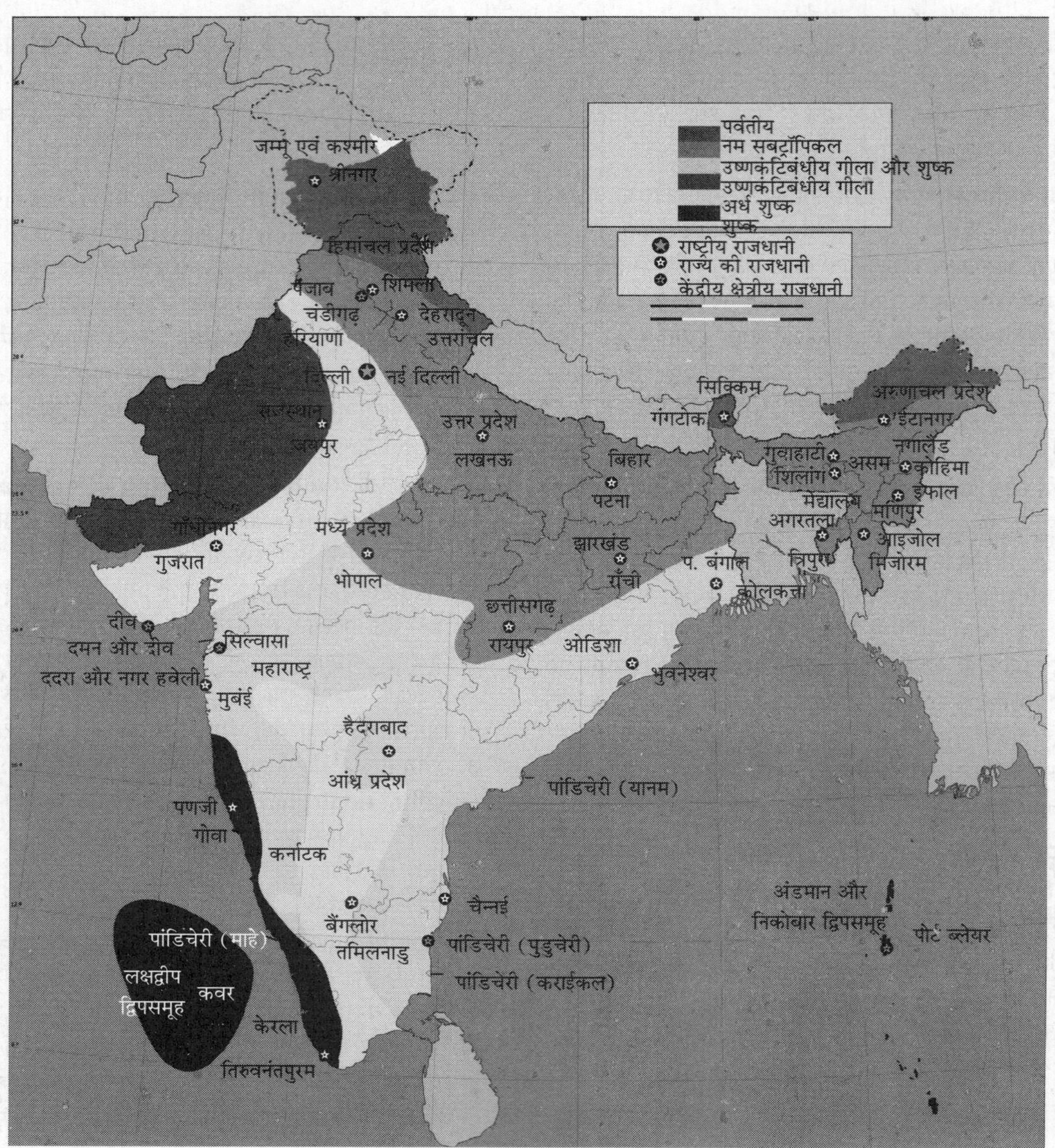

चित्रः भारतीय जलवायुः कोपेन का वर्गीकरण

7. **शीत आर्द्र जलवायु प्रदेश (Dfc)**—इस प्रदेश में शीत ऋतु अधिक ठण्डी होती है। वर्ष के चार महीने तापमान 10°C से भी कम रहता है। ग्रीष्म ऋतु छोटी किन्तु वर्षा वाली होती है। हिमालय प्रदेश के पूर्वी भाग में इसी प्रकार की जलवायु मिलती है।
8. **ध्रुवीय जलवायु प्रदेश (E)**—इसमें शीत कटिबन्धीय जलवायु की दशाएं मिलती हैं। ग्रीष्म ऋतु का तापमान 10°C से भी कम रहता है। सम्पूर्ण उत्तरी व पूर्वी पहाड़ी प्रदेश, कश्मीर एवं लद्दाख क्षेत्र इस प्रदेश में आते हैं। शीतकाल में यह प्रदेश हिमाच्छादित रहता है और हिमपात के रूप में वर्षा होती है।
9. **टुण्ड्रा जलवायु प्रदेश (Tundra Climatic Region or Et)**—हिमालय प्रदेश में पश्चिमी और मध्यवर्ती भागों में अधिक ऊँचाई के कारण सदैव बर्फ जमी रहती है। तापमान 0°C से नीचे पाये जाते हैं। वर्षा हिमपात के रूप में होती है।

उपर्युक्त वर्णन से स्पष्ट होगा कि Cwg और Aw जलवायु विभागों के मध्य रेखा महाद्वीपीय भारत एवं उष्णकटिबन्धीय भारत को विभाजित करने वाली कर्क रेखा के समान ही है जो डॉ. काजी अहमद, डॉ. स्टाम्प तथा नारमण्ड द्वारा प्रस्तुत की गयी है।

अध्याय सार संग्रह

- मानसून दक्षिणी व दक्षिणी-पूर्वी क विशेषता
- मानूसन दक्षिणी व दक्षिणी-पूर्वी ऐशिया की विशेषता हैं एवं इसका आर्थिक दृष्टि से महत्वपूर्ण स्थान है।
- भारतीय जलवायु में अनके विषमताएं पायी जाती है जिन्हें पवनों के प्रतिरूप, तापक्रम और वर्षा ऋतुओं की तय तथा आर्द्रता एवं शुष्कता की मात्रा में भिन्ता के रूप में देखा जा सकता है।
- कोपेनहेगन द्वारा भारतीय जलवायु वर्गीकरण की पद्धति तापमान एवं वर्षा पर आधारित है।
- जुलाई एवं अगस्त माह में दक्षिण के तमिलनाडु का कोरोमंडल तट शांत एवं शुष्क रहता है।
- गोवा, हैदराबाद, भुवेनश्वर, तथा पटना में वर्षा जून के दूसरे सप्ताह में आरम्भ होती है
- भारत में एक स्थान से दूसरे स्थान पर एक तथा एक-एक क्षेत्र के तापमान में ऋतुवत अंतर पाया जाता है।
- 'मार्सेडन' द्वारा कहा गया कि विश्व की समस्त प्रकार की जलवायु भारत में पायी जाती है।
- उत्तरी-पश्चिमी हिमालय तथा पश्चिमी मरूस्थल में वार्षिक वर्षा 10 सें.मी. से भी कम होती है जबकि उत्तरी पूर्व स्थित मेघालय में वर्षा 100 सेमी. सम भी कम होती है।
- दक्षिण भारत एक सर्वाधिक गर्म महीना अप्रैल होता है।
- अन्तर उष्णकटिबंधीय कन्वेयरजेंस जोन, ITC (Inter Tropical Conveygence Zone) एक निम्न वायुदाब क्षेत्र है जो उत्तर पूर्वी और दक्षिण-पूर्वी व्यापारिक हवाओं का एक-दूसरे से अलग करता है। इससे ही मानसूनी गर्त भी कहा जाता है।

17 अध्याय

मानसून

इस अध्याय में आप सीखेंगे किः

- मानसून क्या और मानसून के कौन-कौन से सिद्धांत है तथा उसके उत्पत्ति के कारण और समाधान कौन-कौन है।
- भारत के सूखाग्रस्त क्षेत्रों का वितरण के आधार क्या है और इनका वर्गीकर कैसे किया गया है।

भारत की जलवायु मानसूनी है। मानसून शब्द अरबी भाषा के 'मौसिम' शब्द से लिया गया है। इसका तात्पर्य यह है कि ऋतु परिवर्तन के साथ-साथ मानसून पवनों की दिशा तथा वर्षा करने की क्षमता में परिवर्तन आ जाता है।

मानसून के सिद्धांत

1. **हेली** एवं **फ्लोन** का तापीय सिद्धान्त जो सन् 1886 में दिया गया।
2. सन् 1973 का मानसून प्रयोग, **MONEX** (Monsoon Experiment)—सोवियत रूस की सहायता से मानसून की प्रक्रियाओं को समझने के लिए यह प्रयोग आयोजित किया गया। इसके अंतर्गत हिन्द महासागर में विभिन्न आँकड़ों का संकलन एवं प्रयोग किया गया एवं यह पाया गया कि—

   (i) दक्षिण-पश्चिमी मानसूनी हवायें दक्षिण पूर्वी व्यापारिक पवनों का ही परिवर्तित रूप है, क्योंकि ये हवायें विषुवत रेखा पार करने के बाद पृथ्वी की घूर्णन गति से उत्पन्न बल, जिसे कॉरियोलिस बल (Coriolis Force) कहा जाता है, के कारण दक्षिण-पश्चिम दिशा में घूम जाती है।

- **कॉरियोलिस बल (Coriolis Force)**—पृथ्वी के घूर्णन गति के कारण पवन अपनी मूल दिशा से विक्षेपित हो जाती है। इस प्रभाव के कारण पवनों की दिशा उत्तरी गोलार्द्ध में अपने मूलपथ से दाहिनी ओर और दक्षिणी गोलार्द्ध में बायीं और विक्षेपित हो जाती है। इस विक्षेपित करने वाले बल को 'कॉरियोलिस बल' कहते हैं। यह बल केवल पवन की दिशा को प्रभावित करता है, उसकी गति को नहीं और यह विक्षेपक बल तब तक अपना प्रभाव छिपाये रहता है जब तक वायु में गति नहीं आ जाती और वायु की गति में वृद्धि के साथ इस बल की मात्रा में भी वृद्धि हो जाती है। फेरल ने हवा के इस विक्षेपण का सर्वप्रथम पता लगाया अत: इसे **फेरल का नियम** भी कहते हैं। इसी कारण प्रति चक्रवात में ठीक इसके विपरीत पवनों के संचरण की अवस्था उत्पन्न होती है अर्थात् उत्तरी गोलार्द्ध में पवनें घड़ी की सुईयो के अनुकूल दिशा में तथा दक्षिणी गोलार्द्ध में विपरीत दिशा में घूमता है।

   (ii) तिब्बत के पठार का ग्रीष्मकालीन तापन, मानसून हवा की शक्ति एवं संचालन में सबसे महत्वपूर्ण भूमिका निभाता है। इसी के आधार पर **हेडली चक्र** एवं तिब्बत पठार के ऊपर वायुमंडल में प्रतिचक्रवातीय घटनाओं आदि की व्याख्या मिलती है।

   (iii) मानसून आने के ठीक पूर्व पश्चिमी **जेट हवायें** ध्रुव की ओर विस्थापित हो जाती हैं तथा कम ऊँचाई की पूर्वी जेट हवा भारतीय उपमहाद्वीप के ऊपर आकर स्थिर हो जाती हैं। मानसून फटने के लिए यह एक आवश्यक शर्त है।

   (iv) मानसून का अच्छा प्रदर्शन **'एलनीनो'** की घटना पर निर्भर करता है। यह पाया गया है कि जिस वर्ष अलनीनो का आगमन होता है उस वर्ष मानसून का प्रदर्शन कमज़ोर होता है।

मानसून को पूरी तरह समझने के लिए तापीय सिद्धान्त एवं Monex के तथ्यों को साथ लेकर चलना होगा।

भारत की जलवायु पर उष्णता तथा मानसून का सबसे अधिक प्रभाव है। इसलिए यहाँ की जलवायु को उष्ण मानसूनी जलवायु कहा गया है।

'मानसूनी' शब्द की उत्पत्ति अरबी भाषा के शब्द 'मौसिम' से हुई है, जिसका अर्थ है मौसम। मौसम के अनुसार पवनों की दिशा में पूर्ण परिवर्तन मानसूनी जलवायु का मूल सिद्धांत है। मानसून भारतीय जन-जीवन पर व्यापक प्रभाव डालता है। मानसून का स्वभाव अत्यंत ही अनिश्चित होता है। इसी अनिश्चितता के कारण इसे 'भारतीय किसान के साथ जुआ' कहा गया है।

मानसून की उत्पत्ति से संबंधित सिद्धांत

मानसून की उत्पत्ति आज भी मौसम वैज्ञानिकों के लिए एक जटिल एवं अनसुलझा प्रश्न बना हुआ है। अब तक के मानसून उत्पत्ति संबंधित सिद्धांतों को चार भागों में बाँटा गया है।

- चिर सम्मत कालीन विचार (Evergreen Thought)
- विषुवतीय पछुआ हवा का विचार (Equational Westerlies Thought)
- जेट स्ट्रीम विचारधारा (Jetstream Thought)
- एल-नीनो विचारधारा (Elnino Thought)

1. **चिर सम्मत कालीन विचार—**

   इस विचारधारा के अनुसार मौसमी हवाओं की उत्पत्ति का मुख्य कारण तापीय प्रभाव है। अतः इसे तापीय सिद्धांत भी कहते हैं। इस सिद्धांत के अनुसार जब सूर्य की किरणें उत्तरी गोलार्ध में लम्बवत् होती हैं तो भारतीय उपमहाद्वीप के ऊपर तापीय प्रभाव के कारण एक वृहद् निम्न भार का निर्माण होता है जबकि इस समय हिन्द महासागर पर अपेक्षाकृत निम्न ताप होने के कारण उच्च वायुदाब पाया जाता है। इसी कारण से दक्षिण गोलार्द्ध से आने वाली व्यापारिक हवाएँ फेरल नियम का अनुसरण करते हुए विषुवत रेखा को पार करने के बाद अपने से दाहिने मुड़ जाती हैं और वही हवाएँ उपमहाद्वीप की तरफ प्रवाहित होती हैं जहाँ अपेक्षाकृत निम्न वायुदाब होता है। इस हवा में पर्याप्त जलवाष्प होता है और भारतीय उपमहाद्वीप के ऊपर यह दो शाखाओं में बँटकर वर्षा ऋतु लाती है।

   जैसे-जैस ये हवाएँ पश्चिम तथा उत्तर पश्चिम की तरफ जाती हैं, वैसे ही वर्षा की मात्रा में कमी होने लगती है क्योंकि जलवाष्प की मात्रा क्रमशः कम होती जाती है।

चित्र: भारत में जुलाई मानसून की दशा

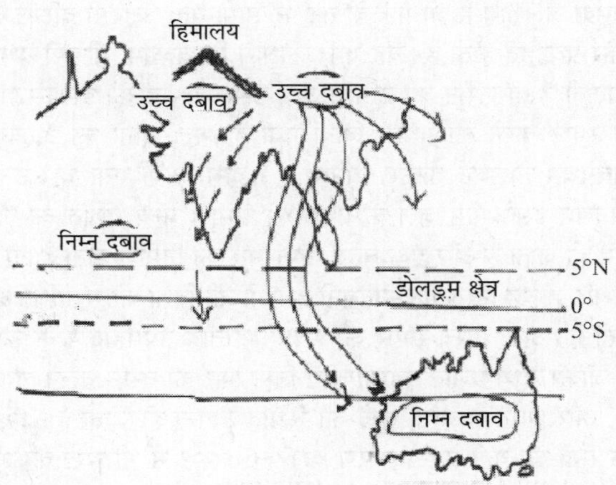

चित्र: भारत में जाड़े की दशा

2. **विषुवत्तीय पछुआ हवा की विचारधारा**—इस सिद्धांत का प्रतिपादन फ्लोन नामक मौसम वैज्ञानिक ने किया है। फ्लोन महोदय के अनुसार मानसूनी हवा सही अर्थों में विषुवतीय पछुआ हवा है। विषुवतीय पछुआ हवा की उत्पत्ति अंतःउष्ण अभिसरण के कारण होती है। फ्लोन के अनुसार अरब सागर की सतह पर इस अभिसरण से जो पछुआ हवा उत्पन्न होती है यह सीधे पूर्व की तरफ न जाकर भारतीय उपमहाद्वीप की तरफ प्रवाहित होने लगती है। इसका प्रमुख कारण भारत का तापीय प्रभाव है।

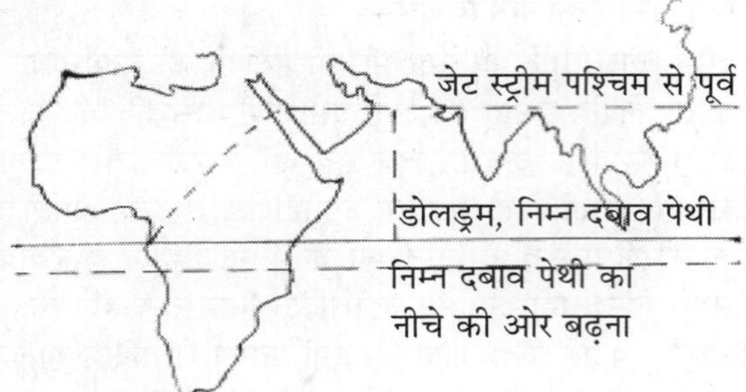

चित्र: जेट स्ट्रीम सिद्धान्त

3. **जेट स्ट्रीम सिद्धान्त**—जेट स्ट्रीम के सिद्धान्त ने सम्पूर्ण मौसम तंत्र में क्रान्तिकारी परिवर्तन ला दिया है। इस सिद्धान्त के अनुसार ऊपरी वायुमण्डल में 9 से 18 कि.मी. ऊँचाई के मध्य अत्यंत ही तीव्र गति से चलने वाली हवाएँ प्रवाहित होती हैं। इन्हें ही जेट स्ट्रीम कहा जाता है। ये हवाएँ एक आवरण के रूप में कार्य करती हैं जो निम्न वायुमण्डल के तापमान, वायुदाब और अन्य प्रकार के परिवर्तनों को नियंत्रित करती हैं।

   भारतीय उपमहाद्वीप पर उपोष्ण (Sub–Tropical) जेट तथा पूर्वी जेट हवा का प्रभाव पड़ता है और ये हवाएँ भारत में मानसून को नियंत्रित करती हैं।

4. **एल-नीनो सिद्धांत**—एल-नीनो एक प्रकार की उप-सतही गर्म समुद्री जलधारा है जो पेरू के तट पर सामान्यत: उत्तर से दक्षिण की ओर प्रवाहित होती है। यह गर्म जलधारा विश्वव्यापी मौसमी प्रभाव डालती है। मानसून की उत्पत्ति और उसके प्रभाव को इस सिद्धान्त से स्पष्ट करने का प्रयास किया गया है। एल-नीनो का अध्ययन सर्वप्रथम गिलबर्ट वाकर (यू.एस.ए.) द्वारा किया गया था। उनके अनुसार इसके गर्म जल के प्रभाव से सम्पूर्ण मध्य प्रशांत का जल गर्म हो जाता है और एक वृहद निम्न भार का निर्माण होता है। ऐसी स्थिति में यह निम्न भार मानसूनी हवाओं की दिशा को संशोधित कर देती है। अत: अरब सागर की हवाएँ भारतीय उपमहाद्वीप के ऊपर न जाकर मध्य प्रशांत महासागरीय निम्न भार की तरफ चलने लगती हैं, और भारत में वृहद् सूखे की स्थिति उत्पन्न हो जाती है। 1987 के सूखे का यही प्रमुख कारण था। पुन: 1993 में भी सूखे का एक महत्वपूर्ण कारण एल-नीनो के प्रभाव का विस्तार था।

मानसून का साम्राज्य (Regime of Monsoon)

मानसून की संपूर्ण प्रक्रिया चार चरणों में पूरी होती है, जिसे 'मानसून का साम्राज्य' कहा जाता है:

1. मानसून का फटना एवं उसका क्षेत्रीय विस्तार (Monsoon Brust and Regional Extention)
2. वर्षा-तंत्र (Rain Bearing System)
3. मानसून की रूकावटें (Breaks in Monsoon)

चित्र: एल-नीनो सिद्धांत

4. मानसून का लौटना एवं वायु की दिशा का विपरीत होना (Retreat and Reversal of Monsoon)

1. **मानसून का फटना एवं उसका क्षेत्रीय विस्तार**

   'मानसून का फटना' भारत में एक साथ जून के प्रथम सप्ताह में केरल एवं उत्तर-पूर्वी राज्यों के दक्षिणी भाग में होता है। धीरे-धीरे इसका विस्तार 17 जुलाई तक पूरे भारत में हो जाता है।

   इसे **'मानसून का फटना'** इसलिए कहा जाता है कि जून के प्रथम सप्ताह में अचानक मानसून हवाओं की गतिज ऊर्जा में अत्यधिक वृद्धि होती है तथा शुष्क मौसम, आर्द्र मौसम में बदल जाता है।

मानसून विस्फोट की आवश्यक शर्तें

- इण्टर ट्रॉपीकल कर्न्वजंस जोन का 25° उत्तरी अक्षांश में स्थापित होना एवं भारत के उत्तर-पश्चिमी भाग में कम दबाव का क्षेत्र बनना।
- विषुवत रेखा के समीप कम दबाव का बनना एवं आस्ट्रेलिया के पास उच्च दबाव के क्षेत्र का बनना।
- उप-विषुवतीय पश्चिमी जेट हवा का हिमालय से उत्तर की ओर विस्थापन एवं भारतीय प्रायद्वीप के ऊपर कम ऊँचाई की पूर्वी जेट हवा का स्थापित होना।
- तिब्बत-पठार के ऊपर वायुमंडल में प्रतिचक्रवात का उत्पन्न होना।
- अरब सागर के ऊपर निम्न दबाव क्षेत्र का बनना जिससे मानसून हवा को गति मिलती है।

2. **वर्षा तन्त्र**

   प्रायद्वीपीय भारत में आने पर भारत के दक्षिणी हिस्से में मानसूनी हवा दो भागों में बँट जाती है।

   1. अरब शाखा
   2. बंगाल की खाड़ी की शाखा

1. **अरब सागरीय शाखा**—यह शाखा पश्चिमी घाट के उच्च भूभागों से टकराती है। पश्चिमी घाट की पवनामुखी ढालें भारी पर्वतीय वर्षा ग्रहण करती है। यद्यपि इन घाटों के आगे वाले क्षेत्र में पवनाविमुखी ढालों के कारण वर्षा की तीव्रता तथा सघनता घट जाती है। यह ढालें एक स्पष्ट वृष्टि छाया पेटी बनाती है जो सूखे से ग्रस्त रहती है। उदाहरण के लिए मुम्बई और पुणे में औसत वर्षा की मात्रा क्रमश: 188 सेंमी. एवं 50 सेंमी. है जबकि इन दोनों स्थानों के बीच की दूरी मात्र 160 किमी. है। पश्चिमी घाटों को पार करने के बाद ये वर्षायुक्त पवन धाराएं पूर्वी ढालों पर उतरती है जहां पर रुद्धोष्म प्रभाव से गर्म हो जाती हैं। इसी कारण वृष्टि छाया क्षेत्र अस्तित्व में आता है। जबकि उत्तर की ओर जहाँ पश्चिमी घाट अधिक ऊँचे नहीं है पवनामुखी एवं पवनाविमुखी ढालों के मध्य वर्षा की मात्रा में अधिक अंतर नहीं पाया जाता है।

   कुछ पवन धारायें अरब सागर शाखा से अलग होकर उत्तर में कराँची एवं थार मरुस्थल की ओर मुड़ जाती है तथा कश्मीर तक बिना वर्षा किए पहुँच जाती है।

2. **बंगाल की खाड़ी शाखा**—यह शाखा श्रीलंका और सुमात्रा के बीच वाले क्षेत्र में सक्रिय होती है। इस शाखा की मुख्य धारा म्यांमार के तट से टकराती है और पश्चिमी घाट की तरह बहुत वर्षा होती है। जबकि उत्तरी धारा मेघालय की खासी पहाड़ियों से टकराकर भारी वर्षा करती है। मॉसिनराम इन्ही पहाड़ियों के बीच स्थित है जो विश्व में सबसे अधिक वर्षा प्राप्त करता है।

   इस शाखा की अन्य धारा बंगाल के डेल्टा से बायीं ओर मुड़ती हैं। यहाँ यह दक्षिण-पूर्व से उत्तर-पश्चिम की ओर हिमालय के अभिविन्यास के साथ-साथ प्रवाहित होती है। यह उत्तरी मैदानों में वर्षा करती है। उत्तरी मैदानों की मानसूनी वर्षा को चक्रवातों का भी सहयोग प्राप्त होता है। ये बंगाल की खाड़ी में निर्मित होकर उत्तरी मैदानों के दक्षिणी छोर के साथ साथ चलते है तथा चावल की खेती के लिए पर्याप्त वर्षा करते हैं। उत्तरी क्षेत्र में वर्षा की सघनता पूर्व से पश्चिम की ओर तथा उत्तर से दक्षिण की ओर घटती जाती है। पश्चिम की ओर होने वाली वर्षा की कमी आर्द्रता क्षेत्र से दूरी बढ़ने के कारण होती है। जबकि दक्षिण की ओर होने वाली वर्षा की कमी का कारण पर्वतों से दूरी का बढ़ते जाना है; जो आर्द्रतावाही पवनों को ऊपर उठाने तथा मैदानों में (विशेषत: गिरिपदों में) पर्वतीय वर्षा कराने के लिए उत्तरदायी है।

पश्चिमी घाट पर वर्षा

यहाँ पर वर्षा पर्वतीय प्रकार की होती है, अतः इसके पश्चिमी भाग पर अत्यधिक वर्षा होती है, जबकि पूर्वी भाग वृष्टिछाया क्षेत्र में पड़ जाता है।

उत्तर-पूर्वी राज्यों में वर्षा

यहाँ भी वर्षा पर्वतीय प्रकार की होती है। यहाँ की गारो, खासी, जयंतिया, मिकिर, रेंगमा, बराइल आदि पहाड़ियों से टकराकर ये हवायें ऊपर उठती हैं और ठंडी होकर वर्षा कराती हैं।

नोट—

1. चेरापूँजी में अत्यधिक वर्षा का कारण मानसूनी हवा का शंकु के आकार में (Conical or funnel shape) गारो, खासी, जयंतिया की घाटी के बीच से ऊपर उठना एवं ठंडी होकर अत्यधिक वर्षा कराना। यहाँ औसत वर्षा 1000 सेमी से अधिक होती है। सर्वाधिक वर्षा वाला स्थान मौसिनराम चेरापूँजी से 30 किमी पश्चिम की ओर स्थित है
2. असम के मैदानी भागों में वर्षा चक्रवातीय प्रकार की होती है।

गंगा के मैदान में वर्षा

गंगा के मैदानी भाग में वर्षा बंगाल की खाड़ी की शाखा से होती है। यहाँ वर्षा संवहनीय (Conventional) एवं चक्रवातीय दोनों प्रकार की होती है। बंगाल की खाड़ी में बने कम दबाव के गर्तों (Low Depression) को पूर्वी जेट हवा खींचकर मैदानी भागों में ले आता है जिससे चक्रवातीय वर्षा होती है।

राजस्थान के थार मरूस्थल में वर्षा

थार मरूस्थल के पूर्वी भाग में वर्षा 60 सेमी होती है जबकि पश्चिमी भाग में जाने पर यह तीव्रता से घटती है जहाँ वर्षा 20 सेमी से भी कम होती है।

राजस्थान के थार मरूभूमि में वर्षा नहीं होने के कारण—

- अरावली का विस्तार लगभग उत्तर-दक्षिण है जिसके फलस्वरूप मानसून की अरब शाखा राजस्थान पहुँचते ही अरावली के समान्तर हो जाती है और वर्षा नहीं होती है।
- बंगाल की खाड़ी शाखा राजस्थान पहुँचते-पहुँचते अपनी सारी आर्द्रता खो देती है।
- मरूस्थल में ताप का व्युतक्रमण पाया जाता है।
- बलूचिस्तान से आने वाली गर्म एवं शुष्क महाद्वीपीय वायु राशियां, इस क्षेत्र में विकसित निम्न ताप द्वारा खींच ली जाती है। यह वायु राशियाँ मानसूनी वायु की ऊँचाई को प्रभावित करती हैं तथा उनकी आर्द्रता को अवशोषित कर लेती है।

3. **मानसून में रूकावटें**

   मानसून ऋतु में कभी-कभी किसी क्षेत्र विशेष में 10-15 दिनों तक वर्षा नहीं होती है, जिसे **'मानसून में रूकावटें'** कहते हैं।

उत्तर-पश्चिम एवं उत्तर भारत

- बंगाल की खाड़ी में गर्त का नहीं बनना।
- भारत में अंत उष्णकटिबंधीय अभिसरण क्षेत्र की स्थिति में परिवर्तन आना।

पश्चिमी घाट

- मानसून की अरब सागर शाखा का पश्चिमी घाट के समानांतर हो जाना।
- पश्चिमी राजस्थान में तापमान की विलोमता जलवाष्प से लदी हुई वायु को ऊपर उठने से रोकती है और वर्षा नहीं होती है।

4. मानसून का लौटना एवं वायु की दिशा का विपरीत होना

- मानसून का आगमन 1 जून से लेकर 15 जुलाई तक होता है अर्थात मानसून का साम्राज्य स्थापित होने में डेढ़ महीने लगते हैं।
- मानसून की वापसी 15 सितम्बर से 15 दिसम्बर तक होती है, अर्थात मानसून वापसी में कुल लगभग 3 महीने लगते हैं।
- कोरोमंडल तट पर वर्षा लौटती मानसून से अक्टूबर-नवंबर महीने में होती है।
- लौटती मानसून से कुछ वर्षा उत्तर-पूर्वी भाग में भी होती है। जो पर्वतीय प्रकार की होती है।
- भारत में जाड़े में वर्षा के तीन क्षेत्र हैं—
  1. कोरोमंडल तट (चक्रवातीय)
  2. उत्तर-पूर्वी राज्य (पर्वतीय)
  3. पश्चिमोत्तर भारत (चक्रवातीय)

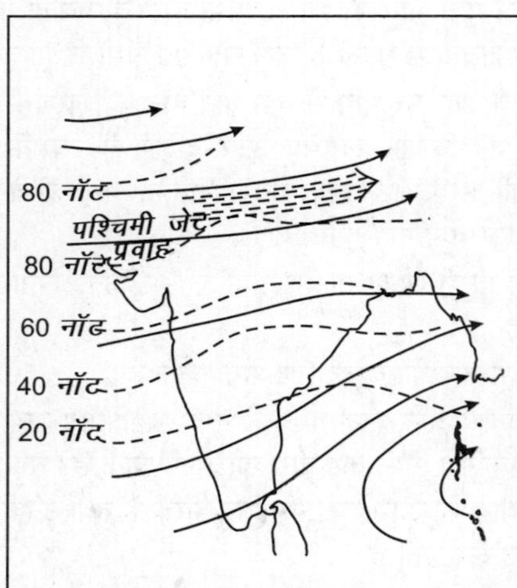

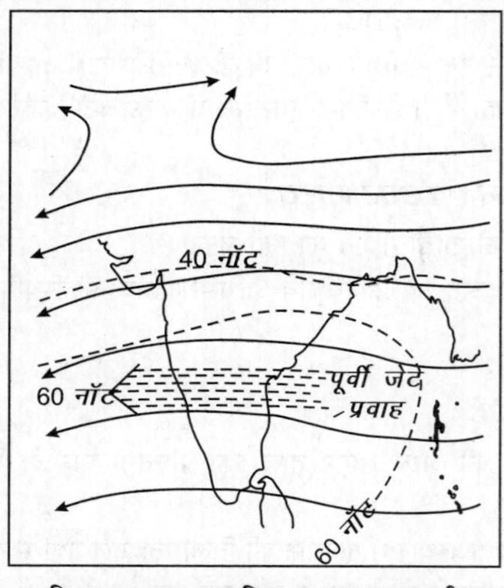

चित्र: मानसून का क्रमिक आगमन व वापसी

- सितम्बर से लेकर नवंबर तक बंगाल की खाड़ी में अत्यधिक तूफान एवं चक्रवात आते हैं। जिससे तटीय भागों में विशेषकर उड़ीसा एवं आन्ध्र प्रदेश के तटीय भागों में भारी जान-माल की क्षति होती है।
- ऑटोरेग्रेसिव इंटीग्रेटेड मूविंग एवरेज, ARIMA (Auto Regressive Integrated Moving Averages) यह एक सांख्यिकीय प्रारूप है जो 16 विभिन्न प्रकार के औसत आँकड़ों पर आधारित है एवं भारतीय मौसम विभाग द्वारा इसका प्रयोग मानसून से संबंधित घटनाओं की भविष्यवाणियाँ करने में होता है।

भारत के सूखाग्रस्त क्षेत्र (Drought area of India)

1962 के सिंचाई आयोग द्वारा सूखाग्रस्त क्षेत्र की परिभाषा देते हुए कहा गया कि ऐसा क्षेत्र, जो 10 से.मी. से कम वर्षा प्राप्त करता है तथा वर्ष के दो-तीन महीनों में 10 से.मी. की भी तीन-चौथाई वर्षा प्राप्त करता है अथवा ऐसा क्षेत्र जिसके कुल फसल क्षेत्र का 30% या कम सिंचित है।

वर्षा की सघनता व कालबद्धता, भूमिगत जल क्षमता तथा कृषि उत्पादन जैसे मापदंडों के आधार पर सूखे की गहनता के तीन स्तरों को पहचाना जा सकता हैं ये तीन स्तर हैं—

1. कुल सूखाग्रस्त क्षेत्र के 12 प्रतिशत भाग में अत्यधिक सूखे की स्थिति होती है। ऐसे क्षेत्रों में पश्चिमी राजस्थान व गुजरात, पश्चिमी उत्तर प्रदेश तथा उत्तरी पश्चिमी मध्य प्रदेश शामिल हैं।
2. कुल सूखाग्रस्त क्षेत्र के 42 प्रतिशत भाग में कठोर सूखे की स्थिति होती है। प्रायद्वीपीय पठार की पवनाविमुख ढालें, रायल सीमा व तेलंगाना प्रदेश (आंध्र प्रदेश) तथा मराठवाड़ा व विदर्भ (महाराष्ट्र) ऐसे ही क्षेत्रों में आते हैं।
3. कुल सूखाग्रस्त क्षेत्र का शेष 46 प्रतिशत भाग हल्के सूखे क्षेत्रों के अन्तर्गत आता है, जिसमें उड़ीसा, मध्य व उत्तरी मध्य प्रदेश, छोटानागपुर का पठार, जम्मू-कश्मीर तथा मध्य पूर्वी तमिलनाडु शामिल हैं।

भारत में सूखाग्रस्त क्षेत्रों में होने वाली हानि को निम्नलिखित प्रकार से कम किया जा सकता है—

1. वर्षा जल, भूमिगत जल तथा भूतल जल संसाधनों का विवेकपूर्ण उपयोग
2. नहरों एवं जल प्रवाहों का समुचित संरेखन (नहरों के ढाल की दिशा में पत्थरों व कंकड़ों से एक कठोर सतह का निर्माण) ताकि आसपास के क्षेत्र में पानी के रिसाव को रोका जा सके
3. मरुस्थलीय भागों में जल के संरक्षण तथा क्षारीय भूमि के उद्धार हेतु टपक या बूंद सिंचाई का विकास व संवर्द्धन करना

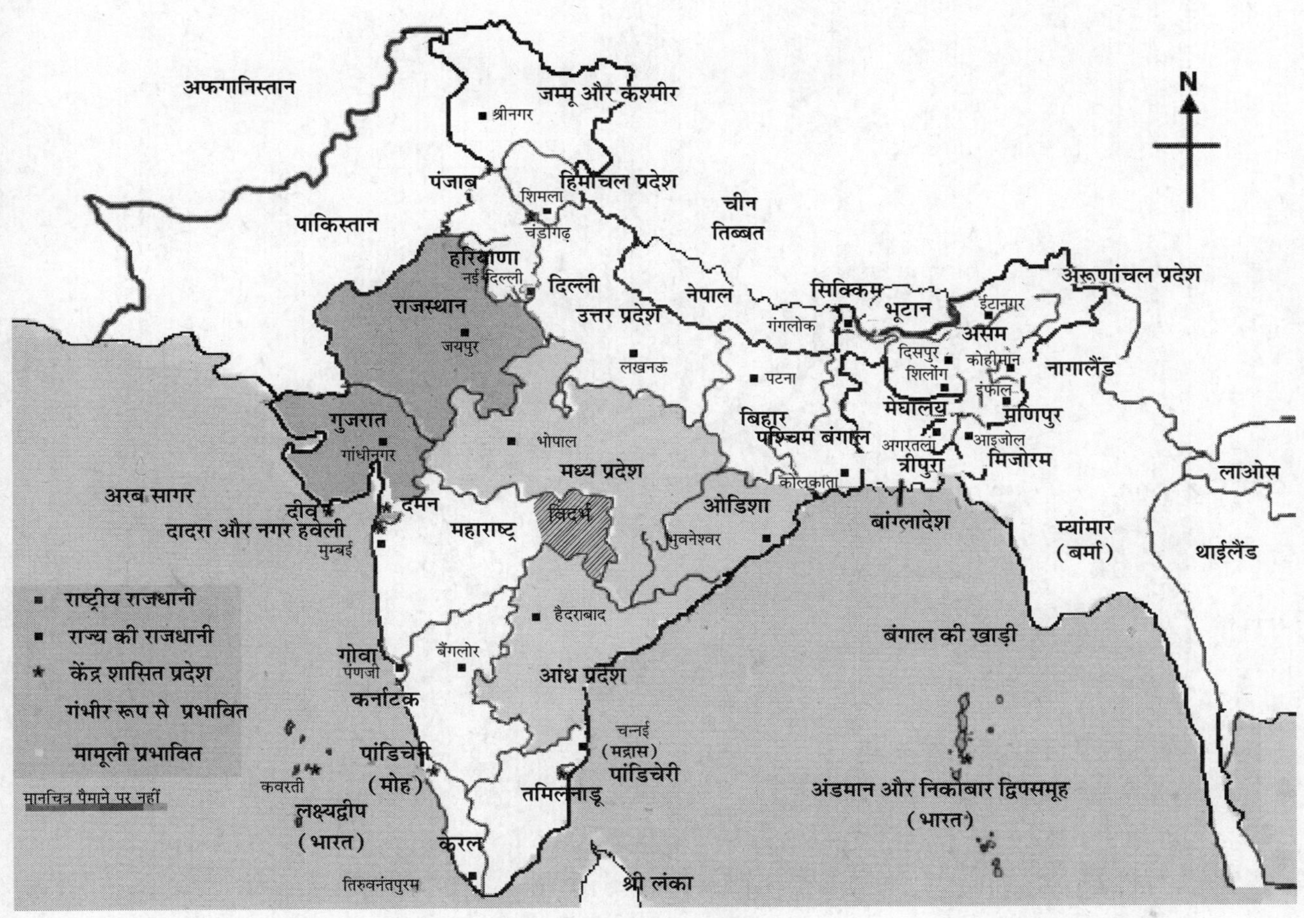

चित्र: भारत के सूखाग्रस्त क्षेत्र

4. सूखे से सुरक्षा के लिए उपयुक्त पौध-प्रजातियों एवं फसल प्रतिरूपों का प्रयोग करना तथा स्थान विशेष के अनुसार अलग-अलग सिंचाई कार्यों पर जोर देना, तथा
5. चलित परियोजनाओं को निर्धारित समय में पूरा करना।

भारत के बाढ़ग्रस्त क्षेत्र (Flood area of India)

भारी संकेन्द्रित वर्षा—भारत अपने आकार के हिसाब से औसत रूप से उच्च वर्षा प्राप्त करता है। कभी-कभी मात्र एक दिन के अंदर किसी स्थान पर 15 सें.मी. तक वर्षा हो जाती है। रोचक तथ्य यह है कि मानसूनी वर्षा उस समय आरम्भ होती है जब ग्रीष्म ऋतु अपने उभार पर होती है तथा हिमालय की नदियाँ भी पहाड़ों की बर्फ पिघलने के कारण जल की प्रचुरता से ग्रस्त होती हैं। ऐसी स्थिति में इन नदियों की वर्षा जल के ग्रहण करने की क्षमता घट जाती है। परिणामत: उत्तर के मैदान, जहां नदी का वेग पहले से ही कम होता है, बाढ़ों का शिकार बन जाता है। भारी वर्षा नदी भार की मात्रा को अचानक बढ़ा देती है, जिसके कारण नदी का प्रवाह मार्ग परिवर्तित हो जाता है और नदी का जल संलग्न क्षेत्रों में फैल जाता है, जो इस जल को अप्रवाहित करने में असमर्थ होते हैं। उत्तरी भारत की दामोदर, कोसी व ब्रह्मपुत्र नदियां अपनी विनाशकारी बाढ़ों के लिए जानी जाती हैं। ब्रह्मपुत्र का मध्य एवं निचला प्रवाह मार्ग विशेष रूप से बाढ़ग्रस्त रहता है, क्योंकि इसकी अत्यंत क्रमिक प्रवणता मानसून के दौरान बढ़े नदी भार को ग्रहण करने में असमर्थ रहती है।

प्रायद्वीपीय नदियों में कुछ अलग कारणों से बाढ़ें आती हैं। प्रायद्वीपीय नदियां परिपक्व हैं तथा अत्यंत कठोर संस्तरों पर प्रवाहित होती हैं। अपने संस्तरों को गहराई तक अपरदित करने में असमर्थ रहने के कारण इन नदियों के बेसिन या घाटियां छिछली होती हैं। यह स्थिति भारी संकेन्द्रित वर्षा के दौरान इन नदियों में बाढ़ लाने के लिए उत्तरदायी होती है।

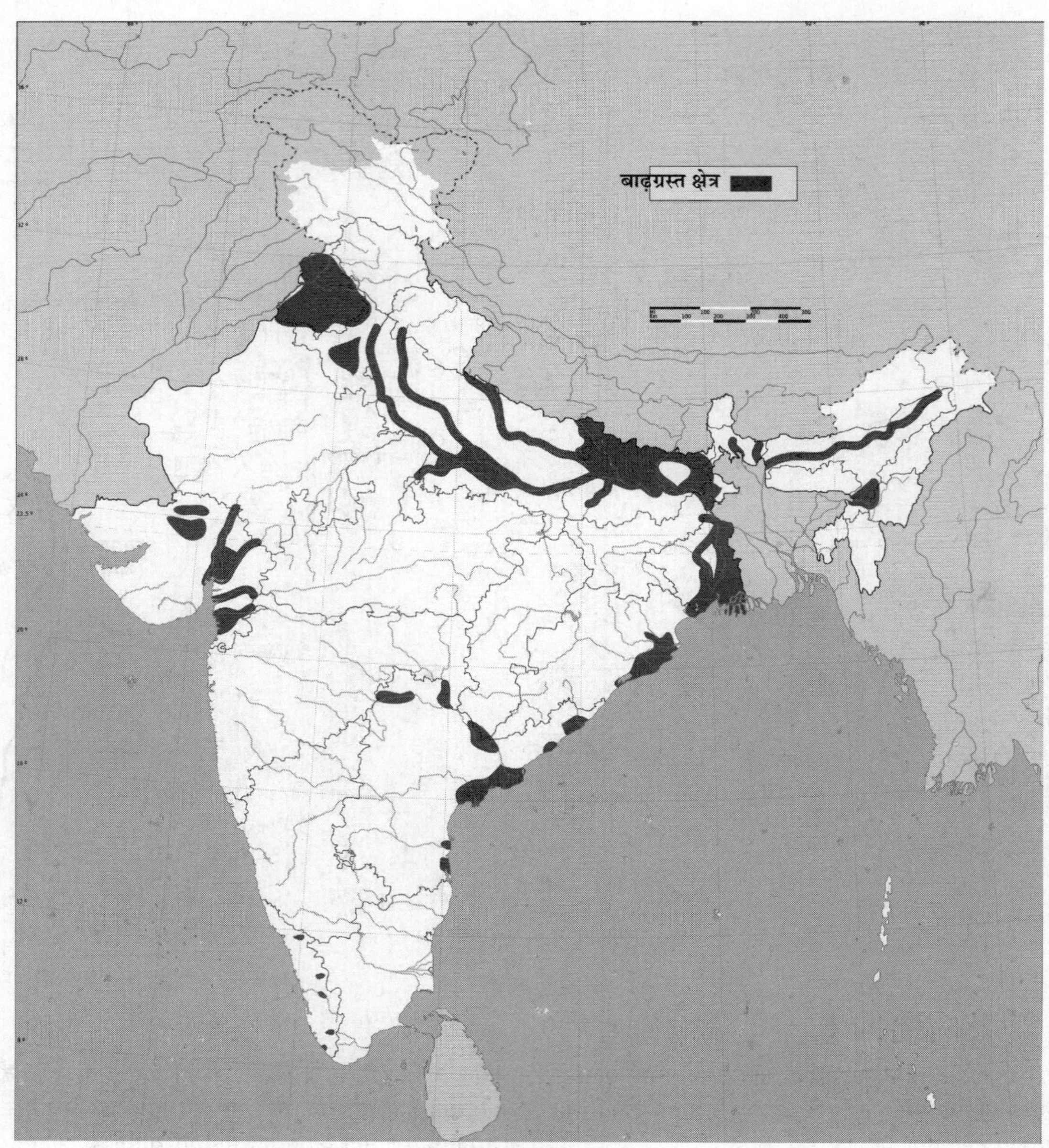

चित्र: भारत के बाढ़ग्रस्त क्षेत्र

बाढ़ग्रस्त क्षेत्रों का वितरण (Classification of Flood Areas)

ब्रह्मपुत्र घाटी, उत्तरी बिहार तथा निचला पं. बंगाल बाढ़ से बुरी तरह प्रभावित होते हैं। इसके अलावा बाढ़ से ग्रस्त होने वाले क्षेत्रों की कुछ पेटियां इस प्रकार हैं—

1. नदियों के निचले प्रवाह मार्ग में गाद जमा होने से ये अपने प्रवाह मार्ग बदल लेती है, जिसके परिणामस्वरूप हिमांचल प्रदेश, दिल्ली, राजस्थान, उत्तर प्रदेश, बिहार, पं. बंगाल में बाढ़ें आती हैं।
2. झेलम, चिनाब, व्यास, सतलुज, रावी आदि सिंधु की सहायक नदियां जम्मू-कश्मीर, पंजाब, हरियाणा, पश्चिमी उत्तर प्रदेश तथा हिमांचल प्रदेश में आने वाली बाढ़ों का कारण बनती हैं।
3. मध्य भारत एवं प्रायद्वीपीय भारत के कुछ क्षेत्रों में नर्मदा, ताप्ती, चंबल, गोदावरी, कृष्णा, कावेरी एवं पेन्नार नदियों द्वारा बाढ़ लायी जाती है।
4. पूर्वी तट के कुछ सुनिश्चित क्षेत्र चक्रवाती तूफानों के कारण बाढ़ग्रस्त हो जाते हैं। भारत में बाढ़ से प्रभावित कुल क्षेत्र 75 लाख से 1 करोड़ हेक्टेयर के बीच आंका गया है।

अध्याय सार संग्रह

- जेट स्ट्रीम परिध्रुवीय वायु धाराएँ हैं, जो दोनों गोलार्द्धों के चतुर्वेदिक 20° उत्तरी और दक्षिणी अंक्षाशों से ध्रुवों के निकट तक वर्ष पर्यन्त धरातल से 6-12 किमी. ऊँचाई के मध्य सतत् रूप से चलती है।
- जेट स्ट्रीम की खोज का श्रेय द्वितीय विश्व युद्ध के दौरान अमेरिका बम वर्षक (बी29) विमान चालाकों को दिया जाता है।
- मानसून हवाओं के प्रभाव को दृष्टिगत रखते हुए पूरे वर्ष को मौसम पर्यवेक्षण विभाग ने निम्न भागों में विभक्त किया है
  - उत्तरी-पूर्वी मानसून का समय
    - शीत ऋतु—15 दिसम्बर से 15 मार्च
    - शुष्क ग्रीष्म ऋतु—15 मार्च से 15 जून
  - दक्षिण—पश्चिमी मानसून का समय
    - आर्द्र ग्रीष्म ऋतु—15 जून से 15 सितम्बर
    - शरद् ऋतु—15 सितम्बर से 15 दिसम्बर
- कोरियोलिस बल के प्रभाव से विषुवत वृत्त को पार करने वाली व्यापारिक पवनों की दिशा दक्षिण-पश्चिम से उत्तर-पूर्व को जाने वाली पवन को दक्षिण-पश्चिम मानसून कहते है।
- मानसून की सर्वप्रथम खोज-हिप्पलस के द्वारा की गयी तथा इनका सर्वप्रथम सटीक विवरण अलूसूदी ने की।
- मानसून पूर्व की वर्षा को असम मे चाय वर्षा, बंगाल में काल बैसाखी, केरल में आम्र वर्षा आदि नामों से जाना जाता है।
- 21 मार्च के समय पश्चिमोत्तर भारत व पाकिस्तान निम्न दाब का क्षेत्र बन जाता है अत: दक्षिण गोलार्द्ध की व्यापारिक पवनें विषुवत रेखा पार कर इस ओर आर्कषित होती है जो कि भारत में दक्षिण पूर्वी मानसूनी पवनों के रूप में जानी जाती है।

18 अध्याय

भारत की मिट्टियाँ

इस अध्याय में आप सीखेंगे कि:

- मृदा की संरचना एवं उसका वर्गीकरण क्या है। भारत की प्राकृतिक वनस्पतियों से सम्बन्धित विभिन्न समस्याओं के बारे में क्या जानकरी प्राप्त होगी। साथ ही साथ भारत में वन रोपण योजनाएँ कौन-कौन सी हैं।

मिट्टियाँ

भू-पृष्ठ की सबसे ऊपरी परत, जो पौधों को उगने व बढ़ने के लिए जीवांश तथा खनिजांश प्रदान करती है, मृदा या मिट्टी कहलाती है। मृदा निर्माण की प्रक्रिया को मृदाजनन (Pedogenesis) कहते हैं। अपक्षय तथा अपरदन के कारक भू-पृष्ठ की चट्टानों को तोड़कर उसका चूर्ण बना देते हैं। इस चूर्ण में वनस्पति तथा जीव जन्तुओं के गले-सड़े अंश भी सम्मिलित हो जाते हैं जिसे ह्यूमस कहते हैं। चट्टानों में उपस्थित खनिज तथा चूर्ण में मिला हुआ ह्यूमस मिलकर पेड़-पौधों को जीवन प्रदान करता है।

मिट्टियों का निर्माण जलवायु द्वारा चट्टानों के विखण्डन के फलस्वरूप होता है जिनमें अनेक प्रकार के रासायनिक तत्व पाए जाते हैं। फलतः विभिन्न जलवायु और विभिन्न चट्टानों से बनी मिट्टियों में न तो एकरूपता ही पायी जाती है और न सभी की उर्वराशक्ति ही एक-सी होती है।

भारतीय कृषि अनुसंधान परिषद् ने भारत की मिट्टियों को **8 वर्गों** में विभाजित किया है।

1. जलोढ़ मृदा
2. लाल मृदा
3. काली मृदा
4. लैटेराइट मृदा
5. पहाड़ी मृदा
6. लवणीय एवं क्षारीय मृदा
7. मरूस्थलीय मृदा
8. पीट अथवा जैविक मृदा

1. जलोढ़ मृदा (Alluvial Soil)

उत्पत्ति—इस मृदा का निर्माण हिमालय से निकलने वाली मुख्य रूप से तीन बड़ी नदियों-सतलुज, गंगा तथा ब्रह्मपुत्र और उनकी सहायक नदियों द्वारा कांप मिट्टी लाए जाने और उत्तरी मैदान में जमा किए जाने से हुआ है।

क्षेत्रफल एवं वितरण—भारत का सर्वाधिक क्षेत्रफल इस मृदा के अन्तर्गत आता है। इसका क्षेत्र 7.7 लाख वर्ग कि.मी. है। इसका विस्तार उत्तर के विशाल मैदान, पूर्वी तथा पश्चिमी तटवर्ती मैदान तथा राजस्थान में एक संकरी पट्टी के रूप में पाया जाता है।

विशेषताएँ—कणों के आकार के अलावा इस मिट्टी को आयु के आधार पर भी विभाजित किया जाता है—प्राचीन जलोढ़क और नवीन जलोढ़क। प्राचीन जलोढ़क को बांगर और नवीन जलोढ़क को खादर कहते हैं। नवीन जलोढ़क प्राचीन जलोढ़क से अधिक उपजाऊ होती है।

जलोढ़क मिट्टियाँ सामान्यता सबसे अधिक उपजाऊ होती है। इनमें साधारणतया पोटाश, फास्फोरिक अम्ल तथा चूना पर्याप्त मात्रा में होता है। लेकिन इनमें नाइट्रोजन तथा जैविक पदार्थों की कमी होती है। शुष्क प्रदेशों में उनमें क्षारीय अंश अधिक होता है।

2. लाल और पीली मिट्टी (Red and Yellow Soil)

उत्पत्ति—ये मिट्टियाँ अपक्षय के प्रभाव से प्राचीन रवेदार और परिवर्तित चट्टानों के टूट-फूट के कारण बनी हैं। यह अपने बनने के स्थान पर ही पड़ी रहती हैं। कहीं-कहीं मिट्टी में लोहा होने से इस मिट्टी का रंग लाल हो गया है। कहीं-कहीं इसका रंग

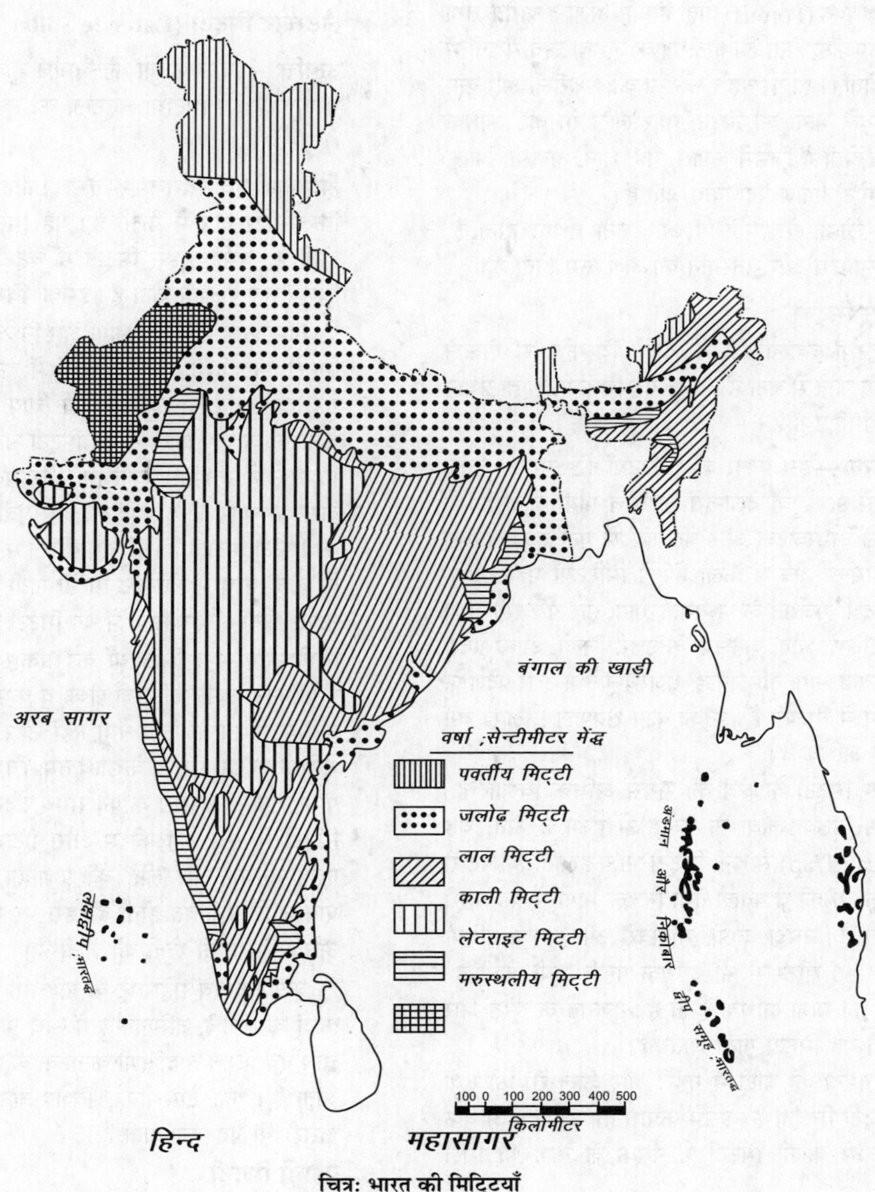

चित्र: भारत की मिट्टियाँ

भूरा, चाकलेटी, पीला अथवा काला भी हो गया है क्योंकि इनमें मूल चट्टान से चाकलेट रंग वाले खनिज तत्व (जैसे, फैलस्पार, ऑलीविन) के महीन कण भी पाये जाते हैं। जहां कहीं यह मिट्टी बहुत ही छोटे-छोटे कणों की बनी है वहाँ यह काफी उपजाऊ है लेकिन दूसरे भागों में मिट्टी की तहों में जल न रुकने के कारण यह प्राय: बंजर रह गयी है।

क्षेत्रफल एवं वितरण—इस प्रकार की मिट्टी मध्य प्रदेश, दक्षिणी उत्तर प्रदेश, छोटा नागपुर का पठार एवं मेघालय में लगभग दो लाख वर्ग किलोमीटर क्षेत्र पर पाई जाती है। यह मिट्टियाँ आन्ध्र प्रदेश, मध्य प्रदेश, झारखण्ड, पश्चिम बंगाल, राजस्थान तथा दक्षिणी-पूर्वी महाराष्ट्र, कर्नाटक के कुछ भागों में भी मिलती है।

विशेषताएं—अनेक प्रकार की चट्टानों से बनी होने के कारण इनमें गहराई, कणों की संरचना और उर्वराशक्ति में भिन्नता पायी जाती है। ये मिट्टियाँ अत्यन्त रंध्रयुक्त (Porous) होती हैं और अत्यन्त बारीक तथा गहरी होने पर ही उपजाऊ होती हैं। अत: शुष्क अथवा ऊंचे मैदानों में यह उपजाऊ नहीं होतीं। यहां पर यह हल्के रंग की, पथरीली और कम गहरी होती हैं। निचले भागों की मिट्टी गहरे लाल रंग की, अधिक गहरी और उपजाऊ होती है जिसमें कपास, गेहूं, धान, अलसी, आलू, टमाटर, दालें और मोटे अनाज पैदा किये जाते हैं।

इस मिट्टी में लोहा, ऐलुमिनियम और चूना यथेष्ट होता है, किन्तु नत्रजन, फॉस्फोरस और वनस्पति का अंश कम होता है।

3. काली अथवा रेगुर मिट्टी

उत्पत्ति—ये मिट्टियाँ ज्वालामुखी के दरारी विस्फोट से निकले पेठिक लावा के जम जाने से बनी हैं। अत: यह चिकनी, लावा प्रधान व विशेष उपजाऊ मिट्टियाँ हैं।

क्षेत्रफल एवं वितरण—इस प्रकार की मिट्टियाँ 12° से 25° उत्तरी अक्षांश और 37° से 80° पूर्वी देशान्तरों के बीच पायी जाती हैं। ये मिट्टियाँ गुजरात से अमरकंटक और बेलगांव से गुना तक लगभग 5 लाख वर्ग किलोमीटर क्षेत्र में फैली हैं। ये मिट्टियाँ महाराष्ट्र के अधिकांश भाग विदर्भ, गुजरात के मध्यवर्ती भाग और पश्चिमी मध्य प्रदेश, उड़ीसा के दक्षिणी भाग, कर्नाटक के उत्तरी जिलों, आन्ध्र प्रदेश के दक्षिणी और तटवर्ती भाग, तमिलनाडु, राजस्थान तथा उत्तर प्रदेश के बुन्देलखण्ड सम्भाग में मिलती हैं। इनका कुल क्षेत्रफल 5 लाख वर्ग किलोमीटर से कुछ अधिक है।

महाराष्ट्र में इस मिट्टी के क्षेत्र का सबसे अधिक विस्तार है। यहां इनका निर्माण पैठिक लावा के प्रवाह से हुआ है अत: यह दक्कन ट्रेप (Deccan Trap) से बनी मिट्टी भी कहलाती है। पठारी ढालों पर यह हल्के रंग की व पतली तथा निचले भागों में यह गहरी तथा उपजाऊ होती है। नर्मदा, तापी, गोदावरी और कृष्णा नदियों की घाटियों में यह 60 मीटर से भी अधिक गहरी पायी जाती है। इस मिट्टी में चूने की मात्रा अधिक होती है। गुजरात के सूरत और भड़ूँच जिलों में भी यह मिट्टी पायी जाती है।

मध्य प्रदेश में नर्मदा की घाटी में गहरी और काले रंग की तथा छिछली काली मिट्टी मिलती है। इसमें कपास का उत्पादन अधिक होता है। कर्नाटक में काली मिट्टी में नमक के कण भी मिले रहते हैं।

विशेषताएँ—इसका रंग गहरा काला और कणों की बनावट घनी एवं महीन होती है। इसमें अधिक देर तक जल ठहर सकता है। किन्तु चिकनी होने के कारण सूख जाने पर इसमें दरारें पड़ जाती हैं। अत: हल चलाना कठिन हो जाता है। पठारी ढालों पर यह कम उपजाऊ होती है अत: वहां इसमें गेहूं, कपास, गन्ना, केला, ज्वार, चावल, तम्बाकू, रेंडी, मूंगफली, सोयाबीन, फल, सब्जियां आदि पैदा किए जाते हैं। इस मिट्टी में चूना, पोटाश, मैग्नीशियम, ऐलुमिना तथा लोहा पर्याप्त मात्रा में पाया जाता है। किन्तु फॉस्फोरस, नेत्रजन तथा जीवांशों (ह्यूमस) का अभाव पाया जाता है।

4. लैटेराइट मिट्टी (Laterite Soils)

उत्पत्ति—इन मिट्टियों का निर्माण शुष्क और तर मौसम वाले क्षेत्रों में होता है। ये मिट्यिां चट्टानों की टूट-फूट एवं रासायनिक क्रिया से बनती हैं।

क्षेत्रफल एवं वितरण—ऐसी मिट्टी लगभग 1.22 लाख वर्ग किलोमीटर क्षेत्र में फैली है। यह मिट्टी अपेक्षतया कम उपजाऊ होती है। क्योंकि इस मिट्टी में चट्टानों के टुकड़े एवं मोटे कण विशेष रूप से पाये जाते हैं। इसका विस्तार निम्न प्रकार से है—

तमिलनाडु में पहाड़ी भागों और निचले क्षेत्रों में दोनों में ही लैटेराइट मिट्टी मिलती है। निचले भागों में इस मिट्टी में चावल, कपास, गेहूं, दालें, मोटे अनाज, सिंकोना, चाय, कहवा आदि बोया जाता है। कर्नाटक के कुर्ग जिले में यह मिट्टी सारे जिले में बिखरी मिलती है। महाराष्ट्र में रत्नागिरि, कोलावा और सतारा जिलों में पायी जाती है। केरल राज्य में चौड़े समुद्रीतट और पूर्वी भागों के बीच में इस प्रकार की मिट्टी मिलती है। पश्चिम बंगाल में बैसाल्ट और ग्रेनाइट पहाड़ियों के बीच-बीच में लैटेराइट मिट्टी पायी जाती है। उड़ीसा के पठार के ऊपरी भागों और घाटियों में यह मिट्टी मिलती है।

विशेषताएं—ये मिट्टियाँ कई प्रकार की होती हैं। पहाड़ियों पर पायी जाने वाली मिट्टियाँ शुष्क व कम उपजाऊ होती हैं और इसमें अधिक समय के लिए नमी नहीं ठहर पाती। इसके विपरीत, निम्न भूमियों पर इस मिट्टी के साथ नम, चिकनी और दोमट मिट्टी मिली पायी जाती है। इसमें काफी समय तक के लिए नमी रहती है। इस मिट्टी में चूना, फॉस्फोरस और पोटाश कम पाया जाता है। इसमें एल्यूमिनियम और लोहे की प्रधानता होती है। यह मृदा लीचिंग प्रक्रिया से प्रभावित होती है। इस पर मूँगफली, काजू, रबर, कॉफी और मसालों की खेती की जाती है।

कर्नाटक एवं महाराष्ट्र के पश्चिमी आर्द्र प्रदेशों में इस मिट्टी में काजू के बगीचे, तमिलनाडु में ऊंचे पश्चिमी घाट की पहाड़ियों पर चाय एवं केरल व दक्षिणी कर्नाटक के घाट पर कहवा भी पैदा किया जाता है। यहां टैपिओका, विशेष घास एवं अन्य उष्णकटिबंधीय फसलें भी पैदा की जाती हैं।

5. पहाड़ी मिट्टी

क्षेत्रफल एवं वितरण—हिमालय पर्वत पर पायी जाने वाली मिट्टियाँ नयी अवर्गीकृत पहाड़ी मिट्टी होती है। अधिकांशत: यह मिट्टियाँ पतली, दलदली और छिद्रमय होती हैं। नदियों की घाटियों में ये अधिक गहरी पायी जाती हैं। हिमालय के दक्षिणी ढाल अधिक सीधे होने के कारण उन पर उत्तरी ढालों की अपेक्षा अधिक मिट्टी जमा नहीं हो पाती। हिमालय पर्वत की मिट्टी कई प्रकार की है। पहाड़ी ढालों की तलहटी में छिद्रमय बलुई एवं कम उपजाऊ टर्शरी मिट्टी (Tertiary Soil) पायी जाती है। किन्तु पश्चिमी हिमालय के ढालों पर सामान्य उपजाऊ श्रेणी की बलुआ

मिट्टी मिलती है। मध्य हिमालय के क्षेत्र में पायी जाने वाली मिट्टी वनस्पति अंशों की अधिकता के कारण अधिक उपजाऊ है। अच्छी वर्षा होने पर इस मिट्टी में द्वार और दून की घाटियों, कांगड़ा, कुल्लू आदि जिलों में अच्छी किस्म की चाय, चावल एवं फल पैदा होते हैं। कश्मीर की घाटी फलों, मेवों, केसर एवं फूलों की कृषि के लिए प्रसिद्ध है। यहां भी उपजाऊ मिट्टियों के जमाव निम्न ढालों पर पाये जाते हैं।

6. लवणीय तथा क्षारीय मिट्टियाँ

उत्पत्ति—शुष्क और अर्ध-शुष्क भागों तथा दलदली व अधिक सिंचित क्षेत्रों में इस प्रकार की मिट्टियाँ पायी जाती हैं। इन्हें कई नामों से पुकारा जाता है जैसे—थूर, ऊसर, कल्लर, रांकड़, रेह और चोपन। शुष्क भागों में अधिक सिंचाई के कारण एवं अधिक वर्षा वाले भागों में जल प्रवाह दोषपूर्ण होने तथा जल रेखा ऊंची होने से इन मिट्टियों का जन्म होता है, क्योंकि भूमि की निचली परतों से क्षार या लवण पुनः वाष्पीय क्रिया (Capillary action) द्वारा ऊपरी परतों तक पहुंच जाता है। इससे मिट्टी में सोडियम, कैल्सियम और मैग्नीशियम लवणों की मात्रा अधिक होने से ये मिट्टियाँ प्रायः अनुत्पादक हो जाती हैं।

उत्तरी भारत के सभी उपजाऊ मैदानों में पाई जाने वाली क्षारयुक्त, नमकीन या कल्लर मिट्टियाँ मुख्यतः दोषपूर्ण सिंचाई, जलाधिक्य का ही परिणाम है। इससे भीतरी परतों का नमक तेज़ी से ऊपर आकर सतही परत को क्षारयुक्त, कठोर, बंजर या कृषि अयोग्य बना देता है।

वितरण एवं क्षेत्रफल—इस प्रकार की मिट्टियाँ उत्तरी बिहार, उत्तर प्रदेश हरियाणा, पंजाब, राजस्थान और महाराष्ट्र राज्यों के लगभग 68,000 वर्ग किलोमीटर क्षेत्रों में पायी जाती हैं।

विशेषताएं—नमकीन मिट्टी में अनेक प्रकार के खनिज लवण निरन्तर एकत्रित होते रहते हैं, किन्तु इसमें कैल्सियम और नेत्रजन का अभाव पाया जाता है। यह मिट्टी अत्यधिक अप्रवेश्य होती है। यदि इन मिट्टियों में जिप्सम मिलाकर चूने की मात्रा कम की जाए तथा जल प्रवाह में सुधार किया जाये अथवा सीमित एवं नवीन फव्वारा विधि से सिंचाई की जाय, ऊंची जल रेखा को नालियां काटकर नीचा बनाया जाए और भूमि को निश्चित जिप्सम की मात्रा देकर सीमित सिंचाई की जाये तो इससे क्षार का अंश कम हो सकता है। इससे ऐसी मिट्टियाँ पुनः उपजाऊ होने लगती हैं।

इन मिट्टियों में जल अधिक समय तक के लिए नहीं रुक पाता किन्तु मिट्टियों को उपचारित कर एवं खाद देकर चावल, गेहूं, कपास, केला, गन्ना, तम्बाकू और नारियल पैदा किये जाते हैं।

7. मरुस्थलीय मिट्टी (Desert Soil)

इस प्रकार की मिट्टी शुष्क और अर्द्धशुष्क प्रदेशों में अरावली पर्वत और सिन्धु घाटी के मध्यवर्ती क्षेत्रों में विशेषतः पश्चिमी राजस्थान, उत्तरी गुजरात, दक्षिणी हरियाणा और पश्चिमी उत्तरी प्रदेश में मिलती है। इसका विस्तार क्षेत्र लगभग 1.44 करोड़ हेक्टेअर में है। यह मिट्टी प्रधानतः मध्यम व मोटे कण वाली बालू होती है। यह मिट्टी दक्षिणी-पश्चिमी मानसून के साथ कच्छ के रन की ओर से उड़कर यहां धरातल पर जमा होती रही है। इसमें खनिज नमक भी पाये जाते हैं जो जल में शीघ्र घुल जाते हैं। बालू मिट्टी में नमी कम रहती है तथा वनस्पति के सड़े-गले अंश भी कम पाये जाते हैं। किन्तु सिंचाई किये जाने से यह उपजाऊ हो जाती है। सिंचाई के सहारे गेहूं, गन्ना, कपास, ज्वार, बाजरा, चना व अन्य दाले, सरसों, मूंगफली, रसदार फल, सब्जियां आदि पैदा की जाती हैं। जहां सिंचाई की सुविधाएं उपलब्ध नहीं है वहां भूमि बंजर पड़ी रहती है।

8. पीट और दलदली मिट्टी (Peat and Marshy Soil)

पीट मिट्टियाँ सामान्यतः आर्द्र प्रदेशों में उत्पन्न होती है जहां मिट्टियों में बड़ी मात्रा में जैविक तत्व मिले रहते हैं। लगभग 150 वर्ग किलोमीटर क्षेत्र में इनका विस्तार पाया जाता है।

वर्षा ऋतु में ये जल में प्लावित रहती हैं। वर्षा के उपरान्त इनमें चावल पैदा किया जाता है। इनका रंग काला होता है तथा ये अत्यधिक अम्लीय होती हैं। इनमें जैविक तत्व 10 से 40 प्रतिशत तक होते हैं।

विभिन्न प्रकार की मिट्टियों के क्षेत्र

क्र.सं.	मिट्टियों के प्रकार	क्षेत्रफल (लाख हेक्टेअर में)
1.	खादर कांप	1,012
2.	बाँगर कांप	89
3.	तटीय कांप	85
4.	डेल्टा की कांप	170
5.	नमकीन तथा क्षारीय कांप	69
6.	मरुस्थलीय	146
7.	गहरी काली मिट्टी	69
8.	मध्यम काली मिट्टी	186
9.	छिछली काली मिट्टी	49
10.	काली मिट्टी (नमक तथा क्षार प्रभावित)	69
11.	अवर्गीकृत काली मिट्टी	125
12.	मिश्रित लाल तथा काली मिट्टी	105
13.	लाल मिट्टी	304
14.	लाल पथरीली मिट्टी	16

क्र.सं.	मिट्टियों के प्रकार	क्षेत्रफल (लाख हेक्टेअर में)
15.	लाल-पीली मिट्टी	178
16.	लैटेराइट मिट्टी	101
17.	लैटेराइट और लैटोराइट मिट्टी	20
18.	भूरी मिट्टी (पतझड़ वाले वनों की)	16
19.	भूरी मिट्टी	36
20.	पहाड़ी मिट्टी	24
21.	पोडसोल मिट्टी	36
22.	वन की लैटेराइट मिट्टी	465
23.	तराई की पहाड़ी मिट्टी	57
24.	पर्वतीय घास के मैदानों की मिट्टी	117

भारतीय मिट्टियों की विशेषताएं (Features of Indian Soils)

मिट्टियों के उपर्युक्त विस्तृत विवेचन के आधार पर भारतीय मिट्टियों की निम्न विशेषताएं हैं—

1. अपनी रचना में भारतीय मिट्टियाँ अनेक देशों की मिट्टियों से भिन्न हैं क्योंकि ये बहुत पुरानी और पूर्णतः परिपक्व हैं।
2. भारत की अधिकांश मिट्टियाँ प्राचीन जलोढ़ हैं जो न केवल पैतृक चट्टानों के विखण्डन से ही बनी हैं, वरन् उनके निर्माण में जलवायु सम्बन्धी कारणों एवं जल परिवहन का भी हाथ रहा है।
3. प्रायः सभी मिट्टियों में नेत्रजन, जीवांश, वनस्पति अंश और खनिज लवणों की कमी पायी जाती है। फास्फेट तथा पोटाश की कमी सामान्यतः नहीं होती।
4. मिट्टियों के तापमान ऊंचे पाए जाते हैं। शीतोष्ण कटिबन्धीय मिट्टियों की तुलना में यह 10°C से 15°C अधिक होता है। इससे चट्टानों के टूटते ही रासायनिक विघटन शीघ्र आरम्भ हो जाता है।
5. पठारी एवं पहाड़ी भाग में मिट्टी का आवरण हल्का और फैला होता है जबकि मैदानी क्षेत्रों और डेल्टाई प्रदेशों में यह गहरा और संगठित होता है।
6. निरन्तर खेती किये जाने से भारतीय मिट्टियों की उर्वराशक्ति के नष्ट होने के साथ-साथ उनका अपरदन भी तेज़ी से होता जा रहा है।
7. भारतीय मिट्टियाँ तुलनात्मक दृष्टि से शुष्क होती हैं। अतः कृषि उत्पादन के लिए इनमें सिंचाई करना आवश्यक होता है।

भूमि अपक्षरण/ कटाव की समस्या (Problem of Soil Erosion)

भारतीय मिट्टियों की उर्वराशक्ति प्रतिवर्ष गिरती जा रही है। इसके अतिरिक्त कई भागों की मिट्टियाँ बहती हुई कटकर समुद्र में चली जा रही हैं। अतः भूमि के अपक्षरण की यह समस्या भारत में बड़ी विषम है। मिट्टी के अपक्षरण को रेंगती हुई मृत्यु कहा जाता है। यह परिणाम भूमि तक ही सीमित नहीं है, किन्तु उन्हें मनुष्यों को भी भुगतना पड़ता है क्योंकि भूमि की उर्वराशक्ति नष्ट होने से भूमि की पैदावार क्षीण होती है। भूमि की सतह पर ही वनस्पतियों के लिये आवश्यक रासायनिक तत्व एकत्रित रहते हैं जिनसे पौधों को भोजन मिलता रहता है। यदि एक बार यह ऊपरी सतह नष्ट हो जाती है तो भूमि की उर्वराशक्ति भी क्षीण हो जाती है जिसके फलस्वरूप वहां किसी प्रकार की वनस्पति पैदा होना असम्भव हो जाता है। पिछले पचास वर्षों में देश के उप-पर्वतीय, अरावली प्रदेश, दक्षिणी पठारी भाग एवम् अधिकांश मैदानी भागों से वनों की अन्धा-धुन्ध कटाई की जाती रही है। इससे पानी एवं पवन द्वारा मिट्टी का अपरदन निर्बाध गति से निरन्तर बढ़ता रहा है।

भूमि क्षरण के कारण (Causes of Soil Erosion)

भूमि क्षरण या मिट्टी के कटाव के अनेक कारण होते हैं यथा—

1. वर्षा ऋतु के आगमन से पूर्व मरुस्थलीय क्षेत्रें एवं नग्न कृषि क्षेत्रें पर भीषण गर्म आंधियाँ चलती हैं जो शुष्क भूमि की ऊपरी परत की ढीली मिट्टी को उड़ा ले जाती हैं। इस क्रिया द्वारा धरातल की ऊपरी परत का अपरदन होता रहता है और कालान्तर में यह क्षेत्र अनुपजाऊ बन जाते हैं।
2. कृषि के अवैज्ञानिक ढंग अपनाकर कृषक स्वयं मिट्टी के क्षरण को बढ़ाता है। ढालू क्षेत्र में समोच्च रेखाओं से, समानान्तर जुताई न करने से, दोषयुक्त फसल चक्र अपनाने से या आवरण फसलें गलत तरीके से बोने से मिट्टी का क्षरण बढ़ता है। हिमालय और नीलगिरि क्षेत्र में आलू की दोषयुक्त खेती किये जाने के कारण मिट्टी का क्षरण अधिक मात्रा में हुआ है।
3. पिछले पचास वर्षों से तेज़ी से बढ़ी आबादी एवं स्वतन्त्र भारत में वन उत्पादों की बढ़ती मांग के कारण निर्ममतापूर्वक वनों को काटा जाता रहा है। इस क्रिया से भूमि के रक्षात्मक तत्व तेज़ी से बहने वाले वर्षा जल के साथ घुलकर चले जाते हैं और वहां विशाल उजाड़ उत्पन्न हो जाते हैं। यमुना, चम्बल, माही और उनकी अनेक सहायक नदियों के किनारे भूमि का अपक्षरण निरन्तर गति से हो रहा है। इससे उपजाऊ क्षेत्र नष्ट होते जा रहे हैं। वनाच्छादित भूमि में जल तथा मिट्टी का ह्रास 3½ टन प्रति हेक्टेअर, चरागाह भूमि में 60 टन प्रति हेक्टेअर जल तथा 80 टन प्रति हेक्टेअर मिट्टी एवं आवरणहीन भूमि में 312 टन प्रति हेक्टेअर जल और 2,000 टन प्रति हेक्टेअर मिट्टी का ह्रास प्रतिवर्ष होता है।

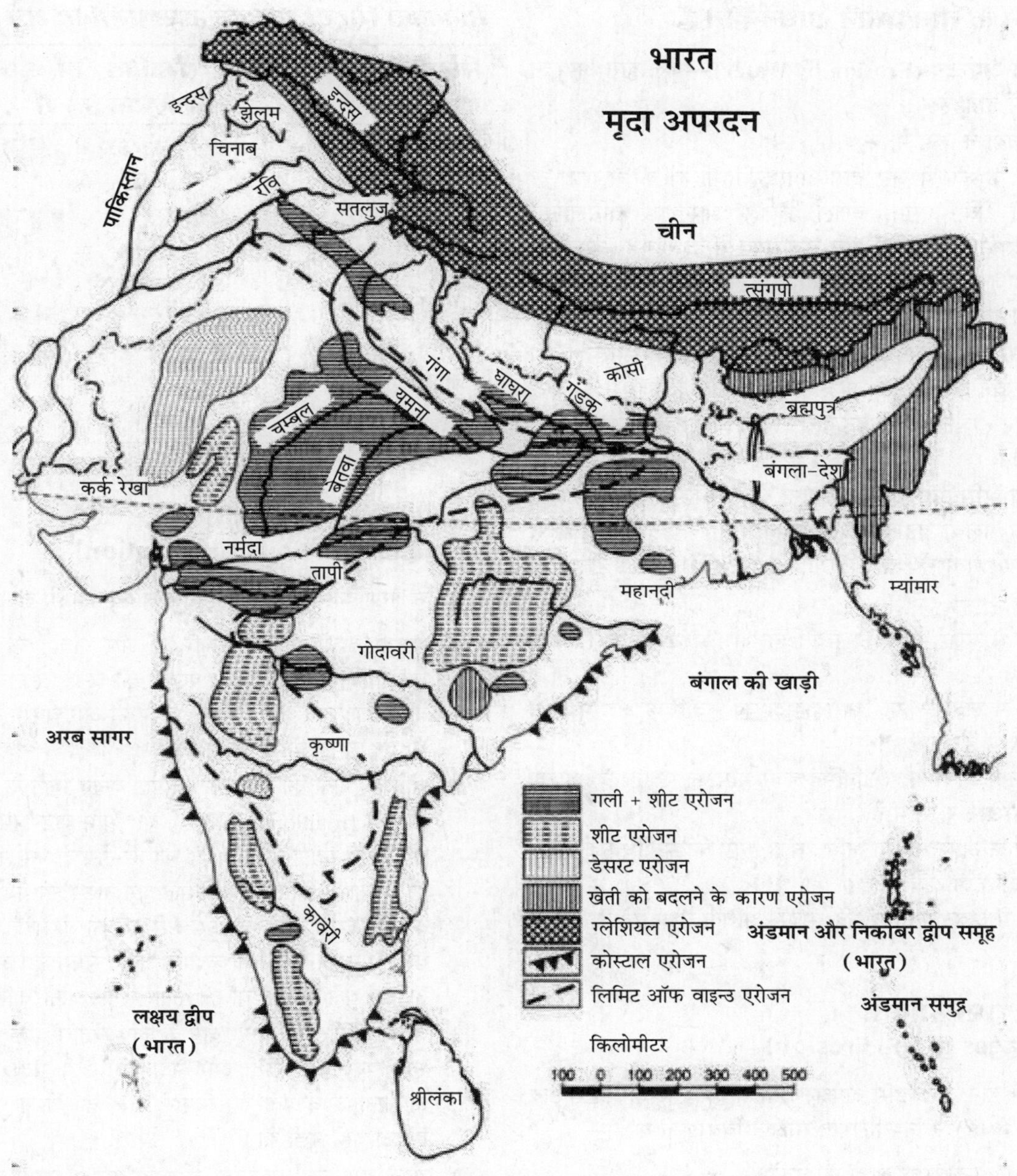

चित्र: भारत के भूमि अपक्षरण के प्रमुख क्षेत्र

4. अर्द्धशुष्क व चरागाह क्षेत्रों में रहने वाले निवासी असंख्य मात्रा में भेड़-बकरी आदि पशुओं को पालते रहते हैं जो भूमि की वनस्पति को अन्तिम बिन्दु तक चरकर उसे समाप्त कर देते हैं। यह ढीले भाग जल अथवा पवन के वेग के साथ बहकर भूमि को अनुपजाऊ बना देते हैं।

5. अनेक क्षेत्रें के पहाड़ी ढालों पर (विशेषत: असम, नागालैंड, मेघालय, दक्षिणी-पूर्वी राजस्थान, निचले हिमालय, उड़ीसा, मध्य प्रदेश आदि में) आदिवासियों द्वारा झूमिंग प्रणाली (Zhum cultivation) अथवा टोंग्या खेती के अन्तर्गत वनों को काटकर कृषि योग्य बनाया जाता था। इससे भी नग्न भूमि का तेज़ी से क्षरण होने लगता है, अब झूमिंग प्रणाली प्रतिबन्धित है।

भूमि अपरदन के तीन प्रधान साधन होते हैं

1. **जल द्वारा अपरदन (Erosion by Water)**—जल द्वारा अपरदन दो रूपों में होता है:
   (i) नालियों के रूप में,
   (ii) स्तर के रूप में जल द्वारा अपरदन हिमालय की तलहटी के सभी क्षेत्रें, असम, बंगाल, बिहार, झारखण्ड, तमिलनाडु, महाराष्ट्र, मध्य प्रदेश और छत्तीसगढ़ में हो रहा है। ढालों पर वर्षा जल से क्षरण होता है तथा तटीय भागों में लहरों के द्वारा भूमि क्षरण होता है, जैसे—केरल में।
2. **पवन द्वारा भूमि अपरदन (Erosion by Air)**—मरूस्थलीय भागों में पवन द्वारा मिट्टी को उड़ा लिया जाता है जिससे उपजाऊ मिट्टी नष्ट हो जाती है। पवन द्वारा अपरदन मुख्य रूप से राजस्थान में होता है।
3. **हिम द्वारा भूमि अपरदन**—हिमानी क्षेत्रों में हिम-घर्षण के द्वारा हिमानियां मलबा बहाकर घाटियों में जमा कर देती हैं जिससे भूमि क्षरण होता है। यह क्रिया मुख्यत: हिमालय क्षेत्रों में ही होती है।

- देश में बंजर भूमि का सर्वाधिक क्षेत्र **मध्य प्रदेश** राज्य में है।
- देश में लवणीय एवं क्षारीय मृदा का सर्वाधिक क्षेत्र **गुजरात** राज्य में है।
- पवन के अपरदन द्वारा निर्मित बंजर भूमि का सर्वाधिक क्षेत्रफल **राजस्थान** राज्य में है।
- जल के अपरदन द्वारा निर्मित बंजर भूमि का सर्वाधिक क्षेत्रफल **मध्य प्रदेश** राज्य में है।
- देश में अवनयित वन क्षेत्र सबसे अधिक **मध्य प्रदेश** राज्य में है।

भूमि अपक्षरण से हानियां (Disadvantages of Soil Erosion)

विभिन्न प्रकार से होने वाले भूमि अपक्षरण के संयुक्त प्रभावों का राष्ट्रीय योजना समिति (1948) ने निम्नलिखित संक्षिप्त विवरण दिया है—

1. भीषण तथा आकस्मिक बाढ़ों का प्रकोप।
2. सूखे की लम्बी अवधि जिसका प्रभाव नहरों पर पड़ता है।
3. जल के अतिरिक्त स्रोतों पर प्रतिकूल प्रभाव जिससे कुओं तथा नालों की सतह नीची हो जाती है और सिंचाई में कठिनाई होती है।
4. नदियों की तह में बालू का जम जाना जिससे नदी की धारा में परिवर्तन होता रहता है और नहरों तथा बन्दरगाहों का मार्ग अवरुद्ध हो जाता है।
5. उच्च कोटि की भूमि नष्ट हो जाने से कृषि का उत्पादन कम होता जाता है।
6. नदियों के किनारे के भूमि क्षरण से खेती योग्य भूमि में कमी पड़ने लगती है।

मानवकृत मिट्टी अपरदन द्वारा प्रभावित क्षेत्र

मिट्टी के अवनयन का प्रकार	प्रभावित क्षेत्र (मिलियन हे.) में	प्रतिशत में
जल अपरदन	148.9	45.3
वायु अपरदन	13.5	4.1
रासायनिक अवनयन (पोषक तत्वों का नाश और लवणीकरण)	13.8	4.2
भौतिक अवनयन (जलमग्नता)	11.6	3.5
कुल (प्रभावित क्षेत्र)	187.8	57.1

मिट्टी की सुरक्षा के उपाय (Remedies for Soil Conservation)

मिट्टी के क्षरण को रोकने के लिए निम्न उपाय काम में लाना आवश्यक है—

1. पहाड़ी ढालों पर बंजर भूमि में और नदियों के किनारे उपयोगी वृक्षारोपण किया जाये तथा पशुओं की चराई पर नियन्त्रण रखा जाये। कम पानी वाले क्षेत्रों में ढालू भागों की ओर बक्सेनुमा गड्ढे बनाकर भी वृक्षारोपण किया जा सकता है।
2. जोते हुए क्षेत्रों का रक्षात्मक आवरण बनाए रखने के लिए फसलों का हेर-फेर (rotation of crops) और भूमि कुछ समय के लिए परती तथा खुली रखना वांछनीय है। यह हेर-फेर दो फसली या तीन फसली हो सकता है, जिससे एक फसल द्वारा नष्ट किये गये रासायनिक तत्वों की पूर्ति दूसरी या तीसरी फसल से पूरी की जा सके। खेतों की मेड़ एवं ढालू भूमि की ओर समोच्च बन्ध बनाते समय उस ओर जल प्राप्ति के अनुसार वृक्ष या झाड़ियों की कतार लगाई जानी चाहिए।
3. बहते हुए जल का वेग रोकने के लिए खेतों में मेड़बन्दी करना, ऊंची भूमि पर पतली खेती और मैदानों में टेढ़ी-मेढ़ी खेती की पद्धति अपनाना आवश्यक है। जिससे जल का बहना रुककर उपजाऊ मिट्टी वहीं पड़ी रहे।
4. बहते हुए जल की मात्रा और भारीपन में कमी करना आवश्यक है। इसके लिए (अ) पहाड़ियों के ढाल पर अथवा ऊंचे-नीचे क्षेत्र में बहते हुए जल का संग्रह करने के लिए छोटे-छोटे तालाबों का बनवाना आवश्यक है। (ब) बाढ़ के समय नदियों का अतिरिक्त जल रोके रखने के लिए विशाल जलाशय अर्थात् जल सम्भरण तैयार कराये जायें एवं चैक-डैम बनाये जायें। (स) खेतों पर थोड़ी-थोड़ी दूर पर ऐसे मेंड़ बांध बनवाये जायें जो एकत्रित जल को अनेक भागों में बांटकर जल का वेग कम कर दें। इससे उस भूमि की उपजाऊ मिट्टी बहकर जाने से रुक जायेगी। ऐसे सभी क्षेत्रों की सीमा पर उपलब्ध भूमि की नमी से वहाँ वृक्षारोपण किया जाना चाहिए।

5. मिट्टी के कटाव को रोकने के लिए खेतों के ढाल के विपरीत तिरछी खाइयां बनायी जाय।
6. देश के सभी भागों में गांव, कस्बों, नगरों के बाहर पशुओं के चराने के लिए निश्चित भूमि में चरागाहों का विकास किया जाये। उन्हें अन्य क्षेत्रों में भटकने से रोका जाये तथा उन्हें चारागाहों में चराया जाये।
7. जल द्वारा होने वाली मिट्टी के क्षरण को रोकने हेतु—
   (i) भूमि को जोतने के बाद उसे वनस्पति से ढककर तेज बूंदों के आघात से बचाया जा सकता है।
   (ii) भूमि पर ही पड़ी रहने वाली वनस्पति को स्वत: सड़ने दिया जाए जिससे भूमि की जल-ग्रहण करने की क्षमता में वृद्धि होकर मिट्टी का कटाव रुक सकेगा।
   (iii) खेतों में लगातार पौधे या दालें बोने से भी मिट्टी का कटाव रुकेगा।
8. वायु द्वारा किये जाने वाले क्षरण को रोकने के लिए—
   (i) उन खादों अथवा रसायनों एवं मल्च का प्रयोग किया जाये जिनसे भूमि की जल-ग्रहण शक्ति बढ़ती है और भूमि चिपचिपी हो जाती है।
   (ii) बोये और बिना बोये खेतों को बारी-बारी से काम में लाया जाये जिससे बोये हुए खेतों की ढीली भुरभुरी मिट्टी, जो वायु द्वारा उड़ायी जाये, दूसरे खेत में एकत्रित हो जाये और मिट्टी का नष्ट होना रुक जाये।
   (iii) मरुस्थलीय क्षेत्र में मिट्टी को उड़ने से रोकने के लिए 1½-2 मीटर ऊंची लोहे की चादरें वायु चलने की दिशा में लगा दी जाये। इससे उड़ती हुई मिट्टी रुक जाती है। इन बालूका स्तूप में वनस्पति लगायी जाये। इस प्रकार के प्रयास राजस्थान में किये गये हैं जिसमें काज़री जोधपुर का मुख्य योगदान है।

अध्याय सार संग्रह

प्रमुख मिट्टीयाँ

1. मिट्टी का नाम — जलोढ़
   विस्तार क्षेत्र — उत्तर का विशाल मैदान एवं तटवर्ती मैदान
   प्रचुरता — पोटाश की
   कमी — फास्फोरस नाइट्रोजन एवं जैविक तत्व
   फसल — चावल एवं गेहूं
   अन्य — नई जलोढ़ मिट्टी खादर तथा पुरानी जलोढ़ मिट्टी बांगर कहलाती है।
2. मिट्टी का नाम — काली मिट्टी/कपासी मिट्टी/रेगूर
   विस्तार — महाराष्ट्र, दक्षिण पूर्वी गुजरात, प. मध्य प्रदेश, उत्तरी कर्नाटक, उत्तरी आन्ध्र प्रदेश, उ.प्र. तमिलनाडु, दक्षिण पूर्वी राजस्थान
   प्रचुरता — लोहा, एल्युमिनियम, मैग्नेशियम एवं चूना
   कमी — नाइट्रोजन, फास्फोरस एवं जैविक पदार्थ
   फसल — कपास
   अन्य — इस मृदा का निर्माण लावा पदार्थों के विखण्डन से हुआ है। मिट्टी के काले होने का मुख्य कारण लोहा एवं एल्युमिनियम के टिटानीफेरस मैग्नेटाइट यौगिक की उपस्थिति है, मिट्टी काफी उपजाऊ होती है एवं जल धारक क्षमता अधिक होती है।
3. मिट्टी का नाम — लाल एवं पील मिट्टी
   विस्तार — प्रायद्वीपीय भारत जैस तमिलनाडु, कर्नाटक, आन्ध्र प्रदेश, उड़ीसा एवं झारखण्ड के संथाल, परगना एवं छोटा नागपुर पठार में।
   कमी — नाइट्रोजन, फास्फोरस तथा ह्यूमस
   फसल — मोटा अनाज, दलहन, एवं तिलहन
   अन्य — लोहे के आक्साइड मिले होने के कारण इनका रंग लाल है।
4. मिट्टी का नाम — लैटराइट मिट्टी
   विस्तार — पूर्वी एवं पश्चिमी घाट पर्वत, राजमहल की पहाड़ी क्षेत्र, कर्नाटक, उड़ीसा के पठारी क्षेत्र, मेघालय के पठार।
   नोट—सर्वाधिक केरल राज्य में।
   कमी — चूना, नाइट्रोजन, पोटाश, ह्यूमस
   फसल — चाय, काफी, मसाले, नारियल
   अन्य — चूने की कमी के कारण यह मृदा अम्लीय है और कम उपजाऊ मृदा की श्रेणी में आती है।
5. मिट्टी का नाम — पर्वतीय या वनीय मिट्टी
   विस्तार — पर्वतीय क्षेत्रों में
   प्रचुरता — जैविक तत्वों की
   कमी — पोटाश, फास्फोरस एवं चूने की कमी
   फसल — बगानी कृषि जैसे चाय, कहवा, आदि मसाले एवं जल
   अन्य — अपरदन की समस्या से प्रभावित एवं मिट्टी अम्लीय होती है।
6. मिट्टी का नाम — मरूस्थलीय मिट्टी
   विस्तार — पश्चिम राजस्थान
   प्रचुरता — बलुई मिट्टी जिसमें लोहा एवं फास्फोरस
   कमी — नाइट्रोजन एवं ह्यूमस
   फसल — मोटे अनाज जैसे ज्वार, बाजरा, रागी आदि तथा तिलहन
   अन्य — यह क्षारीय मृदा है।
7. मिट्टी का नाम — लवणीय एवं क्षारीय मिट्टी/रेह/ऊसर या कल्लर
   विस्तार — द. पंजाब, द. हरियाणा, पश्चिमी राजस्थान, केरल तट एवं सुदंरवन क्षेत्र
   प्रचुरता — सोडियम, पोटैशयम, और मैग्नीशियम और सोडियम क्लोराइड
   कमी — नाइट्रोजन एवं चूने
   फसल — नारियल के पेड़ों की अधिकता
   अन्य — यह क्षारीय मृदा है।

अध्याय 19

प्राकृतिक वनस्पति

इस अध्याय में आप सीखेंगे किः

- भारत की प्राकृतिक वनस्पतियों से सम्बन्धित विभिन्न समस्याओं के बारे में क्या जानकरी प्राप्त होगी। साथ ही साथ भारत में वन रोपण योजनाएँ कौन-कौन सी हैं।
- भारत की वन रिपोर्ट—2015 के अध्ययन द्वारा विभिन्न प्रकार का तथ्यात्मक एवं सूचनात्मक ज्ञान क्या है।

प्राकृतिक वनस्पति

प्राकृतिक रूप से मानव के हस्तक्षेप के बिना उगने वाले पेड़-पौधों को प्राकृतिक वनस्पति कहते हैं। किसी प्रदेश में पाए जाने वाले विभिन्न जाति के पेड़-पौधों के समूह को वनस्पति कहते हैं जो कि एक विशिष्ट पर्यावरणीय अथवा पारिस्थितिकी ढांचे में विकसित होते हैं।

पुरा-वनस्पति शास्त्री हमें यह बताते हैं कि भारत में हिमालय तथा प्रायद्वीपीय क्षेत्रों में स्थानिक वनस्पति पाई जाती है परन्तु उत्तरी मैदान में विदेशों से लाए गए पेड़-पौधों की जातियों का विस्तार मिलता है। **भारत में पाए जाने वाले पेड़-पौधों की 40% जातियां तिब्बत तथा चीन से लाकर विकसित की गई हैं। इन्हें वोरियल वनस्पति प्रजाति कहते हैं।**

विदेशज वनस्पति हमारे लिए समस्या बन गई है। ये उपयोगी वनस्पति आवरण को कम कर देते हैं, आर्थिक रूप से लाभकारी वृक्षों की वृद्धि में रूकावट डालते हैं और अप्रत्यक्ष रूप से कुछ बीमारियां भी फैलाते हैं। लेण्टाना तथा जल कुंभी (Water Hyacinth) इसके दो उदाहरण हैं जो भारत में सजावट के पौधों के रूप में लाए गए थे। अब इनमें पहला हमारे वनों एवं चारागाहों में फैल गया है जबकि दूसरा बड़े पैमाने पर नदियों तथा नालों के मुंह बन्द कर रहा है। अभी हाल में ही पारथेनियम (Parthenium) नाम की वनस्पति भारत के विभिन्न भागों में खूब फैली है। यह एक प्रकार की घास है जिससे श्वास तथा चर्म रोग होते हैं।

प्राकृतिक वनस्पति का तात्पर्य एक ऐसे पौधा समुदाय से है जो एक लंबे समय से हस्तक्षेप मुक्त रहा है तथा अपनी व्यक्तिगत प्रजातियों को जहां तक संभव हो, जलवायविक एवं मृदा परिस्थितियों के साथ अनुकूलित करने की अनुमति देता है।

वनस्पति जात (Flora) और वनस्पति में अन्तर

वनस्पति जात (Vegetation Flora)

1. यह एक विशेष खण्ड अथवा युग के पौधों की विभिन्न जातियों को कहते हैं।
2. पर्यावरण में विभिन्नता के कारण विभिन्न जातियां उगती हैं।
3. पौधों की यह जातियां एक शाखा के रूप से इकट्ठी रखी जाती है जैसे Boreal।

वनस्पति (Vegetation)

1. पेड़-पौधों के विभिन्न जातियों के समुदाय जो एक विशिष्ट पर्यावरण में पाए जाते हैं।
2. एक से पारिस्थितिकी ढांचे (Ecological Frame) के कारण एक क्षेत्र विशेष के पेड़-पौधों की जातियां एक सी होती है।
3. वनस्पति के अन्तर्गत एक ही पर्यावरण में एक साथ रहने वाले पेड़-पौधे और घास सम्मिलित हैं जैसे वन, झाड़ियां, घास के मैदान आदि।

वनस्पति और वन में अन्तर

वनस्पति

1. इसके अर्न्तगत एक प्रदत्त पर्यावरण में उगने वाले पौधों के एक समुदाय को सम्मिलित किया जाता है।
2. वनस्पति के अन्तर्गत एक पारिस्थितिकी ढांचे में पाए जाने वाले पेड़ों, घासों व झाड़ियों को सम्मिलित किया जाता है।

3. यह एक प्रदेश को विभेदीकृत भू-दृश्यावली प्रदान करती है जैसे वुडलैंड, ग्रासलैंड, आदि।

वन

1. वन एक विशाल प्रदेश है जो पौधों और झाड़ियों द्वारा ढका हुआ होता है।
2. वन से तात्पर्य घने व परस्पर निकट उगने वाले पेड़ों से है।
3. भू-दृश्यावली (Landscape) एक ही वन की है।

भारत में वनों का क्षेत्र लगातार घट रहा है जिसके मुख्य कारण निम्नलिखित है:

1. कृषि के लिए भूमि की मांग।
2. यातायात साधनों का विकास।
3. पशुओं की अनियन्त्रित चराई।
4. कीड़ों और बीमारियों द्वारा वनों का विनाश।
5. लोगों में वनों के प्रति जागरूकता की कमी।
6. सरकार द्वारा किये गये उपायों का पूरी तरह से कामयाब नहीं होना।

वनों का वर्गीकरण

ब्रिटिश शासन में वनों के संरक्षण के लिए प्रशासनिक दृष्टि से उन्हें तीन श्रेणियों में बांटा गया था:

1. जो वन जलवायु की दृष्टि से महत्वपूर्ण होते हैं उन्हें **सुरक्षित वन** कहते हैं। इन वनों का क्षेत्रफल 54 प्रतिशत है। इनमें न तो लकड़ियां ही काटी जा सकती हैं और न ही पशु चराने दिए जाते हैं क्योंकि ये सरकारी सम्पत्ति माने जाते हैं। इसके अन्तर्गत ही अधिकांश राष्ट्रीय पार्क एवं अभ्यारण्य भी आते हैं।
2. **रक्षित वन** में विशेष नियमों के अधीन मनुष्यों को अपने पशुओं को चराने तथा लकड़ी काटने की सुविधा दी जाती है। किन्तु उनकी कड़ी देखभाल की जाती है जिससे वनों को हानि न पहुंचे। इस प्रकार के वनों का क्षेत्रफल कुल वनों का 29 प्रतिशत है।
3. **शेष वनों को स्वतन्त्र या अवर्गीकृत वन** कहते हैं। इनमें लकड़ी काटने और पशुओं को चराने पर सरकार की ओर से कोई प्रतिबन्ध नहीं है। सरकार इसके लिए कुछ शुल्क लेती है। इन वनों का क्षेत्रफल 17 प्रतिशत है।

अब इस वर्गीकरण के स्थान पर, संविधान के अन्तर्गत निम्न वर्गीकरण स्वीकृत किया गया है—

1. **राजकीय वन** पूर्णत: सरकारी नियन्त्रण में होते हैं। भारत में लगभग 95 प्रतिशत वन इस प्रकार के हैं।
2. **सामुदायिक वन** प्राय: स्थानीय नगर निगम, नगरपालिकाओं एवं जिला परिषदों के अन्तर्गत आते हैं। लगभग 3.1 प्रतिशत वन इस प्रकार के हैं।
3. **व्यक्तिगत वन** व्यक्तिगत लोगों के अधिकार में होते हैं। कुल वनों का लगभग 1.7 प्रतिशत इस प्रकार के वन हैं।

वनों के प्रकार

वनों के प्रकार कई भौगोलिक तत्त्वों पर निर्भर करते हैं जिनमें वर्षा, तापमान, आर्द्रता, मिट्टी, समुद्रतल से ऊंचाई तथा भूमि संरचना महत्वपूर्ण हैं। इस आधार पर वनों का निम्नलिखित वर्गीकरण किया जाता है:

1. **उष्ण कटिबन्धीय सदापर्णी वन (Tropical Evergreen Forests)**—ये वन भारत के अत्यधिक आर्द्र तथा उष्ण भागों में मिलते हैं। इन क्षेत्रों में औसत वार्षिक वर्षा 200 सें.मी. से अधिक तथा सापेक्ष आर्द्रता 70% से अधिक होती है। औसत तापमान 24° से. के आस-पास रहता है। उच्च आर्द्रता तथा तापमान के कारण ये वन बड़े सघन तथा ऊंचे होते हैं। विषुवत् रेखीय वनों की भाँति इनमें भी सूर्य का प्रकाश भूमि तक कठिनाई से पहुँच पाता है। अत: इन वृक्षों में सूर्य का प्रकाश प्राप्त करने की होड़-सी लगी रहती है। महत्वपूर्ण वृक्ष रबड़, महोगनी, एबोनी, नारियल, बाँस, बेंत तथा आइरन वुड हैं। ये वन मुख्यत: अण्डमान निकोबार द्वीप-समूह, असम, मेघालय, नागालैंड, मणिपुर, मिजोरम, त्रिपुरा एवं पश्चिमी बंगाल तथा पश्चिमी घाट की पश्चिमी ढालों एवं पश्चिमी तटीय मैदान पर पाए जाते हैं। ये वन आर्थिक दृष्टि से अधिक उपयोगी नहीं हैं। इसका कारण इन वनों की लकड़ी का सख्त होना है। एक ही स्थान पर विभिन्न प्रकार के वृक्ष उगते हैं जिससे एक प्रकार के वन उत्पादों को प्राप्त करना कठिन हो जाता है। इसके अतिरिक्त सघन वन होने के कारण परिवहन की सुविधाएं भी सीमित हैं।
2. **उष्ण कटिबन्धीय पर्णपाती अथवा मानसूनी वन (Tropical Deciduous or Monsoon Forests)**—ये वन 100 से 200 सेंटीमीटर वार्षिक वर्षा वाले क्षेत्रों में पाए जाते हैं। इन वनों का विस्तार गंगा की मध्य एवं निचली घाटी अर्थात् भाबर एवं तराई प्रदेश, पूर्वी मध्य प्रदेश, छत्तीसगढ़ का उत्तरी भाग, झारखण्ड, पश्चिमी बंगाल, उड़ीसा, आन्ध्र प्रदेश, महाराष्ट्र, कर्नाटक, तमिलनाडु तथा केरल के कुछ भागों में मिलता है। प्रमुख वृक्ष साल, सागवान, शीशम, चन्दन, आम आदि हैं। ये वृक्ष ग्रीष्म ऋतु के आरम्भ में अपनी पत्तियाँ गिरा देते हैं। इसलिए ये पतझड़ के वन कहलाते हैं। ये इमारती लकड़ी प्रदान करते हैं जिससे इनका आर्थिक महत्व अधिक है। ये वन हमारे 25% वन क्षेत्र पर फैले हुए हैं।
3. **उष्ण कटिबन्धीय शुष्क वन (Tropical Dry Forests)**—इन क्षेत्रों में वार्षिक वर्षा 50 से 100 सेंटीमीटर होती है। इसमें महाराष्ट्र, आन्ध्र प्रदेश, कर्नाटक तथा तमिलनाडु के अधिकांश भाग, पश्चिमी तथा उत्तरी मध्य प्रदेश, पूर्वी राजस्थान, उत्तर प्रदेश का दक्षिण-पश्चिमी भाग तथा हरियाणा सम्मिलित हैं। इन वनों के मुख्य वृक्ष शीशम, बबूल, कीकर, चन्दन, सिरस, आम तथा महुआ हैं। ये वृक्ष ग्रीष्म ऋतु के आरम्भ में अपने पत्ते गिरा देते हैं। इनकी खाल मोटी होती है जिससे ये जल को अपने अन्दर समाए रखते हैं। इनकी लकड़ी आर्थिक दृष्टि से मूल्यवान होती है।
4. **मरुस्थलीय वन (Arid Forests)**—ये वन उन क्षेत्रों में पाए जाते हैं जहाँ वार्षिक वर्षा 50 सें.मी. से कम होती है। इनका विस्तार

राजस्थान, दक्षिण-पश्चिमी पंजाब तथा दक्षिण-पश्चिमी हरियाणा में है। इनमें बबूल, कीकर तथा प्रक्ताश जैसे छोटे आकार वाले वृक्ष एवं झाड़ियाँ होती हैं। शुष्क जलवायु के कारण इनके पत्ते छोटे, खाल मोटी तथा जड़ें गहरी होती हैं। इनसे मुख्यत: ईंधन की लकड़ी प्राप्त की जाती है।

5. **डेल्टाई वन (Delta Forests)**—इन्हें मैन्ग्रोव (Mangrove), दलदली (Swampy) अथवा ज्वारीय (Tidal) वन भी कहते हैं। ये वन गंगा-ब्रह्मपुत्र, महानदी, गोदावरी, कृष्णा, कावेरी आदि नदियों के डेल्टाओं में उगते हैं, इस कारण इन्हें डेल्टाई वन कहते हैं। सबसे महत्वपूर्ण गंगा-ब्रह्मपुत्र डेल्टा के सुन्दरवन हैं। इसमें सुन्दरी नामक वृक्ष की बहुलता है। ये वन बड़े गहन होते हैं तथा ईंधन और इमारती लकड़ी प्रदान करते हैं।

6. **पर्वतीय वन (Mountain Cous Forests)**—जैसा कि इनके नाम से ही विदित है, ये वन भारत के पर्वतीय प्रदेशों में पाए जाते हैं। भौगोलिक दृष्टि से इन्हें उत्तरी या हिमालय वन तथा दक्षिणी या प्रायद्वीपीय वनों में बाँटा जा सकता है।

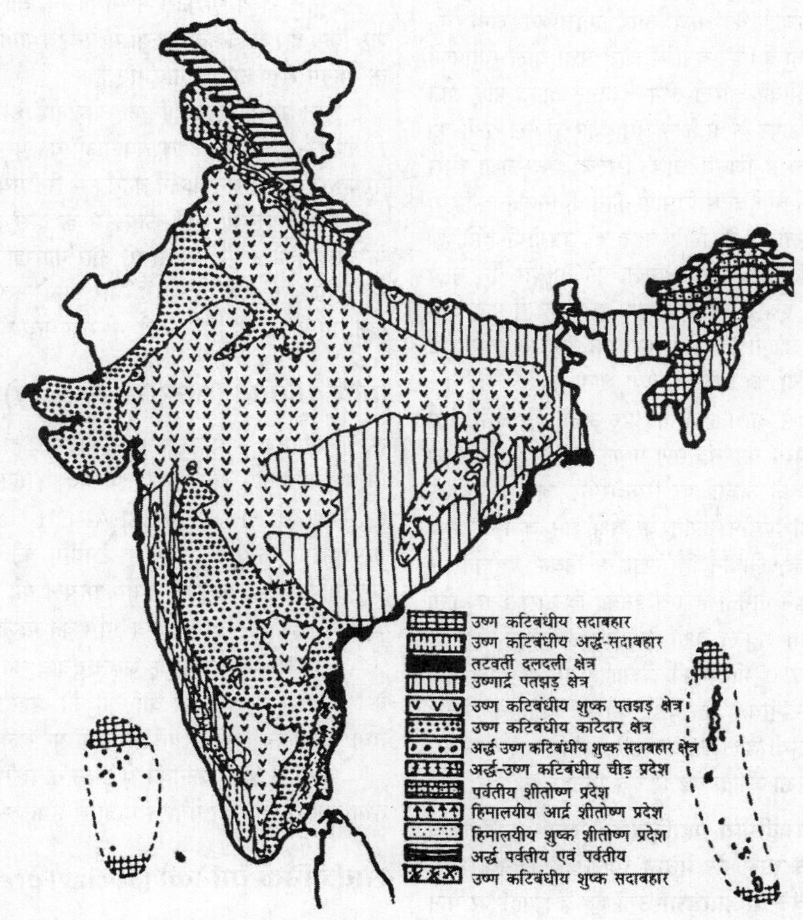

चित्र: भारत की प्राकृतिक वनस्पति

- **उत्तरी अथवा हिमालय वन**—ये वन हिमालय पर्वत की दक्षिणी ढलानों पर पाए जाते हैं। पूर्वी हिमालय में पश्चिमी हिमालय की अपेक्षा वर्षा अधिक होती है जिस कारण पूर्वी हिमालय में पश्चिमी हिमालय से अधिक घने वन मिलते हैं। हिमालय क्षेत्रों में ऊँचाई के क्रम के अनुसार उष्ण-कटिबन्धीय से लेकर अल्पाइन वनस्पति प्रदेशों तक का अनुक्रम पाया जाता है।

(i) हिमालय के गिरिपदों में पर्णपाती प्रकार के वन पाए जाते हैं। उत्तर-पूर्व भारत की ऊँची पहाड़ियों तथा पश्चिमी बंगाल, बिहार एवं उत्तर प्रदेश के हिमालयी क्षेत्रों में नम शीतोष्ण प्रकार के ऊँचे एवं घने वन पाए जाते हैं। ये मुख्यत: शंकुल आकार की गहरी हरी भू-दृश्यावली का निर्माण करने वाले वनों की धारियों के रूप में पाए

जाते हैं जो अपने आकार में थोड़ा खुले एवं घने ह्यूमस के आवरण से ढँके होते हैं। यहाँ सदाबहार ओक एवं चेस्टनट के वृक्ष प्रमुख रूप से मिलते हैं। निम्न ऊँचाईयों पर पाए जाने वाले साल भी काफी महत्वपूर्ण हैं। 1,500 से लेकर 1,750 मीटर ऊँचाई पर चीड़ के वन काफी विकसित हैं। ये आर्थिक रूप से काफी महत्वपूर्ण हैं। इस क्षेत्र में और अधिक ऊँचाई पर शिलांग के पठार की तरह शीतोष्ण घास के मैदान पाए जाते हैं। इन घास के मैदानों में जंगली जैतून बिखरे हुए पाए जाते हैं।

(ii) हिमालय की दक्षिणी ढालों पर 2,000 मीटर से 3,000 मीटर की ऊँचाई के बीच **आर्द्र शीतोष्ण वनों** का आवरण मिलता है। इन वनों में चौड़े पत्तों वाले सदापर्णी वृक्ष, जैसे—ओक, लारेल तथा चेस्टनट आदि पाए जाते हैं। इससे भी ऊपर के क्षेत्रों में घुमावदार शंकुल वृक्षों का विस्तार मिलता है जिनमें चीड़, सिल्वर, फर तथा स्प्रूस प्रमुख हैं। यहाँ के देवदार निर्माण कार्य के लिये लकड़ियों एवं रेल के स्लीपरों के लिए बहुत ही उपयोगी होते हैं। इसी प्रकार कश्मीर की हस्तकला को आधार देने वाले प्रसिद्ध चिनार एवं अखरोट के वृक्ष इसी क्षेत्र में पाए जाते हैं। यहाँ कई स्थानों पर अवस्थिति के अनुसार **शीतोष्ण घास के मैदानों** का विस्तार पाया जाता है।

(iii) 3,000 मीटर से अधिक ऊँचाई पर **अल्पाइन वनों** तथा **चरागाह भूमियों** का संक्रमण पाया जाता है। 3,000 से 4,000 मीटर की ऊँचाई पर सिल्वरफर, जूनीपर, चीड़, बर्च एवं रोडोडेण्ड्रोन आदि के वृक्ष घने वनों के रूप में पाए जाते हैं, लेकिन हिमरेखा के निकट पहुँचने पर इनमें गाँठें पड़ने लगती हैं एवं इनका विकास रुक जाता है। अविकसित शंकुल वृक्षों के साथ अल्पाइन चरागाह 2,250 से 2,750 मीटर की ऊँचाई परास में पाए जाते हैं। यह उल्लेखनीय है कि वृष्टि की अधिकता के कारण दक्षिणी हिमालयी ढाल पर वनस्पति आवरण शुष्क उत्तरी ढालों की अपेक्षा ज्यादा बेहतर एवं मोटा है।

- **दक्षिणी अथवा प्रायद्वीपीय पहाड़ियों के वन**—प्रायद्वीपीय पहाड़ियों में **उर्मिल घास के मैदान** मिलते हैं जिनके बीच **अविकसित वर्षा वन या झाड़ियाँ** उगी हुई हैं। यहाँ पर फर्न सामान्य रूप से पाए जाते हैं। हाल ही में इन पहाड़ी इलाकों में यूकिलिप्टस के पेड़ लगाए गए हैं। इस प्रकार की वनस्पति पश्चिमी घाट, विंध्याचल, नीलगिरी, अन्नामलाई आदि पहाड़ी भागों में मिलती है। निम्न क्षेत्रों में उष्ण कटिबंधीय तथा उच्च क्षेत्रों में शीतोष्ण कटिबंधीय वनस्पति पायी जाती है। मैग्नोलिया, लारेल, यूकेलिप्टस, सिनकोना, ठाठंर (वाटल) आदि प्रमुख वृक्ष हैं। ये तेल तथा औषधियों तथा अन्य कार्यों के लिए प्रयोग किये जाते हैं। सतपुड़ा तथा मैकाल पर्वत श्रेणियों पर भी ऐसे वन पाए जाते हैं।

सामाजिक वानिकी (Social Forestry)

सामाजिक वानिकी शब्दावली का प्रयोग सबसे पहले 1976 में राष्ट्रीय कृषि आयोग ने किया था। इसका उद्देश्य ग्रामीण जनसंख्या के लिए जलावन, छोटी इमारती लकड़ी तथा छोटे-छोटे वन उत्पादों की आपूर्ति करना है। इसके मुख्य रूप से तीन अंग हैं—किसानों को अपनी भूमि पर वृक्षारोपण के लिए प्रोत्साहित करना; वन विभाग द्वारा लोगों की जरूरतों को पूरा करने के लिए, सड़कों के किनारे, नहरों के किनारे तथा ऐसी अन्य सार्वजनिक भूमि पर वृक्षारोपण; सामुदायिक वन-भूखंड पर लोगों द्वारा स्वयं बराबरी की हिस्सेदारी के आधार पर वृक्षारोपण।

अनेक राज्य सरकारों ने सामाजिक वानिकी के महत्वाकांक्षी कार्यक्रम शुरु किए हैं। अधिकतर राज्यों में वन विभागों के अंतर्गत सामाजिक वानिकी के अलग से प्रकोष्ठ बनाए गए हैं।

परंतु सामाजिक वानिकी योजनाएँ असफल हो गई। यह कार्यक्रम लोगों की आधारभूत आवश्यकताओं को पूरा करने वाले कार्यक्रम के स्थान पर किसानों का धनोपार्जन कार्यक्रम बन गया।

सामाजिक वानिकी कार्यक्रम के द्वारा उत्पादित लकड़ी ग्रामीण भारत के गरीबों को न मिलकर नगरों और कारखानों में पहुँचने लगी। इससे गाँवों में रोजगार के अवसर घटे हैं और अन्न-उत्पादन करने वाली भूमि पर पेड़ लग गए हैं। इससे अनिवासी भू-स्वामित्व को बढ़ावा मिला है।

कृषि वानिकी (AGRO-Forestry)

कृषि वानिकी सामाजिक वानिकी का ही एक प्रकार है। अन्तर्राष्ट्रीय कृषि वानिकी अनुसंधान परिषद् (ICRAF-INTERNATIONAL COUNCIL FOR RESEARCH IN AGRO FORESTRY) के अनुसार कृषि वानिकी भू-उपयोग की एक ऐसी व्यवस्था है जिसमें बहुवर्षीय वृक्ष तथा एक वर्षीय फसल को साथ-साथ या क्रम से उगाया जाता है। इसका मूल उद्देश्य भूमि का महत्तम उपयोग करना है।

भूमि पर जनसंख्या के बढ़ते दबाव को देखते हुए पारम्परिक वानिकी के स्थान पर नवीन कृषि वानिकी को अपनाया गया जिसमें कृषि, वानिकी तथा पशुपालन तीनों प्राथमिक तत्वों पर बल दिया जाता है।

भारत में कृषि वानिकी से ईंधन के लिए लकड़ी, पशुओं के लिए चारा तथा इमारती लकड़ी पर्याप्त मात्रा में उपलब्ध हई है।

सार्वजनिक वानिकी (Social Forestry)

सार्वजनिक वानिकी में वन विभाग द्वारा तीव्रगति से बढ़ने वाले पेड़ों को सड़क, रेल तथा नहरों के किनारे तथा अन्य सार्वजनिक क्षेत्रों में लगाया जाता है। इसका मूल उद्देश्य समुदाय के लोगों की आवश्यकताओं की पूर्ति करना है।

वन स्थिति रिपोर्ट

वन स्थिति रिपोट, 2011 के अनुसार देश में सर्वाधिक 777000 वर्ग कि.मी. वन क्षेत्र मध्य प्रदेश में हैं, जबकि 68019 वर्ग कि.मी. वन क्षेत्र के साथ अरूणाचल प्रदेश का दूसरा व 55998 वर्ग कि.मी. वन क्षेत्र के साथ छत्तीसगढ़ का इस मामले में तीसरा स्थान है।

देश में वन क्षेत्रों में मामूली वृद्धि

- केन्द्रीय वन एवं पर्यावरण मंत्रालय के आंकड़ों के अनुसार 2011, में देश में कुल वन एवं वृक्ष आच्छादित क्षेत्र 782871 वर्ग कि.मी. जो देश के कुल भौगोलिक क्षेत्र का 23.81 प्रतिशत है। इससे पूर्व 2001 में यह 157010 वर्ग कि.मी. था जो कुल भौगोलिक क्षेत्रफल का 23.03% था।
- इस प्रकार दो वर्षों में वन एवं वृक्ष आच्छादित क्षेत्र में 22219 वर्ग कि.मी. की वृद्धि हुई है।
- देश में वनों की स्थिति के संबंध में ये आंकड़े फारेस्ट सर्वे ऑफ इंडिया द्वारा जारी किये जाते हैं। देहरादून स्थित इस संस्थान द्वारा प्रति दो वर्षों के अंतराल पर यह रिपोर्ट प्रकाशित की जाती है।
- ताजा रिपोर्ट इस श्रृंखला की नौंवी रिपोर्ट है। वनों की स्थिति के संबंध में यह आंकड़े एक दृष्टि में तालिका में दर्शाए गए हैं–

भारत में वन क्षेत्र

वन की किस्म	2001		2016	
	क्षेत्रफल (वर्ग कि.मी. में)	कुल भौगोलिक क्षेत्र का %	क्षेत्रफल (वर्ग कि.मी. में)	कुल भौगोलिक क्षेत्र का %
1. घने वन जिनमें	416809	12.68	390564	11.88
(i) अति घने वन			51285	2.54
(ii) मध्यम घने वन			339279	11.35
2. खुले वन	258729	7.87	287769	8.76
3. कुल वन आधारित क्षेत्र	675538	20.55	678333	21.65
4. वृक्ष वन आधारित क्षेत्र	81472	2.48	99896	2.76
5. कुल वन एवं वृक्ष आधारित क्षेत्र	757010	23.03	778229	23.81

अध्याय सार संग्रह

प्रमुख वनस्पतियां

वनस्पति	वर्षा	विस्तार	वृक्ष
• उष्णकटिबंधीय सदाबहार	200 सें.मी.	महाराष्ट, कर्नाटक, केरल, असम, अंडमान निकोबार, लक्ष्यद्वीप, प. बंगाल	रबर, महोगनी, एबोनी, नारियल बांस, सिनकोना आयरन वुड।
• उष्णकटिबंधीय पतझड़ वन	100–200 सें.मी.	पंजाब, हरियाणा, उ.प्र. बिहार, म.प्र. तमिलनाडु, केरल, असम	सागवान, साल, शीशम, चन्दन, पलाश, शहतूत, बांस, कत्था, पैडुक, हल्दू
• उष्णकटिबंधीय शुष्क वन	50–100 सें.मी.	पंजाब, हरियाणा, पश्चिमी उ.प्र., पूर्वी राजस्थान	आम, महुआ, बरगद, शीशम, हल्दू, कीकर, बबूल
• मरूस्थलीय तथा अर्द्धमरू	50 सें.मी.	दक्षिण पश्चिम हरियाणा, पश्चिमी राजस्थान,	खेजडी, खैर, खजूर, नागफनी, रामबांस
• स्थलीय वन	–	उत्तरी गुजरात, कर्नाटक	
• पर्वतीय वन	–	पूर्वी हिमालय एवं पश्चिमी हिमालय	**पूर्वी हिमालय**—पाइन, स्प्रूस, एलडर, सिल्वरफर, अमूरा। **प. हिमालय**—साल शीशम, जामुन, बेर, देवदार, पाइन, एल्ब, चीड।

***नोट*—ज्वारीय वनस्पतिया**—समुद्र एवं निम्न डेल्टाई भागों (गंगा ब्रह्मपुत्र डेल्टा, महानदी, कृष्णा, गोदावरी, कावेरी नदियों के डेल्टा एवं पूर्वी एवं पश्चिमी तट) में विस्तारित है और मैग्रोव, नारियल, सुंदरी, ताड़, बेत, बांस, आदि प्रमुख वृक्ष ज्वारीय वनस्पति के उदाहरण है।

अध्याय 20

जल संसाधन

इस अध्याय में आप सीखेंगे किः

- भारत में जल संसाधन, उसका वितरण, सिंचाई प्रबंधन के साथ-साथ बहउद्देशीय नदी घाटियों के बार में जानकारी कैसे प्राप्त होगी।
- बहुउद्देशीय परियोजनाओं के विभिन्न लाभ क्या-क्या हैं और भारत की प्रस्तावित बहउद्देशीय नदी परियोजनाएँ कौन-कौन सी हैं।

जल संसाधन (Water Resources)

भारत में उपयोग में आने वाले कुल जल का सर्वाधिक 93 प्रतिशत उपयोग कृषि में, 4 प्रतिशत उद्योगों में तथा शेष 3 प्रतिशत जल का उपयोग घरेलू कार्यों में होता है।

भूमिगत जल विकास—देश में भूमिगत जल क्षमता के मूल्यांकन का कार्य केन्द्रीय भूमिगत जल बोर्ड द्वारा किया जाता है।

सिंचाई

वर्षा के अभाव में खेतों को कृत्रिम ढंग से जल देने की क्रिया को सिंचाई करना कहा जाता है। भारत एक उष्ण-कटिबन्धीय देश है जिसमें कृषि मुख्यत: मानसूनी वर्षा पर ही निर्भर है, किन्तु इस वर्षा की प्रकृति एवं उसके वितरण में कई दोष पाये जाते हैं। इन दोषों को दूर करने एवं नियमित कृषि करने का सर्वोत्तम उपाय सिंचाई की व्यवस्था करना है।

सिंचाई की आवश्यकता

वर्षा की अनिश्चितता—भारत में वर्षा समय एवं स्थान की दृष्टि से अनिश्चित होती है तथा विभिन्न क्षेत्रों में उसकी मात्रा भी भिन्न होती है। इसी कारण नियमित रूप से कृषि करने के लिए सिंचाई अनिवार्य है।

वर्षा का असमान वितरण—यद्यपि देश में वर्षा का औसत 109 सेण्टीमीटर है, किन्तु इसका क्षेत्रीय वितरण असमान है। उदाहरण के लिए, पश्चिमी तटीय क्षेत्रों और असम प्रदेश में 250 सेण्टीमीटर से भी अधिक वर्षा होती है। उत्तरी मैदान और प्रायद्वीप के पूर्वी भाग में यह 100 से 200 सेण्टीमीटर ही होती है। पंजाब के मैदान और दक्षिण प्रायद्वीप के उत्तरी-पश्चिमी भागों में वर्षा की मात्रा केवल 25 से 100 सेण्टीमीटर होती है। गंगा नदी के पूर्वी मैदान तथा पश्चिमी समुद्री तट को छोड़ कर अन्य सभी भागों में वर्षा की कमी से सदैव अकाल का संकट बना रहता है। राजस्थान, हरियाणा और दक्षिणी पंजाब में तो बहुत कम वर्षा होने से सिंचाई के बिना खेती करना सम्भव नहीं है। इसी प्रकार दक्षिणी पठार के मध्यवर्ती एवं आन्तरिक भागों में कृषि बिना समुचित सिंचाई के सम्भव नहीं है, क्योंकि इन प्रदेशों में या तो सूखा पड़ता है या फिर वर्षा बहुत कम होती है।

वर्षा का कुछ ही महीनों में सीमित होना—भारत के सभी भागों में एक ही मौसम में वर्षा नहीं होती। शीतकाल में केवल दक्षिणी-पूर्वी भाग में ही वर्षा होती है और शेष भाग सूखे रहते हैं। वर्षा का 74% जून से सितम्बर के महीनों में दक्षिणी-पश्चिमी मानसून द्वारा प्राप्त होता है। ऐसी स्थिति में वनस्पति अथवा कृषि उत्पादन के लिए लम्बे शुष्क काल में सिंचाई आवश्यक हो जाती है।

जनसंख्या में वृद्धि—भारत में 2011 की जनगणना के अनुसार कुल जनसंख्या 121 करोड़ है। प्रतिवर्ष बढ़ती हुई जनसंख्या के लिए अधिकाधिक मात्रा में खाद्यानों की आवश्यकता पड़ती है।

विशेष फसलों के लिए अधिक जल की आवश्यकता—चावल, गन्ना, जूट, मिर्ची, प्याज, लहसुन, आलू, आदि फसलों के लिए नियमित रूप से अधिक जल की आवश्यकता पड़ती है।

मिट्टी की प्रकृति—उत्तरी मैदान तथा नदियों के डेल्टाओं में उपजाऊ कांप मिट्टी पायी जाती है जिससे थोड़ी सिंचाई करने से ही उत्पादन बढ़ जाता है। अन्य भागों में बलुही और दोमट मिट्टी अधिक समय तक जल

रोकने में असमर्थ रहती है, अत: उसे कृषि योग्य बनाए रखने के लिए बार-बार सिंचाई करना आवश्यक हो जाता है।

भारत में वर्षा प्राय: तेज बौछारों के रूप में होती है जो कृषि के लिए हितकर नहीं है।

चारागाहों के विकास के लिए—पशु पालन और दुग्ध व्यवसाय को प्रोत्साहन देने के लिए प्राकृतिक चारागाहों की रक्षा करना आवश्यक है तथा नए चारागाहों के लिए पर्याप्त मात्रा में जल की उपलब्धि होना आवश्यक है।

व्यावसायिक फसलों में वृद्धि के लिए—कृषि के अन्तर्गत कुल क्षेत्र के 20% पर व्यावसायिक फसलें पैदा की जाती हैं, जिनसे कृषि उत्पादन के कुल मूल्य का 35% प्राप्त होता है। इन फसलों के अन्तर्गत केवल 16% भाग को ही सिंचाई की सुविधाएं उपलब्ध हैं। चूंकि व्यावसायिक फसलों के निर्यात द्वारा भारत को प्रत्यक्ष व अप्रत्यक्ष रूप में लगभग 50% विदेशी मुद्रा प्राप्त होती है और देश के उद्योगों के लिए कच्चा माल मिलता है, अत: इनके उत्पादन में वृद्धि करने के लिए सिंचाई की विशेष आवश्यकता पड़ती है।

भारत में सिंचाई

योजना आयोग ने सिंचाई साधनों संबंधी योजनाओं को तीन वर्गों में बाँटा है—

1. **वृहत् सिंचाई योजनाएं**—इस वर्ग में उन सिंचाई योजनाओं और कार्यक्रमों को सम्मिलित किया जाता है जिनके अन्तर्गत 10 हजार से अधिक हेक्टेअर का कृषि योग्य क्षेत्र (Culturable Command Area–CCA) आता है। इस वर्ग में नहरें एवं बहुउद्देशीय योजनाएं सम्मिलित हैं।
2. **मध्यम सिंचाई योजनाएं**—इस वर्ग में उन सिंचाई योजनाओं को सम्मिलित किया जाता है जिनके अन्तर्गत कृषि योग्य क्षेत्र 2,000 हेक्टेअर से अधिक किन्तु 10,000 हेक्टेअर से कम हो।
3. **लघु सिंचाई योजनाएं**—इस वर्ग में उन सिंचाई योजनाओं को सम्मिलित किया जाता है जिनका कृषि योग्य क्षेत्र 2,000 हेक्टेअर या उससे कम हो। इस वर्ग की योजनाओं में कुएं, तालाब और छोटी-छोटी नहरों को सम्मिलित किया जाता है।

सिंचाई हेतु सुविधाएं

उत्तरी भारत के मैदान और नदियों के डेल्टाओं में सिंचाई की विशेष सुविधाएं पायी जाती हैं। इसके मुख्य कारण इस प्रकार हैं—

1. ये भाग समतल हैं। इन भागों की भूमि का ढाल इतना धीमा है कि नदियों के ऊपरी भागों से निकली हुई नहरों का जल सरलता से ही सारे मैदान में फैल जाता है।
2. **उत्तरी भारत की भूमि अधिकांशत**—नदियों द्वारा लायी गयी मिट्टी से बनी होने के कारण बड़ी उपजाऊ हैं। अत: इस मिट्टी में जल मिल जाने पर उत्तम फसलें पैदा की जा सकती हैं तथा सिंचाई पर किया गया व्यय कुछ ही वर्षों में पूरा किया जा सकता है।
3. कई भागों में वर्षा का जल भूमि में रिसकर धरातल के नीचे जमा हो जाता है। इसे कुएं खोदकर निकाला जा सकता है।
4. इन भागों में पथरीला भाग कम है अत: धरातल मुलायम है इससे नहरें बनाने में सुगमता रहती है और व्यय भी अधिक नहीं हो पाता है।
5. उत्तरी मैदानों में हिमालय से निकलने वाली सदावाहिनी नदियां बहुत हैं जिनमें अथाह जलराशि भरी रहती है। अत: इनसे जो नहरें निकाली जाती हैं वे भी वर्षभर भरी रहती हैं और लगातार सिंचाई की जा सकती है। उत्तरी भारत के मैदानों एवं तटीय मैदानों में अथाह भूमिगत जल संसाधन पाए जाते हैं। अत: कुओं एवं नलकूपों द्वारा सरलता से सिंचाई की जा सकती है।

सिंचाई के साधन

भारत की भौतिक रचना में विभिन्नता होने के कारण सिंचाई के विभिन्न साधन काम में लाये जाते हैं। उत्तरी भारत में विशेषकर नहरों और कुओं से तथा दक्षिण के प्रायद्वीपीय भागों में तालाबों द्वारा सिंचाई की जाती है।

भारत की सिंचाई व्यवस्था में सबसे प्रमुख स्थान कुएँ एवं नलकूप का है। उसके बाद नहरों का स्थान आता है। विभिन्न साधनों का विवरण अग्रांकित है।

नहरें (Canals)

भारत में सिंचाई का मुख्य साधन नहरें हैं। अधिकांशत: नहरें या तो उत्तरी भारत के मैदानों और तटवर्ती नदियों के डेल्टाओं में पायी जाती हैं। नहरें बनाने के लिए मुख्यत: दो बातों की आवश्यकता होती है: समतल भूमि और नदियों से अथवा बांधों से निरन्तर जल की आपूर्ति। ऐसी आदर्श अवस्था उत्तरी भारत में नदियों के विशाल मैदान में मिलती है। नहरों में जल या तो नदियों से पहुंचाया जाता है या कृत्रिम तालाबों से। उत्तरी भारत की प्राय: सभी नहरों में साल भर नदियों द्वारा जल मिलता रहता है। दक्षिण की अधिकांश नहरों में जलाशयों में एकत्रित किया गया जल मिलता है। क्योंकि यहां की नदियां गर्मियों में सूख जाती हैं। नहरें दो प्रकार की हाती हैं

1. **अनित्यवाही या बाढ़ की नहरें (Inundation Canals)**—ऐसी नहरों को बाढ़ के समय अथवा वर्षा ऋतु में ही जल मिलता है अतएव ऐसी नहरें अक्टूबर से मई तक (जल की कमी से) सूखी रहती हैं।
2. **नित्यवाही नहरें (Perennial Canals)**—उन नदियों अथवा बड़े बांधों से निकाली जाती हैं जिनमें वर्षभर जल भरा रहता है। नदी के जल को कभी-कभी बांध या एनीकट बनाकर भी रोक दिया जाता है और फिर इस रोके गये जल से नहरों द्वारा आस-पास के प्रदेश के खेतों में सिंचाई की जाती है।

नहरों द्वारा सिंचाई के लाभ

नहरों द्वारा सिंचाई किये जाने से निम्न लाभ होते हैं—

1. सिंचाई से शुष्क प्रदेश के कृषि योग्य क्षेत्र हरे-भरे खेतों में बदल जाते हैं। भारत जैसे बढ़ती आबादी के देश के लिए ऐसी अतिरिक्त कृषि योग्य भूमि वरदान है। पंजाब और हरियाणा की नहरी बस्तियां तथा उत्तर प्रदेश, उत्तरी राजस्थान, मध्य प्रदेश और दक्षिण के पठार के सिंचित प्रदेश इसके सजीव उदाहरण हैं।
2. नहरों ने बड़ी सीमा तक अकाल की भयानक आशंका को निर्मूल कर दिया है और आर्थिक सुख-समृद्धि के लिए एक नूतन अध्याय

का सूत्रपात किया है। अकालग्रस्त क्षेत्रों में सिंचाई की सुविधाएं उपलब्ध करना उनके विरुद्ध बीमा कराने के समान है। सिंचाई के क्षेत्र-विस्तार की दृष्टि से डॉ. स्टाम्प के शब्दों में, 'प्रतिवर्ष भारत एक नए मिस्र देश की वृद्धि कर लेता है।'

3. किसी क्षेत्र में सिंचित भूमि की उपज में असिंचित भूमि की अपेक्षा प्रति हेक्टेअर 100 से 900 प्रतिशत तक वृद्धि हो सकती है। परीक्षणों से ज्ञात हुआ कि सिंचित क्षेत्र में चावल की उपज में 100 प्रतिशत, गेहूं में 80 प्रतिशत, जौ में 60 प्रतिशत, बाजरा में 49 प्रतिशत, मकई में 65 प्रतिशत वृद्धि हुई है।
4. गन्ना, जूट, कपास, फल, गरम मसाले, सब्जियों आदि व्यापारिक फसलों के उत्पादन में सिंचित क्षेत्रों में ही विशेष उन्नति हुई है।
5. नहरों से उन विशाल क्षेत्रों के लिए यातायात तथा संचार साधनों की सन्तोषजनक व्यवस्था हो जाती है जहां सड़कों तथा रेलमार्गों का सर्वदा अभाव है। उदाहरणार्थ, पूर्वी डेल्टा की नहरों द्वारा सिंचाई और यातायात दोनों ही कार्य होते हैं।
6. साधारणत: नहरों में लगायी गयी पूंजी से सरकार को 6 से लेकर 7 प्रतिशत तक की आय होती है। इससे एक लाभ यह भी है कि अकाल सहायता सम्बन्धी कार्यक्रम में सरकारी व्यय में भारी कमी हो जाती है।
7. सिंचित क्षेत्रों में निरन्तर वृद्धि होने एवं वहाँ पर उन्नत किस्म की बहु फसली कृषि के विस्तार के कारण ही भारत खाद्यानों में आत्म-निर्भर बन सका है। इससे किसानों की आर्थिक स्थिति में भी विशेष सुधार हुआ है।
8. लघु सिंचाई योजना (कुएँ, नलकूप, छोटे तालाब आदि) थोड़ी सरकारी सहायता से या सहकारिता से कृषक स्वयं लागू कर उससे शीघ्र लाभ उठा सकता है।

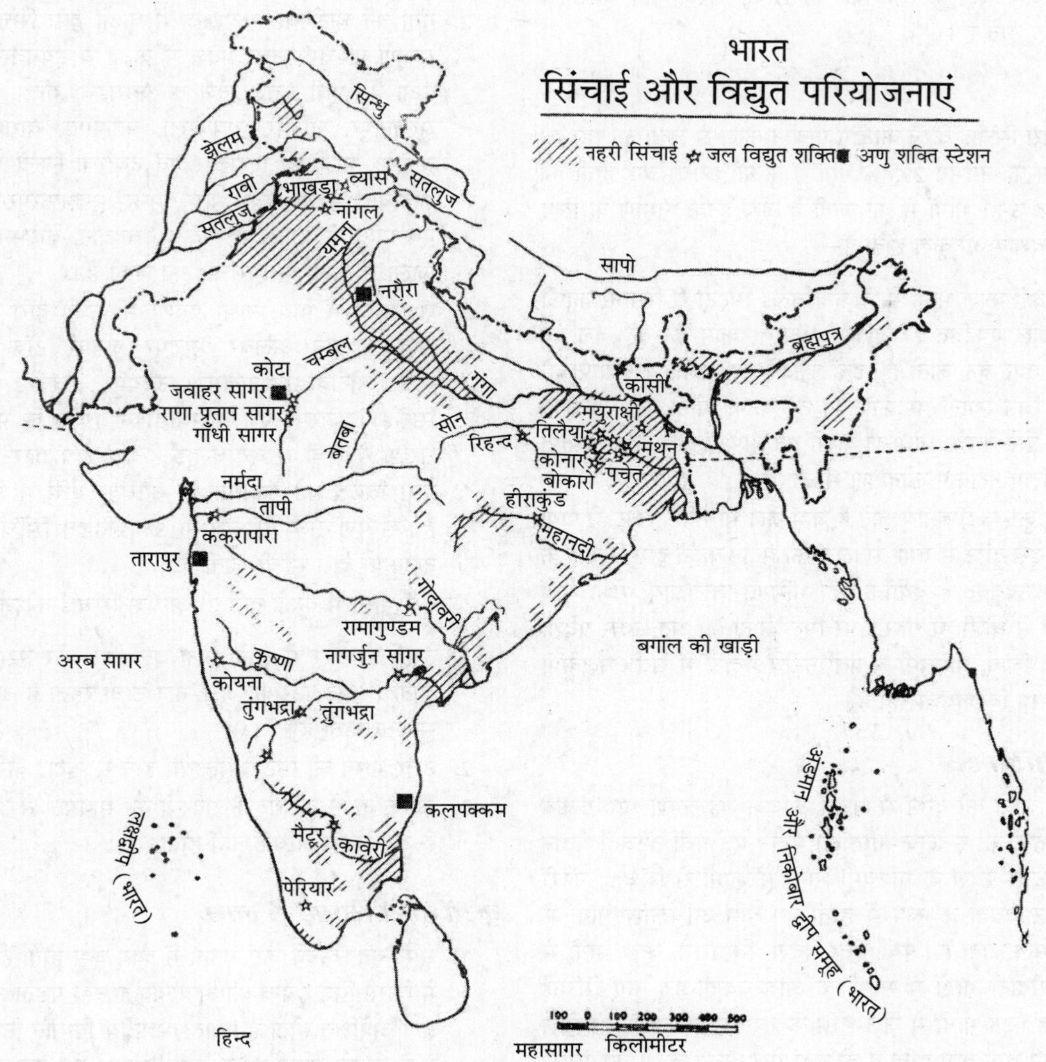

चित्र: भारत की सिंचाई विद्युत परियोजनाएं

नहरों द्वारा सिंचाई से हानियाँ

सामान्यतः अधिक सिंचाई किए जाने से ही निम्न हानियां होती हैं:

1. अधिक सिंचाई से निचले या एकत्रित पानी वाली भूमि के धरातल पर हानिकारक नमक (Salts) जम जाते हैं जिससे मिट्टी का उपजाऊपन नष्ट हो जाता है। पंजाब, उत्तर प्रदेश, महाराष्ट्र एवं राजस्थान के नहरी क्षेत्रों में अधिक पानी के कारण ही क्षार फैलने से भूमि कल्लर या बंजर बन जाती है। इसे सुधारना भी कठिन कार्य है।
2. जिस भूमि में नहरी जल जमा होता रहता है वहाँ मच्छर उत्पन्न हो जाते है एवं वहां दलदल बन जाती है। अतः मलेरिया और अन्य संक्रामक रोगों के फैलने का डर रहता है।
3. नहरों के किनारे वाष्पीकरण की क्रिया से कई प्रकार के क्षार (Salts) जम जाते हैं जो कि नहरों की सुरक्षा की दृष्टि से हानिकारक होते हैं।

कुएँ (Wells)

भारत में कुओं द्वारा सिंचाई करने का ढंग प्राचीन काल से चला आ रहा है। कुल सिंचित भूमि के लगभग 21.4% भाग में कुओं द्वारा सिंचाई होती है। कुओं द्वारा सिंचाई उन्हीं भागों में की जाती है जहां इनके निर्माण के लिए निम्न भौगोलिक दशाएं अनुकूल होती हैं—

1. भारत के अधिकांश भागों में चिकनी बलुई मिट्टी से रिसकर काफी मात्रा में जल एकत्रित हो जाता है। अस्तु, कांप की तहें जल का अगाध भण्डार बन जाती हैं। इन्हें खोदने पर काफी जल प्राप्त हो जाता है। जिन स्थानों पर कांप की तहें काफी मोटी पायी जाती हैं वहाँ गहरे छेद करके साधारण कुओं की अपेक्षा अधिक जल प्राप्त करने के लिए नलकूप खोदा जा सकता है।
2. अधिकतर कुएं वहीं बनाये जाते हैं जहां जल भूमि के निकट ही पाया जाता हो। इस दृष्टि से गंगा-सतलुज का मैदान कुओं द्वारा सिंचाई के लिए बड़ा उपयुक्त है क्योंकि वहां भूमिगत-जल प्रायः सभी क्षेत्रों में धरातल से थोड़ी ही गहराई पर मिल जाता है। अतः उत्तर प्रदेश, हरियाणा, पंजाब, पश्चिमी व पूर्वी तटीय मैदानों में सर्वत्र नलकूपों का जाल-सा बिछता जा रहा है।

कुओं द्वारा सिंचित क्षेत्र

कुओं से सिंचाई करने की दृष्टि से सबसे अधिक महत्वपूर्ण भाग पंजाब से लेकर बिहार तक का सतलुज-गंगा का मैदान एवं पूर्वी तटवर्ती मैदान है। पंजाब और उत्तर प्रदेश के पश्चिमी भागों में कुओं से सिंचाई, नहरों द्वारा सिंचाई के सहायक के रूप में होती है। यहां अधिकांश भागों में नहरों का जल मिल जाता है। पूर्वी उत्तर प्रदेश, बिहार के कुछ भागों में एवं पूर्वी तटीय मैदानी भागों में सामयिक आवश्यकता हेतु कुएं सिंचाई के मुख्य साधन हैं। इन भागों में जल भूमि के धरातल के निकट ही मिल जाता है। जिस वर्ष वर्षा कम होती है तो यहां ऐसे कच्चे कुओं की संख्या बढ़ जाती है। ऐसे कच्चे कुएं एक या दो मौसम से अधिक काम नहीं देते। बिहार के पूर्व में वर्षा की अधिकता के कारण प. बंगाल में सिंचाई की आवश्यकता ही नहीं पड़ती।

पश्चिमी उत्तर प्रदेश, पंजाब, हरियाणा, उत्तरी गुजरात एवं राजस्थान में जल अधिक गहराई पर मिलता है। अतः सामान्यतः पक्के कुएं ही बनाए जाते हैं। इस प्रकार के कुओं से यद्यपि जल की पूर्ति काफी होती है किन्तु इनके निर्माण में एवं जल के दोहन में चरस, रहट, मोटर आदि द्वारा जल निकालने की व्यवस्था में व्यय भी अधिक होता है।

1. कुओं से सिंचाई प्राप्त करने वाले मुख्य क्षेत्र तमिलनाडु का दक्षिणी भाग, नीलगिरी, इलायची की पहाड़ियों का पूर्वी भाग एवं पूर्वी तटीय मैदानी भाग हैं जो गुन्टूर से कोयम्बटूर होता हुआ तिरुनेलवेली तक त्रिभुजाकार रूप में फैला है। राजस्थान के पूर्वी व दक्षिणी-पूर्वी भाग, महाराष्ट्र के पठारी भाग, मध्य प्रदेश एवं गुजरात में भी कुएं अधिक पाये जाते हैं।
2. गंगा की घाटी के मध्य क्षेत्र में कुओं द्वारा सिंचाई की जाती है सम्पूर्ण पश्चिमी उत्तर प्रदेश में कुओं व ट्यूबवैल का जाल बिछा हुआ है। पूर्वी उत्तर प्रदेश के बहराइच, गोंडा, बस्ती, फैजाबाद, सुल्तानपुर, जौनपुर, रायबरेली, प्रतापगढ़, वाराणसी, आजमगढ़, बलिया, गाजीपुर, गोरखपुर एवं देवरिया जिलों में तथा बिहार के शाहाबाद, पटना, गया, सारन, मुंगेर, मुजफ्फरपुर और भागलपुर में एवं पश्चिमी बंगाल में बांकुड़ा, बर्दवान, वीरभूम और मुर्शिदाबाद जिलों में कुओं द्वारा सिंचाई की जाती है।
3. राजस्थान में प्रायः सभी प्रदेशों में कुओं द्वारा सिंचाई होती है सीकर, झुंझुनू, अलवर, भरतपुर, जयपुर, टोंक, सवाई माधोपुर, बूंदी, भीलवाड़ा, अजमेर, उदयपुर, चित्तौड़, पाली, जालौर, सिरोही, डूंगरपुर एवं बांसवाड़ा में 1960 के पश्चात् कुओं की संख्या में तेज़ी से वृद्धि हुई है एवं अब गहरे कुएं व ट्यूबवैल द्वारा विद्युत की सहायता से अधिक भूमि में सिंचाई की जाती है। सम्पूर्ण राज्य में लगभग 54 प्रतिशत सिंचित भूमि कुओं व नलकूपों द्वारा सींची जाती है।

उत्तरी भारत में कुओं द्वारा ही अधिक सिंचाई की जाती है, क्योंकि:

1. तराई की ओर से आने वाला जल धीरे-धीरे रिसकर भूमि में समा जाता है अतः उसका जल-तल ऊंचा रहता है और कुएं बनाने में सुविधा रहती है।
2. उत्तर भारत की मिट्टी मुलायम होने से खुदाई करना सरल है।
3. कृषक अपने परिवार के सदस्यों की सहायता से ही कुआं बना लेता है अतः व्यय अधिक नहीं होता।

कुओं द्वारा सिंचाई से लाभ

1. सामान्यतः कच्चे कुएं बनाने में व्यय कम होता है और इन्हें खोदने में किसी विशेष यन्त्र की आवश्यकता नहीं पड़ती और न ही विशिष्ट ज्ञान अपेक्षित होता है। अतः भारतीय किसान के लिए सिंचाई का यही सबसे सस्ता और सरल साधन है। इस पर नियन्त्रण एवं स्वामित्व स्वयं कृषक का ही रहता है।

2. कुएं के जल में अनेक रासायनिक तत्व घुले रहते हैं; जैसे, नाइट्रेट, क्लोराइड, सल्फेट और सोडा। ये भूमि को उपजाऊ बनाकर पैदावार में वृद्धि करते हैं।
3. चूंकि जल निकालने के लिए कृषक को परिश्रम करना पड़ता है अत: जल का उपयोग मितव्ययता से होता है। अत: भूमि में लवण या क्षार वृद्धि या दलदली भूमि जैसे दोष नहीं पाये जाते।

कुओं की सिंचाई के दोष

1. यदि लगातार अधिक समय तक कुओं से जल निकाला जाए अथवा जिस वर्ष वर्षा कम होती है उस वर्ष भी जल की कमी पड़ जाती है।
2. कुओं द्वारा सिंचाई करने में नहरों की अपेक्षा व्यय और परिश्रम दोनों ही अधिक होते हैं अत: ऐसी फसलें अधिक बोयी जाती हैं जिनसे कृषक को आर्थिक लाभ मिल सकता है (जैसे-गन्ना, तिलहन, हरा चारा, कपास या गेहूं)।
3. कुओं से केवल सीमित क्षेत्र में ही सिंचाई हो सकती है। उदाहरणार्थ, कच्चा कुआं अधिक-से-अधिक प्रतिदिन 3 एकड़ और पक्का कुआं 10-15 एकड़ भूमि सींच सकता है। किन्तु ट्यूबवेल से नदी बेसिन में 100 से 200 एकड़ भूमि तक सींची जा सकती है।
4. शुष्क प्रदेशों में अधिकांश कुओं का जल खारा होता है जो सिंचाई के लिए अनुपयुक्त होता हैं व फसलों को हानि पहुंचा सकता है।

नलकूप (Tubewells)

भारत में सबसे पहले गंगा की घाटी में सन् 1930 में नलकूप खोदे गये। सन् 1951 में लगभग 2500 नलकूप थे। बहुमुखी उपयोगिता के कारण इनकी संख्या में क्रमश: वृद्धि होती गई। नलकूप कुल सिंचित क्षेत्र का 31.6 प्रतिशत योगदान करता है।

साधारणत: नलकूपों के निर्माण के लिए निम्न दशाएं आवश्यक हैं—

1. इसके अन्तर्गत एक प्रदत्त पर्यावरण में उगने वाले पौधों के एक समुदाय को सम्मिलित किया जाता है।
   (i) भूमि तल के नीचे जल की मात्रा पर्याप्त होनी चाहिए जिससे वह धरातल की मांग को स्थायी रूप से पूरा कर सके।
   (ii) जल की सतह भूमि से 150-200 फीट की गहराई से अधिक नहीं हो।
   (iii) सिंचाई की मांग औसत रूप से वर्षभर में 3200 घण्टे हो।
   (iv) मिट्टी इतनी उपजाऊ हो कि नलकूप निर्माण में किया गया व्यय उस पर अधिक उत्पादन करके प्राप्त किया जा सके।

तालाब (Tanks)

तालाबों द्वारा भारत के सिंचित क्षेत्र का लगभग 6.5% भाग सींचा जाता है। भारत में सब मिलाकर लगभग 5 लाख बड़े और 60 लाख छोटे तालाब हैं।

तालाब मध्य व दक्षिण भारत की विशेष परिस्थिति के द्योतक हैं। इसके कई कारण हैं—

1. दक्षिण की नदियां हिमाच्छादित क्षेत्रों से नहीं निकलतीं। अत: वे वर्षा के जल पर ही निर्भर रहती हैं। इस प्रकार की नदियों और जल प्रपातों की अस्थायी दशा तथा दक्षिण का पहाड़ी धरातल होने से नहरों के निर्माण कार्य में बाधा पड़ती है।
2. पठार की कठोर चट्टानें जल को सोख नहीं सकतीं इसलिए कुओं का निर्माण करना सरल नहीं है किन्तु वर्षा के जल को तालाबों में रोककर नालियों द्वारा खेतों तक पहुंचाया जा सकता है।
3. दक्षिणी भारत की अधिकांश जनसंख्या बिखरी हुई है इससे तालाबों का बनाना ही उचित होता है।

तालाबों द्वारा सींचा जाने वाला सबसे अधिक क्षेत्र तमिलनाडु में पाया जाता है जहां लगभग 40000 तालाब हैं। सबसे अधिक तालाब तिरुचिरापल्ली जिले में हैं। चिंगलपुट, मदुरई, रामनाथपुरम्, तिरुन्नलवेली, दक्षिणी और उत्तरी अर्काट, सलेम, कोयम्बटूर और तंजौर जिलों में तालाबों द्वारा लगभग 7 लाख हेक्टेअर भूमि सींची जाती है।

आन्ध्र प्रदेश में निजामसागर, कर्नाटक में कृष्णाराजसागर और राजस्थान में जयसमन्द, राजसमन्द, कोटा झील, बालसमन्द जैसे मध्ययुगीन एवं जवाई, मेजा, खारीबांध एवं नदी-नालों को रोककर बनाए गए तालाब व झीलों द्वारा सिंचाई और पीने के लिए मीठे जल की प्राप्ति की जाती है।

अन्य प्रदेशों में तालाबों द्वारा सिंचाई झारखण्ड, छत्तीसगढ़, महाराष्ट्र, कर्नाटक एवं दक्षिणी-पूर्वी राजस्थान में भी की जाती है।

तालाबों के दोष

1. तालाबों में जल केवल वर्षा द्वारा प्राप्त होता है, अत: जिस वर्ष वर्षा की कमी होती है तालाबों में भी जल कम हो जाता है, तब उनका उपयोग पेयजल के रूप में ही करना अनिवार्य हो जाता है।
2. तालाबों में वर्षा का जल अपने साथ पर्याप्त मात्रा में मिट्टी बहाकर ले आता है और तालाब की तह में एकत्रित करता है। इससे तालाब भी छिछले होते जाते हैं।
3. तालाब स्थान अधिक घेरते हैं।
4. तालाबों से खेतों तक जल पहुंचाने में काफी श्रम, व्यय एवं समय लगता है। किन्तु इन दोषों के विपरीत तालाब दक्षिण भारत के लिए सिंचाई के अत्युत्तम साधन हैं क्योंकि वर्षा के जल का उपयोग इनके द्वारा ही सम्भव है। इनके द्वारा निकटवर्ती क्षेत्रों का जल-तल ऊंचा उठ जाता है जिससे कुएं बनाना भी सम्भव हो जाता है।

शुष्क क्षेत्र कृषि

शुष्क क्षेत्र कृषि की विशेषताएँ—

1. **निम्न वर्षापात**—निम्न वर्षापात के आलावा इन क्षेत्रों में मानसून का विलंबन तथा शीघ्र वापसी जैसी अनिश्चितताएं भी देखी जा सकती

हैं। कभी-कभी दो नम चरणों के मध्य एक लंबा शुष्क चरण भी मौजूद रहता है।

2. **सुनिश्चित सिंचाई का अभाव**—शुष्क भूमि क्षेत्रों में उगायी जाने वाली फसलें तथा फसल पद्धतियां पूर्णत: वर्षा पर निर्भर रहती है, जो प्राय: अनियमित तथा अनिश्चित होता है। इसी कारण शुष्क क्षेत्र कृषि को 'वर्षाधीन कृषि' भी कहा जाता है।
3. **मुख्यत: जीविका खेती का प्रचलन**— जैविक खेती के मुख्य लक्षणों में निम्न उत्पादकता, निम्न आय, अनिश्चित उपज तथा निम्न पूंजी निर्माण शामिल है। ये क्षेत्र देश की सूखा ग्रस्त पेटी के अंतर्गत आते हैं तथा यहां की जनसंख्या को मानसून स्थगन या शुष्क मौसम के दौरान बेरोजगारी या अल्परोजगार की समस्या का सामना करना पड़ता है।

शुष्क क्षेत्र कृषि का महत्व

शुष्क क्षेत्रों या वर्षाधीन परिस्थितियों में उगायी जाने वाली फसलों में दालें (प्रोटीन का एक स्रोत, कुल उत्पादन का 85 प्रतिशत वर्षाधीन क्षेत्रों से प्राप्त), तिलहन (वसा का एक स्रोत, कुल उत्पादन का 75 प्रतिशत वर्षाधीन क्षेत्रों से), मूंगफली व मेस्टा (इसका लगभग संपूर्ण उत्पादन शुष्क क्षेत्रों से प्राप्त), प्रमुख खाद्य जैसे- ज्वार एवं बाजरा (इसका 95 प्रतिशत शुष्क क्षेत्रों में उगाया जाता है), मक्का (कुल उत्पादन का 80 प्रतिशत वर्षाधीन कृषि से) तथा जई शामिल हैं। यदि देश में उपलब्ध संपूर्ण सिंचाई क्षमता का दोहन कर लिया जाये तो भी देश के कुल कृषित क्षेत्र का लगभग आधा भाग वर्षाधीन कृषि के अंतर्गत बना रहेगा। यह तथ्य देश की अर्थव्यवस्था में शुष्क क्षेत्र कृषि के महत्त्व को रेखांकित करता है।

देश के कुल खाद्यान्न उत्पादन में शुष्क क्षेत्र कृषि का योगदान लगभग 40 प्रतिशत है। वर्षाधीन फसलों की उत्पादकता तथा उत्पादन में धीमी वृद्धि ने दालों व तिलहनों की प्रति व्यक्ति उपलब्धता में कटौती की है। इसलिए अब शुष्क क्षेत्रों पर अधिक ध्यान देना आवश्यक हो गया है। शुष्क क्षेत्र कृषि के तीन प्रमुख उद्देश्य हैं—(i) खाद्य सुरक्षा, (ii) अंतरक्षेत्रीय, अंतरवैयक्तिक तथा अंतरवर्गीय असमानताओं एवं पोषकीय न्यूनता की समाप्ति तथा (iii) ग्रामीण रोजगार।

शुष्क क्षेत्र कृषि की उत्पादकता बढ़ाने के उपाय

ये वैज्ञानिक कृषि पद्धतियां हैं जिनका उद्देश्य मृदा एवं नमी संरक्षण के माध्यम से उत्पादकता में सुधार लाना है।

1. **समयबद्ध तैयारी तथा बीजारोपण गतिविधियां**—यह गहरी एवं सतही जुताई द्वारा किया जाता है। गहरी जुताई खरीफ की फसलों में सहायक होती है क्योंकि यह परतदार मृदा के नीचे की कठोर एवं संयुक्त परत को तोड़ देती है। गहरी जुताई के परिणामस्वरूप अधिकतम वर्षा जल भूमि के अंदर रिसता है तथा बीज बोने एवं खर-पतवार को नियंत्रित रखने में मदद मिलती है। सतही जुताई से रबी की फसल को लाभ पहुंचता है, क्योंकि यह मृदा की नमी को संरक्षित रखने में सहायक होती है।
2. **प्रभावी खर-पतवार नियंत्रण**—गैर-मौसमी जुताई, समुचित बीज संस्तर निर्माण, समयबद्ध बुआई तथा खर-पतवार नाशकों के उपयोग इत्यादि उपायों से खर-पतवार को नियंत्रित किया जा सकता है।
3. **वायु-अपरदन की रोकथाम**—यह शुष्क भूमि क्षेत्रों की एक सामान्य समस्या है। इसे पौध अवरोधों के निर्माण, रेत के टीलो के स्थिरीकरण, ठूंठीदार पलवार खेती तथा वनस्पति अवशिष्टों के आवरण द्वारा नियंत्रित किया जा सकता है। समोच्चरेखीय जुताई तथा समोच्चों के बंध निर्माण एवं खाईयों द्वारा भी वायु अपरदन को कम किया जा सकता है।
4. **प्रतिरोधी किस्मों का प्रयोग**—इन किस्मों के तहत अल्पावधि वाली किस्में शामिल हैं जो विलंबित बुआई और गहरे रोपण वाली फसलो के लिए उपयुक्त होती हैं।
5. **फसल विविधीकरण**—विभिन्न दलहन फसलों को अपनाकर वर्षाधीन क्षेत्रों में फसल उत्पादन को स्थिर रखा जा सकता है।
6. **फलीदार पौधों का प्रयोग**—अनाज फसलों के साथ फलीदार पौधे लगाने से कृषि जोखिम को कम किया जा सकता है।
7. **वैकल्पिक भूमि उपयोग का नियोजन**
   (i) **कृषि वानिकी (Agro–Forestry)**—फलदार वृक्षों के साथ मटर और अरहर आदि फलीदार फसलों की मिश्रित कृषि।
   (ii) **सीमांत भूमि एवं कृषि योग्य व्यर्थ भूमि के संबंध में**—स्वतंत्र कृषि, वन, चरागाह प्रबंधन तथा सामाजिक वानिकी।
8. **भौतिक आधार संरचना का निर्माण**—इस संबंध में बांधों एवं समोच्च बंधों का प्रयोग, वानस्पतिक अवरोध (सतही जलप्रवाह को संग्रहीत करने हेतु) जैसी आधुनिक पद्धतियों के अलावा देश के विभिन्न भागों में खादिन (khadins) तथा रेला (rela) खेती जैसी परम्परागत पद्धतियों का प्रयोग भी किया जा रहा है।

शुष्क क्षेत्र कृषि के विकास हेतु सरकारी प्रयास

- बढ़ती हुई जनसंख्या की खाद्यान्न जरूरतों को पूरा करना तथा खाद्यानो के अलावा चारा, ईंधन लकड़ी एवं इमारती लकड़ी के उत्पादन में आने वाले उतार-चढ़ावों को न्यूनतम करना।
- सिंचित एवं वर्षाधीन क्षेत्रों के बीच मौजूद समाजार्थिक असमानताओं को समाप्त करना।
- वृक्षों, झाड़ियों एवं घासों के उपयुक्त मिश्रण द्वारा पारिस्थितिकी संतुलन को कायम रखना।
- ग्रामीण रोजगार की स्थिति में सुधार लाना तथा इस प्रकार ग्रामीण-शहरी अप्रवासन को नियंत्रित करना।
- एक लागत प्रभावी एवं संवहनीय भूमि उपयोग का विकास करना।

जल विभाजक परियोजना

जलविभाजक या वाटरशेड वह भौगोलिक इकाई है जो समान बिन्दु की तरफ जल प्रवाह को निर्धारित करता है। वर्षाधीन क्षेत्रों हेतु राष्ट्रीय जल-विभाजक विकास परियोजना (एन.डब्ल्यू.डी.पी.आर.ए) की

शुरुआत 1990-91 में की गई। इसके दो मूल उद्देश्य थे (i) बायोमास का संवहनीय उत्पादन तथा (ii) विस्तृत वर्षाधीन क्षेत्रों में परिस्थितिक संतुलन को कायम रखना। इसके लिए मुख्यत: निम्न बातों पर बल दिया गया—(i) भूमि, जल, पौधों, पशु एवं मानव संसाधन जैसी प्राकृतिक संपदा का निम्न लागत वाली प्रभावी तकनीक के साथ एकीकृत एवं सामंजस्यपूर्ण ढंग से संरक्षण, उन्नयन और उपयोग करना, (ii) रोजगार तथा (iii) सिंचित एवं वर्षाधीन क्षेत्रों के बीच असमानताओं को घटाना।

उक्त कार्यक्रम का लक्ष्य उन सभी सामुदायिक विकास खंडों की 2.8 मिलि. हेक्टेयर भूमि को शामिल करना है, जिनका कृषि योग्य भूमि का 30 प्रतिशत से भी कम सुनिश्चित सिंचाई साधनों के अंतर्गत आता है।

एकीकृत जल-विभाजन विकास में उपलब्धियां

1. काली एवं लाल मिट्टी वाले क्षेत्रों में समोच्चरेखीय कृषि द्वारा उपज में वृद्धि करना संभव हुआ है।
2. समोच्चों के पार वनस्पति अवरोध लगाने से नमी संरक्षण एवं उत्पादन वृद्धि में मदद मिली है।
3. इन परियोजनाओं के कारण फसल गहनता में वृद्धि हुई है।

राष्ट्रीय जल नीति

राष्ट्रीय जल संसाधन परिषद् द्वारा 1 अप्रैल, 2002 को आम सहमति से राष्ट्रीय जल नीति, 2002 को स्वीकृति प्रदान की गई है जो 1987 की जल नीति का स्थान लेगी। इस जल नीति में सब के लिए पेयजल की व्यवस्था को सर्वोच्च प्राथमिकता प्रदान की गई है। नई जल नीति में जल संसाधनों के एकीकृत प्रबन्धन और विकास के उद्देश्य से संस्थागत उपाय करने के साथ-साथ नदी जल और नदी भूमि सम्बन्धी विवादों के समाधान के लिए नदी बेसिन प्राधिकरण गठित करने पर बल दिया गया है। अन्तर्राष्ट्रीय जल-विवाद को नई संशोधित नीति के दायरे से बाहर रखा गया है। 2002 की जल नीति में जल संसाधनों के उपयोग की प्राथमिकताएं निम्नांकित प्रकार से तय की गई हैं :

1. सभी नागरिकों के लिए पेयजल की उपलब्धता
2. सिंचाई के लिए जल व्यवस्था
3. विद्युत उत्पादन हेतु जल की उपलब्धता
4. पारिस्थितिकी सन्तुलन के लिए नदियों में एक निर्धारित सीमा तक निरन्तर जल प्रवाह बनाए रखना
5. उद्योगों तथा परिवहन के लिए जल का उपयोग

इस प्रकार हमारी राष्ट्रीय जल नीति में जल को मानव जीवन तथा पशुओं के लिए, पारिस्थितिकी सन्तुलन बनाए रखने के लिए, आर्थिक तथा अन्य सभी विकासात्मक गतिविधियों को संचालित करने और जल की निरन्तर कमी होते जाने के कारण इसके उपयोग की उपयुक्त, सर्वहितकारी तथा मितव्ययी योजनाओं का उचित रीति से नियोजन तथा प्रबन्धन किया जाना अपरिहार्य समझा गया है और देश के सभी भागों में जल के समुचित उपयोग को सुनिश्चित करने, इसे प्रदूषण से बचाने तथा इसकी गुणवत्ता सुनिश्चित करने जैसी सभी आवश्यक व्यवस्थाएं करना आवश्यक बताया गया है।

राष्ट्रीय जल ग्रिड संकल्पना भारत में जल की आपूर्ति वर्षा, भूमिगत जल, नदियों, झीलों एवं समुद्रों द्वारा होती है। लेकिन देश में इन जल स्रोतों के वितरण में भौगोलिक विषमता है। देश के कुछ भाग वर्षभर जल से तर रहते हैं तो कुछ सूखे से त्रस्त रहते हैं। देश में जल वितरण की इस विषमता से निजात पाने के लिए एक 'राष्ट्रीय जल ग्रिड' की संकल्पना की गई है। इस संकल्पना का प्रमुख उद्देश्य नदियों द्वारा समुद्र तक पहुंचाए जाने वाले बहुमूल्य जल का समुचित नियोजन करना है। इसके अन्तर्गत देश की बड़ी नदियों को नहरों या लिंक द्वारा अन्तर्सम्बन्धित कर देश के जल बाहुल्य तथा जलाभाव वाले क्षेत्रों को भौगोलिक रूप से जोड़ा जाएगा तथा देश में जल संकट तथा जलाधिक्य वाले क्षेत्रों में जल संसाधन के आदान-प्रदान द्वारा सन्तुलन स्थापित किया जाएगा। उदाहरणस्वरूप गंगा-कावेरी लिंक द्वारा गंगा नदी का अतिरिक्त जल कावेरी बेसिन तक पहुंचाया जाएगा। इसी प्रकार चम्बल-राजस्थान लिंक द्वारा चम्बल नदी का जल राजस्थान के सूखाग्रस्त क्षेत्रों तक पहुंचाया जाएगा। उच्चतम न्यायालय ने भी सरकार को देश की प्रमुख नदियों को सन् 2012 तक आपस में जोड़ने का ऐतिहासिक निर्देश दिया है। राष्ट्रीय जल ग्रिड संकल्पना के प्रमुख बिन्दु निम्नलिखित हैं:

1. सूखाग्रस्त क्षेत्रों को सिंचाई के लिए जलापूर्ति सुनिश्चित करना।
2. वर्षाकालीन अतिरिक्त जल का देश के विभिन्न भागों में बनाए जाने वाले कृत्रिम जलाशयों में संचय।
3. लिंक एवं नहरों द्वारा शुष्क तथा अर्द्धशुष्क क्षेत्रों की 35 मिलियन हेक्टेयर अतिरिक्त भूमि की सिंचाई, तथा
4. पठारी भागों में निर्मित लिंक हेतु बनाए गए जलाशयों तथा बांधों से लगभग 40 मिलियन किलोवाट अतिरिक्त विद्युत का उत्पादन करना।

राष्ट्रीय जल ग्रिड के निर्माण द्वारा देश की नदियों द्वारा बहाए गए कुल जल का लगभग 77 प्रतिशत भाग उपयोग में लाया जा सकेगा।

राष्ट्रीय जल ग्रिड योजना कोई नई योजना नहीं है। इस योजना के तहत प्रधानत: अन्तर्बेसिन लिंक की दो दिशाएं होंगी। एक उत्तर से दक्षिण तथा दूसरी पूरब से पश्चिम। सरकार ने इस योजना को पूरा करने का काम अपने हाथों में लिया है तथा इसका **शुभारंभ अगस्त, 2005 में केन एवं बेतवा नदियों को आपस में जोड़ने के लिए सहमति पत्र पर हस्ताक्षर** होने के साथ ही हो चुका है।

प्रमुख प्रस्तावित योजनाएं—1. गंगा-कावेरी लिंक, 2. गंगा-ब्रह्मपुत्र लिंक, 3. नर्मदा से गुजरात तथा पश्चिमी राजस्थान की नहर, 4. चम्बल-राजस्थान लिंक, 5. पश्चिमी घाट की नदियों का पूर्व स्थित वृष्टिछाया प्रदेश से लिंक।

प्रमुख बहुउद्देशीय परियोजनाएँ

परियोजना का नाम	नदी	लाभान्वित राज्य	महत्वपूर्ण तथ्य
• भाखड़ा नांगल परियोजना	सतलुज	पंजाब, हरियाणा, राजस्थान	• संसार का सबसे ऊँचा गुरूत्वीय बांध, देश की सबसे बड़ी बहुउद्देशीय परियोजना बांध के पीछ स्थित झील क नाम गाविन्द सागर (हिमांचल प्रदेश) है।
• दामोदर घाटी परियोजना	दामोदर	झारखण्ड, प. बंगाल	• स्वतंत्र भारत की पहली (1948) बहुउद्देशीय नदी घाटी परियोजना है एवं संयुक्त राज्य अमेरिक की टेनेसी नदी घाटी योजना पर आधारित है।
• हीराकुंड परियोजना	महानदी	ओडिशा	• **विश्व का सबसे लम्बा नदी बांध है।** चम्बल नदी पर तीन जगह बांध बनाये गये है:- 1. गांधी सागर बांध—म.प्र. 2. राणा सागर बांध—राजस्थान 3. जवाहर सागर बांध—राजस्थान
• चम्बल परियोजना	चम्बल	राजस्थान, म.प्र.	
• मयूराक्षी परियोजना	मयूराक्षी	प. बंगाल	• इसे मैसेनजोर या कनाडा बांध कहते है।
• रिहन्द बांध परियोजना	रिहन्द	उ.प्र., म.प्र.,	• इस बांध के पीछे गोविन्द बल्लभ पंत सागर नामक कृत्रिम झील है जो उ.प्र. और छत्तीसगढ़ की सीमा पर स्थित है।
• टिहरी परियोजना	भीलांगगा एवं भागीरथी	उत्तराखण्ड, म.प्र.	–
• नर्मदा घाटी परियोजना	नर्मदा नदी	गुजरात, म.प्र.,	इसमें गुजरात में सरदार सरोवर बांध एवं मध्यप्रदेश में नर्मदा या महाराष्ट, राजस्थान इंदिरा सागर बांध का निर्माण किया गया है।

अन्य प्रमुख बहुउद्देशीय परियोजना

परियोजना	नदी	लाभान्वित राज्य	उद्देश्य
• माताटीला परियोजना	बेतवा	उ.प्र., म.प्र.	विद्युत एवं सिंचाई
• फरक्का बैराज परियोजना	हुगली	प. बंगाल	सिंचाई एवं नौपरिवहन
• तुंगभद्रा परियोजना	तुंगभद्रा	कर्नाटक, आन्ध्रप्रदेश	विद्युत उत्पादन एवं सिंचाई
• नागार्जुन सागर परियोजना	कृष्णा	आन्ध्र प्रदेश	विद्युत उत्पादन एवं सिंचाई
• स्वर्ण रेखा परियोजना	स्वर्ण रेखा	झारखण्ड	जल विद्युत एवं सिंचाई
• घाट प्रभा परियोजना	घाट प्रभा	कर्नाटक	जल विद्युत एवं सिंचाई
• मैटूर परियोजना	कावेरी	तमिलनाडु	जलविद्युत
• इडुक्की परियोजना	पेरियार	केरल	जलविद्युत
• शरावदी परियोजना	शरावती	कर्नाटक	जलविद्युत
• साबरमती परियोजना	साबरमती	गुजरात	जलविद्युत

(Continued)

परियोजना	नदी	लाभान्वित राज्य	उद्‌देश्य
• तवा परियोजना	तवा	म.प्र.	सिंचाई
• पोंग बांध परियोजना	व्यास	हिमांचल प्रदेश	जल विद्युत, सिंचाई
• तुलबुल परियोजना	झेलम	जम्मू कश्मीर	जल परिवहन
• पापनाशम परियोजना	ताम्रपर्णी	तमिलनाडु	जल विद्युत
• तिस्ता परियोजना	तिस्ता	सिक्किम	जल विद्युत एवं बाढ़ नियंत्रण
• बाण सागर परियोजना	कंगसावती	म.प्र., उ.प्र., बिहार	जल विद्युत, सिंचाई

भारत और पड़ोसी देशों के साथ नदी परियोजना

परियोजना	देश	नदी
चुखा जलविद्युत परियोजना	भारत-भूटान	वांग्चू
ताला परियोजना	भारत-भूटान	वांग्चू
संकोश परियोजना	भारत-भूटान	संकोश
टनकपुर बांध परियोजना	भारत-नेपाल	महाकाली
कोसी परियोजना	भारत-नेपाल	महाकाली
पंचेश्वर परियोजना	भारत-नेपाल	महाकाली
शारदा परियोजना	भारत-नेपाल	काली नदी

भारत-पाकिस्तान के मध्य विवादित जल विद्युत परियोजना

परियोजना	नदी
दुल्हस्ती जल विद्युत परियोजना	चिनाब
सलाल परियोजना	चिनाब
किशनगंगा परियोजना	किशनगंगा
बगलिहार बांध परियोजना	चिनाब
किरथई बांध परियोजना	चिनाब
सावाल कोट बांध परियोजना	चिनाब
–	–

मुख्य नदी जल विवाद

मुख्य नदी जल विवाद	संबंधित राज्य
कावेरी जल विवाद	कर्नाटक, तमिलनाडु, केरल, पांडिचेरी
कृष्णा जल विवाद	महाराष्ट्र, आंध्रप्रदेश, कर्नाटक
गोदावरी नदी जल विवाद	आंध्रप्रदेश, महाराष्ट्र, मध्यप्रदेश, कर्नाटक, ओडिशा
नर्मदा नदी जल विवाद	मध्यप्रदेश, महाराष्ट्र, गुजरात, राजस्थान
बराक नदी जल विवाद	बिहार, उत्तर प्रदेश
रावी व व्यास नदी जल विवाद	हरियाणा, पंजाब दिल्ली, जम्मू कश्मीर, राजस्थान
यमुना नदी जल विवाद	उत्तर प्रदेश, हिमांचल प्रदेश, हरियाणा, पंजाब, दिल्ली, राजस्थान, मध्यप्रदेश

अध्याय सार संग्रह

- सतही सिंचाई की तुलना में ड्रिप सिंचाई से 30 से 40 प्रतिशत तक पानी की बचत होती है और प्रति हेक्टेयर उपज भी 20 से 25 प्रतिशत अधिक प्राप्त होती है।
- उड़ीसा में पानी पंचायत योजना सितम्बर, 2000 से प्रारम्भ की गई है। इसके अन्तर्गत किसानों की प्रत्येक पंजीकृत सोसायटी को 500 हेक्टेअर की सिंचाई प्रणाली का रख-रखाव सौंपा जाएगा।
- देश के लगभग 12 प्रतिशत भू-भाग को बाढ़ की आशंका वाला क्षेत्र माना गया है।
- अन्तर्राज्यीय जल विवाद को निपटाने के लिए अब तक (1) गोदावरी, (2) कृष्णा, (3) नर्मदा, (4) कावेरी और (5) रावी-व्यास नदियों के जल-विवाद ट्रिब्यूनल बनाए गए हैं।
- जल संसाधनों के समुचित विकास के लिए कारगर उपाय सुनिश्चित करने के लिए राष्ट्रीय जल बोर्ड का गठन सितम्बर, 1990 में किया गया।
- राष्ट्रीय जल संसाधन परिषद की स्थापना भारत सरकार द्वारा मार्च, 1983 में शीर्ष राष्ट्रीय संगठन के रूप में की गई है।
- केन्द्रीय जल तथा विद्युत अनुसंधान केन्द्र, पुणे जल और ऊर्जा संसाधन विकास तथा जल परिवहन से सम्बन्धित परियोजनाओं के लिए व्यापक अनुसन्धान एवं विकास सहायता उपलब्ध कराता है। इस केन्द्र को 1971 में एशिया प्रशान्त आर्थिक-सामाजिक आयोग की क्षेत्रीय प्रयोगशाला के रूप में मान्यता मिली है।
- केन्द्रीय भूमिगत जल बोर्ड राष्ट्रीय स्तर पर भूमिगत जल संसाधनों के वैज्ञानिक विकास और उनके प्रबन्ध के लिए जिम्मेदार है।
- गंगा बाढ़ नियन्त्रण आयोग, पटना की स्थापना 1972 में की गई। आयोग को गंगा नदी प्रणाली में बाढ़ नियंत्रण की व्यापक योजनाएं तैयार करने का कार्य सौंपा गया है।
- राष्ट्रीय जल विज्ञान संस्थान, रूड़की की स्थापना 1979 में जल विज्ञान के सभी पहलुओं में व्यवस्थित और वैज्ञानिक कार्य शुरू करने, उन्हें बढ़ावा देने और उनमें समन्वय स्थापित करने के उद्देश्य से की गई थी।
- सहभागी सिंचाई प्रबन्धन के बारे में भारतीय नेटवर्क की स्थापना 1998 में की गई है।
- स्वतंत्रता के बाद भारत में कुल सिंचित क्षेत्र लगभग चार गुना बढ़ गया है।
- भारत की 850 लाख हेक्टेयर भूमि सिंचित है।
- शुद्ध बोए गए क्षेत्र के लगभग 38% भाग में सिंचाई होती है।
- मिजोरम में कुल बोए क्षेत्र का 7.3% ही सिंचित है, जबकि पंजाब में 90.8% है।

अध्याय 21

वानिकी एवं मत्स्य व्यवसाय

इस अध्याय में आप सीखेंगे किः

- ➤ भारत में वन्यजीव का विस्तार उसके महत्व क्या हैं और सरकार द्वारा उनके संरक्षण के लिए चलाई जाने वाली योजनाएँ कौन-कौन सी हैं।
- ➤ वन्य जीव प्राणियों का पारिस्थितिकी संतुलन में क्या महत्व है और इसकी उपयोगिता मानव जीवन के लिए क्या-क्या हैं।

वन

- वन नवीकरणीय संसाधन है। इनके मुख्य कार्य—
  1. स्थानीय वायु में सुधार करते हैं।
  2. मृदा अपरदन को नियंत्रित करते हैं।
  3. नदी प्रवाह को नियमित करते हैं।
  4. विभिन्न उद्योगों की मदद करते हैं।
  5. पवनों और वायु के तापमान को प्रभावित करते हैं।
- प्रशासनिक उद्देश्य के आधार पर बनों को तीन वर्गों में बाँटा गया है।
  1. **आरक्षित वन**—वे वन जो इमारती लकड़ी अथवा वन उत्पादों को प्राप्त करने के लिए स्थाई रूप से सुरक्षित किए गए है, तथा इनमें पशुओं को चराने एवं खेती करने की अनुमति प्राप्त नहीं होती। कुल वन क्षेत्र का 54.4%।
  2. **संरक्षित वन**—वे वन जिनमें पशुओं को चराने और खेती करने की अनुमति सामान्य प्रतिबंधों के साथ दी जाती है। कुल वन क्षेत्र का 29.2%।
  3. **अवर्गीकृत वन**—वे वन जो दुर्गम हैं। कुल वन क्षेत्र का 16.4%।
- भारत में 678333 वर्ग किलोमीटर भूमि पर वन का विस्तार है, जो भौगोलिक क्षेत्र का लगभग 20.64% है।
- भारत में अंडमान-निकोबार द्वीप समूह में 86.9% भू-भाग में वन है (सर्वाधिक) एवं हरियाणा में 3.8% भू-भाग पर (न्यूनतम)।
- राष्ट्रीय वन नीति के अनुसार देश में कम से कम 33% भू-भाग पर वन होने चाहिए। हिमालय एवं प्रायद्वीपीय पठार के 60% क्षेत्र तथा विशाल मैदानों के 20% क्षेत्र पर वन का विस्तार होना चाहिए।

राष्ट्रीय उद्यान एवं वन्य प्राणी अभ्यारण्य (National Park and Sanctuary)

- **राष्ट्रीय उद्यान**—तुलनात्मक रूप से विस्तृत क्षेत्र है, जहाँ एक या अनेक परितंत्र पाए जाते हैं और जहाँ पेड़ पौधे और जीव-जन्तु, भू-आकृतिक स्थल एवं आवास विशेष रूप से शैक्षिक और मनोरंजक रूचि के हैं। भारत में 102 राष्ट्रीय उद्यान हैं।
- **वन्य प्राणी अभ्यारण**—यह वन्य प्राणियों को संरक्षित एवं प्रजातियों को सुरक्षित करने के प्रति समर्पित है। भारत में 490 वन्य प्राणी अभ्यारण हैं।
- **जैव आरक्षित क्षेत्र**—बहुउद्देश्य आरक्षित क्षेत्र है, जहाँ विशेष पारिस्थितिकी तंत्र में आनुवांशिक विविधता को सुरक्षित रखा जाता है। भारत में 18 जैव आरक्षित क्षेत्र का विकास किया गया है।
- **प्रथम जैव आरक्षित क्षेत्र**—नंदादेवी (उत्तरांचल)

सामाजिक वानिकी (Social Forestry)

- वन वैज्ञानिक वैस्टोबी ने सर्वप्रथम 'सामाजिक वानिकी' नाम दिया।
- सन् 1950 में भारत में सामाजिक वानिकी योजना का सूत्रपात हुआ।

- भारत का गुजरात राज्य 'सामाजिक वानिकी योजना' प्रारम्भ करने में अगुवा रहा है।
- हमारे देश में 'सामाजिक वानिकी' का मुख्य उद्देश्य गरीब लोगों के लिए ग्रामीण विकास से है।
- देश के भूमि भाग के 33 प्रतिशत को वन क्षेत्र में लाना सामाजिक वानिकी योजना का अन्तिम लक्ष्य है।
- सामाजिक वानिकी के लिए नारा 'वानिकी लोगों की, लोगों द्वारा तथा लोगों के लिए' कहा जाता है।

सामाजिक वानिकी के उद्देश्य

- वन क्षेत्र में वृद्धि करना तथा पारिस्थितिकी संतुलन को कायम रखना।
- **आधारभूत ग्रामीण जरूरतों की पूर्ति करना**—सामाजिक वानिकी द्वारा ग्रामीणों की पांच मूल जरूरतों-ईंधन, खाद्य, चारा, उर्वरक एवं रेशा की पूर्ति की जाती है।
- **बेहतर भूमि उपयोग को सुनिश्चित करना**—सामाजिक वानिकी मृदा अपरदन के नियंत्रण, सीमांत भूमि के पुनरुद्धार, जलाक्रांति के निरोधक प्रयासों तथा कृषि-वन-पशुपालन के सकारात्मक समेकन के माध्यम से संतुलित एवं जीवक्षम भूमि उपयोग की उपलब्धि में सहायता करती है।
- **रोजगार निर्माण**—इसके द्वारा ग्रामीण बेरोजगारी (विशेषत: गैर-कृषि मौसम में) की स्थिति में संतोषजनक कमी लायी जा सकती है। यह समाज के कमज़ोर वर्गों की आय के स्थिरीकरण में सहायक होती है।
- **प्रदूषण नियंत्रण**—वृक्षों द्वारा हानिकारक गैसों का अवशोषण तथा ऑक्सीजन का उत्सर्जन किया जाता है। इस रूप में वे वायु प्रदूषण को घटाने (विशेषत: शहरी क्षेत्रों में) में सहायक होते हैं।
- सामान्य पर्यावरण का सुधार एवं मनोरंजन सुविधाओं का निर्माण।

सामाजिक वानिकी कार्यक्रम काआलोचनात्मक मूल्यांकन

- **कृषि वानिकी में सफलता किंतु ग्राम वानिकी की उपेक्षा**—सामाजिक वानिकी कार्यक्रम के दो मुख्य घटक हैं—पहला, ग्रामीण भूमियों का वनीकरण तथा दूसरा निजी भूमियों पर वृक्षारोपण, जिसे कृषि वानिकी कहा जाता है। वृक्षों के तीव्र उत्पादन की दृष्टि से कृषि वानिकी अत्यंत सफल रही है। गुजरात एवं कर्नाटक के कुछ क्षेत्रों में तो यूकेलिप्टस वृक्षों का आधिक्य समाप्त हो चुका है। दूसरी ओर ग्राम या सामुदायिक वानिकी असफल साबित हुई है क्योंकि स्थानीय लोगों द्वारा इसमें प्रभावी सहभागिता नहीं निभाई गयी। ग्राम प्राय: विजातीय होते हैं, जिनमें समन्वय की भावना का अभाव पाया जाता है। ग्राम परिषदें भी अनेक ग्रामों से बनी निकाय होती हैं तथा जो प्रत्येक सदस्य ग्राम को विश्वास में नहीं ले पाती हैं। इसके अतिरिक्त सामान्य भूमि के प्रबंधन की कोई परंपरा भी मौजूद नहीं होती।
- **बाजारोन्मुखी वृक्षों को वरीयता तथा ईंधन, काष्ठ व चारा वृक्षों की उपेक्षा**—यह सामाजिक वानिकी के उद्देश्यों के प्रतिकूल ही नहीं बल्कि वन भूमि पर बड़े दबाव का कारण भी था। किसानों द्वारा वनों से लकड़ी, पत्तियां, घास इत्यादि एकत्रित करना पहले की भांति जारी रखा गया।
- **कोष की कमी**—विदेशी योगदान की तुलना में सरकारी कोष की कमी के कारण वन भूमियों पर चलायी जा रही सामाजिक वानिकी परियोजनाओं को पूंजी के अभाव का सामना करना पड़ा। आधे-अधूरे रूप में संचालित ये परियोजनाएं अपेक्षित परिणाम देने में असफल रहीं।
- **त्रुटिपूर्ण प्रजाति चयन तथा अवैज्ञानिक पद्धतियां**—वृक्षों की प्रजातियों के चयन तथा वृक्षों के बीच स्थानांतर पर सावधानीपूर्वक विचार नहीं किया गया। मध्यवर्ती उत्पाद देने वाली प्रजातियों को समुचित प्रोत्साहन नहीं दिया गया। इसके अतिरिक्त घास, फली, चारा, फल एवं अन्य गौण अन्नोत्पादों की भी उपेक्षा की गयी। पौधरोपण लागत तथा कर्मचारी पर्यवेक्षण समय में कटौती करने और मध्यवर्ती प्रबंधन कार्यों से बचने के लिए वृक्षों के बीच स्थानांतर को घटाया गया। यूकेलिप्टस एवं टीक जैसे इमारती काष्ठ केन्द्रित वृक्षों के रोपण पर अत्यधिक जोर दिया गया जबकि नीम, महुआ, करंज, साल, अर्जुन जैसे बहुपयोगी वृक्षों की उपेक्षा की गयी। साथ ही न्यूनतम संभव समय में चारा व ईंधन लकड़ी प्राप्त करने हेतु झाड़ियों व घासों जैसे जरूरी अनुपूरक उपायों पर भी अधिक ध्यान नहीं दिया गया।

मत्स्य व्यवसाय (Fisheries)

भारत की तटीय रेखा 7516.6 किमी, 20 लाख वर्ग किमी में विशिष आर्थिक क्षेत्र (SEZ) तथा 12 लाख हेक्टेअर में फैले खारे जल स्रोत देश में मछली पालन की प्रचुर सम्भावना के घोतक हैं। देश में बांधों द्वारा निर्मित जलाशयों के 29 लाख हेक्टेअर क्षेत्र में भी मत्स्य पालन होता है।
भारत में मछली पालन के प्रमुख स्रोत निम्नलिखित हैं—

1. **सामुद्रिक मात्स्यिकी**—ये क्षेत्र तटीय क्षेत्र हैं एवं पश्चिम में कोंकणतट से पूर्व में उत्तरी सरकार तट तक फैले हुए हैं। 75% से अधिक मछलियां पश्चिमी तट से प्राप्त होती हैं। इस क्षेत्र में फॉस्फेट और नाइट्रेट की अधिकता है जो मत्स्य पालन के लिए अनुकूल है। यहां प्रमुख मछलियां सारडाइन, मेकरेल और प्रॉन हैं।
2. **अन्तर्देशीय मात्स्यिकी**—इसमें नदियां, नहरें, तालाब, झीलें आदि आते हैं। एक तिहाई से ज्यादा मछलियां नदियों से प्राप्त होती हैं। इस क्षेत्र में प्रमुख राज्य पश्चिमी बंगाल, बिहार और असम हैं एवं प्रमुख मछलियां कटला, रोहिटा, हिलसा, आदि हैं।
3. **ज्वारनदमुख मात्स्यिकी**—इसके अन्तर्गत गंगा, महानदी, गोदावरी, कृष्णा, कावेरी, नर्मदा, तापी, नदियों के ज्वारनदमुख क्षेत्र आते हैं। प्रॉन यहां की प्रमुख मछली है।
4. **पर्ल मछली पालन**—ये समुद्र तट से 20 किमी दूरी पर स्थित 18 से 22 मीटर गहरे पर्ल बैंकों से प्राप्त होती हैं। इसके प्रमुख क्षेत्र अण्डमान निकोबार, मन्नार की खाड़ी, कच्छ की खाड़ी हैं। तमिलनाडु में कुमारी द्वीप में घोंघा (आइस्टर) मछलियां पकड़ी जाती हैं। यह क्षेत्र राज्य सरकारों के अधीन होते हैं।

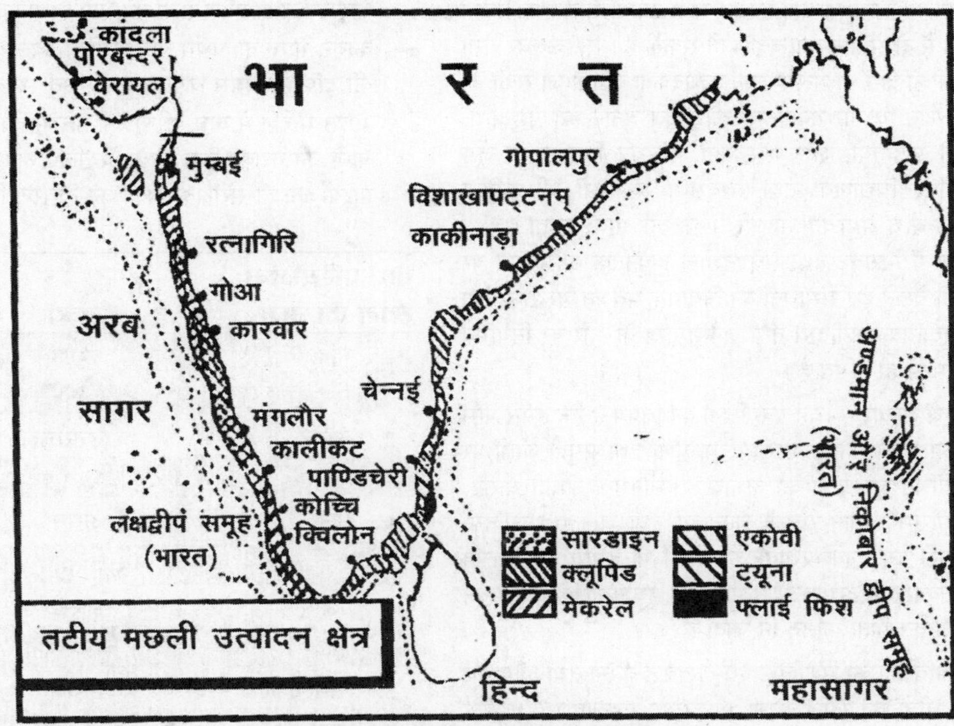

चित्र: भारत के तटीय मछली उत्पादन क्षेत्र

- विश्व में समुद्री मत्स्य उत्पादन में भारत का छठा स्थान, अन्तर्देशीय मत्स्य उत्पादन में द्वितीय स्थान तथा कुल मत्स्य उत्पादन में चौथा स्थान है।
- देश में ताजे पानी की सवाधिक मछलियां पश्चिमी बंगाल में पकड़ी जाती हैं। इस राज्य में देश की लगभग 29 प्रतिशत मछलियां पकड़ी जाती हैं। समुद्री मछली के उत्पादन में केरल का प्रथम स्थान है।
- भारत में पंजाब, हरियाणा, उत्तर प्रदेश और राजस्थान में मत्स्यिकी (Aquaclture) का विकास ऐसी भूमि पर किया जा रहा है, जो वर्तमान में किसी भी प्रकार के उपयोग में नहीं आ रही है।
- भारत में चिल्का झील, पुलीकट झील और वेंबनाड झील में कीचड़ केकड़ा (Scylla Serrata) अधिक पकड़ा जाता है। भारत से जीवित केकड़ों का निर्यात चेन्नई बन्दरगाह से अधिकांशतः सिंगापुर को किया जाता है।
- भारत में सजावट वाली मछलियों की सर्वाधिक प्रजातियां लक्षद्वीप के पश्चात् अण्डमान एवं निकोबार द्वीप समूह में पाई जाती है।
- भारतीय मछली सर्वेक्षण विभाग के सात परिचालन अड्डे मुम्बई, पोरबन्दर, कोच्चि, मारमुगाओं, विशाखापट्टनम, चेन्नई और पोर्ट ब्लेयर में स्थित हैं।
- **चार प्रमुख मत्स्यन पोताश्रय**—कोच्चि, चेन्नई, विशाखापत्तनम, रायचौक
- खारे जल में मत्स्य और प्रॉन के विकास के लिए 'ब्रैकिश वाटर ऐक्वाकल्चर स्कीम' योजना बनाई गई है।
- महाराष्ट्र में मत्स्य उत्पादन के संदर्भ में विशेष सुविधाओं से युक्त पत्तन मुम्बई के सासून डॉक में बनाया गया है।
- केरल में विजिंघम में मछली पकड़ने की विशेष सुविधाओं से युक्त एक पत्तन बनाया गया है।

नीली क्रांति (Blue-Revolution)

'नीली क्रांति' शब्द का प्रयोग उन पद्धतियों के पैकेज के स्वीकरण हेतु किया जाता है, जिनके द्वारा भारत के मत्स्य उत्पादन में वृद्धि की गयी है।

अंत: स्थलीय मत्स्य उत्पादन के विकास हेतु प्रथम पहल पांचवीं योजना के दौरान की गयी, जब तालाबों व जलाशयों में मत्स्यपालन की अवधारणा को लोकप्रिय बनाने के लिए मछली 'कृषक विकास अभिकरणों' (FEDAs) को केंद्र सरकार द्वारा प्रायोजित किया गया। खारे जल में मत्स्यपालन के विकास हेतु 'खारा जल मछली कृषक विकास अभिकरणों (BFADs) की स्थापना की गयी।

वर्तमान में भारत सरकार द्वारा आंध्र प्रदेश, उड़ीसा व प. बंगाल में घोंघा पालन तथा उत्तर प्रदेश व बिहार में अंत:स्थलीय मत्स्य पालन के विकास हेतु विश्व बैंक की सहायता से झींगा तथा मत्स्य पालन परियोजना चलायी जा रही है।

समन्वित कार्य पालन तकनीक के अनुप्रयोग से स्वच्छ जलाशय उत्पादकता में भी भारी वृद्धि हुई है। इसके अतिरिक्त गरीब किसानों को ध्यान में रखकर तैयार की गयी किफायती तकनीकों (जैसे, अपतृण आधारित

बहुपालन) का प्रयोग भी किया जा रहा है। इन सभी उपायों से वर्तमान दशक के अंत तक उत्पादन में दो से तीन गुना वृद्धि हो सकती है। पेन-कल्चर जैसी गैर-परम्परागत तकनीकों द्वारा भी मत्स्यपालन उत्पादकता बढ़ायी जा सकी है।

वर्तमान में मत्स्यन विस्तार कार्यक्रमों को सुदृढ़ बनाने हेतु मछुआरों, उद्यमियों, तकनीकी पद्धतियों, शोध संस्थाओं, मत्स्यन विकास से जुड़े विभिन्न विभागों, विश्वविद्यालयों तथा स्वयंसेवी संस्थाओं की सक्रिय भागीदारी तथा उनके बीच समुचित आपसी संपर्क की आवश्यकता है।

उत्पादन वृद्धि में गिरावट तथा संवेदनशील प्राकृतिक अधिवासों पर पड़ने वाले दबाव को देखते हुए संसाधनों का नियामक प्रबंधन जरूरी समझा जा रहा है, जो सामुदायिक भागीदारी तथा जनसामान्य के स्तर पर नियमित अभियानों के माध्यम से ही संभव है।

रणनीतिक मुद्दे एवं बाधाएं—यह एक चिंता का विषय है कि हमारे पास अभी भी सामुद्रिक जल की भौतिक-रासायनिक गुणों तथा समुद्री जीवों पर उनके प्रभाव से संबंधित सूचनाओं का अभाव है। मानसून, समुद्री धाराएं, अपोढ़, जैसी जलमौसम विज्ञान संबंधी घटनाओं तथा जल में प्रजातियों के अप्रवासन पर डाले गये उनके प्रभावों के बारे में भी हमारा ज्ञान अत्यंत सीमित है। इस जानकारी के अभाव में उत्पादन के पूर्वानुमान हेतु संसाधन प्रतिरूपों का विकास कर पाना कठिन हो जाता है।

सामुद्रिक जैव—विविधता को संशलिष्ट एवं लेखबद्ध करना तथा औषधीय महत्व वाले समुद्री जीवों की खोज करना भी अत्यंत महत्वपूर्ण है। इसके अतिरिक्त तट क्षेत्रों में जल प्रदूषण तथा जैव-विविधता पर उसके घातक प्रभाव के संबंध में भी अनुसंधान संचालित किये जाने चाहिए।

हाथी परियोजना स्थल

क्र. सं.	नाम	राज्य
1.	सिंहभूमि	(झारखण्ड)
2.	गारो हिल्स	(मेघालय)
3.	मयूरभंज	(उड़ीसा)
4.	महानदी	(उड़ीसा)
5.	सम्बलपुर	(उड़ीसा)
6.	ईस्टर्न हार्स	(पश्चिमी बंगाल)
7.	मयूर झरना	(पश्चिमी बंगाल)
8.	वयानद	(केरल)
9.	निलाम्बर	(केरल)
10.	अनाईमुडी	(केरल)
11.	पेरियार	(केरल)
12.	कामेंग	(अरूणाचल प्रदेश)
13.	मैसूर	(कर्नाटक)
14.	शिवालिक	(उत्तरांचल)

- देश में 17 राज्यों में 42 बाघ संरक्षित स्थल हैं।
- सबसे अधिक बाघ संरक्षित स्थल मध्य प्रदेश राज्य में (12) हैं।
- भारत में मध्य प्रदेश राज्य को 'टाईगर राज्य' के नाम से जाना जाता है।
- कार्बेट भारत का प्रथम बाघ संरक्षित स्थल एवं नागार्जुन सागर क्षेत्रफल की दृष्टि से सबसे बड़ा बाघ संरक्षित स्थल है।
- 1973 में देश में बाघ परियोजना प्रारम्भ की गई। इसका मुख्य उद्देश्य बाघों की व्यावहारिक संख्या के लिए आश्वस्त होना है। देश में बाघ परियोजना के संरक्षित स्थलों का विवरण निम्न है—

	बाघ परियोजना स्थल का नाम	राज्य	क्षेत्रफल (वर्ग किमी)
1.	बांदीपुर	कर्नाटक	866
	नागरहोल (विस्तार)	कर्नाटक	643
2.	कॉर्बेट	उत्तरांचल	1,316
3.	कान्हा	मध्य प्रदेश	1,945
4.	मानस	असम	2,840
5.	मेलघाट	महाराष्ट्र	1,677
6.	पलामू	झारखण्ड	1,026
7.	रणथम्भौर	राजस्थान	1,334
8.	सिमलीपाल	उड़ीसा	2,750
9.	सुन्दरवन	प. बंगाल	2,585
10.	पेरियार	केरल	777
11.	सरिस्का	राजस्थान	866
12.	बुक्सा	प. बंगाल	759
13.	इन्द्रावती	छत्तीसगढ़	2,799
14.	नागार्जुन सागर	आन्ध्र प्रदेश	3,568
15.	नामदफा	अरूणाचल प्रदेश	1,985
16.	दुधवा	उत्तर प्रदेश	811
17.	कालाकद मुंडनथुराय	तमिलनाडु	800
18.	वाल्मीकि	बिहार	840
19.	पेंच	मध्य प्रदेश	758
20.	तदोबा-अंधेरी	महाराष्ट्र	620
21.	बान्धवगढ़	मध्य प्रदेश	1,162
22.	पन्ना	मध्य प्रदेश	542
23.	डाम्फा	मिजोरम	500
24.	भाद्र	कर्नाटक	492
25.	पंच	महाराष्ट्र	257
26.	पाकुई-बामेरी	अरूणाचल प्रदेश	
		असम	1,206
27.	बोरी-सतपुड़ा-पंचमढ़ी	मध्य प्रदेश	1,486
	कुल	–	37,761

- प्रोजेक्ट क्रोकोडाइल की शुरुआत 1976 में हुई।
- 'टट' भारतीय वन्य प्राणी संस्थान' देहरादून में स्थित है।
- उत्तरांचल में 'केदारनाथ अभ्यारण्य' कस्तूरी मृग हेतु प्रसिद्ध है।
- देश में पारिस्थितिकी तंत्र के संरक्षण तथा आनुवांशिक विविधता के परिरक्षण के उद्देश्य से जैवमण्डल संरक्षित क्षेत्रों की स्थापना की गई है। देश में अब तक 14 जैवमण्डल संरक्षित क्षेत्र स्थापित किए जा चुके हैं।
- विश्व धरोहर अभिसमय (World Heritage Convention) के अन्तर्गत भारत में पांच नैसर्गिक स्थानों को विश्व धरोहर के रूप में चुना गया है। ये पांच स्थान काजीरंगा राष्ट्रीय उद्यान (असम), मानस वन्य जीव अभ्यारण्य (असम), सुन्दरवन (पश्चिम बंगाल), नन्दा देवी (उत्तरांचल) तथा केवलादेव राष्ट्रीय उद्यान (राजस्थान) हैं।
- भारत में लुप्तप्राय हो रहे वन्य जीवों का विवरण 'रेड डाटा बुक' में लाल रंग के पृष्ठों पर किया गया है। इस बुक में दुर्लभ प्रजातियों का विवरण सफेद पृष्ठों पर तथा जिन जीव प्रजातियों को बचा लिया गया है उनका विवरण हरे रंग के पृष्ठों पर किया गया है।
- केन्द्र में पर्यावरण तथा वन मन्त्रालय की स्थापना 1985 में की गई।
- भारतीय वानस्पतिक सर्वेक्षण विभाग की स्थापना 1890 में की गई। इसका मुख्यालय कोलकाता में है।
- **भारतीय प्राणी**—विज्ञान सर्वेक्षण का मुख्यालय कोलकाता में है। देश के विभिन्न भागों में इसके 16 प्रादेशिक केन्द्र हैं। इसकी स्थापना 1916 में की गई थी।
- भारतीय वन सर्वेक्षण विभाग की स्थापना 1981 में की गई। इसका मुख्यालय देहरादून में है। इस विभाग के चार प्रादेशिक कार्यालय क्रमश:

चित्र: भारत के वन्य प्राणी अभ्यारण

बंगलौर, कोलकाता, नागपुर और शिमला में स्थित हैं। यह विभाग 1 : 2,50,000 मापनी पर वन क्षेत्रों के मानचित्र तैयार करता है।

- अन्तर्राष्ट्रीय महत्व की रामसर सन्धि के अन्तर्गत 6 भारतीय आर्द्र भूमियों क्रमशः 1. केवलादेव राष्ट्रीय उद्यान, (राजस्थान), 2. सांभर झील, (राजस्थान), 3. चिल्का झील (उड़ीसा), 4. लोकटक झील (मणिपुर), 5. वूलर झील (कश्मीर) तथा 6. हरीकेबैराज (पंजाब) को नामांकित किया गया है।
- जनवरी 1994 में जारी अधिसूचना के द्वारा उद्योग, खनन, सिंचाई, बिजली, परिवहन, पर्यटन, संचार, आदि विभिन्न क्षेत्रों के अन्तर्गत विकास परियोजनाओं के 29 वर्गों के लिए पर्यावरण प्रभाव मूल्यांकन (Environment Impact Assessment) अनिवार्य बना दिया गया है।
- 1995 में केन्द्रीय गंगा प्राधिकरण का पुनर्गठन कर इसे राष्ट्रीय नदी संरक्षण प्राधिकरण कर दिया गया है। गंगा परियोजना निदेशालय का नया नाम राष्ट्रीय नदी संरक्षण निदेशालय रखा गया है।
- भारत में वन्य जीवन अनुसन्धान का कार्य भारतीय वन्य जीवन संस्थान, देहरादून और सालिम अली पक्षी विज्ञान और प्राकृतिक इतिहास केन्द्र, कोयम्बटूर करते हैं।
- राष्ट्रीय पर्यावरण महीना प्रतिवर्ष 19 नवम्बर से 18 दिसम्बर तक मनाया जाता है।
- देश में पर्यावरण संरक्षण से संबंधित महत्वपूर्ण कानून 1. जीव संरक्षण अधिनियम, 1972 2. वन संरक्षण अधिनियम, 1980, 3. जल प्रदूषण की रोकथाम और नियंत्रण अधिनियम, 1974, 4. जल उपस्कर अधिनियम, 1977 5. वायु प्रदूषण की रोकथाम और नियंत्रण अधिनियम, 1981, 6. पर्यावरण संरक्षण अधिनियम, 1986, 7. लोक दायित्व बीमा अधिनियम, 1991 और 8. राष्ट्रीय पर्यावरण ट्रिब्यूनल अधिनियम, 1995 हैं।
- **भारत में आर्द्र भूमि**—66
- **मैंग्रोव क्षेत्र**—35
- प्रवाल भित्तियाँ उच्च जैव उत्पादक क्षेत्र हैं। चार प्रवाल भित्तियों की पहचान हो चुकी है। ये हैं—मन्नार की खाड़ी, अंडमान व निकोबार समूह, लक्षद्वीप समूह, कच्छ की खाड़ी।
- **कुछ प्रमुख संस्थान**

संस्थान	**मुख्यालय**
भारतीय वानस्पतिक सर्वेक्षण विभाग	कलकत्ता
भारतीय प्राणी विज्ञान सर्वेक्षण	कलकत्ता
भारतीय वन सर्वेक्षण विभाग	देहरादून

देश के राष्ट्रीय उद्यान, जैव मंडल आरक्षित क्षेत्र, टाइगर रिज़र्व

राज्य के.प्र.	राष्ट्रीय उद्यान	जैव मंडल आरक्षित क्षेत्र (18)	टाइगर रिज़र्व क्षेत्र (48)
• जम्मू कश्मीर	सिटी फारेस्ट (सालीम अली), दचिगाम, हिमिस, किश्तवार,	–	–
• हिमांचल	ग्रेट हिमालय, इदर किला, खिरगंगा, पिन वैली, सिबालबारा	कोल्ड डेजर्ट	–
• उत्तराखण्ड	कार्बेट, गंगोत्री, गोविंद, नंदा देवी, राजाजी, फूलों की घाटी	नंदा देवी (विश्व नेटवर्क पर मान्यता)	जिम कार्बेट, राजाजी
• हरियाणा	कालेसर, सुल्तानपुर	–	–
• राजस्थान	मुकुंद्रा हिल्स, मरूउद्यान, केवलादेव घाना, रणथम्भौर, सरिस्का	–	सरिस्का, रणथम्भौर
• उत्तर प्रदेश	दुधवा	–	अमानगढ़, दुधवा, पीलीभीत
• बिहार	बाल्मीकी	–	–
• मध्य प्रदेश	बाधवगढ़, फासिल, कान्हा, माधव, पेंच (इंदिरा प्रियदर्शिनी), पन्ना,	पंचमढ़ी (यूनेस्को सूची में शामिल), पन्ना, अचाना कमार अमरकंटक (वर्ष 2012 में यूनेस्को की सूची में शामिल)	पन्ना, संजयडुबरी, बाधवगढ़, कान्हा, पेंच,सतपुड़ा, मुकुंद्रा हिल्स सतपुड़ा, वन विहार
• गुजरात	बंसदा, ब्लैकवक बल, गिर, मैरीन	कच्छ का रन (देश का सबसे बड़ा जैव मंडल आरक्षित क्षेत्र)	–
• महराष्ट्र	चंदौली, गूगामल, नवेगांव, पेंच, संजय गांधी (बोरीवली), टडोवा	–	सहयाद्री, नवेगांव-नागजिरा, पेंच बोर, मेलघाट
• झारखंड	बेटला	–	पलामू

(Continued)

राज्य के.प्र.	राष्ट्रीय उद्यान	जैव मंडल आरक्षित क्षेत्र (18)	टाइगर रिज़र्व क्षेत्र (48)
• ओडिशा	भीतरकनिका, सिमलीपाल	सिमलीपाल (यूनेस्को की सूची में शामिल)	सिमलीपाल, सतकोसिया
• छत्तीसगढ़	इंद्रावती, कांगेरघाटी, गुरू घासीदास (संजय गांधी)	अचनाकमार अमरकंटक	***नोट***—यह जैव आरक्षित क्षेत्र म.प्र. और छत्तीसगढ़ दोनों में विस्तारित है।
• आन्ध्र प्रदेश	कसु ब्रह्मा नन्द रेड्डी, महावीर हरिना वन स्थली, मरूगवानी, पापी कोंडा, राजीव गांधी (रामेश्वरम्), श्री वेंकटेशवर	शेषाचलम	तदोबा अंधेरी, कवल, नागार्जुन सागर, श्रीसेलम
• त्रिपुरा	क्लाउडेड लेपार्ड, बिसोन		दम्पा (मिजोरम, त्रिपुरा की सीमा पर)
• पं. बंगाल	बुक्सा, गोरूमारा, नओरा घाटी, सिंह लीला, सुन्दरवन, जलदापारा	सुन्दरवन (विश्व नेटवर्क पर मान्यता)	सुन्दरवन
• तमिलनाडु	गिन्डी, मन्नार मैरीन, इंदिरा गांधी (अन्नामलाई), मुदुमलाई मुकुथी	मन्नार की खाड़ी (विश्व नेटवर्क पर मान्यता प्राप्त) अगस्त्या मलाई (तमिलनाडु एवं केरल में विस्तृत) नीलगिरी (देश का सबसे पुराना एवं यूनेस्को की सूची में शामिल)	सत्यमंगलम, अन्नामलाई, मुदुमलाई, कालकड़ मुदथुरेई
• गोवा	महावीर (मोलेम)	–	–
• कर्नाटक	अंशी, बांदीपुर, वानेरघट्टा कुंद्रेमुख, राजीव गांधी (नागर होल)	–	दादेली-अंशी, भद्रा, बिलीगिरी, रंगनाथ मंदिर, नागर होल, बांदीपुर
• केरल	अन्नामुडी, शोला, इरम्विकुलम, मुथिकेडटम, पेरियार साइलैंट वैली	अगस्त्यमलाई (केरल व तमिलनाडु में विस्तारित) (UNESO में सम्मिलित 2016)	पेरियार, पारम्बिकुलम
• सिक्किम	कंचन जंगा	कंचन जंगा	बुक्सा
• मेघालय	बालफक्रम, नोकरेक	नोकरेक (यूनेस्को की सूची में शामिल)	–
• अरूणाचल	मांउलिंग नामदफा	देहांग देवांग	पाकुई, नामदफा
• असम	डिब्रु-सैखोवा, काजीरंगा, मानस, नामेरी, राजीव गांधी, ओरंग	मानस, डिब्रू— सैखोवा (देश का सबसे छोटा जैव आरिक्षत क्षेत्र)	मानस, नमेरी, काजीरंगा
• नागालैंड	इंटांकी	–	–
• मणिपुर	कैबुल-लामजाओ	–	–
• अंडमान निकोबार	कैम्बेलबे, ग्लाथिया बे, महात्मागांधी मैरीन, मिडिल बटन द्वीप, माऊट हैरियट, नार्थ बटन द्वीप, रानी झांसी मैरीन, सैडलपीक, साउथबटन द्वीप	ग्रेट निकोबार	–

नोट—नीलगिरी जैव मंडल आरक्षित क्षेत्र तमिलनाडु, केरल एवं कर्नाटक राज्य में विस्तारित है।

अध्याय सार संग्रह

वन्य जीवन

- भारत में जीव जन्तुओं की 89000 से अधिक जातियाँ हैं।
- पक्षियों की 1200 जातियाँ एवं
- मछलियों की 2500 प्रजातियाँ पाई जाती हैं।
- हाथी उष्ण आर्द्र विषुवतीय वनों का प्राणी है।
- यह असम, केरल एवं कर्नाटक के जंगलों में पाया जाता है।
- एक सींग गैंडे—असम एवं पश्चिम बंगाल।
- जंगली गधे—केवल रन के कच्छ।
- सिंह—सौराष्ट्र के गिर।
- कार्बेट भारत का प्रथम राष्ट्रीय उद्यान है।
- अण्डमान निकोबार द्वीप समूह में सर्वाधिक 96 वन्य जीव अभ्यारण्य हैं।
- देश में सबसे अधिक राष्ट्रीय उद्यान मध्य प्रदेश राज्य में 12 हैं।
- बान्दीपुर (कर्नाटक) हाथियों का, गिर (गुजरात) एशियाई बब्बर शेर तथा नामडाफा (अरूणाचल प्रदेश) तेंदुए के सबसे बड़े आवास स्थल हैं।
- राष्ट्रीय प्राणी उद्यान नई दिल्ली में है।
- पद्मजा नायडू हिमालयन वन्य प्राणी उद्यान दार्जिलिंग में है।
- देश में हाथी परियोजना के अन्तर्गत अब तक 14 हाथी परियोजना स्थल स्थापित किए जा चुके हैं।

अध्याय 22

खनिज एवं ऊर्जा संसाधन

इस अध्याय में आप सीखेंगे किः

- भारत की खनिज पेटियां, उनका वर्गीकरण, वितरण तथा भारत में ऊर्जा संसाधन के स्रोत और परमाणु खनिज के क्षेत्र में भारत की स्थिति कैसी हैं।
- खनिज संसाधन भारत के आर्थिक विकास में कहाँ तक स्थान रखते हैं।

खनिज

- **प्राकृतिक रासायनिक यौगिक**—ये शैलों और अयस्कों के अवयव होते हैं एवं इसकी उत्पत्ति भूगर्भ में हो रही विभिन्न भू-वैज्ञानिक प्रक्रियाओं के द्वारा हुई है।
- खनिजों का देश के औद्योगिक उत्पादन में लगभग 11% योगदान है।
- भारत के प्रमुख खनिज क्षेत्रों को निम्नांकित भागों में बांटा जा सकता है।

1. **उत्तरी पूर्वी प्रायद्वीपीय क्षेत्र**—यह आर्कियन शील्ड क्षेत्र है, जो मुख्यतः उड़ीसा के पठार, छोटानागपुर के पठार एवं छत्तीसगढ़ के उत्तरी भाग से बना है। इस क्षेत्र को Mineral Heart of India कहते हैं। यहाँ काइनाइट 100%, कोयला 85% एवं लौह अयस्क 95% पाया जाता है।
2. **मध्य क्षेत्र**—मध्य प्रदेश, छत्तीसगढ़, आंध्र प्रदेश एवं पूर्वी महाराष्ट्र के क्षेत्र। मुख्यतः मैंगनीज, बॉक्साइट, कोयला, लौह अयस्क पाया जाता है।
3. **दक्षिणी क्षेत्र**—मुख्यतः कर्नाटक का पठार एवं तमिलनाडु का उच्च क्षेत्र, यहाँ लौह अयस्क, मैंगनीज एवं क्रोमाइट मिलते हैं, कोयला (सिर्फ नेवेली के लिग्नाइट)।
4. **दक्षिण पश्चिम क्षेत्र**—दक्षिण कर्नाटक एवं गोवा।
5. **उत्तरी पश्चिमी क्षेत्र**—अरावली का क्षेत्र और गुजरात, यह अलौह खनिज (तांबा, सीसा, जस्ता) के लिए प्रसिद्ध है एवं यह यूरेनियम, अभ्रक एवं खनिज तेल का क्षेत्र है।

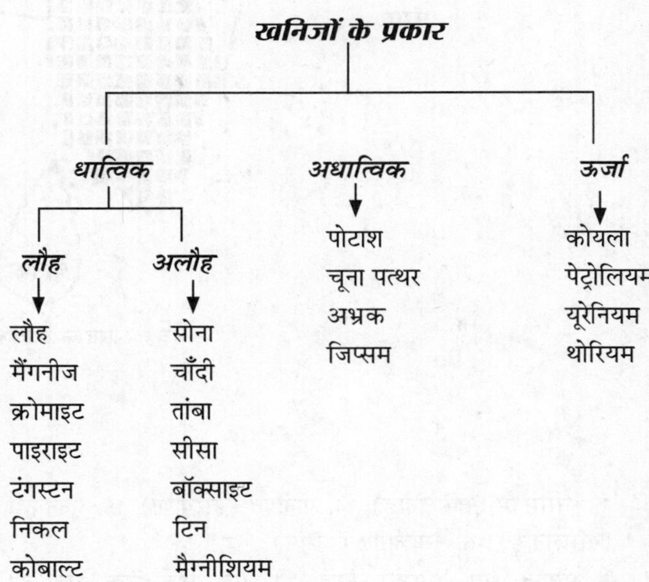

- देश में 22 तेल परिष्करणशालाएं हैं।
- 17 सार्वजनिक क्षेत्र में हैं जो निम्नलिखित हैं—1. डिग्बोई (असम) 2. ट्राम्बे (महाराष्ट्र) 3. मुम्बई हाई (महाराष्ट्र) 4. विशाखापत्तनम (आंध्र प्रदेश) 5. नूनमाटी (असम) 6. बरौनी (बिहार) 7. कोयली (गुजरात) 8. कोच्चि (केरल) 9. चेन्नई (तमिलनाडु) 10. हल्दिया (पश्चिम बंगाल) 11. बोंगई गांव (असम) 12. मथुरा (उत्तर प्रदेश)

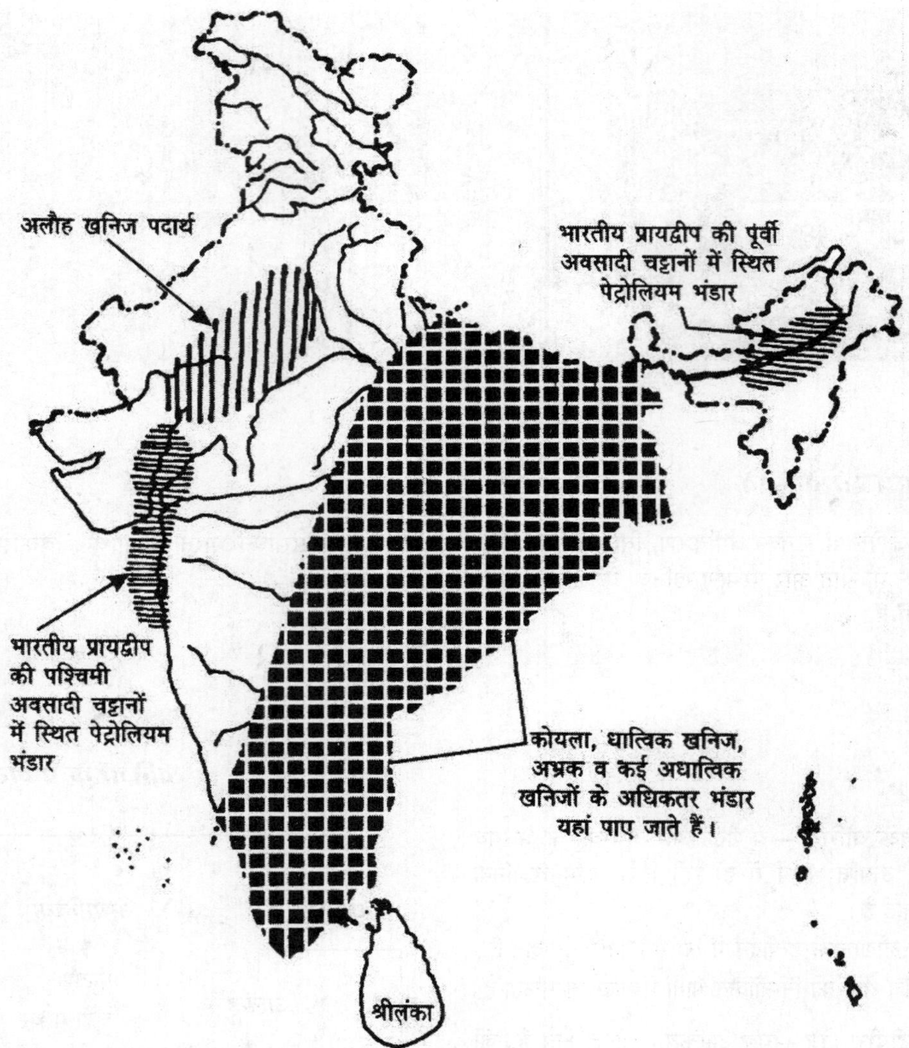

चित्र: भारत के धात्विक और ऊर्जा स्रोत खनिज

13. नरीमनम (तमिलनाडु) 14. पानीपत (हरियाणा) 15. पननगुडी (तमिलनाडु) 16. नुमालीगढ़ (असम)

- 2 संयुक्त क्षेत्र—मंगलोर (यह भी अब सार्वजनिक क्षेत्र की परिष्करणशाला है।
- 3 निजी क्षेत्र—1. रिलायंस पेट्रोकेमिकल लि0—जामनगर, 2. RPL (SEZ)—जामनगर, 3. एस्सार ऑयल लि0 (EOL)— वादीनगर
- प्राकृतिक गैस—आंध्र प्रदेश, महाराष्ट्र, गुजरात, असम, अंडमान और निकोबार द्वीप समूह
- हाल में कृष्णा गोदावरी बेसिन में प्राकृतिक गैस का विशाल भंडार खोजा गया है।
- भारत में प्राकृतिक गैस के परिवहन, संसाधन प्रक्रिया एवं बाजार में आपूर्ति का दायित्व भारत गैस प्राधिकरण लिमिटेड (गेल) का है, यह गैस आपूर्ति की सबसे बड़ी कम्पनी।

अणु शक्ति वाले खनिज

अणु शक्ति वाले खनिज निम्न हैं—1. यूरेनियम, 2. थोरियम, 3. इल्मेनाइट, 4. बेरिलियम, 5. जिरकन, 6. सुरमा, एवं 7. ग्रेफाइट।

- **यूरेनियम**—झारखण्ड में जादुगुड़ा में 1,000 मीटर लम्बी और 300 मीटर चौड़ी धारी में पाया जाता है, यहां के कुल जमाव 40 लाख टन के हैं। सिंहभूमि जिले में भाटिन, नारवा, पहाड़ और केनामुंडी में भारी

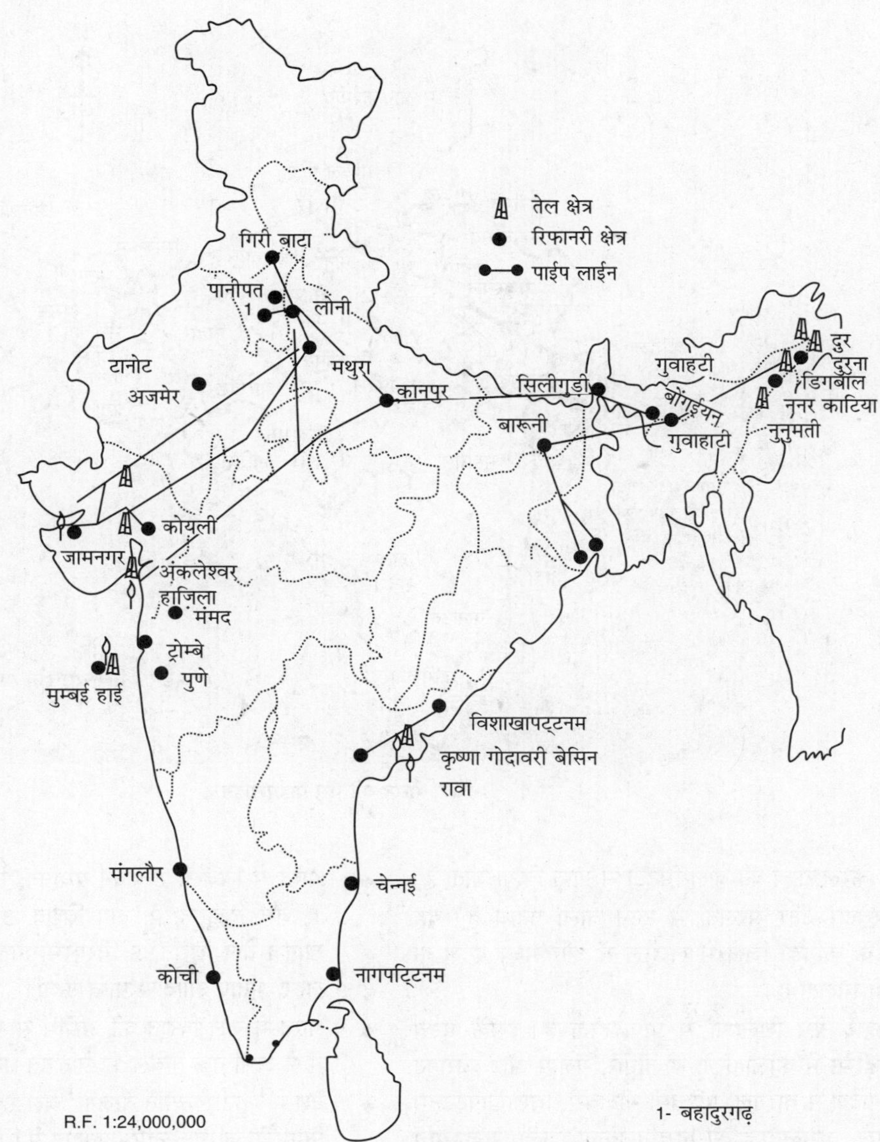

चित्र: भारत के तेल क्षेत्र और रिफाइनरी

यूरेनियम के स्रोतों का पता लगा है। राजस्थान में यूरेनियम की प्राप्ति भीलवाड़ा, बूंदी और उदयपुर जिलों से होती है।

केरल और तटीय भागों की मोनोजाइट व थोरियम नामक पीले रंग के बालू से भी यूरेनियम प्राप्त किया जाता है।

यूरेनियम का अन्य स्रोत चैरालाइट खनिज भी है। यह भी केरल के बालू में मिलता है।

- **थोरियम**—अणुशक्ति के विकास के लिए दूसरा मुख्य खनिज है जो मोनोजाइट रेत से प्राप्त किया जाता है। केरल राज्य की बालू मिट्टी में मोनोजाइट 8 से 10% और बिहार की रेत में 10% तक पाया जाता है। यह नीलगिरि (तमिलनाडु),हजारीबाग (झारखण्ड) और उदयपुर (राजस्थान) जिलों में तथा पश्चिमी तटों के ग्रेनाइट क्षेत्रों में रवों के रूप में तथा केरल व कर्नाटक तट पर भी प्राप्त होता है।
- **इल्मेनाइट नामक** बालू मिट्टी देश के कई क्षेत्रों में पाई जाती है। इसका विस्तार कुमारी अन्तरीप से लगाकर उत्तर में नर्मदा नदी की एस्चुअरी तक पश्चिम में और महानदी के तट से तिरूनलवैली तक पूर्वी तट पर है। भारत में इसके जमाव 35 करोड़ टन के अनुमानित किए गए है, जिनमें से 93% केरल की बालू मिट्टी में और शेष मानावलाकुरीची क्षेत्र (तमिलनाडु) से प्राप्त होता है।
- **बेरिलियम** पदार्थ बेरिल नामक खनिज से प्राप्त किया जाता है। यह राजस्थान, झारखण्ड, आन्ध्र प्रदेश तथा तमिलनाडु में मिलता है।

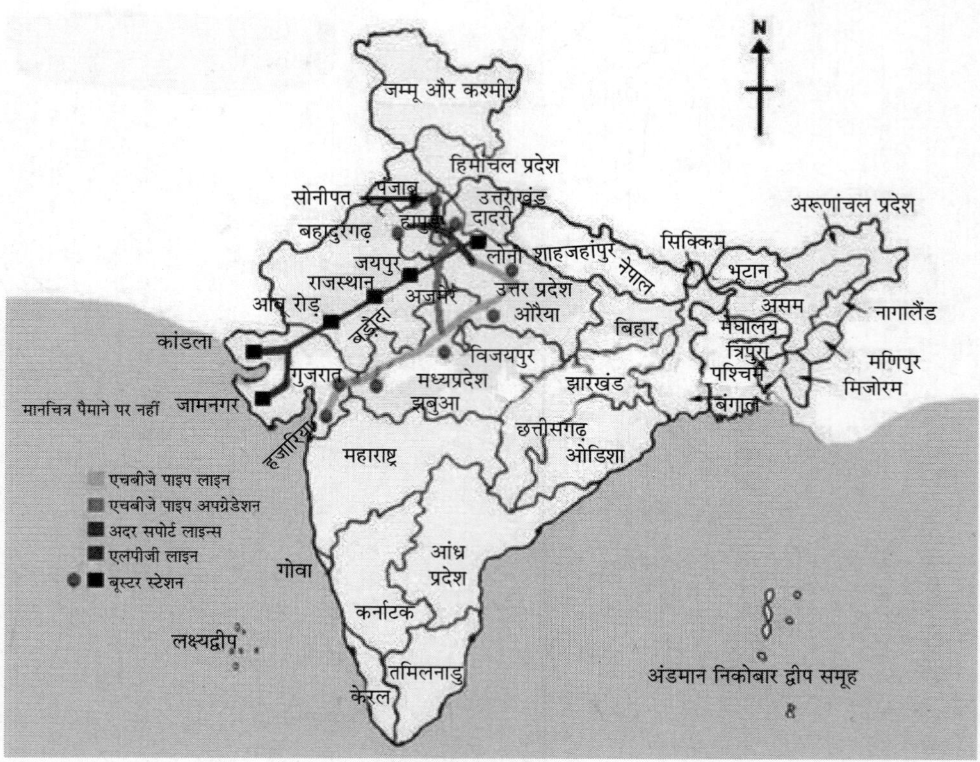

चित्र: भारत की गैस पाइपलाइन

- **जिरकन** खनिज केरल राज्य की बालू मिट्टी से प्राप्त किया जाता है।
- **सुरमा** सफेद, रवेदार और सरलता से टूटने वाला पदार्थ है। यह हिमांचल प्रदेश के कांगड़ा जिले में लाहौल में और मध्य प्रदेश के जबलपुर जिले में मिलता है।
- **ग्रेफाइट** अधिकतर नीस शिलाओं से प्राप्त होता है। इसके मुख्य उत्पादक क्षेत्र **उड़ीसा** में कालाहांडी, बोलंगिरि, गंजाम और कोरापुट जिले हैं। आन्ध्र प्रदेश में वारंगल, पश्चिमी गोदावरी, विशाखापट्टनम और खम्मम जिले; **तमिलनाडु** का तिरून्नलवेली जिला; **राजस्थान** का जयपुर और अजमेर जिला; **कर्नाटक** का मैसूर जिला; **उत्तरांचल** का अल्मोड़ा जिला; **हरियाणा** का गुड़गांव जिला; **मध्य प्रदेश** का बेतूल जिला; **बिहार** का भागलपुर जिला; **कश्मीर** का उरी जिला; **सिक्किम** के सूचतांग क्षेत्र से ग्रेफाइट प्राप्त किया जाता है। कुल उत्पादन का 50 प्रतिशत उड़ीसा से, 20 प्रतिशत झारखण्ड से एवं 18 प्रतिशत आन्ध्र प्रदेश से प्राप्त होता है।

ऊर्जा

- ऊर्जा आर्थिक विकास तथा जीवन का स्तर बेहतर बनाने के लिए एक अनिवार्य संसाधन है। भारत में परम्परागत स्रोत जैसे कोयला, पेट्रोलियम, प्राकृतिक गैस तथा गैर-परम्परागत स्रोत सौर, पवन और जैव ऊर्जा दोनों से ऊर्जा प्राप्त की जाती है।
- भारत में बिजली उत्पादन प्रधानत: निम्न स्रोतों से किया जाता है— 1. जल विद्युतुत, 2. ताप विद्युत, 3. आणविक विद्युत 4. गैस एवं खनिज तेल विद्युत, 5. गैरपरम्परागत स्रोतों जैसे सौर, पवन, समुद्री लहर, भूताप आदि से प्राप्त ऊर्जा।
- भारत में जल विद्युत की असीम सम्भावनाओं (1,50,000 मेगावाट) में से अभी तक केवल 17 प्रतिशत भाग का ही उपयोग किया गया है।
- देश में 'कुटीर ज्योति योजना' चल रही है जिसमें ग्रामीण विद्युतीकरण निगम के जरिए केन्द्रीय अनुदान से वित्तीय सहायता दी जाती है। इसके अन्तर्गत गरीबी रेखा से नीचे के परिवारों को दो पॉइण्ट कनेक्शन दिया जाता है।
- राष्ट्रीय ताप बिजली निगम (एन.टी.पी.सी.), नई दिल्ली की स्थापना ताप बिजली के विकास के लिए केन्द्रीय क्षेत्र की विद्युत उत्पादन कम्पनी के रूप में 1975 में हुई। इस समय एन.टी.पी.सी. के पास कोयले पर आधारित 12 ताप बिजली परियोजनाएं तथा गैस/तरल।

ईंधन आधारित सात संयुक्त चक्र परियोजनाएं हैं। निगम ने निम्नांकित ताप बिजली परियोजनाओं की स्थापना की है—

1. सिंगरौली—उत्तर प्रदेश
2. कोरबा—छत्तीसगढ़
3. रामगुंडम—आन्ध्र प्रदेश
4. फरक्का—प. बंगाल
5. विन्ध्याचल—मध्य प्रदेश
6. रिहन्द—उत्तर प्रदेश

7. दादरी—उत्तर प्रदेश
8. कहलगांव—बिहार
9. ऊंचाहार—उत्तर प्रदेश
10. बदरपुर—दिल्ली

उपयुक्त ताप विद्युत परियोजनाओं के अतिरिक्त देश की अन्य तापीय विद्युत परियोजनाएं निम्नांकित हैं—

1. नहररू कटिया—असम
2. बरौनी—बिहार
3. पतरातू—झारखण्ड
4. धुवरन एवं उकई—गुजरात
5. इन्नौर तथा नवेली—तमिलनाडु
6. भटिण्डा—पंजाब
7. कोथागुंडम—आन्ध्र प्रदेश

एन.टी.पी.सी. ने गैस आधरित पांच संयुक्त चक्र परियोजनाओं की भी स्थापना की है। ये हैं—

1. अंता—राजस्थान
2. औरैया—उत्तर प्रदेश
3. दादरी—उत्तर प्रदेश
4. कवास—गुजरात
5. गंधार—गुजरात

- देश में पनबिजली उत्पादन मुख्यत: राष्ट्रीय पनबिजली निगम लिमिटेड (एन.एच.पी.सी.) करता है जिसकी स्थापना 1975 में हुई। निगम ने अब तक आठ पनबिजली परियोजनाओं का निर्माण पूरा किया है। ये हैं—

1. बैरा सिडल—हिमांचल प्रदेश—198 मेगावाट
2. लोकटक—मणिपुर—105 मेगावाट
3. सलाल चरण—1—जम्मू और कश्मीर—345 मेगावाट
4. सलाल चरण—2—जम्मू और कश्मीर—345 मेगावाट
5. टनकपुर—उत्तरांचल—120 मेगावाट
6. चमेरा चरण—1—हिमांचल प्रदेश—540 मेगावाट
7. उड़ी—जम्मू और कश्मीर—480 मेगावाट
8. रंगित चरण—2—सिक्किम—60 मेगावाट

- निगम इस समय जम्मू और कश्मीर में दुलहस्ती (390 मेगावाट), सिक्किम में रांगित (तृतीय चरण, 60 मेगावाट), उत्तरांचल में धौलीगंगा चरण—1 (280 मेगावाट), सिक्किम में तिस्ता चरण— 5 (510 मेगावाट), मणिपुर में लोकटक डाउन स्ट्रीम (90 मेगावाट) और कोयल-कारो (710 मेगावाट) पनबिजली योजनाओं का कार्य चल रहा है।
- पूर्वोत्तर विद्युत ऊर्जा निगम लिमिटेड (नीपको) की स्थापना 1976 में शिलांग में की गई। पूर्वोत्तर के सात राज्यों में निगम जिन परियोजनाओं पर काम कर रहा है, वे हैं—

1. कोपिली चरण—1—असम—150 मेगावाट
2. कोपिली चरण—2 विस्तार—असम—100 मेगावाट
3. असम गैस आधारित—असम—291 मेगावाट

संयुक्त चक्र विद्युत परियोजना

4. अगरतला गैस आधारित विद्युत परियोजना—असम-84 मेगावाट
5. रंगानाड़ी पनबिजली योजना—अरूणाचल प्रदेश—405 मेगावाट
6. डोरंग पनबिजली योजना (प्रस्तावित)—नागालैंड—75 मेगावाट
7. तुरियाल पनबिजली परियोजना—मिजोरम—60 मेगावाट
8. तुवई पनबिजली परियोजना—मिजोरम—210 मेगावाट
9. कनांग पनबिजली परियोजना—अरूणाचल प्रदेश—600 मेगावाट।

- भारत सरकार की पहली बहुउद्देशीय नदी घाटी परियोजना, कोलकाता की दामोदर घाटी निगम की स्थापना, बिहार (वर्तमान में झारखण्ड) और पश्चिमी बंगाल राज्यों में फैली दामोदर घाटी के संयुक्त विकास के उद्देश्य से 7 जुलाई, 1948 को दामोदर घाटी अधिनियम के अन्तर्गत की गई।
- देश की अन्य महत्वपूर्ण जलविद्युत परियोजनाएं निम्नलिखित हैं:

	परियोजना का नाम	राज्य
1.	दोयांग जलविद्युत परियोजना	नागालैंड
2.	रंगानदी जलविद्युत परियोजना	अरूणाचल प्रदेश
3.	चमेरा जलविद्युत परियोजना (प्रथम चरण)	हिमांचल प्रदेश
4.	दुलहस्ती जलविद्युत परियोजना	जम्मू-कश्मीर
5.	उरी जलविद्युत परियोजना	जम्मू-कश्मीर
6.	टनकपुर जलविद्युत परियोजना	उत्तरांचल
7.	सलाल जलविद्युत परियोजना (द्वितीय चरण)	जम्मू-कश्मीर
8.	रंजीत जलविद्युत परियोजना	सिक्किम
9.	कोयल-कारो जलविद्युत परियोजना	झारखण्ड
10.	धौलीगंगा (प्रथम चरण) जलविद्युत परियोजना	उत्तरांचल
11.	बगलिहर जलविद्युत परियोजना	जम्मू-कश्मीर
12.	तिस्ता (तृतीय चरण) जलविद्युत परियोजना	सिक्किम
13.	कोपिली जलविद्युत परियोजना (प्रथम चरण)	असम
14.	कामेंग जलविद्युत परियोजना	अरूणाचल प्रदेश
15.	करूची जलविद्युत परियोजना	अण्डमान निकोबार

भारत में कार्यरत आणविक ऊर्जा केन्द्र

1. तारापुर—मुम्बई—320 मेगावाट
2. रावतभाटा—कोटा (राजस्थान)—440 मेगावाट
3. कलपक्कम—चेन्नई (तमिलनाडु)—470 मेगावाट

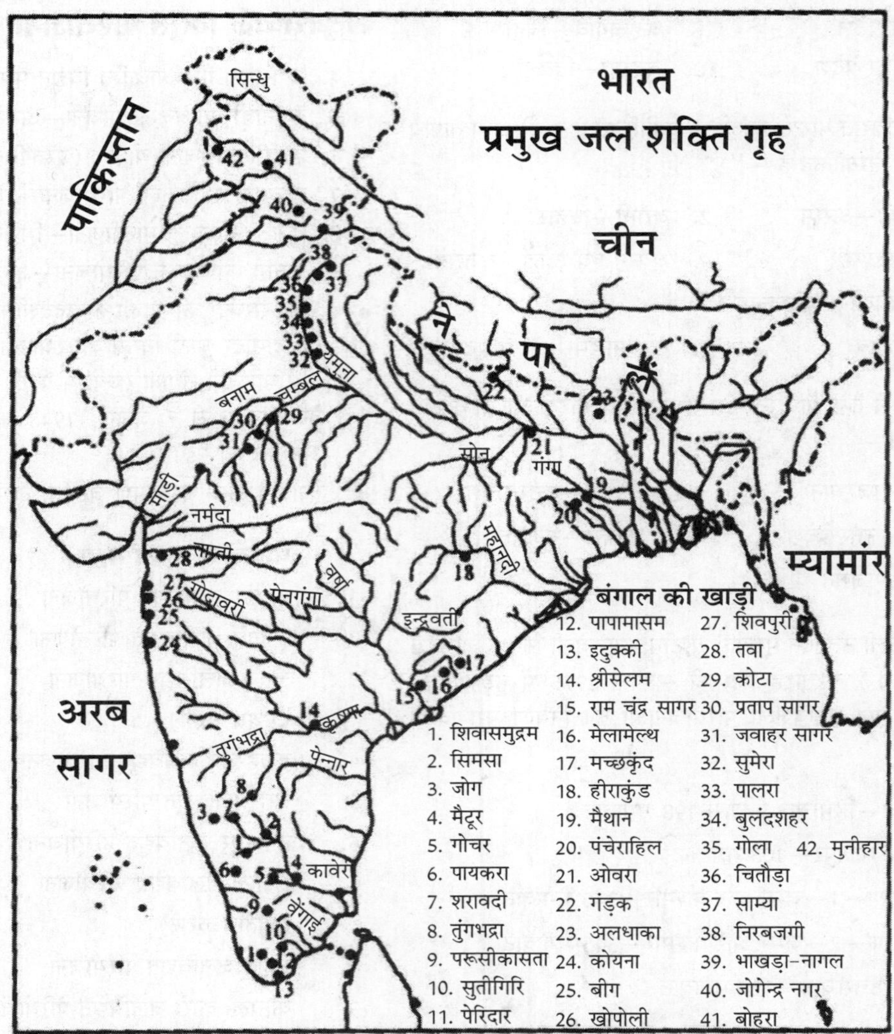

चित्र: भारत के प्रमुख जल शक्ति ग्रह

4. नरौरा—उत्तर प्रदेश—470 मेगावाट
5. काकरापारा—गुजरात—470 मेगावाट
6. कैगा—कर्नाटक— 470 मेगावाट

दो निर्माणाधीन आणविक ऊर्जा संयत्र

1. कैगा— कर्नाटक— 470 मेगावाट
2. रावतभाटा—राजस्थान— 500 मेगावाट

- गोबर और कूड़ा-करकट एवं मानव मल से ऊर्जा प्राप्त करने की विधि को बायोगैस कहते हैं। दिल्ली एवं मुम्बई में क्रमश: 3.75 मेगावाट और 6 मेगावाट के बायोगैस के वृहत् संयंत्र स्थापित किए गए हैं। भारत सरकार का गैर-परम्परागत ऊर्जा विभाग राज्य सरकारों को अधिकाधिक नगरों में अनुदान देकर बायो गैस संयंत्र लगाने के लिए प्रेरित कर रहा है। वाराणसी, इलाहाबाद, आगरा, कानपुर एवं बंगलौर में ऐसे केन्द्र निर्माणाधीन हैं।
- भारत में पवन ऊर्जा का उत्पादन तमिलनाडु, आन्ध्र प्रदेश, केरल, गुजरात, उड़ीसा, उत्तर प्रदेश, राजस्थान आदि में किया जा रहा है। अनुमानत: 1,400 पवन चक्कियों से जल निकालने का काम लिया जा रहा है। राजस्थान में अमर सागर (जैसलमेर), फलौदी (जोधपुर) और देवगढ़ (चित्तौड़गढ़) में पवन ऊर्जा संयंत्र लगाए गए हैं। 2001-2002 में भारत में 1,628 मेगावाट पवन ऊर्जा का उत्पादन हुआ।
- राष्ट्रीय उन्नत चूल्हा कार्यक्रम 1984-85 में शुरू किया गया था। पारम्परिक चूल्हों की 8-10 प्रतिशत की ताप कुशलता की तुलना में उन्नत चूल्हों की न्यूनतम कुशलता 20-25 प्रतिशत होती है।

- भारत सरकार ने विभिन्न पुनरोपयोगी ऊर्जा स्रोतों के प्रौद्योगिकी विकास एवं उपयोग के लिए निम्नलिखित संस्थान खोले हैं:
- सौर ऊर्जा केन्द्र—यह भारत में सौर ऊर्जा के अनुसन्धान विकास एवं प्रोत्साहन के प्रति समर्पित शीर्ष संस्थान है। यह केन्द्र दिल्ली के पास गुड़गांव-फरीदाबाद मार्ग पर ग्वाल पहाड़ी (हरियाणा) में स्थित है। यह केन्द्र 15 विकासशील देशों में समूह (जी-15) के बीच सौर ऊर्जा के क्षेत्र में सहयोग के लिए समन्वय करता है तथा अन्तर्राष्ट्रीय गतिविधियों में हिस्सा लेता है।
- सरदार स्वर्ण सिंह राष्ट्रीय पुनरोपयोगी ऊर्जा संस्थान—यह संस्थान पंजाब में जालंधर के पास स्थित है।
- पवन ऊर्जा प्रौद्योगिकी केन्द्र—यह केन्द्र चेन्नई में स्थापित किया गया है। इसके अलावा अहमदाबाद, भुवनेश्वर, चण्डीगढ़ चेन्नई, भोपाल, गुवाहाटी, हैदराबाद, लखनऊ एवं पटना में क्षेत्रीय कार्यालय खोले गए हैं।

अध्याय सार संग्रह

- सम्भावित जल-विद्युत का सबसे महत्वपूर्ण क्षेत्र हिमालय पर्वत के सहारे पश्चिमी कश्मीर से लेकर पूर्व में असम के पहाड़ी क्षेत्रों तक फैला है।
- एशिया में भारत ही एक मात्र ऐसा देश है जहां **सौर-तालाब** का निर्माण किया गया है। सौर-तालाब परियोजना गुजरात में भुज में है।
- एशिया का सबसे बड़ा पवन ऊर्जा केन्द्र **माण्डवी** है जो गुजरात के कच्छ जिलों में स्थित है।
- एशिया का सबसे बड़ा **पवन-फार्म समूह** तमिलनाडु में मुत्पनडल में है।
- देश में **हिमांचल प्रदेश** के कुल्लू जिले में मणिकरन नामक स्थान पर भू-तापीय विद्युत संयंत्र की स्थापना की गई है।
- भारत में बायोमास से ऊर्जा प्राप्त करने के संयंत्र पंजाब के **झालखारी** में, दिल्ली के **तिमारपुर** में, **मुम्बई** में तथा **पोर्ट ब्लेयर** में स्थापित किए गए हैं।
- देश में समुद्री-ताप से ऊर्जा उत्पादन सबसे अधिक उपयुक्त क्षेत्र **लक्षद्वीप तथा अण्डमान निकोबार द्वीप समूह** हैं।
- देश में **ज्वारीय ऊर्जा** उत्पादन करने वाले संयंत्र की स्थापना **कांडला** (गुजरात) में की जा रही है।

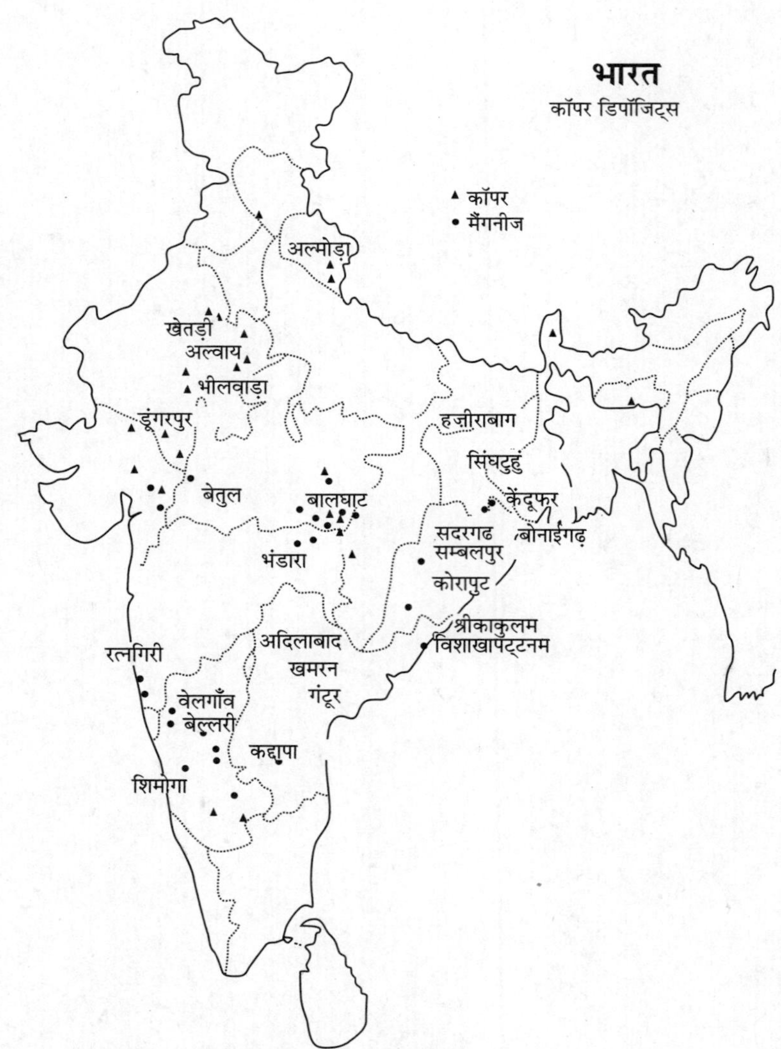

चित्र: भारत के कॉपर और मैंगनीज क्षेत्र

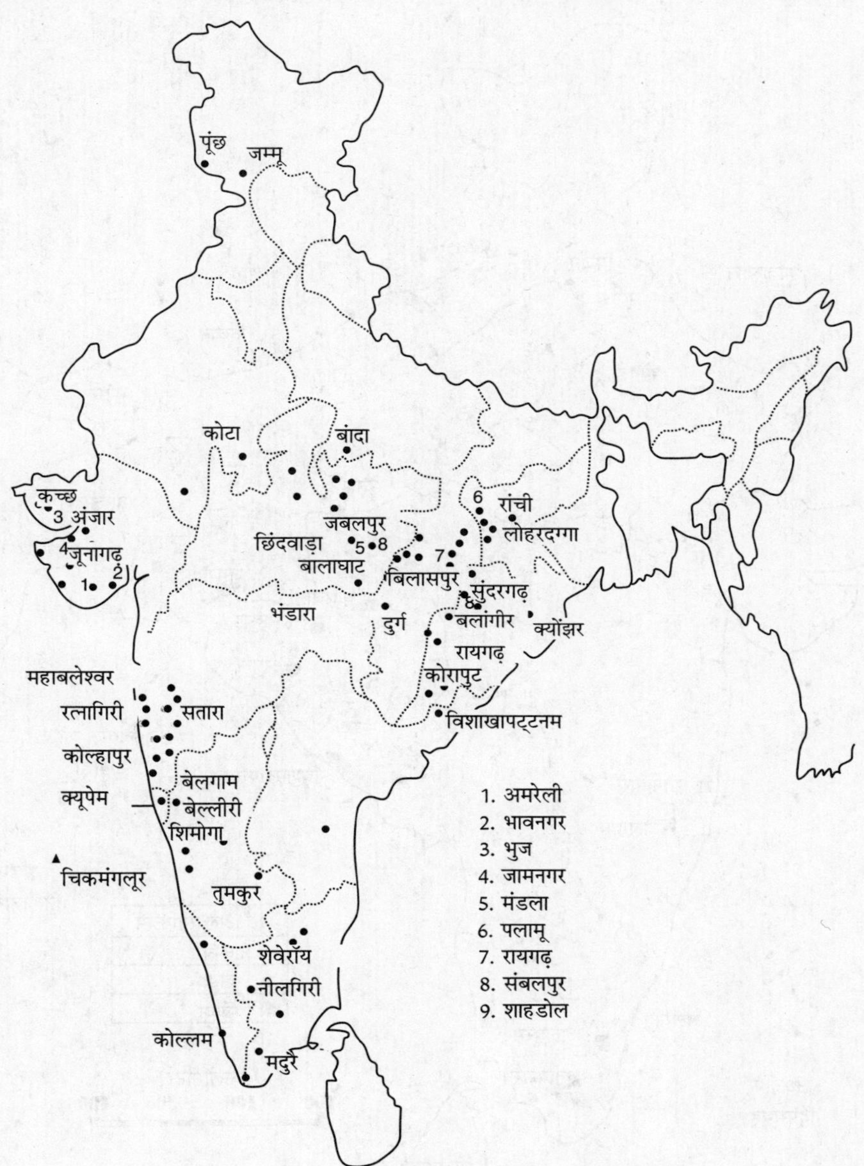

चित्र: भारत के बॉक्साइट क्षेत्र

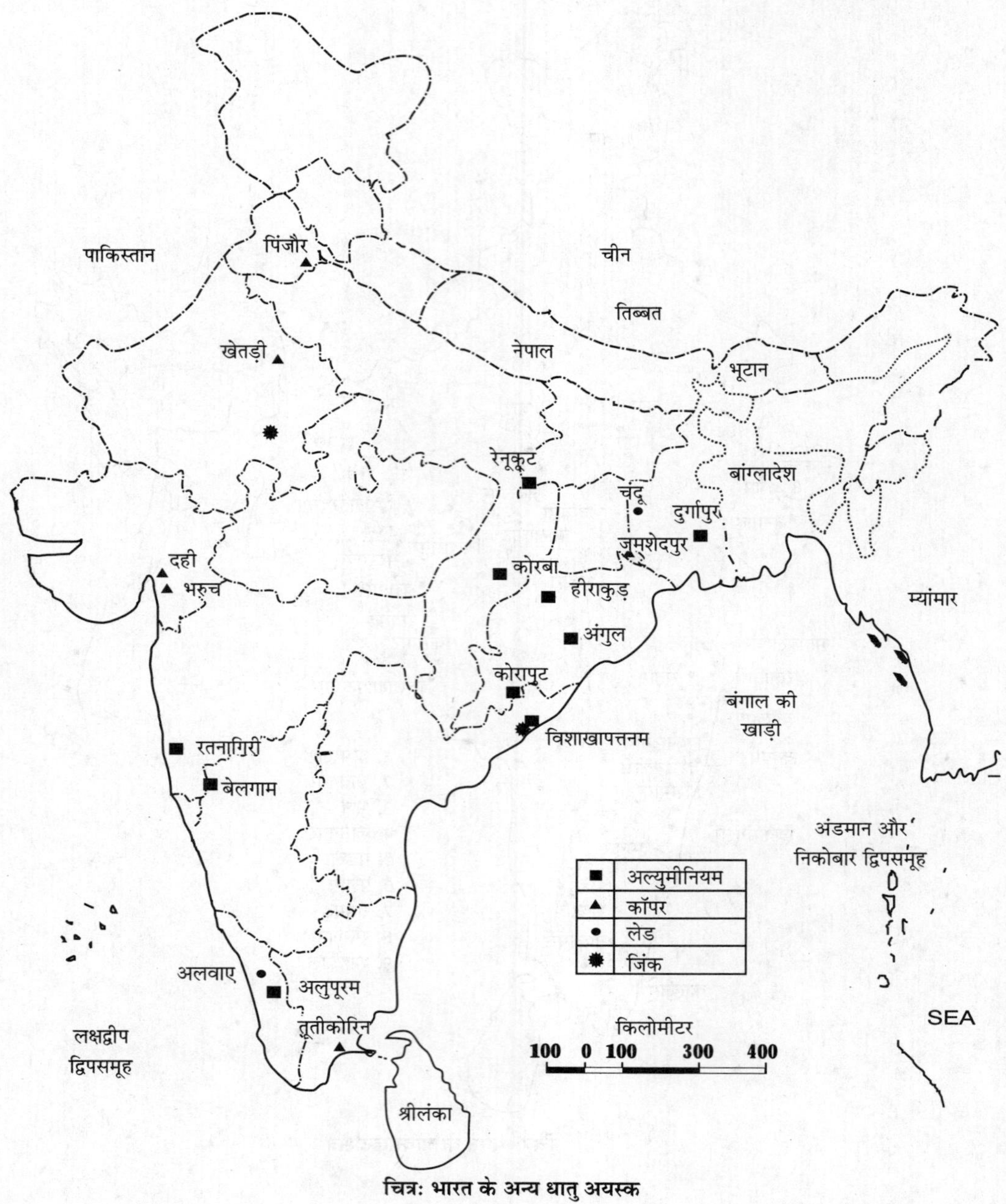

चित्र: भारत के अन्य धातु अयस्क

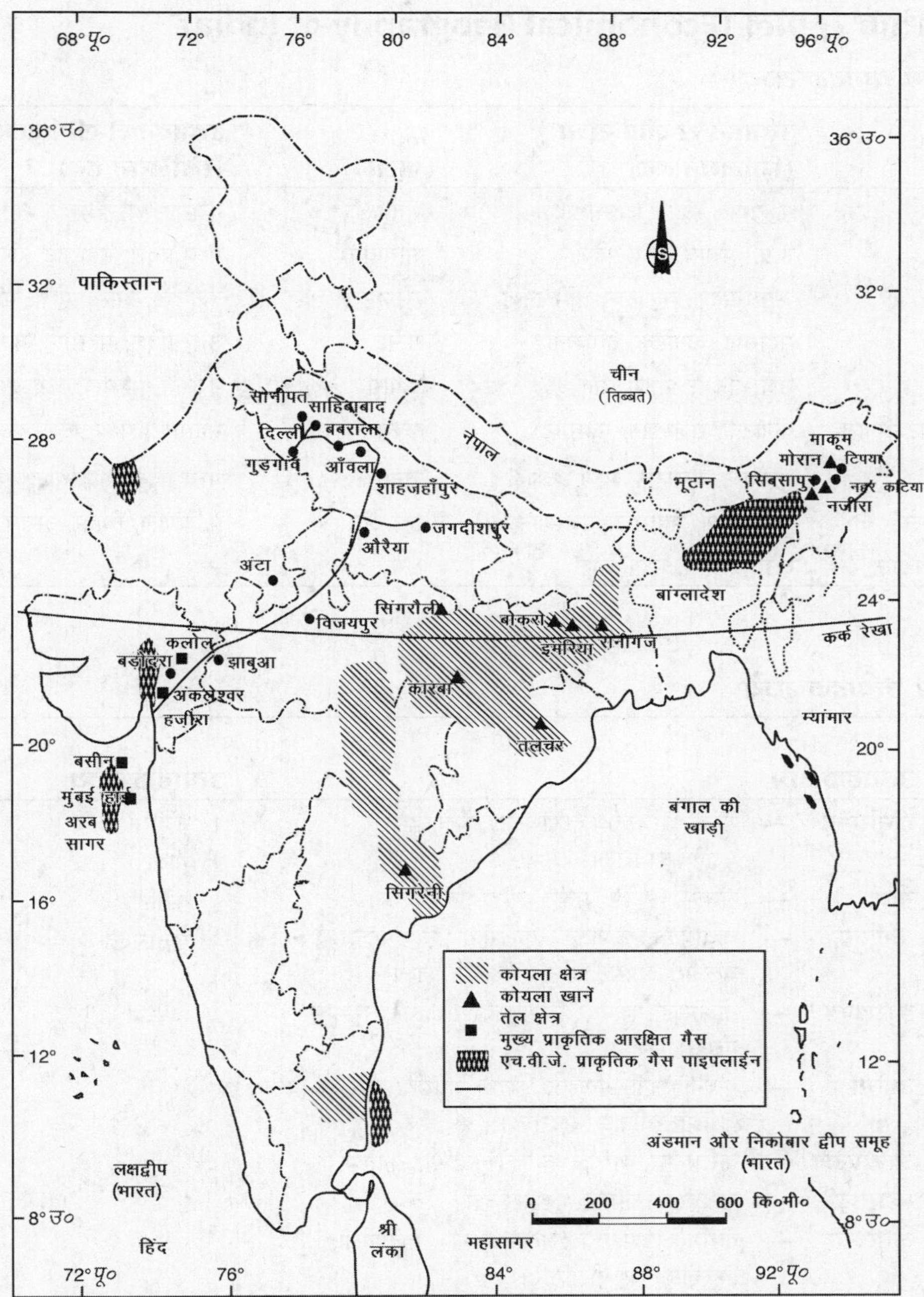

चित्र: भारत के पारंपरिक ऊर्जा संसाधन

भारत का आर्थिक भूगोल (Economical Geography of India)

प्रमुख कृषि उत्पादक राज्य

फसल	उत्पादन से शीर्ष राज्य (मिलियन टन)	फसल	उत्पादन से शीर्ष राज्य (मिलियन टन)
• चावल	प. बंगाल, उ.प्र., आन्ध्र प्रदेश	मूंगफली	गुजरात, आन्ध्र प्रदेश, तमिलनाडु
• गेहूं	उ.प्र., पंजाब, मध्य प्रदेश	सोयाबीन	मध्य प्रदेश, महाराष्ट्र, राजस्थान
• मक्का	आन्ध्र प्रदेश, कर्नाटक, तमिलनाडु	सूरजमुखी	कर्नाटक, आन्ध्र प्रदेश, महाराष्ट्र
• ज्वार	महाराष्ट्र, कर्नाटक, तमिलनाडु	गन्ना	उत्तर प्रदेश, महाराष्ट्र, कर्नाटक
• बाजरा	राजस्थान, उ.प्र., गुजरात	कपास	गुजरात, महाराष्ट्र, आन्ध्र प्रदेश
• कुल मोटे अनाज	कर्नाटक, राजस्थान, महाराष्ट्र	प्याज	महाराष्ट्र, मध्य प्रदेश, कर्नाटक
• अरहर	महाराष्ट्र, कर्नाटक, मध्य प्रदेश	चना	मध्य प्रदेश, राजस्थान, महाराष्ट्र
• कुल दाले	मध्य प्रदेश, महाराष्ट्र, राजस्थान	जूट और	प. बंगाल, बिहार, असम
• कुल खाद्यान्न	उ.प्र., पंजाब, मध्य प्रदेश	मेस्टा	

प्रमुख खनिज क्षेत्र, उत्पादक राज्य

खनिज	उत्पादक क्षेत्र			उत्पादक राज्य	उत्पादक राज्य भण्डारण राज्य
लौह अयस्क (Iron Ore)	**छत्तीसगढ़**	—	डल्ली-राजहरा (दुर्ग जिला), बैलाडिला (दांतेवाडा जिला)	1. उड़ीसा	1. कर्नाटक
	गोवा	—	संग्यूम, क्यूपेम, सतारी, पौड़ा, बिचोलिम।	2. गोवा	2. उड़ीसा
	कर्नाटक	—	बाबाबूदन की पहाड़ी, कुन्द्रेमुख (चिकमंगलुर) बेल्लारी, हास्पेट संदूर, (बेल्लारी जिला)	3. कर्नाटक	3. झारखण्ड
	झारखण्ड	—	नोआमुंडी, जामदा, किरीबुरू (पश्चिमी सिंहभूमि जिला)	4. छत्तीसगढ़	4. छत्तीसगढ़
	उड़ीसा	—	गुरूमहिषानी, सुलईपत, बदाम पहाड़ी (मयूरभंज जिला) क्योझार, बोनाई (सुदरगढ़)		
	आन्ध्रप्रदेश	—	करीमनगर, वारंगल, कर्नूल, कुडप्पा, अनंतपुर।		
	महाराष्ट्र	—	चन्द्रपुर, रत्नागिरि, भंडारा जिले।		
	तमिलनाडु	—	तीर्थमल्लई पहाड़ी (सेलम जिला), यादपल्ली, किल्लीमल्लई नीलगिरि।		
मैंग्नीज (Manganese)	**उड़ीसा**	—	क्योंझार, सुंदरगढ़, बोनाई, कालाहांडी, कोरापुट।	1. मध्यप्रदेश	1. उड़ीसा
	म.प्र.	—	बालाघाट, छिंदवाडा।	2. उड़ीसा	2. कर्नाटक
	महाराष्ट्र	—	नागपुर, भंडारा एवं रत्नागिरि जिले।	3. महाराष्ट्र	3. मध्यप्रदेश
	कर्नाटक	—	बेल्लारी, शिमोगा, उत्तरी कन्नड।	4. कर्नाटक	4. महाराष्ट्र
	आन्ध्रप्रदेश	—	विजयनगर, आदिलाबाद		
	झारखण्ड	—	पश्चिम सिंहभूमि।		
	राजस्थान	—	बासवाडा, उदयपुर।		
	गुजरात	—	बडोदरा, पंचमहल क्षेत्र।		

(Continued)

खनिज	उत्पादक क्षेत्र	उत्पादक राज्य	उत्पादक राज्य भण्डारण राज्य
बाक्साइट (Bauxite)	**उड़ीसा** — कालाहांडी, सम्बलपुर, कोरापुट जिला।	1. उड़ीसा	1. उड़ीसा
	मध्यप्रदेश — कटनी, जबलपुर, बरगावान पहाड़ी, अमरकंटक, शहडोल क्षेत्र मंडला जिला।	2. गुजरात 3. महाराष्ट्र	2. आन्ध्रप्रदेश 3. गुजरात
	झारखण्ड — पलामू एवं लोहरदग्गा जिला।	4. छत्तीसगढ़	4. छत्तीसगढ़
	छत्तीसगढ़ — बस्तर, बिलासपुर, सरगुजा जिला।		
	गुजरात — जामनगर, कच्छ एवं जूनागढ़।		
	तमिलनाडु — सेलम (शिवराय पहाड़ी), नीलगिरि।		
तांबा (Copper)	**झारखण्ड** — मोसाबनी, राखा, घाटशिला, पथरगोड्डा, सुरदा (पूर्वी सिंहभूमि जिला)	1. मध्यप्रदेश 2. राजस्थान	1. राजस्थान 2. मध्यप्रदेश
	राजस्थान — खेतड़ी का मंडन-कुंदुन क्षेत्र (झुंझनूं जिला), खोदरीबा क्षेत्र (अलवर जिला)	3. झारखण्ड	3. झारखण्ड 4. कर्नाटक
	आन्ध्रप्रदेश — गुंटर जिला।		
	मध्यप्रदेश — बालाघाट जिला।		
कोयला (Coal)	**झारखण्ड** — झरिया, चंद्रपुरा, बोकारो, कर्णपुरा, रामगढ़।	1. छत्तीसगढ़	1. झारखण्ड
	प. बंगाल — रानीगंज।	2. झारखण्ड	2. उड़ीसा
	मध्यप्रदेश — सिंगरौली, सोहागपुर, उमरिया, रामकोला, तातापानी।	3. मध्यप्रदेश	3. छत्तीसगढ
	छत्तीसगढ़ — कोरबा, विश्रामपुर, झिलमिली।	4. उड़ीसा	4. प. बंगाल
	उड़ीसा — तलचर, रामपुर-हिंगिर।	5. महाराष्ट्र	5. मध्यप्रदेश
	आन्ध्रप्रदेश — करीमनगर, खम्मम, वारंगल।		
अभ्रक (Mica)	**झारखण्ड** — कोडरमा, गिरिडीह, हजारीबाग।	1. आन्ध्रप्रदेश	2. राजस्थान
	बिहार — नवादा-गया क्षेत्र।	2. राजस्थान	2. आन्ध्रप्रदेश
	आन्ध्रप्रदेश — नेल्लौर, विशाखापत्तनम एवं कृष्णा जिला।	3. झारखण्ड	3. महाराष्ट्र
	राजस्थान — जयपुर, उदयपुर एवं भीलवाड़ा जिला।		

23 अध्याय

परिवहन

इस अध्याय में आप सीखेंगे किः

- भारत में परिवहन के साधन, उनका विस्तार कब और कैसे हआ तथा जल, स्थल, वायु, रेल परिवहन के बारे में विस्तारपूर्वक जानकारी मिलेगी।
- भारत में परिवहन प्रणाली का विस्तार कैसे हुआ और इसने किस प्रकार भारत को गतिमान बनाया।

सड़क परिवहन

विश्व में सड़क परिवहन प्रणाली की लम्बाई की दृष्टि से संयुक्त राज्य अमेरिका के पश्चात् भारत का दूसरा स्थान है। भारत-2006 के अनुसार भारत में सभी प्रकार की सड़कों की कुल लम्बाई लगभग 33 लाख 20 हजार किमी. है। वर्तमान समय में देश में कुल यात्री यातायात का 85 प्रतिशत तथा माल यातायात का 61 प्रतिशत सड़क परिवहन द्वारा सम्पन्न होता है।

महत्व की दृष्टि से भारतीय सड़कों को 6 वर्गों में विभाजित किया जा सकता है—1. स्वर्णिम चतुर्भुज महामार्ग, 2. राष्ट्रीय महामार्ग, 3. राजकीय महामार्ग, 4. सीमावर्ती सड़कें, 5. जिले की प्रमुख सड़कें, तथा 6. ग्रामीण सड़कें (गांव और जिले की अन्य सड़कों सहित)।

स्वर्णिम चतुर्भुज महामार्ग

भारतीय राष्ट्रीय राजमार्ग प्राधिकरण (NHAI) ने देश के चार महानगरों—दिल्ली, कोलकाता, मुम्बई और चेन्नई को 4 लेन वाले द्रुतगामी सड़क मार्ग से जोड़ने के लिए 27,000 करोड़ रूपए के व्यय वाली स्वर्णिम चतुर्भुज परियोजना का शुभारम्भ किया है। 5,846 किमी लम्बे सड़क मार्ग की इस परियोजना के द्वारा 31 मई, 2005 तक 4856 किमी लम्बे सड़क मार्ग का निर्माण कार्य पूर्ण हो चुका था।

श्रीनगर (जम्मू एवं कश्मीर) को कन्याकुमारी (तमिलनाडु) से जोड़ने वाला उत्तर-दक्षिण गलियारा तथा सिलचर (असम) को पोरबन्दर (गुजरात) से जोड़ने वाला पूर्व-पश्चिम गलियारा इसी परियोजना का अंग है। इसकी कुल लम्बाई 7,300 किमी. है। 31 मई, 2005 तक 707 किमी लम्बी सड़कों को चार/छः लेनों में बदला गया है। इसका निर्माण कार्य दिसम्बर 2007 तक पूरा करने का लक्ष्य रखा गया है।

राष्ट्रीय महामार्ग

यह देश की सबसे महत्वपूर्ण सड़क प्रणाली है जिसका निर्माण एवं रख रखाव केन्द्रीय सार्वजनिक निर्माण विभाग एवं राष्ट्रीय राजमार्ग प्राधिकरण द्वारा किया जाता है। देश में 1950-51 में राष्ट्रीय महामार्गों की लम्बाई 19,800 किमी थी जो मार्च, 2004 में बढ़कर 65,569 किमी हो गई। राष्ट्रीय महामार्गों की लम्बाई देश की कुल सड़क लम्बाई का मात्र 2 प्रतिशत है, लेकिन यातायात में इनकी भागीदारी 40 प्रतिशत की है। स्वर्णिम चतुर्भुज परियोजना भी राष्ट्रीय महामार्ग विकास कार्यक्रम का एक अंग है।

वर्तमान में देश में राष्ट्रीय महामार्गों की संख्या 180 से भी अधिक है। राष्ट्रीय महामार्ग—7 देश में सर्वाधिक लम्बा है। इसकी लम्बाई 2,369 किमी है। यह वाराणसी से कन्याकुमारी जाता है। इस पर स्थित प्रमुख नगरों में जबलपुर, नागपुर, हैदराबाद, बंगलौर और मदुरै उल्लेखनीय हैं। राष्ट्रीय महामार्ग-6 देश का दूसरा सबसे लम्बा महामार्ग है। यह 1,946 किमी लम्बा है और कोलकाता से धुले (धूलिया) तक जाता है। इस पर स्थित प्रमुख नगर सम्बलपुर, रायपुर और नागपुर हैं। महामार्ग—1 कहते हैं। यह दिल्ली और अमृतसर को जोड़ता है। राष्ट्रीय महामार्ग—2 दिल्ली और कोलकता के बीच है। इसे ऐतिहासिक शेरशाह सूरी मार्ग कहते हैं। राष्ट्रीय महामार्ग-8 दिल्ली और मुम्बई को जोड़ता है। राष्ट्रीय महामार्ग—15 पठानकोट और कांडला के मध्य विद्यमान है। यह महामार्ग राजस्थान के मरूस्थल से होकर गुज़रता है।

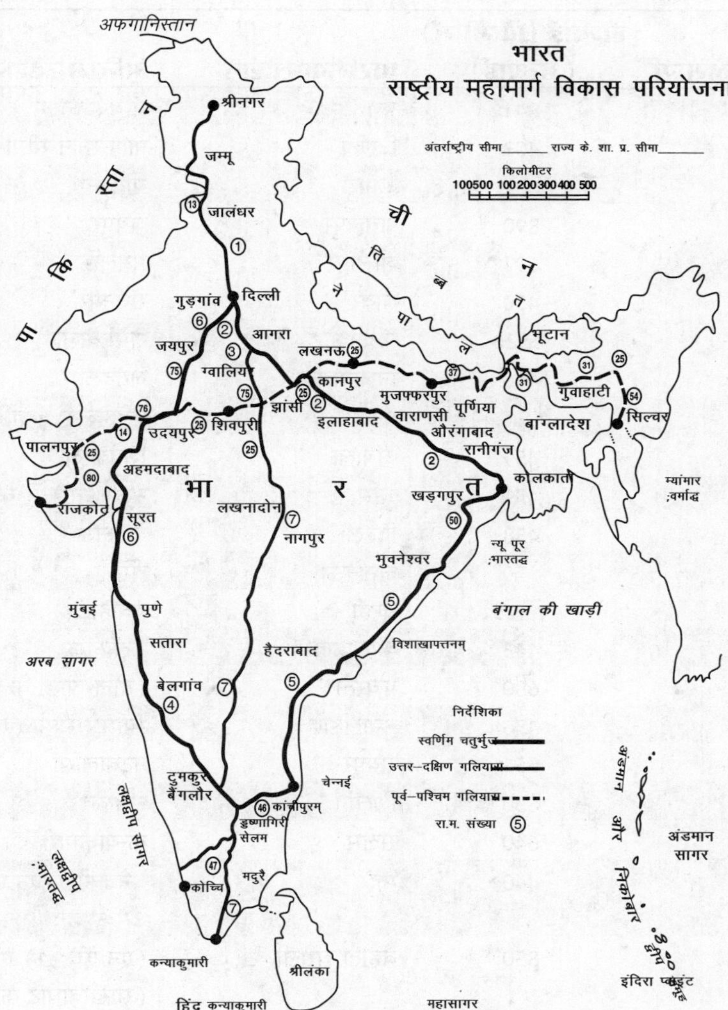

चित्र: भारत का स्वर्णिम चतुर्भुज महामार्ग

प्रमुख राष्ट्रीय राजमार्ग और उनकी लम्बाई

क्रम सं.	राष्ट्रीय राजमार्ग	लम्बाई (किमी में) (अस्थाई)	प्रारंभिक स्टेशन	अन्तिम स्टेशन
1.	1	456	दिल्ली	पाकिस्तान सीमा (अमृतसर के निकट)
2.	1ए	663	जालंधर	उरी
3.	2	1,490	दिल्ली	कोलकाता
4.	3	1,161	आगरा	मुम्बई
5.	4	1,235	चेन्नई	थाणे (मुम्बई)
6.	5	1,533	चेन्नई	झारपोरदरिया जंक्शन एन एच 6 उड़ीसा सहित
7.	6	1,949	कोलकाता	हजीरा
8.	7	2,369	वाराणसी	कन्याकुमारी
9.	8	1,428	दिल्ली	मुम्बई
10.	8ए	473	अहमदाबाद	माडंवी

(Continued)

क्रम सं.	राष्ट्रीय राजमार्ग	लम्बाई (किमी में) (अस्थाई)	प्रारंभिक स्टेशन	अन्तिम स्टेशन
11.	9	841	पुणे	मछलीपत्तनम
12.	10	403	दिल्ली	पाकिस्तान सीमा (फाजिल्का के निकट)
13.	11	582	आगरा	बीकानेर
14.	12	890	जबलपुर	जयपुर
15.	13	691	शोलापुर	मंगलौर
16.	14	450	बीवर	राधनपुर
17.	15	1,526	पठानकोट	समख्याली
18.	16	460	निजामाबाद	जगदलपुर
19.	17	1,269	पनवल	एडापल्ली (कोच्चि के निकट)
20.	22	459	अंबाला	शिपकीला
21.	23	459	चास	न्यूता (तलचेर के निकट)
22.	24	438	दिल्ली	लखनऊ
23.	28	570	लखनऊ	बरौनी
24.	31	1,125	बरही	गुवाहाटी
25.	34	443	कोलकाता	डलकोला
26.	37	680	पचरत्न	(गोल-पाड़ा के निकट) सैखोवाघाट
27.	39	436	नुमालीगढ़	म्यामांर सीमा (मोरेह के निकट)
28.	43	551	रायपुर	नटवालासा
29.	44	630	शिलांग	सबरूम
30.	47	640	सलेम	कन्याकुमारी
31.	49	440	मदुरै	धनुषकोटी-एन.एच. 49 का विस्तार उसके बाद
32.	52	850	बैहाता चराली	(एन.एच.31) एन.एच. 37 के साथ जंक्शन (सीखोवाघाट के निकट)
33.	54	850	डबोका	तुईपांग
34.	58	527	गाजियाबाद	माना
35.	63	432	अंकोला	गूटी
36.	65	690	अंबाला	पाली
37.	75	460	ग्वालियर	रीवा
38.	76	1,007	पिंडवारा	इलाहाबाद
39.	78	559	कटनी	गुमला
40.	79	500	अजमेर	घाट बिलोद (इन्दौर)
41.	150	700	आईजोल	कोहिमा
42.	200	740	रायपुर	चांदीखोल
43.	205	442	अनन्तपुर	चेन्नई
44.	209	456	डिंडीगुल	बंगलौर
45.	211	400	शोलापुर	धूले
46.	91	405	गाजियाबाद	कानपुर
47.	217	508	रायपुर	गोपालपुर

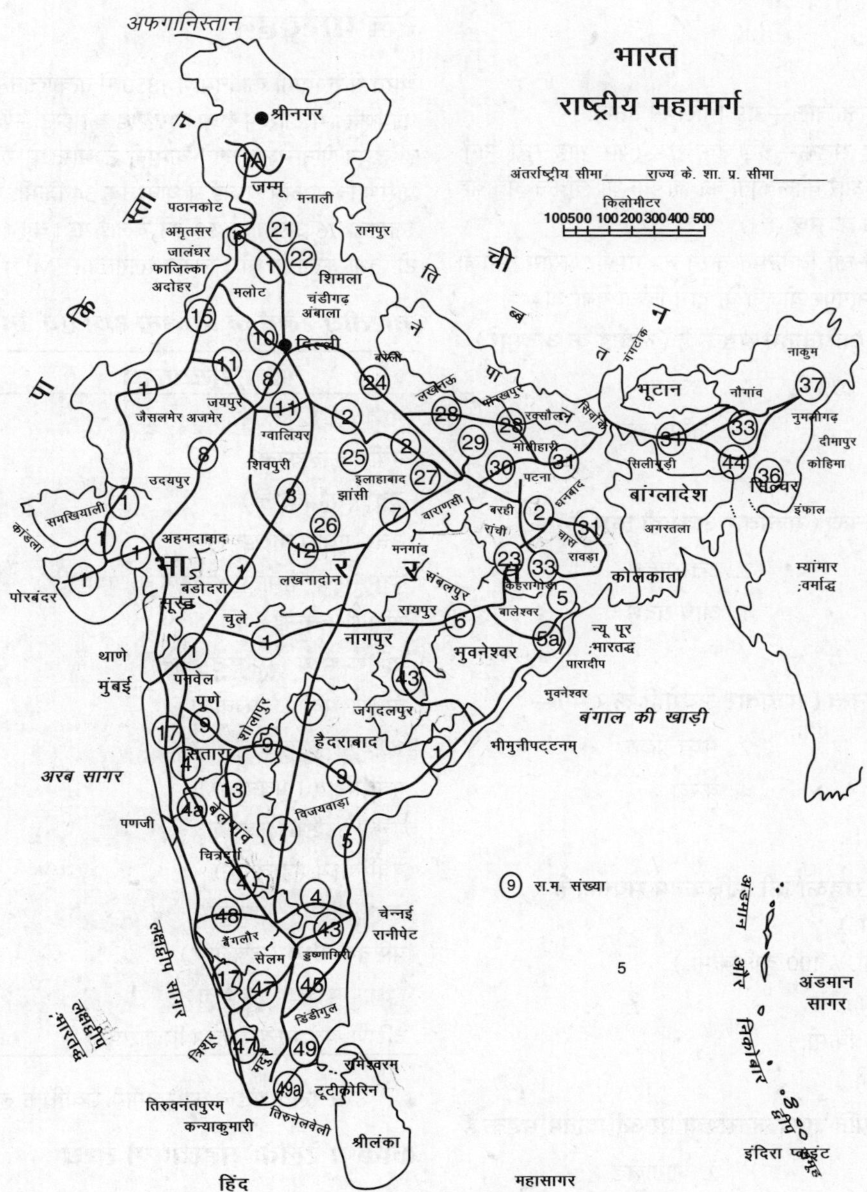

चित्र: भारत के राष्ट्रीय महामार्ग

- सड़कों की कुल लम्बाई—33 लाख कि.मी.
- पक्की सड़क—43.5%

राज्य सड़क

- निर्माण एवं रख रखाव का दायित्व राज्य सरकारों का होता है।
- लम्बाई—1,31,899 कि.मी.
- कुल लम्बाई का—5.6%
- ये मार्ग राज्य की राजधानी को जिला मुख्यालय से जोड़ता है।
- जिला की सड़कें—जिला मुख्यालय को जिले के विभिन्न नगरों एवं कस्बों से जोड़ता है।
- गाँव की सड़कें—गाँवों को निकटवर्ती कस्बों से जोड़ती हैं।
- सीमावर्ती सड़क—इसके निर्माण एवं देख-रेख का दायित्व सीमा सड़क संगठन (1960) की है।
- सड़कों का घनत्च—केरल (375 कि.मी.) सर्वाधिक,
- जम्मू कश्मीर (10 कि.मी.) न्यूनतम (राष्ट्रीय औसत 75 किलोमीटर)।
- पक्की सड़कों का घनत्व—गोवा (सर्वाधिक), जम्मू-कश्मीर (न्यूनतम) (राष्ट्रीय औसत 42.4 किलोमीटर)।

यातायात

सड़कमार्ग

- भारत में सड़कों का कुल जाल—3.3 मिलियन किमी.
- प्राचीनतम और प्रसिद्ध सड़क—ग्रैंड ट्रंक रोड (शेर शाह सूरी मार्ग, आरम्भ में यह पेशावर और कोलकाता को जोड़ती थी लेकिन अब यह अमृतसर से कोलकाता के मध्य है।)
- पहली बार सड़कमार्गों को विकसित करने का गम्भीर प्रयास अंग्रेजों के काल (1943) में नागपुर योजना के द्वारा किया गया था।
- **वे राज्य जिनके पास अधिकतम सड़कें हैं (लंबाई के अनुसार)**

  1. महाराष्ट्र (कुल का 10%) 2. उड़ीसा
  3. उत्तर प्रदेश 4. तमिलनाडु
  5. मध्य प्रदेश

- **पक्की सड़कों का घनत्व (राज्यवार अवरोही क्रम में)—**

  1. महाराष्ट 2. उत्तर प्रदेश
  3. तमिलनाडु 4. आंध्र प्रदेश
  5. कर्नाटक

- **कच्ची सड़कों का घनत्व (राज्यवार अवरोही क्रम में)—**

  1. उड़ीसा 2. मध्य प्रदेश
  3. उत्तर प्रदेश 4. केरल
  5. महाराष्ट्र

- **वे राज्य जिनके पास सड़कों की अधिकतम सघनता है (प्रति 100 वर्ग किमी.)**

  1. केरल (365 किमी. / 100 वर्ग किमी.)
  2. गोआ (201 किमी.)
  3. तमिल नाडु (158 किमी.)
  4. त्रिपुरा (140 किमी.)

- **वे राज्य जिनके पास प्रति लाख जनसंख्या पर अधिकतम सड़कें हैं**

  1. अरुणाचल प्रदेश 2. नागालैंड
  3. मिजोरम

- **अधिकतम बाहरी सड़कें**

  1. महाराष्ट्र 2. तमिलनाडु
  3. उत्तर प्रदेश

- **अधिकतम राष्ट्रीय राजमार्ग**

  1. मध्य प्रदेश (कुल का 8.6%)
  2. महाराष्ट्र (8.5%)
  3. आंध्र प्रदेश
  4. राजस्थान
  5. उत्तर प्रदेश

रेल परिवहन

भारत में रेलमार्गों का निर्माण 1850 में तत्कालीन वायसराय लॉर्ड डलहौजी के कार्यकाल में आरम्भ हुआ। इंग्लैण्ड की ईस्ट इण्डियन रेलवे कम्पनी तथा ग्रेट इण्डियन पेनिन्सुलर रेलवे कम्पनी ने भारत में रेलवे लाइन बिछाने का कार्य प्रारम्भ किया और बम्बई से थाना तक 34 किमी. रेल मार्ग पर भारत की पहली रेलगाड़ी 16 अप्रेल, 1853 को चलाई गई। वर्ष 1925 में सर्वप्रथम बम्बई वी. टी. तथा कुर्ला के बीच विद्युत रेलगाड़ी (EMU) आरम्भ की गई।

भारतीय रेलवे के विभिन्न क्षेत्र एवं उनके मुखयालय

क्षेत्र/मुख्यालय	स्थापना
मध्य (बॉम्बे वी. टी.)	5 नवम्बर, 1951
पूर्वी (कोलकाता)	1 अगस्त, 1955
उत्तर (नई दिल्ली)	14 अप्रेल, 1952
उत्तर-पूर्वी (गोरखपुर)	14 अप्रेल, 1952
उत्तर-पूर्वी सीमान्त (मालीगांव, गुवाहाटी)	15 जनवरी, 1958
दक्षिणी (चेन्नई)	14 अप्रेल, 1951
दक्षिण-मध्य (सिकन्दराबाद)	2 अक्टूबर, 1966
दक्षिण-पूर्वी (कोलकाता)	1 अगस्त, 1955
पश्चिमी (मुम्बई चर्चगेट)	5 नवम्बर, 1951
पूर्वी तटीय (भुवनेश्वर)	8 अगस्त, 1996
उत्तर-मध्य (इलाहाबाद)	28 अगस्त, 1996
पूर्वी-मध्य (हाजीपुर)	8 सितम्बर, 1996
उत्तर-पश्चिम (जयपुर)	10 अक्टूबर, 1996
पश्चिम-मध्य (जबलपुर)	9 दिसम्बर, 1996
दक्षिण-पश्चिम (हुबली)	1 नवम्बर, 1996
दक्षिण-पूर्व मध्य रेलवे (बिलासपुर)	9 सितम्बर, 1998

- उत्तर रेलवे मंडल का रेलमार्ग सर्वाधिक लम्बा है—10993 कि.मी.।

कोंकण रेलवेः महत्वपूर्ण तथ्य

- रेलमार्ग की दूरी—760 किमी (रोहा से मंगलौर तक)
- रेलमार्ग पर बडे पुलों की संख्या—179
- रेलमार्ग पर छोटे पुलों की संख्या—1,819
- सुरंगों की संख्या—92
- सुरंगों की कुल लम्बाइ—84 किमी
- सबसे लम्बी सुरंग की लम्बाइ (कारबुडे के निकट)—6.5 किमी
- सबसे बड़े पुल की लम्बाई—2.065 किमी (होनावर के निकट शारावती नदी पर)
- सबसे ऊँचे पुल की लम्बाई 64 मीटर या 210 फुट (रत्नागिरी के निकट पनवल नदी पर)
- गति क्षमता—160 किमी/घण्टा

- योजना का निर्माण काल—1990-98
- कुल लागत—3,500 करोड़ रूपए
- गोवा, महाराष्ट्र, कर्नाटक एवं केरल के बीच छोटे-छोटे रेलमार्गों द्वारा लिंक प्रदान करने की कोंकण रेलवे परियोजना मार्च 1990 से आरम्भ हुई। पूरे मार्ग पर यातायात आरम्भ तिथि 26 जनवरी, 1998

भारतीय रेलवेः स्मरणीय तथ्य

- भारतीय रेलवे एशिया की सबसे बड़ी रेलवे प्रणाली है।
- भारत का विश्व में चौथा सबसे बड़ा रेल तंत्र है।
- विश्व में प्रथम स्थान सं. रा. अमरीका का है।
- विश्व की सबसे पुरानी कार्यरत 'लोकोमोटिव फेयरी क्वीन' है।
- भारत का प्रथम विद्युत इंजन 'डेकन क्वीन (1925), है।
- भारत में मेट्रो रेलवे का प्रारम्भ कोलकाता में हुआ।
- देश की प्रथम रेल बस सेवा 12 अक्टूबर, 1994 को राजस्थान के मेड़ता शहर में प्रारम्भ हुई।
- भारत की सबसे लम्बी दूरी की रेलगाड़ी हिमसागर एक्सप्रेस (जम्मू तवी से कन्याकुमारी) 3,726 किमी. है।
- विश्व का सबसे लम्बा रेलमार्ग—ट्रांस-साइबेरियन रेलमार्ग है।

रेलवे की विभागीय उत्पादन इकाइयां

1. चितरंजन लोकोमोटिव कारखाना, चितरंजन
2. डीजल लोकोमोटिव कारखाना, वाराणसी
3. सवारी डिब्बा कारखाना, पेराम्बूर
4. रेल डिब्बा कारखाना, कपूरथला
5. पहिया एवं धुरा कारखाना, बंगलौर
6. डीजल पुर्जा कारखाना, पटियाला

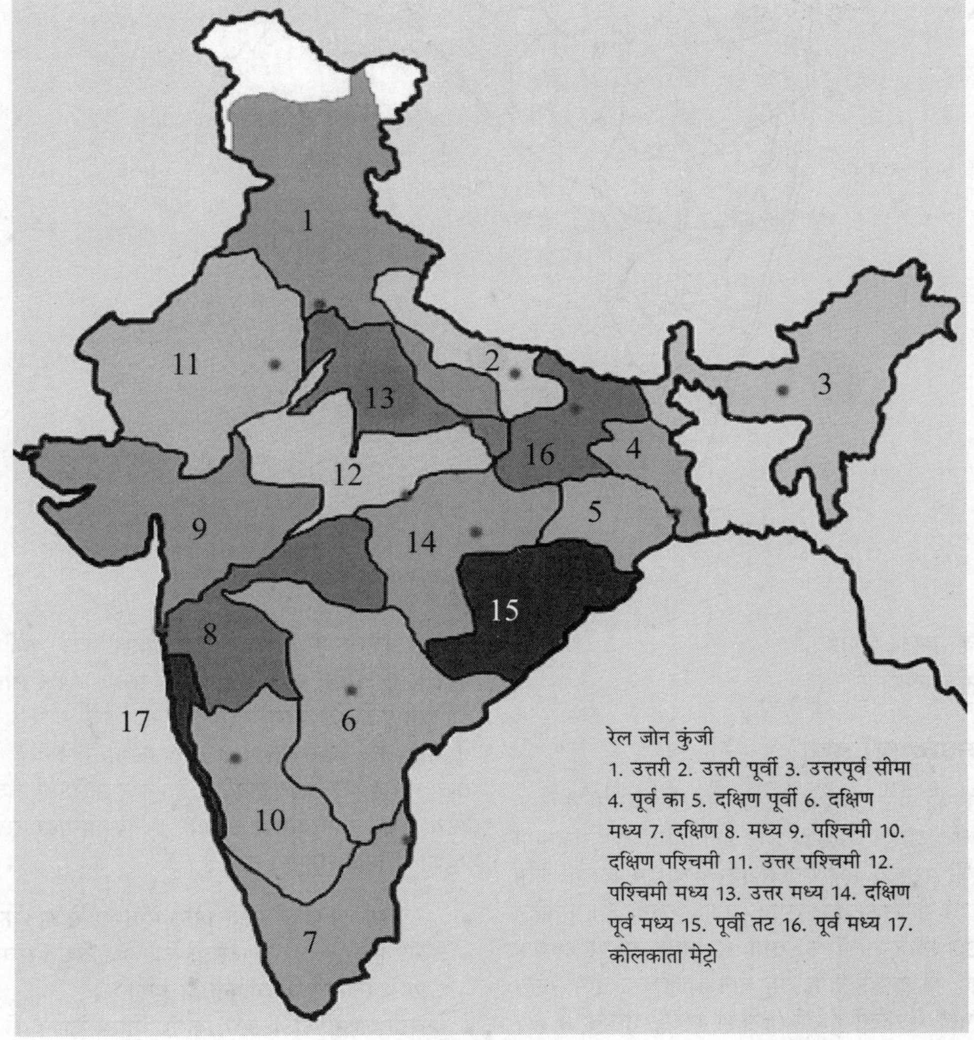

चित्रः भारतीय रेलवेः 7 नये रेलवे ज़ोन

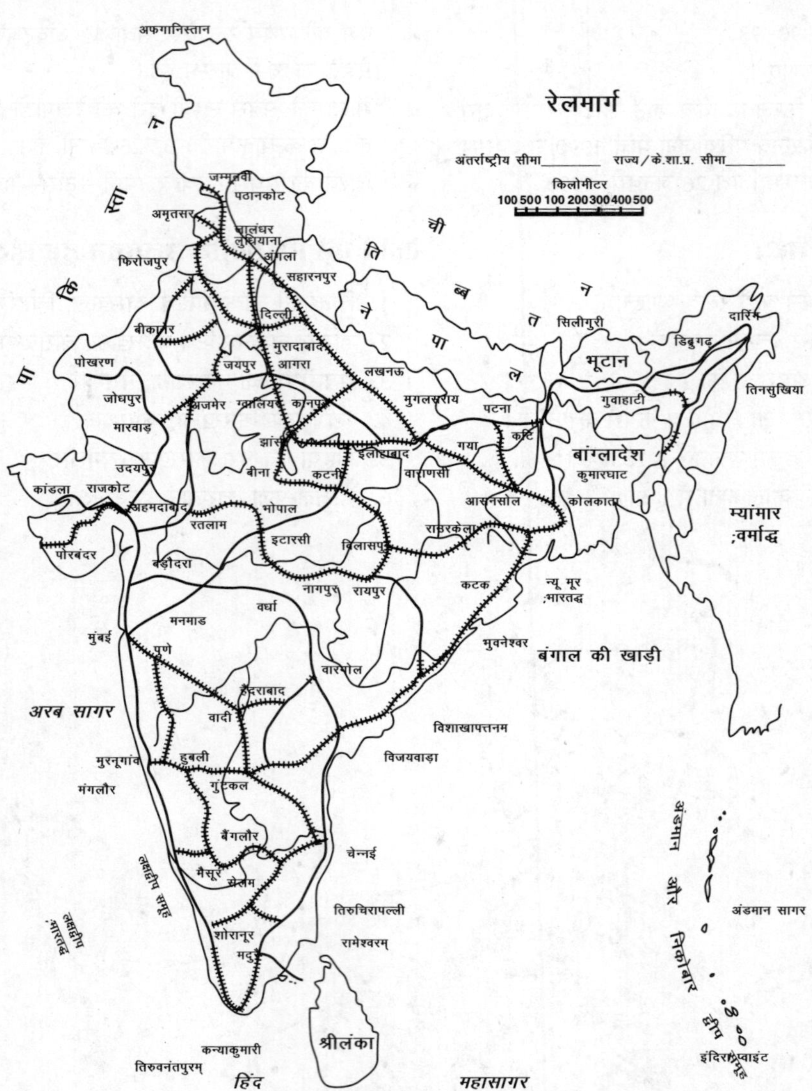

चित्रः भारत के प्रमुख रेलमार्ग

7. सवारी डिब्बा कारखाना, चेन्नई
8. मैसर्स जेस्सोप्स, कोलकाता

भारतीय रेलवेः महत्वपूर्ण तथ्य

देश भर में रेल पुलों की कुल संख्या, 1,19,984 है जिनमें से 565 महत्वपूर्ण है। 9,792 बड़े और 1,09,627 छोटे पुल हैं। राष्ट्रीय राजमार्गों पर निर्मित ऐसे पुलों की मरम्मत और रख रखाव के बारे में रेल मंत्रालय सड़क परिवहन मंत्रालय से निकटतम सम्पर्क बनाए रखता है। प्रतिदिन लगभग एक करोड़ 30 लाख लोगों को तथा 10 लाख टन से अधिक सामान को एक जगह से दूसरी जगह पहुंचाने वाली भारतीय रेलवे 63,221 किलोमीटर मार्ग में फैली हुई है। इसका सबसे अधिक 8,572 किलोमीटर मार्ग उत्तर प्रदेश, 5,926 राजस्थान में, 5,459 महाराष्ट्र में, 5,312 गुजरात में, और 5,135 किलोमीटर मार्ग आंध्र प्रदेश में है। पूर्वोत्तर में असम को छोड़कर अन्य राज्यों में रेल लाइन न होने के बराबर है। इसी प्रकार से जम्मू कश्मीर में 96 किलोमीटर जबकि हिमांचल प्रदेश में 269 और उत्तरांचल में 356 किलोमीटर मार्ग है। नव गठित झारखंड राज्य में यह 1,797 किलोमीटर है। केन्द्रशासित केवल दो प्रदेशों चंडीगढ़ और पांडिचेरी में क्रमशः 8 और 11 किलोमीटर रेल मार्ग है। शेष अन्य प्रदेशों में कोई रेलमार्ग नहीं है।

- रेलमार्ग की पहली पटरी 1853 में मुम्बई से थाने के मध्य बिछाई गई थी।
- भारत की कुल रेल पटरियों का 39% विद्युत संचालित है तथा लगभग 28% रेलमार्ग विद्युतीकृत हो चुका है।
- बड़ी लाइन की 46807 किमी., मीटर लाइन की 13290 किमी. और छोटी लाइन की 3124 किमी. कुल लंबाई है।

- भारतीय रेलमार्ग एशिया में सबसे बड़ा और विश्व में अमरीका, रूस और कनाडा के बाद चौथे स्थान पर है।
- एकल प्रबन्ध के अन्तर्गत कार्य करने वाली यह दूसरी विशालतम रेलमार्ग व्यवस्था है।
- भारत में 17 मण्डल हैं।
- सबसे लंबा मण्डल 11000 किमी. के साथ उत्तरी मण्डल है।
- हाल ही में राष्ट्रीय रेल विकास योजना (रा रे वि यो) को सभी महानगरों को जोड़ने वाले चतुर्भुजीय जाल के विकास को बढ़ाने (अत्यधिक तीव्र दोहरी लाइन) और बन्दरगाहों को जोड़ने के लिए आरम्भ किया गया है।
- कोंकण रेलवे एक पृथक संघ द्वारा चलाया जाता है और यह मैंगलोर से रोहा (मुम्बई से 40 किमी. दक्षिण में) के मध्य चलती है।
- इस तन्त्र में 4 राज्य महाराष्ट्र, गोआ, कर्नाटक और केरल संलग्न हैं।
- यह केरल से होकर नहीं गुज़रती है।
- कोंकण रेलवे का 51% अंश भारतीय रेलवे के पास है।
- भारत में इसके पास तीव्रतम रेलपथ है।
- इसका 10% रेलपथ सुरंगों से होकर गुज़रता है।
- उत्तर भारतीय मैदानों में रेल की अधिकतम सघनता है क्योंकि इसकी सतह समतल है और जनसंख्या का घनत्व बहुत अधिक है।
- पर्वतों और पठारों में रेल मार्ग की सघनता नितान्त कम है।
- पश्चिमी तट की तुलना में पूर्वी तट पर रेलमार्गों के पथ अधिक हैं।
- प्रति 1000 किमी. पर पंजाब में अधिकतम रेल मार्ग हैं तत्पश्चात् पश्चिम बंगाल, हरियाणा, बिहार, उत्तर प्रदेश में हैं।
- भारतीय रेल मार्ग की औसत सघनता 18.6 किमी./1000 वर्ग किमी. है।

जल परिवहन

जल परिवहन दो प्रकार का होता है—

- आन्तरिक अथवा अन्तर्देशीय जल परिवहन
- **जहाजरानी परिवहन (Shipping)**—भारतीय अर्थव्यवस्था में आन्तरिक जल परिवहन का महत्वपूर्ण स्थान है। देश के महत्वपूर्ण औद्योगिक नगरों की स्थापना एवं उनका विकास आन्तरिक जल परिवहन द्वारा ही पूरा किया जा सकता है। बंगाल के जूट उद्योग, असम के चाय उद्योग और बिहार के नील उद्योग के विकास में भी आन्तरिक जल परिवहन की महत्वपूर्ण भूमिका है। भारत में अन्तर्देशीय जल परिवहन का 14,500 किमी. लम्बा जलमार्ग है। देश की प्रमुख नदियों में 3,700 किमी. की दूरी यान्त्रिक नौकाओं से पूरी की जा सकती है, लेकिन इस क्षमता का पूर्ण उपयोग नहीं किया जा सका है और केवल 2000 किमी. मार्ग का ही उपयोग किया जा रहा है। अन्तर्देशीय जल मार्गों के विकास के लिए अक्टूबर 1986 में आंतरिक जल परिवहन प्राधिकरण (Inland Water Ways Authority of India) का गठन किया गया। आन्तरिक जल परिवहन को पोषित करने के उद्देश्य से सरकार ने निम्नांकित जलमार्गों को राष्ट्रीय जलमार्ग (National Waterways) का दर्जा दिया है:

- **राष्ट्रीय जलमार्ग**—1—हल्दिया से इलाहाबाद तक (गंगा नदी, हुगली नदी, भागीरथी नदी) 1,620 किमी। 27 अक्टूबर, 1986 । यह जलमार्ग उत्तर प्रदेश, बिहार एवं पश्चिम बंगाल से होकर गुज़रता है।
- **राष्ट्रीय जलमार्ग**—2—धुबरी से सादिया तक (ब्रह्मपुत्र नदी)। 891 किमी, 26 अक्टूबर, 1988 । मुख्यत: असम में स्थित यह जलमार्ग पूर्वोत्तर क्षेत्र को कोलकाता एवं हल्दिया बन्दरगाह से जोड़ता है।
- **राष्ट्रीय जलमार्ग**—3—केरल में कोलम-कोट्टापुरम् (205 किमी.) (चम्पकारा नहर में 23 किमी तथा उद्योगमण्डल नहर 22 किमी)-1 फरवरी, 1993
- **राष्ट्रीय जलमार्ग**—4—आंतरिक जल परिवहन प्राधिकरण द्वारा चालू दसवीं योजना में काकीनाडा-मरखानम जलमार्ग को राष्ट्रीय जलमार्ग-4 के रूप में घोषित किया जाना प्रस्तावित है। 1,100 किमी. लम्बा यह जलमार्ग गोदावरी एवं कृष्णा नदियों पर फैला हुआ है।

भारत में जहाजरानी परिवहन (Shipping) के विकास का शुभारम्भ 1854 में हुआ जबकि 'ब्रिटिश इण्डिया स्टीम नेवीगेशन कम्पनी' की स्थापना हुई। भारतीय जहाजरानी का विश्व में 17वां तथा एशिया में दूसरा स्थान है।

आर्थिक सर्वेक्षण 2003-2004 के अनुसार भारत की समुद्र तटीय रेखा पर 12 प्रमुख पत्तन तथा 185 छोटे पत्तन हैं। एशियाई विकास बैंक की सहायता से चेन्नई के निकट एन्नौर में एक नये प्रमुख पत्तन का निर्माण किया गया है। प्रमुख पत्तनों के विकास एवं प्रबन्ध की जिम्मेदारी केन्द्रीय सरकार के तहत सम्बन्धित पत्तन न्यासों पर है जबकि राज्य सरकारें छोटे पत्तनों को प्रशासित करती हैं। 12 प्रमुख पत्तन क्रमश: (1) चेन्नई, (2) कोच्चि, (3) एन्नौर, (4) जवाहर लाल नेहरू, (5) काण्डला, (6) कोलकाता-हल्दिया, (7) मारमागोआ, (8) मुम्बई, (9) न्यू मंगलौर, (10) पाराद्वीप, (11) तूतीकोरिन और (12) विशाखापट्टनम हैं। लघु और मध्यवर्ती पत्तन महाराष्ट्र (53), गुजरात (40), अण्डमान और निकोबार (23), तमिलनाडु (14), केरल (13), आन्ध्र प्रदेश (12), लक्षद्वीप (10), कर्नाटक (9), गोवा (5), उड़ीसा तथा दमन और दीव (2) एवं पांडिचेरी (1) तथा पश्चिमी बंगाल (1) में स्थित है।

देश में 12 बड़े बन्दरगाहों के द्वारा यात्री एवं माल भार का वहन किया जाता है।

भारत में वर्तमान में चार समुद्री जहाज निर्माण करने वाली संस्थाएं कार्य कर रही हैं:

1. हिन्दुस्तान शिपयार्ड (विशाखापट्टनम)
2. कोचीन शिपयार्ड
3. मझगांव डाक यार्ड मुम्बई
4. गार्डन रीच वर्कशाप (कोलकाता)

मझगांव डाक, मुम्बई की स्थापना भारतीय जल सेना के लिए पोत बनाने के उद्देश्य से की गई, लेकिन इसके द्वारा बड़े पोत, यात्री पोत, माल-यात्री पोत, आदि भी बनाए जाते हैं। इसकी एक सहायक कम्पनी भी है जिसका नाम गोवा शिपयार्ड लिमिटेड है जो जहाजों की मरम्मत करती है तथा लंगर आदि बनाती है।

भारतीय जहाजरानी की सफल संचालन के लिए भारतीय जहाजरानी संगठन में तीन संस्थाएं बनाई गई हैं:

1. **राष्ट्रीय नौवहन बोर्ड**—(केन्द्रीय सरकार की सलाहकारी संस्था)
2. **जहाजरानी समन्वय समिति**—(केन्द्रीय भूतल परिवहन मंत्रालय के अन्तर्गत कार्य करने वाली समिति जो सरकार एवं जहाज कम्पनियों के बीच समन्वय करती है।
3. **अखिल भारतीय जहाजरानी परिषद्**—(शिपिंग कम्पनियों के बीच किराया एवं अन्य समस्याओं पर समझौता करने वाली संस्था।

बड़े बन्दरगाहों का विवरण निम्नवत् है—

1. **कांडला**—पश्चिमी समुद्र तट का यह बन्दरगाह गुजरात राज्य में कच्छ की खाड़ी में स्थित है। यह एक ज्वारीय बन्दरगाह है जिसे मुक्त व्यापार क्षेत्र घोषित किया गया है।
2. **मुम्बई**—पश्चिमी समुद्र तट पर यह एक प्राकृतिक बन्दरगाह है। सभी बन्दरगाहों से होने वाले कुल कारोबार में अकेले मुम्बई बन्दरगाह की हिस्सेदारी 12% है। इस बन्दरगाह के कारोबार में पेट्रोलियम उत्पाद तथा शुष्क माल प्रमुख है। यहां एक मुक्त व्यापार क्षेत्र की भी स्थापना की गई है। यह भारत का सबसे बड़ा बन्दरगाह है।
3. **मारमुगोआ**—यह बन्दरगाह पश्चिमी समुद्र तट पर गोआ में जुआरी नदी के तट पर स्थित है। यह एक प्राकृतिक बन्दरगाह है जो पर्यटन की दृष्टि से महत्वपूर्ण है।
4. **न्यू मंगलौर**—पश्चिमी तट का यह बन्दरगाह कर्नाटक राज्य में स्थित है। इस बन्दरगाह में कुद्रेमुख के लौह अयस्क के निर्यात की सुविधा उपलब्ध कराई गई है यहां से लौह-अयस्क का अधिकांश निर्यात ईरान को होता है।
5. **कोच्चि**—पश्चिमी समुद्र तट का यह एक प्राकृतिक बन्दरगाह है जो केरल में मुम्बई से 928 किमी दक्षिण में स्थित है। यह बन्दरगाह लैगून पर स्थित है। पूर्वी एशिया एवं आस्ट्रेलिया जाने के लिए मार्ग प्रदान करने की दृष्टि से यह बन्दरगाह महत्वपूर्ण है।
6. **न्हावाशेवा (जवाहरलाल नेहरू पोर्ट)**—मुम्बई में जवाहर लाल नेहरू के नाम से भी जाना जाने वाला यह बन्दरगाह पश्चिमी समुद्र तट पर स्थित है। यह बन्दरगाह नवीनतम आधुनिक सुविधाओं से सुसज्जित है। मुम्बई बन्दरगाह पर बढ़ते दबाव को कम करने के उद्देश्य से इस बन्दरगाह की स्थापना की गई है। यहां के ज्वारीय बेसिन में तीन घाट बनाए गए हैं। एक, शक्कर निर्यात के लिए; दूसरा, उर्वरक तथा तीसरा, खाली कन्टेनरों के लिए है।
7. **तूतीकोरिन**—यह देश की दक्षिण छोर पर तमिलनाडु में स्थित है। इस बन्दरगाह में समुद्री जल उथला होने के कारण जहाज यहां से 5 किमी दूर खड़े होते हैं। यहां से प्रमुख रूप से कोयला निर्यात होता है। यह मत्स्य पत्तन भी कहलाता है।
8. **चेन्नई**—यह देश के पूर्वी तट पर देश का सबसे पुराना तथा तीसरा सबसे बड़ा बन्दरगाह है। यह एक कृत्रिम बन्दरगाह है। इस बन्दरगाह से मुख्य रूप से पेट्रोलियम पदार्थों और लौह-अयस्क का कारोबार किया जाता है। यह बन्दरगाह आन्ध्र प्रदेश की बकिंमघम नहर एवं तमिलनाडु की कम्बरजुआ नहर (दोनों नौ-वहन योग्य) से सम्बद्ध है।
9. **विशाखापट्टनम (विजाग)**—देश के पूर्वी समुद्री तट पर आन्ध्र प्रदेश का यह बन्दरगाह देश का सबसे गहरा बन्दरगाह है जहां लौह अयस्क के निर्यात के लिए एक बाहरी बन्दरगाह बनाया गया है। यह एक बहुउद्देशीय बन्दरगाह है। इसके पोताश्रय में डाल्फिन नोज नामक पहाड़ी भाग निकल आने से यह पत्तन मानसूनी पवन के झकोरों से सुरक्षित रहता है।
10. **पारादीप**—पारादीप बन्दरगाह पूर्वी तट पर कोलकाता और विशाखापट्टनम के मध्य में उड़ीसा राज्य में स्थित एक गहरा बन्दरगाह है, जिसे 1958 में छोटा और 1966 में बड़ा बन्दरगाह घोषित किया गया। यहां का पोताश्रय लैगून सदृश्य है और दो ओर जलतोड़ दीवारों से घिरा है। इसका पृष्ठ प्रदेश उड़ीसा, उत्तरी आन्ध्र प्रदेश, झारखण्ड और छत्तीसगढ़ राज्यों में विस्तृत है। यहां से निर्यातित वस्तुओं में लकड़ी, उर्वरक, कच्चा लोहा, कोयला तथा मछलियां प्रमुख हैं जबकि आयातित वस्तुओं में खाद्यान्न, ईंधन, तेल, रॉक फॉस्फेट, पोटाश, आदि महत्वपूर्ण हैं। वस्तुत: इस बन्दरगाह को किरीबुरू क्षेत्र के लोहे को जापान को निर्यात करने हेतु विकसित किया गया।
11. **कोलकाता—हल्दिया**—कोलकाता बन्दरगाह पूर्वी तट पर हुगली नदी पर बंगाल की खाड़ी में स्थित है। नदी पत्तन होने के कारण नदी तली में कीचड़ जमा हो जाने पर जलपोतों के लिए असुविधा होती है। कोलकाता बन्दरगाह का मुख्य पोताश्रय खिदिरपुर है। कोलकाता से 64 किमी. दूर डायमण्ड हार्बर का भी निर्माण किया गया है।

    हल्दिया बन्दरगाह कोलकाता बन्दरगाह का एक सहायक बन्दरगाह है। कोलकाता बन्दरगाह पर बढ़ते हुए बोझ को कम करने के लिए कोलकाता के 10 किमी दक्षिण में हल्दिया पोताश्रय एवं बन्दरगाह का निर्माण किया गया है।
12. **एन्नौर**—यह देश का प्रथम सबसे बड़ा कम्प्यूटराइज्ड बन्दरगाह है चेन्नई के निकट 900 करोड़ की लागत से एन्नौर नामक स्थान पर नये बन्दरगाह के प्रथम चरण का कार्य पूरा कर लिया गया है। यहां पर कुल चार बर्थ होंगी। इनमें से दो यहां के सुपर ताप विद्युत-गृह के कोयले की आपूर्ति हेतु होगी, दूसरे चरण का कार्य इसके बाद शुरू होगा।

रसायन बन्दरगाह

गांधीनगर (गुजरात) से 215 किमी दक्षिण में स्थित दाहेज बन्दरगाह राष्ट्र को समर्पित किया जा चुका है। यह बन्दरगाह देश का ऐसा पहला बन्दरगाह है जो रसायनों के निपटान हेतु स्थापित किया गया है, इसीलिए इसे रसायन बन्दरगाह का नाम दिया गया है।

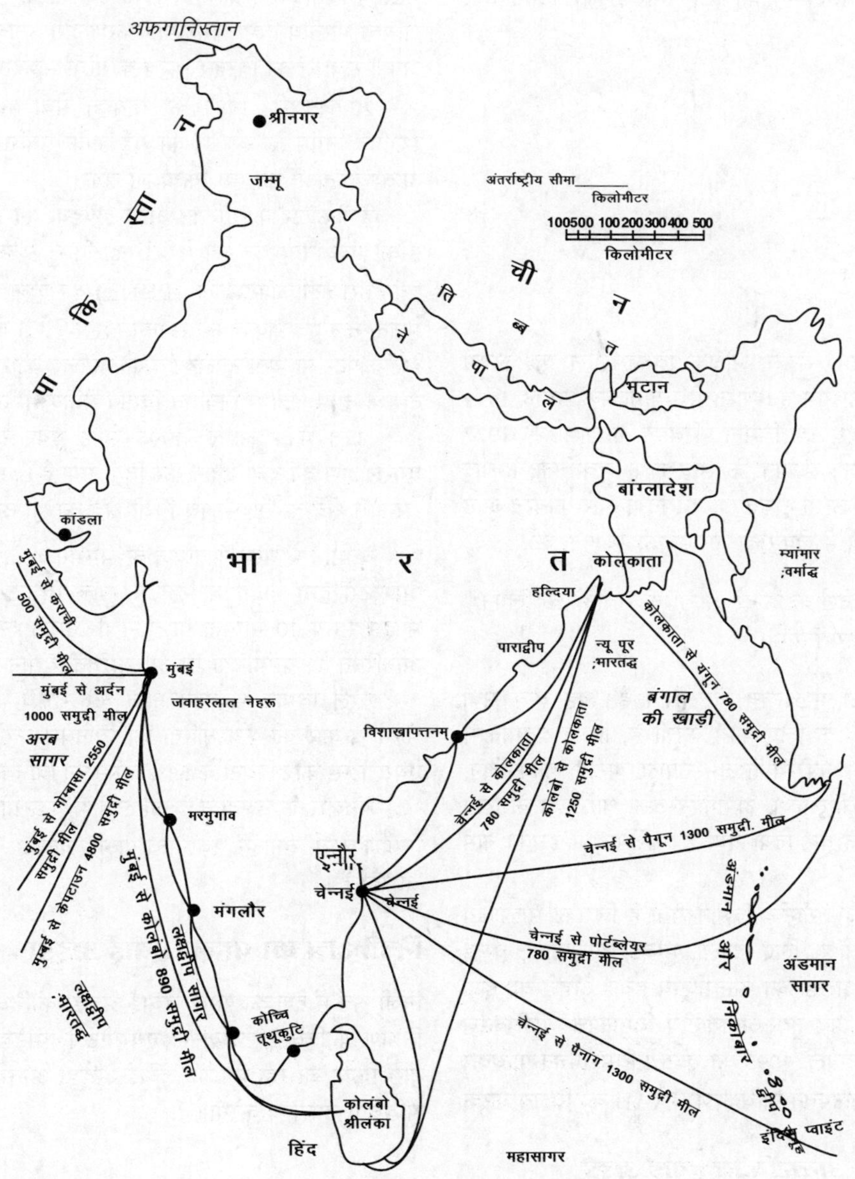

चित्र: भारत में जल यातायात

भारत में जल यातायात

- लंबी दूरी के लिए सबसे सस्ता और अधिक सक्षम
- जल यातायात: रेलमार्ग—1:10
- रेल मार्ग: सड़कें—1:10
- जल: रेल मार्ग: सड़कें—1:10:100
- कुल नौगम्य जल मार्ग—14500 किमी.
- यांत्रिक जलयान—5700 किमी.

अन्य अभिज्ञानित मार्ग

- **गोदावरी**—किराला से राजमुंदरी
- चम्पाकारा नहर (अलेप्पी)
- उद्योगमण्डलम नहर (कोची)
- सरकार पश्चिम तटीय नहर को कोवलम से कासरगोडे तक बढ़ाने का प्रस्ताव रख रही है।

- **प्रस्तावित राष्ट्रीय जल मार्ग**—काकीनाडा से मरखानम 1100 किमी.
- 14500 किमी. में से
  उत्तर प्रदेश—17%
  प.बं.—16%
  आन्ध्र प्रदेश—14%
  असम—13.5%
  केरल—11%

वायु परिवहन

वायु परिवहन सबसे नवीनतम, सबसे अधिक विकासशील एवं सबसे अधिक चुनौतीपूर्ण परिवहन माध्यम है। भारत में प्रयोगात्मक उड़ानें 1919 में आरम्भ की गईं, लेकिन आधुनिक विमान परिवहन का शुभारम्भ 1927 में नागरिक उड्डयन विभाग की स्थापना के साथ हुआ। स्वतंत्रता के बाद सरकार ने 1953 में वायु सेवा का राष्ट्रीयकरण कर दिया और कार्यरत आठ कम्पनियों का कार्य अपने हाथ में लेकर दो निगमों की स्थापना की:

1. भारतीय विमान निगम देश के अन्दर आन्तरिक सेवाओं के लिए।
2. अन्तर्राष्ट्रीय भारतीय वायु निगम।

इण्डियन एयरलाइन्स का मुख्यालय दिल्ली में है। यह वायु सेवा मुख्यतः देश की घरेलू उड़ानों के लिए कार्य करती है, किन्तु वर्तमान में इस सेवा की कार्य परिधि में 9 पड़ोसी राष्ट्रों—नेपाल, भूटान, पाकिस्तान, श्रीलंका, मालदीव, सिंगापुर, बांग्लादेश, अफगानिस्तान, थाईलैण्ड के लिए भी विमान सेवा को सम्मिलित कर दिया गया है। वर्त्तमान में इसका नाम 'इंडियन' कर दिया गया है।

एयर इण्डिया भारत की अन्तर्राष्ट्रीय विमान सेवा है जिसका मुख्यालय मुम्बई में है। अन्तर्राष्ट्रीय उड़ानों के लिए दिल्ली, मुम्बई, कोलकाता, चेन्नई तथा तिरूवनन्तपुरम के हवाई अड्डों को अन्तर्राष्ट्रीय हवाई अड्डे का दर्जा दिया गया है जिनका प्रबन्धन अब तक अन्तर्राष्ट्रीय विमानपत्तन प्राधिकरण द्वारा किया जाता था, किन्तु 1 अप्रैल, 1995 को राष्ट्रीय विमानपत्तन प्राधिकर (NAA) तथा अन्तर्राष्ट्रीय विमानपत्तन प्राधिकरण (IAAI) का विलय करके भारतीय विमानपत्तन प्राधिकरण की स्थापना कर दिए जाने के बाद अब यह दायित्व भारतीय विमानपत्तन प्राधिकरण द्वारा उठाया जाता है। एयर इण्डिया ने अपनी सेवाओं का विस्तार विश्व के पांचों महाद्वीपों में कर दिया है।

20 जनवरी, 1981 को वायुदूत सेवा (Vayudoot Service) की स्थापित निगम के रूप में की गई ताकि पूर्वोत्तर क्षेत्र की हवाई सेवा की आवश्यकताओं को पूरा किया जा सके।

हेलीकॉप्टर कारपोरेशन ऑफ इण्डिया की स्थापना 15 अक्टूबर, 198 5 को एक निगम के रूप में की गई, किन्तु 5 मई, 1987 में इसे बदल कर पवन हंस हेलीकॉपटर्स लि. (PHHL) कर दिया गया। इस सेवा की स्थापना मूलतः तेल एवं प्राकृतिक गैस निगम (ONGC) को तेल सम्बन्धी अन्वेषण में हेलीकॉपटर सहायता उपलब्ध कराने के लिए की गई थी। वर्तमान में पवन हंस देश के दुर्गम क्षेत्रों में नियमित विमान सेवाएं भी उपलब्ध कराता है।

भारत में 1 अप्रैल, 1995 से 6 एयर टैक्सी ऑपरेटरों को निजी एयरलाइन्स का दर्जा प्रदान कर दिया गया है। इस प्रकार वायु सेवा पर अब सरकारी क्षेत्र के साथ-साथ निजी क्षेत्र का भी अधिकार हो गया है।

वर्तमान में घरेलू यातायात के लगभग 46.5% हिस्से का प्रबन्ध प्राइवेट आपरेटरों द्वारा किया जा रहा है। पाँच विमान सेवाओं के घरेलू नेटवर्क में इस समय 10 मान्यता प्राप्त निजी विमान कम्पनियाँ कार्यरत हैं। इसके अतिरिक्त 41 कम्पनियाँ गैर अधिसूचित विमान सेवाएँ प्रदान कर रही हैं।

घरेलू विमान परिवहन नीति की परिधि में इण्डियन एयरलाइन्स में भारत सरकार की शेयरधारिता का विनिवेश करने का प्रस्ताव है। इण्डियन एयरलाइन्स की इक्विटी के 51% हिस्से का विनिवेश किए जाने का प्रस्ताव है।

बंगलौर के नजदीक देवनहल्ली में एक ग्रीन फील्ड हवाई अड्डे का निर्माण कार्य 'बनाओं, स्वामित्व पाओं, चलाओ' (BOT) आधार पर किया जा रहा है।

निजी क्षेत्र का पहला हवाई अड्डा

निजी क्षेत्र में देश का पहला हवाई अड्डा कोच्चि में निर्माणाधीन है। इसका निर्माण कोच्चि इण्टरनेशनल एयरपोर्ट लिमिटेड नाम से स्थापित कम्पनी द्वारा किया जा रहा है। यह हवाई अड्डा अन्तर्राष्ट्रीय उड़ानों के लिए भी सुविधाएं उपलब्ध करेगा।

भारत के अन्तर्राष्ट्रीय हवाई अड्डे

हवाई अड्डा	स्थान
1. राजीव गाँधी अंतर्राष्ट्रीय हवाई अड्डा	हैदराबाद
2. इंदिरा गाँधी अंतर्राष्ट्रीय हवाई अड्डा	नई दिल्ली
3. गोवा अंतर्राष्ट्रीय हवाई अड्डा	दबोली (गोवा)
4. सरदार वल्लभभाई पटेल अंतर्राष्ट्रीय हवाई अड्डा	अहमदाबाद
5. बैंगलौर अंतर्राष्ट्रीय हवाई अड्डा	बैंगलौर

(Continued)

हवाई अड्डा	स्थान
6. कालीकट अंतर्राष्ट्रीय हवाई अड्डा	कोझिकोड
7. कोचीन अंतर्राष्ट्रीय हवाई अड्डा	नेदुम्बसेरी (केरल)
8. तिरूवनंतपुरम अंतर्राष्ट्रीय हवाई अड्डा	तिरूवनंतपुरम
9. छत्रपति शिवाजी अंतर्राष्ट्रीय हवाई अड्डा	मुम्बई
10. पूना अंतर्राष्ट्रीय हवाई अड्डा	पूना
11. डॉ. बाबा साहब अम्बेडकर अंतर्राष्ट्रीय हवाई अड्डा	नागपुर
12. कामराज अंतर्राष्ट्रीय हवाई अड्डा	चेन्नई
13. त्रिची अंतर्राष्ट्रीय हवाई अड्डा	त्रिची (तमिलनाडु)
14. मदुरै अंतर्राष्ट्रीय हवाई अड्डा	मदुरै
15. कोयम्बटूर पीलामेदु अंतर्राष्ट्रीय हवाई अड्डा	कोयम्बटूर (तमिलनाडु)
16. नेताजी सुभाष चन्द्र बोस अंतर्राष्ट्रीय हवाई अड्डा	कोलकाता
17. अमृतसर अंतर्राष्ट्रीय हवाई अड्डा	अमृतसर

अध्याय सार संग्रह

- भारत के चार सर्वाधिक लम्बाई वाले राष्ट्रीय राजमार्ग

रा.रा.	लम्बाई	कहाँ से कहाँ तक
राष्ट्रीय राजमार्ग 7	2369 किमी.	वाराणासी कन्याकुमारी
राष्ट्रीय राजमार्ग 6	1944 किमी.	कोलकाता-धुलि
राष्ट्रीय राजमार्ग 5	1533 किमी.	कोलकाता-चेन्नई
राष्ट्रीय राजमार्ग 15	664 किमी.	पठानकोट सामखिआली

- राष्ट्रीय राजमार्गों के लम्बाई वाले राज्य

राज्य	राष्ट्रीय राजमार्गों के सर्वाधिक लम्बाई वाले राज्य किमी.	भारत का प्रतिशत
उत्तर प्रदेश	8483.00	8.47
राजस्थान	7906.20	7.89
महाराष्ट्र	7434.79	7.42
कर्नाटक	6502.29	6.49
आन्ध्र प्रदेश (सीमान्ध्र)	5231.74	5.22

- भारत के शीर्ष पाँच सड़क नेटवर्क वाले राज्य
  - महाराष्ट्र
  - उत्तर प्रदेश
  - पं. बंगाल
  - ओडिशा
- देश की प्रतिलाख जनसंख्या पर सड़कों की औसत लम्बाई 245.54 किलोमीटर है।
- भारतीय राष्ट्रीय राजमार्ग प्राधिकरण की स्थापना 1988 में हुई थी।
- स्वर्णिम चतुर्भुज के चारों भुजा की लम्बाई

भुजा	लम्बाई किमी.
दिल्ली-मुम्बई	1419
मुम्बई-चेन्नई	1290
चेन्नई-कोलकाता	1684
कोलकाता-दिल्ली	1453

अध्याय 24

कृषि

इस अध्याय में आप सीखेंगे किः

- भारतीय कृषि के परिचय के साथ-साथ उसके विकास तथा कृषि आधारित योजनाएँ एवं कार्यक्रम कौन-कौन से हैं।
- भारत में कृषि के विविध क्षेत्रों और कृषि क्षेत्र की प्रगति और भारतीय अर्थव्यवस्था में कृषि के प्राथमिक क्षेत्र होने के क्या कारण हैं।

भारतीय कृषि

कृषि एक अत्यन्त व्यापक शब्द है। इसके लिए अंग्रेजी में Agriculture शब्द प्रयुक्त होता है, जो दो शब्दों से मिलकर बना होता है—

Agri जिसका शाब्दिक अर्थ होता है Land (भूमि) तथा Cultura जिसका शाब्दिक अर्थ होता है, जोतना।

अर्थात् भूमि को जोत कर फसल उत्पन्न करने को ही कृषि कहते हैं।

मानव भूमि का उपयोग अपने लाभ के लिए जैसे— भूमि से खाद्यान और कच्चा माल प्राप्त करने के लिए करता है। इन सामान्य क्रियाओं के अतिरिक्त कृषि के अन्तर्गत फलोत्पादन, वृक्षारोपण, पशुपालन, मछली पकड़ना, इत्यादि क्रियाएं भी आती हैं। कृषि का मुख्य उद्देश्य मानव के लिए भोजन और कच्चे माल उपलब्ध कराना है।

भारत की भौतिक विविधता जैसे—धरातल, जलवायु, वर्षा, तापमान इत्यादि तथा सांस्कृतिक विविधता जैसे—विभिन्न जनजातियाँ, परिवेश, पसंद इत्यादि ने विभिन्न कृषि पद्धतियों को जन्म दिया है, जो निम्न हैं—

1. फसल व्यवस्था के आधार पर
2. जल प्राप्ति एवं आर्द्रता के आधार पर
3. भूमि की उपलब्धता के आधार पर
4. भूमि की विशेषता के आधार पर
5. अन्य

1. **फसल व्यवस्था के आधार पर**—फसल व्यवस्था के आधार पर भारतीय कृषि को तीन मुख्य भागों में बांटा जाता है। ये हैं—

   क. एक फसली कृषि व्यवस्था—साल भर एक खेत में केवल एक फसल उगाया जाता है जैसे—असम में चाय, उत्तर तथा दक्षिण भारत में मैदानी भागों में गन्ना एवं केले की कृषि।

   ख. दो फसली कृषि व्यवस्था—इस व्यवस्था के तहत एक खेत में साल भर में दो फसल का उत्पादन किया जाता है। रबी व खरीफ। दक्षिण भारत में महाराष्ट्र, आन्ध्र प्रदेश, कर्नाटक तथा गुजरात में खरीफ के समय कपास व रबी के समय गेहूं, तिलहन का उत्पादन किया है, वहीं उत्तरी भारत में पंजाब, हरियाणा, उत्तर प्रदेश, मध्य प्रदेश, बिहार, व अन्य राज्यों में खरीफ में चावल तथा रबी में गेहूं, चना, जौ, दलहन व तिलहन महत्वपूर्ण है।

   ग. बहुफसली कृषि व्यवस्था—प. बंगाल व पूर्वी बिहार में बहुफसली कृषि व्यवस्था मिलती है। साल में यहाँ चावल की तीन फसलें प्राप्त की जाती है। खरीफ व रबी फसल के साथ-साथ जायद (सब्जी) की फसलें भी उगायी जाती है।

2. **जल प्राप्ति एवं आद्रता के आधार पर**—जल प्राप्ति एवं आद्रता के आधार पर यहां 4 प्रकार की कृषि पायी जाती है। ये हैं—

   क. तर कृषि (Wet Farming)—कॉप मिट्टी के क्षेत्रों में जहाँ वर्षा की मात्रा 200 सेमी. से अधिक होती है, तर कृषि की जाती है। पश्चिमी घाट के तटीय मैदान, पूर्वी उपहिमालयी

क्षेत्र, पं. बंगाल, असम, मेघालय, त्रिपुरा, मिजोरम इत्यादि यहाँ चावल जूट व गन्ने की फसल मुख्य है।

ख. आर्द्र कृषि (Humid Farming)—कॉप तथा काली मिट्‌टी वाले वैसे क्षेत्र जहां वर्षा 100 से 200 सेमी. के बीच होती है, आर्द्र कृषि की जाती है। पूर्वी उत्तर प्रदेश, बिहार, पूर्वी मध्य प्रदेश, ओडिशा, प. बंगाल व असम में आर्द्र कृषि की जाती है। साल में दो फसलें व कभी-कभी जायद फसल भी की जाती है।

ग. सिंचित कृषि (Irrigates Farming)—ऐसे क्षेत्र जहाँ वर्षा 50 से 100 सेमी. के बीच होती है, सिंचित कृषि की जाती है। चूंकि वर्षा कृषि के लिए अपर्याप्त होती है फलत: कृषि सिंचाई पर निर्भर करती है। पंजाब, हरियाणा, पश्चिमी उत्तर प्रदेश, उत्तरी व दक्षिणी तमिलनाडु आदि क्षेत्रों में सीमित है। यहाँ सिंचित कृषि के तहत चावल, गन्ना, गेहूँ की फसलों का उत्पादन किया जाता है।

घ. शुष्क कृषि (Dry Farming)—जिन क्षेत्रों में वर्षा 50 सेमी. से कम होती है। वहाँ शुष्क कृषि की जाती है। दक्षिण पश्चिम उत्तर प्रदेश, महाराष्ट्र, राजस्थान, दक्षिणी हरियाणा, मध्य प्रदेश, व गुजरात के कुछ भागों में यह कृषि की जाती है यहाँ बाजरा, ज्वार, चना, जौ, गेहूं। आदि उगाये जाते हैं।

3. **भूमि की उपलब्धता के आधार पर**—भूमि की उपलब्धता के आधार पर कृषि को दो भागों में बांटा जा सकता है—

क. गहन कृषि—कृषि की वह विधि, जिसमें छोटे-छोटे भू-भागों पर अधिकतम मानवीय श्रम, खाद व उर्वरकों, सिंचाई का अधिकतम प्रयोग करके, अधिकतम उत्पादन प्राप्त किया जाता है वह गहन जीविका कृषि कहलाती है। यह कृषि भारत के मैदानी भागों में की जाती है यहाँ खाद्यान्न उत्पादन अन्य फसलों की अपेक्षा अधिक होता है।

ख. विस्तृत कृषि—जब बड़ी-बड़ी जोतो पर मशीनों की सहायता से व कम मानव श्रम द्वारा खेती की जाती तो उसे विस्तृत कृषि कहते हैं। यह कृषि भारत में कम मात्रा में की जाती है। यह कृषि मुख्य रूप से जिन क्षेत्रों में जनसंख्या कम है वहाँ की जाती है। राजस्थान, गुजरात के उत्तरी भाग में विस्तृत कृषि की जाती है। विस्तृत कृषि में प्राय: एक फसल उगाया जाता है। और उत्पादन का दृष्टिकोण व्यापारिक होता है।

4. **भूमि की विशेषता के आधार पर**—भूमि की विशेषता के आधार पर कृषि के आधार कृषि के मुख्य 4 प्रकार हैं। ये हैं—

क. पहाड़ी कृषि (Hill Farming)—पर्वतीय ढालों पर की जाने वाली कृषि को पहाड़ी कृषि कहते हैं। असम, दार्जिलिंग, नागालैण्ड, मेघालय में पर्वतीय ढालों का प्रयोग चाय की खेती हेतु किया जाता है।

ख. सीढ़ीदार कृषि (Terrace Farming)—जब पहाड़ी ढालों को सीढ़ीनुमा खेतों में बदल दिया जाता है ताकि खेतों को मृदा अपरदन से बचाया जा सके, सीढ़ीदार कृषि कहा जाता है इसमें आलू व चाय का उत्पादन होता है।

ग. मैदानी कृषि (Low Land Farming)—भारत के मैदानी भाग इस वर्ग में आते है। भारत की अधिकांश कृषि इसी प्रकार की है।

घ. डेल्टाई कृषि (Deltaic Farming)—यह मैदानी कृषि का ही एक रूप है। गोदावरी कृष्णा, महानदी, कावेरी नदियों के डेल्टाई भागों में यह कृषि की जाती है। इसमें मुख्य रूप से चावल की खेती की जाती है।

5. **अन्य**—

क. स्थानान्तरित कृषि या प्रारंभिक जीविका निर्वाह कृषि—कृषि की इस पद्धति के तहत किसान अपने परिवार की खाद्य आवश्यकताओं की पूर्ति के लिए कृषि करता है। इस प्रकार की कृषि भारत के उन क्षेत्रों में की जाती है, जहाँ आदिवासियों की अधिकता है जैसे—नागालैण्ड, त्रिपुरा, मणिपुर, मेघालय, अरूणाचल प्रदेश और पश्चिमी घाट में की जाती है। यह 'Slash & Burn' (कर्तन दहन प्रणाली) कृषि है। इस प्रकार की कृषि के लिए भूमि का निर्माण अधिकांशत: जंगलों में आग लगाकर किया जाता है। किसान जमीन के टुकड़े साफ करके उन पर अपने परिवार के भरण-पोषण के लिए अनाज व अन्य खाद्य फसलें उगाते हैं। कृषि भूमि के इन छोटे-छोटे टुकड़ों पर आदि कृषि औजारों या लकड़ी के हल और खुदाई करने वाली छड़ी तथा परिवार और समुदाय श्रम की मदद से की जाती है। यह कृषि पूर्णत: वर्षा आधारित (मानसून), मिट्‌टी की प्राकृतिक उर्वरता तथा फसल उगाने हेतु अन्य पर्यावरणीय परिस्थितियों की उपर्युक्तता पर निर्भर करती है। जब मृदा की उर्वरता कम हो जाती है तो किसान उस भूमि के टुकड़े से स्थानान्तरित हो जाते हैं और कृषि के लिए भूमि का दूसरा टुकड़ा साफ करते हैं, इस प्रकार की कृषि का चक्र चार से आठ वर्ष तक होता है। कभी-कभी यह कृषि के इस प्रकार के स्थानान्तरण से प्राकृतिक प्रक्रियाओं द्वारा मिट्‌टी की उर्वरता शक्ति पुन: लौट आती है। इस प्रकार की कृषि में कृषक रासायनिक खादों और अन्य आधुनिक तकनीकों का प्रयोग नहीं करते हैं। फलत: कृषि में उत्पादकता कम होती है इसके अन्तर्गत शुष्क धान, गेहूं, छोटे ज्वार, तम्बाकू और गन्ना की खेती की जाती है।

भारत के विभिन्न राज्यों में स्थानान्तरण कृषि को विविध नामों से जाना जाता है।

असम में	-	झूम
ओडिशा में	-	पामाडाबी या को मान या बिरिगां
केरल में	-	पोणम
आन्ध्र प्रदेश	-	पोडू या पेंडा
मध्य प्रदेश	-	दहिया या मशान या बेबर या पेण्डा या बीरा
पश्चिम घाट में	-	कुमारी (केरल)
हिमालयन क्षेत्र	-	रिवल
झारखंड में	-	कुरूवा
दक्षिण पूर्वी राजस्थान	-	वालरे या वाल्टरे।

ध्यातव्य हो कि

विश्व के विभिन्न देशों में स्थानान्तरित कृषि विभिन्न नामों से जानी जाती है। जैसे ब्राज़ील में रोका, वियतनाम में रे, मध्य अमरीका में 'मसोले', वेनेजुएला में कोनुको, इंडोनेशिया में लदाँग, फिलीपाइन्स में 'चेनगिन' मैक्सिको और मध्य अमेरिका में 'मिल्पा' के नाम से जाना जाता है।

ख. मिश्रित कृषि—मिश्रित कृषि में फसल उत्पादन के साथ-साथ पशुपालन पर भी उतना ही बल दिया जाता है फसल एवं पशुपालन का एक अच्छा संयोग इस कृषि की विशेषता है। इसमें कृषि भूमि का लगभग 80% फसलोत्पाद तथा 20% चारागाह के रूप में उपयोग किया जाता है। इस कृषि से फसल केवल खाद्यान्न प्राप्त करते के लिए ही नहीं पैदा की जाती बल्कि इसके साथ-साथ चारे की तथा नकदी फसलें भी उसी पैमाने पर उगायी जाती हैं हाल के वर्षों में भारत में यह पद्धति तेजी से विकसित हो रही है, हालांकि कृषि के साथ-साथ पशुपालन यहाँ प्राचीन काल से ही होती आ रही है। गुजरात, पंजाब, हरियाणा, उत्तरप्रदेश और बिहार में कृषि की इस पद्धति का विकास हो रहा है।

ग. रोपण कृषि—कृषि की इस पद्धति में किसी एक नकदी फसल का उत्पादन लंबे-चौड़े क्षेत्र में किया जाता है। यह कृषि मुख्यत: उष्णकटिबंधीय क्षेत्रों में की जाती है। रोपण कृषि वाले क्षेत्रों में 'बगान' बहुत बड़े-बड़े होते है और ये मुख्यत: कम जनसंख्या वाले क्षेत्रों में पाये जाते है। रोपण कृषि अत्यधिक पूंजी, और श्रमिकों की सहायता से की जाती है। रोपण कृषि से प्राप्त सारा उत्पादन विभिन्न उद्योगों में कच्चे माल के रूप में प्रयुक्त होता है।

भारत में केरल, आन्ध्र प्रदेश, महाराष्ट्र, मध्य प्रदेश, हिमाचल प्रदेश, उत्तर प्रदेश व राजस्थान के कुछ भागों में रोपण कृषि की जाती है, रोपण कृषि की मुख्य फसलें—चाय, कॉफी, रबड़, गन्ना, केला, कपास, पटसन, अनन्नास, फूल, ताड़, बांस और नारियल है उत्तरी बंगाल और असम में चाय, कर्नाटक में कॉफी, महाराष्ट्र में कपास व कश्मीर घाटी, में करेवा भूमि पर केसर की खेती यहां की मुख्य रोपण कृषि है। चूंकि रोपण कृषि भी एक प्रकार से वाणिज्यिक कृषि ही है। अत: इस कृषि में उत्पादन बिक्री के लिए होता है। इसलिए इस कृषि पद्धति के विकास से परिवहन की सुविधा और संचार साधन से संबंधित उद्योग और बाजार महत्वपूर्ण योगदान देते हैं।

भूमि सुधार

स्वतंत्रता के बाद भारत में भूमि सुधार की दिशा में निम्नलिखित प्रयास किए गए—

बिचौलियों का अंत—स्वतंत्रता के बाद जमींदारी प्रथा का उन्मूलन किया गया, जिससे काश्तकारों को जमीन का स्वामित्व मिला 1950-60 के बीच 260 हजार जमींदारों एवं बिचौलियों की समाप्ति की गयी। 20 मिलियन किसानों को काश्तकारी अधिकार एवं 10 मिलियन किसानों को भूमि की मलकियत दी गई। 60 लाख हेक्टेयर जमीन गरीब एवं भूमिहीन किसानों में बांटी गयी।

काश्तकारी सुधार—राष्ट्रीय नीति के तहत भूमि पर स्वामित्व उसी का होना चाहिए जो उसे जोते और बोये। परन्तु इस विषय से सरल कानून न होने से पट्टेदारी एवं बटाईदारी व्यवस्था बड़े पैमाने पर जारी रही। तृतीय पंचवर्षीय योजना में इसे सख्त कर दिया गया। प. बंगाल में इस दिशा में सर्वाधिक कार्य किए गए। यहाँ बटाईदारी के अधिकार को कानूनी मान्यता है। मालिक यदि जमीन बेचना चाहता है, तो खरीददार के रूप में उसे पहली प्राथमिकता बटाईदार को देनी होगी और जमीन का मूल्य 'स्थानीय राजस्व पदाधिकारी' निर्धारित करेगा। यदि बटाईदार जमीन नहीं लेना चाहता है तभी जमीन किसी और को बेची जा सकेगी लेकिन नया मालिक पुराने बटाईदार को खेती से बेदखल नहीं कर सकता। कृषि उपज का 10 हिस्सा बटाईदार को मिलेगा तथा शेष हिस्सा मालिक को मिलेगा।

राजस्व नियमन—स्वतंत्रता से पूर्व प्रचलित लगान की दर कुल उपज का लगभग 50% तक थी जिसे स्वतंत्रता के बाद चौथी पंचवर्षीय योजना में उपज के रूप से मिलने वाले लगान को समाप्त कर दिया गया तथा 'कर' नगद लागू किया गया जिसकी दर काफी कम रखी गयी।

हदबंदी कानून—भारत के करीब एक चौथाई किसान भूमिहीन है। जबकि कृषि भूमि का 48% भाग केवल 10% कृषकों के पास है। इस विषमता को दूर करने के लिए सरकार 1954 में सभी राज्यों को भूमि हदबंदी संबंधी कानून बनाने के निर्देश दिये। जम्मू कश्मीर ने इस दिशा

में सर्वप्रथम प्रयास किया। यहाँ कोई भी परिवार अधिक से अधिक 22.7 हेक्टेयर भूमि रख सकता था शेष भूमि को सरकार अपने अधिकार में ले लेती थी और बाद में कबायलियों में बांटा, सामाजिक न्याय की दिशा में यह सार्थक पहल थी।

चकबंदी—चकबंदी के अन्तर्गत विभिन्न किसानों को एक ही स्थान पर उसके बिखरे हुए टुकड़ों के मूल्य के बराबर की इकट्ठी भूमि दी जाती है अर्थात् इसके अन्तर्गत किसान की बिखरी हुई जोतों के एक स्थान के बांधने का प्रबन्ध किया गया।

भारत की फसल ऋतुएं

भारत की फसल ऋतुओं को तीन भागों में बांटा जा सकता है

1. रबी या शीत ऋतु की फसल
2. खरीफ या वर्षा ऋतु की फसल
3. जायद

1. रबी या शीत ऋतु की फसल—

- **फसल बोने का समय**—रबी फसलों को शीत ऋतु में अक्टूबर से नवम्बर के मध्य बोया जाता है।
- **फसल कटाई का समय**—ग्रीष्म ऋतु में अप्रैल से मई के मध्य काटा जाता है।
- **रबी की प्रमुख फसल**—गेहूँ, जौ, मटर, चना, सरसों, आलू, बरसीम, मसूर, अरहर।
- **रबी फसलों की बुआई वाले राज्य**—रबी फसलें देश के विस्तृत भाग में बोयी जाती है। जैसे—पंजाब, हरियाणा, हिमाचल प्रदेश, जम्मू कश्मीर, उत्तराखण्ड और उत्तर प्रदेश।
- **अन्य महत्वपूर्ण तथ्य—**
  - रबी या शीत ऋतु की फसलें विविधतापूर्ण जलवायु में होती है अर्थात बीज के अंकुरण एवं प्रारंभिक वृद्धि हेतु ठण्डी जलवायु एवं कम प्रकाश काल की आवश्यकता होती है जबकि पकने के लिए अधिक तापमान एवं दीर्घ प्रकाश काल की आवश्यकता होती है।
  - इन फसलों के लिए शीत कालीन वर्षा अत्यन्त लाभकारी होती है।

2. खरीफ या वर्षा ऋतु की फसल

- **फसल बोने का समय**—खरीफ की फसल वर्षा आरम्भ होने पर जून से जुलाई तक बोयी जाती है।
- **फसल कटाई का समय**—खरीफ की फसल वर्षा समाप्ति पर सितम्बर-अक्टूबर में काट ली जाती है।
- **खरीब की प्रमुख फसल**—चावल, मक्का, ज्वार, बाजरा, तिल, राई, तुर(अरहर), मूंग, उड़द, कपास, जूट, गन्ना, तम्बाकू, मूंगफली और सोयाबीन शामिल है।
- **खरीब फसलों की बुआई वाले राज्य**—चावल की खेती मुख्य रूप से असम, प. बंगाल, ओडिशा, आन्ध्र प्रदेश, तमिलनाडु, केरल और महाराष्ट्र विशेषकर कोंकण तटीय क्षेत्रों, उत्तर प्रदेश और बिहार में की जाती है।

ध्यातव्य हो कि

विगत कुछ वर्षों में चावल, पंजाब और हरियाणा में बोयी जाने वाली महत्वपूर्ण फसल बन गया है।
असम, प. बंगाल और ओडिशा में धन की तीन फसलें—आस, अमन और बोरो बोयी जाती है।

- **अन्य महत्वपूर्ण तथ्य—**
  - फसलों की बुआई के समय आर्द्रता अधिक होती है, जबकि पकने के समय शुष्कता अधिक होती है।
  - यह फसल वर्षा पर निर्भर करती है।
  - खरीफ फसलें देश के विभिन्न क्षेत्रों में दक्षिण-पश्चिम मानसून के आने के समय बोयी जाती है और उसके लौटने के बाद काटी जाती है।

3. जायद की फसल

रबी और खरीफ फसल ऋतुओं के बीच में बोयी जाने वाली फसल को जायद कहा जाता है। जायद फसल को 2 श्रेणी में रखा जाता है (क) जायद खरीफ (ख) जायद रबी

(क) जायद खरीफ—जायद खरीफ की फसल वर्षा ऋतु के अंतिम दिनों में अगस्त से सितम्बर तक बोयी जाती है और दिसम्बर से जनवरी तक फसल की कटाई होती है। इसकी मुख्य फसलें—चावल, ज्वार, तिलहन, सरसों, कपास आदि है।

ध्यातव्य हो कि

कहीं-कहीं अधिक तापमान वाले क्षेत्रों में भी इनका उत्पादन होता है। इन क्षेत्रों में प. बंगाल तथा बिहार राज्य प्रमुख है।

(ख) जायद रबी—जायद रबी की फसल हेतु अधिक तापमान और लंबे प्रकाश काल की आवश्यकता होती है। इन फसलों में अधिक ग्रीष्मता सहने की क्षमता होती है। जायद रबी की फसल फरवरी-मार्च में बोयी जाती है, जबकि अप्रैल-मई महीने में इसकी कटाई की जाती है। जायद रबी की मुख्य फसलों में खरबूजा, ककड़ी, तरबूजा, ज्वार, मूंग, लोबिया, पत्तेदार सब्जियाँ आदि है।

भारत की प्रमुख फसलें

उपयोगिता तथा आर्थिक महत्व के आधार पर फसलों को निम्नलिखित प्रकार से विभाजित किया जा सकता है—

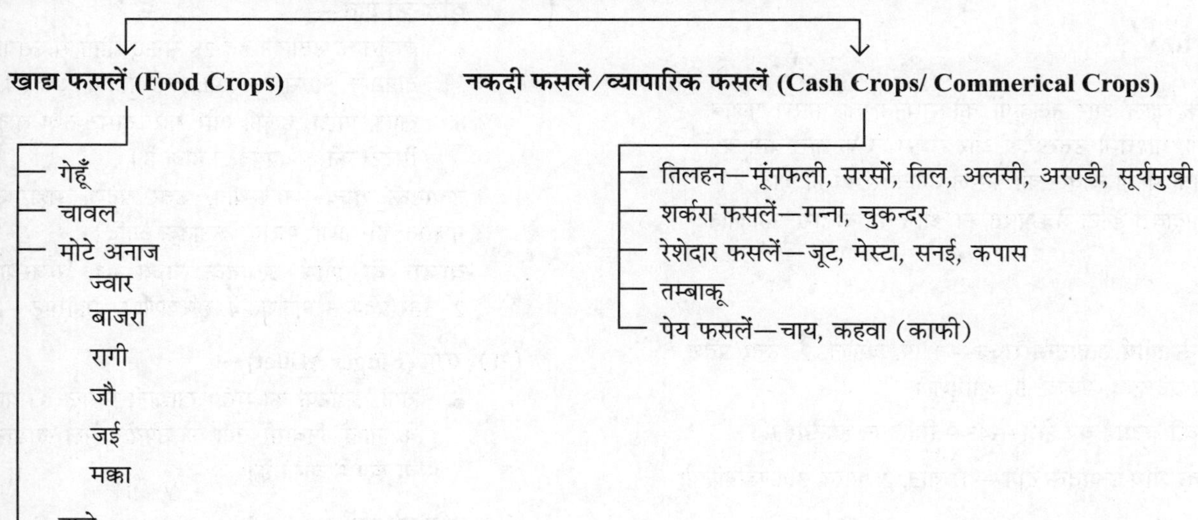

खाद्य फसलें

1. गेहूँ (Wheat)—

- गेहूँ एक समशीतोष्ण कटिबंधीय पौधा है लेकिन अपने विशिष्ट गुण के कारण यह संसार के सबसे अधिक देश में पैदा किया जाता है।
- गेहूँ की कृषि कहीं ग्रीष्म ऋतु में तो कहीं शीतकाल में होती है। अर्थात् विश्व के किसी न किसी देश में साल भर गेहूँ को बोया और काटा जाता है। ऐसा गुण किसी भी खाद्य फसल में नहीं है।
- गेहूँ भारत का प्राचीन खाद्य फसल है। हड़प्पा कालीन नगरों की खुदाई में इसकी प्राप्ति प्रमाणित करती है कि हजारों वर्षों से यह भारत में कृषिगत है।
- भारत में यह रबी की मुख्य फसल है।
- गेहूँ, चावल के बाद भारत की दूसरी प्रमुख खाद्य फसल है।

वृद्धि की शर्ते—

- बोते समय शीत ऋतु व कटाई के समय ग्रीष्म ऋतु की आवश्यकता होती है।
- उच्च ताप व उच्च आर्द्रता वाले क्षेत्र में गेहूँ की कृषि नहीं की जा सकती है।
- गेहूँ बोते समय 10 से 15 डिग्री सेल्सियस तापमान व पकते के समय 20 से 28 डिग्री सेल्सियस तापमान की आवश्यकता होती है।
- 50 से 75 सेमी. वर्षा।
- हल्की दोमट या गहरे रंग की मटियार मिट्टी , समतल धातल, श्रमिक व मशीनों की आवश्यकता होती है।

उत्पादक राज्य—पंजाब, हरियाणा, उत्तर प्रदेश, बिहार, राजस्थान, मध्य प्रदेश, गुजरात, महाराष्ट्र आदि।

गेहूँ के शीर्ष उत्पादक राज्य—1. उत्तरप्रदेश, 2. पंजाब, 3. मध्य प्रदेश, 4. हरियाणा, 5. राजस्थान

गेहूँ की बुआई का क्षेत्र—31 मिलियन हेक्टेयर में।

गेहूँ के शीष उत्पादक देश—1. चीन, 2. भारत, 3. अमेरिका

2. चावल (Rice)—

- भारत की खाद्यान्न फसल चावल है।
- भारत में सर्वाधिक मात्रा में उत्पादित होने वाली फसल चावल है।
- चावल 8° उत्तरी अक्षांश से 34° उत्तरी के बीच में मुख्यतया उत्पादित किया जाता है।
- भारत में यह खरीफ की मुख्य फसल है।
- चावल उष्ण कटिबंधीय फसल है।

वृद्धि की शर्ते—

- इसके लिए बोते समय तापमान 20 डिग्री सेल्सियस तथा पकते समय 27 डिग्री सेल्सियस से अधिक तापमान आवश्यक है।
- 100 से 200 सेमी. वर्षा।
- उपजाऊ, चिकनी, कछारी, दोमट मिट्टी , निचला धरातल व अधिक श्रमिकों की आवश्यकता होती है।
- चावल 5.0 से लेकर 8.5 तापमान वाली मिट्टी में आसानी से उगता है।
- कम सिंचाई वाले भागों में इसे सिंचाई कर उगाया जाता है।

उत्पादक राज्य—प. बंगाल, आन्ध्र प्रदेश, असम, बिहार, ओडिशा, महाराष्ट्र, मध्य प्रदेश, तमिलनाडु, उत्तर प्रदेश, केरल आदि।

ध्यातव्य हो कि

- नहरों के जाल और नलकूपों की सघनता के कारण पंजाब, हरियाणा, पश्चिमी उत्तरप्रदेश और राजस्थान के कुछ कम वर्षा वाले क्षेत्रों में भी चावल की फसल उगाना संभव हो जाता है।
- कृष्ण गोदावरी डेल्टा क्षेत्र भारत का '**धान का कटोरा**' कहलाता है।

चावल के शीर्ष उत्पादक राज्य—1. प. बंगाल, 2. उत्तर प्रदेश, 3. आन्ध्र प्रदेश, 4. पंजाब, 5. ओडिशा।

चावल की बुआई का क्षेत्र—43.9 मिलियन हेक्टेयर में।

चावल के शीष उत्पादक देश—1. चीन, 2. भारत, 3. इण्डोनेशिया

3. मोटे अनाज (Millet)—

- ज्वार, बाजरा, रागी, जौ, जई, मक्का हमारे देश के बोये जाने वाले प्रमुख मोटे अनाज है।
- हालांकि हम इन्हें मोटे अनाज (Millet) कहते है लेकिन ये पोषक तत्वों से परिपूर्ण होते है। उदाहरण स्वरूप रागी में प्रचूर मात्रा में लोहा, कैल्शियम, सूक्ष्म पोषक और भूसी मिलती है।
- भारत के प्रमुख मोटे अनाज निम्नवत् है—

(क) ज्वार (Cereals)—

- ज्वार शुष्क क्षेत्र की महत्वपूर्ण खाद्यान्न फसल है।
- क्षेत्रफल व उत्पादन की दृष्टि से ज्वार देश की तीसरी महत्वपूर्ण फसल है।

वृद्धि की शर्ते—

- ज्वार की कृषि हेतु 25 से 30 डिग्री सेल्सियस तापमान व 30 से 100 सेमी. वर्षा पर्याप्त है।
- लाल, पीली, हल्की और भारी दोमट तथा बलुई मिट्टी ज्वार के लिए उपयोगी है।
- यह पूर्णतया वर्षा पर आधारित फसल है।
- अधिकतम आर्द्र क्षेत्र में उगाये जाने के कारण इसको सिंचाई की आवश्यकता नहीं होती है।

उत्पादक राज्य—महाराष्ट्र, कनार्टक, आन्ध्र प्रदेश, मध्य प्रदेश, गुजरात, राजस्थान आदि।

ज्वार के शीर्ष उत्पादक राज्य—1. महाराष्ट्र 2. कनार्टक 3. तमिलनाडु 4. आन्ध्र प्रदेश 5. राजस्थान

(ख) बाजरा (Bajra)—

- बाजरा का उत्पादन खाद्यान्न तथा चारा दोनों के लिए समान रूप से होता है।
- खाद्यान्न के रूप में इसका प्रयोग गुजरात व उत्तर-पश्चिम राजस्थान में किया जाता है।

वृद्धि की शर्ते—

- बाजरा के उत्पादन हेतु 25 से 30 डिग्री सेल्सियस तापमान, 50 से 75 सेमी. वर्षा पर्याप्त होती है।
- लाल, पीली, हल्की और भारी दोमट तथा बलुई मिट्टी की आवश्यकता होती है।

उत्पादक राज्य—राजस्थान, उत्तर प्रदेश, महाराष्ट्र, गुजरात, हरियाणा, पंजाब, कनार्टक आदि।

बाजरा के शीर्ष उत्पादक राज्य—1. राजस्थान 2. उत्तर प्रदेश 3. गुजरात 4. हरियाणा 5. महाराष्ट्र।

(ग) रागी (Finger Millet)—

- रागी कर्नाटक का मुख्य खाद्यान्न फसल है। यहाँ के लाखों निवासी रागी का उपयोग मूल खाद्यान्न के रूप में करते है।

वृद्धि की शर्ते—

- रागी शुष्क प्रदेशों की फसल है।
- 50 से 100 सेमी. वर्षा या फिर जहाँ सिंचाई की पर्याप्त सुविधा है, वही रागी की कृषि की जाती है।
- रागी लाल, काली, बलुआ, दोमट और उथली काली मिट्टी पर अच्छी तरह उगायी जाती है।

उत्पादक राज्य—कर्नाटक रागी का सबसे बड़ा उत्पादक राज्य है। इसके अलावा हिमांचल प्रदेश, उत्तराखण्ड, सिक्किम, झारखण्ड, अरूणाचल प्रदेश, तमिलनाडु, ओडिशा, बिहार, महाराष्ट्र अन्य उत्पादक राज्य है।

(घ) जौ (Barley)—

- उत्तर भारत के बहुत से क्षेत्रों में जौ एक प्रमुख रबी फसल है। दक्षिण भारत में इस फसल का न्यून महत्व है। लेकिन जिन क्षेत्रों में गेहूँ का उत्पादन होता है वहाँ जौ का भी सफलतापूर्वक उत्पादन होता है।
- जौ का प्रयोग चारा और पशुओं के खाद्यान्न में ही अधिक होता है।

वृद्धि की शर्ते—

- जौ के उत्पादन के लिए सर्वाधिक उपयुक्त है जहाँ न्यून मात्रा में वर्षा होती है या वर्षा की अनिश्चितता रहती है।
- 75 सेमी. वार्षिक वर्षा इस फसल के लिए उपयुक्त होती है।
- जिन क्षेत्रों में शीत ऋतु से ज्यादा ठण्ड पड़ती है वहाँ इसकी कृषि ज्यादा होती है।

- जौ की खेती सामान्यतः हल्की मिट्टी में की जाती है पर जल सिंचित मध्यम दोमट मिट्टी भी (उर्वरतायुक्त) इसकी कृषि के लिए उपयुक्त है।

उत्पादक राज्य—राजस्थान, पंजाब, हरियाणा, उत्तर प्रदेश, बिहार आदि।

ध्यातव्य हो कि

- उच्च तापमान एवं उच्च आर्द्रता वाली जलवायु में जौ का उत्पादन नहीं किया जा सकता है।
- इसकी खेती के लिए लगभग 5 महीनों का समय चाहिए।

4. दालें (Pulses)

कृषि से संबंधित क्रांतियाँ

हरित क्रांति (Green Revolution)—1960 में अमेरिकी वैज्ञानिक नॉरमन बोरलाग ने हरित क्रांति का सूलपोत किया। 1966-67 में भारत में एम. एस. स्वामीनाथन के प्रयासों से हरित क्रांति का सूत्रपात हुआ तथा खाद्यान्न उत्पादन में क्रांतिकारी वृद्धि लाने के लिए 'उच्च उत्पादकता किस्म प्रोग्राम' (HYVP) तैयार किया गया, जिसे नयी बीज, उर्वरक, सिंचाई व कीटनाशक दवाओं के प्रयोगक के प्रोग्राम की संज्ञा दी गयी।

हरित क्रांति से तात्पर्य ही उपज बढ़ाने से है। इसके फलस्वरूप भारत में खाद्यान्न उत्पादन में उल्लेखनीय वृद्धि दर्ज की गयी। सर्वाधिक बढ़त गेहूँ की पैदावार में दर्ज की गयी। पंजाब, हरियाणा, पश्चिम उत्तर प्रदेश में इस क्रांति का विशेष प्रभाव दिखा।

हरित क्रांति के लाभ

- हरित क्रांति के फलस्वरूप प्रतिव्यक्ति आय व राष्ट्रीय आय में वृद्धि हुई।
- इस क्रांति के फलस्वरूप पूंजी का प्रवाह ग्रामीण क्षेत्र के तरफ बढ़ा।
- इस क्रांति के प्रभाव से टेक्नोलॉजी और कृषि के आधुनिकीकरण के फलस्वरूप कृषि और उद्योग का परस्पर संबंध मजबूत हुआ।

हरित क्रांति से हानियाँ

- मोटे अनाज के क्षेत्रफल में कमी एवं उत्पादन में कमी।
- रासायनों, कीटनाशकों के प्रयोग से पर्यावरणीय प्रदूषण।
- इनके प्रयोग से अनेक नए रोगों का फैलाव।
- परम्परागत बीजों का लोपन।
- छोटे किसानों को हानि बड़े किसानों को फायदा।

हरित क्रांति से संबद्ध व्यक्ति

- प्रधानमंत्री — इंदिरा गाँधी (1966-77)
- खाद्य व कृषिमंत्री — चिदंबरम सुब्रमण्यम (1964-1967)
- योजना मंत्री — प्रो. अशोक मेहता (1963-1967)
- कृषि सचिव — बी. शिवरमन
- कृषि वैज्ञानिक — प्रो. एम. एस. स्वामीनाथन
- हरित क्रांति शब्द के जन्मदाता — विलियम गाड
- हरित क्रांति शब्द का प्रथम प्रयोग — नारमन बोरलॉग

अध्याय सार संग्रह

- भारतीय कृषि को प्रभावित करने वाले कारक हैं 1. धरातल 2. जलवायु 3. वर्षा 4. तापमान
- GDP में कृषि का योगदान 1951 में 60% था अब है—14.7%
- भारत में कितने प्रतिशत भाग पर कृषि होती है— 46.29%
- भारत में कृषि कितने प्रतिशत रोजगार प्रदान कर रही है—लगभग 52%
- खरीफ की अर्न्तगत फसलें—चावल, मक्का, ज्वार, बाजरा
- रबी की प्रमुख फसलें—गेहूँ, जौ, मटर, चना, सरसों, आलू, बरसीम, मसूर
- जायद की प्रमुख फसलें—खीरा, ककड़ी, तरबूज इत्यादि।
- तर कृषि की जाती है—200 सेमी. से अधिक वर्षा वाले क्षेत्रों में
- भारत में प्रमुख रूप से स्थानान्तरिक कृषि की जाती है—(पूर्वोत्तर भाग असम, नागालैंड, त्रिपुरा, मिज़ोरम)
- पोडू नामक स्थानान्तरित कृषि की जाती है—आन्ध्र प्रदेश
- मिश्रित कृषि में किया जाता है—एक साथ कृषि तथा पशुपालन दोनों
- भारत में विचौलियों की समासी की गई—1950 से 60 के बीच
- हदबन्दी सम्बन्धी कानून कब व किस राज्य ने सर्वप्रथम बनाया—1954 जम्मू एवं कश्मीर
- पूरे वर्ष बोयी/काटी जाने वाली फसल है—गेहूँ
- गेहूँ के लिए आवश्यक वर्षा की मात्रा—50-75 सेमी.
- चावल मुख्यत: उत्पादित किया जाता है—8° उत्तरी अक्षांश से 34° उत्तरी अक्षांश के बीच
- रेशेदार फसलों के अन्तर्गत आता है—जूट, मेस्टा, सनई, कपास
- भारत में हरित क्रान्ति का जनक किसे माना जाता है—प्रो.एम.एस. स्वामीनाथन
- हरित क्रान्ति प्रारम्भ होने के समय भारत प्रधानमंत्री—इन्दिरा गाँधी (1966-67)

अध्याय 25

भारत के उद्योग

इस अध्याय में आप सीखेंगे किः

- भारत में उद्योगों का विकास कैसे हुआ तथा उसका महत्व क्या है।
- भारत में उद्योग की स्थिति और उसके प्रकार तथा किस आधार पर वर्गीकरण किया गया।

उद्योग का अर्थ (Meaning of Industry)—मशीन तथा विद्युत शक्ति द्वारा संचालित उपकरणों द्वारा किए जाने वाले उत्पादन के विशिष्ट स्वरूप को 'उद्योग' कहते हैं। एक उद्योग एक समान उत्पादन करने वाली फर्मों का समूह होता है, जैसे—चीनी उद्योग। इसमें सभी फर्में चीनी का उत्पादन, विक्रय व व्यवसाय करती है।

औद्योगीकरण का अर्थ (Meaning of Industrialisation)—यह उत्पादन की वह प्रक्रिया है, जिसमें उत्पादन हस्त उपकरणों या परम्परावादी तरीकों के स्थान पर शक्ति द्वारा संचालित मशीनों के माध्यम से होता है। शक्ति संचालित मशीनों का उपयोग न केवल कारखानों, बल्कि यातायात, संचार, परिवहन तथा कृषि आदि में भी किया जाता है।

औद्योगिक क्रांति का अर्थ (Meaning of Industrial Revolution)—औद्योगिक क्रांति जटिल परिवर्तन को कहा गया, जिसके फलस्वरूप परम्परागत तरीकों से छोटे स्तर पर वस्तुओं के निर्माण के स्थान पर बड़े-बड़े कारखानों में मशीनों का प्रयोग कर भारी मात्रा में उत्पादन, कम लागत व्यय कर किया जाने लगा। परिणामतः वस्तु सस्ती और अधिक लाभ देने वाली बन गयी।

उद्योग के प्रकार (Types of Industry)

उद्योगों का वर्गीकरण कच्चे माल, श्रम के आधार, पूंजी के आधार व स्वामित्व के आधार पर किया जा सकता है, जो निम्नवत् है—

कच्चे माल के आधार पर उद्योगों के वर्गीकरण—कच्चे माल के आधार पर उद्योगों के वर्गीकरण के 06 आधार हैं—

क्रम	वर्गीकरण	अर्थ	उदाहरण
1.	भारी उद्योग	ऐसे उद्योग जिनमें भारी कच्चा माल प्रयुक्त होता है तथा निर्मित उत्पाद भी भारी होता है।	लौह व इस्पात उद्योग
2.	हल्के उद्योग	ऐसे उद्योग जिनके उत्पादन में हल्के कच्चे माल प्रयुक्त तथा निर्मित उत्पाद भी हल्के वजन का होता है।	वस्त्र व इलेक्ट्रानिक उद्योग किये जाते हैं
3.	कृषि आधारित उद्योग	ऐसे उद्योग कृषि क्षेत्र से मिलने वाले कच्चे माल पर निर्भर करते हैं।	चीनी उद्योग, वनस्पति तेल
4.	खनिज पर आधारित उद्योग	ऐसे उद्योग जिनमें कच्चे माल की आपूर्ति खनिजों से होती है।	सीमेंट व एल्युमीनियम उद्योग
5.	वनों पर आधारित उद्योग	वनों से कच्चा माल प्राप्त करने वाले उद्योग, वन आधारित उद्योग कहलाते हैं।	कागज व लाख उद्योग
6.	चारागाहों पर आधारित उद्योग	ऐसे उद्योगों की निर्भरता कच्चे माल के लिए पशुओं के लिए पशुओं पर होती है।	डेयरी व लेदर उद्योग

श्रम के आधार पर उद्योगों का वर्गीकरण—श्रम के आधार पर उद्योगों को 3 श्रेणियों में बाँटा जा सकता है—

क्रम	वर्गीकरण	अर्थ	उदाहरण
1.	बड़े पैमाने पर उद्योग	ऐसे उद्योगो जिनमें श्रमिकों की संख्या अधिक होती है, बड़े पैमाने के उद्योग कहलाते हैं।	कपड़ा उद्योग
2.	मध्यम पैमाने पर उद्योग	ऐसे उद्योग जिनमें श्रमिकों की संख्या न तो अधिक होती है और न ही कम, मध्यम पैमाने के उद्योग कहलाते हैं।	रेडियो, टेलीविज़न उद्योग
3.	छोटे पैमाने के उद्योग	इनमें श्रमिकों की संख्या बहुत कम होती है। अधिकाशतः इनका विस्तार परिवारों या छोटे समुदायों तक ही सीमित होता है। इस श्रेणी में घरेलू, लघु या ग्रामीण उद्योग आते हैं।	आम आदमी की आवश्यकता पूर्ति की दृष्टि से ऐसे उद्योगों का विशेष महत्व होता है, जैसे—कालीन, बीड़ी उद्योग आदि।

पूँजी के आधार पर उद्योगों का वर्गीकरण—पूँजी के आधार पर उद्योगों को 3 श्रेणियों में बाँटा जा सकता है—

		पूँजी का आधार	
क्रम	वर्गीकरण	सेवा क्षेत्र के उद्योगों का पूँजी आधार	निर्माण क्षेत्र के उद्योगों का पूँजी आधार
1.	सूक्ष्म उद्योग (Micro Industry)	10 लाख रूपये या उससे कम निवेश वाले उद्यम सूक्ष्म उद्यम की श्रेणी में आते हैं।	25 लाख रूपये तक प्लांट एवं मशीनरी में निवेश वाले उद्यम सूक्ष्य उद्यम की श्रेणी में आते हैं।
2.	लघु उद्योग (Small Industry)	10 लाख रूपये से अधिक एवं 2 करोड़ रूपये तक निवेश वाले उद्यम, लघु उद्यम की श्रेणी में आते हैं।	प्लांट व मशीनरी में 25 लाख रूपये अधिक और 5 करोड़ तक निवेश वाले उद्यम लघु उद्यम की श्रेणी में आते हैं।
3.	मध्यम उद्योग (Medium Industry)	2 करोड़ रूपये से पर 5 करोड़ रूपये तक निवेश वाले उद्यम मध्यम उद्यम की श्रेणी में आते हैं।	5 करोड़ रूपये से अधिक और 10 करोड़ रूपये तक प्लांट व मशीनरी में निवेश वाले उद्यम मध्यम उद्यम कहलाते हैं।

ध्यातव्य हो कि

- सूक्ष्म, उघु और मध्यम उद्यम (MSME) क्षेत्र मूल्य की दृष्टि से देश के विनिर्माण में 45% तथा कुल निर्यात में 40% का योगदान देता है।
- यह देश की 26 मिलियन से अधिक इकाइयों के माध्यम से 59 मिलियन से अधिक लोगों को रोजगार प्रदान कर रहा है।
- देश में सूक्ष्म, लघु और मध्यम उद्योगों के विकास और प्रोत्साहन के लिए 2 अक्टूबर, 2006 से सूक्ष्म, लघु और मध्यम उद्योग विकास अधिनियम 2006 लागू किया गया है।

स्वामित्व के आधार पर उद्योगों का वर्गीकरण—स्वामित्व के आधार पर उद्योगों को 3 श्रेणियों में बाँटा जा सकता है—

क्रम	वर्गीकरण	अर्थ	उदाहरण
1.	सार्वजनिक उद्योग	जो उद्योग सरकार द्वारा संचालित होते हैं, वे सार्वजनिक उद्योगों की श्रेणी में आते हैं, प्रायः ये भारी तथा आधारभूत उद्योग होते हैं।	BHEL, GAIL, ONGC, SAIL, NTPC, IOC, CIL
2.	निजी उद्योग	ऐसे उद्योग जिनका स्वामित्व निजी हाथों में होता है या इनका स्वामित्व दो या दो से अधिक लोगों के पास होता है।	• टाटा उद्योग (TATA Industry) • रिलायसं उद्योग (Reliance Industry)
3.	सहकारी या संयुक्त उद्योग	ऐसे उद्योगों का संचालन या तो समितियों द्वारा किया जाता है या इनका स्वामित्व दो या दो से अधिक लोगों के पास होता है।	

भारत में औद्योगिक विकास का इतिहास—भारत में औद्योगिक विकास के क्रम को 2 भागों में वर्गीकृत कर, समझना श्रेष्ठकर होगा—

(i) स्वतंत्रता से पूर्व भारत का औद्योगिक विकास।

(ii) स्वतंत्रता के पश्चात् भारत का औद्योगिक विकास।

(i) स्वतंत्रता से पूर्व भारत का औद्योगिक विकास—औपनिवेशिक काल में भारत में उद्योग का पर्याप्त विकास नहीं हुआ। अंग्रेजों की नीति भारत विरोधी थी। वे अपने फायदे के लिए भारत से कच्चे माल का निर्यात ब्रिटेन करते थे तथा वहाँ निर्मित वस्तुओं को भारत लाकर बेचते थे। अपवादस्वरूप अंग्रेजों के द्वारा दो प्रकार के उद्योगों को भारत में प्रोत्साहित किया गया—

1. वैसे उद्योग जिसके कच्चे माल को ब्रिटेन ले जाना लाभकारी नहीं था, जैसे चीनी उद्योग, जूट उद्योग।
2. वैसे उद्योग जिसकी माँग भारतीय बाजार में अत्यधिक थी एवं ब्रिटिश कारखाने आपूर्ति करने में असमर्थ थे जैसे—सूती एवं ऊनी वस्त्र उद्योग, सीमेन्ट उद्योग, कागज उद्योग।

स्वतंत्रता से पूर्व भारत में स्थापित प्रमुख उद्योग—

लोहा-इस्पात उद्योग—1779 में तमिलनाडु के अर्काट जिले में पहला लोहा इस्पात उद्योग लगाया गया, लेकिन यह असफल हो गया। 1874 में कुल्टी-बर्नपुर में लोहा-इस्पात केन्द्र स्थापित किया गया, जो वर्तमान में कार्यरत है।

एल्युमीनियम उद्योग—1837 में जे.के. नगर (प. बंगाल) में पहला एल्युमीनियम उद्योग लगाया गया।

सीमेन्ट उद्योग—सीमेन्ट का पहला कारखाना 1904 में चेन्नई में लगाया गया।

रसायनिक उर्वरक उद्योग—भारत में रसायनिक उर्वरक उद्योग की शुरूआत 1906 में रानीपेट (तमिलनाडु) में सुपर फास्फेट संयंत्र की स्थापना से हुई।

जहाजरानी उद्योग—1941 में विशाखापत्तनम में पहला जहाजरानी उद्योग लगाया गया।

कागज उद्योग—भारत में प्रथम कागज मिल की स्थापना प. बंगाल के सिरामपुर में की गई जो असफल रही। इसके बाद 1879 में लखनऊ (वर्तमान में बंद) स्थापित किया गया। पुन: 1881 में टीटागढ़ (पश्चिम बंगाल) में स्थापित किया गया, जो वर्तमान में कार्यरत है।

सूती वस्त्र उद्योग—1818 में फोर्टग्लास्टर (कोलकाता) में प्रथम सूती मिल की स्थापना की गयी जो असफल रही। 1834 में मुम्बई में प्रथम सफल सूती वस्त्र के कारखाने की स्थापना 'कवास जी डाबर' द्वारा की गयी।

जूट उद्योग—जूट वस्त्र उद्योग की शुरूआत 1833 में रिसड़ा (कोलकाता के पास) में की गयी।

ऊनी वस्त्र उद्योग—भारत में पहली ऊनी वस्त्र मिल की स्थापना 1876 में कानपुर में लाल इमली के नाम से की गयी।

(ii) स्वतंत्रता के पश्चात् भारत का औद्योगिक विकास—वर्ष 1947 में देश आजाद तो हुआ, परन्तु पाकिस्तान का हमसे अलग हो जाना हमारे लिए किसी आघात से कम न था। इससे स्वतंत्रता बाद हमारे उस सपने पर भी प्रभाव पड़, जो हमने अपने औद्योगिक पिछड़ेपन को दूर करने के लिए बुना था। कारण, कच्चे माल की दृष्टि से अनेक महत्वपूर्ण क्षेत्र पाकिस्तान में चले गए। देश के बंटवारे से यह एक बड़ी क्षति भारत को उठानी पड़ी।

स्वतंत्रता से पूर्व भारत उद्योग क्षेत्र में अपनी क्षमतानुसार प्रगति नहीं कर सका अतएव आजादी के बाद देश में औद्योगिक विकास को वरीयता दी गयी। आजादी के तुरंत बाद जहाँ वर्ष 1948 में औद्योगिक वित्त निगम (Industrial Finance Corporation) की स्थापना की गई, वहीं इसी वर्ष स्वतंत्र भारत की पहली औद्योगिक नीति की घोषणा भी की गयी। इस नीति के तहत पहली बार भारत में औद्योगिक विकास के लक्ष्य निर्धारित किये गये और देश की आर्थिक उन्नति के लिए औद्योगिकरण पर विशेष जोर दिया गया। वर्ष 1948 की औद्योगिक नीति में मिश्रित अर्थव्यवस्था की संकल्पना पर विशेष बल दिया गया। यही वह समय था जब उद्योगों को चार समूहों में रखकर इन्हें निजी एवं सार्वजनिक क्षेत्रों में बांट दिया गया। देश की पंचवर्षीय योजनाओं के माध्यम से भी इस दिशा में ध्यान दिया गया। जहाँ देश की पहली पंचवर्षीय योजना (1951-56) में देश में पहले से स्थापित उद्योगों की क्षमता बढ़ाने का निर्णय लिया गया, वहीं दूसरी पंचवर्षीय योजना (1956-61) में 20 अप्रैल, 1956 को औद्योगिक नीति प्रस्ताव (Industrial Policy Resolution) की घोषणा कर उद्योगों को प्रोत्साहित किया गया। इस प्रस्ताव के तहत औद्योगिक विकास पर पूरा ध्यान केन्द्रित किया गया। देश में ढाँचागत समायोजन और दीर्घ स्थिरीकरण नीतियों की आवश्यकता के साथ 1991 में उदारीकरण और वैश्वीकरण की नीतियों को प्रारम्भ किया गया, जिसके तहत 24 जुलाई, 1991 को देश की नई औद्योगिक नीति (New Industrial Policy) घोषित की गई, जिसकी मुख्य विशिष्टता थी औद्योगिक उदारीकरण को प्रोत्साहित करना। इस नीति के तहत जहाँ भारतीय औद्योगिक अर्थव्यवस्था को नौकरशाही के चुंगल से मुक्त करवाने के प्रयास किए गए, वहीं उच्च प्राथमिकता वाले क्षेत्रों में विदेशी निवेश को प्रोत्साहित किया गया। यह एक अधिक व्यापक औद्योगिक नीति थी, जिसमें वैश्विक अर्थव्यवस्था से भारत की अर्थव्यवस्था को जोड़ने के प्रयास किए गए।

भारत के प्रमुख उद्योग—

- लौह-इस्पात उद्योग
- एल्युमिनियम उद्योग
- सीमेन्ट उद्योग
- रासायनिक उर्वरक उद्योग
- जूट उद्योग
- सूती वस्त्र उद्योग
- चीनी उद्योग
- अन्य उद्योग (कागज़ उद्योग, दियासलाई उद्योग, रेशम उद्योग, पर्यटन उद्योग)

भारत के लौह-इस्पात उद्योग
(Iron and Steel Industry of India)

महत्व—लौह इस्पात उद्योग भारी उद्योगों की श्रेणी में आते है। इन्हें धातुकर्मी उद्योग भी कहा जाता है। इन्हें अत्यंत महत्वपूर्ण उद्योग माना जाता है। लौह इस्पात उद्योग के महत्व को इसी बात से समझ सकते हैं कि मौजूदा दौर में इसे औद्योगीकरण एवं आर्थिक विकास के स्तर के संकेतक के रूप में प्रयोग किया जाता है। वस्तुत: यह एक ऐसा बुनियादी उद्योग है, जो अन्य उद्योगों को भी आधार प्रदान करता है। सामान्यत: लौह-इस्पात उद्योग उन्हीं क्षेत्रों में स्थापित किया जाता है, जहाँ इसके लिए कच्चा माल आसानी से उपलब्ध हो सके।

लौह इस्पात उद्योग का विकास
(Iron and Steel and Industry of India)

कार्यक्रम

वर्ष		लौह-इस्पात उद्योग
1874	—	ब्रिटिश काल में सर्वप्रथम लौह-इस्पात उद्योग कुल्टी (प. बंगाल) में 'बंगाल आयरन वर्क्स' की स्थापना की गयी थी।
1907	—	जमशेद जी टाटा द्वारा जमशेदपुर के साकची में टाटा आयरन एण्ड स्टील कम्पनी (TISCO) की स्थापना की।
1918	—	इस वर्ष प. बंगाल के बर्नपुर में 'इंडियन आयरन एण्ड स्टील कम्पनी' (IISCO) स्थापित की गयी।
1923	—	इस वर्ष विश्वेश्रैया आयरन एण्ड स्टील लि. (VISL) की स्थापना मूलत 'मैसूर आयरन वर्क्स' के रूप में हुई। लौह इस्पात उद्योग की यह इकाई कर्नाटक के भद्रवती में स्थापित की गयी।
1956-62	—	द्वितीय पंचवर्षीय योजना में भारी उद्योगों की स्थापना की तरफ विशेष ध्यान दिया गया और तीन नये वृहद संयंत्र की समयावधि स्थापित किये गये, जो निम्नवत् हैं—

(द्वितीय पंचवर्षीय)	संयंत्र	वर्ष	राज्य	सहयोगी देश
(योजना की समयावधि)	राउरकेला	1959	सुरदगढ़ जनपद, ओडिशा	जर्मनी
	दुर्गापुर	1959 -60	पं. बंगाल के दुर्गापुर में यह दामोदर नदी के तट पर स्थित।	ब्रिटेन
	भिलाई	1957	छत्तीसगढ़ प्रांत के दुर्ग जिले में स्थित।	रूस

1964	—	रूस के सहयोग से झारखण्ड प्रान्त के बोकारो में लौह-इस्पात संयंत्र स्थापित किया गया।
1971	—	इस वर्ष देश का प्रथम तटवर्ती संयंत्र आंध्र प्रदेश के विशाखापत्तनम में स्थापित किया गया, जिसका नाम विशाखापत्तनम इस्पात संयंत्र था। राष्ट्रीय इस्पात निगम लि. द्वारा स्थापित यह संयंत्र 6ठी पंचवर्षीय योजना के तहत लगाया गया था।
1982	—	स्टेनलेस स्टील का उत्पादन करने वाला सेलम इस्पात संयंत्र तमिलनाडु के सेलम में शुरू किया गया।

भारत के एल्युमिनियम उद्योग
(Aluminium Industry of India)

महत्व—बॉक्साइट से तैंयार की जाने वाली धातु एल्युमीनियम एक बहुउपयोगी धातु है। यह जहाँ तांबा, इस्पात, सीसा तथा जस्ता जैसी धातुओं की पूरक हैं, वही सिक्कों, वायुयान, रेल के डिब्बों, भवनों परमाणु संयंत्रों, बर्तनों एवं सुरक्षा संबंधी वस्तुओं के निर्माण में भी यह प्रयुक्त होती हैं। पैकिंग के लिए भी इसका इस्तेमाल किया जाता है।

एल्युमिनियम उद्योग के लिए प्रचुर मात्रा में बिजली की आवश्यकता पड़ती है। इस बात को ध्यान में रखकर अधिकांश एल्युमिनियम उद्योग उन्हीं स्थानों पर लगाए गए जहाँ न सिर्फ पर्याप्त मात्रा में बिजली के उपलब्धता सुनिश्चित थी, बल्कि बिजली के दरे भी किफायती थी।

ध्यातव्य हो कि

लौह इस्पात उद्योग के बाद यह भारत का धातु आधारित दूसरा सबसे बड़ा उद्योग है।

भारत के प्रमुख एल्युमिनियम संयंत्र

- **इंडियन एल्युमिनियम कम्पनी (INDALCO)**—इस कंपनी के एल्युमिनियम संयंत्र देश के पांच स्थानों पर स्थापित है। ये स्थान है- हीराकुंड (ओडिशा), मुरी (झारखण्ड), बेलू (पं. बंगाल), अलवाय (केरल) और बेलगाँव (कर्नाटक)।
- **हिन्दुस्तान एल्युमिनियम कारपोरेशन (HINDALCO)**—यह एल्युमिनियम संयंत्र देश की दूसरी पंचवर्षीय योजना (1956 से 1962) के दौरान अस्तित्व में आया। यह उत्तर प्रदेश राज्य के रेणुकूट (सोनभद्र) नामक स्थान पर स्थित है।

ध्यातव्य हो कि

INDALCO को झारखण्ड के राँची व पलामू की खानों से बाक्साइट प्राप्त होता है तथा किफायती बिजली उत्तर प्रदेश की 'रिहन्दजल विद्युत परियोजना' से प्राप्त होती है।

- **रिहन्द जल विद्युत परियोजना**—यह प्रोजेक्ट रिहन्द नदी पर उत्तर प्रदेश के मिर्जापुर जिले में अवस्थित है तथा पावर हाउस एवं ट्रांसमिशन लाइन पिपरी (सोनभद्र) में है। इस परियोजना का जलाशय गोविन्द बल्लभ पंत सागर भारत का सबसे बड़ा मानवकृत जलाशय है।
- **गोविन्द बल्लभ पंत सागर बांध**—यह बांध रिहन्द नदी पर मध्य प्रदेश व उत्तर प्रदेश बार्डर पर मिर्जापुर के पिपरी में अवस्थित है। यह क्षेत्र सिंगरौली नाम से जाना जाता है, जो उत्तर प्रदेश की कोयला क्षेत्र पट्टी है।
- **भारत एल्युमिनियम कम्पनी (BALCO)**—वर्ष 1965 में स्थापित की गई इस कंपनी के संयंत्र महाराष्ट्र के कोयना तथा छत्तीसगढ़ के कोरबा में स्थापित है।

  कोयना संयंत्र—कोयना संयंत्र को कोयना बिजली परियोजना से विद्युत मिलती है और बॉक्साइट, महाराष्ट्र से प्राप्त होता है।

  कोरबा संयंत्र—कोरबा संयंत्र को एनटीपीसी से बिजली प्राप्त होती है और बाक्साइट अमरकंटक की पहाड़ियों से प्राप्त होती है।

ध्यातव्य हो कि

कोरबा संयंत्र का एक प्लांट छत्तीसगढ़ के अंबिकापुर में भी स्थापित किया गया है।

- **नेशनल एल्युमिनियम कंपनी (NALCO)**—इस कंपनी के संयंत्र ओडिशा के अंगुल व ओडिशा के ही दामन जोरी में है, जो कि पंचपतमल्ली खान से बाक्साइट प्राप्त करते हैं। इसकी स्थापना वर्ष 1981 में की गयी थी।
- **मद्रास एल्युमिनियम कंपनी (MALCO)**—इसका संयंत्र तमिलनाडु के मैटूर में स्थित है, जो कि मैटूर की ही जल विद्युत परियोजना से जहाँ जल विद्युत प्राप्त करता है, वही शेवराय पहाड़ियों से इसे बाक्साइट मिलता है।
- **एल्युमिनियम कॉरपोरेशन ऑफ इंडिया**—इसका संयंत्र पश्चिम बंगाल के जे. के. नगर में लगा है, जो कि लोहरदग्गा से बाक्साइट व दामोदर घाटी से कोयला प्राप्त करता है।

भारत के सीमेन्ट उद्योग (Cement Industry of India)

महत्व—देश में सीमेन्ट उद्योग की व्यापकता का पता इसी से चलता है कि विश्व में सीमेन्ट उत्पादन के क्षेत्र में चीन के बाद भारत का दूसरा स्थान है। सीमेन्ट उत्पादन के लिए चूना-पत्थर, कोयला और जिप्सम कच्चे माल के रूप में प्रयुक्त होते हैं।

सीमेन्ट उत्पादक वाले शीर्ष राज्य—

1. मध्य प्रदेश व छत्तीसगढ़ (संयुक्त रूप से)
2. आन्ध्र प्रदेश
3. राजस्थान
4. गुजरात
5. तमिलनाडु
6. कर्नाटक

ध्यातव्य हो कि

भारत के कुल सीमेन्ट उत्पादन का 22.5% सीमेन्ट मध्य प्रदेश व छत्तीसगढ़ द्वारा संयुक्त रूप से किया जाता है।

- **मध्य प्रदेश के प्रमुख सीमेन्ट उत्पादक क्षेत्र**—कटनी, सतना, जबलपुर, मैहर, अकालतारा, बनमोर, नीमच आदि।
- **छत्तीसगढ़ के प्रमुख सीमेन्ट उत्पादक क्षेत्र**—मन्धार, जामुल व दुर्ग आदि।
- **आंध्र प्रदेश के प्रमुख सीमेन्ट उत्पादक क्षेत्र**—कृष्णा, आदिलाबाद, विजयवाड़ा, कुर्नूल, गुंटूर तथा विशाखापत्तनम आदि।
- **राजस्थान के प्रमुख सीमेन्ट उत्पादक क्षेत्र**—चित्तौड़गढ़, चुरू, सवाईमाधोपुर, लखेरी व उदयपुर।

ध्यातव्य हो कि

- भारत में इंडियन सीमेंट कंपनी लि. द्वारा वर्ष 1912-13 में सीमेन्ट उत्पादन की पहली सफल इकाई पोरबंदर में स्थापित की गयी थी।
- सीमेंट उत्पादन के लिए चूना पत्थर की आवश्यकता होती है। यही कारण है कि सीमेंट उद्योग का फैलाव मुख्यत: विन्धाचल पर्वत श्रेणी के आस-पास है, जो कि चूना पत्थर की उपलब्धता के लिए जानी जाती है।

भारत के रासायनिक उर्वरक उद्योग
(Chemical Fertilizer Industry of India)

महत्व—वर्तमान में भारत में रासायनिक उर्वरक उद्योग एक बड़े व व्यापक उद्योग के रूप में स्थापित हो चुके हैं। कृषि प्रधान देश होने के कारण रासायनिक उर्वरकों की मांग लगातार बढ़ रही है यही कारण है कि उर्वरक संयंत्रों की स्थापना में तेजी देखी गयी।

- **रासायनिक उर्वरकों के उत्पादन में शीर्ष राज्य—**
  1. 19% उत्पादन क्षमता के साथ तमिलनाडु प्रथम स्थान पर है।
  2. 15% उत्पादन क्षमता के साथ उत्तर प्रदेश द्वितीय स्थान पर है।
  3. 14% उत्पादन के साथ गुजरात तीसरे स्थान पर है।
- **रासायनिक उर्वरक उत्पादन से संबंधित अन्य राज्य**—केरल, कर्नाटक, मध्य प्रदेश, ओडिशा, बिहार, प. बंगला, असम, पंजाब, दिल्ली, गोवा, राजस्थान व महाराष्ट्र।

ध्यातव्य हो कि

भारत में मुख्य रूप से नाइट्रोजन युक्त (75%) उर्वरक का उत्पादन किया जाता है। नाइट्रोजन युक्त उर्वरक बनाने में कच्चे माल के रूप में मुख्य रूप से 'नेप्था' का इस्तेमाल किया जाता है, जो कि तेल रिफाइनिरियों में तेल को साफ करते समय प्राप्त होता है।

भारत के प्रमुख रासायनिक उर्वरक उत्पादन संयंत्र

रासायनिक उर्वरक उत्पादन संयंत्र— संबंधित तथ्य

फर्टिलाइजर्स कॉरपोरेशन ऑफ इंडिया (FCI)—FCI के संयंत्र भारत के निम्न राज्यों में कार्यरत हैं।

स्थान	राज्य
रामागुडंम	आन्ध्र प्रदेश
सिंद्री	झारखण्ड
गोरखपुर	उत्तर प्रदेश
तलचर	ओडिशा

नेशनल फर्टिलाइजर्स (NFL)—NFL के संयंत्र भारत के निम्न राज्यों में स्थापित हैं।

स्थान	राज्य
विजयपुर	मध्य प्रदेश
पानीपत	हरियाणा
नांगल	पंजाब
भटिण्डा	पंजाब

इंडियन कामर्स फर्टिलाइजर्स कोआपरेटिव लि. (IFFCO)—IFFCO के संयंत्र भारत के निम्न राज्यों में स्थापित हैं।

स्थान	राज्य
फूलपुर	इलाहाबाद, उ.प्र.
आवला	उत्तर प्रदेश
कलोल	गुजरात
कॉडल	गुजरात

पाइराइट्स, फास्फेट्स एण्ड केमिकल्स—PPCL के संयंत्र भारत के निम्न राज्यों में स्थापित हैं—

स्थान	राज्य
सलादीपुर	राजस्थान
अमझोर	बिहार

हिन्दुस्तान फर्टिलाइजर्स कारपोरेशन लि. (HFC)—HFC के संयंत्र भारत के निम्न राज्यों में स्थापित हैं—

स्थान	राज्य
बरौनी	बिहार
दुर्गापुर	प. बंगाल
नामरूप	असम

- **पारादीप फास्फेट्स लि. (PPL)**—इसका संयंत्र ओडिशा के पाराद्वीप में स्थापित है।
- **फर्टिलाइजर्स एण्ड केमिकल्स त्रावणकोर लि. (FCAT)**—इसके संयंत्र केरल के कोच्चि और उद्योग मंडल में स्थापित है।
- **राष्ट्रीय केमिकल्स एण्ड फर्टिलाइजर्स लि. (RCF)**—इसके संयंत्र महाराष्ट्र के थाल व ट्राम्बे में स्थापित है।

भारत के कृषि आधारित उद्योग
(Agro-Based Industry of India)

भारत के कृषि आधारित उद्योगों के अंतर्गत मुख्य रूप से सूती वस्त्र उद्योग, चीनी उद्योग, जूट उद्योग आदि आते हैं, क्योंकि इनके लिए कच्चे माल की आपूर्ति पूर्णतः कृषि क्षेत्र पर निर्भर करती है।

सूती वस्त्र उद्योग—

- यह कृषि आधारित भारत का सबसे बड़ा उद्योग है।
- सूती वस्त्र उद्योगों का श्रीगणेश भारत में ब्रिटिश काल में हो गया तथा वर्ष 1818 में इस क्षेत्र का पहला कारखाना कोलकाता के फोर्टग्लास्टर में स्थापित किया गया था, जो कि एक आधुनिक मिल थी।
- प्रारम्भ में सूती वस्त्र उद्योगों की स्थापना महाराष्ट्र (मुम्बई, नागपुर) व गुजरात (अहमदाबाद) जैसे प्रांतो में हुई क्योंकि यह राज्य कच्चेमाल के रूप में प्रयुक्त कपास के उत्पादन में अग्रणी थे।
- भारत में सूती वस्त्र उत्पादन में महाराष्ट्र सबसे आगे है, महाराष्ट्र द्वारा जहाँ देश का 38% कपड़ा उत्पादित किया जाता है वहीं यह राज्य 30% सूत भी तैयार करता है। यहाँ 30 लाख लोग इस उद्योग में संलग्न हैं। महाराष्ट्र में मुम्बई सूती वस्त्र उद्योग का प्रमुख केन्द्र है। यहाँ सूती वस्त्र की लगभग 60 मिले हैं। भारत में मुंबई को 'सूती वस्त्र उद्योग की राजधानी' (कॉटन पालिस ऑफ इण्डिया) (Cotton Policy of India) कहा जाता है। महाराष्ट्र में मुम्बई के अलावा पुणे, शोलापुर, कोल्हापुर, नागपुर, वर्ध, सांगली आदि स्थानों पर मिलों का संकेन्द्रण है।
- मुम्बई को भारत का मानचेस्टर भी कहा जाता है।
- भारत में सूती वस्त्र उत्पादन की दृष्टि से दूसरे स्थान पर गुजरात आता है। यहाँ का अहमदाबाद सूती वस्त्रों का प्रमुख केन्द्र है। अहमदाबाद को 'पूर्व का बोस्टन' भी कहा जाता है।

ध्यातव्य हो कि

मैनचेस्टर (ग्रेट ब्रिटेन) एवं बोस्टन (यूएसए) विश्व में सूती वस्त्र उद्योग के प्रमुख केन्द्र के रूप में प्रसिद्ध है।

- गुजरात में अहमदाबाद के अलावा सूरत, भरूच, राजकोट, बड़ोदरा, भावनगर, पोरबन्दर आदि प्रमुख सूती वस्त्र उत्पादन के केन्द्र हैं।
- भारत में सूती वस्त्र उत्पादन से संबंधित अन्य राज्य हैं—प. बंगाल, कर्नाटक, उत्तर प्रदेश, मध्य प्रदेश, केरल, पंजाब, राजस्थान, आन्ध्र प्रदेश आदि।
- उत्तर प्रदेश में कानपुर सूती वस्त्र उद्योग का सबसे बड़ा केन्द्र है।

विभिन्न राज्यों में सूती वस्त्र उद्योगों के विकास के प्रमुख कारण

राज्य सूती वस्त्र उद्योगों के विकास के प्रमुख कारण

महाराष्ट्र व गुजरात — महाराष्ट्र व गुजरात में सूती वस्त्र उद्योग विकसित होने के प्रमुख कारण निम्नवत् है—
- समुद्री जलवायु
- स्थानीय कपास की सुविधा (काली कपासी मृदा में)
- जल विद्युत की सुविधा
- मुम्बई एवं काडला बंदरगाह द्वारा मशीन एवं कच्चे माल के आयात एवं तैयार माल के निर्यात की सुविधा।
- सस्ते श्रमिक की उपलब्धता।

तमिलनाडु —
- सूतीवस्त्रकेमिलोंकीसर्वाधिकसंख्यातमिलनाडु में है। यहाँ की अधिकांश मिलों में सूत की कताई होती है, जिसमें कोयम्बटूर प्रमुख केन्द्र है। कोयम्बटूर को 'दक्षिण भारत का मैनचेस्टर' कहा जाता है। तमिलनाडु में सूती वस्त्र उद्योग के विकास के प्रमुख कारण निम्नवत् है—
  - सस्ती जल विद्युत की सुविधा
  - स्थानीय कपास उपलब्ध
  - सस्ते श्रमिक की सुविधा
  - आन्तरिक बाजार की सुविधा

पश्चिम बंगाल —
- प. बंगाल की अधिकतर सूती वस्त्र मिले कोलकाता के आस पास है, यहाँ पर इस उद्योग के विकसित होने के प्रमुख कारण निम्नवत् है—
- कोलकाता बंदरगाह से आयात-निर्यात की सुविधा
- सस्ते विद्युत की प्राप्ति
- सस्ते श्रमिकों की सुविधा (बिहार, झारखण्ड, असम व प. बंगाल) से
- बाजार की सुविधा
- आद्र जलवायु

उत्तर प्रदेश —
- उत्तर प्रदेश में कानपुर सूती वस्त्र उद्योग का सबसे प्रमुख केन्द्र है इसे उत्तर भारत का मैनचेस्टर कहा जाता है। इसके अलावा मोदीनगर, हाथरस, सहारनपुर, आगरा, लखनऊ अन्य सूती वस्त्र के प्रमुख केन्द्र हैं। इस प्रदेश में सूती वस्त्र उद्योग के विकास का सबसे प्रमुख कारण, विशाल बाजार एवं सस्ते श्रमिक की सुविधा है।

कर्नाटक —
- यहाँ सूती वस्त्र उद्योग का विकास राज्य के पूर्वी भागों में कपास उत्पादक क्षेत्रों में हुआ है। देवनगरी, हुबली, बेलारी, मैसूर एवं बेंगलुरू प्रमुख केन्द्र हैं।

आंध्र प्रदेश —
- यहाँ सूती वस्त्र उद्योग का विकास कपास उत्पादक तेलंगाना प्रदेश में हुआ है। यहाँ अधिकतर कताई मिलें हैं, जो सूत का उत्पादन करती है। हैदराबाद, सिकन्दराबाद, बारंगल और गुंटूर प्रमुख केन्द्र हैं।

पंजाब —
- हाल के वर्षों में सूती वस्त्र उत्पादन में पंजाब का महत्व तेजी से बढ़ा है, जो कि कपास-उत्पादन में वृद्धि होने के कारण सम्भव हो पाया है। अमृतसर, लुधियाना एवं फगवाड़ा प्रमुख केन्द्र हैं।

सूती वस्त्र उद्योग की समस्याएँ—

- उच्च कोटि के कच्चे माल (लम्बे रेशे वाली कपास) की कमी।
- संरचनात्मक सुविधा का अभाव विशेषकर विद्युत आपूर्ति में कमी।
- पुरानी मशीने।
- मिश्रित एवं कृत्रिम रेशे से बने वस्त्रों (सिन्थेटिक कपड़ो) से कड़ी प्रतिस्पर्धा।
- चीन जैसे बड़े देश से निर्यात में प्रतिस्पर्धा।

चीनी उद्योग—

- यह एक कृषि आधारित संगठित उद्योग है तथा सूती वस्त्र उद्योग के बाद देश का दूसरा सबसे बड़ा कृषि उद्योग है।
- भारत में चीनी उद्योग का विकास उन्हीं क्षेत्रों में अधिक हुआ, जहाँ कच्चे माल के रूप में गन्ने की अच्छी उपलब्धता थी। चूंकि गन्ना उत्पादन के लिए देश के महाराष्ट्र, उत्तर प्रदेश, तमिलनाडु, कर्नाटक, गुजरात, आंध्र प्रदेश व बिहार राज्य मुख्य रूप से जाने जाते हैं। इसलिए इन राज्यों में चीनी उद्योग ने अच्छी जड़े जमाई।
- चीनी उद्योग एक वजन ह्रास उद्योग है अर्थात 100 किलोग्राम गन्ने से 9 से 12 किलो ग्राम चीनी की प्राप्ति होती है। चीनी की तुलना में गन्ने का परिवहन कठिन है। अत: चीनी मिलों की स्थापना गन्ना उत्पादक क्षेत्रों के आस-पास की जाती है।
- चीनी मिलों को गन्ना उत्पादक क्षेत्रों में लगाने की एक और मजबूरी है। गन्ने के खेत से काटने के 24 घंटे के अंदर ही पेराई हो जानी चाहिए। पेराई में देरी होने पर सुक्रोज की मात्रा घटती रहती है।

- वर्तमान में भारत का महाराष्ट्र प्रांत चीनी उत्पादन में पहले पायदान पर है। देश के कुल चीनी उत्पादन के एक तिहाई से भी ज्यादा उत्पादन का श्रेय महाराष्ट्र को जाता है। यहाँ का अहमदनगर जहाँ चीनी उत्पादन का सबसे बड़ा केन्द्र है वही पुणे, कोल्हापुर, शोलापुर, सक्करवाड़ी नासिक, सांगली, सतारा व मालीनगर आदि भी चीनी उत्पादन के लिए जाने जाते हैं। उक्त क्षेत्रों में चीनी मिलों का सघन जाल विकसित है।
- चीनी उत्पादन की दृष्टि से दूसरे पायदान पर उत्तर प्रदेश है। कभी यह राज्य पहले पायदान पर थी, किन्तु बाद में यहां चीनी का उत्पादन घटने के कारण महाराष्ट्र पहले पायदान पर आ गया। उत्तर प्रदेश में गन्ना उत्पादन एवं चीनी मिलों के दो प्रमुख क्षेत्र हैं—

उत्पादक क्षेत्र	चीनी मिलें
(i) गंगा-यमुना दोआब क्षेत्र	सहारनपुर, मुजफ्फरनगर, मेरठ, गाजियाबाद।
(ii) तराई क्षेत्र	गोरखपुर, बस्ती, देवरिया, गोण्डा, सीतापुर, फैजाबाद

ध्यातव्य हो कि

- भारत में चीनी का उत्पादन गन्ने से किया जाता है, जबकि यूरोप में मुख्य रूप से चुकन्दर से चीनी का उत्पादन किया जाता है।

जूट उद्योग—

- जूट उद्योग एक कृषि आधारित उद्योग है। यह वजन ह्रास उद्योग है अतः उद्योग का स्थानीयकरण कच्चे माल के क्षेत्र में होता है।
- विभाजन से पूर्व विश्व के जूट उद्योग पर भारत का एकाधिकार था। भारत के विभाजन का इस उद्योग पर प्रतिकूल प्रभाव पड़ा जूट के अधिकतर कारखाने भारत में रह गए जबकि जूट कृषि के अधिकतर क्षेत्र पूर्वी पाकिस्तान (वर्तमान में बांग्लादेश) में चले गए।
- वर्तमान में इस उद्योग का केन्द्रीकरण पश्चिम बंगाल राज्य में है। प. बंगाल में भी अधिकतर कारखाने 'हुगली औद्योगिक प्रदेश' (हुगली नदी के दोनों किनारे) में अवस्थित है। इस क्षेत्र के प्रमुख केन्द्र- रिसरा, बांसबेरिया, नौहाटी, चन्दन नगर, टीटागढ़, बैरकपुर, हावड़ा, कोलकाता, बजबज, मानिकपुर, बिड़ला नगर आदि है।

अन्य जूट उत्पादक राज्य

- **उत्तर प्रदेश**—बाजार की मांग के कारण उत्तर-प्रदेश में जूट के तीन कारखाने लगाए गए हैं— दो कारखाने कानपुर में तथा एक सहजनवा (गोरखपुर) में है। यहाँ चीनी एवं कृषि उत्पादों की पैकिंग हेतु जूट के बोरो की मांग अधिक है। कच्चेमाल की आपूर्ति तराई प्रदेश में जूट की कृषि से होती है।
- **आन्ध्र प्रदेश**—यहाँ विशाखापत्तनम, गुन्टूर एवं पूर्वी गोदावरी, जिलो में जूट के कारखाने लगाए गए हैं।
- **बिहार**—प. बंगाल से सटे बिहार का पूर्णिया एवं कटिहार जिला जूट की कृषि का परम्परागत क्षेत्र रहा है। बिहार के पूर्णिया, कटिहार, दरभंगा एवं समस्तीपुर में जूट के कारखाने खोले गए हैं।

ध्यातव्य हो कि

असम के गुवाहाटी, नागालैण्ड के दीमापुर, त्रिपुरा के अगरतला, छत्तीसगढ़ के रायगढ़ में जूट के कारखाने लगाए गए हैं।

जूट उद्योग की समस्याएँ—

- कृत्रिम रेशे से प्रतिस्पर्धा के कारण अन्तर्राष्ट्रीय बाजार एवं आन्तरिक बाजार के मांग में गिरावट आयी है।
- अधिकतर कारखाने पुराने है।
- इस उद्योग के कम लाभकारी होने के कारण मिल मालिक इसके आधुनिकीकरण पर ध्यान नहीं दे रहे हैं।

वन आधरित उद्योग

वन आधरित उद्योगों से तात्पर्य उन उद्योगों से है, जिनके लिए कच्चे माल की आपूर्ति वनों से होती है। इसमें मुख्य रूप से सम्मिलित है— कागज उद्योग, दियासलाई उद्योग, रेशम उद्योग व खेल का सामान उद्योग आदि।

कागज उद्योग—

- कागज उद्योग एक वजन ह्रास उद्योग है। अर्थात् 1 टन कागज बनाने हेतु लगभग ढाई टन कच्चे माल की जरूरत होती है। अतः इस उद्योग का स्थानीयकरण मुख्यतः कच्चे माल की उपलब्धता वाले क्षेत्र में हुआ है।
- कागज उद्योग के लिए कच्चे माल के रूप में मुलायम लकड़ी, बांस, सवाई घास, बगासी, रैक्स आदि प्रयुक्त किया जाता है।
- **मुलायम लकड़ी**—भारत में मुलायम लकड़ी प्रायः हिमालयी क्षेत्र से प्राप्त की जाती है, भारत के कागज उद्योग के कुल कच्चेमाल का 7% मुलायम लकड़ी से प्राप्त किया जाता है।
- **बांस**— भारत में कच्चे माल के रूप में सर्वाधिक उपयोग का होता है।

ध्यातव्य हो कि

कर्नाटक में बांस के सबसे अधिक वृक्ष है, बांस उत्पादन में दूसरा स्थान असम का है।

- **सवाई घास**—सवाई घास से 15% कच्चे माल की प्राप्ति होती है। इसके रेशे से उत्तम कागज तैयार होता है।

- **बगासी**—यह गन्ने की खोई से प्राप्त किया जाता है। कागज उद्योग की 7% लुग्दी इससे प्राप्त की जाती है। औद्योगिक कागज, हार्ड बोर्ड कागज, पैकिंग पेपर आदि का निर्माण इससे होता है।
- **रैक्स**—कागज के टुकड़े एवं कपड़े के टुकड़े से भी लुग्दी तैयार की जाती है। इसका प्रयोग हाथ निर्मित कागज बनाने के लिए किया जाता है। भारत हस्त निर्मित कागज बनाने में अग्रणी है और भारत इसका निर्यात भी करता है। इस कागज का प्रयोग विश्वविद्यालय के प्रमाण-पत्र बनाने में होता है।

ध्यातव्य हो कि

एशिया का सबसे बड़ा हस्त निर्मित कागज का कारखाना पुडुचेरी में है।

- **अन्य**—रैक्स के अलावा चावल, गेहूँ एवं मक्के के पुआल से भी कागज बनाये जाते हैं।

अध्याय सार संग्रह

- निर्माण क्षेत्र में सूक्ष्म उद्योग—25 लाख तक निवेश वाले
- सूक्ष्म, लघु और मध्यम उद्योगों का कुल निर्यात में हिस्सा—40%
- सार्वधिक क्षेत्र के प्रमुख उद्योग है—ONGC, NTPC, GAIL, BHEL, SAIL, IOC, CIl
- लौह इस्पात का प्रथम कारखाना लगा था—1779 आर्कट तमिलनाडु असफल
- लौह इस्पात का प्रथम सफल कारखाना—1874 कुल्टी-बर्नपुर
- सूती वस्त्र का प्रथम कारखाना लगा था—1818 फोर्टग्लास्टर (कोलकाता)
- प्रथम ऊनी वस्त्र मिल की स्थापना—1876 लालइमली (कानपुर)
- पहली पंचवर्षीय योजना प्रारंभ—1951-56
- किस पंचवर्षीय योजना में औद्योगिक नीति प्रस्तावित किया गया—दूसरी (1956-61)
- भारत की नई औद्योगिक नीति बनाई गई—1991
- उदारीकरण, वैश्वीकरण तथा निजीकरण की नीति अपनाई गई—1991
- TISCO की स्थापना की गई—1907 साकची (घमशेदपुर)
- स्टेनलेस स्टील का उत्पादन करने वाला प्रथम संयंत्र—श्रीसेलम (तमिलनाडु)
- एल्युमिनियम का अयस्क है—बॉक्साइट
- धातु आधारित भारत का दूसरा वृहद उद्योग—एल्युमिनियम उद्योग (प्रथम-लौहइस्पात)
- HINDALCO की स्थापना रेणूकूट (उत्तर प्रदेश) में किये जाने का कारण—शक्ति के स्रोत
- INDALCO की बॉक्साइड और बिजली की प्राप्ती होती है क्रमशः—पलामू (झारखण्ड) रिहन्दबांध जलविद्युत
- बाल्कों की स्थापना की गई—1965 कोरबा छत्तीसगढ़
- सर्वाधिक रासायनिक उर्वरक उत्पादन करने वाला राज्य है—तमिलनाडु (19%)
- सूती वस्त्र उत्पादन में सबसे अग्रणी राज्य है—महाराष्ट्र
- सूती वस्त्र मिलों की सर्वाधिक संस्था है—तमिलनाडु में
- यूरोप में चीनी उत्पादन का प्रमुख स्रोत है—चुकन्दर

अध्याय 26

भारतः वन्य जीवन

इस अध्याय में आप सीखेंगे किः

- भारत में वन्य जीवन की स्थिति क्या है।
- भारत ने इनके संरक्षण तथा संवर्द्धन हेतु क्या प्रयास किए हैं।

प्रस्तावना (Introduction)

- भारत विश्व के 17 वृहद जैव-विविधता वाले देशों में से एक है। यहाँ विश्व के मात्र 2.4% भू-क्षेत्र पर ज्ञात वैश्विक जैव-विविधता का लगभग 8 प्रतिशत प्राप्त होता है।
- भारत में वन्यजीव संरक्षण के संदर्भ में नीतिगत रूपरेखा प्रधानमंत्री की अध्यक्षता वाले 'राष्ट्रीय वन्यजीव बोर्ड' (National Board for Wildlife) द्वारा तैयार की जाती है।
- वर्ष 2002 में अपनाई 'राष्ट्रीय वन्यजीव कार्य योजना' (National Wildlife Action Plan) 2002-2016 के तहत वन्य जीव संरक्षण के लिए लोगों की भागीदारी और उनके समर्थन पर जोर दिया गया है।
- भारतीय संविधान के तहत वनों एवं वन्य जीवन को समवर्ती सूची में रखा गया है, जिसके अनुसार केन्द्रीय वन एवं पर्यावरण मंत्रालय जहाँ वन्यजीव संरक्षण के संदर्भ में योजनाओं एवं कार्यक्रमों का निरूपण करता है वहीं प्रांतीय वन विभागों को वन्यजीव संरक्षण संबंधी राष्ट्रीय नीतियों एवं योजनाओं के क्रियान्वयन का उत्तरदायित्व सौंपा गया है।
- भारतीय संविधान में राज्य के नीति-निर्देशक तत्व और मूलकर्तव्य वाले अध्याय में वन्य जीवन की सुरक्षा का स्पष्ट उल्लेख किया गया है। अनुच्छेद 48 में उपबंधित है कि 'राज्य पर्यावरण को सुधारने तथा देश के वनों और वन्य प्राणियों को बचाने का प्रयत्न करेगा' और अनुच्छेद 51-ए में यह उपबंधित है कि 'भारत के प्रत्येक नागरिक का यह कर्त्तव्य होगा कि वह अपने प्राकृतिक क्षेत्र जैसे—वनों, झीलों, नदियों तथा वन्य प्राणियों की रक्षा करें तथा जीवों के प्रति दया का भाव रखे।

भारत में संरक्षित क्षेत्रों का वर्गीकरण (Classification of Protected Area in India)

- भारत में अब तक 668 संरक्षित क्षेत्रों का नेटवर्क स्थापित किया जा चुका है, जो देश के कुल भौगोलिक क्षेत्र का लगभग 4.90 प्रतिशत भाग है। अत: भारत के संरक्षित क्षेत्रों को तीन वर्गों में बाँटा जा सकता है—

1. वन्य जीव अभ्यारण्य (Wildlife Sanctuary)
2. राष्ट्रीय उद्यान (National Park)
3. जैव मंडल रिजर्व (Biosphere Reserve)

1. **वन्य जीव अभ्यारण्य** —वन्यजीव अभयारण्य ऐसे क्षेत्र होते हैं, जो पारिस्थितिकी, पशु-पक्षियों, वनस्पतियों, भू-आकृतिक प्राकृति या प्राणी विज्ञान की दृष्टि से सार्थक रूप से महत्वपूर्ण होते हैं। किसी अभ्यारण्य की घोषणा उसके क्षेत्र के वन्यजीवन एवं पर्यावरण-पारिस्थितिकी के संरक्षण, विस्तार तथा विकास के उद्देश्य से की जाती है। इस अभ्यारण्य के भीतर रहने वाले लोगों के कुछ निश्चित अधिकार अनुमन्य किए जा सकते हैं। इसके अतिरिक्त, अभ्यारण्य को अंतिम रूप से अधिसूचित किए जाने से पहले दावों के निपटारे के दौरान, कलेक्टर मुख्य वन्यजीव संरक्षक से सलाह कर अभ्यारण्य की सीमाओं के भीतर किसी भूमि पर किसी व्यक्ति के किसी अधिकार को जारी रखने की अनुमति प्रदान कर सकता है।

2. **राष्ट्रीय उद्यान**—वन्यजीव अभ्यारण्य की तरह ही राष्ट्रीय उद्यान भी पारिस्थितिकी की, पशु-पक्षियों, वनस्पतियों, भू-आकृतिक प्राकृतिक या प्राणीविज्ञान की दृष्टि से सार्थक रूप से महत्वपूर्ण क्षेत्र होते है तथा राष्ट्रीय उद्यान भी उसके क्षेत्र के वन्य जीवन एवं पर्यावरण-पारिस्थितिकी के संरक्षण, विस्तार और विकास के उद्देश्य से घोषित किए जाते है। किसी वन्य जीव अभ्यारण्य और राष्ट्रीय उद्यान में अंतर मुख्यत: उनके भीतर रहने वाले लोगों के अधिकारों के प्रत्यायोजन में निहित है अभ्यारण्य के विपरीत (जहाँ कुछ निश्चित अधिकार अनुमन्य किये जा सकते हैं) राष्ट्रीय उद्यान में किसी भी अधिकार की स्वीकृति नहीं होता है। एक राष्ट्रीय उद्यान में किसी मवेशी को चराई की कोई अनुमति नहीं होती है जबकि अभ्यारण्य में मुख्य वन्यजीव संरक्षक इसे विनियमित, नियंत्रित या प्रतिबंधित कर सकता है। इसके अतिरिक्त जहाँ किसी अभ्यारण्य से वन्यजीव या वन उत्पाद के किसी निष्कासन या दोहन के लिए राज्य वन्यजीव बोर्ड (State Board for Wildlife) की अनुशंसा की आवश्यकता होती है वह राष्ट्रीय उद्यान में से ऐसे किसी कार्य के लिए राष्ट्रीय वन्यजीव बोर्ड (National Board for Wildlife) से अनुमति प्राप्त करनी पड़ती है।
3. **जैवमण्डल रिजर्व**—जब विशेष प्राकृतिक इकाई के समग्र पारिस्थितिक को संरक्षित किया जाता है तो उसे जैवमंडल रिजर्व की संज्ञा दी जाती है।

वन्यजीव अभ्यारण्य, राष्ट्रीय पार्क व जैवमण्डल रिजर्व के मध्य अंतर
(Difference b/w Wildlife Sanctuary, National Park & Biosphere Reserve)

वन्यजीव अभ्यारण्य	राष्ट्रीय पार्क (उद्यान)	जैवमण्डल रिजर्व
1. निजी कार्य की अनुमति	1. सरकार द्वारा पूर्णत: नियंत्रित	1. सरकारी नियंत्रण परन्तु बाह्य क्षेत्र में निजी कार्य की अनुमति
2. जीवों की प्रजाति आधारित विविधता का संरक्षण	2. किसी विशेष पशु जैसे बाघ, दरियाई घोड़ा, हाथी व गैंडा हेतु निर्मित	2. सम्पूर्ण स्थानिक पारिस्थितिकी तंत्र की रक्षा
3. वाणिज्यिक गतिविधियों की अनुमति	3. किसी भी प्रकार की मानवीय गतिविधियों पर रोक	3. बफर जोन में वाणिज्यिक गतिविधि की अनुमति परंतु, कोर में निषेध
4. इसका सीमा निर्धारण स्पष्ट नहीं है	4. इसका सीमा निर्धारण प्रशासनिक व विधिक प्रक्रिया द्वारा निर्धारित	4. इसकी सीमा का निर्धारण प्रशासनिक व विधिक प्रक्रिया द्वारा निर्धारित
5. पर्यटन की अनुमति **उदाहरण**—मानस वन्यजीव अभ्यारण्य (असम) **कुल संख्या**—515	5. पर्यटन की अनुमति **उदाहरण**—दुधवा राष्ट्रीय पार्क (उत्तर प्रदेश) **कुल संख्या**—102	5. पर्यटन पर निषेध **उदाहरण**—सुंदरवन (पश्चिम बंगाल) **कुल संख्या**—18

भारत में जैवमंडल रिजर्व की स्थिति

- 1976 में UNESCO की टास्क फोर्स ने जैवमंडल आरक्षित क्षेत्र के कुल क्षेत्र को 3 भागों में बांटा है—

1. कोर क्षेत्र (Core Area)
2. बफर क्षेत्र (Buffer Area)
3. संक्रमण क्षेत्र (Transition Zone)

1. **कोर क्षेत्र**—प्रत्येक जैवमंडल में कोर क्षेत्र होते हैं। जहाँ मानव अधिवास नहीं होना चाहिए। ऐसे शोधकार्य की अनुमति है, जो कि वहाँ पारिस्थितिकीय प्रतिकूल प्रभाव यह नहीं डालते हो तथा मानव क्रियाकलाप प्रतिबंधित हो।
2. **बफर क्षेत्र**—इस जोन का प्रबंधन प्रशासनिक अधिकारियों के पास रहता है। इस क्षेत्र में केवल वे कार्य होते हैं, जो कोर जोन के संरक्षण से सम्बन्धित हो, जैसे—शोधकार्य, पर्यावरणीय शिक्षा प्रशिक्षण पर्यटन आदि। सीमित मानवीय क्रियाकलापों की अनुमति भी है।
3. **संक्रमण क्षेत्र**—यह जोन में मुख्य विकासीय कार्यों व योजनाओं से संबंधित होता है। शोधकर्ताओं, प्रबन्धकों एवं स्थानीय लोगों के बीच परस्पर सहयोग जिससे संसाधनों का समुचित उपयोग हो सके इस क्षेत्र का प्रबन्धन प्रशासनिक अधिकारियों के द्वारा होता है। कई मानवीय क्रियाकलाप इस क्षेत्र में सम्भव है जैसे—नवीनीकरण व अधिवास आदि।

- वर्तमान में भारत में 18 जैवमंडल रिजर्व क्षेत्र हैं, जिनकी सूची निम्नवत् है—

जैवमंडल रिजर्व का नाम	कुल क्षेत्रफल (वर्ग किमी.)	विस्तार
नीलगिरि (1986)	5520	तमिलनाडु, केरल व कर्नाटक में विस्तार
नन्दा देवी (1988)	5860	उत्तराखण्ड
नोकरेक (1988)	820	मेघालय
मानस (1989)	2837	असम
सुन्दरवन (1989)	9630	पश्चिम बंगाल
मन्नार की खाड़ी (1989)	10500	तमिलनाडु
ग्रेट निकोबार (1989)	885	अंडमान तथा निकोबार
सिमलीपाल (1994)	4374	ओडिसा
डिब्रू सैखोवा (1997)	765	असम
देहांग दिबांग (1998)	5111	अरूणाचल प्रदेश
पंचमढ़ी (1999)	4981	मध्य प्रदेश
कंचनजंगा (2000) (रवांगचेन्द जोंगा)	2619	सिक्किम
अगस्तमलाई (2001)	3500	केरल
अचानकमार अमरकंटक (2005)	3835	मध्य प्रदेश
कच्छ का ज्ञान (भारतीय रिजर्व) (2008)	12,454	गुजरात
कोल्ड डिजर्ट (शीत मरूभूमि) (2009)	7770	हिमाचल प्रदेश
शेषाचलम (2010)	4755	आन्ध्र प्रदेश
पन्ना (2011)	2998	मध्य प्रदेश (पन्ना व छत्तरपुर जिले में विस्तारित)

महत्वपूर्ण तथ्य

क्षेत्रफल की दृष्टि से सबसे बड़े जैवमंडल रिजर्व—1. कच्छ का रण, 2. मन्नार की खाड़ी, 3. सुन्दरवन, 4. कोल्ड डिजर्ट, 5. नन्दा देवी

क्षेत्रफल की दृष्टि से छोटे जैवमंडल रिजर्व—1. डिब्रू सिखोवा, 2. नोकरेक, 3. ग्रेट निकोबार, 4. कंचनजंगा, 5. मानस

यूनेस्को की विश्व विरासत सूची में शामिल—1. नीलगिरी, 2. नन्दा देवी, 3. नोकरेक, 4. सुन्दर वन, 5. मन्नार की खाड़ी जैवमंडल रिजर्व 6. ग्रेट निकोबार, 7. सिमलीपाल, 8. पंचमढ़ी, 9. अचानकमार अमरकंटक, 10. अगस्तमलाई, 11. कंचनजंगा (सिक्किम) 2016

देश का सबसे पहला जैवमंडल रिजर्व—1. नीलगिरी

पूर्वोत्तर राज्य के जैवमंडल रिजर्व—1. नोकरेक (मेघालय), 2. मानस (असम), 3. डिब्रूसैखोवा (असम) 4. देहांग दिबांग (अरूणाचल), 5. कंचनजंगा (सिक्किम)

भारत के राष्ट्रीय पार्क

सर्वाधिक राष्ट्रीय पार्क की संख्या वाला राज्य—मध्य प्रदेश (कुल 9 राष्ट्रीय पार्क हैं)

1. बांधवगढ़ राष्ट्रीय उद्यान — बाघ संरक्षण हेतु
2. मांडला राष्ट्रीय जीवाश्म उद्यान — पौंध जीवाश्म हेतु
3. कान्हा राष्ट्रीय उद्यान — बाघ संरक्षण हेतु
4. माधव राष्ट्रीय जीवाश्म उद्यान —
5. पेंच (प्रियदर्शिनी) राष्ट्रीय उद्यान — बाघ संरक्षण
6. संजय राष्ट्रीय उद्यान —
7. सतपुड़ा राष्ट्रीय उद्यान —
8. वन बिहार राष्ट्रीय उद्यान —
9. पन्ना राष्ट्रीय उद्यान —

सर्वाधिक राष्ट्रीय पार्क की संख्या वाला केन्द्रशासित प्रदेश—अंडमान निकोबार (कुल 9 राष्ट्रीय पार्क हैं)

1. कैम्पबेल वे राष्ट्रीय उद्यान
2. गैलेथिया वे राष्ट्रीय उद्यान
3. महात्मा गांधी मैरीन (वांडूर) राष्ट्रीय उद्यान
4. मिडिल बटन द्वीप राष्ट्रीय उद्यान
5. माउंट हरिएट राष्ट्रीय उद्यान
6. नार्थ बटन द्वीप राष्ट्रीय उद्यान
7. रानी झांसी समुद्री राष्ट्रीय उद्यान
8. सैडल पीक राष्ट्रीय उद्यान
9. साउथ बटन द्वीप राष्ट्रीय उद्यान

न्यूनतम राष्ट्रीय पार्क की संख्या वाले राज्य—

राज्य	संख्या	राष्ट्रीय पार्क का नाम
बिहार	01	बाल्मीकि राष्ट्रीय पार्क
गोवा	01	भगवान महावीर (भोलेय) राष्ट्रीय पार्क
झारखण्ड	01	बेतला राष्ट्रीय पार्क
उत्तर प्रदेश	01	दूधवा राष्ट्रीय पार्क
मणिपुर	01	कैबुल लामजाओ राष्ट्रीय पार्क
नागालैंड	01	इनतांकी राष्ट्रीय पार्क
सिक्किम	01	खांगनचांद देहांग (कंचनजंगा) राष्ट्रीय पार्क

भारत का सबसे बड़ा राष्ट्रीय पार्क—भारत का सबसे बड़ा राष्ट्रीय पार्क जम्मू-कश्मीर के लेह जनपद में है। इसका नाम हेमिस है और यह 3350 वर्ग किमी. में विस्तृत है।

भारत का सबसे छोटा राष्ट्रीय पार्क—देश का सबसे छोटा राष्ट्रीय पार्क अण्डमान निकोबार स्थित साउथ बटन द्वीप राष्ट्रीय पार्क (0.03 वर्ग किमी.) है।

भारत का प्रथम राष्ट्रीय पार्क—जिम कार्बेट राष्ट्रीय उद्यान (उत्तराखण्ड) जिसकी स्थापना वर्ष 1936 में की गयी।

राष्ट्रीय वन्यजीव संरक्षण परियोजनाएं (National Wildlife Conservation Project)

बाघ परियोजना (Project Tiger)—बाघों की संख्या बढ़ाने तथा उन्हें सुरक्षित अधिवास व प्रजनन क्षेत्र उपलब्ध करवाने के उद्देश्य से वर्ष 1973 में बाघ परियोजना शुरू की गई। इस परियोजना का मुख्य उद्देश्य वन्यजीवों के प्रबंधन तथा इनकी सुरक्षा के उपाय के साथ-साथ ऐसे क्षेत्रों का पारिस्थितिकी विकास करना है, जहां बाघ पाये जाते हैं। इसके अलावा इसके उद्देश्यों में बाघ परियोजना के क्षेत्र के स्थानीय निवासियों को आत्मनिर्भर बनाना भी शामिल है, ताकि वे बाघ परियोजना संचालित क्षेत्रों के संसाधनों पर निर्भर न रहे।

भारत में वर्तमान में 50 बाघ रिजर्व हैं, जो निम्नवत् हैं

राज्य	संख्या	बाघ रिजर्व
असम	3	काजीरंगा, मानस, नेमेरी,
अरूणाचल प्रदेश	2	नामदफा, पाकुई
आन्ध्र प्रदेश	1	नागार्जुन सागर (श्री सेलम)
बिहार	1	वाल्मीकी
छत्तीसगढ़	3	इन्द्रावती, अचानकमार, उदती, सीतानदी
झारखण्ड	1	पलामू
कर्नाटक	5	बांदीपुर, नागरहोल, भद्रा, दादेली, अंशी, बिलीगिरि, रंगनाथ
केरल	2	पेरियार, पारम्बिकुलम
मध्य प्रदेश (टाइगर स्टेट)	6	बाधवगढ़, सतपुड़ा, कान्हा, पन्ना, पेंच, संजय डुबारी
महाराष्ट्र	6	मेलघाट, पेंच, तादोवा-अधेरी, सह्याद्री, नवेगांव नागजिरा, बोर
मिजोरम	1	डंपा
राजस्थान	3	राणथम्भौर, सरिस्का, मुकुद्रा पहाड़ी
उत्तर प्रदेश	3	दुधवा, अमानगढ़ पीलीभीत
पश्चिम बंगाल	2	बुक्सा, सुन्दरवन
तेलंगाना	1	कवल
ओडिशा	2	सिमिलीपाल, सतकोसिया
तमिलनाडु	4	कालकड़ मुदथुरेई, अन्ना मलाई, मुदुमलाई, सत्यमंगलम
उत्तराखण्ड	2	राजा जी, जिम कार्बेट

महत्वपूर्ण तथ्य

विश्व का सर्वाधिक ऊंचाई पर स्थित बाघ रिजर्व—नामदफा (अरूणाचल प्रदेश)

विश्व में सर्वाधिक बाघ घनत्व वाला बाघ रिजर्व—काजीरंगा (असम)

भारत का सबसे बड़ा बाघ रिजर्व (क्षेत्रफल)—नागार्जुन सागर श्री सेलम (आन्ध्र प्रदेश)

भारत का सबसे छोटा बाघ रिजर्व (क्षेत्रफल)—पेंच (महाराष्ट्र)

भारत का दक्षिणतम बाघ रिजर्व—कालकड़-मुदथुरेई (तमिलनाडु)

भारत का नवीनतम बाघ रिजर्व—48 वाँ राजा जी (उत्तराखण्ड) 2015, 49 वाँ औरंगाबाद अभ्यारण्य (असम) 2016, 50 वाँ कामलांग वन्य जीव अभ्यारण्य (अरूणाचल) 6 सितम्बर, 2016

हाथी परियोजना (Project Elephant)

भारतीय संस्कृति में हाथियों को शुभ मानते हुए विशेष महत्व दिया गया है तथा ये हमारी परंपराओं का अभिन्न अंग रहे हैं। भारत में हाथियों के संरक्षण के दृष्टिगत केन्द्र प्रायोजित योजना के रूप में फरवरी, 1992 में हाथी परियोजना (Project Elephant) की शुरूआत की गई। इस परियोजना का उद्देश्य हाथियों की अच्छी संख्या वाले राज्यों में हाथियों, उनके पास-स्थानों तथा आवागमन कारिडोरों के संरक्षण हेतु वित्तीय तथा तकनीकी समर्थन उपलब्ध कराना है। यह परियोजना वर्तमान में देश के 14 हाथी बहुल राज्यों में क्रियान्वित की जा रही है हाथियों के संरक्षण हेतु इन राज्यों में विशिष्ट क्षेत्रों में हाथी रिजर्वों की स्थापना को केन्द्र सरकार द्वारा स्वीकृति प्रदान की गयी है। हाथी परियोजना के तहत मानव-हाथी संघर्ष के मुद्दे तथा पालतू हाथियों के कल्याण पर भी विशेष ध्यान दिया जा रहा है।

हाथी परियोजना के तहत कार्यान्वित प्रमुख गतिविधियां निम्नानुसार हैं

- हाथियों के वर्तमान प्राकृतिक वास-स्थानों और प्रवास मार्गों की पारिस्थितिकी पुर्नस्थापना।
- भारत में वन्य एशियाई हाथियों की उपयुक्त जनसंख्या और हाथियों के वास-स्थानों के संरक्षण के लिए वैज्ञानिक एवं योजनाबद्ध प्रबंधन का विकास।
- महत्वपूर्ण हाथी वास-स्थानों में मानवजनित गतिविधियों के दबाव को कम करना।
- शिकारियों एवं अप्राकृतिक कारणों से मृत्यु से बचाव हेतु वन्य हाथियों के संरक्षण उपायों को सुदृढ़ करना।
- हाथी प्रबंधन संबंधी मुद्दों पर शोध को बढ़ावा देना तथा संबंधित लोक शिक्षा एवं जन-जागरूकता अभियान चलाना।
- पारिस्थितिकीय विकास और वन्यजीव पशु चिकित्सा संबंधी व्यवस्थाओं को सुदृढ़ करना।

अन्य महत्वपूर्ण तथ्यः

- फरवरी, 2010 में केन्द्र सरकार द्वारा पर्यावरणविद महेश रंगराजन की अध्यक्षता में हाथियों के संरक्षण पर सुझाव देने के लिए 12 सदस्यीय कार्यबल गठित किया गया था, जिसके सुझावों के आधार पर सरकार ने अगस्त, 2010 में हाथी को राष्ट्रीय धरोहर पशु (National Heritage Animal) घोषित किया है।
- May 2011 में नई-दिल्ली में संपन्न 'हाथी-8 मंत्रिस्तरीय बैठक' के दौरान सरकार द्वारा हाथियों के संरक्षण से जुड़े देशव्यापी जागरूकता अभियान 'हाथी मेरी साथी' का भी शुभारंभ किया गया है।

भारत के हाथी रिजर्व

हाथी रेंज	हाथी रिजर्व	संबंधित राज्य
(A) पूर्वी भारत (पश्चिम बंगाल, झारखण्ड, ओडिशा, छत्तीसगढ़)	1. मयूर झरना	पश्चिम बंगाल
	2. सिंहभूमि	झारखण्ड
	3. मयूरभंज	ओडिशा
	4. महानदी	ओडिशा
	5. संबलपुर	ओडिशा
	6. बैतरणी	ओडिशा
	7. दक्षिण ओडिशा	ओडिशा
	8. लेमूर	छत्तीसगढ़
	9. बादल खोल तमोरपिंगला	छत्तीसगढ़
(B) उत्तर ब्रह्मपुत्रा (अरूणाचल, असम)	1. कामेंग	अरूणाचल
	2. सोनितपुर असम	असम
(C) दक्षिण ब्रह्मपुत्रा (असम, अरूणाचल)	1. दिहिंग-पटकाई	असम
	2. दक्षिण अरूणाचल	अरूणाचल
(D) काजीरंगा (असम, नागालैंड)	1. काजीरंगा कार्बी आंगलांग	असम
	2. धनसिरी लूंगाडिग	असम
		नागालैंड

(Continued)

हाथी रेंज	हाथी रिजर्व	संबंधित राज्य
(E) उत्तरी भारत (उत्तराखण्ड, उत्तर प्रदेश)	1. शिवालिक	उत्तराखण्ड
	2. उत्तर प्रदेश हाथी रिजर्व	उत्तर प्रदेश
(F) पेरियार (केरल, तमिलनाडु)	1. पेरियार	केरल
	2. श्री विलीपुट्टर	तमिलनाडु
(G) दक्षिण नीलगिरि (केरल, तमिलनाडु)	1. नीलाम्बूर	केरल
	2. कोयम्बटूर	तमिलनाडु
(H) पश्चिमी घाट (केरल, तमिलनाडु)	1. अन्नामलाई	तमिलनाडु
	2. अनाइमुदी	केरल
(I) नीलगिरी पूर्वी घाट (कर्नाटक, केरल, तमिलनाडु, आन्ध्र प्रदेश)	1. मैसूर	कर्नाटक
	2. वायनाड	केरल
	3. नीलगिरी	तमिलनाडु
	4. रायला	आन्ध्र प्रदेश
(J) पूर्वी हिमालय (मेघालय)	1. गारो हिल्स	मेघालय
	2. खासी हिल्स मेघालय	
(K) पूर्वी दो आर्स (असम, बंगाल)	1. चिरांग-रिपु	असम
	2. पूर्वी दो आर्स	पश्चिम बंगाल

अध्याय सार संग्रह

- सम्पूर्ण विश्व का कितने प्रतिशत जैव विविधता भारत में पायी जाती है— 8%
- राष्ट्रीय वन्य जीव बोर्ड की अध्यक्षता करता है— प्रधानमंत्री।
- भारतीय संविधान में वन और वन्य जीवों को सम्मलित किया गया— समवर्ती सूची।
- 'राज्य पर्यावरण को सुधारने तथा देश के वनों और वन्य प्राणियों को बचाने का प्रयत्न करेगा' ऐसा उल्लेख भारतीय संविधान के किस अनुच्छेद में है— अनुच्छेद 48 (राज्य के नीति निदेश तत्व)।
- भारत में अव तक कुल संरक्षित क्षेत्रों का नेटवर्क स्थापित किया गया है— 668 (कुल भौगोलिक क्षेत्र का 4.1)
- वन्यजीव अभ्यारणों की कुल संख्या—575
- राष्ट्रीय उद्यानों की कुल संख्या— 102
- जैवमण्डल आरक्षित क्षेत्रों की कुल संख्या— 18
- भारत का पहला जैवमण्डल आरक्षित क्षेत्र— नीलगिरि
- क्षेत्रफल की दृष्टि से सबसे बड़ा जैवमण्डल आरक्षित क्षेत्र— कच्छ का रण
- क्षेत्रफल की दृष्टि से सबसे छोटा जैवमण्डल आरक्षित क्षेत्र— डिव् सिखोवा
- सर्वाधिक राष्ट्रीय पार्कों की संख्या — 9-9 असम और अण्डमान निकोबार
- भारत का सबसे बड़ा और सबसे छोटा राष्ट्रीय पार्क— लेह (J & K), साउथ बटन द्वीप (अण्डमान निकोबार)
- भारत में कुल बाघ रिजर्वों की संख्या— 50
- सबसे ऊँचाई पर स्थित बाघ रिजर्व क्षेत्र— नामदफ, अरूणांचल प्रदेश
- विश्व में सर्वाधिक बाघ धनत्व वाला बाघ रिजर्व क्षेत्र— असम
- भारत का सबसे बड़ा बाघ रिजर्व क्षेत्र— नागार्जुन सागर श्री सेलम (आध्र प्रदेश)
- भारत का सबसे छोटा बाघ रिजर्व क्षेत्र— पेंच (महाराष्ट्र)

27

अध्याय

भारत में जनजातियाँ

इस अध्याय में आप सीखेंगे किः

- भारत में जनजातियों का विस्तार, उनकी विशेषताऐं, अभिलक्षण एवं उनका सामाजिक, आर्थिक जीवन कैसा है।
- जनजातियों की उत्पत्ति, उद्भव और विकास किन परिस्थितियों में हुआ और इन जनजतियों का भारत के सामाजिक पारिस्थितियों में इतना महत्व क्यों है।
- इस काल के लोगों में उनकी आजीविका और रहन-सहन में किस प्रकार बदलाव आया।
- भारत के भूगोल के संबंधित विभिन्न प्रकार के तथ्यात्मक एवं सूचनात्मक ज्ञान के बारे में जानेंगे।
- भारत के परंपरागत एवं नवीन तथ्यों जैसे मैंग्रोव आवरण, वनों के प्रकार, भारत की जनजातियाँ एवं जनजातियों के क्षेत्र के बारे में जानेंगे।

- भारत की जनजातियाँ ही यहाँ की आदिवासी तथा मूलत: निवास करने वाली जनसंख्या का प्रतिनिधित्व करती हैं। इनके जीवन यापन का ढंग वर्तमान में भी प्राचीन पद्धतियों से ही संचालित होता आ रहा है।
- जनजातियों की दृष्टि से भारत को अत्यंत समृद्ध माना जाता है यहाँ जनजातियों की बहुलता है।
- कुछ जनजातियों ने स्थायी ढंग से कृषि, पशुपालन आदि कार्यों में रूचि लेना प्रारम्भ कर दिया है, किन्तु अधिकांश जनसंख्या शिकार करने, मछली पकड़ने, लकड़ी काटने आदि कार्यों द्वारा ही जीवन-निर्वाह करती है।
- भारतीय जनजातियों को विद्धानों द्वारा अलग-अलग नामों से संबोधित किया गया है। वे इन्हें आदिवासी, पहाड़ी जनजातियाँ, जंगली आदिवासी, प्राचीन जनजाति, जंगल निवासी, पिछड़ा हिन्दू, विलीन मानवता आदि नामों से पुकारते हैं।
- भारतीय संविधान में इन्हें 'अनुसूचित जनजाति' कहा गया (अनुच्छेद-342) है जबकि वर्तमान में इनको आदिवासी, वन्यजाति, गिरिजन आदि अनेक नामों से जाना जाता है।

भारतीय जनगणना—अनुसूचित जनजाति

- जनगणना 2011 के अंतिम आंकड़ों के अनुसार देश में अनुसूचित जनजाति के व्यक्तियों की कुल संख्या - 10.43 करोड़
- जनगणना 2011 के अंतिम आंकड़ों के अनुसार देश की कुल जनसंख्या में अनुसूचित जनजाति का प्रतिशत - 8.6% (जनगणना 2001 में यह प्रतिशत 8.2 था)
- 2001-2011 के दौरान देश में अनुसूचितत जनजातियों की दशकीय वृद्धि दर - 23.7%

अनुसूचित जनजातियों का वितरण—

- देश की जनजातीय जनसंख्या के वितरण को 3 मुख्य क्षेत्रों में विभक्त किया गया है—
  - (i) उत्तरी एवं उत्तरी-पूर्वी प्रदेश
  - (ii) मध्यवर्ती क्षेत्र
  - (iii) दक्षिणी क्षेत्र

(i) उत्तरी एवं उत्तरी-पूर्वी प्रदेश—इसमें हिमालय के तराई क्षेत्र, उत्तरी-पूर्वी सीमान्त पहाड़ियाँ, तिस्ता तथा ब्रह्मपुत्र नदी की घाटियाँ आदि सम्मिलित है। इसके अन्तर्गत असम, अरूणांचल प्रदेश, नागालैण्ड, मेघालय, मिजोरम, मणिपुर, त्रिपुरा आदि राज्यों की जनजातियाँ आती है।

(ii) मध्यमवर्ती क्षेत्र—इसके अन्तर्गत प्रायद्वीपीय भारत के पठारी तथा पहाड़ी क्षेत्र सम्मिलित किये जाते हैं। देश की लगभग 80% जनजातीय जनसंख्या, इसी क्षेत्र में निवास करती है। मध्य प्रदेश दक्षिण राजस्थान, आन्ध्र प्रदेश, दक्षिणी उत्तर प्रदेश, गुजरात, बिहार, ओडिशा आदि राज्य इसी क्षेत्र में आते हैं।

(iii) दक्षिणी क्षेत्र—दक्षिणी क्षेत्र के अन्तर्गत आन्ध्र प्रदेश, कर्नाटक, केरल व तमिलनाडु के जनजातीय क्षेत्र शामिल हो यह भारतीय जनजातियों के सबसे प्राचीन स्वरूप का प्रतिनिधित्व करता है।

इन 3 प्रमुख क्षेत्रों के अतिरिक्त अण्डमान-निकोबार द्वीप समूह में भी एकांकी रूप से कुछ विशिष्ट जनजातियों जैसे—ओंगे, जारवा, सेंटेलीरू ग्रेटं, निकोबारी और योम्पेन आर्य भी पायी जाती है।

जनजाति का नाम	निवास स्थान	महत्वपूर्ण तथ्य
गोंड (Gond)	• इन जनजातियों का मूल निवास स्थल छत्तीसगढ़ प्रांत का बस्तर संभाग माना जाता है। किन्तु इसके अलावा झारखण्ड, पश्चिम बंगाल, कर्नाटक, आंध्र प्रदेश, महाराष्ट्र एवं उड़ीसा में भी यह जनजाति पायी जाती है।	• भारत में गोंड जनजाति के सदस्यों की संख्या सबसे ज्यादा होने के कारण इसे सबसे बड़ा जनजातीय समूह माना जाता है। • प्राचीनकाल में इस जनजाति के सदस्यों का फैलाव अत्यंत विस्तृत था और इनके फैलाव क्षेत्र को गोंडवाना लैंड के नाम से पुकारा जाता था। • गोंड जनजाति के परिवारों में पितृसत्ता की प्रधानता पायी जाती है। • बस्तर संभाग में इस जनजाति को प्रजा, मुड़िया अथवा मड़िया नाम से संबोधित किया जाता है। • ज़रिया का मुख्य जरिया वन्य उपज, पशु पालन एवं कृषि है। ये लोग कुटीर उद्योग भी चलाते हैं। • गांव स्तर पर इन पंचायतों के मुखिया को 'मुकद्दम' कहा जाता है। • इस जनजाति के लोगों का विश्वास जादू-टोना पर अधिक होता है। • इस जनजाति समूह की प्रजाति द्रविड़ तथा भाषा गोंडी है।
भील (Bhil)	• भील जनजाति के मध्य प्रदेश, छत्तीसगढ़, राजस्थान पूर्वी गुजरात एवं महाराष्ट्र में अधिक है।	• तमिल भाषा के 'बिल्लवर' शब्द से भील शब्द की व्युत्पत्ति हुई है। बिल्लवर का शाब्दिक अर्थ धनुर्धारी होता है। • महाभारत के पात्र एकलव्य का संबंध इसी जनजाति से था। • भील जनजाति के परिवारों में पितृसत्ता की प्रधानता देखने को मिलती है। • ये जनजाति भिल्ली नामक बोली का प्रयोग करते हैं। • द्रविड़ प्रजाति के भीलो की गहरी आस्था अपने पूर्वजों की आत्माओं को पूजते भी हैं।

(Continued)

जनजाति का नाम	निवास स्थान	महत्वपूर्ण तथ्य
		• इनके जीवकोपार्जन का मुख्य आधार कृषि एवं वन्य उपज होती है। • भीलों में गोत्र परंपरा प्रचलित है। • बांस तथा मिट्टी से निर्मित इनके घर आयताकार होते हैं, जिन्हें 'कू' (Koo) कहा जाता है। • इनमें धार्मिक अनुष्ठान के रूप में आम का पेड़ लगाए जाने का प्रचलन है। • रक्षाबंधन के पर्व पर भील अपने धनुष–बाण एवं उपकरणों की पूजा करते हैं। • इनकी जाति का मुखिया 'कोतवाल' कहलाता है।
संथाल (Santhal)	• संथाल जनजाति का मूल निवास स्थल झारखंड का संथाल एवं 24 परगना पश्चिम बंगाल माना जाता है। • इसके अतिरिक्त बिहार, उड़ीसा, मध्य प्रदेश व असम में भी निवास करते हैं।	• संथाल परगना क्षेत्र में निवास करने के कारण यह जनजाति संथाल कहलाई। • यह जनजातीय समूह संथाली भाषा का प्रयोग करता है। तथा 'ठाकुर' नामक देवता की पूजा करता है। • इस जनजातीय समूह के जीवकोपार्जन का मुख्य आधारकृषि एवं वन उपज है। • जिन आयताकार झोपड़ियों में ये निवास करते हैं, उन्हें 'बांग्ला ओराक' कहते हैं। • संथालों के समाज में मुख्य व्यक्ति इनका सरदार होता है। आदिवासी समूहों की तरह जादू होना प्रचलित हैं इनके विवाह को 'बापला' कहा जाता है। • ये सरना धर्म का पालन करते हैं। • इनकी भाषा संथाली और लिवि ओल्चिकी है।
टोडा (Toda)	• ये दक्षिण भारत के नीलगिरि पर्वतों की जनजाति है।	• इस जनजाति की आस्था से जुड़ा पवित्र वृक्ष टुंडू है। इसी वृक्ष से जुड़ाव के कारण इस जनजाति का नामकरण 'टोडा' पड़ा। • इनके निवास स्थल को टोड़ा कहा जाता है। • इनमें बहुपति प्रथा प्रचलित है। • इनके जीवकोपार्जन का मुख्य आधार पशुपालन है। इसलिए इनमें भैंस पूजा का प्रचलन है। • ये तमिल तथा कन्नड़ की मिश्रित भाषा का प्रयोग करते हैं।
खासी (Khasi)	• मेघालय प्रांत के संयुक्त खासी और जयन्तिया के पहाड़ी जिलों में इस जनजाति का निवास है।	• भारत की यह मातृवंशीय जनजाति अन्य जनजातियों की तरह पिछड़ी नहीं है। शैक्षिक, सामाजिक एवं आर्थिक स्तरों पर उन्नतशील होने के कारण यह विशिष्ट हो चुकी है। तथा इन्हें आदिम नहीं कहा जाता है।

(Continued)

जनजाति का नाम	निवास स्थान	महत्वपूर्ण तथ्य
		• खासी जनजाति जंगलों से निकलकर नगरीकरण का हिस्सा बन चुकी है तथा आर्थिक व शैक्षिक स्तरों पर खुद को सुदृढ़ बना चुकी है। • खासी जनजाति के परिवारों में छोटी पुत्री का विशेष मान-सम्मान होता है और वह सम्पत्ति की उत्तराधिकारिणी होती है। • इस जनजाति में झूम कृषि का प्रचलन है।
मुण्डा (Munda)	• यह जनजाति मुख्य रूप से झारखण्ड, प. बंगाल	• इस जनजाति में हलचर, गरम-धाम, सरहुल एवं माहोपरब नामक उत्सव त्योहार के रूप में मनाए जाते हैं। • जनजाति के पूज्य देव 'सिंगबोंगा' कहलाते हैं।
थारू (Tharu)	• उत्तर प्रदेश के तराई व पहाड़ी क्षेत्रों तथा उत्तराखण्ड में यह जनजाति मुख्य रूप से निवास करती है।	• इस जनजाति के जीवकोपार्जन का मुख्य आधार मछली मारना, पशुपालन एवं कृषि है। • इस जनजाति की प्रमुख विशिष्टता है बदला विवाह प्रथा। अर्थात् विवाह के लिए ये बदले ये अपनी बहन प्रदान करते हैं। इनमें संयुक्त परिवार प्रथा प्रचलित है। • हिन्दू धर्म को मानने वाली इस जनजाति में जहाँ पंचायती व्यवस्था का प्रचलन है, वहीं अंधविश्वासों की भरमार है। • थारूओं का समाज स्त्री प्रधान होता है। समाज में स्त्रियों को अधिक महत्व दिया जाता है। • इस जनजाति की सर्वप्रमुख विशेषता यह है कि ये दीपावली को 'शोक पर्व के रोष' में मनाते है।
भोटिया (Bhotia)	• ये उत्तराखण्ड में निवासित जनजाति है।	• इस जनजाति के लोग 'भोट' क्षेत्र में रहने के कारण भोटिया कहलाते हैं। • इस जनजाति की प्रमुख विशिष्टता यह है कि इसमें विवाह के समय वर-विहीन वर यात्रा का प्रचलन है। अर्थात नाते-रिश्तेदार व इष्ठ मित्र आदि बाराती बन कर जाते हैं। और वधू को ले आते हैं। विवाह की यह पद्धति 'सुरोल विवाह' कहलाती है। • इस जनजाति के सदस्य व्यापारिक गतिविधियों के जरिए जीवकोपार्जन करते हैं। • इस जनजाति में पित्तसत्ता की प्रधानता देखने को मिलती है। • अंधविश्वासों का प्रचलन पाया जाता है। • भोटिया जनजाति में ॠतु प्रवास (Seasonal Migration) का चलन है।

(Continued)

जनजाति का नाम	निवास स्थान	महत्वपूर्ण तथ्य
बुक्सा (Buxa)	• ये उत्तराखण्ड में निवासित जनजाति है।	• इस जनजाति में पितृसत्ता की प्रधानता होती है और विवाह के लिए वधू का मूल्य लिया जाता है। जिसे हम विवाह की 'क्रय-पद्धति' से जोड़कर देख सकते हैं।
जौनसारी (Jaunsari)	• ये उत्तराखण्ड में निवासित जनजाति है।	• यह उत्तराखण्ड की सबसे बड़ी जनजाति के रूप में चिहिन्त की गयी है। • इस जनजाति में बहुपति एवं बहुपत्नी प्रथा का व्यापक प्रचलन देखने को मिलता है। • इनके समाज में अंधविश्वास की जड़े अत्यंत गहरी हैं। • ये महाभारत के पांडवों को अपना पूज्य मानते हैं। तथा अपने गांवों में इनके मंदिर की स्थापना करते हैं। • यह जनाजाति कृषि कार्य में संलग्न है।
नागा (Naga)	• इस जनजाति का संकेन्द्रण मुख्य रूप से नागालैण्ड के पहाड़ी क्षेत्रों में है, इसके अलावा मणिपुर, एवं मिजोरम के पठारी भागों, पटकोइ, पहाड़ियों तथा असम व अरूणाचल के कुछ क्षेत्रों में भी पायी जाती हैं।	• यह उत्तराखंड की सबसे बड़ी जनजाति के रूप में। • इस जनजाति के जीवकोपार्जन का मुख्य आधार कृषि, आखेट, मृत्स्य एवं पशुपालन एवं कुटीर उद्योग है। • ये स्थानांतरी कृषि (झूम खेती) करते हैं। • इस जनजातियों में संयुक्त परिवार की प्रथा का चलन है। • इस जनजाति में अंधविश्वास की जड़ें अत्यंत गहरी हैं। • इस जनजाति के सदस्यों द्वारा ईसाई मिशनरियों के संपर्क में आकर धर्म परिवर्तन किया जाता रहा है। • नागा जनजाति के विवाह समारोह में पुरूष को नरमुंडों की माला पहनाकर शौर्य प्रदर्शन करना पड़ता है।
गद्दी (Gaddie)	• इस जनजाति के सदस्यों का संकेन्द्रण मुख्य रूप से हिमांचल प्रदेश में हिमालय की धौलाधार तथा पीरपंजाल पर्वत श्रेणियों के मध्यवर्ती क्षेत्र में स्थित नदी घाटियों एवं कटकों में है। इनका फैलाव चंबा, कांगड़ा एवं लाहौल जनपदों के ऊंचे पर्वतीय क्षेत्रों में अधिक है।	• इस जनजाति की जीविका कृषि, पशुपालन एवं केवल बुनाई पर निर्भर करती है। • ये ऋतु प्रवास करते है अर्थात् शीत ऋतु में जहाँ घाटियों के निम्न स्थानों पर प्रवास करते हैं, ग्रीष्म ऋतु में पहाड़ी ढालों पर निवास करने चले जाते हैं। • इस जनजाति की दो प्रमुख विशेषताएं हैं पहली, ये सदैव बांसुरी साथ में लेकर चलते हैं और दूसरी, इनमें बहुपति प्रथा का चलन है। • हिन्दू धर्म को मानने वाले गद्दी शिव की उपासना करते हैं।
मीणा (Mina)	• भारत के राजस्थान राज्य में निवास करने वाली एक जनजाति है।	• वेद पुराणों के अनुसार मीणा जातिमत्स्य (मीना) भगवान की वंशज है।

(Continued)

जनजाति का नाम	निवास स्थान	महत्वपूर्ण तथ्य
		• पुराणों के अनुसार चैत्र शुक्ल तृतीय को कृतमाला नदी के जल से मत्स्य भगवान प्रकट हुए थे। इस दिन को मीणा समाज, जहां एक ओर मत्स्य जयन्ती के रूप में मनाता है वहीं दूसरी ओर इसी दिन सम्पूर्ण राजस्थान में गणगौर का त्योहार मनाया जाता है। • प्राचीन ग्रंथो में मत्स्य जनपद का स्पष्ट उल्लेख है, जिसकी राजधानी विराट नगर थी, जो अब जयपुर वैराठ है।

ध्यातव्य हो कि

भारत की सर्वाधिक आद्य जनजाति 'जाएगा' मानी जाती है।

भारत की प्रमुख जनजातियाँ

अंडमान व निकोबार द्वीप की जनजाति समूह

जनजाति	द्वीप समूह
ओंगे (Onge)	लघु अंडमान में निवासित
सेंटेलीज	सेंटीनेल द्वीप में निवासित
जारवा	मध्य व दक्षिण अंडमान में निवासित
शोम्पेन	ग्रेट निकोबार
ग्रेट अंडमानी	ग्रेट निकोबार

भारतीय जनजातियों से संबंधित महत्वपूर्ण तथ्यः

- भारतीय जनजातियों के उत्थान के लिए वर्ष 1974 में 'The Tribe Sub Plan–TSP' तैयार किया गया। इसका मुख्य उद्देश्य कृषि, भूमि सुधार, जल विभाजक विकास, मृदा आर्द्रता संरक्षण, पशुपालन, वन तथा ग्रामीण क्षेत्रों में सुधार करके जनजातियों के जीवन स्तर को ऊपर उठाना है। इसमें जनजातियों की जनसंख्या के अनुपात में धनराशि आवंटन की व्यवस्था भी सुनिश्चित की गई। Tribe Sub Plan 'एकीकृत जनजातीय विकास योजना' (Integrated Tribe Development Plan) भी कहते हैं।
- ट्राईफेड (Tribal Cooperation Marketing Development of India–TRIFED) की स्थापना अगस्त, 1987 में कल्याण मंत्रालय के अंतर्गत किया गया। इसका उद्देश्य आदिवासियों की लघु वन उपज व अधिशेष कृषि उपज के व्यवसाय को संस्थागत बनाकर आदिवासियों का आर्थिक विकास करना है। क्योंकि इनका जीवन प्राकृतिक उत्पादों पर निर्भर करता है। अर्थात् ट्राइफेड जनजातियों को आर्थिक शोषण से बचाने के उद्देश्य से स्थापित किया गया।
- भारत सरकार के जनजातीय मामलों के मंत्रालय द्वारा 'राष्ट्रीय जनजातीय नीति' का प्रारूप तैयार किया जाता है।
- भारतीय संविधान के अनुच्छेद 342 का संबंध अनुसूचित जनजातियों से है। इस अनुच्छेद के अनुसार राष्ट्रपति, किसी राज्य या संघ राज्य क्षेत्र में, राज्य के राज्यपाल से परामर्श के पश्चात् लोक अधिसूचना द्वारा उन जनजातियों या जनजाति समुदायों या उन भागों को विनिर्दिष्ट कर सकेगा, जिन्हें अनुसूचित जनजाति समझा जाएगा। संसद विधि द्वारा इस सूची में परिवर्तन कर सकेगी।
- अनुच्छेद 366 (26) में 'जनजाति' को स्पष्ट किया गया है।
- संविधान की 5वीं अनुसूची में अनुसूचित क्षेत्रों और अनुसूचित जनजातियों के प्रशासन एवं नियंत्रण के बारे में उपबंध है।
- भारत की सबसे बड़ी जनजाति गोड हैं।

जनजातियों के प्रमुख नृत्य

शिकार नृत्य—

जनजाति—नागा, खासी, थारू एवं जयंतिया।

नृत्य की विशेषता—यह नृत्य जनजातियों द्वारा शिकार की खुशी में किया जाता है।

युद्ध नृत्य—

जनजाति—छोटा नागपुर की जनजातियों द्वारा, उराव, गारो एवं भील जनजातियों द्वारा।

नृत्य की विशेषता—जनजातियों द्वारा शिकार पर जाने से पूर्व यह नृत्य किया जाता है। इस दौरान शिकार के लिए प्रयोग में लाए जाने वाले हथियारों के साथ उल्लासपूर्वक नृत्य किया जाता है।

जादुर नृत्य

जनजाति—उरांव जनजाति

नृत्य की विशेषता—इस जनजाति के स्त्री-पुरूष मिलकर यह नृत्य बसंत ऋतु के आगमन पर करते हैं इस अवसर पर उरांव जनजाति के सदस्य रंग-बिरंगे परिधान धारण करते हैं।

ताड़ी नृत्य

जनजाति—मुख्य रूप से संथाल जनजाति द्वारा।

नृत्य की विशेषता—उमंग व उल्लास का नृत्य है।

भारत का भूगोल तथ्यसार कोश

- सतपुड़ा श्रेणी की सर्वोच्च चोटी — धूपगढ़ (1350 मी.)
- मैकाल रेन्ज की सर्वोच्च चोटी — अमरकंटक (1066 मी.)
- पश्चिमी घाट की उच्चतम चोटी — काल सुबाई
- पूर्वी घाट की उच्चतम चोटी — महेन्द्रगिरि (1646 मी.)
- नीलगिरि की उच्चतम चोटी — दोदाबेटा
- दक्षिण भारत की उच्चतम चोटी — अनाइमुदी
- छोटा नागपुर पठार की उच्चतम चोटी — पारसनाथ
- प्रायद्वीपीय भारत के दक्षिणतम भाग में स्थित पर्वत श्रेणी — इलाइची पहाड़ियां

कार्डमम हिल्स

- कार्डमम हिल्स — केरल व तमिलनाडु दोनों राज्यों के क्षेत्र में पड़ती है।
- नोकरेक — मेघालय का सर्वोच्च शिखर

घाटी

- मुर्खा घाटी — लद्दाख(जम्मू एवं कश्मीर)
- नुब्रा घाटी — सियाचिन ग्लेशियर से निकलने वाली नदी नुब्रा द्वारा निर्मित।
- कुल्लू घाटी — धौलाधार व पीर पेजाब के मध्य।
- सुरू घाटी — कारगिल
- सांगला घाटी — हिमांचल
- जुकू घाटी — नागालैंड
- अराकु घाटी — विशाखापटनम
- युथांग घाटी — सिक्किम (गर्म पानी के झरनों के लिए 'Hot Spring' प्रसिद्ध।

नदी

- अरावली के पश्चिम में बहने वाली (लूनी) राजस्थान का सबसे बड़ा नदी तंत्र है।
- यमुनोत्री जहाँ से यमुना निकलती है, हिमालय की बंदरपूँछ श्रेणी में स्थित है।

मृदा

- जलकुंभी — बंगाल का आतंक
- चोपेन — लवणीय + क्षारीय मृदा
- राजस्थान — सर्वाधिक मृदा अपरदन वाला राज्य
- सर्वाधिक लवणीय मृदा वाला राज्य — गुजरात
- क्षेत्रफल की दृष्टि से सर्वाधिक बंजर भूमि — राजस्थान
- प्रतिशतता में (क्षेत्रफल में) सर्वाधिक बंजर भूमि — जम्मू एवं कश्मीर

शीर्ष पाँच भूमि वाले राज्य

- राजस्थान
- जम्मू-कश्मीर
- मध्य प्रदेश
- आन्ध्र प्रदेश
- महाराष्ट्र

शीर्ष पाँच लवणीय मृदा वाले राज्य

- गुजरात
- पश्चिमी बंगाल
- आन्ध्र प्रदेश
- हरियाणा
- तमिलनाडु

राज्यवार मैंग्रोव आवरण

- आन्ध्र प्रदेश
- गोवा
- गुजरात
- कर्नाटक
- केरल
- महाराष्ट्र
- उड़ीसा
- तमिलनाडु
- पं. बंगाल

वनों के प्रकार		वनावरण में प्रतिशत भाग
• उष्णकटिबंधीय शुष्क पर्णपाती वन	—	41.87 प्रतिशत
• उष्णकटिबंधीय नम पर्णपाती वन	—	19.73 प्रतिशत
• उष्णकटिबंधीय अर्धआर्द्र सदाबहार वन	—	13.79 प्रतिशत
• हिमालयन नमशीतोष्ण वन	—	4.12 प्रतिशत
• Tropical – Evergreen Forests उष्ण कटिबंधीय—महोगनी, एबोनी, आबनुस, वांस, रोजवुड	—	North-East
• उष्ण कटिबंधिय (मोनसूनी) वन	—	उत्तर प्रदेश, उत्तराखंड, मध्य प्रदेश, कर्नाटक, महाराष्ट्र, सॉल, सागौन, सीशम, चंदन, ओम, साखू, महुआ।
• ज्वारीय वन	—	कैसूरिना, नीपा, संदुरी
• शीतोष्ण क्षेत्र	—	पश्चिमी हिमालय की शीतोष्ण पेटी देवदार, ओक, फर, स्प्रूस, सिडार Blue—Pine—Rai/way sleeper
• किशऊ बाँध	—	टोंस नदी
• लखवार बाँध	—	यमुना नदी
• इडुक्की बाँध	—	पेरियार नदी
• पोंग बाँध	—	व्यास नदी

भारत की जातियाँ (उत्तर प्रदेश एवं उत्तराखण्ड)

- थारू — किरात परिवार भी कहलाती है, (संयुक्त परिवार में रहती हैं) नैनीताल से गोरखपुर तक तराई क्षेत्र में।
- भोक्सा — पतवार, राजदूर परिवार से सम्बन्धित।
- राजी अथवा बनरावत/वनरौत — पिथौरागढ़ (उत्तराखण्ड) कोल-कीरत, झूम कृषि
- खरवार — मिर्जापुर (उत्तर प्रदेश)
- जौनसारी — बहुपति विवाह (Polyandary Marriage System)

भूमध्य सागरीय प्रजाति के लक्षण हैं

- भोटिया — ऋतु प्रवास करते हैं (मंगोलॉयड प्रजाति)

मध्य प्रदेश व छत्तीसगढ़ की जनजातियाँ

- गोण्ड — प्रोटोद्रविड़ प्रजाति (काली त्वचा)
- मारिया — मध्य प्रदेश के (छिन्दवाड़ा), जबलपुर, छत्तीसगढ़
- कोल — रीवा, जबलपुर (म.प्र.)
- कोरबा — बिलासपुर, सरगुजा, रायगढ़
- सहारिया — गुना, शिवपुरी, मुरेना (म.प्र.)
- हलवा — रायपुर व वस्तर (छत्तीसगढ़)
- कोरकू — मुण्डा समूह की ही जाति है।

भारत की प्रमुख जनजातियाँ

- अबोर — असोम
- खासी — असोम व मेघालय
- मिकिर — असोम
- लेप्चा — सिक्किम
- आपातानी — अरूणाचल प्रदेश
- जारवा — लघु-अण्डमान
- वारली — महाराष्ट्र
- सेटेंलीज, शोम्पेन — अण्डमान निकोवार द्वीप जारवा, ओंगे एवं ग्रेट अंडमानी
- उरालीस — केरल
- कोटा, कुरूम्बा, — नीलगिरि पहाड़ी इरूला, टोडा
- खोंड — उड़ीसा
- गद्दी — हिमांचल
- गारो — मेघालय
- वड़गा — नीलगिरि पहाड़ी

राजस्थान

- मीना — राजस्थान की अन्य जनजातियों में सर्वाधिक संख्या।
- भील — प्रोटो ऑस्ट्रेलॉयड प्रजाति (Second Magor Tribe)
- गरसिया — Third Magor Tribal Group
- 'ट्टसांसी' — भरतपुर

झारखंड

- संथाल (झारखंड के सबसे बड़े आदिवासी समूह) — मुंदरी भाषा बोलते हैं।
- ओरांब (ORAON) — शिकार, मत्स्य पालन, कृषि
- असुर
- सौरिया — पहाड़ियाँ
- खरवार
- मुण्डा
- पहाड़ी खाड़िया

अध्याय सार संग्रह

- जनगणना 2011 के अनुसार भारत की कुल जनसंख्या में अनुसूचित जाति का कुल प्रतिशत = 8.6%
- 2001 से 2011 के बीच अनुसूचित जनजातियों की कुल दशकीय वृद्धि दर = 23.7%
- भारत की 20% जनजातियाँ निवास करती हैं—भारत के मध्यवर्ती क्षेत्र में
- भारत की सबसे बड़ी जनजाति है—गोंड
- गोंड जनजाति का प्रमुख निवास स्थान है—बस्तर सम्भाग (छत्तीसढ़)
- महाभारत के पात्र एकलव्य का सम्बन्ध था— भील जनजाति से
- बांस तथा मिट्टी से निर्मित घर घिसे 'कू' कहा जाता है यह निर्मित किया जाता है—भीलों द्वारा
- बापला किसके विवाह को कहा जाता है—संथाल
- नीलगिरी पहाड़ी पर निवास करने वाली जनजाति है—टोडा
- शैक्षिक, सामाजिक, एवं आर्थिक रूप से है—खासी
- झूम कृषि का प्रलयन प्रमुख रूप से है—खासी
- दीपावली की शोक वर्ष के रूप में मानाया जाता है—थारू में
- सुरोल विवाह पद्धति प्रचलित है—भोटिया में
- महाभारत के पाण्डवों को पूज्य मानने वाली जनजातियाँ—धौनसारी

भाग-3
पर्यावरण एवं पारिस्थितिकी

अध्याय 28

समसामयिक पर्यावरण एवं पारिस्थितिकी

इस अध्याय में आप सीखेंगे किः

- पर्यावरण से सम्बन्धित मूलभूत अवधारणायें, सम्मेलन और पर्यावरण सुरक्षित करने के लिए भारत सरकार के किये गये प्रयास कौन-कौन से हैं।
- पर्यावरण जागरूकता से सम्बन्धित प्रमुख राष्ट्रीय, अन्तर्राष्ट्रीय संगठन, संस्थाओं के साथ-साथ पर्यावरण के क्षेत्र में दिये जाने वाले पुरस्कार, सम्मान कौन-कौन से हैं और दिये जाने के क्या आधार हैं।
- जैव मण्डलीय आरक्षित क्षेत्र, अभ्यारण्य और उद्यान की स्थापना के मानक क्या हैं और उसके अभिलक्षण/ विशेषताएं कौन-कौन सी हैं।

पर्यावरण एवं जैवविविधता-समसामयिकी

डेड ज़ोन

- **डेड ज़ोन का अर्थ**—ऑक्सीजन की कमी तथा माइक्रोबियल प्रक्रिया से नाइट्रोजन के उत्सर्जन के कारण एक ऐसे क्षेत्र का निर्माण होता है जहाँ पारिस्थितिकी (शैवाल, प्रवाल भित्तियाँ, समुद्री जीव) के नुकसान की सम्भावनाएं प्रबल होती है 'डेड ज़ोन' कहलाते है।
- **भारत में डेड ज़ोन**—बंगाल की खाड़ी में 60 हज़ार वर्ग किमी. क्षेत्र में डेड ज़ोन की खोज की गयी है।
- **भारत में डेड ज़ोन के निर्माण के कारण**—जलवायु परिवर्तन, वैश्विक तापक्रम तथा सघन आबादी के कारण समुद्री पारितंत्र पर मानवीय गतिविधियों के बढ़ते प्रभाव के कारण बंगाल की खाड़ी में डेड ज़ोन का निर्माण हुआ है।
- **वैश्विक परिप्रेक्ष्य में डेड ज़ोन**—सबसे पहले 1970 के दशक में डेड ज़ोन की अवधारणा सामने आयी थी। विश्व में पहली बार अमेरिका के पश्चिमी समुद्री किनारे को डेड ज़ोन घोषित किया गया था। वर्तमान में दक्षिणी अमेरिका, चीन, जापान तथा न्यूज़ीलैंड के क्षेत्र में 405 डेड ज़ोन वैश्विक स्तप पर अवस्थित है।

केन-बेतवा परियोजना

- **महत्व**— यह परियोजना भारत में दो नदियों को आपस में जोड़ने की पहली अंतर्राष्ट्रीय परियोजना है। साथ ही किसी बाघ अभ्यारण (मध्य प्रदेश के पन्ना टाइगर रिज़र्व) में आरंभ की जाने वाली पहली परियोजना है।
- **लाभ**— मध्य प्रदेश के छत्तरपुर में केन नदी पर बांध बनने से मध्य प्रदेश के 3 जिले-पन्ना, टीकमगढ़ और छत्तरपुर तथा उत्तर प्रदेश के 3 जिले बांदा, महोबा और झांसी अर्थात कुल 6 जिले के 6 लाख हेक्टेयर से अधिक जमीन को सिंचित किया जा सकेगा। साथ ही जल आपूर्ति व ऊर्जा आपूर्ति में सहायक होगा।

- **विवाद**—इस प्रोजेक्ट को लेकर चले आ रहे विवाद के केन्द्र में पन्ना टाइगर रिज़र्व है जिसका करीब 4 हज़ार हेक्टेयर क्षेत्र डूब जायेगा, 5000 हेक्टेयर वन भूमि डूबेगी और धुआँधन बांध के कारण 10 गांवों के लगभग 6388 लोग विस्थापित होंगे।
- **केन-बेतवा प्रोजेक्ट**—इस प्रोजेक्ट के तहत 320 किलोमीटर लम्बी नहर बनायी जायेगी तथा केन-बेतवा पर विभिन्न बैराज एवं बांध बनाये जायेंगे जिसमें प्रमुख मकोडियां तथा धुंआँधन बांध (77 मीटर ऊँचा) है।
- **वर्तमान स्थिति**—20 सितम्बर 2016 को राष्ट्रीय वन्यजीव बोर्ड ने केन-बेतवा परियोजना के लिए 10 हज़ार करोड़ रूपये की मंजूरी दी।

जीएम फसल सरसों

- **जीएम फसल**—विश्व स्वास्थ्य संगठन के अनुसार-'जीएम आर्गेनिज्म (पौधे, जानवर, माइक्रोऑर्गेनिज्म) में डीएनए को इस तरह बदला जाता है जैसे प्राकृतिक तरीके से होने वाली प्रजनन प्रक्रिया में नहीं होता।' जीएम टेक्नोलॉजी को-जीन टेक्नोलॉजी, जैनेटिक इंजीनियरिंग एवं रिकॉम्बिनेट डीएनए टेक्नोलॉजी के नाम से भी जाना जाता है।
- **संबंधित देश**—वैसे तो दुनिया के 28 देश किसी न किसी स्तर पर जीएम फसल उगा रहे है या उगाने की तैयारी में है लेकिन शीर्ष 5 देश जो जीएम फसलों की अधिक पैदावार करते है, वे है-1. अमेरिका, 2. ब्राज़ील, 3. कनाडा, 4. चीन, 5. अर्जेंटीना।
- **मुख्य जीएम फसले**—दुनिया में मुख्य रूप से सोयाबीन, मक्का, कपास व सरसो कुल उगायी जाने वाली जीएम फसलों का 99 प्रतिशत है और केवल 1 प्रतिशत में आलू, पपीता, बैंगन जैसी जीएम फसल उगायी जाती है।
- **भारत व जीएम फसल**—जीएम सरसो के जरूरी फील्ड ट्रायल किये जा चुके है। सरकार की जेनेटिक इंजीनियरिंग अप्रूवल कमेटी से इसे हरी झंडी मिल चुकी है। अर्थात भारत में पहली जीएम खाद्य फसल सरसो को खेतों में उगाने की अनुमति जल्द ही सरकार दे देगी।

विश्व का 8वाँ महाद्वीप-ज़ीलैंडिया

- **स्थित**—दक्षिण पश्चिमी प्रशांत महासागर में आस्ट्रेलिया के पूर्व में स्थित है।
- **क्षेत्रफल**—40.9 लाख वर्ग किमी।
- **महाद्वीप के लिए अर्हताएँ**—
  - **महाद्वीप होने की 4 अर्हताएँ हैं**—1. महाद्वीपीय परत से निर्मित भूगर्भिक संरचना, 2. महासागरीय पटल से अपेक्षाकृत ऊँचा, 3. निश्चित क्षेत्रफल, 4. ज्वालामुखी, रूपांतरित चट्टान, तलछट की मौजूदगी।
  - 94 प्रतिशत भाग समुद्र में डूबा है।
  - भारत के गोण्डवाना क्षेत्र का 3 प्रतिशत हिस्सा कभी इसका हिस्सा था।
- **नवीनतम महाद्वीप**—भू-गर्भ-शास्त्रियों ने अमेरिकी जर्नर जियोलॉजिकल सोसायटी में प्रकाशित लेख-'Zealandia: Earth's Hidden Continent' में दावा किया है कि जीलैडिया, 8वॉ महाद्वीप है।

विश्व का सबसे बड़ा समुद्री संरक्षित क्षेत्र

- **समझौता**—'कमिशन फॉर द कन्सर्वेशन ऑफ आंटर्कटिक मरीन लिविंग रिसोर्सस (CCAMLR)' नामक संगठन की 28 अक्टूबर 2016 की 34वीं बैठक होबार्ट (तस्मानिया) में आयोजित की गयी, जहाँ यूरोपीय संघ व अन्य 24 देशों ने (भारत शामिल है) विश्व के सबसे बड़े समुद्री संरक्षित क्षेत्र के रूप में अंटार्कटिका के रॉस सागर पर सहमति बनायी।
- रॉस सागर—1.55 मिलियन वर्ग किलोमीटर क्षेत्र में विस्तृत यह सागर विश्व में प्राचीन समय से बरकरार समुद्री पारिस्थितिकी प्रणालियों में से एक है। यहाँ भारी संख्या में पेंगुइन, क्रिल, सील मछली, टूथफिश और व्हेल मछली पायी जाती है।

ध्यातव्य हो कि

इस प्रकार रॉस सागर दुनिया का सबसे बड़ा मरीन पार्क बना है।

इन्टरनेशनल सोलर अलायंस (ISA)

- **पृष्ठभूमि**—प्रधानमंत्री नरेन्द्र मोदी और फ्रांस के राष्ट्रपति फ्रांस्वा ओलांद ने वर्ष 2015 के पेरिस के COP-21 की बैठक के दौरान संयुक्त रूप से ISA की शुरूआत की।
- **महत्व**—ISA भारत की ओर से की गयी एक पहल है जिसमें 121 ऐसे देश शामिल हैं जो सौर संसाधन से समृद्ध हैं।

जलवायु बॉड (ग्रीन बॉड)

- **अर्थ**—जलवायु बॉड जिन्हें ग्रीन बॉड भी कहा जाता है को सरकार, बहुराष्ट्रीय बैंक या संगठन द्वारा जलवायु परिवर्तन से संबंधित प्रोजेक्ट या कार्यक्रमों के संयोजन के लिए वित्त में वृद्धि करने हेतु जारी किया जाता है।
- **चर्चा का कारण**—फरवरी 2016 में प्रसिद्ध मोबाइल फोन निर्माता कम्पनी एप्पल ने 1.5 बिलियन अमेरिकी डालर के ग्रीन बॉड जारी किये थे।

लोकटक झील संरक्षण कमेटी

- **स्थित**—यह झील मणिपुर की राजधानी इम्फाल से 53 किलोमीटर दूर बिशनपुर जिले में स्थित है।

- **महत्व**—दुनिया में इस झील को तैरती हुई झील के नाम से जाना जाता है। इस झील में बने प्राकृतिक द्वीप जिन्हें फुमदी (सबसे बड़ा फुमदी 40 वर्ग किमी. है) कहा जाता है, पर स्थानीय मछुआरे रहते हैं। इस झील के बीचो-बीच विश्व का इकलौता फ्लोटिंग नेशनल पार्क 'कीबुल लामजो' स्थित है। इस पार्क में विलुप्त होते संगाई हिरन (मणिपुर का राज्य पशु) का आखरी प्राकृतिक घर स्थित है।
- **संरक्षण कमेटी**—लोकटक झील के पर्यावरण से हो रही छेड़-छाड़ के संबंध में केन्द्रीय वन पर्यावरण एवं जलवायु परिवर्तन मंत्रालय द्वारा 4 सदस्यीय कमेटी का गठन किया गया।
- **महत्वपूर्ण तथ्य**—केन्द्र सरकार लोकटक झील को यूनेस्को वर्ल्ड हैरिटेज साइट के तौर पर दर्ज कराना चाहती है।

ग्रीन ऑडिट

- **अर्थ**—ग्रीन ऑडिट का अर्थ है, ऐसा ऑडिट, जिसमें पर्यावरण से जुड़े सभी विषयों की जांच हो, जिसमें वायु प्रदूषण व पानी का स्वच्छ तरीके से रख-रखाव आदि विषयों का परीक्षण किया जाता है।
- **ग्रीन ऑडिट का आदेश**—ने दिल्ली में बढ़ते प्रदूषण को देखते हुए वहाँ के सभी सरकारी इमारतों का पर्यावरणीय ऑडिट कराने के आदेश दिये हैं।

देश के नवीनतम बाघ रिज़र्व (टाइगर रिज़र्व)

- **टाइगर रिज़र्व**— देश में टाइगर रिज़र्व क्षेत्र को घोषित करने का अधिकार 'केन्द्रीय पर्यावरण और वन मंत्रालय' के पास है।
- **कुल संख्या**—50
- **नवीनतम टाइगर-रिज़र्व**—

नाम	संख्या	घोषणा	राज्य
बोर वन्यजीव अभ्यारण	47वाँ	1 जुलाई, 2014	महाराष्ट्र
राजाजी टाइगर रिज़र्व	48वाँ	21 अप्रैल, 2015	उत्तराखण्ड
ओरंग टाइगर रिज़र्व	49वाँ	फरवरी, 2016	असम
कमलांग टाइगर रिज़र्व	50वाँ	22 मई, 2016	अरूणाचल प्रदेश

विलुप्त जीव एवं जन्तु-एक दृष्टि

जीव का नाम		विशेष तथ्य
• चीता (पैन्थर)	:	अपनी फुर्ती और रफ्तार के लिए पहचाना जाने वाला धरती का सबसे तेज़ दौड़ने (110 से 120 किमी./घण्टे) वाला जीव चीता अब संकट में है। पैन्थर एण्ड वाइल्ड लाइफ कन्जर्वेशन सोसायटी और जियोलाजिकल सोसायटी ऑफ़ लन्दन द्वारा 26 दिसम्बर 2016 को जारी रिपोर्ट के अनुसार विश्व भर के जंगलों में केवल 7,100 चीते शेष है, धरती से चीते की 91 प्रतिशत आबादी समाप्त हो चुकी है। यदि इनके संरक्षण के लिए आवश्यक कदम नहीं उठाए गए तो शीघ्र ही ये विलुप्त हो जायेंगे।
• रेड स्टैग (हंगुल)	:	अंतर्राष्ट्रीय प्रकृति संरक्षण संघ (IUCN) ने कश्मीर के रेड स्टैग हंगुल को विलुप्त प्राय प्राणी की श्रेणी में शामिल किया है। हंगुल उत्तर भारत और पाकिस्तान खासकर कश्मीर में पायी जाने वाली लाल हिरण की नस्ल है। यह जम्मू कश्मीर का राज्य पशु है। कश्मीर में यह मुख्यत: दाचीगाम राष्ट्रीय उद्यान में मिलते है। ***नोट***—जम्मू कश्मीर सरकार ने अंतर्राष्ट्रीय संगठन (World Wildlife Fund) के साथ मिलकर इन्हें बचाने के लिए प्रोजेक्ट हंगुल प्रारम्भ किया था।
• हेलमेटेड हार्नबिल	:	IUCN ने वर्ष 2015 में सुनहरी पंख और दुलर्भ चोंच वाले आकर्षक हेलमेटेड हार्नबिल को लाल सूची में शामिल किया। हेलमेटेड हार्नबिल पक्षी के शिकार की मुख्य वजह इस पक्षी के लाल दांत है जिसके दांतों से कीमती वस्तुएं, आभूषण और मूर्तियाँ बनायी जाती है। वैश्विक बाजार में इसके दांतों की कीमत हाथी के दांत से 5 गुना अधिक है।
• हेलमेटेड जिराफ	:	IUCN ने 8 दिसम्बर 2016 को पशु-पक्षियों व वनस्पतियों की संकटग्रस्त प्रजातियों की संशोधित लाल सूची जारी की, जिसमें जिराफ जो अफ्रीकी की जंगलों में पाया जाने वाला एक शाकाहारी पशु है को संकटग्रस्त प्रजाति की श्रेणी में शामिल किया गया है। जिराफ धरती पर पाया जाने वाला सबसे ऊँचा स्तनपायी जानवर है तथा सबसे बड़ा जुगाली करने वाला जीव है। जिराफ की संख्या में गिरावट अवैध शिकार, बढ़ती मानव जनसंख्या तथा मानवीय गतिविधियों के चलते हुई है।

नयी प्रजाति/जीव-जन्तु की खोज

नई प्रजाति/जीव	स्थान जहाँ खोजी गयी है	सम्बन्धित महत्वपूर्ण तथ्य
इलि पिका	लंदन (ब्रिटेन) में 20 वर्ष बाद मिली।	विश्व में दुर्लभ एवं लुप्त प्राय जीव है। पहाड़ निवासी इलि पिका को खरगोश की प्रजाति से सम्बद्ध बताया जाता है। इसे वर्तमान में मैजिक रैबिट का नाम दिया गया है।
ग्लिप्टोटर्मीज चिराहरिता	केरल स्थित मालाबार वन्य जीव अभ्यारण में मिली।	दीमक की यह नई प्रजाति का नामकरण पश्चिमी घाट के उष्णकटिबन्धीय सदाबहार वन चिराहरिता के नाम पर किया गया है। दीमक की यह प्रजाति आम, साल, बरगद तथा जामुन के पेड़ों पर हमला करने के लिए जानी जाती है।
साइटोंडैक्टिलस वरदगिरी	मुम्बई के गोरेगांव तथा बदलापुर क्षेत्र में मिली।	यह जमीन पर रहने वाली छिपकली की एक नई प्रजाति है जिसे बेंगलुरू के वैज्ञानिक वरदगिरी का नाम दिया गया है।
जम्नोथोरेक्स इंडिकस	बंगाल की खाड़ी के उत्तरी क्षेत्र में मिली।	ईल मछली की नई प्रजाति है जिसे समुद्र में 35 मी. की गहराई से प्राप्त किया गया है। यह 1 फीट लम्बी खाने योग्य मछली है।
चिकना-लेपित ऊदबिलाव (Smooth & Coated Otter)	आंध्रप्रदेश के कृष्णा जिले में स्थित कृष्ण वन्य जीव अभ्यारण के मैग्रोव वन में मिले।	ऊदबिलाव एक अर्धजलीय स्तनधरी जीव है जो एक मांसाहारी प्राणी भी है। बहुत से ऊदबिलाव बेहद ठण्डे पानी में भी रह सकते है क्योंकि उनके शरीर में खाना को तेज़ी से पचाकर बहुत ऊर्जा बनती है जिससे वह अपना तापमान संतुलित रख पाते है। ***नोट***—आस्ट्रेलिया व अन्टार्कटिका को छोड़कर ऊदबिलाव बाकी सभी महाद्वीप में पाये जाते हैं।
स्काईवाकर हूलांक गिब्बन (Skywalker Hoolock Gibbon)	दक्षिण-पश्चिम चीन के वर्षा वन में	वास स्थान में क्षति, शिकार तथा मानव जनसंख्या अतिरेक की वजह से इस क्षेत्र के कई प्रजातियों में गिरावट तथा विलुप्तता की स्थिति आई है। इसलिए चीनी वर्षा वन के ऊपरी वितनो में इन दुर्लभ तथा विशिष्ट गिब्बनो का पाया जाना परम सौभाग्य की बात है। खासकर तब जब यह निष्कर्ष आ गया है कि गिब्बन वास्तव में एक नई प्रजाति है जिसे पहले विज्ञान नहीं मानता था।
तितलियों की 3 नई प्रजातियों के नाम- 1. सिलियट ब्लू, 2. नेवार थ्री रिंग, 3. वेस्टन फाइवर रिंग	उत्तराखण्ड में मिली	इन तीन प्रजातियों के उत्तराखण्ड में मिलने से यहाँ तितलियों की प्रजातियों की संख्या बढ़कर 453 हो गयी है जबकि पूरे भारत में 1300 प्रजातियों की तितलियाँ पायी जाती हैं।
नाइट फ्राग	पश्चिमी घाट (केरल में)	ये दुनिया में पाये जाने वाले सबसे छोटे मेढ़कों की प्रजाति है।

कृषि क्षेत्र-नवीन पहलें एवं खोज

1. पूस-16: अरहर की नई किस्म विकसित	भारतीय कृषि अनुसंधान परिषद (ICAR) तथा भारतीय कृषि अनुसंधान संस्थान (IARI) के वैज्ञानिकों द्वारा। **विशेषता—** • 120 दिन में अरहर की फसल तैयार होगी। ***नोट***—पूर्व अरहर की किस्मों को तैयार होने में 175 दिनों की अवधि या फिर कुछ किस्मे 240 दिनों में तैयार होती थी। • अरहर के पौधों की लम्बाई 95 से 120 सेमी के बीच होगी तथा फली गुच्छों में लगी होगी। • 20 क्विंटल प्रति हेक्टेयर पैदावार (पूर्व किस्मों की भांति)। • पूसा-16, से देश को दालों के उत्पादन में आत्मनिर्भर बनाने में सहायक है।

(Continued)

2. तिलकस्तूरी और कोरमा चावल की नई प्रजाति विकसित	यह प्रजाति इंदिरा गांधी कृषि विश्व विद्यालय के वैज्ञानिकों को किसानों (रोहित साहू व प्रहलाद साहू) से प्राप्त की है। वर्तमान में विश्वविद्यालय के परिसर में बुवाई कर रिसर्च का काम शुरू कर दिया गया है। **विशेषता—**हरे रंग के चावल की इस नई प्रजाति में उत्पादन क्षमता और महक के साथ कई विशेषताएं है।
3. रामबांस (वैज्ञानिक नाम एगेव अमेरिकाना)	रामबांस कैक्टस की तरह का एक पौधा है जिसका उपयोग टकीला नामक पेय पदार्थ बनाने के लिए किया जाता है। **विशेषता महत्वपूर्ण तथ्य—**रामबांस की पत्तियों में जल की हानि को कम करने हेतु दिन के समय इसके स्टोमेटा (श्वसन छिद्र) बन्द हो जाते है जिससे वाष्पोत्सर्जन द्वारा तीव्र गति से जल का क्षय नहीं होता। रामबांस रात्रि के समय CO_2 ग्रहण करते है तथा प्राप्त कार्बन का संग्रह कर वह दिन में प्रकाश संश्लेषण की क्रिया करता है। दिन में की गयी इस प्रकाश संश्लेषण की क्रिया के दौरान रामबांस अपने स्टोमेटा को खुला नहीं रखता जबकि अधिकांश पौधे दिन के समय पत्तियों के स्टोमेटा खोल कर कार्बन-डाई-ऑक्साइड ले कर सूर्य प्रकाश इस्तेमाल कर प्रकाश संश्लेषण करते है। इस प्रकार शुष्क क्षेत्रों में रामबांस टिके रह सकते है जबकि अन्य पौधे जीवित नहीं रह पायेंगे। रामबांस की इसी विशेषता **'रिवर्स बाडी क्लाक'** का उपयोग वैज्ञानिक ऐसी सुखा प्रतिरोधक फसलों के विकास में कर सकते है जो परिवर्तनशील जलवायु में अनुकूलित हो सकें।
4. खेसारी	1961 में खेसारी दाल मानव उपभोग के लिए प्रतिबंधित की गयी थी कारण था खेसारी दाल के उपभोग से लेथिरिज्म होता है। 55 वर्ष के पश्चात् खेसारी दाल के उपभोग को भारत में अनुमति दे दी गयी, साथ ही तीन नई प्रजातियों-रतन, प्रतीक व महाते ओरा जिसे भारतीय कृषि शोध परिषद व राज्य कृषि विश्व विद्यालय द्वारा संयुक्त रूप से विकसित किया गया, को खेती की अनुमति केन्द्रीय कृषि मंत्रालय द्वारा दी गयी है। ***नोट—*** • लेथिरिज्म वह स्थिति है जिसमें शरीर के निचले हिस्सों में लकवा मार जाता है। • खेसारी दाल रबी फसल है जो मुख्यता मध्यप्रदेश, छत्तीसगढ़, बिहार व प.बंगाल में 4 से 5 लाख हेक्टेयर में होती है।
5. सीआर धान 310	National Rice Research Institute (NRRI) कटक द्वारा विकसित इस धान में प्रोट्रीन की मात्रा 11 प्रतिशत तथा इसके फील्ड परीक्षण के दौरान उत्पादकता 5 टन प्रति हेक्टेयर रही। ***नोट—*** सामान्य धान में 6 से 7 प्रतिशत प्रोटीन होती है तथा औसत उत्पादकता 3 से 4 टन प्रति हेक्टेयर रहती है।
6. धान की नई प्रजातियाँ प्रजाति का नाम	**विशेषता— DRR धान 45—** यह पहला उच्च जिंक समृद्ध धान की प्रजाति है। सामान्यतया चावल में कार्बोहाइड्रेट समृद्ध होता है परन्तु इस धान के जिंक से युक्त होने के कारण इससे दूध की कमी वाली माताओं को मदद मिलती है। **DRR धान 42—** यह सूखा प्रतिरोधक धान की प्रजाति है।

पर्यावरण एवं पारिस्थितिकी- नये कानून एवं प्रावधान

नये प्रावधान		संबंधित तथ्य
चीनी माँझा प्रतिबन्ध	:	चीनी मांझा प्रतिबंध, चीन में नहीं अपितु भारत द्वारा विनिर्मित तथा निर्यातित किया जाता है। चूंकि यह सूत के स्थान पर नायलान का बनता है और इसे धारदार बनाने के लिए इसमें शीशा/धातु का लेपन किया जाता है। यह अपेक्षाकृत सस्ता होने के कारण चीनी मंझे के नाम से जाना जाता है। चीनी मंझे से पतंग उड़ाने से पेड़ में आराम करने या उड़ने वाले पक्षी के मुलायम मांस कट जाते है और वे बुरी तरह से घायल हो जाते हैं। 2 अगस्त 2016 को इस संबंध में दिल्ली उच्च न्यायालय के फैसले के पश्चात् 16 अगस्त 2016 को दिल्ली सरकार ने चीनी मंझे के प्रयोग पर बैन कर दिया। अंततः 14 दिसम्बर 2016 को राष्ट्रीय हरित न्यायाधिकरण (NGT) ने इस पर अंतरिम राष्ट्रीय प्रतिबंध लगा दिया।

(Continued)

नये प्रावधान		संबंधित तथ्य
		दिल्ली से पूर्व गुजरात (2009 में), मुम्बई (2011 में), महाराष्ट्र (अप्रैल, 2016 में), कटक (जनवरी, 2016 में), तेलंगाना (जनवरी, 2016), आंध्र (मई 2016 में) तथा कर्नाटक (जुलाई, 2016) आदि राज्यों में इसकी ब्रिकी तथा उपयोग पर प्रतिबन्ध लगा है।
ड्रेज इरीटेशन टेस्ट प्रतिबंध	:	ड्रेज इरीटेशन टेस्ट में खरगोशों को बांध कर उनकी आंखों तथा बिना बालों वाली त्वचा पर सौन्दर्य प्रसाधन सामग्री में उपयोग होने वाले रसायन को उनके शरीर में सुई द्वारा आरोपित किया जाता है। 70 वर्ष पूर्व विकसित यह अत्यंत पुरातन एवं क्रूर परीक्षण पर केन्द्रीय स्वास्थ्य मंत्रालय ने 4 नवम्बर, 2016 को प्रतिबंध लगा दिया।
सभी राष्ट्रीय स्मारकों और पर्यटक स्थलों पर पॉलीथिन प्रतिबंधित	:	2 अक्टूबर, 2016 को अर्थात् गाँधी जयंती से सभी राष्ट्रीय स्मारकों और पर्यटक स्थलों पर पालीथिन के प्रयोग पर प्रतिबंध लगा दिया गया। ***नोट***—प्लास्टिक की बोतलों पर यह प्रतिबंध लागू नहीं है।

भारत में पर्यावरण के क्षेत्र में प्रथम

नाम	स्थान	महत्वपूर्ण तथ्य
1. हैलोफाइट्स गार्डन	वेदारण्यम (तमिलनाडु) में स्थापित	• 18 नवम्बर, 2016 को विश्व के पहले हैलोफाइट्स गार्डन का उद्घाटन मॉरिशस के राष्ट्रपति अमीनाह गुरीब फकीम द्वारा चेन्नई से विडियो क्रॉन्फ्रन्सिंग द्वारा किया गया। • हैलोफाइट्स स्वत: उत्पन्न होने वाला लवण मृदोद्भिद पौधे है जो भूमि में बढ़ते लवणीकरण को रोकने में कारगर होते है। • भूमि में बढ़ता लवणीकरण जलवायु परिवर्तन के प्रतिकूल प्रभावों में से एक है।
2. बायो-सीएनजी संयत्र	पूणे (महाराष्ट्र) में स्थापित	• 14 अगस्त, 2016 को तत्कालिक रक्षामंत्री मनोहर परिकर व केन्द्रीय परिवहन मंत्री नितिन गडकरी ने संयुक्त रूप से बायो सीएनजी सयंत्र का उद्घाटन किया। • इस संयत्र में कृषि अवशेषों से संपीडित प्राकृतिक गैस (सीएनजी) का उत्पादन किया जायेगा। • मेक इन इंडिया के तहत यह एक उल्लेखनीय कदम है जिससे कृषि अवशेषों के निराकरण की समस्या को कम करने में सहायता मिलेगी।
3. मैंग्रोव वन संरक्षित क्षेत्र	महाराष्ट्र	• महाराष्ट्र ने पूरे राज्य के सुरक्षित वन क्षेत्र का 15,087 हेक्टेयर क्षेत्र मैंग्रोव वन के लिये सुरक्षित कर दिया ऐसा करने वाला महाराष्ट्र देश का प्रथम राज्य है।
4. मांजुली द्वीप	असम	• असम के मुख्यमंत्री सर्वानंद सोनोवाल ने 8 सितम्बर, 2016 को देश के पहले द्वीपीय जिले के रूप में मांजुली (असम का 35वाँ जिला) का उद्घाटन किया। • मांजूली ब्रह्मपुत्र नदी के बीचो-बीच स्थित है।
5. अमीनपुर झील	हैदराबाद	• 4 नवम्बर, 2016 को तेलंगाना सरकार ने हैदराबाद स्थित अमीनपुर झील को देश का प्रथम जलाशय जो जैव विविधता विरासत स्थल में अधिसूचित किया है।
6. फ्लाई ऐश नीति की मंजूरी	महाराष्ट्र	• 15 नवम्बर, 2016 को महाराष्ट्र के राज्य मंत्रिमंडल ने राज्य की ताप बिजली परियोजनाओं, बायोमास परियोजनाओं और घन कचरा बिजली निर्माण परियोजनाओं से निकलने वाली 'फ्लाई ऐश' के उपयोग हेतु को मंजूरी दी। इस प्रकार महाराष्ट्र 'राख उपयोग नीति' अपनाने वाला देश का पहला राज्य बन गया है।

(Continued)

नाम	स्थान	महत्वपूर्ण तथ्य
फ्लाई ऐश का अर्थ		• कोयला आदि को जलाने से निर्मित पदार्थ, जो महीन कणों से निर्मित होती है, फ्लाई एश कहलाती है। इसमें सिलिकान डाइआक्साइड और कैल्सियम आक्साइड अच्छी मात्रा में होता है। • कोयले से चलने वाले विद्युत संयंत्रों में उत्पन्न प्लाई ऐश को प्राय: चिमनियों से ग्रहण कर लिया जाता है।
फ्लाई ऐश का प्रयोग		• राख का उपयोग ईंट, ब्लाक, टाइल्स, सीमेंट और भवन निर्माण की अन्य वस्तुओं में प्रयोग कर कूड़े से धन (पैसा) बनाया जा सकेगा साथ ही पर्यावरण संरक्षण का मार्ग प्रशस्त होगा।
नीति का महत्व		• यह परियोजना 'सभी के लिए आवास', जिसके तहत कम लागत में मकान निर्मित किए जा रहे हैं, के निर्माण में मदद मिलेगी। • यह नीति न केवल उद्योगों के लिए राख उपलब्ध करायेगी अपितु कृषि क्षेत्र के खाद के रूप में राख के प्रयोग को बढ़ावा देगी। • बिजली संयंत्र के क्षेत्र में नए रोजगार के अवसर सृजित होंगे।

हल के वर्षों की प्रमुख पर्यावरणीय रिपोर्ट

रिपोर्ट प्रस्तुतकर्ता	तिथि	रिपोर्ट के महत्वपूर्ण तथ्य
UNICEF द्वारा जारी रिपोर्ट	31 अक्टूबर, 2016 को प्रस्तुतिकरण	• हर साल 5 वर्ष से कम उम्र के 5 लाख बच्चों के मौत की मुख्य वजह वायु प्रदूषण है। • दुनिया भर के 7 बच्चो में से 1 बच्चा ऐसी बाहरी हवा में सांस लेता है जो अन्तर्राष्ट्रीय मानको से कम से कम छह गुना अधिक दूषित है। • वाहनों से निकलने वाला धुआँ, जीवाष्म ईंधन, धुल, जली हुई सामग्री के अवशेष और अन्य वायुजनित प्रदूषक तत्वों के कारण हवा जहरीली होती है। • सर्वाधिक प्रदूषित वातावरण में रहने को मजबूर बच्चे दक्षिण एशिया में (62 करोड़ बच्चे), अफ्रीका में (52 करोड़ बच्चे) और पश्चिमी एशिया तथा प्रशांत क्षेत्र (45 करोड़ बच्चे) में रहते है।
अमेरिका के National Ocean & Atmospheric Administration (NOAA) द्वारा जारी रिपोर्ट		• सन् 1880 से जब से तापमान को रिकार्ड करना प्रारम्भ हुआ है वर्ष 2016 सर्वाधिक गर्म वर्ष रहा। • CO_2 तथा मीथेन दोनों का वायुमण्डलीय संकेद्रण रिकार्ड स्तर पर पहुंच गया है जिसका मुख्य कारण जीवाश्म ईंधनों के दहन में लगातार वृद्धि है अर्थात् ग्रीन हाउस गैसों के वायुमण्डल में जमाव बढ़ने के कारण वर्ष 2016 सर्वाधिक गर्म वर्ष रहा।
International Union for Conservation of National (IUCN) द्वारा जारी रिपोर्ट	5 सितम्बर, 2016 को प्रस्तुतिकरण	• शरीर में सफेद काले धब्बे व बांस खाने वाला भालू प्रजाति का जायंट पांडा को अब विलुप्त हो रहे जानवरों की श्रेणी के बजाय संकटग्रस्त जानवरों की श्रेणी में सूचीबद्ध किया गया। ऐसा करने का मुख्य कारण चीनी अधिकारियों पांडा के शिकार पर प्रतिबंध का मजबूती से पालन करने तथा संरक्षित क्षेत्र का विस्तार करने के चलते हुआ है।
World Bank द्वारा जारी रिपोर्ट	–	• वर्ष 2013 में भारत में वायु प्रदूषण की रोकथाम और इससे होने वाली बीमारियों के इलाज पर भारत का कुल व्यय उसके जीडीपी के 8.53 प्रतिशत के बराबर था। • वायु प्रदूषण से जीडीपी को होने वाले नुकसान में चीन पहले नम्बर पर, भारत दूसरे नम्बर पर और अमेरिका तीसरे नम्बर पर है।

(Continued)

रिपोर्ट प्रस्तुतकर्ता	तिथि	रिपोर्ट के महत्वपूर्ण तथ्य
Green Peace द्वारा जारी रिपोर्ट	–	• भारत में प्रत्येक वर्ष वायु प्रदूषण के कारण 12 लाख लोगों की मौत हो जाती है। • भारत के शीर्ष वायु प्रदूषित राज्य–1. दिल्ली, 2. उत्तरप्रदेश (गाजियाबाद, इलाहाबाद, बरेली, कानपुर), 3. हरियाणा (फरीदाबाद), 4. झारखण्ड (झरिया, राँची, फुसेंदा), 5. बिहार (पटना)। • वायु प्रदूषण का मुख्य कारण जीवाश्म ईंधन का प्रयोग है।
World Wide Fund for Nature और लंदन स्थित Zoological Society द्वारा जारी रिपोर्ट	26 अक्टूबर, 2016 को प्रस्तुतिकरण	• वैश्विक स्तर पर वन्य जीवो की संख्या 1970 के बाद से घट कर 58 प्रतिशत रह गयी। यदि यह दर इसी प्रकार घटती रही तो विश्व की दो-तिहाई वन्य प्रजातियाँ 2020 तक समाप्त हो जायेगी। • रिपोर्ट के अनुसार वन्य प्रजातियों की विलुप्ति के प्रमुख कारण पर्यावरण समस्या, वन्यजीव व्यापार, प्रदूषण और जलवायु परिवर्तन सहित मानव गतिविधियां है।

बिगड़ते पर्यावरण की समस्याएं एवं चिंताएं

चिंता का विषय	महत्वपूर्ण तथ्य
एशिया में ई-कचरे की तीव्र वृद्धि	• **ई-कचराः** फोन, टैबलेट, रेफ्रीजिरेटर, कम्प्यूटर, टेलीफोन आदि। • **समस्याः** एशियाई देशों में लगातार बढ़ती आय ने उपभोक्ताओं में इलेक्ट्रॉनिक समान खरीदने की प्रवृत्ति तेज़ की है और रिसाइकल तथा निपटान प्रक्रिया की कमी के चलते 5 वर्षों में एशिया में ई-कचरे में 63 प्रतिशत की वृद्धि हुई है।
ऑलिव रिडले कछुए	• ऑलिव रिडले कछुए वन्यजीव संरक्षण अधिनियम के तहत संरक्षित है। ये अक्टूबर-नवम्बर में अपने संभोग काल के दौरान हिन्द महासागर से यात्रा शुरू करते हुए बंगाल की खाड़ी पहुंचकर तटों पर अण्डे देते हैं। • इन कछुओं का मुख्य गतव्य ओडिशा का गाहिरमाथा है, परन्तु आंध्रप्रदेश राज्य के काकीनाडा के कोरिंगा वन्य जीव अभ्यारण के होप द्वीप का रेतीला बीच इन कछुओं का प्रजनन क्षेत्र है। जहाँ मत्स्यपालक नौकाओं के परिमार्जन के चलते इन कछुओं के भारी मात्रा में शव कंकाल मिले हैं।
ग्रेट बैरियर रीफ	• **स्थितिः** क्वींसलैंड (ऑस्ट्रेलिया) के उत्तरी-पूर्वी तट के समानांतर बनी हुई विश्व की सबसे बड़ी मूंगे की दीवार है। • **विस्तार क्षेत्रः** इस दिवार की लम्बाई 1200 मील तथा चौड़ाई 10 से 90 मील है। महाद्विपीय तट से इसकी दूरी 10 से 150 मील है। • **स्वरूपः** यह कई स्थानों पर खंडित है एवं इसका अधिकांश भाग जलमग्न है परन्तु कहीं-कहीं पर यह जल के बाहर स्पष्ट दिखायी देती है। • **महत्वः** महाद्वीप और रीफ के मध्य परिवहन मार्ग का निर्माण होता है जिसमें से होकर पोत सुरक्षित चले जाते हैं और वे खुले समुद्री तूफानों से सुरक्षित रहते है। • **समस्याः** जलवायु परिवर्तन के बुरे असर से ग्रेट बैरियर रीफ के बचने की संभावना बहुत कम है और ऐसी आशंका है कि 2050 तक रीफ पूरी तरह नष्ट हो जायेगी।
बाघों की मृत्यु में बढ़ोत्तरी	• वर्ष 2015 एवं 2016 में मरने वाले बाघों की कुल संख्या क्रमशः 69 एवं 76 है। • सर्वाधिक बाघों की मृत्यु मध्यप्रदेश में हुई है और दूसरे स्थान पर कर्नाटक राज्य है। • विशेषज्ञ के अनुसार बाघों की संख्या में कमी का प्रमुख कारण है—गांव के निवासी, शिकारी, समुद्री शिकारी और तस्कर हैं।'

प्रमुख विशिष्ट सूचियाँ

- **राट्रीय उद्यान, वन्यजीव अभ्यारण, जैवमण्डल आरक्षित क्षेत्र व हॉट स्पॉट**—भारत में पारिस्थितिकीय रूप से अति महत्वपूर्ण और जैव विविधता समृद्ध क्षेत्रों को चार भागों में बांटा जाता है जो निम्नवत् हैं—

वर्गीकरण	संख्या	महत्वपूर्ण विशेषता	प्रमुख उदाहरण
• **राष्ट्रीय उद्यान** (National Park) ***नोट***—सर्वाधिक राष्ट्रीय उद्यान वाले राज्य के प्रदेश हैं—मध्यप्रदेश (9), अंडमान निकोबार (9), तमिलनाडु (6), केरल (6), महाराष्ट्र (6) ***नोट***—न्यूनतम राष्ट्रीय उद्यान वाले राज्य हैं-गोवा, नागालैण्ड, सिक्किम, उ.प्र., बिहार व झारखण्ड। *(इन सभी 6 राज्यों में केवल 1-1 राष्ट्रीय उद्यान है)*	105	• भारत में 1972 में वन्यजीव (संरक्षण) अधिनियम पारित किया गया जिसके अन्तर्गत 'राट्रीय उद्यानों' की स्थापना हुई। • इस क्षेत्र में किसी भी प्रकार के अधिवास और मानवीय गतिविधियों की अनुमति नहीं होती। • इन क्षेत्रों में जानवरों को चराने या जंगली उत्पाद जैसे-लकड़ी, पत्ते, जड़ी बूटियों को इकट्ठा करने की मंजूरी नहीं होती। • इस क्षेत्र में रहने वाले सभी जीवों का संरक्षण समान रूप से किया जाता है। • पर्यटन की अनुमति होती है।	• जिमकार्बेट राजाजी, फूलों की घाटी (उत्तराखण्ड) • गिरिफारेस्ट (गुजरात) • केवलादेव (हरियाणा) • नवेगांव (महाराष्ट्र) • सिमलीपाल (ओडिशा) • सुंदरवन (प.बंगाल) • सिरोही (मणिपुर) • मानस, काजीरंगा (असम) • बांधवगढ़, कान्हा, पन्ना (मध्यप्रदेश)
• **वन्य जीव अभ्यारण** (Wild Life Sanctuary)	531	• भारत में 1972 में वन्यजीव (संरक्षण) अधिनियम पारित किया गया जिसके अन्तर्गत 'वन्य जीव अभ्यारण्य' की स्थापना हुई। • इन स्थानों में जानवरों को चराने या लकड़ी इकट्ठा करने की अनुमति है परन्तु कुछ अपवादों को छोड़कर मनुष्य का बसना प्रतिबंधित होता है। • पर्यटन की अनुमति होती है। • यह क्षेत्र किसी एक प्रजाति एवं कुछ विशिष्ट प्रजातियों के संरक्षण के लिए गठित किये जाते है। • वन्य जीव अभ्यारण और राष्ट्रीय उद्यान दोनों की घोषणा राज्य सरकार निर्देश/आदेश देकर कर सकती है। जबकि सीमा में परिवर्तन राज्य विधानमण्डल को एक संकल्प पारित कर करना होता है। • एक अभ्यारण को राष्ट्रीय उद्यान में परिवर्तित किया जा सकता है परन्तु एक राष्ट्रीय उद्यान को अभ्यारण घोषित नहीं किया जा सकता।	• हज़ारीबाग, पारसनाथ, पलामू (झारखण्ड) • घटप्रभा (कर्नाटक) • इडुक्की, नेय्यर, मालाबार, पेरियार (केरल) • गांधी सागर, पन्ना, राष्ट्रीय चंबल (म.प्र.) • भीतरकनिका, चिल्का, गहिरमाथा, सिमलीपाल (ओडिशा) • कैमूर, महावीर स्वामी, ओखला पक्षी विहार (उत्तरप्रदेश)
जैव मण्डलीय आरक्षित क्षेत्र (Biosphere Reserve)	18	किसी भी क्षेत्र को जैवमण्डल आरक्षित क्षेत्र का दर्जा तभी मिल सकता है जब संबंधित देश की सरकार उसे नामित करे और यूनेस्को अपने MAB (Man and Biosphere) कार्यक्रम के अन्तर्गत उसे मान्यता दे। हालांकि जैवमण्डलीय आरक्षित क्षेत्र उसी देश के क्षेत्राधिकार में होते हैं जहाँ वे अवस्थित होते हैं।	भारत के 18 जैवमण्डलीय आरक्षित क्षेत्रों में से 10 क्षेत्र विश्व नेटवर्क पर मान्यता प्राप्त है जो निम्नवत हैं— • नंदा देवी (उत्तराखण्ड) • नोकरेक (मेघालय) • सुंदरवन (प.बंगाल)

(Continued)

वर्गीकरण	संख्या	महत्वपूर्ण विशेषता	प्रमुख उदाहरण
		• प्राकृतिक और सांस्कृतिक दृश्यभूमियों का सम्मिलित रूप जो वृहद स्थलीय या जलीय परितंत्र को समाहित करते है, 'जैवमण्डलीय आरक्षित क्षेत्र' कहलाता है। • विकास और पर्यावरण संरक्षण के बीच समन्वय स्थापित करने के लिए जैवमण्डलीय आरक्षित क्षेत्रों की आवश्यकता महसूस की गयी क्योंकि इन क्षेत्रों में पशु-पक्षियों को तो उनके प्राकृतिक आवास में संरक्षित किया ही जाता है, साथ ही बफर और संक्रमण (बाहरी भाग) क्षेत्र में कुछ मानवीय गतिविधियों की अनुमति देकर परम्परा और विकास से भी समझौता नहीं किया जाता है। • पर्यटन निषेध होता है।	• सिमलीपाल (ओडिशा) • अचानकमान, अमरकंटक (छत्तीसगढ़) • मन्नार की खाड़ी (तमिलनाडु) • अगस्त्यमलाइ (केरल) • नीलगिरी (कर्नाटक) • पंचमढ़ी (मध्यप्रदेश) • ग्रेट निकोबार (अण्डमान निकोबार)

जैवमण्डलीय आरक्षित क्षेत्र तीन भागों में बंटे होते हैं—(i) केन्द्रीय क्षेत्र, (ii) बफर क्षेत्र, तथा (iii) संक्रमण क्षेत्र

(i) **केन्द्रीय क्षेत्र (Core Zone):** स्थानीय प्रजातियों और प्रजातीय विविधता से भरपूर क्षेत्र जहाँ मानवीय गतिविधियाँ प्रतिबंधित रहती हैं केन्द्रीय क्षेत्र कहलाते हैं।

नोट—केन्द्रीय क्षेत्र में विनाश रहित अनुसंधान कार्य आदि हो सकते हैं।

(ii) **बफर क्षेत्र (Buffer Zone):** केन्द्रीय क्षेत्र अपने प्राकृतिक अवस्था में बने रहे इसके लिए केन्द्रीय क्षेत्र के चारों ओर एक परिक्षेत्र के रूप में बफर ज़ोन बनाया जाता है।

नोट—इस क्षेत्र में कुछ पर्यावरणीय सहायक क्रियाओं जैसे—पर्यावरण, शिक्षा, मनोरंजन, पर्यटन, मत्स्य पालन, पशुचारण तथा प्रायोगिक अनुसंधान करने की इजाजत होती है।

(iii) **संक्रमण क्षेत्र (Transition Zone):** यह जैवमण्डलीय आरक्षित क्षेत्र का सबसे बाहरी भाग होता है जो परिसीमित नहीं किया जाता है।

नोट—इस क्षेत्र में स्थानीय लोगों के सहयोग एवं सामंजस्य पर आधारित गतिविधियाँ सम्पन्न होती है, परन्तु जैवमण्डल के संरक्षण और प्रबन्धन का विशेष रूप से ध्यान रखा जाता है। इसमें मानवीय अधिवास, कृषि क्षेत्र तथा प्रबंधित वन सभी सम्मिलित रूप से पाये जाते हैं।

• **हॉट-स्पाट**	• सम्पूर्ण विश्व में इन क्षेत्रों की संख्या 35 है। • भारत में हाट-स्पाट की संख्या 3 है।	• प्रसिद्ध ब्रिटिश पर्यावरणविद नार्मन मायर्स ने वर्ष 1988 में उन स्थलों को हॉट-स्पाट का नाम दिया जो जैव विविधता की दृष्टि से संवेदन शील है। • वे प्राकृतिक स्थल जहां जनजातियों की पर्याप्त संख्या है और उनके वहाँ रहने से उस स्थल के प्राकृतिक निवासी जैसे—जीव-जन्तु तथा वनस्पतियों का अस्तित्व संकट में पड़ गया हो, को जैव-विविधता की दृष्टि से संवेदनशील अर्थात् हॉट-स्पाट स्थल कहा जाता है।	भारत में हॉट-स्पाट क्षेत्र— (i) पश्चिमी घाट व श्रीलंका (ii) इण्डो-बर्मा (iii) पूर्वी हिमालय

परीक्षोपयोगी अनिवार्य याद रखने योग्य बातें

• वायुमण्डल में नाइट्रोजन की मात्रा होती है	–	78%
• नोबल गैस कहा जाता है	–	हीलियम (He), नियोन (Ne), अर्गोन (Ar), क्रीप्टोन (Kr), ज़ेनॉन (Xe), रेडॉन (Rn)
• वातावरण हवा में सर्वाधिक प्रतिशत है	–	नाइट्रोजन का (78%)
• पृथ्वी पर पेड़-पौधों की समाप्ति किस गैस की कमी को दर्शाती है	–	ऑक्सीजन
• कई प्रतिरोपित पौधों के न बढ़ने का प्रमुख कारण है	–	पौधों के अधिकांश मूल रोम प्रतिरोपण के कारण नष्ट हो जाते हैं इसलिए कई प्रतिरोपित पौधों में वृद्धि नहीं होती है।
• पेड़-पौधों का प्रमुख कार्य है	–	CO_2 का अवशोषण और ध्वनि प्रदूषण को नियन्त्रित करना (सड़कों के किनारे हरे वृक्षों की कतार खड़ी करके ध्वनि प्रदूषण से बचा जा सकता है क्योंकि हरे पौधे ध्वनि की तीव्रता को 10 से 15 डेसिबल तक कम कर सकते हैं।)
• पृथ्वी के कार्बन चक्र में कार्बन-डाई-आक्साइड	–	कार्बनिक पदार्थों के अपघटन, जीवधारियों द्वारा श्वसन प्रक्रिया से, ज्वालामुखी द्वारा श्वसन प्रक्रिया से, ज्वालामुखी प्रक्रियाओं से, जीवाश्म ईधनों के दहन से।
• पर्यावरण संतुलन के संरक्षण से संबधित नीतियां हैं	–	वन-नीति व पर्यावरण (सुरक्षा) अधिनियम, 1986, प्रत्यक्ष रूप से पर्यावरण संतुलन के संरक्षण से संबंधित है जबकि औद्योगिक व शिक्षा नीति से भी पर्यावरण दृष्टिकोण को सम्मिलित किया गया है।
• पर्यावरण संरक्षण अधिनियम 1986 को अन्य किस नाम से जाना जाता है	–	छाता विधान (Umbrella Legislation)
• इकोमार्क सम्बन्धित है	–	यह प्रमाण पत्र उन भारतीय उत्पादों को दिया जाता है जो पर्यावरण के प्रति मैत्री पूर्ण है। ***नोट***—यह प्रमाण-पत्र ब्यूरो ऑफ इण्डिया स्टैंडर्ड्स द्वारा वर्ष 1991 से दिया जा रहा है।
• प्राकृतिक कृषि के जनक/अनवेषक है	–	मसानोब फुफुका (जापानी किसान व दार्शनिक थे।)
• भारत का वह राज्य जहां पहली बार 'हरितगृह' के माध्यम से कृषि की गयी	–	पंजाब (इज़राइल के सहयोग से 21 अप्रैल 2001 को हुए समझौते के तहत पंजाब में ग्रीन हाउस कृषि के माध्यम से सब्जियां उगायी गयी।)
• मनुष्य के लिए सर्वाधिक कार्यक्षम तापमान तथा आर्द्रता कितनी होनी चाहिए	–	25 डिग्री सेल्सियस तापमान एवं 60 प्रतिशत आर्द्रता
• पर्यावरण समस्याओं का प्रादुर्भाव कब से प्रारम्भ हुआ	–	औद्योगिक क्रान्ति (इंग्लैण्ड में) एवं आर्थिक निश्चय वाद से
• क्लोरो फ्लोरो कार्बन के बाद ओज़ोन परत को हानि पहुंचाने वाला यौगिक	–	नाइट्रोजन डाई ऑक्साइड
• दक्षिणी पूर्वी संयुक्त राज्य अमेरिका का नरक किस नदी को कहा जाता है	–	टेनसी नदी
• विश्व की सर्वाधिक 'अवसाद का परिवहन करने वाली दो नदियाँ है	–	यलो नदी (चीन) गंगा नदी (भारत)
• पश्चिम बंगाल का शोक कहा जाता है	–	दामोदर नदी
• बिहार का शोक कहा जाता है	–	कोसी नदी।

- रन्ध्रों का खुलना एवं बन्द होना किस पर निर्भर करता है – प्रकाश पर
- विटामिन ए, डी तथा कैरोटीन के निर्माण में महत्वपूर्ण भूमिका होती है – प्रकाश की
- वनस्पतियों के सड़ने से कौन-सी गैस निकलती है – मीथेन
- आतंकवादी वृक्ष के नाम से किसे सम्बोधित किया जाता है – एक्लिप्स
- वायु प्रदूषण को नियंत्रित करने वाला वृक्ष है – अशोक
- पर्यावरण मित्र पक्षी है – गिद्ध
- पर्यावरण मित्र धातु है – ग्रीन धातु (एल्युमीनियम)
- पर्यावरण मित्र यंत्र/उपकरण है – इलेक्ट्रानिक वोटिंग मशीन
- पर्यावरण संतुलन के मानक – कुल क्षेत्रफल का 33 प्रतिशत वनाच्छादित क्षेत्र
- भारत का राष्ट्रीय जलीय जीव – डॉलफिन
- मृदा में औसतन कितने प्रतिशत कार्बन पदार्थ पाया जाता है – 5.0 प्रतिशत
- सर्वाधिक कार्बनिक पदार्थ किस मृदा में होती है – पीट मृदा
- किस मृदा की जलधारणा क्षमता सर्वाधिक होती है – मटियार (Clay Soil)
- जैव मंडलीय संरक्षित क्षेत्र की कुल संख्या – 18
- विश्व ओज़ोन दिवस – 16 सितंबर
- विश्व वानिकी दिवस – 20 मार्च
- विश्व पर्यावास दिवस – 3 अक्टूबर (अक्टूबर माह के प्रथम सोमवार)
- विलुप्तप्रायजीव – मरूस्थलीय बिल्ली, एशियाई जंगली कुत्ते, कुलाकगिब्बन
- संकटग्रस्त प्रजातियां – सारंग, कस्तूरी मृग, लाल पाण्डा, एशियाई वन गधा
- पारिस्थितिकी का सर्वप्रथम प्रयोग – रिचर्ड हैकल
- 21वी सदी मे विश्व पर्यावरण संरक्षण कार्य योजना – एजेडा 21
- इको सिस्टम की अवधारणा – ए जी टांसले
- जैव विविधता की अवधारणा – रैमड एफ दासमैन
- बायो स्फेयर रिज़र्व की अवधारणा – एडवर्क स्वीट
- विश्व पर्यावरण दिवस – 5 जून
- टाइगर रिज़र्व पार्कों की कुल संख्या – 50
- मुख्यता सफेद बाघों के लिए प्रसिद्ध है – बांधवगढ़ राष्ट्रीय उद्यान उमरिया
- वायु प्रदूषण संकेतक – लाइकेन
- वायु प्रदूषक अवशोषक – अशोक
- सर्वाधिक आक्सीजन उत्सर्जक पेड़ – बरगद, काकड़, पीपल
- गोल्डन राइस (चावल की किस्म) – यह बच्चों मे विटामिन ए की कमी और कुपोषण की समस्या का समाधान करता है।

पर्यावरण से संबंधित महत्वपूर्ण सम्मेलन

सम्मेलन	तिथि व आयोजन स्थान	महत्वपूर्ण तथ्य
प्रथम भारतीय सामुद्रिक सम्मेलन	14-16 अप्रैल, 2016 में बाम्बे कन्वेशन एण्ड एक्जीविशन सेंटर गोरेगाँव, मुम्बई में आयोजित	• इस सम्मेलन का आयोजन केन्द्रीय पोत परिवहन द्वारा किया गया। • **उद्देश्य:** निवेश अवसरों के प्रदर्शन के साथ भारत के सामुद्रिक क्षेत्र की अपार संभाव्यताओं के संदर्भ में जागरूकता सृजित करना। • इस सम्मेलन का मेज़बान राज्य महाराष्ट्र था, जबकि भागीदार देश दक्षिण कोरिया था।
चौथा नाभिकीय सुरक्षा शिखर सम्मेलन-2016	31 मार्च से 1 अप्रैल, 2016 में वाशिंगटन डीसी, यूएसए में आयोजित	• प्रधानमंत्री मोदी ने अन्तर्राष्ट्रीय परमाणु ऊर्जा एजेंसी के नाभिकीय सुरक्षा कोष में भारत की ओर से 10 लाख (1 मिलियन) डालर दिये जाने की घोषणा की।
संयुक्त राष्ट्र जलवायु परिवर्तन सम्मेलन-2016	7-18 नवम्बर, 2016 में मोरक्को के मार्राकेश के बाब इग्ली में आयोजित	• यह सम्मेलन 1992 के जलवायु परिवर्तन पर संयुक्त राष्ट्र फ्रेमवर्क के कन्वेशन के पक्षकारों की क्रांफ्रेंस का 22वाँ (Cop-22) वार्षिक सत्र, 1997 के क्योटो प्रोटोकाल के पक्षकारों की बैठक का 12वाँ सत्र तथा 2015 के पेरिस समझौते के पक्षकारों की बैठक का पहला सत्र है। • इस सम्मेलन में विश्व के 195 देशों एवं यूरोपीय संघ के अतिरिक्त विभिन्न संगठनों के लगभग 20 हज़ार प्रतिनिधियों ने प्रतिभाग किया। • इस सम्मेलन का मुख्य एजेण्डा पेरिस समझौते के क्रियान्वयन के तरीके के साथ वार्ताओं की रूपरेखा निर्धारित करना था। • मर्राकेश सम्मेलन के दौरान 15 नवम्बर 2016 को भारत द्वारा उत्प्रेरित अंतर्राष्ट्रीय सौर संगठन (ISA) हेतु रूपरेखा समझौते को हस्ताक्षर हेतु खोला गया।
चौथा वर्ल्ड कांग्रेस ऑफ बायोस्फीयर रिज़र्व	14-17 मार्च 2016, लीमा (पेरू) में आयोजित	• यूनेस्को के मैन एंड दि बायोस्फीयर प्रोग्राम के तहत विश्व नेटवर्क में शामिल बायोस्फीयर रिज़र्वो की चौथी वर्ल्ड कांग्रेस का आयोजन किया गया। • 17 मार्च को इस कांग्रेस के अंत में विश्व भर के 115 देशों के 1000 प्रतिभागियों द्वारा 'जैवमण्डल रिज़र्वो पर लीमा घोषणा पत्र' अपनाया गया तथा 10 वर्षीय लीमा कार्य योजना को भी स्वीकृति प्रदान की गयी।
वन्यजीव व जंतुओं के संकटापन प्रजातियों के व्यापार पर अंतर्राष्ट्रीय व्यापार अभिसमय (CITES) का 17वाँ कोप सम्मेलन	24 सितम्बर से 5 अक्टूबर 2016 जोहांसबर्ग, द. अफ्रीका में आयोजित	• CITES के सम्मेलन में शेर व हाथी जैसे मुख्य वन्यजीवों के अंतर्राष्ट्रीय व्यापार पर अधिकांश चर्चा केन्द्रित रही, किन्तु पैंगोलिन, हेलमेटेड हॉर्नबिल व रोजवुड जैसे अल्पज्ञात प्रजातियों, जो पूर्व में कभी-भी कोप सम्मेलन में चर्चा का हिस्सा नहीं रही, पर न केवल चर्चा हुई वरन उनकी बची आबादी के संरक्षण पर कई समझौते भी हुए। • पैंगोलिन को अधिकतम संरक्षण तथा उनके वाणिज्यिक व्यापार को पूर्णत: प्रतिबंधित किया गया। ***नोट***—पैंगोलिन का मास काफी लज़ीज़ होने के कारण तथा चीन की दवाइयों में इनका प्रयोग के चलते विश्व में सर्वाधिक शिकार इनका ही हो रहा है।

(Continued)

सम्मेलन	तिथि व आयोजन स्थान	महत्वपूर्ण तथ्य
		• पैंगोलिन बड़ी छिपकली के आकार वाला स्तनधारी जीव है जो छोटे-छोटे शल्क से ढ़का होता है। खतरा होने पर वह बॉल के आकार में तब्दील हो जाता है।
मॉन्ट्रियल प्रोटोकॉल के पक्षकारों की 28वीं बैठक	6-14 अक्टूबर, 2016, किगाली खांडा में आयोजित	• किगाली शहर में सम्पन्न इस सम्मेलन में 1987 में ओज़ोन परत को नुकसान पहुंचाने वाले पदार्थों पर हुए मॉन्ट्रियल प्रोटोकॉल, में सुधार लाकर हाइड्रो फ्लोरा कार्बन के इस्तेमाल तथा उत्पादन को 2045 तथा चरणबद्ध तरीके से कमी करने पर सहमति बनी। वर्ष 2050 तक विश्व के तापमान में सम्भावित 0.5 सेमीग्रेड की बढ़ोतरी को रोकने की दिशा में यह एक कदम है। • हाइड्रो फ्लोरो कार्बन (HFC) ग्रीन हाउस प्रभाव पैदा कर वायुमण्डल का ताप बढ़ाने के मामले में CO_2 से हज़ार गुना खतरनाक है। • 197 देशों ने इस समझौते पर सहमति दी।

ग्लोबल वार्मिंग रोकने हेतु कृत्रिम हिम युग का निर्माण

- रूसी वैज्ञानिकों द्वारा
- साइबेरिया में हिमयुग की तरह एक पार्क बनाया जा रहा है।
- यहाँ अंतिम हिमयुग का माहोल तैयार किया जायेगा।
- अंतिम हिमयुग 26 लाख वर्ष पहले से लेकर 12 वर्ष पहले तक था।
- इसके बाद **होलोसीन** युग शुरू हुआ था जो वर्तमान में चल रहा है।

पारिस्थितिकी फूटप्रिंट

- इसके माध्यम से मनुष्य एवं प्रकृति के मध्य सम्बन्ध को देखा जा सकता है।
- मनुष्य द्वारा प्लैनेट पर मौजूद अक्षय संसाधनों तथा पारिस्थितिकी सेवाओं की मांग का प्रतिनिधित्व करता है।

अन्य फूटप्रिंट

1. क्रोपलैण्ड फूटप्रिंट— खाद्यान्न एवं पशुचारे से सम्बन्धित
2. ग्रेजिंग लैण्ड फूटप्रिंट— माँस, डेरी एवं ऊन के लिए पशुपालन
3. फिशिंग ग्राउंड फूटप्रिंट— फाइकोप्लैकटन उत्पादन

भारतः संयुक्त राष्ट्र पर्यावास का अध्यक्ष निर्वाचन

- मई 2017 में सर्वसम्मति से अध्ययक्ष चुना गया।
- यह तीसरा अवसर है जब भारत को अध्यक्ष चुना गया।
- इससे पूर्व भारत वर्ष 1988 और 2007 में अध्यक्ष बना था।

पारिभाषिक शब्दावली

'साधारण मानसून' तथा 'अच्छे मानसून'

भारत में पिछले कई वर्षों से औसत वर्षा 88 से.मी. है। जब एक वर्ष में 79 से.मी. से 97 से.मी. वर्षा होती है, तो उसे 'साधारण मानसून' कहते हैं, जबकि 'अच्छे मानसून' का अर्थ केवल साधारण वर्षा से नहीं अपितु निरन्तर समयान्तरालों में होने वाली समान वितरित वर्षा से है।

अलनीनो प्रभाव

अलनीनो (शब्दिक अर्थ 'शिशु ईसा मसीह') एक *गर्मधारा* है, जो कि कभी-कभी दिसम्बर में दक्षिण अमेरिका में पेरू के तट के निकट समुद्र तल की ओर नीचे जाती है। भारतीय अन्वेषक विश्वास करते हैं कि अलनीनो मानसून की तीव्रता एवं उसके काल को प्रभावित करने वाले 16 कारकों में यह एक प्रमुख कारक हैं।

मानसून की अरब सागर शाखा बंगाल की खाड़ी शाखा की अपेक्षा अधिक प्रभावी

मानसून की अरब सागर शाखा बंगाल की खाड़ी शाखा की अपेक्षा अधिक प्रभावी है, क्योंकि अरब सागर का क्षेत्रफल बंगाल की खाड़ी से अधिक है तथा अरब सागर की सभी शाखायें भारत पहुंचती हैं, जबकि बंगाल की खाड़ी की शाखा भारत, मलेशिया, म्यांमार तथा थाइलैंड में विभाजित हो जाती है।

जेट स्ट्रीम

क्षोभमण्डल में 12-13 किमी. ऊँचाई पर वायु 180 किमी./घंटा से भी अधिक गति से चलती है, जेट स्ट्रीम कहलाती है। जेट स्ट्रीम दो प्रकार की होती हैं—पूर्वी तथा पछुआ जेट स्ट्रीम।

अन्तरा ऊष्ण-कटिबन्धीय अभिसरण मण्डल (आई.टी.सी.जेड.)

यह व्यापारिक पवनों तथा उत्तरी और दक्षिणी उष्णकटिबन्धीय सागरीय वायुराशियों का संगामी क्षेत्र है। यह विषुवत वृत्त के लगभग समानान्तर मिलती है लेकिन ऋतु परिवर्तन के साथ तापीय विषुवत वृत्त की ओर उत्तर तथा दक्षिण गति करता रहता है। यह क्षेत्र डोलड्रम भी कहलाता है। यह निम्न दाबीय क्षेत्र है।

बादल का बीजन

बादल का बीजन वर्षा में वृद्धि करने का तरीका है। बादलों में सूक्ष्म कणों के बिखराव से प्राकृतिक क्रिया द्वारा तेजी से बारिश करायी जाती है। बादल का बीजन दो प्रकार का होता है, एक गर्म बादल और दूसरा शीत बादल।

मानसून गर्त

जुलाई में ITCZ लगभग 20-25° अक्षांशों (गंगा के मैदान) में स्थापित हो जाता है, जिसे मानसून गर्त कहते हैं। यह गर्त उत्तरी और उत्तर पश्चिमी भारत में तापीय निम्न वायुदाब विकसित करने में सहायक होता है।

दक्षिणी दोलन

दक्षिणी दोलन प्रशान्त महासागर तथा हिन्द महासागर के ऊपर चलने वाली वायु राशियों का कालिक स्थानान्तरण है। जब उत्तरी प्रशान्त महासागर के उपोष्ण कटिबन्धीय क्षेत्र में वायुदाब अधिक होता है, तब दक्षिणी हिन्द महासागर में कम तथा जब उपोष्ण कटिबन्धीय प्रशान्त महासागर में कम तब दक्षिणी हिन्द महासागर में अधिक होता है।

बोर्डोचिल्ला

आसाम और पश्चिम बंगाल में आर्द्र सागरीय पवनों तथा स्थानीय शुष्क पवनों के मिलने से आने वाले स्थानीय तीव्र तूफान को जो जोरदार वर्षा तथा अत्यधिक हानि करते हैं। आसाम में *बोर्डोचिल्ला* कहलाते हैं।

पश्चिमी विक्षोभ

उत्तर-पश्चिम भारत में भूमध्यसागर से आने वाले चक्रवातीय विक्षोभ शीत ऋतु में वर्षा करते हैं तथा रबी की फसल को लाभ पहुंचाते हैं, इन्हें ही पश्चिमी विक्षोभ कहते हैं।

बादलों का फटना

अचानक और तेजी से वर्षा होने को 'बादलों का फटना' कहते हैं। यह स्थानीय संवहनीय तरंगों के ऊपर उठने के कारण आए तूफान के कारण होता है।

चाय वृष्टि

आसाम में *मई* में *नार्वेस्टर* के द्वारा होने वाली वर्षा चाय की खेती के लिए लाभदायक होने के कारण चाय वृष्टि कहलाती है।

काल वैशाखी

बंगाल में गर्म व शुष्क स्थानीय पवनों तथा आर्द्र समुद्री पवनों के मिलने के कारण मूसलाधार वर्षा के साथ तेज गति के स्थानीय तूफान जो जानमाल की भी हानि करते हैं, काल *वैशाखी* कहलाते हैं।

आम्र वृष्टि

अप्रैल-मई में प्रायद्वीपीय भारत में आर्द्र सागरीय पवनों तथा शुष्क गर्म पवनों के मिलने से स्थानीय तूफानी वर्षा तमिलनाडु तथा आन्ध्र प्रदेश में आम कृषि के लिए लाभदायक होने के कारण *आम्रवृष्टि* कहलाती है।

चेरी ब्लॉसम

कर्नाटक क्षेत्र में आर्द्र सागरीय पवनों तथा शुष्क गर्म पवनों के मिलने से अप्रैल-मई में कॉफी के रोपण के लिए उपयोगी स्थानीय तूफान को *चेरी ब्लॉसम* कहते हैं।

नार्वेस्टर

भूमध्य सागर तथा फारस की खाड़ी से कम तीव्रता वाले चक्रवातीय विक्षोभ जो आसाम, उड़ीसा तथा पश्चिम बंगाल में शीत ऋतु में वर्षा करते हैं, नार्वेस्टर कहलाते हैं।

मानसून का टूटना

दक्षिण पश्चिम मानसून द्वारा एक-दो या अधिक सप्ताह तक वर्षा होने के बाद वर्षा का लम्बे समय तक ना होना *मानसून का टूटना* कहलाता है।

फ्लैश फ्लड्स

यह अचानक या बहुत तेजी से आने वाली बाढ़ है, जो सामान्यत: निम्न घाटियों में बादल फटने से घटित होती है। ये मृत या ढके पड़े प्रवाह तन्त्र की पुनर्जीवित कर देता है। ये बाढ़ संकेंद्रित एवं बहुत तेज बहाव (कम समय में बहुत अधिक बहाव) के लिए जानी जाती हैं

जलवर्षा कृषि

भूजल स्तर को उठाने के लिए वर्षा के जल के प्रवाह को रोककर भूजल स्तर के ऊपर उठाने के उपाय को *जलवर्षा कृषि* कहते हैं।

अक्टूबर हीट

यह अक्टूबर महीने में अचानक उत्पन्न होने वाली असहनीय तापीय घटना है, जो लौटते मानसून के तुरन्त बाद उत्पन्न होती है। यह गर्मी के मौसम, जितना गर्म तो नहीं होता लेकिन यह बहुत असहनीय मौसम को जन्म दे देता है।

पठार के प्रकार

पठारों को तीन भागों में बांटा जा सकता है—

(a) अन्त: पर्वतीय पठार (पर्वतों के मध्य)
(b) पर्वत पदीय पठार (पर्वत तथा सागर के मध्य)
(c) महाद्वीपीय पठार (समुद्र तथा समुद्र के मध्य)

भ्रंश घाटी क्या है? भारत की किसी एक भ्रंश घाटी का नाम

भ्रंश घाटी तीव्र ढालों के मध्य निम्न भूमि है, जो भूतात्विक त्रुटि के कारण सतह के टूटने से बनती है। भारत में नर्मदा घाटी एक भ्रंश घाटी है। जिसके एक ओर सतपुड़ा तथा दूसरी ओर विंध्याचल पर्वत हैं।

DOARS (डीप ओशन एसेसमेंट एण्ड रिपोर्टिंग सेंटर)

यह समुद्र में 6 किमी. की गहराई पर स्थापित की जाती है, जिसमें दाबीय सेंसर लगे होते हैं, जो जल के प्रवाह को मापते हैं, ये उपग्रह से जुड़े होते हैं, जो संदेश पृथ्वी तल पर पहुँचाते हैं। इसका उपयोग सुनामी की पूर्व सूचना के लिए किया जाता है।

रिक्टर पैमाना

रिक्टर पैमाना भूकम्प की तीव्रता मापता है, यह एक मानक सिस्मोमीटर की सहायता से झटके की अधिकतम तीव्रता बताता है। यह पैमाना भूकम्प से निकली सिस्मिक ऊर्जा को भी बताता है।

सुनामी

सागरीय तल की भूतात्विक हलचलों के कारण आने वाली सागरीय तरंगों की शृंखला को *सुनामी* कहते हैं। उन्हें रोका नहीं जा सकता, यह महासागरों में हजारों किमी. सफर तय कर सकती हैं।

पारिस्थितिकीय सूखा

जब प्राकृतिक पारिस्थितिकी की उत्पादकता बंद हो जाती है, तो इसके परिणामस्वरूप पृथ्वी पर बहुत अधिक संख्या में पशुओं, वन जीवों का नष्ट होना तथा वनों एवं वनस्पतियों का सूखना आरम्भ हो जाता है। इस घटना को *पारिस्थितिकीय सूखा* कहते हैं।

पूर्वांचल पहाड़ियाँ

मेघालय तथा मिजोरम में स्थित गारो, खासी, जयन्तिया तथा मिकरी पर्वतों को जो दक्षिण पूर्वी हिमालय के भाग हैं, *पूर्वांचल पहाड़ियाँ* कहते हैं।

प्रायद्वीपीय नदियाँ

प्रायद्वीपीय नदियाँ ऋतुवाहिनी तथा निश्चित दिशा में प्रवाह वाली हैं, इनके मार्ग में कोई परिवर्तन नहीं होता है।

विषुव

जब सूर्य की किरणें सीधी विषुवत वृत्त पर पड़ती हैं तो दिन और रात बराबर होते हैं, इसे ही *विषुव* कहते हैं। 21 मार्च को **बसंत विषुव** तथा 23 सितम्बर को **शरद विषुव** कहते हैं।

रोही एवं भिट

बांगर क्षेत्रों में उपजाऊ भूमि को *रोही* तथा कुछ उर्ध्वाधर मिट्टी के स्तूप साधारण अवस्था में पाये जाते हैं, जिन्हें क्षेत्रीय भाषा में *भिट* के नाम से जाना जाता है।

प्रवाल रोधिका

यह प्रवाल भित्ति उन सभी प्रवाल भित्तियों से बड़ी है, जो प्रवाल भित्तियाँ तट से जुड़ी या द्वीप से जुड़ी हुयी, लैगून बनाने वाली और मुख्य सागरों को जोड़ने वाली प्रवाल भित्तियाँ होती हैं।

प्रवाल भित्ति

प्रवाल भित्ति उष्णकटिबन्धीय सागरीय पारिस्थितिक तंत्र का छिछला जल है, जिसकी विशेषता अत्यधिक मात्रा में जैविक पदार्थों का उत्पादन तथा समुद्री जीवों की अत्यधिक विविधता है।

तटीय प्रवाल भित्ति

इसमें प्रवाल बिना लैगून बनाये तट से जुड़े होते हैं, यह प्रवाल भित्ति की सबसे सामान्य अवस्था है।

प्रवाल द्वीप वलम (एटॉल)

प्रवालों का वृत्तीय आयोजन जिसके मध्य साधारणतया द्वीप का अभाव होता है, प्रवाल के किनारों पर ताड़ वृक्ष पाये जाते हैं।

लू (Loo)

मई-जून के महीने में उत्तर-पश्चिम भारत में चलने वाली शुष्क धूल भरी हवा को *लू* कहते हैं, यह उत्तरी भारत की गर्मी को और अधिक कष्टप्रद बना देती है।

हिमानी

एक विस्तृत क्षेत्र पर बर्फ से ढका क्षेत्र जो गुरुत्व के प्रभाव के कारण नीचे की तरफ ढलान को दर्शाता है तथा नेव एवं फिन के पुन: क्रिस्टलीकरण के फलस्वरूप बनता है, हिमानी कहलाता है।

संक्रान्ति

सूर्य के उत्तरायन तथा दक्षिणायन की सीमा को संक्रान्ति कहते हैं। कर्क *संक्रान्ति* के समय उत्तरी गोलार्द्ध सूर्य की ओर होता है तथा मकर संक्रान्ति के समय दक्षिणी गोलार्द्ध।

भूमण्डलीयतापन

मानव द्वारा की गयी क्रियाओं द्वारा हुए पर्यावरणीय नुकसान तथा छोड़ी गयी अनिष्ट गैसों से पृथ्वी वायुमण्डल का तापमान निरन्तर वृद्धि कर रहा है, इसे *भूमण्डलीय* तापन कहते हैं। इसके प्रभाव से हिमानियों के पिघलने से सागर तल ऊपर उठता जा रहा है।

दक्कन ट्रेप

मेसेजोइक काल के अन्त में ज्वालामुखी विस्फोट के कारण महाराष्ट्र तथा दक्कन का भाग लावा से ढक गया। ज्वालामुखी चट्टानों में लावा के मध्य पतली अवसादी परते हैं। यह भाग दक्कन *ट्रेप* कहलाता है।

तराई

तराई पर्वत पादीय मैदान है जिसमें नदी द्वारा लाये गये मोटे गाद तथा नदी द्वारा पहले लाये गये महीन गाद के कण होते हैं, पादीय मैदान का बीमारी मुक्त दक्षिण भाग *तराई* कहलाता है। उत्तर की गायब हुई नदियाँ यहाँ पर फिर से सतह पर दिखायी पड़ने लगती हैं।

ऐश्चुरी

नदी का मुहाना जहाँ ज्वार का *खारा पानी* तथा नदी का *ताज़ा जल* मिलता है, *एश्चुरी* कहलाता है। ऐश्चुरी में नदी द्वारा लाये गये गाद की अधिकता होती है।

लैगून

यह छिछले पानी से भरा क्षेत्र है, जो समुद्र से संकरे स्थल द्वारा अलग होता है।

महासागरीय धारायें

महासागर के सतही जल का निश्चित दिशा में सामान्य गति से प्रवाह महासागरीय धारा कहलाता है अर्थात् महासागरीय जल का लगातार क्षैतिज प्रवाह।

अलविडो

सूर्य की ऊर्जा को परावर्तित करने वाली सतह की क्षमता को अलविडो कहते हैं, कुछ सतहें सूर्य की ऊर्जा को परावर्तित करती हैं तथा अन्य उपायों की अपेक्षा वायु के अधिक गर्म कर देती हैं।

पूर्ववर्ती अपवाह

भूगर्भिक परिवर्तनों के होने से पूर्व की नदी के अपवाह को पूर्ववर्ती अपवाह कहते हैं अर्थात् इन स्थानों में नदियां पहाड़ों से भी पुरानी होती हैं।

चक्रवात

कम भू-दाब क्षेत्र का तंत्र जिसमें बेरोमेट्रिक प्रवणता तीव्र ढाल वाली होती है, उत्तरी गोलार्द्ध में पवनें अन्दर की ओर चलते हुये दक्षिणावर्त दिशा में तथा दक्षिणी गोलार्द्ध में वामावर्त दिशा में चलती हैं।

सूखा ग्रस्त क्षेत्र

75 से.मी. से कम वर्षा वाला शुष्क क्षेत्र जहाँ वर्षा की मात्रा में औसत वार्षिक वर्षा से 25% कमी हो जाती है, सूखा ग्रस्त क्षेत्र कहलाता है। उदाहरण : गुजरात, राजस्थान, पंजाब, मध्यप्रदेश आदि के क्षेत्र।

याजू नदी

नदी जो मुख्य नदी के समानान्तर बहती है लेकिन वह मुख्य नदी से जुड़ नहीं पाती है *याजू नदी* कहलाती है।

बायोमास

बायोमास गैर पारम्परिक ऊर्जा स्रोत है, जो कम प्रदूषण करता है। बायोगैस जैव ईंधन बनाने में प्रयुक्त होता है जो विद्युत, यांत्रिक तथा *तापीय ऊर्जा* उत्पन्न करते हैं।

'ग्रीन एकाउंटिंग'

आर्थिक निर्णय द्वारा पर्यावरणीय मूल्यों तथा पर्यावरणीय लाभों को संवर्धित करने का तरीका है। इसे *प्राकृतिक संसाधन एकाउंटिंग* भी कहते हैं।

भारत के शुष्क क्षेत्र

उष्ण कटिबन्धीय मरुस्थलीय क्षेत्र मुख्यत: बालू के बने मैदान हैं, जहाँ ग्रीष्म काल में तापमान 45ºC से अधिक व शीत काल में 12ºC से कम चला जाता है, तब वर्षा कम तथा अनिश्चितता भरी होती है, *शुष्क क्षेत्र* कहलाते हैं। शुष्क क्षेत्र पश्चिमी राजस्थान तथा कच्छ का रन क्षेत्र हैं।

कमाण्ड एरिया डेवलपमेण्ट

कमाण्ड एरिया डेवलपमेण्ट कार्यक्रम केन्द्र सरकार द्वारा 1974-75 में सिंचाई के बड़े तथा मध्यम आकार की परियोजनाओं के लिए प्रारम्भ की गई एक योजना है।

पूर्वी तट तथा पश्चिमी तट

पूर्वी तटीय मैदान पश्चिमी तटीय मैदान की अपेक्षा अधिक चौड़ा है पूर्वी महाद्वीपीय *छज्जा* गंगा ब्रह्मपुत्र के दक्षिण तथा तमिलनाडु तथा श्रीलंका के मध्य भाग को छोड़कर पश्चिमी महाद्वीपीय *छज्जे* से कम चौड़ा (संकरा) है।

पूर्वी तटीय मैदान

पूर्वी घाट तथा बंगाल की खाड़ी के मध्य स्थित पूर्वी तटीय मैदान समुद्री समीर, आरामदायक हवा के झोकों, बालू के तट तथा लैगूनों जैसी विशेषताओं से परिपूर्ण है।

पश्चिमी तटीय मैदान

पश्चिमी घाट तथा अरब सागर के मध्य स्थित पश्चिम तटीय मैदान समुद्र में डूबा हुआ तट है। ढाल के कारण नदियों के अवसादों का अभाव है।

जोजिला दर्रा

जम्मू-कश्मीर की जास्कर श्रेणी में स्थित जोजिला दर्रा *लेह व श्रीनगर* को जोड़ता है।

काराकोरम दर्रा

काराकोरम दर्रा जम्मू-कश्मीर के लद्दाख क्षेत्र में भारत का सबसे ऊँचा दर्रा है, जो भारत तथा चीन को जोड़ता है।

जल विभाजक

जल विभाजक वह सीमा रेखा है, जो मुख्य नदी को अन्य नदी की सहायक नदियों से पृथक करती है।

ओज़ोन

वायुमण्डल में बहुत कम मात्रा में पायी जाने वाली, धुंधले नीले रंग की, गैस जो ऑक्सीजन का विशिष्ट प्रकार है (O_3)। साधारणतया यह वायुमण्डल में 10-60 किमी. ऊँचाई पर तथा सबसे अधिक सान्द्रता 22-25 किमी. ऊँचाई पर होती है।

वन क्षेत्र तथा वनाच्छादित क्षेत्र

वन क्षेत्र वह क्षेत्र है, जो वन भूमि के लिए चिह्नित एवं आंकलित है। इस बात पर ध्यान दिये बिना कि वहाँ वन है अथवा नहीं। जबकि वनाच्छादित क्षेत्र वह क्षेत्र है, जहाँ वास्तव में वन है। वन क्षेत्र राज्य की आंकलित आय पर आधारित हैं जबकि वनाच्छादित क्षेत्र वायवीय चित्र तथा सेटेलाइट से प्राप्त तस्वीरों पर आधारित है।

मैंग्रोव

मैंग्रोव वे वृक्ष हैं, जो उच्च लवणता, ऊँचे ज्वार, तेज हवाओं, अधिक तापमान और दलदली लवणीय भूमि जैसी असहनीय स्थिति में भी रह सकते हैं।

भारत में शोला वन क्षेत्र

सदाबहार शोला वन केरल, तमिलनाडु तथा कर्नाटक के *नीलगिरि, अन्नामलाई और पालनी* पहाड़ी क्षेत्रों में पाये जाते हैं।

राष्ट्रीय उद्यान

विस्तृत क्षेत्र जहाँ, एक या अधिक पारिस्थितिक तंत्र होते हैं और विशेष शिक्षा तथा पुनः उत्पत्ति के लिए पौधों और पशुओं की प्रजातियों भू-आकृतियों, कीटों, जन्तु तथा पौधों का संरक्षण किया जाता है।

वन्यजीव अभ्यारण्य

वह वन क्षेत्र जो वन्यजीव की प्रजातियों के बचाव के लिए आरक्षित है, वन्यजीव अभ्यारण्य कहलाते हैं।

राष्ट्रीय उद्यान तथा वन्यजीव अभ्यारण्य

राष्ट्रीय उद्यान अपेक्षाकृत विस्तृत क्षेत्र, अनेक पारिस्थितिक तंत्र से मुक्त मानवीय क्रियाओं के हस्तक्षेप से मुक्त क्षेत्र है। यहाँ विशेष वैज्ञानिक शिक्षा और पुनः उत्पत्ति के लिए पौधों और पशुओं की प्रजातियों, भू-आकृतियों, कीट, जन्तु एवं पौधों को बचाया जाता है।

वन्यजीव अभ्यारण्य राष्ट्रीय उद्यान जैसे ही होते हैं लेकिन यह वन्यजीव या विशेष प्रजाति के संरक्षण हेतु कटिबद्ध होते हैं।

शस्य गहनता तथा शस्य परावर्तन

शस्य गहनता एक वर्ष में एक निश्चित भूमि पर पैदा की जाने वाली फसलों की संख्या है। जबकि शस्य परावर्तन मिट्टी की उर्वरकता को बढ़ाने के लिए विभिन्न फसलों की एक के बाद एक बोयी जाने वाली फसलों की संख्या है।

परती भूमि तथा कृषि अनुपयोगी भूमि

वह कृषि योग्य भूमि जो कम से कम एक वर्ष तथा अधिक से अधिक 5 वर्ष न जोती गयी हो परती भूमि कहलाती है। वह कृषियोग्य भूमि जो 5 वर्षों से अधिक समय से न जोती गयी हो, कृषि अनुपयोग भूमि कहलाती है।

सेतुसमुन्दरम् जहाजीय नहर योजना

जुलाई, 05 में शुरू यह योजना 'धोनी धुराई' प्रायद्वीप को खोदकर बंगाल की खाड़ी से पाक की खाड़ी होते हुये हिन्द महासागर से जहाजीय सुरक्षा तथा आर्थिक उन्नति में विशेष योगदान देने हेतु प्रस्तावित की गयी है।

नदियों का जोड़ना नदी जुड़ाव योजना

इस योजना का विचार 50 वर्ष पूर्व डॉ. के.एस. राव द्वारा दिया गया। 1982 में भारत सरकार ने राष्ट्रीय जल विकास संगठन (NWDA) स्थापित कर पिछले 25 वर्षों से अन्तः बेसिन जल के एक स्थान से दूसरे स्थान पर प्रवाह के लिए अध्ययन शुरू किया है।

बहुउद्देश्यीय नदी परियोजना

वे योजना जो बड़ी नदियों पर बांध बनाकर नदियों की क्षमता का उपयोग करती हैं तथा जिनका उद्देश्य सिंचाई, बाढ़ नियंत्रण जल विद्युत उत्पाद संयंत्र, वानिकी तथा जल परिवहन सुविधाएँ जैसे अनेक उद्देश्य हैं।

स्थायी नहर एवं बाढ़ीय नहर

वे नहरें जो स्थायी नदियों से निकाली जाती हैं तथा जिसमें पानी के बहाव की आवश्यकतानुसार नियंत्रित करने का यंत्र लगा हो, स्थायी नहरें कहलाती हैं। बाढ़ीय नहरों में बहाव को नियंत्रित करने का कोई यंत्र नहीं लगा होता

और यह तभी सक्रिय होती हैं, जब नदी का अत्यधिक पानी इनमें छोड़ दिया जाता है।

शुष्कभूमि कृषि

वह कृषि जो 75 से.मी. से कम वर्षा क्षेत्र में सिंचाई पूर्णत: वर्षा पर निर्भर रहकर की जाती है। शुष्क भूमि कृषि कहलाती है। इसका मुख्य ध्यान भूमि के विकास, मृदा की आर्द्रता तथा पैदावार में बढ़ोत्तरी पर रहता है।

शुष्क भूमि कृषि की उपयोगिता

भारत में कुल कृषि क्षेत्र में अधिक वृद्धि नहीं की जा सकती अत: कृषि पैदावार को बढ़ाने के लिए कृषि के तरीकों में विकास तथा जल प्रबन्धन उपायों द्वारा शुष्क भूमि कृषि का उपयोग किया जा सकता है।

आदमपुल

धानुशकोडी (तमिलनाडु) तथा ताताइमन्नार (श्रीलंका) के मध्य डूबे स्टॉल को आदमपुल कहते हैं। यह भारत तथा श्रीलंका को जोड़ने वाला काल्पनिक पुल है।

पम्बन पुल

1913 में रामेश्वर को मुख्य भूमि से जोड़ने के लिए पाक की खाड़ी को पार करते हुये बनाया गया सबसे लम्बा और सबसे पुराना रेलवे पुल है। श्हेरजर एडम का इसके प्रारूप तथा बनाने में महत्वपूर्ण योगदान होने के कारण उनके नाम पर इसका नाम पड़ा। पुल की प्रमुख विशेषता यह है, कि जहाज आगमन पर पुल को खोला जा सकता है।

कृषि अनुपयोग भूमि

भारी मात्रा में जल भराव तथा अत्यधिक मृदा अपरदन के कारण इस को कृषि अनुपयोगी भूमि कहते हैं। उचित भूमि प्रबन्धन द्वारा इसे कृषि योग्य बनाया जा सकता है।

भारत के प्रमुख कृषि अनुपयोगी क्षेत्र

कृषि अनुपयोगी क्षेत्र राजस्थान, गुजरात, मध्यप्रदेश, उड़ीसा, हिमाचल प्रदेश, उत्तर प्रदेश, बिहार, जम्मू कश्मीर तथा उत्तरपूर्वी क्षेत्र हैं।

अपवाह क्षेत्र

एक भूगर्भिक जल इकाई या जमीन का भाग जो जल का बहाव एक निश्चित जलीय मार्ग द्वारा करता है, अपवाह क्षेत्र कहलाता है।

अपवाह क्षेत्र प्रबन्धन

अपवाह क्षेत्र सीमारेखा से घिरा वह क्षेत्र है जो विभिन्न नदी तंत्र को अलग करता है। अपवाह क्षेत्र प्रबन्धन को उद्देश्य यह सुनिश्चित करना है कि नदी तंत्र का क्षरण किये बिना उसके सम्पूर्ण जल का उपयोग किया जा सके।

आर्द्र भूमि

वर्षा के कुछ समय जल भराव के कारण विशेष पारिस्थितिक तंत्र क्षेत्र को आर्द्र भूमि कहते हैं, आर्द्र भूमि का पक्षियों के लिए शरण स्थल, पक्षी की नमी प्रजातियों और शरणार्थी पक्षियों के लिए आवास में प्रमुख योगदान है।

कमडिस

कमडिस तैरता हुआ द्वीप है, जो विभिन्न सब्जियों तथा जैविक पदार्थों के असान्द्र भार का एकत्रण विभिन्न स्तर पर करता है।

प्लाया

समतल सतह और अनप्रवाहित द्रोणी वाली छोटी झील जिनमें वर्षा का जल जल्दी भाप बनकर उड़ जाता है, वे प्लाया कहलाती है। उदाहरणार्थ डीडवाना, कुचमन, सरगोल और खात् झील।

बॉलसन

पहाड़ियों से घिरे अभिकेन्द्रीय अपवाह वाले विस्तृत समतल गर्त को बॉलसन कहते हैं। उदाहरण : सांभर झील (राजस्थान)।

पुलीकट झील

कोरोमण्डल तट पर तमिलनाडु और आन्ध्र प्रदेश की सीमा पर स्थित भारत की दूसरी सबसे बड़ी अन्त: सागरीय झील जो पारिस्थितिक तंत्र तथा जलचर पक्षियों के लिए प्रसिद्ध है। श्री हरिकोटा का प्रवालद्वीप पुलीकट झील को बंगाल की खाड़ी से अलग करता है।

कोलेरू झील

अन्तर्राष्ट्रीय स्तर पर हुये रामसर सम्मेलन में घोषित आर्द्र क्षेत्र जो आंध्र प्रदेश में स्थित ताजे पानी की झील है। इसे वन्यजीव अभ्यारण्य में शामिल किया जा चुका है।

लोकटक झील

मणिपुर में स्थित झील जिसे रामसर सम्मेलन में आर्द्र भूमि क्षेत्र घोषित किया गया। यह झील जलशक्ति ऊर्जा, सिंचाई तथा पीने योग्य पानी का भी स्रोत है।

जयसमन्द झील

यह राजस्थान में स्थित विश्व की दूसरी सबसे बड़ी कृत्रिम झील है। इस झील में सात द्वीप हैं, इसे ढेवर झील के नाम से भी जाना जाता है।

सांभर झील

रामसर सम्मेलन में घोषित आर्द्र भूमि क्षेत्र है। यह राजस्थान में स्थित भारत की सबसे बड़ी खारे पानी की झील है। यह झील शीत ऋतु में उत्तरी एशिया से आये पक्षियों को आवास प्रदान करती है।

वेम्वनाद झील

रामसर सम्मेलन में घोषित आर्द्र भूमि क्षेत्र है। यह केरल की सबसे बड़ी झील है। इस झील में प्रत्येक वर्ष वल्लाक्कली (नाव प्रतियोगिता) आयोजित की जाती है।

वुलर झील

यह विवर्तनीक क्रियाओं के द्वारा बनी गोखुर झील है। जम्मू-कश्मीर में तुलबुल नाव योजना इसी झील पर है।

त्सो मोरिरी

त्सो मोरिरी झील चीन के बाहर स्थिति एकमात्र झील है, जो क्षतियुक्त सागर की पालन जगह है, यह जम्मू एवं कश्मीर राज्य में स्थित है।

अस्थामुदी

अस्थामुदी केरल का दूसरा सबसे बड़ा एश्चुरी तंत्र एवं आर्द्र भूमि क्षेत्र है, यह मैंग्रोव वृक्षों के लिए अनुकूल क्षेत्र है, यह कोल्लम जिले को जलपूर्ति के लिए मार्ग प्रदान करती है।

केबुललामजाओ

मणिपुर की लोकटक झील में स्थित एक छोटा द्वीप क्षेत्र विश्व का एकमात्र तैरता हुआ राष्ट्रीय उद्यान है।

गोविन्द वल्लभ पन्त सागर

उत्तर प्रदेश तथा मध्य प्रदेश की सीमा पर स्थित रिहन्द बांध के निकट भारत की सबसे बड़ी कृत्रिम झील है।

बैरन द्वीप

अण्डमान निकोबार द्वीप समूह (बंगाल की खाड़ी) में स्थित लावा शंकु व राख के ढेर से निर्मित ज्वालामुखी द्वीप है। ध्यान देने योग्य बात यह है कि भारत के सक्रिय ज्वालामुखी अंडमान निकोबार द्वीप समूह में पड़ते है।

पम्बन द्वीप

पम्बन द्वीप पाक जलसंधि में स्थित दक्षिण भारत के प्रायद्वीपीय भाग का उत्क्रमण है।

फरक्का बैराज

फरक्का बैराज योजना फरक्का में गंगा तथा चांगीपुर में भागीरथी नदी पर बनायी गयी है। इस परियोजना का मुख्य उद्देश्य कोलकाता बन्दरगाह की सुरक्षा तथा ब्रह्मपुत्र, हुगली नदी तंत्र को जल परिवहन योग्य बनाना तथा कोलकाता शहर को पीने योग्य पानी देना है।

वभाली बैराज

महाराष्ट्र द्वारा गोदावरी नदी पर वभाली बैराज बनाया जा रहा है, जिसका विरोध आन्ध्र प्रदेश कर रहा है।

इंदिरा गांधी नहर

इसे *राजस्थान नहर* भी कहते हैं, सतलुज, व्यास के संगम पर स्थित हरीका बोध से नहर को पानी दिया जाता है, जो राजस्थान के मरुस्थलीय भाग में कृषि में प्रयुक्त होता है।

टिहरी परियोजना

टिहरी परियोजना विश्व की सबसे ऊँची *चट्टान निर्मित बांध परियोजना* है, जो भागीरथी तथा भीलगांना नदियों पर स्थित है। यह बहुउद्देश्यीय बांध परियोजना है।

पोंग बांध

मध्य प्रदेश में स्थित पोंग परियोजना जलीय संसाधन के लिए महत्वपूर्ण है। जल नियंत्रण पुन: भूजलस्तर में वृद्धि, मृदा संरक्षण तथा मृदा कटाव को रोकना इसका मुख्य उद्देश्य है।

हीराकुण्ड बांध

उड़ीसा के सम्भलपुर के निकट महानदी की मुख्य धारा पर बना *यह बांध विश्व का सबसे बड़ा बांध है।* यह उड़ीसा के अनुपयोगी क्षेत्र की सिंचाई तथा बिजली उत्पादन करता है। इसके द्वारा जल परिवहन सुविधाओं का विकास, बाढ़ नियंत्रण, वृक्षारोपण में वृद्धि और मृदा संरक्षण भी होता है।

इंदिरा सागर परियोजना

यह रावी, व्यास, सतलुज नदियों से राजस्थान के 13 लाख हेक्टेयर की कृषि करने के लिए परियोजना है।

तुंगभद्रा परियोजना

आंध्र प्रदेश तथा कर्नाटक का संयुक्त उपक्रम है। इसमें 49.39 मी. ऊँचा बांध मल्लापुरम में *तुंगभद्रा* नदी पर बनाया गया है। इससे निकली 227 किमी. लम्बी नदी को बायें किनारे नहर 349 किमी. लम्बी नहर को *निम्न स्तरीय* नहर तथा दायें किनारे पर 198 किमी. लम्बी नहर को उच्च *स्तरीय नहर* कहते हैं। इसमें 2 विद्युत संयंत्र है।

चंबल परियोजना

राजस्थान तथा मध्य प्रदेश का संयुक्त उपक्रम है। गांधी सागर बांध, गांधी सागर विद्युत संयंत्र, कोटा बैराज, राणा प्रताप सागर, जवाहर सागर बांध इसी परियोजना के भाग हैं। चौरासीगढ़ तथा मेटा इसमें 122 मी. ऊँचे जलस्तर का उपयोग किया जाता है।

सरिस्का वन्यजीव अभ्यारण्य

राजस्थान में स्थित सरिस्का वन्यजीव अभ्यारण्य को 1958 में वन्यजीव अभ्यारण्य घोषित किया गया और 1974 में बाघ संरक्षण योजना के अंतर्गत इसे बाघ संरक्षण योजना के अन्तर्गत इसे बाघ संरक्षण क्षेत्र घोषित किया गया है।

पेरियार वन्यजीव अभ्यारण्य

केरल में स्थित पेरियार वन्यजीव अभ्यारण्य हाथियों की संख्या के लिए प्रसिद्ध है। अभ्यारण्य में पाये जाने वाले अन्य वन्यजीव जंगली कुत्ता, नीलगिरि लंगूर, गैंडा तथा कछुआ हैं।

ईंधन खनिज

खनिज जो ऊर्जा उत्पन्न करते हैं, ईंधन खनिज कहलाते हैं। जैसे कोयला, पेट्रोलियम, लिग्नाइट, यूरेनियम, थोरियम आदि।

नाभिकीय ऊर्जा उत्पन्न करने वाले खनिज

नाभिकीय ऊर्जा उत्पन्न करने वाले खनिज यूरेनियम तथा थोरियम हैं। भारत में थोरियम मोनाजाइट / इमेहाइट बालू द्वारा पश्चिमी घाट में प्रमुखतया केरल में तथा यूरेनियम बिहार, झारखण्ड, राजस्थान, उत्तर प्रदेश में पाया जाता हैं।

नाभिकीय ऊर्जा उत्पादन में भारी पानी

भारी जल डयूटीरियम ऑक्साइड (D_2O) साधारण जल से अधिक घनत्व का होता है। नाभिकीय ऊर्जा उत्पादन में दाबित भारी जल रिएक्टर में भारी जल शीतलक तथा मंदक का कार्य करता है।

भौगोलिक सूचना तंत्र (G.I.S.)

यह एक कम्प्यूटर तंत्र है जो आंकड़ों को इकट्ठा करने, गणना करने तथा भौगोलिक सन्दर्भ में सूचनायें प्रदान करता है तथा सूचना विकास के सम्वर्द्धन कार्यों में उपयोगी होता है। सरकारी कृषि संस्थायें G.I.S. के सहयोग से ग्रामीण जीवन की देख-रेख करते हैं। G.I.S. किसानों को विभिन्न अवसर प्रदान करते हैं जिससे वे उत्पादन बढ़ा सकते हैं, लागत घटा सकते हैं तथा भूमि का पूर्ण उपयोग कर संवर्द्धन में मदद करते हैं।

सुदूर संवेदन

यह सूचना एकत्र करने की युक्ति है, जो किसी वस्तु या क्षेत्र के बिना सम्पर्क में आये सूचना उपलब्ध कराती है। यह कार्य वायवीय फोटोग्राफी द्वारा होता है। यह विधि सूर्य के विद्युत चुम्बकीय विकरण पर आधारित होता है। इससे एकत्रित आंकड़ों का उपयोग कृषि में फसलों के उत्पादन और फसलों की रोगों से देख-भाल एवं फसल सुरक्षा के लिए किया जाता है।

राष्ट्रीय वन कार्यान्वयन योजना

यह एक विस्तृत रणनीतिक नीति है जिसे 1999 में लाया गया था जो राष्ट्रीय वन नीति, 1988 की समस्याओं से अवगत कराने के लिए लायी गयी थी।

भारतीय राष्ट्रीय जलमार्ग

संख्या की दृष्टि से यह चार हैं। राष्ट्रीय जलमार्ग 'इनलैण्ड वाटरवेज ऑथॉरिटी ऑफ इंडिया' द्वारा विकसित किये जाते हैं। इसमें इलाहाबाद से हल्दिया के मध्य गंगा नदी, सदिया से दुवरी के मध्य ब्रह्मपुत्र नदी में तथा चम्पकेश्वर उद्योग मण्डल नहर के साथ पश्चिमी घाट नहर कोल्लम तथा कोट्टापुरम के मध्य जलमार्ग को राष्ट्रीय जलमार्ग घोषित किया गया है।

मध्य एशियाई वायुमार्ग

मध्य एशियाई वायुमार्ग यूरेशिया के एक बड़े महाद्वीपीय क्षेत्र को घेरता है, जो आकर्टिक और हिन्दमहासागर के मध्य है। यह वायुमार्ग प्रवासी पक्षियों के द्वारा विभिन्न मौसम में गमन के लिए उपयोग किया जाता है।

स्वर्णिम चतुर्भुज

राष्ट्रीय एक्सप्रेस राजमार्ग तंत्र द्वारा दिल्ली, मुम्बई, चैन्नई, कोलकाता को 4 या 6 लेनों की सड़कों द्वारा जोड़ने वाला राजमार्ग *स्वर्णिम चतुर्भुज* कहलाता है।

बन्दरगाह और पत्तन

बन्दरगाह आंशिक रूप से समुद्र घिरे हुये क्षेत्र को कहते हैं जैसे क्रीक, एश्चुरी, अन्त: सागर जिसमें तैरने वाले पोत शरण ले सकें। जबकि पत्तन बन्दरगाह होते हुये जहाज रखने की सुविधा, तथा जहाजों से आवागमन के लिए परिवहन तंत्र का भी विकास होता है। बन्दरगाह प्राकृतिक और कृत्रिम दोनों हो सकते हैं जबकि पत्तन हमेशा कृत्रिम रूप से बन्दरगाहों के चारों ओर बनाये जाते हैं।

वृहत्त तथा लघु बन्दरगाह

वृहत्त बन्दरगाह वे हैं जो 400 टन या अधिक क्षमता वाले कार्गो जहाजों से माल की ढुलाई करने की क्षमता रखते हैं तथा जिनका नियंत्रण पत्तन प्राधिकरण या केन्द्रीय सरकार के हाथ में है। अन्य सभी लघु बन्दरगाह हैं।

पोर्ट ऑफ काल

ये वे बन्दरगाह हैं जिन्हें मुख्य समुद्री मार्गों के मध्य स्थापित किया जाता है, जिनका उद्देश्य समुद्र के बीच ईंधन, जल तथा भोजन के संग्रहण के रूप में किया जाता है। जैसे सिंगापुर, होनूलूलू एवं अदन।

दक्षिण गंगा

गोदावरी नदी को दक्षिण की गंगा कहा जाता है। यह प्रायद्वीपीय भारत की सबसे लम्बी व पवित्र नदी है। इसी महत्व के कारण वहाँ के लोग इसे दक्षिण की गंगा कहते हैं।

होज (CHHOS)

उत्तरी पंजाब, हरियाणा मैदान जो शिवालिक से सटे हैं, बहुत ही तीव्र अवनालिका अपरदन से ग्रसित हैं, इन्हीं अवनलिकाओं के जाल को *होज* कहते हैं।

सौर्य संयंत्र

सौर संयंत्र सौर ऊर्जा के सीधे अवशोषण द्वारा संचालित होता है जिसमें परावर्तित दर्पणों के उपयोग से सौर विकिरण को विद्युत ऊर्जा में परिवर्तित किया जाता है।

HBJ पाइपलाइन

HBJ पाइपलाइन प्राकृतिक गैस को हजीरा (गुजरात) से जगदीशपुर (उत्तर प्रदेश) वाया बीजापुर (मध्य प्रदेश) ले जाने वाली पाइपलाइन है। इस गैस का उपयोग उर्वरक तथा तापीय संयंत्रों के लिए किया जाता है।

सागर सम्राट

यह प्रथम अपतटीय पेट्रोलियम खनन के लिए प्लेटफार्म है, जिसे *भारत* ने *जापान* से लेकर *बाम्बे हाई* में पेट्रोलियम खनन में उपयोग किया है।

मैत्री एवं दक्षिणी गंगोत्री

यह भारत द्वारा अंटाकर्टिका में स्थापित स्थायी अनुसंधान केन्द्र हैं। दक्षिण गंगोत्री भारत का पहला केन्द्र था, जबकि *मैत्री बाद* में स्थापित किया गया।

झूम कृषि तथा स्थायी कृषि

झूम कृषि वह कृषि होती है, जो प्राथमिक या द्वितीयक वनों को साफ कर तथा जलाकर सम्पादित की जाती है, जबकि स्थायी कृषि वह कृषि होती है, जिसमें स्थायी किसान किसी एक ही स्थान पर कृषि करते रहते हैं।

गहन एवं विस्तृत कृषि

गहन कृषि छोटे क्षेत्रों तथा उच्च उत्पादकता वाले क्षेत्रों में पायी जाती है। दो, तीन या कभी-कभी चार फसल एक साल में उगायी जाती है। जबकि विस्तृत कृषि बड़े क्षेत्रों में मशीनों द्वारा की जाती है।

पट्टीदार कृषि

पट्टीदार कृषि मृदा अपरदन रोकने के लिए की जाती है। जिसके अंतर्गत फसल पतली या सकरी पट्टियों में ढलानों पर की जाती है।

खाद्य फसल एवं व्यापारिक फसल

खाद्य फसल लोगों के खाद्य आवश्यकताओं की पूर्ति के लिए उगायी जाती है, जबकि व्यापारिक फसल व्यापारिक उद्देश्यों जिनमें अर्द्ध निर्मित खाद्य पदार्थों को आर्थिक स्थिति के सुधार के लिए बेच दिया जाता है।

जैव उर्वरक

विभिन्न जीवों तथा पौधों की जातियों का उपयोग मिट्टी की उत्पादकता बढ़ाने के लिए किया जाता है, जिसे जैव उर्वरक कहते है। उदाहरण: नीले हरे शैवाल, एजिटोवेटर, आदि।

हरित उर्वरक

दो फसलों के उगाये जाने वाले समय के मध्य कुछ ऐसे पौधों का उगाया जाना, जिनका पूर्ण उद्देश्य मृदा अपरदन को रोकना तथा मृदा उत्पादकता को बढ़ाना होता है। इसे ही हरित उर्वरक कहते हैं।

कार्बनिक कृषि

कार्बनिक कृषि प्राकृतिक होती है, जो खेतों के न जोतने के सिद्धान्त पर आधारित होती है, जिसमें किसी उर्वरक या खाद और रोग निवारक का उपयोग नहीं किया जाता है। इसमें निराई-गुडाई का काम नहीं होता है। इसमें केवल फसल को बोने और काटने का कार्य तथा मिट्टी की उर्वरकता बढ़ाने का कार्य जैविक अवशेषों द्वारा किया जाता है।

सवंर्धन कृषि

क्रमिक कृषि के अतिरिक्त एक और गहन कृषि जिसे '*संवर्धन कृषि*' कहते हैं, जिसमें केवल एक ही फसल को एक समय में उगाया जाता है।

ड्रिप सिंचाई

इस विधि में जल का उपयोग बहुत ही मितव्ययता पूर्वक किया जाता है इसकी शुरुआत इजराइल में हुई थी। यह सिंचाई की ऐसी विधि है, जिसमें जल को बूंदों के रूप में धीरे-धीरे छिड़का जाता है जिससे जल की क्षति कम से कम होती है और जल भूतल में ज्यादा गहराई तक जाने से बचा लिया जाता है।

बायोम

यह पौधों एवं जन्तुओं का ऐसा संयोजन एवं एकत्रीकरण है जो उपमहाद्वीपीय स्तर पर एक क्षेत्रीय पारिस्थितिक इकाई का निर्माण करता है। बायोम वितरण स्थलाकृति तथा जलवायु द्वारा नियंत्रित होता है।

जैव संरक्षण केन्द्र

जैव संरक्षण केन्द्र वे स्थलीय एवं तटीय पारिस्थितिक तंत्र होते हैं, जो यूनेस्को के मैन एवं बायोस्फीयर प्रोग्राम (M.A.B.) के अन्तर्गत निर्धारित किये जाते हैं।

जैव विविधता

किसी पारिस्थितिक तंत्र में पाये जाने वाले जीवों की विविधता को जैव विविधता कहते हैं। किसी भी पारिस्थितिक क्षेत्र में जितनी ज्यादा विविध जीवों की संख्या होती है उसकी जैव विविधता उतनी ही ज्यादा होती है।

नगरीय उपान्त

किसी नगरीय क्षेत्र के चारों ओर वह क्षेत्र जिसमें भूमि उपयोग बदलता जाता है। (ग्रामीण से शहरी) तथा भूमि की कीमत एवं जनसंख्या घनत्व भी बढ़ता जाता है। नगरीय उपान्त कहलाते हैं।

टेक्नोपोल्स

जब किसी क्षेत्र का विकास योजनाबद्ध तरीके से वहाँ के उद्योग, विज्ञान एव प्रौद्योगिकी पार्क और अन्य उच्चस्तरीय औद्योगिक संकेन्द्रों के विकास के लिए किया जाता है, तब उस स्थान को टेक्नोपोल्स कहते हैं।

पारिस्थतिक शहर

पारिस्थितिक शहर वे शहर होते हैं जो आर्थिक रूप से स्थायी समाज के अनुरूप पर्यावरण को बनाये रखते हैं। ये शहर पर्यावरण को क्षति नही पहुँचाते हैं तथा पर्याप्त रूप से ऊर्जा का संवर्धन, प्रदूषण रहित, प्राकृतिक संसाधनों का बचाव वहाँ रहने वाले व्यक्तियों के उच्च जीवन स्तर को बनाये रखने में मदद करता है। जैसे—ताज पारिस्थितिक शहर एवं कोट्टयम पारिस्थितिक शहर।

पारिस्थितिक पर्यटन

इस पर्यटन के अन्तर्गत प्राकृतिक पर्यावरण संरक्षण का पूरा ध्यान दिया जाता है जिसके माध्यम से वहाँ के पर्यावरण को पर्यावरण मूल्यों एवं सतत विकास के सिद्धान्तों को मदद मिलती है। केरल ऐसा पहला राज्य है, जो इस मॉडल के आधार पर पारिस्थितिक पर्यटन का विकास कर रहा है।

सतत् विकास

सतत् विकास ऐसा विकास है जिसमें प्राकृतिक संसाधनों का प्रयोग इस तरह किया जाता है जिससे प्राकृतिक संसाधनों का क्षरण नहीं होने पाये। इसमें संसाधनों का उपयोग इस तरह किया जाता है, कि पर्यावरण को किसी तरह की क्षति ना हो।

राइपेरियन राज्य

वे राज्य जिनके अन्तर्गत नदी का अपवाह क्षेत्र फैला होता है। राइपेरियन राज्य कहलाते हैं जैसे—कर्नाटक, केरल, तमिलनाडु, पांडिचेरी कोवरी नदी के राइपेरियन राज्य हैं।

टेलीमेडीसिन

संचार तकनीक, सूचना प्रौद्योगिकी और मेडिकल प्रौद्योगिकी का ऐसा समन्वित आर्थिक एकीकरण जिसको उद्देश्य मेडिकल क्षेत्र को जनसाधारण तक पहुंचाना है। यही *टेलीमेडिसन* कहलाता है।

बाघ परियोजना

सरकार द्वारा 1973 में प्रारम्भ की गयी बाघ परियोजना के अन्तर्गत 17 राज्यों में बाघ संरक्षित क्षेत्र बनाने के लिए तथा उन क्षेत्रों को सुरक्षित बनाये रखने

के लिए आदिवासियों को स्वतन्त्र पुनर्वास के लिए वित्तीय सहायता बाघ परियोजना के मुख्य उद्देश्य हैं।

'गजसभा' या हाथी परियोजना

सरकार द्वारा 1992 में एशियाई हाथियों के संरक्षण के लिए हाथी पाये जाने वाले सभी राज्यों में इस योजना को लागू किया गया। इसके अन्तर्गत 11 हाथी संरक्षण क्षेत्र चिन्हित किये गये हैं।

शहरीकरण

व्यक्तियों के गाँव से शहर प्रवास करने के कारण उनके व्यवहार, आर्थिक सम्पन्नता तथा जीने के तरीकों में हुये परितर्वनों को शहरीकरण कहते हैं। इसका प्रभाव व्यक्ति के मूल गांव के व्यक्तियों पर भी पड़ता है।

डेज़र्ट मार्जिन प्रोग्राम

इस कार्यक्रम के अनुसार पर्यावरण संतुलन को बनाए रखते हुए न सिर्फ रेगिस्तान को बढ़ने से रोका जा सकता है बल्कि जैव विविधता एवं कृषि वानिकी के द्वारा मरू भूमि को दोबारा कृषि योग्य बनाकर कृषकों को लाभान्वित कर सकते हैं, साथ ही पर्यावरण संतुलन भी बना रहेगा।

फर्टिलाइजर माइक्रोडोजिंग

इस प्रक्रिया की खेती में उर्वरक बहुत ही सीमित एवं संतुलित मात्रा में और सही समय पर उपयोग किया जाता है। कृषक उर्वरक का माप कर उसे बीज के नजदीक ही डालते हैं।

शुष्क भूमि पर्यावरण कृषि

यह वृक्ष फसल पशुपालन का समन्वित कृषि कार्यक्रम है। इस प्रकार की खेती में तेज बढ़ने वाले वृक्षों को सलाना फसल के साथ उगाया जाता है, परंपरागत कृषि के मुकाबले इस प्रकार की कृषि में दोगुनी से ज्यादा आमदनी होती है।

फंक्शनल फूड

ये इस तरह के भोज्य पदार्थ हैं जो पौष्टिक आहार के साथ-साथ शरीर को सेहतमंद रखने में भी सहायक होते हैं।

अहिंसा रेशम

इस प्रकार की रेशम खेती में रेशम का कीड़ा गुच्छे के अंदर मरता नहीं है एवं बाहर आ जाता है। इस प्रक्रिया में रेशम के रेशे तो कुछ टूट जाते हैं परंतु कीड़े (पादप़) की जान बच जाती है। हालांकि इस तरह की रेशम खेती महंगी होती है परंतु काफी हद तक अहिंसात्म भी।

केन्द्रीय प्रायोजित परियोजना

किसी कार्य विशेष को ध्यान में रखकर बनाई गई परियोजना जिसके क्रियान्वयन का वित्तिय भार केन्द्र सरकार द्वारा वहन किया जाता है। इनमें वित्तिय सहायता केन्द्र द्वारा सीधी जिला एवं पंचायत स्तर को प्रदान की जाती है, वर्तमान में ऐसी करीब 150 परियोजनाएँ क्रियांवित हैं।

जैविक कृषि

इस प्रकार की कृषि में मानव निर्मित रसायनों का प्रयोग उर्वरक या खरपतनाशक आदि के रूप में बिल्कुल वर्जित है। इस प्रकार की खेती में फसल की पैदावार जैविक खाद एवं क्राप रोटेशन पर आधारित होती है।

साक्षरता

साक्षरता महज ऐसे साक्षरों के प्रतिशत को नहीं जोड़ती जो सिर्फ पढ़ना-लिखना जानते हो परंतु ऐसे नागरिक जो राष्ट्र की औद्योगिक या सेवा इकाई में किसी भी प्रकार की उपयोगिता दे रहे हों। जैसे—मार्केटिंग, डिज़ाइनिंग एवं प्रोसेसिंग आदि।

ग्रीन बिल्डिंग

इस प्रकार की इमारत जहाँ प्राकृतिक रूप से उपलब्ध रोशनी, जल एंव अन्य उपलब्ध प्राकृतिक संसाधनों का प्रकृति के अनुरूप बेहतर उपयोग होता है। इसका उद्देश्य की, इमारत का डिजाइन एवं निर्माण इस तरह हो कि मनुष्य प्रकृति से जुड़ा महसूस करे एवं सेहतमंद रहे।

ट्रक फार्मिंग

इस प्रकार की कृषि जहाँ फल, सब्जी आदि उगाए जाते हों, जिन्हें जल्दी बाजार तक पहुँचाना जरूरी होता है वर्ना पदार्थ के खराब होने का भय रहता है।

दून

सपाट सतह आकार की घाटियाँ जो शिवालिक एवं हिमालय पर्वत श्रेणी के मध्य पाई जाती हैं। यहाँ घने जंगल पाए जाते हैं एवं सघन कृषि होती है। उदारहण—देहरादून।

विषयवार अभ्यास प्रश्न

ब्रह्मांड एवं सौर मण्डल

1. आकाश गंगा (Milky Way) वर्गीकृत की गई है–
   (a) सर्पिलाकार गैलेक्सी के रूप में
   (b) विद्युत गैलेक्सी के रूप में
   (c) अनियमित गैलेक्सी के रूप में
   (d) गोलाकार गैलेक्सी के रूप में

2. हमारी आकाश गंगा के केंद्र की परिक्रमा करने में सूर्य को समय लगता है–
   (a) 2.5 करोड़ वर्ष (b) 10 करोड़ वर्ष
   (c) 25 करोड़ वर्ष (d) 50 करोड़ वर्ष

3. तारे का रंग सूचक है–
   (a) सूर्य से दूरी का (b) उसकी ज्योति का
   (c) उसकी पृथ्वी से दूरी का (d) उसके ताप का

4. वह सीमा, जिसके बाहर तारे आंतरिक मृत्यु से ग्रसित होते हैं, कहलाती है–
   (a) चंद्रशेखर सीमा (b) एडिंगटन सीमा
   (c) हायल सीमा (d) फाउलर सीमा

5. कृष्ण छिद्र सिद्धांत को प्रतिपादित किया था–
   (a) सी. वी. रमन ने (b) एच. जे. भाभा ने
   (c) एस. चंद्रशेखर ने (d) हरगोविन्द खुराना ने

6. **कथन (A):** कृष्ण छिद्र एक ऐसा खगोलीय अस्तित्व है जिसे दूरबीन से देखा नहीं जा सकता।

   कारण (R): कृष्ण छिद्र पर गुरूत्वीय क्षेत्र इतना प्रबल होता है कि यह प्रकाश को भी बच निकलने नहीं देता।

   उपर्युक्त कथनों के संदर्भ में निम्नलिखित में से कौन सही है–

   कूट:
   (a) A और R दोनों सही हैं पर A की सही व्याख्या R करता है।
   (b) A और R दोनों सही हैं पर A की सही व्याख्या R नहीं करता है।
   (c) A सही है पर R गलत है।
   (d) A गलत है पर R सही है।

7. 'ब्लैक होल' अंतरिक्ष में एक पिंड है जो किसी भी प्रकार के विकिरण को बाहर नहीं आने देता। इस गुण का कारण है–
   (a) बहुत छोटा आकार
   (b) बहुत बड़ा आकार
   (c) बहुत उच्च घनत्व
   (d) बहुत अल्प घनत्व

8. निम्नांकित में से कौन अंतरिक्ष शब्दावली से संबंधित नहीं है ?
   (a) टेलीमीटरिंग (b) भारहीनता
   (c) सिसलुनर (d) बाइट

9. सूची-I को सूची-II से सुमेलित कीजिए तथा सूचियों के नीचे दिए गए कूट की सहायता से सही उत्तर का चयन कीजिए–

सूची-I	सूची-II
A. ग्रह	1. चंद्रमा
B. उपग्रह	2. यूरेनस
C. पुच्छल तारा	3. मेराइनर
D. कृत्रिम उपग्रह	4. हैली

कूट:

	A	B	C	D
(a)	2	1	4	3
(b)	1	2	3	4
(c)	4	3	1	2
(d)	2	1	3	4

10. निम्नांकित में से कौन अंतरिक्ष में नहीं पाया जाता है ?
   (a) पल्सर (b) ब्रिटल स्टार
   (c) ब्लैक होल (d) क्वासर

11. निम्नलिखित कथनों पर ध्यान दीजिए–
   पृथ्वी और सूर्य के बीचों-बीच स्थित अंतरिक्ष यान में बैठे व्यक्ति को दिखाई पड़ेगा कि–
   1. आकाश स्याह काला है
   2. तारे टिमटिमाते नहीं हैं
   3. अंतरिक्ष यान के बाहर का ताप पृथ्वी तल के ताप से कहीं अधिक है

   इन कथनों में–
   (a) केवल 3 सही है (b) 1 और 2 सही है
   (c) 1 और 3 सही है (d) 1, 2 और 3 सही है

12. एक खगोलीय एकक (One Astronomical Unit) औसत दूरी है–
   (a) पृथ्वी और सूर्य के बीच की
   (b) पृथ्वी और चंद्रमा के बीच की
   (c) बृहस्पति और सूर्य के बीच की
   (d) प्लूटो और सूर्य के बीच की

13. 'प्रकाश वर्ष' इकाई है–
   (a) समय की
   (b) दूरी की
   (c) चमकीलापन की
   (d) इनमें से कोई नहीं

14. तारों के मध्य दूरी ज्ञात करने की इकाई है–
   (a) स्टीलर मील (b) कॉस्मिक किलोमीटर
   (c) गैलेक्टिक इकाई (d) प्रकाश वर्ष

15. महाविस्फोट सिद्धांत संबंधित है–
(a) महाद्वीपीय विस्थापन से
(b) ब्रह्मांड की उत्पत्ति से
(c) हिमालय की उत्पत्ति से
(d) ज्वालामुखियों के विस्फोट से

16. यह किसने सर्वप्रथम प्रतिपादित किया कि सूर्य हमारे सौर मंडल का केंद्र है और पृथ्वी उसकी परिक्रमा करती है ?
(a) न्यूटन
(b) गैलीलियो
(c) पाणिनी
(d) कॉपरनिकस

17. हमारे सौर परिवार के संदर्भ में निम्नलिखित में से कौन-सा कथन सही है ?
(a) हमारे सौर परिवार के सभी ग्रहों में पृथ्वी सघनतम है।
(b) पृथ्वी के संघटन में मुख्य तत्व सिलिकन है।
(c) सूर्य में सौर परिवार के द्रव्यमान का 75 प्रतिशत अन्तर्विष्ट है।
(d) सूर्य का व्यास पृथ्वी के व्यास का 190 गुना है।

18. सौर मंडल में ग्रहों की संख्या है–
(a) 7 (b) 9 (c) 12 (d) 21

19. ग्रहों के बारे में निम्न में क्या सत्य है ?
(a) ये प्रकाशहीन होते हैं किंतु चमकते नहीं हैं।
(b) ये अप्रकाशमान होते हुए भी चमकते हैं।
(c) ये प्रकाशवान होते हैं, किंतु चमकते नहीं हैं।
(d) ये प्रकाशवान भी हैं और चमकते भी हैं।

20. निम्नलिखित ग्रहों को उनकी सूर्य से दूरी के बढ़ते क्रम में व्यवस्थित कीजिये–
1. प्लूटो 2. पृथ्वी
3. बृहस्पति 4. यूरेनस

कूट :
(a) 2, 3, 4, 1 (b) 4, 3, 2, 1
(c) 3, 2, 4, 1 (d) 1, 2, 4, 3

21. सूची-I को सूची-II के साथ सुमेलित कीजिए और सूचियों के नीचे दिए गए कूट का प्रयोग कर सही उत्तर चुनिए–

सूची-I (विशेष लक्षण)	सूची-II (ग्रह का नाम)
A. सौरमंडल का सबसे छोटा ग्रह	1. बुध
B. सौरमंडल का सबसे बड़ा ग्रह	2. शुक्र
C. सौरमंडल में सूर्य से दूसरे स्थान पर ग्रह	3. बृहस्पति
D. सूर्य से निकटतम ग्रह	4. प्लूटो
	5. शनि

कूट:

	A	B	C	D
(a)	2	3	5	1
(b)	3	5	1	2
(c)	4	1	2	3
(d)	4	3	2	1

22. निम्नलिखित को आकार के अनुसार घटते क्रम में लगाइए तथा नीचे दिए गए कूट से सही उत्तर चुनिए–
1. बृहस्पति 2. यूरेनस (वरूण)
3. पृथ्वी 4. शनि

कूट:
(a) 1, 4, 3, 2 (b) 4, 1, 2, 3
(c) 1, 4, 2, 3 (d) 4, 1, 3, 2

23. निम्नलिखित में से कौन-सा ग्रह सौरमंडल का नहीं है ?
(a) बुध (b) फ्लोरिडा
(c) शुक्र (d) शनि

24. सूर्य से दूरी के क्रम में, निम्नलिखित में से कौन-से दो ग्रह, मंगल और अरुण ग्रह के बीच हैं ?
(a) पृथ्वी और बृहस्पति
(b) बृहस्पति और शनि
(c) शनि और पृथ्वी
(d) शनि और वरूण (नेपच्यून)

25. सूर्य के केंद्र में उपस्थित पदार्थ होते हैं–
(a) ठोस, द्रव तथा गैसीय अवस्थाओं में
(b) केवल द्रव अवस्था में
(c) केवल गैसीय अवस्था में
(d) द्रव एवं गैसीय दोनों अवस्थाओं में

26. सूर्य की ऊर्जा उत्पन्न होती है–
(a) आयनन द्वारा (b) नाभिकीय संलयन द्वारा
(c) नाभिकीय विखंडन द्वारा (d) आक्सीकरण द्वारा

27. जिस तारामंडल के तारे ध्रुव तारे की ओर संकेत करते हैं, वह हैं–
(a) सप्तऋषि (b) मृग
(c) वृश्चिक (d) वृष

28. सूर्य और पृथ्वी के बीच औसत दूरी कितनी है ?
(a) 70×10^5 किमी. (b) 100×10^5 किमी.
(c) 110×10^6 किमी. (d) 150×10^6 किमी.

29. पृथ्वी सूर्य से निकटतम दूरी पर होती है–
(a) 3 जनवरी को (b) 4 जुलाई को
(c) 22 मार्च को (d) 21 सितंबर को

30. निम्नलिखित में से कौन-सा ग्रह सबसे कम समय में सूर्य का चक्कर लगाता है ?

(a) प्लूटो (b) बुध
(c) पृथ्वी (d) शनि

उत्तरमाला

1. (a)	**2.** (c)	**3.** (d)	**4.** (a)	**5.** (c)	**6.** (d)	**7.** (c)	**8.** (d)	**9.** (a)	**10.** (b)
11. (b)	**12.** (a)	**13.** (b)	**14.** (d)	**15.** (b)	**16.** (d)	**17.** (a)	**18.** (b)	**19.** (b)	**20.** (a)
21. (d)	**22.** (c)	**23.** (b)	**24.** (b)	**25.** (d)	**26.** (b)	**27.** (a)	**28.** (d)	**29.** (a)	**30.** (b)

पृथ्वी एवं उसकी संरचना तथा गतियाँ

1. एक स्थान की जो सही अक्षांशीय स्थिति हो सकती है, वह है–

(a) 91º उत्तर (b) 45º पूर्व
(c) 45º दक्षिण (d) 91º पश्चिम

2. निम्नलिखित में से कौन-सा एक ग्लोब पर वृहत् वृत्त नहीं है ?

(a) भूमध्य रेखा
(b) प्राइम मेरिडियन लाइन
(c) 60º पूर्वी देशांतर रेखा
(d) 60º उत्तर अक्षांश रेखा

3. शून्य अंश अक्षांश तथा शून्य अंश देशांतर किस स्थान पर मिलती है ?

(a) अटलांटिक महासागर
(b) आर्कटिक महासागर
(c) हिंद महासागर
(d) प्रशांत महासागर

4. शून्य अंश अक्षांश तथा शून्य अंश देशांतर किस खाड़ी में मिलते हैं ?

(a) गिनी की खाड़ी (अफ्रीका)
(b) कार्येण्टिया की खाड़ी
(c) फारस की खाड़ी
(d) मैक्सिको की खाड़ी

5. जब 82º30' पूर्वी देशांतर पर मध्यान्ह हो तब प्रातः के 6.30 किस देशांतर या अंश पर बजेंगे ?

(a) 165º पूर्व
(b) 67º30' पश्चिम
(c) 0º पूर्व या पश्चिम
(d) 82º30' पश्चिम

6. यदि दो स्थानों की स्थिति में 90 डिग्री देशांतर का अंतर है, तब दोनों स्थानों के बीच समयान्तर होगा–

(a) 3 घंटे (b) 6 घंटे
(c) 9 घंटे (d) 12 घंटे

7. जब ग्रीनविच में मध्यान्ह (दोपहर 12 बजे) है, एक जगह का स्थानीय समय 5 बजे सायं है। निम्नलिखित में वह कौन-सा देशान्तर है, जिस पर उपर्युक्त जगह अवस्थित है ?

(a) 75º पूर्व
(b) 75º पश्चिम
(c) 150º 150º पूर्व
(d) 150º पूर्व

8. कौन-सा देशांतर प्रधान याम्योत्तर के साथ मिलकर ग्लोब पर वृहत् वृत्त का निर्माण करता है ?

(a) 0º (b) 90º पूर्व
(c) 90º पश्चिम (d) 180º

9. किसी स्थान का मानक समय निर्धारित करने का आधार होता है–

(a) देशांतर रेखा (b) अक्षांश रेखा
(c) अंतर्राष्ट्रीय तिथि रेखा (d) प्रधान मध्यान्ह रेखा

10. प्रधान याम्योत्तर गुज़रती है–

1. अल्जीरिया से 2. फ्रांस से
3. नाइजीरिया से 4. पुर्तगाल से

सही उत्तर के चयन हेतु नीचे दिए गए कूट का प्रयोग कीजिए–

(a) 1 एवं 2 (b) 2 एवं 3
(c) 3 एवं 4 (d) 1 एवं 3

11. निम्नलिखित देशों में से किनका समय GMT के समान है ?

1. आइसलैंड 2. लाइबेरिया
3. पुर्तगाल 4. सियरालियोन

नीचे दिए हुये कूटों में से सही उत्तर का चयन कीजिए–

(a) 1, 2 और 3 (b) 1, 3 और 4
(c) 1, 2 और 4 (d) सभी

12. ग्रीनविच की देशांतर रेखा से पूर्व या पश्चिम में स्थित होने के आधार पर निम्नलिखित देशों का मानक समय ग्रीनविच माध्य समय से या तो आगे है या पीछे–

1. क्यूबा 2. ग्रीस (यूनान)
3. इराक 4. कोस्टारिका
5. जापान

ग्रीनविच माध्य समय से आगे से पीछे के क्रम की दृष्टि से देशों के मानक समय का निम्नलिखित में से कौन-सा क्रम सही है ?

(a) 5, 4, 1, 3, 2 (b) 2, 4, 1, 3, 5
(c) 4, 1, 3, 2, 5 (d) 3, 5, 4, 1, 2

13. जब I.S.T. याम्योत्तर पर दोपहर होती है तब धरती पर एक अन्य स्थान पर लोग अपनी सुबह 6.00 बजे की चाय ले रहे होते हैं उस स्थान का देशांतर है–

(a) 17º30' पूर्व (b) 7º30' पश्चिम
(c) 172º30' पूर्व (d) 90º पश्चिम

14. ग्लोब पर दो स्थानों के बीच न्यूनतम दूरी नहीं होती है–

(a) 45º उत्तरी अक्षांश पर
(b) 45º दक्षिणी अक्षांश पर
(c) प्रधान देशांतर पर
(d) अंतर्राष्ट्रीय तिथि रेखा पर

15. अंतर्राष्ट्रीय दिनांक रेखा खींची जाती है–

(a) अफ्रीका से होकर
(b) एशिया से होकर
(c) प्रशांत महासागर से होकर
(d) अटलांटिक महासागर से होकर

16. **कथन (A):** अंतर्राष्ट्रीय तिथि रेखा पर ग्रीनविच से 12 घंटे का अंतर है।
कारण (R): अंतर्राष्ट्रीय तिथि रेखा 180 डिग्री देशांतर पर स्थित है।

नीचे दिए गए कूट का प्रयोग कर सही उत्तर का चयन कीजिए–
(a) A और R दोनों सही हैं पर A की सही व्याख्या R करता है।
(b) A और R दोनों सही हैं पर A की सही व्याख्या R नहीं करता है।
(c) A सही है पर R गलत है।
(d) A गलत है पर R सही है।

17. निम्नलिखित में से कौन-सा एक जलडमरू (Strait) अंतर्राष्ट्रीय तिथि रेखा के सर्वाधिक निकट है ?
(a) मलक्का जलडमरूमध्य
(b) बेरिंग जलडमरूमध्य
(c) फ्लोरिडा का जलडमरूमध्य
(d) जिब्राल्टर का जलडमरूमध्य

18. किसी जहाज़ को सबसे कम समय में एक स्थान से दूसरे स्थान तक जाने के लिए निम्न में से किसे मार्ग बनाना चाहिए ?
(a) समुद्री धारा (b) समुद्री हवा
(c) देशांतर (d) अक्षांश

19. किसी जगह का स्थानीय समय 6.00 प्रात: है जब कि ग्रीनविच मीन टाइम (जी.एम.टी.) 3.00 प्रात: है। उस जगह की देशांतर रेखा क्या होगी ?
(a) 45° पश्चिम (b) 45° पूर्व
(c) 120° पूर्व (d) 120° पश्चिम

20. निम्न में से कौन-सा कथन असत्य है ?
(a) उष्ण कटिबंधीय क्षेत्र का विस्तार दोनों गोलार्द्ध में 23 ½ ° तक विस्तृत है।
(b) उत्तर दिशा में शीतोष्ण कटिबंध का विस्तार अंटार्कटिक वृत्त तक विस्तृत है।
(c) शीत कटिबन्ध का विस्तार दोनों गोलार्द्धों में ध्रुवों पर है।
(d) मकर रेखा और अंटार्कटिक वृत्त के मध्य का क्षेत्र शीतोष्ण कटिबन्ध कहलाता है।

21. निम्नलिखित समूहों में से किस एक के देशों में से भूमध्यरेखा गुजरती है ?
(a) ब्राज़ील, जाम्बिया और मलेशिया
(b) कोलम्बिया, केन्या और इंडोनेशिया
(c) ब्राज़ील, सूडान और मलेशिया
(d) वेनेजुएला, इथियोपिया और इंडोनेशिया

22. भूमध्य रेखा गुजरती है–
(a) मध्य अफ्रीका गणराज्य से होकर
(b) केन्या से होकर
(c) सारावाक से होकर
(d) वेनेजुएला से होकर

23. जिस अक्षांश पर वार्षिक तापांतर न्यूनतम होता है, वह है–
(a) भूमध्य रेखा
(b) कर्क रेखा
(c) मकर रेखा
(d) उत्तरी ध्रुव वृत्त

24. निम्नलिखित नगरों में से कौन-सा एक भूमध्य रेखा के सर्वाधिक निकट है ?
(a) कोलम्बो
(b) जकार्ता
(c) मनीला
(d) सिंगापुर

25. निम्नलिखित देशों में से कौन भूमध्य रेखा पर अवस्थित है ?
1. ब्रुनेई 2. कोलंबिया
3. केन्या 4. वेनेजुएला
नीचे दिए गए कूट की सहायता से सही उत्तर चुनिए–
(a) 1 एवं 2 (b) 2 एवं 3
(c) 3 एवं 4 (d) 1 एवं 4

26. भूमध्य रेखा, कर्क रेखा और मकर रेखा तीनों निम्न में से किस एक महाद्वीप से गुजरती है ?
(a) अफ्रीका
(b) एशिया
(c) उत्तरी अमेरिका
(d) दक्षिणी अमेरिका

27. कौन-सा महत्वपूर्ण अक्षांश भारत को दो लगभग बराबर भागों में विभाजित करता है ?
(a) 23° 30' दक्षिण
(b) 33° 33' उत्तर
(c) 0°
(d) 23° 30' उत्तर

28. मकर रेखा नहीं गुजरती है–
(a) बोलीविया से
(b) परागुए से
(c) अर्जेंटीना से
(d) ब्राज़ील से

29. निम्नलिखित देशों पर विचार कीजिए–
1. आस्ट्रेलिया 2. नामीबिया
3. ब्राज़ील 4. चिली
उपर्युक्त में से किन-किन से होकर मकर रेखा गुजरती है ?
(a) केवल 1 (b) 2, 3 और 4
(c) 1, 2 और 3 (d) 1, 2, 3 और 4

उत्तरमाला

1. (c)	**2.** (d)	**3.** (a)	**4.** (a)	**5.** (c)	**6.** (b)	**7.** (a)	**8.** (d)	**9.** (d)	**10.** (a)
11. (d)	**12.** (a)	**13.** (d)	**14.** (d)	**15.** (c)	**16.** (a)	**17.** (b)	**18.** (c)	**19.** (b)	**20.** (b)
21. (b)	**22.** (b)	**23.** (a)	**24.** (d)	**25.** (b)	**26.** (a)	**27.** (d)	**28.** (a)	**29.** (d)	

स्थलमण्डल

1. निम्नलिखित में से कौन-सी भौगोलिक संरचना हिमालय प्रदेश में अवस्थित है ?
   (a) सांग्ला घाटी (b) नुब्राघाटी
   (c) अंशकु घाटी (d) नेओरा घाटी

2. निम्नलिखित में से किसे 'भूत के नवीनतम पर्वत' की संज्ञा प्रदान की गई है ?
   (a) ज्वालामुखी पर्वत
   (b) भ्रंशोत्थ पर्वत
   (c) वलित पर्वत
   (d) अवशिष्ट पर्वत

3. निम्नलिखित में से कौन पर्वत श्रेणी को परिभाषित करता है ?
   (a) विभिन्न युगों में निर्मित लम्बे एवं संकरे पर्वतों का समानांतर विस्तार
   (b) विभिन्न युगों में निर्मित संकीर्ण एवं ऊँची पहाड़ियों का क्रमवद्ध विस्तार
   (c) एक ही युग में निर्मित पहाड़ियों का समूह जिसमें कई शिखर, कटक, घाटिया हो
   (d) विभिन्न युगों में निर्मित पर्वतों का गोलाकार समूह

4. निम्नलिखित में से कौन सक्रिय ज्वालामुखी की श्रेणी में आता है ?
   (a) किलिमिन्जारो — तजांनिया
   (b) फयूजीयामा — जापान
   (c) नारकोडंम — अण्डमान निकोबार (भारत)
   (d) दुकानो — इण्डोनिशिया

5. निम्नलिखित में से कौन ब्रहमाण्ड का सबसे बड़ा ज्वालामुखी है ?
   (a) ओलंपस मोंस — मंगल
   (b) मौनालोआ — पृथ्वी
   (c) मोन्स रमकर — चन्द्रमा
   (d) पैवनिस मोन्स — मंगल

6. अंतर्राष्ट्रीय स्तर पर 'मेसाबी रेंज' जिस उत्पादन के लिए जाना जाता है वह है-
   (a) ताबां (b) सोना
   (c) लौह अयस्क (d) यूरेनियम

7. गैलापागोस द्वीप समूह किस देश में स्थित है ?
   (a) ब्रिटेन (b) इजराइल
   (c) इक्वाडोर (d) कनाडा

8. एक ही प्रकार के लक्षणों से युक्त शैलों को मिलाने वाली रेखा कहलाती है-
   (a) आइसोक्लाइन (b) आइसोग्रैंड
   (c) आइसोकेफ (d) आइसोफेन

9. डेल्टा किस श्रेणी का उच्चाकथ है ?
   (a) प्रथम श्रेणी
   (b) द्वितीय श्रेणी
   (c) तृतीय श्रेणी
   (d) इनमे में कोई नही

10. सूची-I व सूची-II को सुमेलित कीजिए तथा सही विकल्प चुनिए-

	सूची-I		सूची-II
(a)	एशिया का मृत सागर	—	ग्रीवा खण्ड (Nappes)
(b)	ज्वालामुखी एवं भूकंप	—	बहिर्जनिक (Exogenetic)
(c)	अपक्षय, वृहद सरण,	—	रिफत घाटी अपरदन, निक्षेपण
(d)	कश्मीर की घाटी	—	अन्तर्जनित (Endogenetic)

विकल्प—

	A	B	C	D
(a)	4	3	2	1
(b)	1	2	3	1
(c)	3	4	2	1
(d)	3	2	4	1

11. सूची-I व सूची-II को सुमेलित कीजिए तथा सही विकल्प चुनिए-

	सूची-I	सूची-II
(a)	फेल्सपार, कवार्ट्ज, अभ्रक	(1) घात्विक समूह
(b)	कैलसाइट एवं डोलोमाइट	(2) सिलिकेट समूह
(c)	पाइराइट लौह सल्फालड्स	(3) सल्फाइड्स समूह
(d)	बाक्साइट हेमेटालठ, मैग्नेटाइट	(4) कार्बोनेट समूह

विकल्प—

	A	B	C	D
(a)	1	2	3	4
(b)	4	3	2	1
(c)	2	3	4	1
(d)	2	4	3	1

12. अभिकेन्द्र, भूकम्प से कितने डिग्री कोण पर होता है ?
   (a) 1800°
   (b) 900°
   (c) 450°
   (d) 2700°

13. 'पोल्डर्स' किसे कहते है ?
   (a) पेनीप्लेन में पाए जाने वाले कठोर शैलो को
   (b) हालैण्ड में समुद्रतल के नीचे जोने वाले मैदान को
   (c) उत्तरी अमेरिका के हिमानी मैदानो को
   (d) उत्तरी अमेकिका का ग्रेट प्लेन

14. सुमेलित कीजिए–

सूची-I मैदान का प्रकार	सूची-II निर्माण स्थल
(a) कार्स्ट मैदान	(1) चूने के प्रदेशों में
(b) बट्टस मृत्रिका मैदान	(2) निक्षेपण वाले स्थल
(c) तटीय मैदान	(3) महाद्वीपीय मग्न तट
(d) झीलो के मैदान	(4) झीलो के पेटे के उत्थान एवं झील के जल सूखने से

विकल्प—

	A	B	C	D
(a)	1	2	3	4
(b)	4	3	2	1
(c)	1	4	3	2
(d)	2	4	3	1

15. भूकंप आने की स्थिति में कौन सी तरंगें सिस्मोग्राफ में सबसे पहले रिकार्ड होंगी ?

(a) P—तरंगे (b) S—तरंगे
(c) L—तरंगे (d) रिले—तरंगे

16. 'बरखान' क्या है ?

(a) पश्चिमी आस्ट्रेलिया में चलने वाली ठंडी धाराएँ
(b) एक विशेष आकृति वाला बालू का टीला
(c) पूर्वी यूरोप में अवस्थिति एक झील
(d) एक प्रकार का तूफान

17. निम्नलिखित में कौन सी रेखा सुमेलित नही है ?

(a) 141° पश्चिमी देशांतर रेखा की — अलास्का व कनाडा सीमा रेखा
(b) 17वीं समानातर रेखा — उत्तरी और दक्षिण कोरिया के मधय की सीमा रेखा
(c) 24वीं समानांतर रेखा — जिसे पाकिस्तान, भारत-पाक की सीमा रेखा मानता है किन्तु भारत इसे अस्वीकार करता है
(d) ओडरनीसे रेखा — पूर्व जर्मनी और पोलौण्ड की बीच की सीमा रेखा

18. निम्नलिखित में से कौन सही सुमेलित नही है ?

(a) बादा घाटी — मलेशिया
(b) रेबिट घाटी — सं.रा.अ.
(c) शिकारी घाटी — न्यू साउथ वेल्स (आस्ट्रेलिया)
(d) सेक्रेड घाटी — पेरू

19. निम्नलिखित झीलों में सें कौन-सी बिहार में स्थित है ?

(a) अनुपम झील
(b) सांभर झील
(c) सुखना झील
(d) कामा झील

20. राजस्थान में वे जिले जो अंराष्ट्रीय सीमा पर अवस्थित है–

(a) गंगानगर, बीकानेर, जैसलमेर एवं बाड़मेर
(b) गंगानगर, जोधपुर, जैसलमेर एवं जालोर
(c) गंगानगर, बीकानेर, जोधपुर एवं जालोर
(d) जालोर, जैसलमेर, बाड़मेर एवं बीकानेर

21. जिस दिशा में अरावली श्रेणी की चौड़ाई बढ़ जाती है, वह है–

(a) उत्तर-पूर्व से दक्षिण-पश्चिम
(b) पूर्व से पश्चिम
(c) दक्षिण-पश्चिम से उत्तर पूर्व
(d) पश्चिम से पूर्व

22. मध्य प्रदेश के 3 प्रमुख शहर कौन-से है जो कर्क रेखा के सबसे समीप है ?

(a) इंदौर, जबलपुर, भोपाल
(b) रायगढ़, बिलासपुर, मंडला
(c) उज्जैन, रतलाम, रायसेन
(d) शिवपुरी, छतरपुर, रीवा

23. भोपाल बसा है–

(a) 7 पहाड़ियों पर
(b) 5 पहाड़ियों पर
(c) एक पहाड़ी पर
(d) दो पहाड़ियों पर

24. **कथन:** छत्तीसगढ़ को 'धान का कटोरा' कहा जाता है।

कारण: यहाँ धान की उपज भारत के अन्य प्रांतो से अधिक है।

(a) कथन और कारण दोनों सही है तथा कारण कथन को स्पष्ट करता है।
(b) कथन और कारण दोनों सही है, परन्तु कारण कथन को स्पष्ट नही करता है।
(c) कथन सही है, परन्तु कारण गलत है।
(d) कथन गलत है, परन्तु कारण सही है।

25. **कथनः** महानदी को छत्तीसगढ़ की जीवन रेखा कहा जाता है।

कारणः पूरे राज्य में यही एकमात्र नदी है।

(a) कथन और कारण दोनों सही है तथा कारण कथन को स्पष्ट करता है।
(b) कथन और कारण दोनों सही है, परन्तु कारण कथन को स्पष्ट नही करता है।
(c) कथन सही है, परन्तु कारण गलत है।
(d) कथन गलत है, परन्तु कारण सही है।

26. निम्नलिखित में से कौन सुमेलित नही है ?

(a) एटना — इटली
(b) फयूजीयामा — जापान
(c) पोपा — मयामांर
(d) क्राकाताओ — मलेशिया

27. बहते हुए जल द्वारा निर्मित विहीन मैदानों को निम्नलिखित में सें किस नाम से जाना जाता है ?

(a) पेडीप्लेन, (b) एचप्लेन
(c) पेनीप्लेन (d) पैनप्लेन

उत्तरमाला

1. (a) **2.** (c) **3.** (c) **4.** (d) **5.** (a) **6.** (c) **7.** (c) **8.** (b) **9.** (c) **10.** (c)
11. (d) **12.** (b) **13.** (b) **14.** (a) **15.** (a) **16.** (b) **17.** (b) **18.** (a) **19.** (a) **20.** (a)
21. (a) **22.** (c) **23.** (b) **24.** (c) **25.** (c) **26.** (d) 27. (c)

जलमंडल

1. मन्नार की खाड़ी जैवमण्डल आरक्षित क्षेत्र के सबंधं मे सत्य कथन है–
   (i) यह 10500 हेक्टेयर क्षेत्र पर फैला हुआ है।
   (ii) सामुद्रिक जैव-विविधता के मामले में वह विश्व के सबसे संपन्न क्षेत्र में से एक है।
   (iii) यह एक जैव आरक्षित क्षेत्र है जिसके अतंरगत 21 द्वीप है।
   (iv) यह डुगोंग डुगॉन सहित 3600 पौधों और जीवों की प्रजातियों का स्थल है।

   कूट:
   (a) केवल (i) और (ii)
   (b) केवल (i), (ii) और (iii)
   (c) केवल (i), (iii) और (iv)
   (d) (i), (ii), (iii) और (iv)

2. निम्नलिखित में से कौन-सा कल्पकालिक नदी का एक उदाहरण है?
   (a) राजस्थान मे लूनी नदी
   (b) मध्य प्रदेश मे तापी नदी
   (c) बंगाल में कोसी नदी
   (d) उत्तर भारत में गंडक नदी

3. सूची-I को सूची-II के साथ सुमेलित कीजिए–

सूची-I	सूची-II
(a) पनामा नहर	(i) राटॅरडम से बेसल तक
(b) स्वेज नहर	(ii) अंटलांटिक महासागर को प्रशान्त महासागर से जोड़ता है।
(c) बास जलसंधि	(iii) भूमध्य सागर को लाल सागर से जोड़ता है।
(d) राइन जलमार्ग	(iv) तस्मानिया को आस्ट्रेलिया से पृथक करता है।

विकल्प—

	A	B	C	D
(a)	(i)	(ii)	(iii)	(iv)
(b)	(ii)	(iii)	(i)	(iv)
(c)	(ii)	(iii)	(iv)	(i)
(d)	(iii)	(iv)	(ii)	(i)

4. भूमि में गुरूत्वाकर्षण जल किस तनाव पर रहता है?
   (a) 1/3 एटमासफियर से कम पर
   (b) 1.25 एटमासफियर पर
   (c) 5 एटमासफियर पर
   (d) 15 एटमासफियर पर

5. आन्तरिक सागर स्थित है–
   (a) सफेद सागर
   (b) काला सागर
   (c) कैस्पियन सागर
   (d) जापान सागर

6. सारगैसों किस महासागर से संबंधित है?
   (a) उत्तरी प्रशान्त
   (b) उत्तरी अटलांटिक
   (c) दक्षिणी प्रशान्त
   (d) दक्षिणी अटलांटिक

7. अगलुहास धारा चलती है–
   (a) हिन्द महासागर में
   (b) प्रशान्त महासागर में
   (c) उत्तरी अटलांटिक महासागर में
   (d) दक्षिणी अटलांटिक महासागर में

8. डेल्टा का निर्माण उन स्थानों पर होता है, जहाँ निम्नलिखित नहीं होते–
   (a) चट्टाने
   (b) ज्वार-भाटा
   (c) तेज हवाएँ
   (d) गहरा समुद्र

9. समुद्र तल पर पृथ्वी के केन्द्र के सबसे निकट स्थान है–
   (a) उत्तरी ध्रुव
   (b) मकर रेखा
   (c) कर्क रेखा
   (d) भूमध्य रेखा

10. हमारे जलमण्डल का सबसे बडा भाग है–
    (a) अटलांटिक महासागर
    (b) हिन्द महासागर
    (c) प्रशान्त महासागर
    (d) आर्कटिक महासागर

11. 64,000 किमी. लम्बाई एवं 2,000 किमी. से 2,400 किमी. चौड़ाई वाला एक कटक उत्तरी एवं दक्षिणी अटलांटिक महासागर द्रोणियों के मध्य से गुजरता हुआ हिन्द महासागरीय द्रोणी और फिर आस्ट्रेलिया तथा अण्टार्कटिका के बीच से दक्षिण प्रशान्त महासागरीय द्रोणी में प्रवेश करता है। यह कटक है–
    (a) सोकोत्रा — चैगोस कटक
    (b) प्रशान्त — अण्टार्कटिका कटक
    (c) डाल्फिन — चैलेन्जर कटक
    (d) मध्य — महासागरीय कटक

12. नाईन्टी ईस्ट रिज कहाँ स्थित है?
    (a) प्रशान्त महासागर
    (b) हिंद महासागर
    (c) अंध महासागर
    (d) आर्कटिक महासागर

13. सूची-(I) का सूची- (II) से सुमेलित कीजिए और सूचियों के नीचे दिए गए कूट का प्रयोग कर सही उत्तर चुनिए–

(a) गल्फ स्ट्रीम	(i) प्रशांत महासागर
(b) पश्चिमी वायु प्रवाह से	(ii) पश्चिमी वायु के क्षेत्र के ऊपर पूरब को ओर चलने वाला धारा
(c) पेरू धारा	(iii) हिंद महासागर
(d) पश्चिमी आस्ट्रेलियाई धारा	(iv) गर्म धारा

विकल्प—

	A	B	C	D
(a)	4	2	1	3
(b)	1	3	4	2
(c)	4	3	1	2
(d)	1	2	4	3

14. मलक्का जलसंयोजक में आने-जाने की सुविधाएं है–
(a) हिंद महासागर से चीन सागर तक
(b) लाल सागर से भूमध्य सागर तक
(c) अटलांटिक महासागर से प्रशान्त महासागर तक
(d) भूमध्य सागर से काला-सागर तक

15. निम्नलिखित कथनो पर विचार कीजिए–
(i) बाल्टिक सागर में लवणता कम है क्योकि इसमें नदी का जल भारी मात्रा में प्रवेश करता है।
(ii) ताजे जल के अभाव के कारण काला सागर में लवणता अधिक है।
(iii) भूमध्य सागर में लवणता उच्च वाष्पीकरण के कारण अधिक है।
उपरोक्त में कौन सा/से कथन सत्य है ?
(a) केवल (i) और (ii)
(b) केवल (i) और (iii)
(c) केवल (iii)
(d) (i), (ii) और (iii)

16. भारत की पहली नदी-झील लिंक परियोजना कहाँ शुरू हुई थी ?
(a) श्रीनगर (जम्मू-कश्मीर)
(b) बनारस (उत्तर-प्रदेश)
(c) हरपुरा (मध्य-प्रदेश)
(d) अलीपुर (पश्चिम बंगाल)

17. सूची-I को सूची-II के साथ सुमेलित कीजिए–

सूची-I	सूची-II
(a) रिफ्ट घाटी झीलें	(i) अपरदन से निर्मित झीलें
(b) सर्क झीलें	(ii) भूस्खलन तथा हिमस्खलन से निर्मित झील
(c) कार्स्ट झीलें	(iii) भूसंचलन से निर्मित झीलें
(d) बैरियन झीलें	(iv) हिमाच्छादन से निर्मित झीलें

विकल्प—

	A	B	C	D
(a)	(ii)	(iv)	(i)	(ii)
(b)	(iv)	(ii)	(iii)	(i)
(c)	(ii)	(i)	(iii)	(iv)
(d)	(i)	(ii)	(iii)	(iv)

18. निम्नलिखित में से कौन-सा कथन असत्य है ?
(i) नदी के समाप्ति स्थल पर गाद जम जाने के कारण बनी धाराओ का समूह वितरिका
(ii) जब इण्डो आस्ट्रेलियन प्लेट का यूरेशियन प्लेट से टकराव हुआ तब आग्नेय चट्टानो वाली ज्यासिंक्लाइन टेथिस से हिमालय की उत्पत्ति हुई।
(iii) इंडिया पॉइंट भारतीय संघ का सुदूर दक्षिणी विंदु है।
(iv) दक्कन ट्रैप अवसादी चट्टानों से बना है जो समय के साथ अनाच्छादित होता रहा है और इस कारण काली मिट्टी बनी

कूट:
(a) केवल (i) और (ii)
(b) केवल (ii) और (iii)
(c) केवल (i) और (iv)
(d) केवल (ii) और (iv)

19. एल-नीनो और ला-नीना के संबंध में इनमें सें कौन तथ्य सही है ?
(i) एल-नीनो का संबंध प्रशान्त महासागर की जलीय सतह का तापमान बढ़ने से है जबकि ला-नीना का संबंध प्रशान्त महासागर की जलीय सतह के तापमान के कम होने से है।
(ii) एल-नीनो संयुक्त राज्य अमेरिका मे आने वाले आधियों और टारनैडो से संबंधित है जबकि ला-नीना का संबंध संयुक्त राज्य अमेरिका के दक्षिण-पश्चिम में पड़ने वाले सूखे से है।
(iii) एल-नीनो का संबंध जलवायु परिवर्तन से है, जब ला-नीना के साथ ऐसा नही है।
(iv) एल-नीनो को 'छोटा बच्चा' और ला-नीना को छोटी बच्ची कहा जाता है।

कूट:
(a) केवल (i), (ii) और (iv)
(b) केवल (ii), (iii) और (iv)
(c) केवल (i), (ii) और (iii)
(d) सभी चार

20. अपवाह तंत्र जो उस क्षेत्र, जहाँ वह पाया जाता है, के दायें से संबंधित नहीं है वह क्या कहलाता है ?
(a) अरीय अपवाह पैटर्न
(b) जालायित अपवाह पैटर्न
(c) अध्यारोपित अपवाह पैटर्न
(d) द्रुमाकृतिक अपवाह पैटर्न

21. निम्नलिखित में से किसे अपक्षरण के आदर्श सामान्य चक्र की युवा अवस्था की विशेषता नही समझा जाता है?

(a) प्राकृतिक तटबंध
(b) जलज गर्तिका
(c) गार्ज
(d) नदी अपहरण

22. नदी और अन्य जलाशयो से दूरी पर अवस्थिति बस्तियों क्या कहलाती है?

(a) आर्द्र बिन्दु बस्ती
(b) शुष्क बिन्दु बस्ती
(c) प्रबल बिन्दु बस्ती
(d) आकेन्द्रित बस्ती

23. प्रत्यानुवर्ती सरिता बहुधा किस दिशा में बहती है?

(a) मूल अनवर्ती सरिता की दिशा में
(b) मूल अनुवर्ती सरिता की विमुख दिशा में
(c) मूल अनुवर्ती जल सरिता के समकोणी दिशा में
(d) सरिता की विकर्णी दिशा में

24. सूची-I को सूची-II के साथ सुमेलित कीजिए–

सूची-I	सूची-II
(a) बैकांक	(i) इरावदी
(b) नाम पेन्ह	(ii) मेकांग
(c) हनोई	(iii) मेनाम (चाओप्रक्ताया)
(d) यांगून	(iv) लाल नदी (रेड रिवर)

विकल्प—

	A	B	C	D
(a)	3	2	4	1
(b)	4	1	3	2
(c)	3	1	4	2
(d)	4	2	3	1

25. भारत में उत्तर से दक्षिण की ओर जाते हुए नीचे दी गयी नदियों का निम्नलिखित में से सही अनुक्रम कौन-सा है?

(a) श्योक → रावी → चिनाब → सतलज
(b) श्योक → चिनाब → रावी → सतलज
(c) चिनाव → रावी → सतलज → श्योक
(d) रावी → चिनाब → श्योक → सतलज

26. सुमेलित कीजिए–

(a) एल्यूशियन (Aleution)	1. हिंद महासागर
(b) करमेडेक (Kermadec)	2. उत्तर प्रशांत महासागर
(c) सुण्डा (Sunda)	3. दक्षिण प्रशांत महासागर
(d) एस. सैडबिच (S. Sandwich)	4. दक्षिण अंघ महासागर

विकल्प—

	A	B	C	D
(a)	2	4	1	3
(b)	2	3	1	4
(c)	1	3	2	4
(d)	1	4	2	3

27. निम्नलिखित कथनो पर विचार कीजिए और नीचे दिए कूटों का उपयोग करते हुए सही उत्तर का चयन कीजिए–

उत्तरी उधं महासागर पर चलने वाले जहाज़ विशद्व वृहद वृत मार्ग से दक्षिण की ओर से चलने के लिए निम्नलिखित के कारण विवश होते है–

1. लेब्राडोर की ठंडी जलधारा और खाड़ी की गर्म धारा के संपर्क से उत्पन्न कोहरे के कारण।
2. वर्ष की कुछ में लब्राडोर की ठड़ी धारा द्वारा लाए गए हिम शैल के कारण।
3. उत्तर की ओर से चलने वाली सशक्त ध्रुवीय बर्फीली पवनों के कारण।
4. उत्तर-पूर्वी उत्तरी अमेरिका के प्रक्षेपी भूखंड और खाडी की गरम जलधारी की विद्यमानता के कारण।

(a) 1 और 2 सही है
(b) 1, 2 और 3 सही है
(c) 1 और 3 सही है
(d) सभी सही है

28. उत्तरी अटलांटिक महासागरीय मार्ग विश्व का सर्वाधिक महत्वपूर्ण मार्ग है क्योंकि–

(a) वहाँ लेब्राडोर ठंडी जलधारा है
(b) दोनो किनारो पर विकसित देश है
(c) इसके पश्चिमी तट पर संयुक्त राज्य अमेरिका है
(d) यह एक सुरक्षित जल परिवहन मार्ग है

29. प्रायद्वीपीय भारत में पूर्व दिशा में बहने वाली नदियों का उत्तर-दक्षिण का सही क्रम है–

(a) स्वर्ण रेखा, महानदी, गोदावरी, कृष्णा, पेन्नार, कावेरी, वेगंई
(b) स्वर्ण रेखा, महानदी, कृष्णा, गोदावरी, कावेरी, वेगंई और पेन्नार
(c) सुवणरिखा, कावेरी, कृष्णा, गोदावरी, महानदी, पेन्नार, वेगंई
(d) महानदी, स्वर्ण रेखा, कृष्णा, गोदावरी, कावेरी, वेगंई और पेन्नार

30. उस नदी का नाम बताइए, जो केदारनाथ से रूद्र प्रयाग के मध्य बहती है–

(a) भागीरथी (b) अलकनंदा
(c) सरयू (d) मंदाकिनी

उत्तरमाला

1. (d)	**2.** (a)	**3.** (c)	**4.** (a)	**5.** (c)	**6.** (b)	**7.** (a)	**8.** (d)	**9.** (a)	**10.** (c)
11. (d)	**12.** (b)	**13.** (a)	**14.** (a)	**15.** (b)	**16.** (c)	**17.** (a)	**18.** (d)	**19.** (d)	**20.** (d)
21. (a)	**22.** (b)	**23.** (b)	**24.** (a)	**25.** (b)	**26.** (b)	**27.** (a)	**28.** (b)	**29.** (a)	**30.** (d)

वायुमण्डल

1. वायुमण्डल कई प्रकार की गैसों के मिश्रण से बना है। पृथ्वी के नजदीक वायुमंडल में मुख्यत: पायी जाती है–
   (a) नाइट्रोजन एवं ऑक्सीजन
   (b) नाइट्रोजन एवं कार्बन डाइऑक्साइड
   (c) ऑक्सीजन एवं कार्बन डाइऑक्साइड
   (d) इथेन एवं ऑक्सीजन

2. वायुमंडल में सबसे अधिक किस गैस का प्रतिशत है ?
   (a) कार्बन (b) नाइट्रोजन
   (c) ऑक्सीजन (d) हाइड्रोजन

3. पृथ्वी के धरातल से ऊपर की ओर वायुमंडल के विभिन्न स्तरों का सही अनुक्रम है–
   (a) क्षोभ मण्डल, समताप मण्डल, आयन मण्डल, मध्य मण्डल
   (b) समताप मण्डल, क्षोभ मण्डल, आयन मण्डल, मध्य मण्डल
   (c) क्षोभ मण्डल, समताप मण्डल, मध्य मण्डल, आयन मण्डल
   (d) समताप मण्डल, बर्हिमंडल, मध्य मण्डल, क्षोभ मण्डल

4. वायुमण्डल की चार परतें हैं–
   1. आयन मण्डल
   2. मध्य मण्डल
   3. समताप मण्डल
   4. क्षोभ मण्डल

   कूट:
   (a) 1, 2, 3, 4 (b) 2, 1, 4, 3
   (c) 4, 3, 2, 1 (d) 3, 4, 1, 2

5. अधिकांश मौसमी गतिविधियां जिस वायुमण्डलीय परत में होती हैं, वह है–
   (a) ओजोन मण्डल (b) आयन मण्डल
   (c) क्षोभ मण्डल (d) बहिर्मण्डल

6. ओजोन परत अवस्थित है–
   (a) क्षोभ मण्डल में (b) क्षोभ सीमा में
   (c) समताप मण्डल में (d) प्रकाश मण्डल में

7. वायुमण्डल में ओजोन परत–
   (a) वर्षा करती है
   (b) प्रदूषण उत्पन्न करती है
   (c) पृथ्वी पर पराबैंगनी किरणों से जीवन रक्षा करती है
   (d) वायुमंडल में ऑक्सीजन उत्पन्न करती है

8. ओजोन परत मानव के लिये उपयोगी है क्योंकि–
   (a) वह वायुमंडल को आक्सीजन प्रदान करती है
   (b) वह सूर्य की अल्ट्रावायलेट किरणों को पृथ्वी पर नहीं आने देती
   (c) वह पृथ्वी का तापमान संतुलित रखती है।
   (d) इनमें से कोई नहीं

9. पृथ्वी की सतह से ओजोन परत की ऊँचाई है–
   (a) 10–20 किमी. (b) 40–50 किमी.
   (c) 70–80 किमी. (d) 110–120 किमी.

10. रेडियो तरंगों के विक्षेपण के लिए वायुमंडल के निम्नलिखित स्तरों में से कौन सा स्तर उत्तरदायी है ?
   (a) क्षोभमंडल
   (b) समतापमंडल
   (c) मध्यमंडल
   (d) आयनमंडल

11. **कथन (A):** वायुमंडल अधिकांश ऊष्मा परोक्ष (Indirect) रूप से सूर्य से तथा प्रत्यक्ष (Direct) रूप से पृथ्वी के धरातल से प्राप्त करता है।

   कारण (R): पृथ्वी के धरातल पर सौर लघु तरंगे, पार्थिव ऊर्जा की लंबी-तरंगों में परिणत होती है।

   कूट:
   (a) A और R दोनों सही हैं तथा R, A की सही व्याख्या करता है।
   (b) A और R दोनों सही हैं तथा R, A की सही व्याख्या नहीं करता है।
   (c) A सही है, परंतु R गलत है।
   (d) A गलत है, पंरतु R सही है।

12. संचार उपग्रह वायुमंडल के किस स्तर में अवस्थित किए जाते हैं ?
   (a) बहिर्मण्डल में
   (b) समतापमण्डल में
   (c) आयनमण्डल में
   (d) क्षोभमण्डल में

13. निम्नलिखित में से कौन से वायुमंडल के स्तरों एवं उनके अभिलक्षणों के सुमेलन में सही हैं ?

1. क्षोभ मंडल	—	मौसम संबंधी घटनाएं
2. समताप मंडल	—	ओजोन पर्त
3. आयन मंडल	—	पृथ्वी की सतह की ओर परावर्तित रेडियो तरंगें
4. मध्य मंडल	—	ध्रुवज्योति

   (a) 1, 2, 3 तथा 4 (b) 1, 2 तथा 4
   (c) 1, 2 तथा 3 (d) 2 तथा 3

14. साफ रात, मेघीय रातों की अपेक्षा अधिक ठंडी होती है–
   (a) संघनन के कारण (b) विकिरण के कारण
   (c) आपतन के कारण (d) चालन के कारण

15. टॉरनेडो बहुत प्रबल ऊष्ण कटिबन्धीय चक्रवात है जो उठते हैं–
   (a) कैरेबियन सागर में (b) चीन सागर में
   (c) अरब सागर में (d) श्याम सागर में

16. संयुक्त राज्य अमेरिका में निम्नलिखित में से किस क्षेत्र को 'टॉरनेडो एली' कहा जाता है?
(a) अटलांटिक समुद्रतट
(b) प्रशांत तट
(c) मिसीसिपी मैदान
(d) अलास्का

17. टाइफून नामक चक्रवात से निम्नलिखित में से कौन सा क्षेत्र अधिक प्रभावित होता है?
(a) आस्ट्रेलिया (b) द. चीन सागर
(c) एशिया (d) अमरीका

18. विली-विली है-
(a) एक प्रकार का वृक्ष जो शीतोष्ण कटिबंध में उगता है।
(b) एक प्रकार की हवा जो मरूस्थल में चलती है।
(c) उत्तर-पश्चिम आस्ट्रेलिया का उष्ण कटिबंधी चक्रवात
(d) लक्षद्वीप समूह के निकट सामान्यत: पायी जाने वाली मछली का एक प्रकार

19. सूची-I तथा सूची-II के साथ सुमेलित कीजिए तथा सूचियों के नीचे दिये गये कूट से सही उत्तर चुनिये-

सूची-I	सूची-II
A. आस्ट्रेलिया	1. हरीकेन
B. चीन	2. विली विली
C. भारत	3. टाइफून
D. संयुक्त राज्य अमेरिका	4. चक्रवात

कूट:

	A	B	C	D
(a)	1	2	3	4
(b)	2	3	4	1
(c)	3	2	1	4
(d)	4	3	2	1

20. बैरोमीटर में पारे के तल की अचानक गिरावट सूचक है-
(a) साफ मौसम (b) तूफान का
(c) बर्फबारी का (d) भारी वर्षा का

21. **कथन (A):** वायुमंडल में नमी की मात्रा अक्षांश से सम्बद्ध है।
कारण (R): नमी को जलवाष्प के रूप में रखने की क्षमता तापमान से सम्बद्ध है।
कूट:
(a) A और R दोनों सही हैं तथा R, A की सही व्याख्या करता है।
(b) A और R दोनों सही हैं तथा R, A की सही व्याख्या नहीं करता है।
(c) A सही है, परंतु R गलत है।
(d) A गलत है, परंतु R सही है।

22. ग्रीष्मकाल में आर्द्र ऊष्मा का अनुभव होता है, जब मौसम-
(a) अपक्व होता है।
(b) तीक्ष्ण होता है।
(c) झुलसाने वाला होता है।
(d) उमस वाला होता है।

23. **कथन (A):** दोनों गोलार्द्धों के 60°–65° अक्षांशों में उच्च दाब की बजाय निम्न दाब पट्टिका होती है।
कारण (R): निम्न दाब क्षेत्र भूमि पर नहीं बल्कि महासागरों पर स्थायी होते हैं।
कूट:
(a) A और R दोनों सही हैं तथा R, A की सही व्याख्या करता है।
(b) A और R दोनों सही हैं तथा R, A की सही व्याख्या नहीं करता है।
(c) A सही है, परंतु R गलत है।
(d) A गलत है, परंतु R सही है।

24. निम्नलिखित कथनों पर विचार कीजिए-
1. सागरों के ऊपर लगभग 30° से 35° उत्तर और दक्षिण अक्षांश पर विद्यमान दो कटिबंधों में से प्रत्येक अश्व अक्षांश कहलाता है।
2. अश्व अक्षांश निम्न दाब कटिबंध हैं।

उपर्युक्त कथनों में से कौन-सा/से सही है/हैं?
(a) केवल 1 (b) केवल 2
(c) 1 और 2 दोनों (d) न तो 1 न ही 2

25. **कथन (A):** उत्तरी गोलार्द्ध में पवनें अपनी दाहिनी ओर तथा दक्षिणी गोलार्द्ध में पवनें अपनी बाईं ओर मुड़ जाती हैं।
कारण (R): उत्तरी तथा दक्षिणी गोलार्द्ध में पवनों की दिशाओं का निर्धारण कोरियालिस प्रभाव से होता है।
कूट:
(a) A और R दोनों सही हैं तथा R, A की सही व्याख्या करता है।
(b) A और R दोनों सही हैं तथा R, A की सही व्याख्या नहीं करता है।
(c) A सही है, परंतु R गलत है।
(d) A गलत है, परंतु R सही है।

26. 'तूफानी चालीसा' के बारे में निम्नलिखित कथनों पर विचार कीजिए-
1. ये उत्तरी और दक्षिणी गोलार्द्ध में निर्बाध बहती है।
2. ये बड़ी शक्ति और स्थिरता से बहती है।
3. इनकी दिशा सामान्य तौर पर दक्षिणी गोलार्द्ध में उत्तर-पश्चिम से पूर्व की ओर होती है।
4. मेघाच्छन्न आकाश, वर्षा और खराब मौसम इनके साथ सामान्य तौर पर सम्बन्धित रहते हैं।

इनमें से कौन-कौन से कथन सही हैं ?

(a) 1, 2 और 3
(b) 2, 3 और 4
(c) 1, 3 और 4
(d) 1, 2 और 4

27. विश्व के किस समुद्री क्षेत्र मे 'दहाड़ता चालीसा' पवनें प्रवाहित होती हैं ?

(a) उत्तरी सागर
(b) हिंद महासागर
(c) कैरेबियन सागर
(d) कोरल सागर

28. उच्च दाब क्षेत्र से भूमध्य सागर की ओर चलने वाली पवनें होती हैं–

(a) पछुआ पवनें
(b) व्यापारिक पवनें
(c) मानसून पवनें
(d) समुद्री पवनें

29. सूची-I को सूची-II के साथ सुमेलित कीजिए और सूचियों के नीचे दिए गए कूट का प्रयोग कर सही उत्तर चुनिए–

सूची-I (स्थानीय पवन)	सूची-II (क्षेत्र)
A. नार्वेस्टर	1. अर्जेंटीना
B. हबूब	2. सुडान
C. सेंटा एना	3. कैलिफोर्निया
D. जोन्डा	4. न्यूजीलैंड

कूट:

(a) A-2, B-4, C-1, D-3
(b) A-4, B-2, C-3, D-1
(c) A-2, B-4, C-3, D-1
(d) A-4, B-2, C-1, D-3

30. निम्नलिखित में से कौन-सा सुमेलित नहीं है ?

(a) चिनूक — संयुक्त राज्य अमेरिका
(b) सिरॉको — सहारा मरूस्थल
(c) ब्लिजॉर्ड — अफ्रीका
(d) खमसिन — मिस्र

उत्तरमाला

1. (a)	**2.** (b)	**3.** (c)	**4.** (c)	**5.** (c)	**6.** (c)	**7.** (c)	**8.** (b)	**9.** (a)	**10.** (d)
11. (a)	**12.** (a)	**13.** (c)	**14.** (b)	**15.** (a)	**16.** (c)	**17.** (b)	**18.** (c)	**19.** (b)	**20.** (b)
21. (a)	**22.** (d)	**23.** (c)	**24.** (a)	**25.** (a)	**26.** (b)	**27.** (b)	**28.** (b)	**29.** (b)	**30.** (c)

महासागरीय अध्ययन

1. एशिया महाद्वीप के संदर्भ में कौन–सा कथन असत्य है ?
   (a) इसका सबसे पूर्वी बिन्दु 'केप मिस डिनेवा' है।
   (b) तुर्की तथा रूस, एशिया एवं यूरोप दोनों महाद्वीपों में स्थित है।
   (c) मेकांग, दक्षिण–पूर्वी एशिया क्षेत्र की सबसे बड़ी नदी है।
   (d) एशिया का सबसे शुष्क स्थल रूस में स्थित है।

2. निम्नलिखित में से कौन–सा देश पूर्वी एशिया में नहीं पड़ता ?
   (a) थाईलैण्ड
   (b) उत्तरी कोरिया
   (c) ताइवान
   (d) दक्षिण कोरिया

3. एशिया महाद्वीप की मुख्य नदियों को लम्बाई के घटते क्रम में लगाएं–
   (a) चांग–जियांग (यागटिसिक्यांग), गंगा, सिंधु, मीकांग, हवांग हो।
   (b) चांग–जियांग, हवांग हो (पीली नदी), मीकांग सिंधु, गांगा।
   (c) हवांग हो, मीकांग, चांग–जियांग, गांगा, सिंधु।
   (d) गंगा, हवांग हो, यांग–जियांग, मीकांग, सिंधु।

4. एशिया के शीर्ष 6 बड़े देशों को उनके क्षेत्रफल के आधार पर घटते क्रम में लगाए–
   (a) सऊदी अरब, चीन, भारत, कजाकिस्तान, इण्डोनेशिया
   (b) चीन, सऊदी अरब, भारत, कजाकिस्तान, इण्डोनेशिया
   (c) चीन, भारत, कजाकिस्तान, सऊदी अरब, इण्डोनेशिया
   (d) सऊदी अरब, कजाकिस्तान, भारत, चीन, इण्डोनेशिया

5. सही सुमेलित है–
   (a) जूरा पर्वत — फ्रांस
   (b) ब्लैक फारेस्ट पर्वत — स्पेन
   (c) पिरेनीज पर्वत — हंगरी
   (d) हार्ज पर्वत — फिनलैण्ड

6. क्षेत्रफल के अनुसार यूरोप का दूसरा सबसे बड़ा देश है–
   (a) रूस (b) स्पेन
   (c) फ्रांस (d) यूक्रेन

7. किस नदी को 'इटली की गंगा' कहा जाता है ?
   (a) टाइबर नदी
   (b) एल्बे नदी
   (c) पो नदी
   (d) सीन नदी

8. 'मेसेटा पठार' स्थित है–
   (a) फ्रांस और जर्मनी के मध्य
   (b) बेलारूस में
   (c) स्पेन तथा पुर्तगाल में
   (d) यूक्रेन में

9. अफ्रीका महाद्वीप के संदर्भ में क्या सही नहीं है ?
   (a) लाल सागर, दक्षिण–पश्चिम अफ्रीका में स्थित है।
   (b) अफ्रीका का सबसे नीचा स्थल–अस्साल झील।
   (c) विक्टोरिया झील विषुवत रेखा से गुजरती है।
   (d) यह एक मात्र ऐसा महाद्वीप है, जिसका क्षेत्र चारी गोलार्द्ध में पड़ता है।

10. 'करीबा बांध' किस नदी पर स्थित है ?
   (a) नाइजर नदी (b) सफेद नील
   (c) जाम्बेजी नदी (d) नीली नील

11. संसार का 90 प्रतिशत क्रोमियम उत्पादित करता है–
   (a) मोरक्को (b) जायरे
   (c) तंजानिया (d) दक्षिण अफ्रीका

12. 'कालाहारी मरूस्थल' अवस्थित है–
   (a) दक्षिणी–अफ्रीका क्षेत्र में
   (b) विषुवत रेखा के उत्तर में
   (c) उत्तर–पश्चिम अफ्रीका में
   (d) अफ्रीका के उत्तरी छोर पर

13. निम्नलिखित युग्मों में से कौन सा एक सही सुमेलित नहीं है ?
   (a) जमैका — किंग्सटन
   (b) बरमूडा — हैमिल्टन
   (c) क्यूबा — हवाना
   (d) कोस्टारिका — मानागुआ

14. उत्तरी अमेरिका की सबसे ऊंची चोटी मकिन्लै है एक–
   (a) सक्रिय ज्वालामुखी
   (b) सुशुप्त ज्वालामुखी
   (c) शांत ज्वालामुखी
   (d) इनमें से कोई नहीं।

15. राकी पर्वत है–
   (a) जप्लि पर्वत
   (b) ब्लाक पर्वत
   (c) अवशिष्ट पर्वत
   (d) नवीन मोड़दार पर्वत

16. संयुक्त राज्य अमेरिका की राजधानी वाशिंगटन डी.सी. किस नदी के किनारे स्थित है ?
   (a) कोलोरेडी नदी (b) पोटोमैक नदी
   (c) मिसीसिपी नदी (d) मैकिंजी नदी

17. विश्व में सर्वाधिक मवेशी कहाँ पाए जाते हैं ?
   (a) भारत (b) दक्षिण अफ्रीका
   (c) ब्राज़ील (d) अंर्जेटीना

18. लामा नामक ऊंट की प्रजाति पाई जाती है–

(a) एण्डीज पर्वत पर (b) राकी पर्वत पर
(c) अटकामा मरूस्थल पर (d) ब्राज़ील में

19. आस्ट्रेलिया महाद्वीप में कितने देश सम्मिलित हैं ?

(a) 26 (b) 22 (c) 29 (d) 28

20. 'द लैण्ड आफ गोल्डन फ्लीस' किसे कहा जाता है ?

(a) उत्तरी अमेरिका को
(b) दक्षिण अफ्रीका को
(c) आस्ट्रेलिया महाद्वीप को
(d) दक्षिण अमेरिका को

21. विक्टोरिया और तरूमानिया के शीतोष्ण कटिबंधीय घास के मैदान को क्या कहते हैं ?

(a) प्रेयरीज (b) पम्पास
(c) डाउन्स (d) सवाना

22. रॉस समुद्र कहाँ स्थित है ?

(a) अंटार्कटिका महाद्वीप पर
(b) अफ्रीका महाद्वीप पर
(c) आस्ट्रेलिया महाद्वीप पर
(d) ग्रीनलैण्ड के दक्षिणी भाग पर

23. एरिजोना मरूस्थल स्थित है–

(a) सऊदी अरब में
(b) संयुक्त राज्य अमेरिका में
(c) ईरान में
(d) दक्षिण अफ्रीका में

उत्तरमाला

1. (d) **2.** (a) **3.** (b) **4.** (b) **5.** (a) **6.** (d) **7.** (c) **8.** (c) **9.** (a) **10.** (c)
11. (d) **12.** (a) **13.** (d) **14.** (a) **15.** (d) **16.** (d) **17.** (c) **18.** (a) **19.** (b) **20.** (c)
21. (c) **22.** (b) **23.** (b)

कृषि

1. भारत में सीमान्त किसानों में निम्नलिखित में से कितनी भूमि धारित वाले किसानों को शामिल किया जाता है?
   (a) 1 हे. तक (b) 2 हे. तक
   (c) 3 हे. तक (d) 4 हे. तक

2. भारत में सिंचाई का सबसे महत्वपूर्ण साधन है–
   (a) नहरे (b) कुएँ
   (c) नलकूप (d) तालाब

3. भारत में सिंचाई की परियोजनाओं को तीन श्रेणियों में बृहत, मध्यम और लघु में बाँटा गया है, इस संदर्भ में निम्न में से कौन सत्य कथन है?
   (a) वृहत सिंचाई परियोजनाएँ 10,000 हे. क्षेत्र की सिंचाई करती है।
   (b) मध्यम सिंचाई परियोजनाएँ 5,000 हे. क्षेत्र की सिंचाई करती है।
   (c) लघु सिंचाई परियोजनाएँ 2,000 हे. क्षेत्र की सिंचाई करती है।
   (d) उपरोक्त सभी

4. कमान क्षेत्र विकास कार्यक्रम (CADP) का मौलिक उद्‌देश्य है–
   (a) भारत में सिंचाई सुविधाओं का विकास।
   (b) भारत में सिंचाई के साधनों की गुणवत्ता का विकास।
   (c) भारत में सिंचाई के साधनों में कुंओं और नलकूपों के उपयोग में वृद्धि।
   (d) भारत में सिंचाई के साधनों की क्षमता और उनके सदुपयोग के मध्य अंतर को न्यूनतम करना।

5. भारत में हरित क्रांति की शुरूआत कब हुई?
   (a) 1950–51
   (b) 1967–68
   (c) 1970–71
   (d) 1974–75

6. हरित क्रांति के अंतर्गत कृषि के प्रति हेक्टेयर उत्पादकता को बढ़ाने के उद्‌देश्य से निम्न में से कौन–सा कार्यक्रम चलाया गया है?
   (a) IADP (b) HYCP
   (c) IRDP (d) HYVP

7. हरित क्रांति के संदर्भ में सत्य कथन का चुनाव कीजिए?
   1. हरित क्रांति शब्द के प्रतिपादक विलियम गॉड है।
   2. भारत में हरित क्रांति के सूत्रधार एम. एस. स्वामीनाथन है।
   3. हरित क्रांति के दौरान मोटे अनाज और दलहन का उत्पादन घटा।
   4. हरित क्रांति से सर्वाधिक सकारात्मक प्रभाव गेहूँ की फसल पर पड़ा।
   (a) 1, 2, 3 (b) 2, 3
   (c) 3, 4 (d) उपरोक्त सभी

8. सार्वजनिक वितरण प्रणाली (PDS) द्वारा वितरित अनाज की कीमत बढ़ाने का उद्‌देश्य है–
   (a) किसानों को आकर्षक कीमत मिले।
   (b) अनाज के उपयोग को नियंत्रित किया जा सके।
   (c) इस प्रणाली में निहित उपादान का भार कम हो सके।
   (d) इस योजना से लाभ कमाना।

9. निम्न में से कौन 'हरित क्रांति' के परिणामस्वरूप नहीं हुआ है?
   (a) भारत के विभिन्न राज्यों के बीच असमानता में वृद्धि।
   (b) भारत में अमीरों एवं निर्धनों के बीच असमानता में वृद्धि।
   (c) खाद्यान्नों की प्रतिव्यक्ति उपलब्धता में वृद्धि।
   (d) मोटे अनाजों के अधीन क्षेत्रफल में वृद्धि।

10. सूची I को सूची II से सुमेलित कीजिये–

	सूची-I	सूची-II
A.	सूखा प्रोन क्षेत्र कार्यक्रम (DPAP)	1. 1977–78
B.	रेगिस्तान विकास कार्यक्रम (DDP)	2. 2005
C.	राष्ट्रीय ग्रामीण स्वास्थ्य मिशन (NRHM)	3. 2012
D.	राष्ट्रीय शहरी जीवनी मिशन (NULM)	4. 1973

	A	B	C	D
(a)	1	2	3	4
(b)	2	3	1	4
(c)	4	1	2	3
(d)	4	1	3	2

11. आपरेशन फ्लड संबंधित है–
   (a) बाढ़ से
   (b) दुग्ध उत्पादन से
   (c) नदियों के संरक्षण से
   (d) कर चोरी से

12. निम्नलिखित में से कौन–सी कृषि करने की प्रक्रिया पर्यावरण संरक्षण में सहायक है?
   (a) अधिक उपज वाली किस्म की खेती
   (b) जैविक खेती
   (c) ग्लास हाउस में पौधे लगाना
   (d) शिफ्टिंग कृषि

13. नेफेड (NAFED) संबंधित है–
   (a) पशुपालन (b) ईंधन की बचत से
   (c) कृषि विपरण से (d) कृषि उपकरण से

14. काली मिट्टी किस उपज के लिए सर्वाधिक उपयुक्त है ?
(a) कपास की (b) धान की
(c) गन्ने की (d) गेहूँ

15. निम्न में से कौन-सा कारण भारतीय कृषि की निम्न उत्पादकता का कारण नहीं है ?
(a) जनसंख्या का दबाव
(b) भू जोतों का छोटा आकार
(c) सहकारी कृषि
(d) पारम्परिक तकनीक का प्रयोग

16. भारत में कृषि को वित्त देने वाली शीर्ष संस्था है-
(a) नाबार्ड (b) सहकारी बैंक
(c) क्षेत्रीय ग्रामीण बैंक (d) विकास बैंक

17. 'सुनहरे चावल' में प्रचुरता सृजित की गई है-
(a) विटामिन-A (b) विटामिन-C
(c) विटामिन-D (d) विटामिन-E

18. डैच् का निर्धारक है-
(a) कृषि आयोग
(b) कृषि लागत एवं मूल्य आयोग
(c) कृषि लागत एवं वितरण
(d) एफ. सी. आई.

19. निम्न कथन से आप क्या समझते हैं—'भारत ने राष्ट्रीय खाद्यान्न सुरक्षा प्राप्त कर ली है, परंतु पारिवारिक सुरक्षा नहीं प्राप्त की है।'
(a) खाद्यान्न स्टाक पर्याप्त है, परंतु सभी परिवार को उसे प्राप्त करने की सामर्थ्य नहीं है।
(b) गरीबी रेखा के नीचे जीवन यापन करने वाले व्यक्तियों की संख्या बढ़ी है।
(c) खाद्यान्न उत्पादन वृद्धि दर्शाता है परंतु प्रतिव्यक्ति खाद्यान्न उपलब्धता घटी है।
(d) कृषि योग्य भूमि पर दबाव पहले की तुलना में बढ़ा है।

20. 'आपरेशन फ्लड' के सूत्रधार हैं-
(a) नार्मन बोरलाग
(b) एम. एस. स्वामीनाथन
(c) वर्गीज कुरियन
(b) अमृत पटेल

21. राष्ट्रीय उद्यान मिशन किस पंचवर्षीय योजना में आरंभ की गयी ?
(a) 2002-03
(b) 2004-05
(c) 2006-07
(d) उपरोक्त में से कोई नहीं

22. कृषि श्रमिक सामाजिक सुरक्षा योजना उपलब्ध कराती है-
(a) ग्राम स्तर पर आधुनिक गुणवत्तायुक्त जीवन।
(b) अतिरिक्त रोजगार।
(c) पेंशन तथा बीमा लाभ।
(d) आवासीय सुविधा देना।

23. भारत में कृषि आय पर कर लगाया जा सकता है-
(a) राज्य सरकार द्वारा
(b) केन्द्र सरकार द्वारा
(c) स्थानीय सरकार द्वारा
(d) a और b दोनों सत्य है

24. भारत में कृषि साख के संस्थागत स्रोत है-
(a) प्राथमिक कृषि सहकारी समितियां
(b) व्यवसायिक बैंक
(c) क्षेत्रीय ग्रामीण बैंक
(d) उपरोक्त सभी

25. निम्न में से कौन-सा कथन असत्य है ?
1. राष्ट्रीय कृषि बीमा योजना नागालैंड, अरूणाचल प्रदेश एवं पंजाब में लागू नहीं है।
2. किसान काल सेन्टर की शुरूआत प्रधानमंत्री मनमोहन सिंह ने की।
3. जया, पन्तधान-10 गेहूँ की नई प्रजातियां है।
4. टिड्डा चेतावनी संगठन जोधपुर (राजस्थान) में स्थापित है।
(a) 2 और 4 (b) 2, 3
(c) 1, 2, 3 (d) उपरोक्त सभी

26. निम्न में से कौन सा कथन सत्य है ?
1. वर्ष 2013-14 में 264.4 मिलियन टन खाद्यान्न का रिकार्ड उत्पादन हुआ।
2. वर्ष 2013-14 में 32.4 मिलियन टन तिलहन का रिकार्ड उत्पादन हुआ।
3. वर्ष 2013-14 में 19.6 मिलियन टन दलहन का रिकार्ड उत्पादन हुआ।
4. वर्ष 2013-14 में उत्पादकता में सर्वाधिक वृद्धि मूंगफली में (73. 17%) दर्ज हुई।
(a) 1, 2 (b) 2, 3, 4
(c) 1, 4 (d) सभी

27. निम्न में से किस फल के उत्पादन में भारत का विश्व में शीर्ष स्थान है ?
1. आम 2. केला
3. अनार 4. पपीता
5. अंगूर
(a) 1, 5 (b) 1, 2, 3
(c) 3 4 5 (d) सभी

28. निम्न में से कौन भूमि सुधार का प्रमुख अंग है ?

(a) मध्यस्थो की समाप्ति
(b) काश्तकारी सुधार
(c) जोतो की चकबंदी करनी
(d) प्रति परिवार भूमि की सीमा निर्धारित करना
(e) उपरोक्त सभी

29. विश्व में उर्वरक उत्पादन एवं उपभोग के संदर्भ में कौन से देश शीर्ष तीन में हैं ?

(a) भारत, चीन, बांग्लादेश
(b) चीन, अमेरिका, भारत
(c) भारत, चीन, पाकिस्तान
(d) अमेरिका, भारत, इंडोनेशिया

30. निम्न में कौन-सी फसल व्यापारिक फसल की श्रेणी में नहीं आती ?

(a) सरसों
(b) चावल
(c) काफी
(d) रबड़

उत्तरमाला

1. (a)	**2.** (a)	**3.** (d)	**4.** (d)	**5.** (b)	**6.** (d)	**7.** (d)	**8.** (c)	**9.** (d)	**10.** (c)
11. (b)	**12.** (b)	**13.** (c)	**14.** (a)	**15.** (c)	**16.** (a)	**17.** (a)	**18.** (b)	**19.** (a)	**20.** (c)
21. (b)	**22.** (c)	**23.** (a)	**24.** (d)	**25.** (b)	**26.** (d)	**27.** (d)	**28.** (e)	**29.** (b)	**30.** (b)

परिवहन

1. निम्नलिखित कथनों पर विचार करें-

1. भारत में रेल-परिचालन का प्रारम्भ 1853 में हुआ।
2. पहली रेलगाड़ी मुम्बई में ठाणे तक चलाई गई।
3. भारत की रेलवे लाइन में छोटी लाइन की मात्रा सर्वाधिक है।

सही कथन चुनें—

(a) 1 और 2 (b) 2 और 3
(c) 1 और 3 (d) सभी

2. सूची को सुमेलित कर सही विकल्प का चयन करें-

सूची-I	सूची-II
A. पूर्वोत्तर रेलवे	1. जबलपुर
B. पश्चिम रेलवे	2. बिलासपुर
C. दक्षिण-पूर्व-मध्य-रेलवे	3. चर्च गेट-मुंबई
D. पश्चिम-मध्य रेलवे	4. गोरखपुर

कूटः

	A	B	C	D
(a)	1	2	3	4
(b)	4	2	1	3
(c)	1	3	2	4
(d)	4	3	2	1

3. किस वर्ष से रेल वित्त को सामान्य वित्त से अलग रखने का चलन प्रारम्भ हुआ?

(a) 1924-25 (b) 1931-32
(c) 1928-29 (d) 1926-27

4. निम्नलिखित कथनों पर विचार करें-

1. देश में 70% मूल्य का यातायात व्यापार समुद्री मार्ग से किया जाता है।
2. विकासशील देशों में भारत का जहाज़ी बेड़ा सबसे बड़ा है।
3. देश के लगभग 7000 कि.मी. लम्बी तट रेखा पर 13 बड़े तथा लगभग 190 छोटे पत्तन स्थित हैं।

सही कथन है—

(a) केवल 1
(b) केवल 2
(c) 1 और 3
(d) सभी

5. निम्न कथनों पर विचार करें-

(a) ब्रह्मपुत्र नदी में सादियां से धुनरी तक अन्तस्थलीय जलमार्ग संख्या-2, भारत का दूसरा सबसे बड़ा जलमार्ग है।
(b) भारतीय अन्तर्देशीय नौवहन संस्थान, पटना में स्थित है।
(c) वर्तमान में भारत संयुक्त राष्ट्र विश्व पर्यटन संगठन का अध्यक्ष है।

असत्य कथन चुनें—

(a) केवल a (b) केवल b
(c) केवल c (d) कोई नहीं

6. वर्तमान समय भारत में अंतर्देशीय जल परिवहन के कुल मार्ग हैं-

(a) 1 (b) 3
(c) 2 (d) 2

7. भारत में रेलवे जोन्स की कुल संख्या है-

(a) 14 (b) 15
(c) 16 (d) 17

8. रेलवे का अनुसंधान डिजाइन एवं मानक संगठन का मुख्यालय स्थित है-

(a) लखनऊ (b) कानपुर
(c) गाजियाबाद (d) उपरोक्त में कोई नहीं

9. कौन असंगत है?

(a) पवन हंस हेलिकॉप्टर्स लिमिटेड, 1985
(b) ITDC, 1966
(c) कोच्चि शिपयार्ड लि., 1972
(d) राष्ट्रीय राजमार्ग विकास कार्यक्रम,-2000

10. कौन असंगत है?

(a) केन्द्रीय अंतर्देशीय जल परिवहन निगम, कोलकाता
(b) राष्ट्रीय अंतर्देशीय नौवहन संस्थान, पटना
(c) गार्डनरीच शिप बिल्डर्स एवं इंजीनियरी लिमिटेड, कोलकाता
(d) इंदिरा गांधी राष्ट्रीय उड़ान अकादमी, कानपुर

11. सूची-I को सूची-II से सुमेलित कीजिए और नीचे दिए गए कूटों की सहायता से सही उत्तर चुनिए-

सूची-I	सूची-II
A. लोकोमोटिव वर्क्स	1. वाराणसी
B. डीजल लोकोमोटिव वर्क्स	2. कोलकाता
C. भारत हैवी इलैक्ट्रिकल्स लि.	3. चितरंजन
D. मेसर्स जेस्सोप्स	4. भोपाल

कूटः

	A	B	C	D
(a)	3	1	4	2
(b)	1	3	4	2
(c)	3	1	2	4
(d)	2	3	4	1

12. निम्नलिखित कथनों पर विचार कीजिए–

1. हमारा देश विश्व की सबसे बड़ी सड़क प्रणाली वाले देशों में से एक है। इस समय देश की कुल सड़कों की लंबाई 33 लाख कि.मी. है।
2. राष्ट्रीय राजमार्गों की व्यवस्था की दायित्व केंद्र सरकार का है। इनकी लंबाई 70548 किमी. है मात्र 2% है, लेकिन यातायात का 40% इन्हीं राष्ट्रीय राजमार्ग से गुजरता है।
3. राष्ट्रीय राजमार्गों की व्यवस्था का दायित्व केंद्र सरकार का है।

कूट :

(a) 1, 2, 3 सही है।
(b) केवल 1, 2 सही है।
(c) केवल 2, 3 सही है।
(d) उपरोक्त सभी गलत हैं।

उत्तरमाला

1. (a) **2.** (d) **3.** (a) **4.** (d) **5.** (d) **6.** (b) **7.** (c) **8.** (a) **9.** (c) **10.** (d)
11. (a) **12.** (a)

उद्योग

1. औद्योगिक क्रांति सर्वप्रथम किस देश में हुई ?

(a) फ्रांस (b) जर्मनी
(c) इंग्लैंड (d) यू.एस.ए.

2. भारत की प्रथम औद्योगिक नीति की घोषणा कब की गयी थी ?

(a) 1 अप्रैल, 1948 (b) 26 जनवरी, 1948
(c) 16 अगस्त, 1948 (d) 6 अप्रैल, 1948

3. सरकार द्वारा नई औद्योगिक नीति की घोषणा कब की गई ?

(a) 24 जुलाई, 1991 को
(b) 2 अगस्त, 1991 को
(c) 15 अगस्त, 1991 को
(d) 23 दिसंबर, 1991 को

4. वर्तमान में औद्योगिक लाइसेंसिंग नीति के अन्तर्गत कितने उद्योगों के लिए लाइसेन्स लेना अनिवार्य है ?

(a) 5 (b) 6
(c) 8 (d) 9

5. निम्न में से किन उद्योगों को लाइसेंस की अनिवार्यता से मुक्त कर दिया गया है ?

(a) मोटरकार उद्योग
(b) एयर कंडीशन, फ्रिज, वाशिंग मशीन
(c) चमड़ा उद्योग
(d) उपरोक्त सभी

6. कंपनी द्वारा लाभांश (Profit) की घोषणा किस पूंजी पर की जाती है ?

(a) निर्गमित पूंजी पर
(b) अधिकृत पूंजी पर
(c) अभिदत्त पूंजी पर
(d) कुल प्रयुक्त पूंजी पर

7. कंपनी के तुलना पत्र से–

(a) कंपनी के लाभ को आंकना संभव होता है।
(b) कंपनी की परिसंपत्तियों और देयताओं के आकार को बताना संभव है।
(c) कंपनी की परिसम्पत्ति, ऋण और शेयर को बताना संभव है।
(d) कंपनी में लगी कुल पूंजी एवं कुल श्रमिकों की संख्या ज्ञात करना संभव हो जाता है।

8. 'राष्ट्रीय औद्योगिक गलियारा प्राधिकरण' के संबंध में सत्य कथन का चुनाव कीजिए–

(a) यह प्राधिकरण 2014–15 के बजट में प्रस्तावित है।
(b) स्थापना हेतु 100 करोड़ रू. का प्रावधान है।
(c) इसका मुख्यालय पुणे में प्रस्तावित है।
(d) सभी

9. भारत के उर्वरक उद्योग के संदर्भ में निम्नलिखित में से कौन–सा कथन सत्य नहीं है ?

(a) अभी हाल के वर्षों में यह देश का तेजी से विकसित होने वाला उद्योग है।
(b) भारत विश्व में नाइट्रोजन उर्वरक का तीसरा सबसे बड़ा उत्पादक देश है।
(c) रासायनिक उर्वरकों के संबंध में भारत आत्मनिर्भर है।
(d) निवेश और विनिर्माण के आधार पर यह देश का दूसरा प्रमुख उद्योग है।

10. लघु क्षेत्र के लिए वस्तुओं का आरक्षण समाप्त करने की सिफारिश किस समिति ने की ?

(a) आबिद हुसैन समिति
(b) नरसिम्हन समिति
(c) नायक समिति
(d) अभिजीत सेनगुप्ता समिति

11. निम्नलिखित कथन पर विचार कीजिए–

'लघु उद्योग, बड़े उद्योगों जितने दक्ष और प्रतियोगी नहीं हैं फिर भी सरकार लघु उद्योगों को प्रमुखता देती है और अनेक प्रकार के उत्पादों के लिए आरक्षण प्रदान करती है क्योंकि लघु उद्योग–

1. अल्प कुशल श्रमिकों को जिन्हें अन्य जगह रोजगार के अवसर प्राप्त नहीं होते, उन्हें काम प्रदान करते हैं।
2. प्रति इकाई पूंजी निवेश के आधार पर अपेक्षाकृत अधिक रोजगार प्रदान करते हैं।
3. विनिर्मित वस्तुओं का निर्यात बड़े उद्योगों की अपेक्षा ज्यादा करते हैं।
4. भारत की जीडीपी में लघु उद्योगों का हिस्सा लगभग 24% है।

कूटः

(a) 1, 4 (b) 1, 2
(c) 3, 4 (d) 2, 3

12. कोयला का सर्वाधिक उपयोग होता है–

(a) ऊर्जा उत्पादन में
(b) लौह एवं इस्पात संयंत्रों में
(c) रेलवे में
(d) उपरोक्त सभी

13. 'साल की लकड़ी' का उपयोग सर्वाधिक किस उद्योग में होता है ?

(a) कागज (b) माचिस
(c) कत्था (d) रेलवे स्लीपर

14. नायक समिति का संबंध है–

(a) कुटीर उद्योग से (b) लघु उद्योग से
(c) भारी उद्योग से (d) उपरोक्त सभी

15. निम्नलिखित कथन पर विचार कीजिए–

'भारत में औद्योगिक विकास एक सीमा तक निरूद्ध हुआ है'

1. व्यापार में पर्याप्त उघमवृत्ति और नेतृत्व के अभाव में
2. निवेश हेतु बचत के अभाव में
3. तकनीकी विकास और आधारभूत संरचना के अभाव में
4. अपेक्षाकृत विशाल जन सामान्य के बीच सीमित क्रय शक्ति होने के कारण

कूट :

(a) 1, 2, 3 (b) 1, 3, 4
(c) 2, 3, 4 (d) उपरोक्त सभी

16. किस उद्योग को आधुनिक सभ्यता के लिए सबसे मूलभूत माना जाता है ?

(a) खाद्य (b) लोहा और इस्पात
(c) कपड़े (d) पैट्रोलियम

17. निम्न में से भारत का सबसे महत्वपूर्ण लघु स्तर उद्योग है–

(a) वस्त्र उद्योग (b) कागज उद्योग
(c) हथकरघा उद्योग (d) जूट उद्योग

18. श्रमिक गहन उद्योग वह है जहाँ–

(a) कठिन मानव श्रम की आवश्कता होती है।
(b) श्रमिकों को पर्याप्त मजदूरी दी जाती है।
(c) अधिक श्रमिकों को रखा जाता है।
(d) श्रमिकों को सुविधायें उपलब्ध होती है।

19. बोकारो स्टील संयंत्र की स्थापना किस देश के सहयोग से हुई थी ?

(a) जर्मनी
(b) ब्रिटेन
(c) अमरीका
(d) सोवियत संघ

20. सूची I को सूची II से सुमेलित कीजिए–

सूची-I	**सूची-II**
A. भिलाई	1. छत्तीसगढ़
B. बोकारो	2. झारखंड
C. दुर्गापुर	3. उड़ीसा
D. राउरकेला	4. प. बंगाल
	5. म. प्र.

	A	B	C	D
(a)	1	2	5	4
(b)	3	5	4	2
(c)	1	5	2	4
(d)	1	2	4	3

21. सूची I को सूची II से सुमेलित कीजिए–

नगर	**उद्योग**
A. कोयम्बटूर	1. तेलशोधन
B. राउरकेला	2. रेल डिब्बा
C. कपूरथला	3. लौह इस्पात
D. बरौनी	4. सूती वस्त्र

	A	B	C	D
(a)	4	3	2	1
(b)	1	2	3	4
(c)	2	3	4	1
(d)	4	2	3	1

22. भारत का प्रथम उर्वरक उद्योग कहाँ स्थापित हुई ?

(a) नांगल (b) सिंदरी
(c) आलवे (d) ट्राम्बे

23. CRISAL है–

(a) एक निर्यात कंपनी है।
(b) ग्रामीण क्षेत्र को वित्त प्रदान करता है।
(c) उद्योगों को वित्तीय सहायता प्रदान करता है।
(d) कंपनी की साख की स्थिति का मूल्यांकन करता है।

24. सूची-I को सूची-II से सुमेलित कीजिए–

सूची-I (खनिज)	**सूची-II (प्रथम उत्पादक देश)**
A. कोबाल्ट	1. कांगो
B. हीरा	2. रूस
C. चाँदी	3. मैक्सिको
D. कोयला	4. चीन

	A	B	C	D
(a)	4	4	4	4
(b)	4	3	2	1
(c)	4	1	2	3
(d)	4	4	4	4

25. सूची-I को सूची-II से सुमेलित कीजिए–

सूची-I (सूचकांक)	**सूची-II (देश)**
A. शंघाई एसई कंपोजिट	1. चीन
B. सीएसी 40	2. द. कोरिया
C. कोस्पो	3. अमेरिका
D. डाउ जोंस आईए	4. फ्रांस

	A	B	C	D
(a)	1	4	3	2
(b)	4	1	3	2
(c)	1	2	3	4
(d)	1	4	22	3

26. आधारभूत क्षेत्र से संबंधित है–

(a) कोयला
(b) उर्वरक
(c) रिफाइनरी उत्पाद
(d) सभी

27. भिलाई इस्पात कारखाने के संदर्भ में सही कथन का चुनाव कीजिए–

1. यह द्वितीय पंचवर्षीय योजना अवधि में तत्कालीन सोवियत संघ (USSR) की सहायता से स्थापित किया गया।
2. यह तत्कालीन मध्य प्रदेश वर्तमान में छत्तीसगढ़ के दुर्ग जिले में स्थित है।
3. वर्ष 1974 में SAIL ने इसे अपने अधिकार क्षेत्र में ले लिया।
4. यह वर्ष 1955 में स्थापित 3 बड़े स्टील संयंत्रों में से एक था।

कूट :

(a) 1, 3, 4
(b) 1, 2, 3
(c) 1, 2, 4
(d) 1, 2, 3, 4

28. 'गोल्डन हैंडशेक' का संदर्भ निम्न में से किससे है ?

(a) अति विशिष्ट व्यक्तियों को सम्मानित करना।
(b) स्वैच्छिक सेवानिवृत्ति योजना
(c) स्वर्ण व्यापार का संवर्धन
(d) जीवन बीमा योजना

29. छठी राष्ट्रीय आर्थिक गणना 2012-13, जो अक्टूबर 2012 से जून 2013 के मध्य कराया जा रही है, किस मंत्रालय द्वारा सम्पन्न करायी जा रही है ?

(a) वित्त मंत्रालय
(b) योजना आयोग
(c) केन्द्रीय सांख्यिकी एवं कार्यक्रम कार्यान्वयन
(d) एनएसएसओ (NSSO)

30. सूची I को सूची II से सुमेलित कीजिए–

उद्योग	**औद्योगिक केन्द्र**
A. पर्ल फिशंग	1. तूतीकोरिन
B. आटो मोबाइल्स	2. पूणे
C. पोत निर्माण	3. मर्मगांव
D. इंजीनियरिंग समान	4. पिंजौर

	A	**B**	**C**	**D**
(a)	2	1	4	3
(b)	2	1	3	4
(c)	1	2	4	3
(d)	1	2	3	4

उत्तरमाला

1. (a)	**2.** (d)	**3.** (a)	**4.** (a)	**5.** (d)	**6.** (c)	**7.** (b)	**8.** (d)	**9.** (c)	**10.** (a)
11. (b)	**12.** (a)	**13.** (d)	**14.** (b)	**15.** (d)	**16.** (b)	**17.** (c)	**18.** (c)	**19.** (d)	**20.** (d)
21. (a)	**22.** (b)	**23.** (d)	**24.** (a)	**25.** (a)	**26.** (d)	**27.** (d)	**28.** (b)	**29.** (c)	**30.** (d)

भारत की मृदा

1. निम्नलिखित में से किस भारतीय मृदा को उतंराष्ट्रीय रूप से 'उष्णकटिबंधीय' चरनोजम कहा जाता है ?
   (a) पर्वतीय मिट्‌टी (b) काली मिट्‌टी
   (c) मरूस्थली मिट्‌टीयाँ (d) पीट मृदा

2. काली मृदा में किस/किस-किस तत्वो की प्रचुरता पाई जाती है ?
   1. फास्फोरस
   2. मैग्नीशियम कार्बोनेट
   3. पोटाश
   4. चूना
   5. कैल्शियम
   (a) 1, 2 और 5 (b) 2, 3, 4 और 5
   (c) 1, 2, 3 और 4 (d) 1, 2, 4 और 5

3. सर्वाधिक अपक्षति मृदा है–
   (a) आक्सीसॉल (b) वर्टीसालॅ
   (c) अल्टीसाल (d) मोलीसोल

4. 'ये जुनाई में नष्ट नही होती तथा कृषि कार्य में बाधा पहुँचाती है', मृदा अपरदन के संदर्भ में यह किस प्रकार के जलीय क्षरण को परिभाषित कर रहा है ?
   (a) परत क्षरण
   (b) पीटिका क्षरण
   (c) अपस्फुरण
   (d) अवनालिका क्षरण

5. भारत में अवनालिका अपरदन से सर्वाधिक प्रभावित क्षेत्र है–
   (a) दक्कन का पठार
   (b) हिमालय का तराई क्षेत्र
   (c) मालवा पठार का चम्बल नदी वाह्रा क्षेत्र
   (d) राजस्थान की मरूस्थली मृदा

6. भारत में सर्वाधिक लवणीय मृदा किस राज्य में पाई जाती है ?
   (a) गुजरात (b) राजस्थान
   (c) पश्चिमी उत्तर प्रदेश (d) मध्य प्रदेश

7. पलवारना, मृदा संरक्षण की एक कृषि-संबंधी युक्ति है। यह अत्यधिक प्रभावकारी इसलिए है क्योकि–
   1. यह अवनलिका अपरदन से मृदा की सुरक्षा करती है।
   2. यह दृष्टि घोग्न तथा वातीय अपरदन से मृदा की सुरक्षा करती है।
   3. यह मृदा में नमी तथा पोषको को बनाए रखने में सहायक होती है।
   (a) केवल 1 (b) 1 और 2
   (c) 2 और 3 (d) 1, 2 और 3

8. मध्य प्रदेश के निम्नलिखित में से किस जिले में मृदा उपरदन की समस्या है ?
   (a) जबलपुर (b) भोपाल
   (c) मुरैना (d) खंडवा

9. तेजाबी मिट्‌टी को कृषि योग्य बनाने हेतु निम्नलिखित में से किसका उपयोग किया जा सकता है ?
   (a) लाइम (b) जिप्सम
   (c) कैल्शियम (d) बेजिटेबल कम्पोस्ट

10. निम्नलिखित में से कौन-सी मिट्‌टी चाय के बागानों के लिए उपयुक्त है ?
    (a) अम्लीय (b) क्षारीय
    (c) जलोढ़ (कछारी) (d) रेगुर

11. निम्नलिखित में से मृदा अपरदन प्रक्रियाओं के सही क्रम को पहचानिए–
    (a) आस्फाल अपरदन, परत अपरदन, रिल अपरदन, अवनालिका उपरदन
    (b) परत अपरदन, आस्फाल अपरदन, अवनालिका अपरदन, रिल अपरदन
    (c) रिल अपरदन, अवनलिका अपरदन, परत अपरदन, आस्फाल अपरदन
    (d) अवनलिका अपरदन, रिल अपरदन, परत अपरदन, आस्फाल अपरदन

12. लावा मिट्‌टी पायी जाती है–
    (a) छत्तीसगढ़ मैदान में (b) सरयूपार मैदान में
    (c) मालवा पठार में (d) शिलांग पठार में

13. भूमि की उर्वरता बढ़ाने के लिए निम्न में से कौन-सी फसल उगाई जाती है ?
    (a) गेहूँ (b) चावल
    (c) उड़द (d) गन्ना

14. सूची-I को सूची-II से सुमेलित कीजिए–

सूची-I (भूमि उपयोग लक्षण)	**सूची-II** (पारम्परिक रंग कूट)
A. कृष्ट क्षेत्र	1. लाल
B. जलाशय	2. भूरा
C. निर्मिति	3. नीला
D. अकृष्ट अदशिष्ट	4. हरा

	A	B	C	D
(a)	2	1	5	4
(b)	4	5	2	3
(c)	5	3	1	2
(d)	4	2	3	5

15. भारत मे मृदा विस्तार का सही अवरोही क्रम क्या है ?
    (a) जलोढ़ मिट्‌टी, काली मिट्‌टी, लाल मिट्‌टी, लैटराइट मिट्‌टी
    (b) जलोढ़ मिट्‌टी, लाल मिट्‌टी, काली मिट्‌टी, लैटराईट मिट्‌टी
    (c) लाल मिट्‌टी, लैटराइट मिट्‌टी, काली मिट्‌टी, जलोढ़ मिट्‌टी
    (d) लाल मिट्‌टी, काली मिट्‌टी, लैटाराइट मिट्‌टी, जलोढ़ मिट्‌टी

16. निम्नलिखित में से मुख्य मृदा प्रकारों को उनके तहों में मोटाई के बढते क्रम को व्यवस्थित करें–
(1) अल्युवियल मुदा
(2) चेस्टनट मृदा
(3) चरनोजम मृदा
(4) लैटेराइट मृदा
(a) 3, 1, 2, 4 (b) 3, 2, 4, 1
(c) 3, 2, 1, 4 (d) 3, 4, 1, 2

17. निम्नलिखित कथन-कारण में से कौन-सा सुमेलित नही है ?

	कथन	**कारण**
(a)	घोघे और केचुए अम्लीय मृदा में नही पाए जाते जबकि कुग्लीना प्रचुर मात्रा में पाए जाते है।	समुद्र के विपरीत स्थल पर मृदा का PH मान मुदा जीवो तथा पादपो को प्रभावित करता है।
(b)	घने वनस्पति-आवरण वाली पहाड़ियो पर मृदा अपरदन नही होता।	वनस्पति-आवरण वर्षा जल के अंत: स्यंदन तथा मृदा बंधन में सहायक है।
(c)	काली मिट्टी को 'स्वत:' जुताई वाली मृदा भी कहते है।	ये जल से संतृप्त होने पर नर्म तथा चिपचिपी हो जाती है तथा सूखने पर दनमे गहरी दरारे उत्पन्न हो जाती है।
(d)	एकल फसलीय संस्कृति ने जैव विविधता में योगदान दिया है।	यह प्राकृतिक विविधताओं में योगदान करता है।

18. **कथन (A):** भारतीय मिट्टी में एनपीके की कमी पाई जाती है।
कारण (R): खादर मिट्टी उपजाऊ मिट्टी है।
नीचे दिए गए कूट से सही उत्तर चुनिए।
(a) A और R दोनो सही है R, A की सही व्याख्या है।
(b) A और R दोनो सही है R, A की सही व्याख्या नही है।
(c) A सही है R गलत है।
(d) A गलत है, R सही है।

19. किस प्रकार की मिट्टी में जल धारण करने की क्षमता सबसे कम होती है ?
(a) बलुई दोमट (b) दोमट बालू
(c) मटियार दोमट (d) दोमट

20. पौधो को सबसे अधिक पानी किस मिट्टी से मिलता है ?
(a) चिकनी मिट्टी (b) पांशु मिट्टी
(c) बलुई मिट्टी (d) लोम मिट्टी

21. मृदा संरक्षण वह प्रक्रम है जिसमें–
(a) बंध्य मृदा उर्वर मृदा में परिवर्तित होती है।
(b) मृदा वतित होती है।
(c) मृदा उपरदन होता है।
(d) मृदा को नुकसान से सुरक्षित किया जाता है।

22. टेरारोसा का प्रारूपिक विकास उस भू-भाग में होता है जिसमें–
(a) चूना पत्थर होता है।
(b) साइनाइट होता है।
(c) ग्रेनाइट होता है।
(d) बलुआ पत्थर होता है।

उत्तरमाला

1. (b) **2.** (b) **3.** (a) **4.** (d) **5.** (c) **6.** (a) **7.** (d) **8.** (c) **9.** (a) **10.** (a)
1. (a) **12.** (c) **13.** (c) **14.** (c) **15.** (b) **16.** (b) **17.** (d) **18.** (b) **19.** (a) **20.** (a)
1. (d) **22.** (a)

भारत एवं विश्व पर्यावरण भूगोल

1. 'पारिस्थितिकी तंत्र' की स्थापना को प्रस्तावित किया था–
   (a) जी. टेलर ने (b) ई. हंटिंगटन ने
   (c) डी.आर. स्टोडर्ट ने (d) टांसले ने

2. पारिस्थितिकी निशे (आला) की संकल्पना को प्रतिपादित किया था–
   (a) ग्रीनेल ने (b) डार्विन ने
   (c) ई.पी. ओडम ने (d) सी.सी. पार्क ने

3. एक मनुष्य के जीवन को पूर्ण रूप से धारणीय करने के लिए आवश्यक न्यूनतम भूमि को क्या कहते हैं?
   (a) जीवजात
   (b) पारिस्थितिकीय पदछाप
   (c) जीवोम
   (d) निकेत

4. निम्नलिखित में से कौन–सा एक पारिस्थितिकी तंत्र पृथ्वी के सर्वाधिक क्षेत्र पर फैला हुआ है?
   (a) मरूस्थलीय (b) धार के मैदान
   (c) पर्वतीय (d) सामुद्रिक

5. भारत में पारिस्थितिक असंतुलन का निम्नलिखित में से कौन–सा एक प्रमुख कारण है?
   (a) वनोन्मूलन (b) मरूस्थलीकरण
   (c) बाढ़ एवं अकाल (d) वर्षा की परिवर्तनता

6. पारिस्थितिकी तंत्र में उच्चतम पोषण स्तर प्राप्त है–
   (a) शाकाहारी को
   (b) मांसाहारी को
   (c) सर्वाहारी को
   (d) अपघटक को

7. 'मिलेनियम इकोसिस्टम एसेसमेंट' पारिस्थितिकी तंत्र की सेवाओं के निम्नलिखित प्रमुख वर्गों का वर्णन करता है-व्यवस्था, समर्थन, नियंत्रण, संरक्षण और सांस्कृतिक। निम्नलिखित में से कौन–सी एक समर्थन सेवा है?
   (a) खाद्यान्न और जल का उत्पादन
   (b) जलवायु और रोग का नियंत्रण
   (c) पोषक चक्रण और फसल परागण
   (d) विविधता अनुरक्षण

8. एक पारिस्थितिक तंत्र में निम्नलिखित में से कौन प्राथमिक उपभोक्ता है? नीचे दिए गए कूट से सही उत्तर चुनिए–
   1. चींटी 2. हिरण
   3. लोमड़ी 4. बाघ

   कूटः
   (a) 1 एवं 2 (b) 2 एवं 3
   (c) 1, 2 एवं 3 (d) 2, 3 एवं 4

9. समुद्री वातावरण में मुख्य प्राथमिक उत्पादक होते हैं–
   (a) फइकोप्लैकटन्स (b) समुद्री अपतृण
   (c) समुद्री आवृतबीजी (d) जलीय ब्रायोफाइट्स

10. एक घासस्थलीय पारिस्थितिकी तंत्र के खाद्य श्रृंखला में विभिन्न घटकों का सही क्रम है–
    (a) घास, टिड्डा, मेंढक, सर्प
    (b) घास, टिड्डा, सर्प, मेंढक
    (c) टिड्डा, मेंढक, घास, सर्प
    (d) टिड्डा, सर्प, मेंढक, घास

11. जीवभार का पिरामिड, किस पारिस्थिति तंत्र में उलट जाता है?
    (a) वन (b) तालाब
    (c) घासीय स्थल (d) शुष्क स्थल

12. पारिस्थितिकी तंत्र में DDT का समावेश होने के बाद निम्नलिखि में से किस एक जीव में उसका सम्भवतः अधिकतम सांद्रण प्रदर्शि होगा?
    (a) टिड्डा (b) भेक
    (c) सांप (d) मवेशी

13. निम्नलिखित वृक्षों में कौन पारिस्थितिकी मित्र नहीं है?
    (a) बबूल (b) यूकेलिप्टस
    (c) नीम (d) पीपल

14. निम्नलिखित वृक्षों में से कौन–सा वृक्ष पर्यावरणीय संकट माना जात है?
    (a) बबूल (b) अमलतास
    (c) नीम (d) यूकेलिप्टस

15. जैव–वानिकी के संबंध में निम्नलिखित कथनों में से कौन–से सह हैं?
    1. इसका शाब्दिक अर्थ है 'जीवन का प्रबंधन'।
    2. यह पारिस्थितिकीय का पर्याय है।
    3. यह प्राकृतिक तंत्रों के मूल्य पर बल देता है जो मानव तंत्रों क प्रभावित करते हैं।

    कूटः
    (a) केवल 1 (b) 1 और 2
    (c) 2 और 3 (d) 1, 2 और 3

16. दो भिन्न समुदायों के बीच का संक्रान्ति क्षेत्र कहलाता है–
    (a) इकोटाइप (b) इकेड
    (c) इकोस्फीयर (d) इकोटोन

17. सबसे स्थायी पारिस्थितिक तंत्र है–
    (a) वन (b) घास के मैदान
    (c) रेगिस्तान (d) समुद्री

18. पारितंत्र उत्पादकता के संदर्भ में समुद्री उतप्रवाह (अपवेलिंग) क्षेत्र इसलिए महत्वपूर्ण है क्योंकि ये निम्नलिखित माध्यम/माध्यमों से समुद्री उत्पादकता बढ़ाते हैं–

1. अपघटक सूक्ष्मजीवियों को सतह पर लाकर।
2. पोषकों को सतह पर लाकर।
3. अधस्थली जीवों की सतह पर लाकर।

उपर्युक्त में से कौन-सा/से कथन सही है/हैं?

(a) 1 और 2 (b) केवल 2
(c) 2 और 3 (d) केवल 3

19. पारिस्थितिक तंत्र में तत्वों के चक्रण को क्या कहते हैं?

(a) रासायनिक चक्र (b) जैव भूरासायनिक चक्र
(c) भूवैज्ञानिक चक्र (d) भूरासायनिक चक्र

20. निम्नलिखित में से किसका पारिस्थितिकी संतुलन से संबंध नहीं है?

(a) जल प्रबंधन (b) वन रोपण
(c) औद्योगिक प्रबंधन (d) वन्य जीव सुरक्षा

21. 'पारिस्थितिकी स्थायी मितव्ययिता है'– यह किस आंदोलन का नारा है?

(a) एपिको आन्दोलन
(b) नर्मदा बचाव आंदोलन
(c) चिपको आंदोलन
(d) उक्त में से किसी का नहीं

22. पारिस्थितिकी तंत्र से संबंधित निम्नलिखित कथनों पर विचार कीजिए–

1. पारिस्थितिकी तंत्र शब्द का प्रयोग सर्वप्रथम ए.जी. टांसले ने किया था।
2. जो जीव अपना भोजन स्वयं उत्पादित करते हैं उन्हें स्वपोषित (Autotrops) कहते हैं।
3. प्रकाश संश्लेषण की प्रक्रिया द्वारा उपभोक्ता अपने भोजन का उपयोग करता है।
4. वियोजक अकार्बनिक पदार्थ को कार्बनिक पदार्थ में परिवर्तित करते हैं।

उपरोक्त कथनों में से कौन-से सही हैं?

(a) 1 और 2 (b) 1 और 3
(c) 2 और 4 (d) 3 और 4

23. पर्यावरण से अभिप्राय है–

(a) भूमि, जल, वायु, पौधों एवं पशुओं की प्राकृतिक दुनिया जो इनके चारों ओर अस्तित्व में है।
(b) उन संपूर्ण दशाओं का योग जो व्यक्ति को एक समय बिंदु पर घेरे हुए होती है।
(c) भौतिक, जैविकीय एवं सांस्कृतिक तत्वों की अन्त:क्रियात्मक व्यवस्था जो अन्त:संबंधित होते हैं।
(d) उपर्युक्त सभी

24. धारणीय विकास किसके उपयोग के संदर्भ में अंतर-पीढ़ीगत संवेदनशीलता का विषय है?

(a) प्राकृतिक संसाधन
(b) भौतिक संसाधन
(c) औद्योगिक संसाधन
(d) सामाजिक संसाधन

25. विश्व पर्यावरण दिवस मनाया जाता है–

(a) दिसंबर 1 को (b) जून 5 को
(c) नवंबर 14 को (d) अगस्त 15 को

26. राष्ट्रीय हरित न्यायाधिकरण अधिनयम, 2010 भारतीय संविधान के निम्नलिखित में से कौन-सा/से प्रावधन के आनुरूप्य अधिनियमित हुआ था/हुए थे?

1. स्वस्थ पर्यावरण के अधिकार के आनुरूप्य, जो अनुच्छेद 21 के अंतर्गत जीवन के अधिकार का अंग माना जाता है।
2. अनुच्छेद 275(1) के अंतर्गत अनुसूचित जनजातियों के कल्याण हेतु अनुसूचित क्षेत्रों में प्रशासनिक का स्तर बढ़ाने के लिए प्रावधानित अनुदान के आनुरूप्य
3. अनुच्छेद 243(A) के अंतर्गत उल्लिखित ग्राम सभा की शक्तियों और कार्यों के आनुरूप्य

निम्नलिखित कूटों के आधार पर सही उत्तर चुनिए–

(a) केवल 1 (b) केवल 2 और 3
(c) केवल 1 और 3 (d) 1, 2 और 3

27. *'हरित विकास' (ग्रीन डेवलपमेंट)* का लेखक है–

(a) एम.जे. ब्रेडशा
(b) एम. निकोल्सन
(c) आर.एच. व्हीटेकर
(d) डब्ल्यू.एम. एडम्स

28. निम्नलिखित में से किस एक को छोड़कर बाकी सभी देश की प्राकृतिक पूंजी में सम्मिलित किए जाते हैं?

(a) वन (b) जल
(c) सड़कें (d) खनिज

29. सौर विकिरण की सबसे महत्वपूर्ण भूमिका है–

(a) कार्बन चक्र में
(b) हाइड्रोजन चक्र में
(c) जल चक्र में
(d) नाइट्रोजन चक्र में

30. राष्ट्रीय पर्यावरण अभियांत्रिकी शोध संस्थान (NEERI) अवस्थित है–

(a) बंगलौर में
(b) हैदराबाद में
(c) नागपुर में
(d) नई दिल्ली में

उत्तरमाला

1. (d)	**2.** (a)	**3.** (b)	**4.** (d)	**5.** (a)	**6.** (c)	**7.** (c)	**8.** (b)	**9.** (a)	**10.** (a)
11. (b)	**12.** (c)	**13.** (b)	**14.** (d)	**15.** (c)	**16.** (d)	**17.** (d)	**18.** (b)	**19.** (b)	**20.** (c)
21. (c)	**22.** (a)	**23.** (d)	**24.** (a)	**25.** (b)	**26.** (a)	**27.** (d)	**28.** (c)	**29.** (c)	**30.** (c)

जनसंख्या एवं नगरीकरण

1. भारत में गंदी बस्तियों की सर्वाधिक संख्या वाले राज्यों का सही क्रम है–
(a) महाराष्ट्र, आन्ध्रप्रदेश, पं. बंगाल, उत्तरप्रदेश
(b) आन्ध्रप्रदेश, उत्तरप्रदेश, मुम्बई, पं. बंगाल, कोलकत्ता
(c) आन्ध्रप्रदेश, उत्तरप्रदेश, तमिलनाडु, महाराष्ट्र, पं. बंगाल
(d) कोई भी क्रम सही नहीं है।

2. निम्न में से कितने जनसंख्या वाले नगरों को महानगर कहते है ?
(a) 5 लाख से अधिक
(b) 10 लाख से अधिक
(c) 20 लाख से अधिक
(d) उक्त में से कोई नही

3. 10 मिलियन से अधिक जनसंख्या वाले नगरों को कहा जाता है–
(a) मेगा सिटी (b) महानगर
(c) वृहद नगर (d) उक्त सभी

4. भारतीय नगरों को जनसंख्या के आधार पर कितनी श्रेणी में बांटा जाता है ?
(a) 4 श्रेणी में (b) 5 श्रेणी में
(c) 6 श्रेणी में (d) 7 श्रेणी में

5. भारत की गंदी बस्तियों की विशेषता है–
(a) गरीबी, कुपोषण, बीमारी
(b) खराब स्वास्थ्य, सफाई का कुप्रबंध
(c) निम्न जीवन शैली, निरक्षरता, प्रदूषण
(d) उपरोक्त सभी

6. जनगणना 2011 के अनुसार देश में मेगा सिटी की श्रेणी में शामिल है–
(a) वृहद मुम्बई, अहमदाबाद, चेन्नई
(b) वृहद मुम्बई, दिल्ली, कोलकत्ता
(c) वृहद मुम्बई, चेन्नई, कोलकत्ता
(d) वृहद मुम्बई, दिल्ली, चेन्नई

7. माल्थस जनसंख्या सिद्धान्त के अनुसार जनसंख्या की वृद्धि दर है–
(a) गुणोत्तर होती है
(b) समानान्तर होती है
(c) वृद्धात्मक होती है
(d) निम्नस्तरीय होती है

8. भारतीय जनगणना के इतिहास में महान विभाजक वर्ष माना जाता है–
(a) 1911 (b) 1921
(c) 1951 (d) 1991

9. शीर्ष पांच हिन्दु जनसंख्या वाले राज्यों में शामिल नहीं है–
1. उत्तरप्रदेश
2. महाराष्ट्र
3. बिहार
4. राजस्थान
5. मध्यप्रदेश

कूट:
(a) 3, 4 (b) 14, 5
(c) 2, 5 (d) 2, 4, 5

10. सर्वाधिक साक्षरता वाले धर्मों का सही क्रम है–
1 बौद्ध 2 सिख
3 ईसाई 4 हिन्दु

कूट:
(a) 2, 3, 4, 1 (b) 1, 2, 3, 4
(c) 3, 2, 1, 4 (d) 3, 4, 2, 1

11. सर्वाधिक लिंगानुपात वाला धर्म है–
(a) जैन (b) हिन्दु
(c) मुस्लिम (d) ईसाई

12. आश्रितता अनुपात किस आयु वर्ग से संबंधित है ?
(a) 0 से 14 वर्ष तक की आयु वर्ग
(b) 60 वर्ष से ऊपर तक की आयु वर्ग
(c) 65 वर्ष से ऊपर तक की आयु वर्ग
(d) a और b सही है

13. साक्षरता दर के अन्तर्गत किस आयु वर्ग को शामिल किया जाता है ?
(a) 6 वर्ष या उससे अधिक आयु वर्ग को
(b) 7 वर्ष या उससे अधिक आयु वर्ग को
(c) 21 वर्ष तक की आयु वर्ग को
(d) उक्त में से कोई नहीं

14. लिंग अनुपात मापने का सूत्र है–

(a) $SR = \frac{\text{महिलाओं की संख्या}}{\text{कुल जनसंख्या}} \times 100$

(b) $SR = \frac{\text{महिलाओं की संख्या}}{\text{पुरूष की संख्या}} \times 100$

(c) $SR = \frac{\text{महिलाओं की संख्या}}{\text{कुल जनसंख्या}} \times 100$

(d) उक्त में से कोई नहीं

15. आश्रितता अनुपात के सूत्र $\left(DR = \frac{D}{N}K\right)$ में 'K' से तात्पर्य है–
(a) कुल कार्यशील जनसंख्या
(b) कुल आश्रित जनसंख्या
(c) आश्रित अनुपात के 1000 में व्यक्त करता है
(d) आश्रितता अनुपात

16. भारतीय जनगणना के संदर्भ में असत्य कथन का चयन करे–

1. सर्वप्रथम जनगणना कराने का श्रेय लार्ड मेयो (1872 ई.) को जाता है
2. 10 वर्ष के अंतराल में लार्ड रिपन द्वारा (1881) जनगणना
3. 2011 की जंनसंख्या स्वतन्त्र भारत की आठवी जनसंख्या है
4. 2011 की जनगणना अब तक भारत की 16वी जनगणना है
5. 2021 की जनगणना भारत की 17वी जनगणना होगी।

कूटः

(a) 4, 2, 5 (b) 1, 3, 5
(c) 3, 4, 5 (d) 2, 3, 4, 5

17. जनगणना संबंधी कार्यों का दायित्व जिन अधिकारियों/निदेशक पर होता है, उनका सही क्रम क्या है ?

1. मुख्य नगर अधिकारी
2. जिलाधीश
3. क्षेत्रीय उपनिदेशक
4. जनगणना निदेशक
5. महारजिस्ट्रार एवं जनगणना आयुक्त

कूटः

(a) 4, 5, 1, 2, 3 (b) 4, 3, 2, 1, 5
(c) 5, 4, 3, 2, 1 (d) 4, 5, 3, 2, 1

18. 'जनगणना अधिनियम' पारित कर जनगणना को वैधानिक मान्यता किस वर्ष प्रदान की गयी ?

(a) 1948 (b) 11930
(c) 1951 (d) 1947

19. जनगणना विभाग का गणना किस मंत्रालय के अधीन किया गया है ?

(a) वित्त मंत्रालय
(b) गृह मंत्रालय
(c) महिला एवं स्वास्थ्य कल्याण मंत्रालय
(d) प्रधानमंत्री कार्यालय

20. प्राचीनतम जनगणना के प्रमाण मिलते है–

(a) अबुल फजल की आइने अकबरी में
(b) कौटिल्य के अर्थशास्त्र में
(c) रोमन साम्राज्य के कैडेस्ट्रेल सर्वे में
(d) उपरोक्त सभी

21. जनांनकिकीय लाभांश से तात्पर्य है–

(a) जनसंख्या में शिक्षित लोगों की अधिकता
(b) जनसंख्या में कार्यकारी जनसंख्या की अधिकता
(c) जनसंख्या में शिक्षित एवं स्वस्थ्य व्यक्तियों की अधिकता
(d) उक्त में से कोई नहीं

22. नगरीय क्षेत्र में शामिल है–

(a) नगर पालिका
(b) नगर निगम
(c) छावनी बोर्ड
(d) उक्त सभी

23. शिशु मृत्यु दर प्राप्त की जाती है–

(a) 1 वर्ष में मृत पैदा हुए बच्चों की संख्या
(b) 1 वर्ष से कम आयु वाले बच्चों की मृत्यु संख्या और उसी वर्ष सजीव जन्मे में बच्चों की संख्या अनुपात
(c) किसी निश्चित वर्ष में 1 वर्ष से कम आयु वाले बच्चों की मृत्यु दर
(d) उपरोक्त सभी सही है।

24. शिशु लिंगानुपात किस आयु वर्ग से संबंधित है ?

(a) 0–1 वर्ष (b) 10–5 वर्ष
(c) 0–6 वर्ष (d) 0–3 वर्ष

25. दशकीय वृद्धि दर से तात्पर्य है–

(a) 10 वर्षों के मध्य जनसंख्या में हुई प्रतिशत वृद्धि
(b) 10 वर्षों के मध्य मृत्यु दर को घटाने के बाद प्राप्त हुआ प्रतिशत
(c) a और b दोनों सही है
(d) a और b दोनों असत्य है

26. नगरीय क्षेत्र के संबंध में असत्य कथन का चयन करें–

(a) नगरीय क्षेत्र की न्यूनतम जनसंख्या 5000 है
(b) जनसंख्या घनत्व कम से कम 400 व्यक्ति प्रति वर्ग किमी. हो
(c) कार्यशील पुरूषों का न्यूनतम 75 प्रतिशत गैर कृषि कार्यों में नियोजित न हो
(d) नगरीय क्षेत्र में शिक्षित वर्गों की अधिकता

27. सर्वाधिक जनसंख्या वाले देशों का सही क्रम है–

(a) यूएसए, बांग्लादेश, पाकिस्तान, ब्राज़ील
(b) यूएसए, इंडोनेशिया, ब्राज़ील, पाकिस्तान
(c) यूएसए, ब्राज़ील, इंडोनेशिया, बांग्लादेश
(d) यूएसए, रूस, जापान, नाइजीरिया

28. सर्वाधिक जनसंख्या वाले महाद्वीपों में तृतीय स्थान पर कौन सा महाद्वीप है ?

(a) अफ्रीका
(b) द. अमेरिका
(c) यूरोप
(d) उत्तरी अमेरिका

29. शीर्ष पाँच जीवन प्रत्याशा वाले देशों में शामिल है–

1. नार्वे
2. सिंगापुर
3. कनाडा
4. स्विट्जरलैण्ड
5. अमेरिका

कूटः

(a) 1, 3 (b) 12, 4, 5
(c) 2, 1, 4 (d) 1, 2, 5

30. एशिया का सर्वाधिक नगरीकृत देश है–

(a) श्रीलंका (b) सिंगापुर
(c) मलेशिया (d) पाकिस्तान

उत्तरमाला

1. (c)	**2.** (b)	**3.** (a)	**4.** (c)	**5.** (d)	**6.** (b)	**7.** (a)	**8.** (b)	**9.** (b)	**10.** (c)
11. (d)	**12.** (d)	**13.** (b)	**14.** (b)	**15.** (c)	**16.** (c)	**17.** (c)	**18.** (a)	**19.** (b)	**20.** (d)
21. (b)	**22.** (d)	**23.** (b)	**24.** (c)	**25.** (a)	**26.** (c)	**27.** (b)	**28.** (c)	**29.** (a)	**30.** (b)

योजनाएं एवं कार्यक्रम

1. भारत माला परियोजना का मूल उद्देश्य है–
   (a) भारत के 4 महानगरों को सड़क मार्ग से जोड़ना
   (b) गुजरात से मिजोरम तक 15 राज्यों को सड़क मार्ग से जोड़ना।
   (c) जम्मू कश्मीर को राज्य को भारत के महत्वपूर्ण पर्यटन स्थल से जोड़ना
   (d) उत्तर पूर्वी राज्यों को आपस में जोड़ना

2. राष्ट्रीय राजमार्ग जिला संयोजक परियोजना का उद्देश्य है–
   (a) भारतीय राजमार्गों के किनारे पेड़ लगाना
   (b) देश के 100 जिलां मुख्यालयों को विश्वस्तरीय राजमार्गों से जोड़ना
   (c) राष्ट्रीय राजमार्गों की सीमा पर पड़ने वाले जिलों की आधारभूत संरचना का विकास
   (d) उपरोक्त सभी

3. स्वर्ण मुद्रीकरण योजना की विशेषताओं में शामिल है–
   (a) सोना जमा करने पर ब्याज देय होगा
   (b) बैंक इस योजना के तहत स्वर्ण बचत खाता की सुविधा जमाकर्ता को देगा
   (c) ग्राहकों को सोना शुद्धीकरण केन्द्र जाकर, मात्रा और शुद्धता का प्रमाण पत्र प्राप्त करना होगा।
   (d) उपरोक्त सभी

4. परंपरागत हस्तकरघा को आधुनिक पसंद व बाजार के अनुकूल किसके द्वारा बनाया जायेगा ?
   (a) उस्ताद योजना
   (b) सागरमाला योजना
   (c) प्रधानमंत्री रोजगार सृजन कार्यक्रम
   (d) उक्त में से कोई नहीं

5. सत्य कथन का चुनाव कीजिये–
   1. अटल पेंशन योजना में, स्वावलंबन योजना को समाहित का दिया गया है।
   2. प्रधानमंत्री सामाजिक सुरक्षा योजना में 330 रू. के वार्षिक प्रीमियम का प्रावधान है।
   3. समाजवादी पेंशन योजना का पूर्व नाम रानी लक्ष्मीबाई पेंशन योजना थी।
   4. पढ़े भारत, बढ़े भारत योजना में 200 दिनों की पढ़ाई तथा शिक्षकों की उपस्थित 95 प्रतिशत अनिवार्य बनाता है।
   5. मृद स्वास्थ्य कार्ड को प्रत्येक 3 वर्ष बाद नवीनीकृत करना।

   कूटः
   (a) 4 और 5 (b) 3, 4 और 5
   (c) 1, 3 और 5 (d) उपरोक्त सभी

6. अटल पेंशन योजना के लिये निर्धारित आयु वर्ग है–
   (a) 16 से 40 वर्ष
   (b) 18 से 40 वर्ष
   (c) 18 से 55 वर्ष
   (d) 18 से 50 वर्ष

7. निम्न में से कौन सी योजना 2015–16 के बजट से संबन्धित नहीं है ?
   1. प्रधानमंत्री की सुरक्षा बीमा योजना
   2. मौसम परियोजना
   3. राष्ट्रीय गोकुल मिशन
   4. भारत माला परियोजना
   5. सागर माला परियोजना

   कूटः
   (a) 1, 4, 5 (b) 2, 3
   (c) 1, 2, 3 (d) 3, 4, 5

8. 'बेटी बचाओ, बेटी पढ़ाओ' राष्ट्रीय अभियान में उ.प्र. राज्य से चयनित जिलों की संख्या है–
   (a) 8 (b) 10
   (c) 15 (d) 11

9. निम्न में से कौन सी योजना जनजातीय जनसंख्या की अधिकता वाले राज्यों से संबंधित है ?
   (a) मौसम परियोजना
   (b) वनबन्धु कल्याण योजना
   (c) मौलाना आजाद सेहत योजना
   (d) समाजवादी पेंशन योजना

10. राष्ट्रीय गोकुल मिशन किस मंत्रालय की योजना है ?
    (a) ग्रामीण विकास मंत्रालय
    (b) लघु एवं कुटीर उद्योग मंत्रालय
    (c) केन्द्रीय क्रषि मंत्रालय
    (d) उक्त में से कोई नहीं

11. बेटी बचाओ, बेटी पढ़ाओं राष्ट्रीय अभियान के तहत किन राज्यों के सर्वाधिक जिले चयनित किये गये हैं ?
    1. पंजाब 2. राजस्थान
    3. महाराष्ट्र 4. दिल्ली
    5. गोवा 6. लक्ष्यद्वीप

    कूटः
    (a) 1, 2, 3, 4 (b) 2, 5, 6
    (c) 1, 3, 5, 6 (d) सभी

12. मौलाना आजाद सेहत योजना किस वर्ग से संबंधित है ?
(a) अल्पसंख्यक वर्ग।
(b) बीपीएल से नीचे रहने वाले वर्ग।
(c) महिलाओं के लिए।
(d) एस.सी. और एस.टी. वर्ग।

13. राष्ट्रीय शहरी आजीविका मिशन (2013) में योजना को समाहित किया गया है–
(a) काम के बदले आनाज योजना
(b) स्वर्ण जयंती शहरी रोजगार योजना
(c) राष्ट्रीय ग्रामीण आजीविका मिशन
(d) उक्त में से कोई नहीं

14. प्रधानमंत्री रोजगार सृजन कार्यक्रम के संदर्भ में सत्य कथन का चुनाव कीजिये–
(a) ग्रामीण और शहरी बेरोजगार युवाओं को सतत और स्थायी रोजगार उपलब्ध करना।
(b) पारंपरिक कारीगरों को तकनीकी ज्ञान उपलब्धा करना
(c) 1 और 2 दोनों सत्य हैं
(d) 1 और 2 दोनों असत्य हैं

15. प्रधानमंत्री जनधन योजना के संदर्भ से सत्य कथन का चुनाव कीजिये–
(a) आदर्श वाक्य—मेरा खाता भाग्य विधाता
(b) दुर्घटना बीमा—1 लाख रूपये
(c) खाते से सरकारी योजनाओं अंतर्गत प्रत्यक्ष लाभ अंतरण की सुविधा
(d) उपरोक्त सभी

16. सक्षम योजना का संबंध है–
(a) 6 से 14 आयु वर्ग के बच्चों की प्राथमिकता शिक्षा पर जोर।
(b) 1 से 18 वर्ष आयु वर्ग के किशोर लड़कों का समग्र विकास।
(c) 14 से 18 वर्ष आयु वर्ग की किशोर लड़कियों को अपनी रक्षा करने हेतु तैयार करना।
(d) उक्त में से कोई नहीं

17. स्वच्छ भारत मिशन के अन्तर्गत शामिल हैं–
1. शौचालय का निर्माण एवं प्रयोग
2. ठोस एवं जल अपशिष्ट निपटान की सुविधा
3. ग्राम स्वच्छता
4. सुरिक्षत तथा पर्याप्त पेयजल की आपूर्ति
5. खुले में सूखा कूड़ा जलाने पर रोक
6. प्रत्येक 1 किमी. की दूरी पर कूड़ेदान की व्यवस्था

(a) 1, 2, 5, 6 (b) 3, 4, 5, 6
(c) 1, 2, 3, 4 (d) सभी

18. सांसद आदर्श ग्राम योजना का प्रारम्भ किस राजनेता की जयंती से संबंधित है ?
(a) अटल बिहारी बाजपेयी
(b) लोक नायक जय प्रकाश नारायण
(c) लौह पुरूष सरदार वल्लभ भाई पटेल
(d) महामना

19. सांसद आदर्श ग्राम योजना का केन्द्र बिन्दु है–
(a) ग्रामीण क्षेत्र में शिक्षा एवं स्वच्छ जल की उपलब्धता सुनिश्चित करना
(b) गाँव पंचायतों को तकनीकी से जोड़ना
(c) गाँवो की भौतिक एवं संस्थागत संरचना का विकास
(d) यह योजना भारत निर्माण योजना से संबंधित है

20. अटल नवोन्मेश मिशन क्या है ?
(a) देश में नवोन्मेश के क्षेत्र को विकसित करना
(b) देश को विश्वस्तरीय नवोन्मेश हब बनाना
(c) शिक्षविदो उद्यमियों और शोधकर्ताओं को शामिल कर R & D की संस्कृति विकसित करना
(d) उपरोक्त सभी

21. निम्न में से कौन सी योजना बच्चों के टीकाकरण से संबंधित है ?
(a). पल्सपोलियो अभियान
(b). मिशन इंद्र धनुष
(c). a. और b. दोनों सही है
(d). a. और b. दोनों गलत है

22. मालवीय जी की 154वीं जयंती पर किस योजना का प्रारम्भ किया गया ?
(a) पं. मदन मोहन मालवीय राष्ट्रीय शिक्षक एवं शिक्षण मिशन।
(b) पं. मदन मोहन मालवीय कृषि कामगार योजना
(c) मालवीय शिक्षा श्री योजना
(d) उच्च शिक्षा को बढ़ावा देने हेतु मालवीय शिक्षा उन्नति मिशन

23. सूची 1 को सूची 2 से सुमेलित कीजिए-

सूची 1 (योजना)	**सूची 2** (प्रारम्भ वर्ष)
A. राष्ट्रीय किशोर स्वस्थ्य कार्यक्रम	1. 11 अक्टूबर 2014
B. स्वच्छ भारत अभियान	2. 7 जनवरी 2014
C. सांसद आदर्श ग्राम योजना	3. 1 जनवरी 2015
D. हृदय योजना	4. 2 अक्टूबर 2014
	5. 21 जनवरी 2015

कूट:

	A	B	C	D
(a)	1	2	3	4
(b)	2	4	1	5
(c)	3	4	1	5
(d)	2	4	5	3

24. हृदय योजना संबन्धित है–

(a) पर्यटन क्षेत्र से

(b) पर्यावरण संरक्षण से

(c) देश के विरासत शहरों का समेकित, समावेशी और सतत विकास करना

(d) उपरोक्त सभी

25. राष्ट्रीय ग्रामीण आजीविका मिशन किस मंत्रालय द्वारा प्रारंभ की गयी ?

(a) ग्रामीण विकास मंत्रालय

(b) महिला एवं बाल विकास मंत्रालय

(c) आवास और शहरी गरीबी उपशमन मंत्रालय

(d) उपरोक्त में से कोई नही

उत्तरमाला

1. (b)	**2.** (b)	**3.** (d)	**4.** (a)	**5.** (d)	**6.** (b)	**7.** (b)	**8.** (b)	**9.** (b)	**10.** (c)
11. (a)	**12.** (a)	**13.** (b)	**14.** (c)	**15.** (d)	**16.** (b)	**17.** (c)	**18.** (b)	**19.** (c)	**20.** (d)
21. (b)	**22.** (a)	**23.** (b)	**24.** (c)	**25.** (a)					

भारत की भौगोलिक संरचना

1. निम्नांकित में से कौन-सा युग्म सुमेलित नहीं है ?
   (a) माउण्ट आबू—अरावली पहाडियां
   (b) कोडाईकनाल—अन्नामलाई पहाडियां
   (c) उटकमण्ड—नीलगिरि पहाडियां
   (d) शिमला—पीरपंजाल श्रेणी

2. निम्नांकित दर्रो का पश्चिम से पूर्व की ओर सही क्रम है–
   1. जेलेप ला   2. बोमडिला
   3. लिपुलेख   4. बनिहाल
   (a) 1, 2, 3 और 4   (b) 1, 3, 2 और 4
   (c) 4, 3, 1, 2   (d) 4, 3, 2, 1

3. जम्मू-कश्मीर सड़क मार्ग जवाहर सुरंग से होकर गुजरता है। जवाहर सुरंग निम्नांकित में से किस दर्रे से सम्बन्धित है ?
   (a) बनिहाल   (b) काराकोरम
   (c) जोजिला   (d) नाथूला

4. कश्मीर को शेष भारत से जोड़ने वाला दर्रा है–
   (a) बोलन   (b) जोजिला
   (c) बनिहाल   (d) लिपुलेख

5. गारो, खासी और जयन्तिया पहाड़ियाँ निम्नलिखित में से किसका भाग है ?
   (a) हिमालय का   (b) दक्कन पठार का
   (c) शिवालिक का   (d) उत्तरी मैदान का

6. निम्नांकित में से कौन-सी पर्वत श्रेणी ट्रान्स हिमालय में सम्मिलित नहीं है ?
   (a) लद्दाख   (b) जास्कर
   (c) शिवालिक   (d) पीरपंजाल

7. हिमालय की पर्वत श्रेणियों में जो सम्मिलित नहीं है, वह है-
   (a) काराकोरम   (b) वृहत् हिमालय
   (c) लघु हिमालय   (d) शिवालिक

8. बुर्जिल तथा जोजिला दर्रे निम्न में से किस राज्य में स्थित हैं ?
   (a) उत्तर प्रदेश   (b) सिक्किम
   (c) जम्मू-कश्मीर   (d) हिमाचल प्रदेश

9. छोटा नागपुर पठार की सबसे ऊंची पर्वत चोटी है–
   (a) धूपगढ़
   (b) 1 पंचमढ़ी
   (c) पारसनाथ
   (d) महाबलेश्वर

10. निम्नलिखित पर्वत चोटियों पर विचार कीजिए–
   1. एवरेस्ट   2. मकालू
   3. अन्नपूर्णा   4. कंचनजंगा

   उपरोक्त में से सबसे पूर्व में स्थित चाटी है–
   (a) एवरेस्ट
   (b) कंचनजंगा
   (c) मकालू
   (d) अन्नपूर्णा

11. नीलगिरि और अन्नामलाई पहाड़ियों के बीच स्थित दर्रा है–
   (a) थालघाट   (b) पालघाट
   (c) भोरघाट   (d) गोरमघाट

12. तमिलनाडु राज्य का सबसे ऊंचा पर्वत शिखर है–
   (a) दोदाबेटा   (b) धूपगढ़
   (c) महेन्द्रगिरि   (d) कोडाई कनाल

13. निम्न पर्वत शिखरों का ऊंचाई के घटते क्रम में सही अनुक्रम है–
   1. कंचलजंगा   2. गोडविन आस्टिन के-2
   3. नंगापर्वत   4. नन्दा देवी
   (a) 2, 3, 1, 4   (b) 2, 1, 3, 4
   (c) 1, 2, 3, 4   (d) 1, 3, 4, 2

14. निम्नांकित में से कौन-सी पर्वत श्रेणी पूर्वान्चल से संबंधित नहीं हैं ?
   (a) गारो   (b) मिजो
   (c) लुशाई   (d) मैकाल

15. दक्षिण भारत का सर्वोच्च शिखर निम्नलिखित में से कौन-सा है ?
   (a) अनाई मुडी   (b) दोदा बेटा
   (c) महाबलेश्वर   (d) महेन्द्रगिरि

16. निम्नलिखित में से किसका सुमेल सही नहीं है ?
   (a) पीरपंजाल—लघु हिमालय
   (b) के 2—काराकोरम
   (c) करेवाज—कश्मीर घाटी
   (d) पोटवार—कुमायूँ हिमालय

17. निम्नांकित में से कौन-सी पहाड़ियां पश्चिमी घाट से संबंधित नहीं है ?
   (a) नीलगिरि
   (b) अन्नामलाई
   (c) पालकोण्डा
   (d) इलायची

18. प्रायद्वीपीय पठार के सम्बन्ध में निम्नलिखित में से कौन-सा कथन सही नहीं है ?
   (a) प्रायद्वीपीय पठार कठोर शैलों का प्राचीन भूखण्ड है।
   (b) यह त्रिभुजाकार है।
   (c) इस पठार में अरावली जैसे प्राचीन वलन स्थित है॥
   (d) इसमें अधिकतर तलछटी चट्टानें पाई जाती है।

19. महाबलेश्वर निम्नलिखित में से किस राज्य में स्थित है ?
(a) गुजरात (b) महाराष्ट्र
(c) कर्नाटक (d) केरल

20. हिमालय की निम्नलिखित में से कौन-सी श्रेणी सर्वाधिक चौड़ी है ?
(a) लघु हिमालय श्रेणी (b) उप-हिमालय श्रेणी
(c) महान हिमालय श्रेणी (d) ट्रान्स हिमालय श्रेणी

21. बारामूला दर्रा स्थित है–
(a) पीरपंजाल श्रेणी में (b) शिवालिक श्रेणी
(c) महान हिमालय में (d) काराकोरम श्रेणी में

22. चण्डीगढ़ किस पहाड़ी के नीचे स्थित है ?
(a) शिमला पहाड़ी (b) शिवालिक पहाड़ी
(c) मोरनी पहाड़ी (d) इनमें से कोई नहीं

23. भारत की दक्षिणतम पर्वतमाला है–
(a) नीलगिरि (b) अन्नमलाई पर्वतमाला
(c) नल्लामलाई पर्वतमाला (d) कार्डेनम पर्वतमाला

24. भारत का प्राचीनतम पर्वत क्रम कौन-सा है ?
(a) हिमालय (b) विन्ध्यांचल
(c) अरावली (d) सतपुड़ा

25. धौलाधार पर्वत श्रेणी निम्नलिखित में से किस राज्य में अवस्थित है ?
(a) कश्मीर (b) असम में
(c) उत्तरांचल (d) हिमालय प्रदेश में

26. हिमालय का सर्वाधिक ऊंचा भाग विद्यमान है–
(a) पंजाब (b) कुमायूं हिमालय में
(c) नेपाल हिमालय में (d) असम हिमालय में

27. निम्न में से कौन सबसे नयी पर्वत श्रेणी है ?
(a) अन्नमलाई (b) शिवालिक
(c) अरावली (d) विन्ध्यांचल

28. उत्तराखण्ड हिमालय में सर्वोच्च पर्वत शिखर कौन-सा है ?
(a) चौखन्जा (b) धौलागिरि
(c) नन्दादेवी (d) त्रिशुल

29. नीचे दिये गये कूट की सहायता से निम्नांकित पहाडियों का सही उत्तर-दक्षिण क्रम बताइए–
1. अन्नामलाई पहाड़ियां 2. पालनी पहाड़ियाँ
3. इलायची पहाड़ियां
(a) 1, 2, 3 (b) 3, 1, 2
(c) 1, 3, 2 (d) 2, 1, 3

30. धौलाधार तथा पीरपंजाल नाम पर्वत श्रेणियां अवस्थित हैं–
(a) महान हिमालय में (b) लघु हिमालय में
(c) ट्रान्स हिमालय में (d) बाह्य हिमालय में

उत्तरमाला

1. (d)	**2.** (c)	**3.** (a)	**4.** (c)	**5.** (b)	**6.** (c)	**7.** (a)	**8.** (c)	**9.** (c)	**10.** (b)
11. (b)	**12.** (a)	**13.** (b)	**14.** (d)	**15.** (a)	**16.** (d)	**17.** (c)	**18.** (d)	**19.** (b)	**20.** (a)
21. (a)	**22.** (b)	**23.** (d)	**24.** (c)	**25.** (d)	**26.** (c)	**27.** (b)	**28.** (c)	**29.** (c)	**30.** (d)

वन तथा प्राकृतिक संसाधन

1. वन स्थिति रिपोर्ट 2013 के संदर्भ में दिये गये कथनों पर विचार कीजिए–
   1. लक्ष्यद्वीप सबसे अधिक वन प्रतिशतता वाला दूसरा सबसे बड़ा राज्य/केन्द्र शासित प्रदेश है।
   2. भारत की समस्त भूमि की 25.5 प्रतिशत भूमि वनों से आच्छादित है।
   3. क्षेत्रफल के अनुसार सबसे अधिक वन क्षेत्र राज्य अरूणाचल प्रदेश है।

   उपरोक्त में से कौन-से कथन सही है–

   (a) केवल 1 और 2 (b) केवल 2 और 3
   (c) केवल 1 (d) 1, 2 और 3

2. वन जैव विविधता संस्थान कहां स्थित है ?

   (a) शिमला (b) छिंदवाजा
   (c) जोरहट (d) हैदराबाद

3. भारत में 'वन महोत्सव की दिवस की शुरूआत का श्रेय किसको जाता है ?

   (a) इंदिरा गांधी
   (b) कन्हैयालाल मणिकलाल मुंशी
   (c) महात्मा गांधी
   (d) मेघा पटकर

4. निम्नलिखित में से कहां उष्ण कटिबंधीय सदाबहार वनों का विस्तार नहीं है ?

   (a) मणिपुर
   (b) पश्चिमी घाट का पश्चिमी ढाल
   (c) पश्चिमी राजस्थान
   (d) कर्नाटक का पश्चिमी भाग

5. 'शोलास' क्या है ?

   (a) पश्चिमी घाट पर्वत से निकलने वाली एक नदी
   (b) उत्तर-पूर्वी भारत में अवस्थित जलप्रपात
   (c) उत्तर-पूर्वी भारत में अवस्थित में अवस्थित वन्य जीव अभयारण
   (d) नीलगिरी, अन्नामलाई और पालनी पहाड़ियों पर पाए जाने वाले शीतोष्ण कटिबंधीय वन

6. **कथन (A):** घने वनस्पति-आवरण वाली पहाड़ियों पर भारी मृदा अपरदन नहीं होता।

   कथन (R): वनस्पति-आवरण वर्षा जल के अंत स्पंदन तथा मृदा बंधन में सहायक है।

   (a) A और R दोनों सही है। R, A की सही स्पष्टीकरण है॥
   (b) A और R दोनों सही है। परन्तु R, A की सही स्पष्टीकरण नहीं है।
   (c) A और सही है। परन्तु R गलत है।
   (d) R और सही है। परन्तु A गलत है।

7. निम्न में से किसे 'जंगल की आग' कहा जाता है ?

   (a) बोहिनिय वेरीगेटा
   (b) जेकेरांडा मौमोसाफोलिया
   (c) ब्यूटिया मोनोस्पर्मा
   (d) टोक्टोमा मांडिस

8. निम्नलिखित में से किस राज्य के वनों का वर्गीकरण अर्द्ध-उष्ण बंधीय के रूप में किया जाता हैं ?

   (a) केरल (b) मध्य प्रदेश
   (c) तमिलनाडु (d) कर्नाटक

9. निम्नलिखित में से कौन-सा वृक्ष समुद्र तल से सर्वाधिक ऊँचाई पर पाया जाता है ?

   (a) देवदार (b) चीड़
   (c) साल (d) सागौन

10. लीसा प्राप्त होता है–

    (a) चीड़ के वृक्ष से
    (b) देवदार के वृक्ष से
    (c) बुरास के वृक्ष से
    (d) शीशम के वृक्ष से

11. पश्चिमी हिमालय में उच्च पर्वतीय वनस्पति 300मी. की ऊँचाई तक ही उपलब्ध होती है, जबकि पूर्वी हिमालय में 4000मी. की ऊँचाई तक उपलब्ध होती है। एक ही पर्वत श्रृंखला में इस विविधता का कारण है–

    (a) पूर्वी हिमालय का पश्चिमी हिमालय से अधिक ऊँचा होना॥
    (b) पूर्वी हिमालय का भूमध्य रेखा और समुद्र तट से पश्चिमी हिमालय की अपेक्षा अधिक निकट होना।
    (c) पूर्वी हिमालय में पश्चिमी हिमालय की अपेक्षा अधिक मानसूनी वर्षा होना।
    (d) पूर्वी हिमालय की चट्टानों का पश्चिमी हिमालय की चट्टानों से अधिक उर्वक होना।

12. सूची-I को सूची-II से सुमेलित कीजिए–

सूची 1	**सूची 2**
(A) चीड़ के वृक्ष से	(1) परिवृत्ति उद्‌भिद
(B) देवदार के वृक्ष से	(2) मास और लाइकेन
(C) बुरास के वृक्ष से	(3) अधिपादप
(D) शीशम के वृक्ष से	(4) घास और वृक्ष

	A	B	C	D
(a)	3	2	4	1
(b)	1	4	2	3
(c)	1	2	4	3
(d)	3	4	2	1

13. ऊँचाई में वृद्धि के साथ तापमान में वृद्धि क्या कहलाती है ?

(a) लैप्स रेट (च्युति दर)
(b) एडियाबैटिक लैप्स रेट (रूद्धोष्म च्युति दर)
(c) ताप त्युत्क्रमण
(d) सामान्य दर

14. निम्नलिखित में से कौन सा जोड़ा सही है ?

(a) कीनिया – कम्पास
(b) अर्जेटीना – पम्पास
(c) वेनेजुएला – सवाना
(d) संयुक्त राज्य अमेरिका – स्टेपीज

15. निम्नलिखित में से कौन-सा टैगा बायोम है ?

(a) अर्द्ध-उष्णकटिबन्धीय बायोम
(b) अर्द्ध-उत्तरध्रुवीय बायोम
(c) सवाना बायोम (Savana-Biome)
(d) उप-सहारा बायोम

16. भूमध्य रेखा से ध्रुव तक के वनस्पति क्षेत्रों का क्रम पहचानिए-

(a) टैगा, टुंड्रा, सेल्वा, सवाना
(b) सेल्वा, सवाना, टैगा, टुंड्रा
(c) सवाना, टैगा, सेल्वा, टुंड्रा
(d) टुंड्रा, टैगा, सवाना, सेल्वा

17. पेड़-पौधे जो विघ्न की उच्च सहायता के मध्य एवं तनाव की न्यून सघनता में बढते है, उन्हें कहा जाता है-

(a) प्रतियोगी (b) तनाव सहने वाले
(c) कोणधारी वन (d) रूडरल्स

18. निम्न में से कौन टैगा जीवोम है ?

(a) उप-ध्रुवीय जीवोम
(b) उप-सहारा जीवोम
(c) सवाना घास
(d) उपयुक्त में से कोई नहीं

19. **अभिकथन (A):** कुछ शीतोष्ण प्रदेशों में घास के मैदान उपजाऊ भूमि में परिवर्तित कर दिये गये है।

कथन (R): इन भागों में तापमान का कम होना वर्षा को अधिक प्रभावी बनाता है।

(a) A और R दोनों सही है। R, A की सही व्याख्या है।
(b) A और R दोनों सही है। परन्तु R, A की सही स्पष्टीकरण नहीं है।
(c) A और सही है। परन्तु R गलत है।
(d) R और सही है। परन्तु A गलत है।

20. सूची-I को सूची-II से सुमेलित कीजिए-

सूची-I	**सूची-II**
(a) प्रवाल भित्ति	(1) जीवीय समुद्री निपेक्ष
(b) माघस्थल (शील)	(2) गहरा, अपेक्षाकृत समतल समुद्री तल
(c) वितलीय मैदान	(3) मग्नतट ढाल से तीव्र अवरोहण
(d) महाद्वीपीय ढाल	(4) उथली गहराइयों के साथ विलग्न उन्नत भूमि

	A	B	C	D
(a)	2	3	1	4
(b)	1	4	2	3
(c)	3	2	4	1
(d)	4	1	3	1

21. मिट्टी, जल तथा उष्मा की उपलब्धता के क्रम में निम्नलिखित में से जीवोम की कौन-सी व्यवस्था सही है ?

(a) सवाना, घास स्थल, वन, टुंड्रा और मरूस्थल
(b) सवाना, वन, घास स्थल, टुंड्रा और मरूस्थल
(c) टुंड्रा, वन, घास स्थल, सवाना और मरूस्थल
(d) वन, सवाना, घास स्थल, मरूस्थल और टुंड्रा

22. भौगोलक क्षेत्र में सभी परिस्थितिकीय तंत्र इकट्ठे ज्यादा बड़ी इकाई बनाते है जिसे कहते है-

(a) समुदाय
(b) भूभाग (टेरिटरि)
(c) बायोम
(d) जीमंडल

23. सूची-I को सूची-II से सुमेलित कीजिए-

सूची II	**सूची II**
(a) समुद्री बायोम	(1) मानसूनी पतझड वन
(b) टैगा बायोम	(2) स्क्लेरोकिल इकोसिस्टम
(c) भूमध्यसागरीय बायोम	(3) फाइटोप्लैकंटन
(d) उष्णकटिबंधीय बायोम	(4) बोरियल वन

	A	B	C	D
(a)	3	4	2	1
(b)	4	3	1	2
(c)	2	1	3	4
(d)	1	2	4	3

24. संपारिस्थितिकी के बारे में कौन-सा कथन सही है?
   (a) यह वैयक्तिक जातियों का उनके वातावरण के संबंध में अध्ययन है।
   (b) यह जीव समुदाय के जटिल अंत: संबंध का अध्ययन है।
   (c) यह अनिवार्यत: आवास परिस्थितिकी है।
   (d) यह मुख्यत: सामाजिक पारिस्थितिकी है।

25. सूची-I को सूची-II से सुमेलित कीजिए-

सूची-I	**सूची-II**
(a) ऐसा समतल जो काफी हद तक हाल के जलोढक से बना हो	(1) पदस्थली
(b) डीप सी समतल	(2) लोएस मैदान
(c) पवन की गतिविधि से निर्मित समतल	(3) बाढकृत मैदान
(d) जलोढक की झीनी परत से कुछ-कुछ ढकी समतल सतह	(4) वितलीय मैदान

	A	B	C	D
(a)	4	3	2	1
(b)	3	4	1	2
(c)	4	3	1	2
(d)	3	4	2	1

उत्तरमाला

1. (c)	**2.** (d)	**3.** (b)	**4.** (b)	**5.** (d)	**6.** (a)	**7.** (c)	**8.** (b)	**9.** (a)	**10.** (a)
11. (b)	**12.** (d)	**13.** (c)	**14.** (b)	**15.** (b)	**16.** (b)	**17.** (d)	**18.** (d)	**19.** (a)	**20.** (b)
21. (d)	**22.** (c)	**23.** (a)	**24.** (d)	**25.** (d)					

भारत की नदियाँ, नहरें, झीलें और जल प्रपात

1. निम्नलिखित में से जो नदी सिन्धु नदी की सहायक नहीं है, वह है–
   (a) श्योक नदी (b) कोसी नदी
   (c) झेलम नदी (d) चिनाव नदी

2. निम्न में से कौन-सी नदी अमरकण्टक पठार से नहीं निकलती है ?
   (a) गोदावरी (b) नर्मदा
   (c) तवा (d) सोम

3. रूद्रप्रयाग निम्नलिखित में से किन नदियों के संगम पर स्थित है ?
   (a) अलकनन्दा-भागीरथी (b) अलकनन्दा-मन्दाकिनी
   (c) भागीरथी-भीलांगना (d) भागीरथी-मन्दाकिनी

4. भारत की निम्न नदियों में से कौन-सी नदी डेल्टा नहीं बनाती है ?
   (a) गंगा (b) गोदावरी
   (c) ताप्ती (d) महानदी

5. निम्नलिखित में से कौन-सी नदी एम्बुअरी नहीं बनाती है ?
   (a) नर्मदा (b) माण्डवी
   (c) सोम (d) महानदी

6. निम्नलिखित नदियों में से कौन एक यमुना की सहायक नदी नहीं है ?
   (a) बेतवा (b) चम्बल
   (c) केन (d) रामगंगा

7. निम्नांकित में से जो नदी अमरकण्टक से निकलती है, वह है–
   (a) कृष्णा (b) पेरियार
   (c) चम्बल (d) सोम

8. क्षिप्रा नदी निम्नांकित में से किसकी सहायक नदी है ?
   (a) गोदावरी (b) चम्बल
   (c) महानदी (d) नर्मदा

9. हिमालय के अपवाह तन्त्र में जो नदी तन्त्र सम्मिलित नहीं है, वह है–
   (a) गंगा (b) ब्रह्मपुत्र
   (c) सिन्धु (d) महानदी

10. सिन्धु की निम्नलिखित में से कौन-सी सहायक नदी पीरपंजाल से निकलती है ?
    (a) सतलज (b) रावी
    (c) झेलम (d) चिनाव

11. कावेरी नदी किन राज्यों से गुजरती है ?
    (a) आन्ध्र प्रदेश, कर्नाटक और तमिलनाडु
    (b) कर्नाटक, तमिलनाडु और केरल
    (c) महाराष्ट्र, आन्ध्रप्रदेश और तमिलनाडु
    (d) महाराष्ट्र, कर्नाटक और तमिलनाडु

12. निम्नलिखित में से कौन-सी नदी अरावली पर्वतमाला से निकलती है ?
    (a) चम्बल (b) माही
    (c) लूनी (d) घग्घर

13. हिमालय की निम्नलिखित में से किस नदी के द्वारा जलोढ़ शंकुओं का निर्माण नहीं होता है ?
    (a) घाघरा (b) कोसी
    (c) तीस्ता (d) महानन्दा

14. निम्नलिखित में से कौन-सी नदी भ्रंश घाटी से होकर प्रवाहित होती है ?
    (a) कृष्णा एवं यमुना (b) ताप्ती एवं नर्मदा
    (c) गोमती एवं सरयू (d) कावेरी एवं गोदावरी

15. निम्नलिखित में से किस नदी की घाटी विवर्तकी है ?
    (a) ताप्ती (b) दामोदर
    (c) कावेरी (d) चम्बल

16. अरावली पर्वतमाला महान जल-विभाजक है–
    (a) सिन्धु और गंगा नदी के बीच
    (b) गंगा और यमुना नदी के बीच
    (c) गंगा और प्रायद्वीपीय नदियों के बीच
    (d) गंगा और ब्रह्मपुत्र नदियों के बीच

17. निम्नलिखित में से कौन-सी नदी तीन बार दो धाराओं में विभक्त हो जाती है और कुछ मील आगे जाकर पुन: मिल जाती है और इस प्रकार श्रीरंगपट्टम्, शिवसमुद्रम, और श्रीरंगम् के द्वीपों का निर्माण करती है ?
    (a) कावेरी (b) कृष्णा
    (c) तुगभद्रा (d) गोदावरी

18. निम्नांकित में से कौन-सा कथन असत्य है ?
    (a) सतलज ट्रान्स हिमालचयन नदी
    (b) दक्षिण के पठार से निकलकर गंगा में मिलने वाली नदियों में सोन सबसे बड़ी नदी है।
    (c) इन्द्रावती, सालेरी और प्राणहिता गोदावरी की सहायक नदियां है।
    (d) महानदी का उद्‌गम पश्चिमी घाट से होता है।

19. ब्रह्मपुत्र नदी किस प्रकार की नदी का उदाहरण है ?
    (a) परिवर्ती नदी (b) पूर्ववर्ती नदी
    (c) प्रत्यानुवर्ती नदी (d) अध्यारोपित नदी

20. भगीरथी नदी निकलती है–
    (a) गोमुख (b) गंगोत्री से
    (c) तपोवन से (d) विष्णु प्रयाग से

21. निम्न में से कौन-सी नदी गंगा के बाएं किनारे पर नहीं मिलती है ?
(a) यमुना (b) गोमती
(c) घाघरा (d) कोसी

22. जिस राज्य में लूनी नदी बहती है, वह है–
(a) पंजाब (b) राजस्थान
(c) गुजरात (d) हिमाचल प्रदेश

23. निम्न में से किस नदी का प्रवाह-मार्ग भारत में सबसे अधिक लम्बा है ?
(a) सतलज (b) व्यास
(c) चिनाव (d) झेलम

24. हिमालय से निकलने वाली निम्नलिखित नदियों में से कौन-सी एक पूर्ववर्ती नदी है ?
(a) घाघरा (b) घग्घर
(c) यमुना (d) सतलज

25. चिल्का झील स्थित है–
(a) कर्नाटक तट पर (b) उत्तरी सरकार तट पर
(c) कोकण तट पर (d) मालाबार तट पर

26. नर्मदा तथा सोन नदियां कहां से निकलती हैं ?
(a) रामगढ़, गुम्बद (b) पंचमढ़ी
(c) ग्वाल पहाड़ी (d) अमरकण्टक पहाड़ी

27. नदी जो भारत-नेपाल के मध्य सीमा बनाती है–
(a) गण्डक (b) काली
(c) कोसी (d) तिस्ता

28. 'करेवा' हिमानीकृत वेदिकाएं पाई जाती हैं–
(a) अलकनन्दा घाटी में (b) रावी घाटी में
(c) झेलम घाटी में (d) तिस्ता घाटी में

29. भागीरथी तथा अलकनन्दा नदियों का संगम निम्नलिखित में से कौन है ?
(a) देव प्रयाग (b) रुद्र प्रयाग
(c) विष्णु प्रयाग (d) कर्ण प्रयाग

30. निम्नलिखित में से कौन-सी नदी एम्बुअरी बनाती है ?
(a) कृष्णा (b) कावेरी
(c) नर्मदा (d) साबरमती

उत्तरमाला

1. (b)	**2.** (a)	**3.** (a)	**4.** (c)	**5.** (d)	**6.** (d)	**7.** (d)	**8.** (b)	**9.** (d)	**10.** (c)
11. (b)	**12.** (c)	**13.** (a)	**14.** (b)	**15.** (a)	**16.** (a)	**17.** (a)	**18.** (d)	**19.** (b)	**20.** (a)
21. (a)	**22.** (b)	**23.** (a)	**24.** (d)	**25.** (b)	**26.** (d)	**27.** (b)	**28.** (c)	**29.** (a)	**30.** (c)

अभ्यास प्रश्न
व्याख्यात्मक हल सहित

व्याख्यात्मक प्रश्न

1. किन दो ग्रहों की घूर्ण पश्चगतिक है और उन पर सूर्योदय पूर्व में नहीं, बल्कि पश्चिम में होता है?
   (a) बुध एवं शुक्र (b) शुक्र एवं अरूण
   (c) अरूण एवं वरूण (d) शुक्र एवं शनि

2. क्षुद्र ग्रहो की पेटी किन दो ग्रहों के बीच है?
   (a) पृथ्वी तथा मंगल (b) मंगल तथा बृहस्पति
   (c) बृहस्पति तथा शनि (d) शनि तथा वरूण

3. निम्नलिखित कथनों पर विचार कीजिए–
   1. शनि का घनत्व जल के घनत्व से कम है।
   2. शुक्र का दिन इसके वर्ष से बड़ा है।
   3. अरूण का अक्ष इसकी कक्षा पर 98° का कोण बनाता है।

   उपरोक्त कथनों में सही कथन कौन–सा/से है/हैं?
   (a) केवल 1 (b) केवल 1 व 2
   (c) केवल 2 व 3 (d) 1, 2 व 3

4. 2006 में प्लूटों ग्रह को बोने ग्रह के रूप में पदानवति की गई थी क्योंकि–
   1. इसमें पर्याप्त द्रव्यमान नहीं है।
   2. इसका परिक्रमा पथ दूसरे ग्रहों के परिक्रमा पथ में प्रवेश करता है।

   कूट :
   (a) केवल कथन 1 सही है।
   (b) केवल कथन 2 सही है॥
   (c) कथन 1 व 2 सही है।
   (d) न 1 और न ही 2 सही है॥

5. खगोलीय इकाई किन दो खगोलीय पिंडों के बीच की दूरी है?
   (a) पृथ्वी व सूर्य
   (b) पृथ्वी व मंगल
   (c) पृथ्वी व चन्द्रमा
   (d) पृथ्वी व शुक्र

6. अंतरिक्ष से देखने पर–
   1. पृथ्वी नीला गोलक दिखाई देता है।
   2. मंगल लाल गोलक दिखाई देता है।
   3. वरूण के आरुणस छल्ले हैं।

   उपरोक्त कथनों में से कौन–सा/से कथन सही है/हैं?
   (a) केवल 1 (b) केवल 2
   (c) 1 तथा 2 (d) 2 तथा 3

7. लाप्लास द्वारा प्रतिपादित पृथ्वी की उत्पत्ति के सिद्धांत का नाम है–
   (a) ग्रहाणु सिद्धांत (b) ज्वारीय सिद्धांत
   (c) नीहारिका सिद्धांत (d) गैसीय सिद्धांत

8. निम्नलिखित को सुमेलित कीजिए–

A. लापलास	1. ज्वारीय परिकल्पना
B. हब्बल	2. नीहारिका परिकल्पना
C. जीन्स एवं जैफ्रे	3. गैसीय परिकल्पना
D. कांट	4. बिग बैंग सिद्धांत

कूट :

	A	B	C	D
(a)	2	4	1	3
(b)	1	4	2	3
(c)	2	3	1	4
(d)	4	3	2	1

9. बिग बैंग सिद्धांत के संबंध में कौन–सा कथन सही नहीं है?
   (a) ब्रह्मांड में प्रत्येक वस्तु एक छोटे गोलक से पैदा हुई जिसे एकाकी कहते हैं।
   (b) यह घटना आज से लगभग 13.7 मिलियन वर्ष पूर्व घटी।
   (c) बादलों से आकाशगंगाओं के झुड़ पैदा हुए।
   (d) ब्रह्मांड सिकुड़ रहा है।

10. भूवैज्ञानिक काल मापक्रम का अर्थ है–
   (a) विभिन्न भूगर्भिक आकृतियों का कालिक क्रम।
   (b) उत्पत्ति के समय एवं स्थान के अनुसार भूतकाल में जीवन।
   (c) पृथ्वी पर जीवन शुरू होने से अब तक चट्टानों एवं जीवों का वितरण।
   (d) सौरमंडल के अन्य ग्रहों के साथ पृथ्वी का संबंध।

11. निम्नलिखित को भूवैज्ञानिक काल मापक्रम पर इनकी अवधि के अनुसार अवरोही क्रम में व्यवस्थित कीजिए–
   (a) कल्प, युग, महाकल्प
   (b) युग, महाकल्प, कल्प
   (c) महाकल्प, कल्प, युग
   (d) युग, कल्प, महाकल्प

12. भूवैज्ञानिक इतिहास के किस कल्प में डायनासोरों का आका विशालतम हो गया था?
   (a) ट्रियासिक (b) जुरेसिक
   (c) क्रिटेशियस (d) परामियन

13. अक्षांश रेखाओं के संबंध में कौन-सा कथन गलत है ?
(a) ये भूमध्य रेखा से शुरू होते हैं और उसके समानंतर होते हैं।
(b) सभी अक्षांशीय रेखाओं की लंबाई एक समान होती है।
(c) एक समान अक्षांश वाले स्थानों को मिलने वाली रेखा को अक्षांश रेखा कहते हैं।
(d) ग्लोब पर सभी अक्षांशों को वृत्तों के रूप में खींचा जाता है।

14. देशान्तर को सबसे उत्तम कौन-सा तथ्य परिभाषित करता है ?
(a) प्रधान देशान्तर के पूर्व अथवा पश्चिम में चापीय दूरी।
(b) ग्रीनविच देशांतर से पूर्व अथवा पश्चिम में कोणीय दूरी।
(c) ग्रीनविच देशांतर के संदर्भ में किसी स्थान की स्थिति।
(d) उत्तरी ध्रुव तथा दक्षिणी ध्रुव को मिलने वाली काल्पनिक रेखा।

15. निम्नलिखित को सुमेलित कीजिए–

A. अंटार्कटिक वृत्त	1. 23½° उत्तर
B. कर्क रेखा	2. 23½° दक्षिण
C. मकर रेखा	3. 66½° उत्तर
D. आर्कटिक वृत्त	4. 66½° दक्षिण

कूट :

	A	B	C	D
(a)	1	2	3	4
(b)	4	1	2	3
(c)	4	3	2	1
(d)	3	2	1	4

16. कौन-सा कथन सही है ?
(a) पृथ्वी पर वृहत वृत्त सबसे छोटी दूरी दर्शाता है।
(b) सभी अक्षांश वृहत वृत्त हैं।
(c) ग्लोब पर अनंत वृहत वृत्त खींचें जा सकते हैं।
(d) वृहत्त वृत्त नौ चालन के लिए उपयोगी नहीं है।

17. पृथ्वी के अक्ष के संबंध में कौन-सा कथन पूर्णतया सही नहीं है ?
(a) यह उत्तरी तथा दक्षिणी ध्रुव को मिलती हुई पृथ्वी के केन्द्र से गुजरने वाली काल्पनिक सरल रेखा है।
(b) यह उत्तरी व दक्षिणी ध्रुव को मिलने वाली काल्पनिक रेखा है।
(c) यह पृथ्वी की कक्षा पर 66½° का कोण बताता है।
(d) यह पृथ्वी की कक्षा पर लंब के साथ 23½° का कोण बताता है।

18. सूर्य से पृथ्वी की अधिकतम दूरी वाली अवस्था को क्या कहते हैं ?
(a) अपसौर (b) उपसौर
(c) बसंत विषुव (d) शहद विषुव

19. कौन-से दिन पृथ्वी सूर्य से न्यूनतम दूरी पर होती है ?
(a) 22 दिसंबर (b) 21 मार्च
(c) 3 जनवरी (d) 23 सितम्बर

20. पृथ्वी के अक्ष के गिर्द इसके घूर्णन के संबंध में कौन-सा कथन सही नहीं है ?
(a) यह भूमध्य रेखा पर अधिकतम होती है।
(b) यह ध्रुवों पर अधिकतम होती है।
(c) यह भूमध्य रेखा से दूर जाने पर क्रमश: घटती जाती है।
(d) 60° अक्षांशों पर यह भूमध्य रेखा की अपेक्षा आधी रह जाती है।

21. कर्क रेखा पर कौन-से दिन सूर्य की किरणें लाम्बिक होती हैं ?
(a) 21 मार्च (b) 21 जून
(c) 23 सितम्बर (d) 22 दिसंबर

22. निम्नलिखित को सुमेलित कीजिए–

सूची-I (लक्षण)	**सूची-II (निचिया)**
A. उत्तर अयनांत	1. 21 मार्च
B. दक्षिण अयनांत	2. 23 सितम्बर
C. बसंत विषुव	3. 22 दिसंबर
D. शरद् विषुव	4. 21 जून

कूट :

	A	B	C	D
(a)	1	2	3	4
(b)	4	3	1	2
(c)	2	3	1	4
(d)	3	2	4	1

23. निम्नलिखित को सुमेलित कीजिए–

तालिका-I अक्षांश	**तालिका-II अक्षांश वृत्त**
A. 23½° उ.	1. आर्कटिक वृत्त
B. 23½° द.	2. अंटार्कटिक वृत्त
C. 66½° उ.	3. कर्क रेखा
D. 66½° द.	4. मकर रेखा

कूट :

	A	B	C	D
(a)	2	3	1	4
(b)	1	2	3	4
(c)	3	4	1	2
(d)	4	1	3	2

24. यदि पृथ्वी का अक्ष झुका न होता तो–
1. ऋतु परिवर्तन न होता
2. दिन तथा रात की अवधि में परिवर्तन न होता।
3. ध्रुवों पर लगातार छ: माह का दिन न होता।
4. तापमान का वितरण एक समान होता।
उपरोक्त में से कौन-सा/से कथन सत्य है/हैं ?
(a) 1 एवं 2 (b) 1, 2 एवं 3
(c) 1, 2, 3 एवं 4 (d) 1, 3 एवं 4

25. साल के किसी भी समय पर सूर्य की किरणें लाम्बिक नहीं पड़ती हैं–

1. उष्ण कटिबंध
2. उत्तरी एवं दक्षिणी शीतोष्ण कटिबंध
3. उत्तरी व दक्षिणी शीत कटिबंध

कौन से कूट सही हैं ?

(a) केवल 1 (b) 1 तथा 2
(c) 2 तथा 3 (d) 1, 2 तथा 3

26. निम्नलिखित कथनों पर विचार कीजिए–

1. भूमध्य रेखा से ध्रुवों की ओर जाने में दिन तथा रात की अवधि में भिन्नता होती है।
2. भूमध्य रेखा पर ऋतु परिवर्तन के साथ दिन तथा रात की अवधि में परिवर्तन आता रहता है।

कूट :

(a) केवल 1 सही है। (b) केवल 2 सही है।
(c) 1 तथा 2 दोनों सही हैं। (d) 1 तथा 2 दोनों गलत हैं।

27. पृथ्वी पर प्रेक्षक को चांद का सदा एक ही भाग दिखाई देता है क्योंकि–

(a) इसका भ्रमण पथ वही है जो पृथ्वी का भ्रमण पथ है।
(b) इसके भ्रमण अवधि, पृथ्वी की भ्रमण की अवधि के बराबर है।
(c) पृथ्वी के गिर्द इसके भ्रमण की अवधि इसके अपने अक्ष पर घूर्णन की अवधि के बराबर है।
(d) इसकी घूर्णन की दिशा पृथ्वी के घूर्णन की दिशा में ही है।

28. पृथ्वी पर चन्द्रमा के दिखाई देने वाले भाग के संबंध में निम्नलिखित कथनों पर विचार कीजिए–

1. चन्द्रमा का केवल 50% भाग ही दिखाई देता है।
2. शेष 50% भाग विभिन्न अवसरों पर दिखाई देता है।

सही उत्तर चुनें–

(a) केवल 1 सही है।
(b) केवल 2 सही है।
(c) 1 तथा 2 दोनों ही सही हैं।
(d) न 1 और न 2 सही है॥

29. निम्नलिखित कथनों पर विचार कीजिए–

1. जब चन्द्रमा ठीक पृथ्वी तथा सूर्य के बीच होता है तो सूर्य ग्रहण लगता है।
2. जब पृथ्वी ठीक सूर्य एवं चन्द्रमा के बीच होती है तो सूर्य ग्रहण लगता है।

सही उत्तर चुनें–

(a) केवल कथन I सही है।
(b) केवल कथन II सही है।
(c) कथन I तथा II सही है।
(d) न कथन I तथा न कथन II सही है।

30. आयतन के अनुसार प्रतिशत मात्रा के आधार पर वायुमंडल में उपस्थित गैसों का सही अवरोही क्रम क्या है ?

(a) आक्सीजन, कार्बन डाई-ऑक्साइड, नाइट्रोजन, हाइड्रोजन
(b) कार्बन डाई-ऑक्साइड, आक्सीजन, नाइट्रोजन, हाइड्रोजन
(c) हाइड्रोजन, नाइट्रोजन, कार्बन डाइ-ऑक्साइड, ऑक्सीजन
(d) नाइट्रोजन, आक्सीजन, कार्बन डाइ-ऑक्साइड, हाइड्रोजन

31. कौन-सा/से कथन सही है/हैं ?

1. वायुमंडल में जलवाष्प की मात्रा ऊंचाई के साथ घटती है।
2. यह भूमध्य रेखा से ध्रुवों की ओर बढ़ती है।
3. वायुमंडल का 90% जलवाष्प 6 किमी. की कम ऊंचाई पर है।
4. यह पार्थिव विकिरण को सुरक्षित रखता है।

(a) 1, 2, 3 (b) 1, 3, 4
(c) 1, 2, 3, 4 (d) 2, 3, 4

32. भूतल से ऊंचाई के अनुसार वायुमंडलीय स्तरों का कौन-सा क्रम सही है ?

(a) क्षोभमंडल, समतापमंडल, मध्यमंडल, आयनमंडल
(b) क्षोभमंडल, बाह्यमंडल, मध्यमंडल, समतापमंडल
(c) समतापमंडल, मध्यमंडल, बाह्यमंडल, क्षोभमंडल
(d) आयनमंडल, क्षोभमंडल, मध्यमंडल, समतापमंडल

33. वायुमंडल में धूलकणों के संबंध में कौन-सा/से तथ्य सही है/हैं ?

1. ये आरंजक (Hydroscopic) कणों का काम करते हैं जिनके गिर्द जलवाष्प संघनित होकर मेघ पैदा करते हैं।
2. इनसे उषाकाल तथा गोधूलि वेला पैदा होते हैं।
3. दिखाई देने वाले आकाश के रंग से इनका कोई संबंध नहीं है।

(a) 1 व 2 (b) 2 व 3
(c) 1, 2 व 3 (d) 1 व 3

34. निम्नलिखित में से कौन-से युग्म सही सुमेलित हैं ?

सूची-I (वायुमंडलीय स्तरें)	**सूची-II (लक्षण)**
A. क्षोभमंडल	1. सामान्य ह्रास दर
B. समतापमंडल	2. मुक्ताभ मेघ
C. आयनमंडल	3. रेडियो तरंगों का परावर्तन
D. बाह्यमंडल	4. बहुत विरल वायु

कूट :

	A	**B**	**C**	**D**
(a)	1	2	3	4
(b)	2	3	4	1
(c)	3	4	1	2
(d)	4	3	2	1

35. निम्नलिखित कथनों पर विचार कीजिए–

1. क्लोरोफ्लोरोकार्बन के अधिकाधिक प्रयोग से वायुमंडल में ओजोन की परत का ह्रास होता है।
2. सबसे बड़ा ओजोन छिद्र आर्कटिक महासागर पर है।

(a) कथन 1 तथा 2 सही है।
(b) 1 तथा 2 दोनों ही गलत हैं।
(c) केवल 1 सही है।
(d) केवल 2 सही है।

36. जेट वायुयान की उड़ानों के लिए समतापमंडल आदर्श परिस्थितियां उपलब्ध कराता है क्योंकि–

1. वहां मेघ एवं अन्य मौसमी घटनाएं नहीं होती।
2. एक समान तापमान से इंजन की कार्यक्षमता बढ़ जाती है॥
3. ओजोन गैस की उपस्थिति से ईंधन की कार्यक्षमता बढ़ जाती है।
4. वायु की घर्षण शक्ति न्यूनतम होती है।

(a) केवल 1 सही है।
(b) 1 तथा 2 सही हैं।
(c) 1, 2 तथा 3 सही हैं।
(d) 1, 2, 3 तथा 4 सही हैं।

37. निम्न कथनों पर विचार कीजिए–

1. पृथ्वी द्वारा प्राप्त एवं उत्सर्जित सूर्यातप को उष्मा बैलंस कहते हैं।
2. वायुमंडल की बाह्य स्तर पर प्राप्त किए गए सूर्यातप का आधे से भी कम भाग ही भूतल पर पहुंच पाता है।

(a) 1 सही है।
(b) 2 सही है।
(c) 1 तथा 2 सही हैं।
(d) न 1 और न 2 सही है॥

38. निम्न कथनों पर विचार कीजिए–

1. सूर्यातप ऊष्मा की उर्जा है जबकि तापमान ऊष्मा का माप है।
2. सूर्यातप को केलोरी में तथा तापमान को डिग्री °से. अथवा °फ. में व्यक्त किया जाता है॥
3. सूर्यातप कारण तथा तापमान प्रभाव है।

(a) केवल 1 सही है।
(b) 1 तथा 2 सही है॥
(c) 1, 2 तथा 3 सही है।
(d) 2 तथा 3 सही है॥

39. निम्नलिखित को सुमेलित कीजिए–

A. उष्ण कटिबंध	1. कर्क रेखा तथा मकर रेखा के बीच
B. उत्तर शीतोष्ण कटिबंध	2. मकर रेखा तथा अंटार्कटिक वृत्त के बीच
C. दक्षिण शीतोष्ण कटिबंध	3. कर्क रेखा तथा आर्कटिक वृत्त के बीच
D. उत्तरी शीत कटिबंध	4. आर्कटिक वृत्त तथा उत्तरी ध्रुव के बीच

कूट :

	A	B	C	D
(a)	1	2	3	4
(b)	4	3	2	1
(c)	1	3	2	4
(d)	3	2	4	1

40. निम्नलिखित को सुमेलित कीजिए–

सूची-I	**सूची-II**
A. ऊंचाई के साथ तापमान गिरता है।	1. आयनमंडल
B. रेडियो तरंगों का परावर्तन करता है।	2. समतापमंडल
C. अधिकांश ओजोन इसी में है।	3. क्षोभ सीमा
D. तापमान का गिरना बंद हो जाता है।	4. क्षोभ मंडल

कूट :

	A	B	C	D
(a)	2	3	4	1
(b)	1	2	3	4
(c)	4	3	2	1
(d)	4	1	2	3

41. निम्नलिखित में से किन वायुमंडलीय स्तरों तथा उनके लक्षणों को सही सुमेलित किया गया है ?

सूची-I (वायुमंडलीय स्तर)	**सूची-II (लक्षण)**
1. क्षोभमंडल	मौसम संबंधी सभी घटनाएं
2. समतापमंडल	ओजोन गैस की उपस्थिति
3. आयनमंडल	विद्युत-आवेशित कण
4. मध्यमंडल	आरोरा बोरिलिस

कूटः

(a) 1 व 2
(b) 1, 2 व 3
(c) 2, 3 व 4
(d) 1, 2, 3 व 4

42. निम्नलिखित में से कौन-से युग्म सही सुमेलित है/हैं ?

सूची-I (उल्लेखनीय घटना)	**सूची-II (तापमान का व्युत्क्रमण)**
1. घाटी के फर्श के साथ साथ वायु का उच्च क्षेत्र से निम्न क्षेत्र की ओर जाना	वायु प्रवाह का तापमान व्युत्क्रमण
2. तीव्र विकिरण के कारण भूतल का अत्याधिक ठंडा होना	विकिरण व्युत्क्रमण
3. ठंडी वायु के ऊपर गर्म चढ़ती है।	अभिवहन व्युत्क्रमण
4. ठंडी वायु गर्म वायु को ऊपर की ओर धकेलती है।	वाताग्रीय व्युत्क्रमण

कूट:

(a) 1 तथा 2 (b) 1, 2 तथा 3
(c) 1, 2, 3 तथा 4 (d) 2 तथा 4

43. निम्नलिखित कथनों पर विचार कीजिए–

1. क्षोभमंडल में नियमित रूप से तापमान के गिरने को सामान्य ह्रास दर कहते हैं।
2. ऊंचाई के साथ तापमान में वृद्धि, तापमान का व्युत्क्रमण कहलाती है।

(a) केवल 1 सही है। (b) केवल 2 सही है।
(c) 1 तथा 2 सही है। (d) न 1 और न 2 सही है॥

44. निम्नलिखित को सुमेलित कीजिए–

सूची-I	**सूची-II**
A. डोलड्रम	1. भूमध्य रेखीय निम्न
B. अश्वअक्षांश	2. ध्रुवीय उच्च
C. शीत कटिबंध	3. उपोष्ण कटिबंधीय उच्च
D. उष्ण कटिबंध	4. कर्क रेखा तथा मकर रेखा के बीच का कटिबंध

कूट :

	A	B	C	D
(a)	1	2	3	4
(b)	1	3	2	4
(c)	2	3	1	4
(d)	3	1	4	2

45. मानसून का अच्छा विकास कहाँ होता है?

1. भारत 2. चीन
3. जापान 4. बांग्लादेश

कूट:

(a) केवल 1 (b) केवल 1 व 2
(c) 1, 2, 3 तीनों (d) 1, 2, 3 व 4

46. निम्नलिखित में से कौन से चिनूक के सही लक्षण हैं?

1. वे पर्वतमाला को पार करने के पश्चात् रॉकी पर्वत की पूर्वी ढलानों के साथ-साथ यू.एस.ए. तथा कनाडा में नीचे की ओर चलती हैं।
2. वे उत्तर अमेरिका के विशाल मैदान में हिम भक्षी के नाम से जानी जाती हैं।
3. वे उन द्वारा प्रभावित इलाकों में फसलों तथा घास के मैदानों को भारी क्षति पहुंचाती हैं।

निम्नलिखित कूटों का प्रयोग करके सही उत्तर चुनिए।

(a) केवल 1 (b) केवल 1 व 2
(c) 1, 2 तथा 3 (d) केवल 2 तथा 3

47. निम्नलिखित को सुमेलित कीजिए–

(पवनें)	**(क्षेत्र)**
A. फोह्न	1. अल्प्स का वर्षाछाया क्षेत्र
B. चिनूक	2. उत्तर अमेरिका का रॉकी
C. मिस्ट्राल	3. राइन घाटी
D. ब्रिकफील्ड	4. आस्ट्रेलिया

कूट :

	A	B	C	D
(a)	1	2	3	4
(b)	2	1	4	3
(c)	3	2	1	4
(d)	4	3	2	1

48. चक्रवात के लक्षण हैं–

1. निम्न वायुदाब
2. पवनों का अभिसरण
3. उत्तरी गोलार्द्ध में घड़ी की सुइयों की दिशा में वायु की दिशा
4. केंद्र पर ऊपर को उठती हुई वायु

निम्नलिखित कूटों का प्रयोग करके सही उत्तर चुनिए–

(a) 1 तथा 2 (b) 1, 2 तथा 3
(c) 1, 2 तथा 4 (d) 1, 2, 3 तथा 4

49. निम्नलिखित में से कौन-से युग्म सुमेलित हैं?

तालिका-I	**तालिका-II**
1. हरीकेन	फ्लोरिडा का तट
2. टाइफून	आस्ट्रेलिया
3. विलि-विलि	चीन
4. टोरनेडो	यू.एस.ए.

(a) 1 तथा 2 (b) 2 तथा 3
(c) 3 तथा 4 (d) 1 तथा 4

50. निम्नलिखित कथनों पर विचार कीजिए–

(a) कुहरा एक प्रकार का बादल है जिसका आधार भूतल के निकट या इसके ऊपर होता है।
(b) कुहरा सामान्यतः शीत ऋतु की रातों में पैदा होता है।
(c) यह सूर्योदय के बाद विलुप्त हो जाता है।
(d) धुंध में कुहरे से अधिक आर्द्रता होती है॥

51. निम्नलिखित कथनों पर विचार कीजिए–

1. धूम्र कुहरा धुंए एवं कुहरा का मिश्रण है।
2. यह नगरीय तथा औद्योगिक स्थानों पर प्रकट होता है।

निम्नलिखित कूटों का प्रयोग करके सही उत्तर चुनिए।

(a) 1 (b) 2
(c) 1 व 2 (d) न 1 और न 2

52. निम्नलिखित में से सही युग्म पढ़िए–

तालिका-I (वर्षा का कारण)	तालिका-II (वर्षा का प्रकार)
1. वायु का ऊपर उठना और अधिक ऊंचाई पर ठंडा होना	पर्वतकृत वर्षा
2. आर्द्रतायुक्त वायु के मार्ग में किसी पर्वत का आना	संवहनीय वर्षा
3. उष्ण एवं आद्र्र वायु का ठंडी एवं शुष्क वायु पर चढ़ना	चक्रवाती वर्षा

निम्नलिखित कूट का प्रयोग कीजिए और सही उत्तर चुनिए–

(a) केवल 1 (b) केवल 1 व 2
(c) केवल 2 (d) केवल 3

53. निम्नलिखित को सुमेलित कीजिए–

तालिका-I (वर्षा का प्रकार)	तालिका-II (क्षेत्र)
A. संवहनीय	1. पश्चिमी यूरोप
B. पर्वतकृत	2. पश्चिमी घाट
C. चक्रवाती	3. पश्चिमी घाट के पूर्व में स्थित क्षेत्र
D. वर्षाछाया	4. भूमध्य रेखीय खंड

कूट :

	A	B	C	D
(a)	1	2	3	4
(b)	4	2	1	3
(c)	2	3	1	4
(d)	4	3	2	1

54. निम्नलिखित में से कौन–सा युग्म गलत है ?

(a) टेलीग्राफ पठार — हिंद महासागर
(b) कोको कटक — प्रशांत महासागर
(c) बालविस कटक — अटलांटिक महासागर
(d) आइलहास बेसिन — हिंद महासागर

55. महासागरीय जल में लवणों का प्रतिशत मात्रा के अनुसार अवरोही कौन–सा है ?

(a) सोडियम क्लोराइड, मैग्नीशियम क्लोराइड, मैग्नीशियम सल्फेट, कैल्शियम सल्फेट
(b) मैग्नीशियम क्लोराइड, मैग्नीशियम सल्फेट, कैल्शियम सल्फेट, सोडियम क्लोराइड
(c) सोडियम क्लोराइड, कैल्शियम सल्फेट, मैग्नीशियम सल्फेट, मैग्नीशियम क्लोराइड
(d) मैग्नीशियम सल्फेट, कैल्शियम सल्फेट, सोडियम क्लोराइड, मैग्नीशियम क्लोराइड

56. भूमध्य रेखा के निकट महासागरीय जल में लवणता कम है क्योंकि वहां पर

1. भारी वर्षा होती है।
2. वाष्पीकरण की दर अधिक है॥
3. नदियों द्वारा अपार जलराशि महासागरों में उडेली जाती है।

निम्नलिखित कूटों का प्रयोग कीजिए तथा सही उत्तर चुनिए–

(a) 1 तथा 2 (b) 2 तथा 3
(c) 1 तथा 3 (d) 1, 2 तथा 3

57. महासागरीय जल में लवणता के संबंध में निम्नलिखित कथनों पर विचार कीजिए–

1. भूमध्य रेखा के निकट भारी वर्षा तथा कम वाष्पीकरण के कारण लवणता कम है।
2. कर्क रेखा के निकट अधिक वाष्पीकरण तथा व्यापारिक पवनों के कारण लवणता अधिक है।
3. ध्रुवीय क्षेत्रों में कम वाष्पीकरण तथा बर्फ पिघलने के कारण लवणता कम है।
4. न्यूनतम लवणता लाल सागर में पाई जाती है॥

निम्नलिखित कूटों का प्रयोग कीजिए तथा सही उत्तर चुनिए–

(a) 1 तथा 4 (b) 2 तथा 4
(c) 3 तथा 4 (d) 1, 2 तथा 3

58. निम्नलिखित कथनों पर विचार कीजिए–

1. उच्च अथवा वृहत ज्वार भाटा पूर्णिमा के समय आता है।
2. निम्न अथवा लघु ज्वार भाटा नवचंद्र के समय आता है।

निम्नलिखित कूटों का प्रयोग कीजिए तथा सही उत्तर चुनिए–

(a) केवल 1 (b) केवल 2
(c) 1 तथा 2 (d) न 1 और न ही 2

59. दैनिक ज्वार पैदा होते हैं–

1. तोनचिन की खाड़ी तथा थाईलैंड
2. जावा सागर
3. न्यू गिनी के उत्तर–पूर्व में बिस्मार्क तथा सामन सागर
4. प्रशांत तट के साथ

निम्न कूट का प्रयोग कीजिए तथा सही उत्तर चुनिए–

(a) केवल 1 गलत (b) 1 तथा 2 गलत
(c) 3 तथा 4 गलत (d) केवल 4 गलत

60. निम्नलिखित कथनों पर विचार कीजिए–

1. एलनीनो एक गर्म अधस्थलीय धारा है जो पेरू के तट के निकट बहती है।
2. एल नीनो भारतीय मानसून पर प्रतिकूल प्रभाव डालती है।
3. ला नीना आने पर भारत में वर्षा कम होती है।
4. एल नीनो मोदोकी, एलनीनो से भिन्न है क्योंकि यह पश्चिमी प्रशांत महासागर में पैदा होती है।

निम्न कूटों का प्रयोग कीजिए तथा सही उत्तर चुनिए–

(a) 1 व 2 (b) 2 व 3
(c) 3 व 4 (d) 4 व 1

61. निम्नलिखित को सुमेलित कीजिए–

सूची-I (नदी)	सूची-II (स्रोत)
A. ओब	1. ब्राज़ील का पठार
B. पराना	2. अल्ताई पर्वत
C. मैकेन्जी	3. सिरा लियोन
D. नाइजर	4. ग्रेट स्लेब लेक

कूट :

	A	B	C	D
(a)	1	2	3	4
(b)	2	1	4	3
(c)	3	4	1	2
(d)	4	3	2	1

62. निम्नलिखित को सुमेलित कीजिए–

सूची-I (आग्नेय चट्टानें)	सूची-II (कायान्तरित चट्टानें)
A. अभ्रक	1. नीस
B. ग्रेनाइट	2. शिस्ट
C. बिटुमिनस कोयला	3. एन्थ्रासाइट कोयला
D. गैब्रो	4. सरपेन्टाइन

कूट :

	A	B	C	D
(a)	1	2	3	4
(b)	2	1	3	4
(c)	3	4	1	2
(d)	1	2	4	3

63. निम्नलिखित को सुमेलित कीजिए–

सूची-I (अवसादी चट्टानें)	सूची-II (कायान्तरित चट्टानें)
A. चूना पत्थर	1. स्लेट
B. बालू पत्थर	2. क्वार्टजाइट
C. शैल	3. कोयला
D. पीट	4. संगमरमर

कूट :

	A	B	C	D
(a)	4	2	1	3
(b)	1	2	3	4
(c)	2	3	4	1
(d)	3	4	2	1

64. आग्नेय चट्टानों के संबंध में कौन-से तथ्य सही हैं ?

1. ये संस्थूल होते हैं।
2. इनमें जीवाश्म होते हैं॥
3. ये लावा के ठोस रूप धारण करने से बनी है।
4. इनकी स्तरें होती हैं॥

कूट :

(a) 1 व 2 (b) 2 व 3
(c) 3 व 4 (d) 1 व 3

65. अवसादी चट्टानों के संबंध में कौन-से कथन सही नहीं है ?

1. ये स्तरों के रूप में पाई जाती हैं।
2. ये भूतल के लगभग आधे भाग पर फैली हुई हैं।
3. इनमें रवे होते हैं।
4. ये परिवर्तन के साधनों द्वारा निक्षेपण क्रिया द्वारा बनी है।

कूट :

(a) 1 व 2 (b) 2 व 3
(c) 1, 2 व 4 (d) 3 व 4

66. निम्नलिखित को सुमेलित कीजिए–

सूची-I	सूची-II
A. जिब्राल्टर	1. जलडमरूमध्य
B. पनामा	2. जल संयोगी
C. मन्नार	3. खाड़ी
D. टोंगा	4. द्वीप

कूट :

	A	B	C	D
(a)	1	2	3	4
(b)	2	1	3	4
(c)	3	4	1	2
(d)	4	3	2	1

67. बेगनर के महाद्वीपीय सिद्धांत के संदर्भ में निम्नलिखित को सुमेलित कीजिए–

सूची-I	सूची-II
A. साम्य	1. महाद्वीपों के तटों में एकरूपता
B. पैंजिया	2. सभी महाद्वीपों का एक स्थान पर समूहन
C. गोंडवानालैंड	3. पैंजिया का उत्तरी भाग
D. लॉरेशिया	4. पैंजिया का दक्षिणी भाग

कूट :

	A	B	C	D
(a)	1	2	4	3
(b)	1	2	3	4
(c)	2	1	4	3
(d)	4	3	2	1

68. बेग्नर के महाद्वीपीय विस्थापन सिद्धांत के पक्षधर हैं–

1. अटलांटिक महासागर के तटों पर साम्यन
2. कार्बोनीफेरस युग के हिमनदीय निक्षेप
3. जैविक प्रमाण
4. नवीन वलित पर्वतों का वितरण

कूट :

(a) 1 व 2 (b) 2 व 3
(c) 1, 2 व 3 (d) 1, 2, 3 व 4

69. निम्नलिखित को सुमेलित कीजिए–

सूची-I (अपरदन के कारक)	सूची-II (स्थलाकृतियां)
A. नदी	1. यूवाला
B. हिमनदी	2. गारा
C. पवन	3. हार्न
D. भूजल	4. कैनियन

कूट :

	A	B	C	D
(a)	1	2	3	4
(b)	4	3	2	1
(c)	3	2	1	4
(d)	2	3	4	1

70. निम्नलिखित को सुमेलित कीजिए–

सूची-I (भू-आकृति)	सूची-II (परिवर्तन के कारक)
A. बरकान	1. हिमनदी की निक्षेपण क्रिया
B. हिमोढ़	2. नदी की निक्षेपण क्रिया
C. बाढ़ का मैदान	3. पवन की निक्षेपण क्रिया
D. भृगु	4. समुद्री तरंगों की अपरदन क्रिया

कूट :

	A	B	C	D
(a)	1	2	3	4
(b)	2	3	4	1
(c)	3	1	2	4
(d)	4	3	1	2

71. निम्नलिखित को सुमेलित कीजिए–

सूची-I (मृदासंस्तर)	सूची-II (लक्षण)
A. संस्तर	1. अपक्षयित मूल चट्टानी पदार्थ (बालू, गाद, चीका)
B. संस्तर	2. ऊपरी मृदा परत
C. संस्तर	3. मूल चट्टानी पदार्थ
D. संस्तर	4. आधारी चट्टान

कूट :

	A	B	C	D
(a)	1	2	3	4
(b)	2	1	4	3
(c)	3	4	2	1
(d)	4	3	1	2

72. निम्नलिखित को सुमेलित कीजिए–

सूची-I (ग्रामीण बस्ती प्रारूप)	सूची-II (लक्षण)
A. रैखिक	1. रेलवे लाइन के साथ-साथ
B. चौकपट्टी	2. तालाब के गिर्द
C. गोलकार	3. गलियां एक-दूसरे को लंब कोण पर काटती है
D. तारक	4. परिवहन मार्ग यहां आकर मिलती है।

कूट :

	A	B	C	D
(a)	1	2	3	4
(b)	1	3	2	4
(c)	2	3	4	1
(d)	4	1	3	2

73. निम्नलिखित को सुमेलित कीजिए–

सूची-I	सूची-II
A. प्राथमिक व्यवसाय	1. नीला कॉलर
B. द्वितीय व्यवसाय	2. लाल कॉलर
C. तृतीय व्यवसाय	3. सफेद कॉलर
D. चतुर्थ व्यवसाय	4. गुलाबी कॉलर

कूट :

	A	B	C	D
(a)	1	2	3	4
(b)	4	3	2	1
(c)	2	1	4	3
(d)	3	2	1	4

74. निम्नलिखित कथनों पर विचार कीजिए–

1. कोई भी पदार्थ जिसे अधिक मूल्यवान वस्तु में परिवर्तित किया जा सके, संसाधन कहलाता है।
2. संसाधन होते नहीं बल्कि मनुष्य के सहयोग से वे संसाधन बन जाते हैं।

निम्नलिखित कूट का प्रयोग करके सही उत्तर चुनिए–

(a) केवल 1 (b) केवल 2
(c) 1 तथा 2 (d) न 1 और न 2

75. कोई भी वस्तु तब तक संसाधन नहीं बनती जब तक वह निम्नलिखित को पूरा नहीं करती–

1. इसे मानव के लाभ के लिए उपयोग करना संभव हो।
2. इसे अधिक उपयोगी एवं मूल्यवान वस्तुओं में परिवर्तित किया जा सके।
3. विज्ञान एवं प्रौद्योगिकी के विकास के लिए भी वस्तुओं को संसाधनों में परिवर्तित किया जा सकता है।
4. वस्तुओं को संसाधनों में परिवर्तित करने के लिए उच्च कोटि की प्रौद्योगिकी की आवश्यकता होती है जिसके लिए अधिक धन होना चाहिए।

निम्न कूट का प्रयोग करके सही उत्तर चुनिए–

(a) केवल 1 व 2 (b) केवल 2 एवं 3
(c) केवल 3 एवं 4 (d) 1 एवं 4

76. निम्नलिखित को सुमेलित कीजिए–

सूची-I (संसाधन का प्रकार)	**सूची-II (उदाहरण)**
A. नव्यकरणीय	1. कोयला
B. अनव्यकणीय	2. सौर ऊर्जा
C. चक्रीय	3. वन तथा उनके उत्पाद
D. जैविक	4. जल

कूट :

	A	B	C	D
(a)	1	2	3	4
(b)	2	1	4	3
(c)	3	2	1	4
(d)	4	3	2	1

77. निम्नलिखित को सुमेलित कीजिए–

सूची-I (स्थानांतरी कृषि का स्थायी नाम)	**सूची-II (क्षेत्र/प्रदेश)**
A. लादांग	1. मध्य अमेरिका
B. हुमाह	2. थाइलैंड
C. तामराई	3. मलेशिया
D. मिल्पा	4. इंडोनेशिया

कूट :

	A	B	C	D
(a)	1	2	3	4
(b)	4	3	2	1
(c)	3	4	2	1
(d)	2	3	1	4

78. निम्नलिखित को सुमेलित कीजिए–

सूची-I (फसल)	**सूची-II (सबसे बड़ा उत्पादक)**
A. चाय	1. ब्राज़ील
B. कहवा	2. भारत
C. चावल	3. चीन
D. जौ	4. रूस

कूट :

	A	B	C	D
(a)	4	1	3	4
(b)	2	1	3	4
(c)	3	2	4	1
(d)	1	3	2	4

79. निम्नलिखित को सुमेलित कीजिए–

सूची-I (फसलें)	**सूची-II (अनुकूल परिस्थितियां)**
A. चाय	1. नदियों के डेल्टा
B. चावल	2. पहाड़ी ढलानें
C. गेहूँ	3. उष्ण एवं आर्द्र जलवायु
D. रबड़	4. शीतोष्ण कटिबंधीय जलवायु

कूट :

	A	B	C	D
(a)	2	3	1	4
(b)	2	1	4	3
(c)	3	4	2	1
(d)	4	2	3	1

80. निम्नलिखित में से कौन-से सुमेलित हैं?

सूची-I (घास के मैदान)	**सूची-II (क्षेत्र)**
1. कैम्पोस	ब्राज़ील
2. पार्कलैंड	सूडान
3. स्टेपी	यूरेशिया
4. पम्पास	अर्जेन्टीना

कूट :

(a) 1 व 2 (b) 1, 2 व 3
(c) 1, 3 व 4 (d) 2, 3 व 4

81. निम्नलिखित को सुमेलित कीजिए–

सूची-I (अयस्क)	**सूची-II (धातु)**
A. मोनाजाइट	1. लोहा
B. मेग्नेटाइट	2. यूरेनियम
C. बाक्साइट	3. तांबा
D. पाइराइट	4. अल्यूमीनियम

कूट :

	A	B	C	D
(a)	2	3	4	1
(b)	2	1	4	3
(c)	3	2	1	4
(d)	1	4	3	2

82. निम्नलिखित को सुमेलित कीजिए–

सूची-I (नगर)	सूची-II (उद्योग)
A. डेट्राइट	1. लौह इस्पात
B. शिकागो	2. मोटर गाड़ी
C. लॉस एंजिल्स	3. फिल्म
D. वियना	4. शीशा

कूट :

	A	B	C	D
(a)	3	2	4	1
(b)	2	1	3	4
(c)	1	3	2	4
(d)	4	2	1	3

83. निम्नलिखित कथनों पर विचार कीजिए–

1. रेडक्लिफ सीमा भारत को पाकिस्तान से अलग करती है।
2. अपनी समृद्ध वन संपदा के कारण सर क्रीक भारत तथा पाकिस्तान के बीच विवाद का विषय है।

निम्न कूटों का प्रयोग करके सही उत्तर चुनिए–

(a) केवल 1
(b) केवल 2
(c) 1 तथा 2
(d) न 1 और न 2

84. भारत का सबसे उत्तरी बिन्दु है–

(a) लद्दाख श्रेणी
(b) कराकोरम श्रेणी
(c) इन्दिरा कॉल
(d) अक्साई चिन

85. निम्न राज्यों की सीमा म्यांमार के साथ लगती है ?

(a) अरूणाचल प्रदेश, नागालैंड, मणिपुर, मिजोरम
(b) अरूणाचल प्रदेश, असम, मणिपुर, मिजोरम
(c) मणिपुर, मिजोरम, नागालैंड, त्रिपुरा
(d) नागालैंड, मिजोरम, मेघालय, त्रिपुरा

86. उत्तर से दक्षिण की ओर पर्वत श्रेणियों का सही क्रम चुनिए–

(a) वृहत हिमालय, मध्य हिमालय, बाह्मय हिमालय, ट्रांस हिमालय
(b) ट्रांस हिमालय, वृहत हिमालय, मध्य हिमालय, बाह्मय हिमालय
(c) मध्य हिमालय, वृहत हिमालय, ट्रांस हिमालय, बाह्मय हिमालय
(d) बाह्मय हिमालय, मध्य हिमालय, वृहत हिमालय, ट्रांस हिमालय

87. निम्नलिखित को सुमेलित कीजिए–

सूची-I (हिमनदी का नाम)	सूची-II (प्रदेश/क्षेत्र)
A. बालतोरो	1. कराकोरम श्रृंखला
B. गंगोत्री	2. पीर पंजाल श्रृंखला
C. गांगरी	3. मध्य नेपाल प्रदेश
D. लिडान्डा	4. गढ़वाल प्रदेश

कूट :

	A	B	C	D
(a)	3	4	1	2
(b)	1	2	4	3
(c)	2	1	3	4
(d)	4	3	2	1

88. निम्नलिखित को सुमेलित कीजिए–

सूची-I (चोटियां)	सूची-II (पर्वत श्रेणियां/पहाड़ियां)
A. गुरूशिखर	1. अन्नाकलई
B. दोदाबेटा	2. अरावली
C. अनाईमुदी	3. नीलगिरी
D. धूपगढ़	4. सतपुड़ा

कूट :

	A	B	C	D
(a)	1	2	3	4
(b)	2	3	4	1
(c)	3	4	2	1
(d)	2	3	1	4

89. निम्नलिखित को सुमेलित कीजिए–

सूची-I (झील)	सूची-II (राज्य)
A. बेम्बनाद झील	1. आंध्र प्रदेश
B. पूलिकाट झील	2. केरल
C. चिलका झील	3. राजस्थान
D. सांभर लवणीय झील	4. ओडिशा

कूट :

	A	B	C	D
(a)	2	4	3	1
(b)	2	1	4	3
(c)	1	2	3	4
(d)	3	1	4	2

90. उत्तर-पश्चिम से दक्षिण-पूर्व की ओर जाने में हिमालयाई दर्रों का सही क्रम क्या है ?

(a) लानक ला, चांग ला, जारा ला, शिपकी ला
(b) चांग ला, जारा ला, शिपकी ला, लानक ला
(c) जारा ला, शिपकी ला, लानक ला, चांग ला
(d) शिपकी ला, लानक ला, चांग ला, जारा ला

91. उत्तर से दक्षिण की ओर पश्चिमी घाट के दर्रों का सही क्रम चुनिए–

(a) पालाघाट, भोरघाट, थालघाट
(b) थालघाट, पालघाट, भोरघाट
(c) थालघाट, भोरघाट, पालघाट
(d) भोरघाट, थालघाट, पालघाट

92. निम्नलिखित को सुमेलित कीजिए–

सूची-I (नदी)	**सूची-II (लक्षण)**
A. नर्मदा	1. तमिलनाडु में डेल्टा बनाती है।
B. कावेरी	2. भ्रंश घाटी में बहती है।
C. दामोदर	3. गोदावरी की सहायक नदी है।
D. पेनगंगा	4. छोटा नागपुर पठार से निकलती हैं॥

कूट :

	A	B	C	D
(a)	1	2	3	4
(b)	2	1	4	3
(c)	3	4	2	1
(d)	4	3	1	2

93. दक्षिणी-पश्चिमी मानसून की ऋतु में तलिमनाडु प्राय: शुष्क रहता है क्योंकि–

1. यह पश्चिमी घाट के वर्षा-छाया क्षेत्र में हैं।
2. पूर्वी घाट तथा तमिलनाडु का तट दक्षिण-पश्चिमी मानसून की दिशा के लगभग स्थानांतर है।
3. उष्ण कटिबंधीय चक्रवात दक्षिण-पश्चिमी मानसून के प्रारूप में विकार पैदा करते हैं।

कूट :

(a) केवल 1 (b) 1 व 2
(c) 1, 2 व 3 (d) 2 व 3

94. निम्नलिखित को सुमेलित कीजिए–

सूची-I (स्थानीय तूफान)	**सूची-II (क्षेत्र)**
A. आम्र वर्षा	1. केरल व कर्नाटक
B. नारवेस्टर	2. पश्चिम बंगाल
C. काल बैसाखी	3. असम
D. लू	4. पंजाब तथा हरियाणा

कूट :

	A	B	C	D
(a)	1	2	3	4
(b)	2	3	4	1
(c)	3	4	1	2
(d)	4	1	2	3

95. निम्नलिखित को सुमेलित कीजिए–

सूची-I (कोपेन के अनुसार जलवायु का प्रकार)	**सूची-II (भारत में प्रदेश)**
A. Cwg (शुष्क शीत के साथ मानसून)	1. हरियाणा का पंजाब
B. Dfc (ठंडी आर्द्र शीत ऋतु तथा अल्पकालीन ग्रीष्म ऋतु	2. अरूणाचल प्रदेश
C. Et (टुण्ड्रा)	3. उत्तराखंड
D. E (ध्रुवीय)	4. जम्मू-कश्मीर

कूट:

	A	B	C	D
(a)	1	2	3	4
(b)	2	3	4	1
(c)	3	4	1	2
(d)	4	3	2	1

96. निम्नलिखित को सुमेलित कीजिए–

सूची-I (वनस्पति)	**सूची-II (पेड़)**
A. उष्ण कटिबंधीय कांटेदार	1. एवोनी
B. आर्द्र पतझड़	2. बबूल
C. उष्ण कटिबंधीय सदाबहार	3. टीक
D. अल्पाइन	4. सिल्वर फर

कूट :

	A	B	C	D
(a)	2	1	3	4
(b)	1	2	4	3
(c)	2	3	1	4
(d)	3	4	2	1

97. निम्नलिखित को सुमेलित कीजिए–

सूची-I (अनुसूचित जनजाति)	**सूची-II (राज्य)**
A. मुंडा	1. राजस्थान
B. भील	2. झारखंड
C. मारिया	3. तमिलनाडु
D. टोडा	4. छत्तीसगढ़

कूट :

	A	B	C	D
(a)	1	2	3	4
(b)	2	1	4	3
(c)	3	4	1	2
(d)	4	3	2	1

98. निम्नलिखित को सुमेलित कीजिए–

सूची-I (स्थानांतरी कृषि)	सूची-II (राज्य)
A. झूम	1. असम
B. पोडू	2. केरल
C. पोनम	3. आंध्र प्रदेश
D. पेन्डा	4. मध्य प्रदेश

कूट :

	A	B	C	D
(a)	1	2	3	4
(b)	1	3	2	4
(c)	2	3	4	1
(d)	3	4	1	2

99. निम्नलिखित को सुमेलित कीजिए–

सूची-I (कृषि ऋतु)	सूची-II (बोने का समय)
A. खरीफ	1. मई से जून
B. रबी	2. अक्टूबर से दिसंबर
C. जायद खरीफ	3. दिसंबर से जनवरी
D. जायद रबी	4. अप्रैल से मई

कूट :

	A	B	C	D
(a)	1	2	3	4
(b)	2	3	4	1
(c)	3	4	1	2
(d)	4	1	2	3

100. निम्नलिखित को सुमेलित कीजिए–

सूची-I (फसल)	सूची-II (सबसे बड़ा उत्पादक राज्य)
A. गेहूँ	1. पश्चिम बंगाल
B. चावल	2. उत्तर प्रदेश
C. चाय	3. केरल
D. रबड़	4. असम

कूट :

	A	B	C	D
(a)	2	1	4	3
(b)	1	2	3	4
(c)	3	4	1	2
(d)	4	3	2	1

उत्तरमाला

1. (b)	**2.** (b)	**3.** (d)	**4.** (b)	**5.** (a)	**6.** (c)	**7.** (c)	**8.** (a)	**9.** (d)	**10.** (a)
11. (c)	**12.** (b)	**13.** (b)	**14.** (b)	**15.** (b)	**16.** (c)	**17.** (a)	**18.** (a)	**19.** (c)	**20.** (b)
21. (b)	**22.** (b)	**23.** (c)	**24.** (b)	**25.** (c)	**26.** (a)	**27.** (c)	**28.** (a)	**29.** (a)	**30.** (d)
31. (b)	**32.** (a)	**33.** (a)	**34.** (a)	**35.** (c)	**36.** (a)	**37.** (a)	**38.** (c)	**39.** (c)	**40.** (d)
41. (b)	**42.** (c)	**43.** (c)	**44.** (b)	**45.** (d)	**46.** (b)	**47.** (a)	**48.** (c)	**49.** (d)	**50.** (d)
51. (c)	**52.** (d)	**53.** (b)	**54.** (a)	**55.** (a)	**56.** (c)	**57.** (d)	**58.** (a)	**59.** (d)	**60.** (a)
61. (b)	**62.** (b)	**63.** (a)	**64.** (d)	**65.** (b)	**66.** (b)	**67.** (a)	**68.** (d)	**69.** (b)	**70.** (c)
71. (b)	**72.** (b)	**73.** (c)	**74.** (c)	**75.** (d)	**76.** (b)	**77.** (c)	**78.** (b)	**79.** (b)	**80.** (c)
81. (b)	**82.** (b)	**83.** (a)	**84.** (c)	**85.** (a)	**86.** (b)	**87.** (b)	**88.** (d)	**89.** (b)	**90.** (a)
91. (c)	**92.** (b)	**93.** (b)	**94.** (a)	**95.** (a)	**96.** (c)	**97.** (b)	**98.** (b)	**99.** (a)	**100.** (a)

व्याख्यात्मक हल

1. (b) शुक्र एवं अरूण अन्य सभी ग्रहों के विपरीत पूर्व से पश्चिम दिशा (बाकी ग्रह-पश्चिम से पूर्व दिशा) में अपने अक्ष पर घूर्णन (Rotation) करते हैं। यही कारण है कि शुक्र व अरूण (यूरेनस) पर सूर्योदय पश्चिम दिशा में होती है।

2. (b) छूद्र ग्रह सौरमण्डल के छोटे-छोटे आकाशीय पिण्ड है, जो एक भेखला में मंगल व वृहस्पति ग्रह के बीच फैले हुए हैं। ये सभी सूर्य के चारों तरफ पश्चिम से पूर्व दिशा में परिक्रमा करते हैं। इनकी अनुमानित संख्या-40000 है।

3. (d) सौरमण्डल का सबसे कम घनत्व वाला ग्रह शनि है, जिसका घनत्व औसत-0.7 ग्राम/घन सेमी. है, जो पानी के घनत्व से भी कम है। शनि का तापमान- (–) 18°C है।

शुक्र अपने अक्ष पर 243 दिन में एक घूर्णन पूरा करता है, जब कि वह सूर्य की परिक्रमा भी 225 दिन में पूरा करता है, यानी इसका एक दिन एक साल से भी बड़ा होता है।

अरूण का अंक्षीय सुकाव 82°5′ है, जो इसकी कक्षा के सापेक्ष 98° का कोण बनाता है। यह आकार में तीसरा बड़ा ग्रह है।

4. (b) 24 अगस्त, 2006 में चेकगणराज्य के प्राग में हुए International Astronomicl Union में इसको ग्रहों की श्रेणी से हटा दिया गया क्योंकि इसका परिक्रमा पथ दूसरे ग्रहों के परिक्रमा पथ में प्रवेश करता है।

5. (a) पृथ्वी एवं सूर्य के बीच की दूरी को एक खगोलीय इकाई कही जाती है। सूर्य से पृथ्वी की औसत दूरी 15.0 करोड़ किमी. है।

6. (c) जल की उपस्थित के कारण अंतरिक्ष से देखने पर पृथ्वी नीली दिखाई देती है। पृथ्वी के लगभग 70.89% भाग जल है। मंगल पर 95% Cor, 1 से 3% No_2 पायी जाती है। इसकी मिट्टी में लगभग 10% आयरन आक्साइड पाये जाने के कारण यह लाल दानव दिखाई देता है।

7. (c) लाप्लास में 1796 में अपनी निहारिकी सिद्धान्त को प्रस्तुत किया था। इसे बाद में रॉश के द्वारा संशोधित किया गया था।

8. (a) ब्रह्माण्ड उधात्ति से सम्बन्धित महत्वपूर्ण सिद्धान्त-

1. लाप्लास	-	निहारिका
2. हब्बल	-	बिग-बैंग (वास्तविक-जार्ज लैमेण्टेपर)
3. जीन्स एवं जैक्रे	-	ज्वारीय परिकल्पना
4. कांट	-	गैसीय परिकल्पना
5. वायव्यराशि	-	कान्ट
6. ग्रहाणु	-	T.C. चेम्बरलीन
7. द्वैतारक परिकल्पना	-	H.N. रसेल
8. सीफीड साध्य	-	A.C. बनर्जी (इलाहाबाद-वि.वि.)

9. (d) बिग-बैग सिद्धान्त का प्रतिपादन (1894-96) जार्ज लैमेण्टेपर द्वारा किया गया, जिसकी व्याख्या राबर्ट बेगोनर ने 1967 में प्रस्तुत की इसके अनुसार ब्रहमाण्ड लगातार फैल रहा है।

10. (a) भूवैज्ञानिक काल मापन में पृथ्वी के विभिन्न भूगर्भिक आकृतियों का कालिक क्रम बतलाया जाता है। पृथ्वी पर अभी तक निम्न भू-गर्भिक काल का मापन किया गया है:-

1. आर्कियोजोइक	2. प्रोटीरो जोइक
3. पेलियोजोइक	4. मीसोजोइक
5. सीनोजोइक	6. नियोजोइक

11. (c) भूवैज्ञानिक काल मापन वृहद, लघु एवं छोटे कई भागों में बांट कर किया जाता है। पृथ्वी के भू-गार्भिक इतिहास की व्याख्या सर्वप्रथम **कास्टे द बफन** ने किया। वर्तमान समय में पृथ्वी के इतिहास को निम्न भागों में बांटा गया है।

1. महाकल्प (Era)-सबसे बड़ा कालखण्ड
2. युग (Epoch)-महाकल्पों को पुन: में विभक्त किया गया है।
3. शक या कल्प (Period)-प्रत्येक युग का पुन: विभाजन

12. (b) जुरैसिक युग में 'डायनासोरों का वर्चस्व था। डायनासोर एक सरीसृप था।

13. (b) सभी अक्षांस रेखायें की लम्बाई भिन्न-भिन्न होती है। भू-मध्यरेखा से दोनों 'ध्रुवों' की तरफ बढ़ते हैं लम्बाई कम होने लगती है तथा दोनों ध्रुवों पर यह बिन्दु से प्रदर्शित होती है।

14. (b) ग्रीनविच (0°) के पूर्व एवं पश्चिम में स्थित कोणात्मक दूरी को देशान्तर कहते हैं समान कोणात्मक दूरी को मिलाने वाली रेखा को देशान्तर रेखा कहते हैं।

15. (b)

1. विषुवतरेखा (भूमध्यरेखा)	0°
2. कर्क रेखा	23½°N
3. मकर रेखा	23½°S
4. आर्कटिक वृत्त	66½°N
5. अंण्टाकर्टिक वत्त	66½°S

16. (c) अक्षांश 0° (भूमध्यरेखा) से बड़ी रेखा है जिसकी लम्बाई 40076 किमी. है। इसलिए यह वृहद वृत्त कहलाती हैं बाकी सभी अक्षांश लघु वृत्त कहलतो हैं वृहद वृत्त नौसंचालन में सहायक होते हैं।

17. (a) यह पृथ्वी के केन्द्र से नहीं गुजरती है। पृथ्वी का अक्ष एक ओर झुका है।

18. (a) सूर्य से पृथ्वी की अधिकतम दूरी अपसौर (Aphelion) कहलाती है। जो 4 जुलाई को होता है। इस समय सूर्य व पृथ्वी के बीच की दूरी 15.2 करोड़ किमी. होती है। निकटतम दूरी 3 जनवरी को होती है। जिसे उपसौर (Prehelion) कहा जाता है। दूरी 14.7 करोड़ किमी. है॥

19. (c) 3 जनवरी को पृथ्वी सूर्य के सर्वाधिक निकट होती है।

20. (b) भूमध्यरेखा पर पृथ्वी सर्वाधिक घूर्णन करती है तथा ध्रुवों की ओर जाने पर क्रमशः घटती जाती है।

21. (b) सूर्य कर्क रेखा पर 21 जून तथा मकर रेखा पर 22 दिसम्बर को होता है, जो पृथ्वी को अपने अक्ष पर 23½° झुके होने के साथ-साथ 66½° का अपने अक्ष के सापेक्ष कोण बनाते हुए सूर्य की परिक्रमा करने से होता है।

22. (b) उपरोक्त ऊपर वाली व्याख्या से निष्कर्ष

23. (c) प्रश्न सं. 15 में व्याख्या देखें॥

24. (b) पृथ्वी का अपने अक्ष पर झुके होने के कारण ऋतु परिवर्तन होता है। लेकिन तापमान में वितरण में पृथ्वी के झुकाव के साथ-साथ पृथ्वी द्वारा सूर्य की दीर्घवृत्तीय मार्ग पर परिक्रमा करने का प्रभाव पड़ता है।

25. (c) उत्तरी शीत कटिबन्ध 66½°N से तथा दक्षिणी शीत कटिबन्ध 66½°S से प्रारम्भ होता है यहां पर सूर्य की किरणें भी लम्बवत नहीं पड़ती हैं।

26. (a) भूमध्यरेखा वर्ष भर सूर्य की किरणें लम्बवत पड़ने के कारण दिन रात बराबर होते हैं तथा ऋतु परिवर्तन लगभग नगण्य होता है। भूमध्यरेखा से जैसे-जैसे उत्तर एवं दक्षिण बढ़ते हैं दिन व रात की लम्बाई में भिन्नता अपने लगती है।

27. (c) चन्द्रमा का परिभ्रमण तथा परिक्रमण दोनों अवधि 29 दिन 12 घण्टे है। यही कारण है कि हमें चन्द्रमा का सिर्फ 50 प्रतिशत भाग दिखाई देता है।

28. (a) उपरोक्त ऊपर वाली व्याख्या॥

29. (a) जब चन्द्रमा, सूर्य एवं पृथ्वी के बीच में होती है तो उस स्थिति को युति कहते हैं। इसमें सूर्य का प्रकाश चन्द्रमा पर तथा चन्द्रमा की छाया पृथ्वी पर पड़ती है जिसे सूर्य ग्रहण कहते हैं तथा यह हमें आमावस्या को घटित होती है। पर प्रत्येक आमावस्या को नहीं।

जब पृथ्वी सूर्य व चन्द्रमा के बीच होती है तो उसे वियुति कहते हैं इसमें सूर्य का प्रकाश पृथ्वी पर पड़ता है तथा पृथ्वी की छाया चन्द्रमा जिससे चन्द्रग्रहण होता है। यह पूर्णिमा को होता है पर प्रत्येक पूर्णिमा को नहीं।

नोट—सूर्य पृथ्वी एवं चन्द्रमा एक सीधी रेखा में जब होते हैं तो इसे सिजिगी भी कहा जाता है।

30. (d)

1. नाइट्रोजन – 78.03
2. ऑक्सीजन 20.99
3. कार्बन – 0.93
4. कार्बनडाईआक्साइड 0.33
5. हाईड्रोजन – 0.01
6. नियोन 0.0015

31. (b) जलवाष्प की सर्वाधिक मात्रा भूमध्यरेखीय क्षेत्र में होता है तथा ध्रुवों की ओर जाने पर जलवाष्प की मात्रा कम होती जाती है। समस्त वायुमण्डल में जलवाष्प की कुल मात्रा 4 से 5 प्रतिशत होती है। तथा औसत मात्रा 2.5 से 3 प्रतिशत तक होती है।

32. (a) ऊंचाई के अनुसार वायुमण्डलीय स्तर दो भागों में विभक्त होता है।

सममण्डली—क्षोममण्डल, समताप मण्डल, मध्यमण्डल

विषममण्डल—आयनमंडल, बहिमंडल

33. (a) वायुमण्डल में धूलकण आद्रर्ताग्राही नाभिक का कार्य करते हैं इन्हीं धूलकणों के चारों तरफ जल की बूंदें संघनित हो मेघ का निर्माण करती है। इन्हीं धूलकणों से सूर्य का प्रकाश टकराता हैं जिससे प्रकीर्णन होता है तथा उषाकाल एवं गोधूलि बेला होता है। तथा आकाश का रंग नीला दिखाई देता है।

34. (a) क्षोभमण्डल में ऊँचाई के साथ-साथ तापमान में कमी आने लगती है जो 1 किमी पर 6.5°C होता है इसे ही सामान्य ह्रास पर कहते है। समताप मण्डल में ऊँचाई पर मुक्ताभ मेघ (Pearl of Mother Cloud) बनते है जो जेट विमान यहाँ उड़ाये जाते है उनसे निकलने वाले धुएं से इन बादलों का निर्माण होता है।

35. (c) वायुमण्डल के समताप मण्डल में 20 से 25 किमी की ऊँचाई पर ओजोन का सर्वाधिक सान्द्रण है। ओजोन अपनी अधिक सक्रियता के कारण नाइट्रस आक्साइड (No) से क्रिया करके विघटित होती है। क्लोरोफ्लोरो कार्बन (CFC), क्लोरीन, ब्रोमीन, हेलोन्स तथा कार्बन टेट्राक्लोराइड ओजोन परत को क्षति पहुँचाते है। 1973 में अमरीकी वैज्ञानिकों ने सर्वप्रथम अण्टार्कटिका पर देखा जो सबसे बड़ा छिद्र था। जोसेफ फारमैन (1985) ने ओजोन परत में 50 प्रतिशत ह्रास देखा।

36. (a) समताप मण्डल के निचले भाग में कोई भी मौसम सम्बन्धी घटना घटित नहीं होती है जिससे जेट वायुयानों को उड़ाने में मदद मिलती है।

37. (a) पृथ्वी को समस्त सूर्यातप का 51 प्रतिशत ऊर्जा प्राप्त होता है बाकी 49 प्रतिशत धरातल तक नहीं आ पाते। इनमें से (49 प्रतिशत) 27 प्रतिशत बादलों द्वारा, 6 प्रतिशत वायुमण्डलीय प्रकीर्णन द्वारा तथा 2 प्रतिशत हिमाच्छादित क्षेत्रों यानी कुल 27+6+2 = 35 प्रतिशत को परावर्तित कर दिया जाता है। शेष 14 इकाई वायुमण्डल द्वारा अवशोषित कर ली जाती है।

पृथ्वी को प्राप्त 51 प्रतिशत ऊर्जा को पार्थिक विकिरण द्वारा पुन: अंतरिक्ष में वापस भेज दिया जाता है। (17 इकाईयां धरातल से सीधे अंतरिक्ष में तथा 34 प्रतिशत वायुमण्डल द्वारा अवशोषित होने के बाद पुन: अंतरिक्ष में भेज दी जाती है।)

नोट—वायुमण्डल द्वारा ऊर्जा का अवशोशण 14+34 = 48% जो पुन: अंतरिक्ष में भेज दिया जाता है।

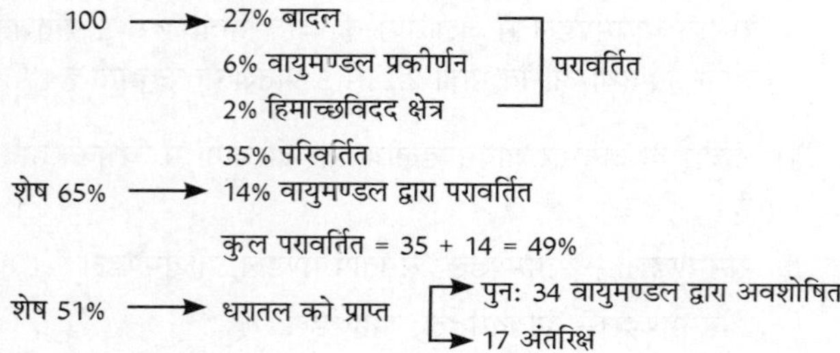

38. (c) धरातल के ऊपरी सतह पर 1.94 कैलोरी प्रति वर्ग सेमी/मिनट प्रापत होती है।

39. (c) कर्क एवं मकर रेखा के बीच सूर्यातप की सर्वाधिक मात्रा प्राप्त होती है। यहाँ वर्ष भर सूर्यै की किरणे सीधी पड़ती है। अत: ये उष्ण कटिबन्ध के अन्तर्गत आते है। कर्क व अंटार्कटिक वृत्त के बीच तथा मकर एवं अंटार्कटिक वृत्त के बीच सूर्य की किरणें तिरछी पड़ती है। इसलिए इन्हें क्रमश: उत्तर शीतोष्ण कटिबन्ध एवं दक्षिण शीतोष्ण कटिबन्ध कहा जाता है।

40. (d) क्षोम सीमा में तापह्मस बंद हो जाता है क्यों कि ठीक इसके ऊपर ओजोन लेयर शुरू हो जाती है जिससे तापमान लगभग सामान्य हो जाता है।

41. (b) आयन मण्डल में विद्युत आवेशित कण पाये जाते है जहां से सभी प्रकार की रेडियो तरंगों का परावर्तन होता है। इसमें चार परत पायी जाती है। परत-D - दीर्घ तरंग दैर्ध्य वाली तरंगों का परावर्तन। परत-E यहां से मध्यम व लघु तरंग दैर्ध्य का परावर्तन तथा इसी परत में F लेयर G व लेयर भी पाया जाता है।

42. (c) उपरोक्त प्रश्न से ही स्पष्ट है (व्याख्या जरूरी नहीं)।

43. (c) क्षोभमण्डल में ऊँचाई बढ़ने के साथ-साथ तापमान कम होता जाता है जो प्रति 1 किमी पर 6.5ºC होता है जबकि यदि ऊँचाई बढ़ने के साथ-साथ तापमान बढ़े तो उसे तापमान व्युत्क्रमण कहते है। ऐसा इसलिए होता है क्योंकि धरातल पर से विकिरण अधिक हो जाता है या बादल बनने से कम सूर्यातप धरातल पर आ जाने से।

44. (b) भूमध्य रेखा के दोनों ओर 5ºN से 5ºS के बीच मौसम एकदम शांत होता है। इसी क्षेत्र को डोलड्रम कहा जाता है। जबकि अश्व अक्षांश 30ºN-35ºN वाले क्षेत्र को कहा जाता है। यहाँ वायु के नीचे उतरने के कारण उच्च दाव का निर्माण होता है व मौसम शांत रहता है।

45. (d) वर्ष में दो बार हवाओं की दिशा परिवर्तित होती है। एक बार स्थल से समुद्र की तरफ तथा एक बार समुद्र से स्थल की तरफ। हवाओं के इन्हीं दिशा परिवर्तन को मानसून कहा जाता है। इसका सबसे अच्छा विकास हिन्द महासागर में होता है जिससे ये सब देश लाभान्वित होते है।

1. भारत, 2. चीन, 3. बांग्लादेश, 4. म्यांमार, 5. भूटान, 6. पाकिस्तान

45. (b) रॉकी पर्वत के पश्चिमी एाल के सहारे चिनूक उड़ती है जिससे उसी पश्चिमी भाग में वर्षा करके यह आद्रर्ता मुक्त हो जाती है तथा यह रॉकी पर्वत को बाद में पार करके पूर्वी ढाल के सहारे नीचे उतरती है जिससे यह गर्म एवं शुष्क होती है तथा विशाल मैदानों में जमे बर्फ को पिघलाकर फसलों एवं घास के मैदानों को लाभ पहुंचाती है।

47. (a) चिनूक के समान ही आल्पस पर्वत के उत्तरी ढाल (स्वीट्जरलैण्ड) वाली गर्म व शुष्क पवन जो अंगूर की खेती के लिए लाभदायक होती है। मिस्ट्रल फ्रांस की रोन घाटी तथा स्पेन में चलने वाली ठण्डी पवन है। ब्रिकफिल्ड आस्ट्रेलिया में चलती है।

48. (c) चक्रवात निम्न दाव के केन्द्र होते है, इनकी दिशा उत्तरी गोलार्द्ध में घड़ी दिशा के विपरीत (Anti clock Wise) तथा दक्षिणी गोलार्द्ध में घड़ी के दिशा में यानी (Clock Wise) होती है। केन्द्र में हवाओं का अभिरण होता है तथा हवाएं ऊपर उड़ती है।

49. (d) उष्ण कटिबनधीय चक्रवातों को विभिन्न स्थानों पर भिन्न-भिन्न नाम से जाना जाता है जैसे—

1. हरिकेन—फ्लोरिडाल्ट (यूएसए)
2. टारनेडो—मैक्सिको की खाड़ी में सर्वाधिक विनाशक चक्रवात
3. टाइफून—चीन व जापान
4. विलि-विलि—आस्ट्रेलिया

50. (d) कोहरा वायुमण्डल की निचली परतों में उपस्थित अदृश्यता है जो जल की छोटी-छोटी बूंदों, धूम्र तथा धूलकणों की एक घनी संघति के रूप में होता है। कोहरे की दृश्यता 200 मीटर तक होती है जबकि धुन्ध या कुहासा कोहरे का एक रूप है जो कोहरे से हल्का होता है इसकी दृश्यता 1 किमी तक होती है।

51. (c) औद्योगिक नगरों का प्रदूषित (सल्फरयुक्त) धुआं एवं कोहरे का मिश्रण की समांग (धूम कोहरा) कहलाता है।

52. (d) विषुवतीय प्रदेशों में अधिक तापमान प्राप्ति के कारण वायु गर्म होकर ऊपर उठती है तथा ठण्डी होकर वर्षा जब आगे करती है यह वर्षा संवहनीय वर्षा कहलाती है जबकि आद्रर्ता युक्त वायु जब आग बढ़ती है तो उसके मार्ग में पर्वत आ जाने पर वह उसके ढलान के सहारे ऊपर उठती है तथा संघनित होकर वर्षा कराती है यह पर्वतीय वर्षा का उदाहरण है।

53. (b) भूमध्य रेखीय क्षेत्र में संवहनीय वर्षा होती है तथा वर्षा भारत के पश्चिमी घाट (सहयाद्रि) में हाती है। चक्रवर्तीय वर्षा पश्चिमी यूरोप में होती है, जहाँ दो वायु राशियां आकर मिलती है।

54. (a) ग्रीनलैण्ड के दक्षिण तथा अटलांटिक महासागर के उत्तर पश्चिम में टेलीग्राफ पठार है जो मध्य अटलांटिक कटक (अटलांटिक महासागर) का चौड़ा व विस्तृत भाग है।

55. (a) 1. सोडियम क्लोराइड – 77.2%

2. मैग्नेशियम क्लोराइड – 10.9%

3. मैग्नेशियम सल्फेट – 4.7%

4. कैल्शियम सल्फेट – 3.6%

नोट—नदियों के जल में लवण की सर्वाधिक मात्रा कैल्शियम क्लोराइड (60%) की होती है

56. (c) भूमध्यरेखीय क्षेत्र में वर्षा की अधिकता, कम वाष्पीकरण दर, नदियों द्वारा अधिक जल की प्राप्ति के कारण लवणता कम होती है।

57. (d) लाल सागर में लवणता अधिक है। इसकी लवणता 37 से 41 प्रति हजार है। इसका मुख्य कारण ग्रीष्म ऋतु में शुष्क वायु के प्रभाव से अधिक वाष्पीकरण का होना है तथा कोई बड़ी नदियों का अभाव है।

58. (a) पूर्णिमा के दिन सूर्य, पृथ्वी एवं चन्द्रमा एक सीधे में होते है जिससे सूर्य एवं चन्द्रमा की संयुक्त शक्ति कार्य करने लगती है तथा वृहद ज्वार भाटा आता है। नवचन्द्र या (ब्लूमून) 2.7154 वर्ष में एक अतिरिक्त पूर्णिमा है। इस दिन भी वृहद ज्वार आते है।

59. (d) अपकेन्द्रीय बल (पृथ्वी के केन्द्र से लगने वाला बल) के प्रभाव के कारण प्रशान्त तट के साथ महासागरीय धाराओं की उत्पत्ति नहीं हो पाती।

60. (a) एलनीनों एक गर्म अधस्थलीय प्रतिविषुवतीय जलधारा है जिसका फैलाव 8 से 10 वर्षों में पूर्वी प्रशान्त पर चलने वाली पेरू या हम्बोल्ट धारा के ऊपर हो जाता है यह पेरू पट से पश्चिम में 180 किमी पर चलती है जिसकी दिशा 30 से दक्षिण होती है। ला-नीना पहले वाली स्थिति है यानि पुनः पेरू धारा सक्रीय हो जाती है। ला-नीना के समय भारत मे पर्याप्त वर्षा की प्रापित होती है। एल नीनो मोदोकी भी एल नीरो के समान उत्पन्न पूर्वी प्रशान्त महासागर में सम्पन्न होती है।

61. (b) आल्टाई पर्वत (रूस) से निकलकर कालासागर (आवकी खाड़ी में) गिरती है इर्टिश सबसे बड़ी सहायक नदी। विश्व की सबसे बड़ी एश्चुरी आब नदी उत्तरी रूस में बनाती है। मैकेन्जी (कनाडा) उत्तरी ध्रुव सागर में गिरती है। पराना-पराग्वे व उरूग्वे से प्रवाहित होती हुई दक्षिणी अटलांटिक महासागर में गिरती है। नाइजर नदी - सिएरालियोन से निकलकर गिनी, माली, नाइजर, बेनिन व नाइजीरिया से प्रभावित होती हुई गिनी की खाड़ी में गिरती है।

64. (d) ज्वालामुखी विस्फोट के लावा के जमाव से आग्नेय चट्टानों का निर्माण होता है, ये प्राथमिक चट्टाने होती हैं। ये रवेदार (संस्थूल) पर्तविहीन तथा जीवाश्म विहीन चट्टाने होती हैं।

65. (b) ये सम्पूर्ण भूपृष्ट के लगभग 75 प्रतिशत भाग पर फैली होती हैं। इनमें रवे नहीं पाये जाते क्योंकि इनका निर्माण आग्नेय चट्टानों के अपरदन के फलस्वरूप निक्षेपों से होता है। इसमें परते पायी जाती है।

66. (b) जिब्राल्टर भूमध्यसागर एवं अटलांटिक महासागर के बीच एक जलसंयोगी है तथा इसे भूमध्य सागर की कुंजी कहा जाता है। पनामा उत्तरी अमेरिका एवं दक्षिणी अमेरिका के मध्य सिथत है, जो इन दानों को अलग करती है तथा प्रशान्तमहासागर एवं अटलांटिक महासागर को जोड़ती है। मन्नार भारत के दक्षिण में पाक जल डमरूमध्य के पश्चिम में स्थित एक खाड़ी है। जो भारत एवं श्रीलंका के मध्य स्थित है। टोंगा अटलांटिक महासागर का एक द्वीप है।

67. (a) बेगनर ने सभी महाद्वीपों का आपस में एक स्थान पर समूहन को पैंजिया कहा, जो स्थलीय भाग था। इसके चारों तरफ जलीय भाग था, जिसे पैथालसा कहा। पैंजिया का विभाजन कार्वोनिफेरस युग में होने के वाद उत्तरी भाग लारेशिया तथा दक्षिणीभाग गोण्डवाना लैण्ड बना। वर्तमान महाद्वीपों को मिलाकर भौगोलिक एकरूपता दी जा सकती है, जिसे उन्होंने साम्य स्थापना कहा है।

69. (b) **(A) नदी अपरदन**- से निम्न स्थलों का निर्माण होता है:- 1. गार्ज, 2. कैनियन, 3. जलप्रपात, 4. V आकार की घाटी, 5. क्षिप्रिका 6. नदी विसर्प, 7. जल गर्तिका, 8. संरचनात्मक सोपान, 9. नदी वेदिका।

(B) हिमनद अपरदन- 1. U आकार की घाटी, 2. सार्क, 3. हार्न, 4. नुनाटक, 5. फियोंडतट, 6. भेड़ पीठ शैल, 7. पैटरनास्टर झील, 8. पीडमाण्ट झील।

(C) पवन अपरदन- 1. वातगर्त, 2. इंसेलवर्ग, 3. मशरूम रॉक, 4. ज्यूथेन, 5. गारा।

(D) भूजल अपरदन- 1. लैपीज, 2. धोलरन्ध्र, 3. डोलाइन, 4. यूवाला, 5. कार्स्टखिड़की

70. (c) निक्षेपण से निर्मित स्थलाकृतियाँ:

नदी—1. बाढ़ मैदान, 2. जलोढ़ पंक, 3. जलोढ़ शंकु, 4. डेल्टा।

पवन—1. बरखान, 2. बालुका स्टूप, 3. बालसन, 4. प्लेया, 5. बधादा।

हिमानी—1. हिमोढ़, 2. ड्रमलिन, 3. एस्कर, 4. केम, 5. केटिल।

समुद्रीतरंग—1. भृगु, 2. पुलिन, 3. रोधिका, 4. स्पिट, 5. हुक।

भूथल—1. स्टलेक्टाइट, 2. स्टलेक्माइट, 3. केदरा स्तम्भ।

71. (b) **संसतर**-(A) ऊपरी मृदा जिसमें कृषि की जाती है, संस्तर A होता है॥

(B) ये मूल चट्टानी अपक्षय के बालू, गाद छोटे हैं यहीं पर घट संचित रहता है, जिसे केशकीय जल कहते हैं। इससे ही पौधे होते हैं।

(C) यह मूल (आधार) चट्टान से थोड़ा भिन्न (पहले) अवस्था का धोतक होती है।

(D) यह मूल चट्टान छोटी है, जो लावा से बनती है।

73. (c) (a) प्राथमिक व्यवस्था—खेती करना, लकड़ी काटना, खानों को खोदना—लालकॉलर।

(b) द्वितीय व्यवसाय—उद्योग धन्धे(इसमें प्राथमिक व्यवसाय से प्राप्त उद्यान के यप में परिवर्तन कर दिया जाता है।)—नीला कॉलर

(c) तृतीय व्यवसाय—इसमें सेवाश्रेणी को रखा जाता है—गुलाबी कॉलर

(d) चतुर्थ व्यवसाय—इसमें रिसर्च एवं डेवलपमेंट व प्रोफेसर्स को रखा जाता है—सफेद कॉलर

74. (c) ब्रह्माण्ड में जितनी भी वस्तुएं हैं यदि वह मानव के लिए उपयोगी हैं तो वह संसाधन कहलाता है। संसाधन होते नहीं बल्कि बनते हैं। मानव का ज्ञान सबसे बड़ा संसाधन है।

76. (b) **नव्यकरणीय संसाधन**—वे संसाधन जो समाप्त नहीं होते बल्कि उन्हें दुबारा प्राप्त किया जा सकता है। ये पर्यावरण के अनुकूल होते हैं।

अनव्यकरणी संसाधन—जिन्हें दुबारा प्राप्त नहीं किया सकता है। एक बार समाप्त होने पर।

चक्रीय संसाधन—जिनका वायुमण्डल में चक्रीय रूप में संचरण होता रहता है।

जैविक संसाधन—जीव-जन्तु एवं वनस्पतियों से निर्मित होते हैं।

77. (c) **स्थानीय कृषि:**

1. लादांग	—	इंडोनेशिया व मलेशिया
2. मिल्पा	—	मध्य अमेरिका एवं मैक्सिको
3. रोका	—	ब्राज़ील
4. झूल	—	उत्तर-पूर्वी भारत
5. रावी	—	मेडागास्कर
6. कैनिन	—	फिलीपींस
7. हुमा	—	जावा
8. तुम्या	—	म्यांमार
9. चेन्ना	—	श्रीलंका
10. तमाराई	—	थाइलैण्ड
11. पोडू	—	आन्ध्र प्रदेश
12. कमारी	—	केरल

नोट—इसमें किसान अपना निवास तथा कृषि क्षेत्र निरन्तर परिवर्तित करता रहता है।

78. (b) वर्तमान समय में चाय उत्पादन एवं चावल उत्पादन दोनों में प्रथम स्थान चीन का है। भारत चावल एवं चीनी उत्पादन दोनों में दूसरे स्थान पर है। जौ का सर्वाधिक उत्पादन रूस में होता है तथा कहवा का सबसे बड़ा उत्पादक देश ब्राज़ील है।

79. (b) चाय उष्णकटिबन्धीय बागानी फसल है, जो कि पहाड़ी ढलानों पर पैदा की जाती है चाय को पानी की आवश्यकता होती है लेकिन पानी खेतों में जमा नहीं होना चाहिए इसीलिए पहाड़ी ढाल इसके लिए आदर्श स्थान है। चावल उष्ण एवं आर्द्र जलवायु

का पौंधा है, जिसके लिए 200-250 से.मी. जल एवं 25 से 27°C तापमान की आवश्यकता होती है। लेकिन यहां प्रश्न में रबड़ भी दिया है, तो रबड़ भी आद्रर् एवं उष्ण जलवायु का पौंधा है। इसके लिए जल 250 से.मी. से भी आवश्यक होता है तथा तापमान 27°C से अधिक चाहिए होता है। यह विषुवतीय प्रदेश में होता है।

80. (c) **विश्व में घास के मैदान**

उष्ण कटिबन्धीय

1. सवाना - अफ्रीका महाद्वीप (सूडान)
2. लानोस - कोलम्बिया
3. एस्पारटो - उत्तरी अप्रईका (कागज निर्माण)
4. पंपाज - ब्राज़ील + वेनेजुएला

शीतोष्ण कटिबन्धीय

1. प्रेयरी - यू.एस.ए. + कनाडा
2. वेल्ड - दक्षिण अफ्रीका
3. डाउन्स - आस्ट्रेलिया
4. स्टेपी - साइबेरिया + म. एशिया + चीन

81. (b) मोनोजाइट से यूरेनियम की प्राप्ति होती है इसके अतिरिक्त—पैग्मैटाइट, चेरालाइट से भी यूरेनियम की प्राप्ति होती है। यूरेनियम के प्रमुख अयस्क है—पिचब्लेंड, सॉमरस्काइट एवं थोरियानाइट। लौह अयस्क चार रूपों में प्राप्त होता है:

1. मैग्नेटाइट, 2. हेमेटाइट, 3. सिडेराइट, 4. लियोनाइट

बाक्साइड, एल्युमिनियम का धातु अयस्क है, जिसमें एल्युमिना की मात्रा 55 से 65 होती है। पाइराइट ताँबे का अयस्क है।

82. (b) विश्व प्रसिद्ध मोटर गाड़ी उद्योग ड्रेटाइट (यू.एस.ए.) में स्थित है। यू.एस.ए. में नहीं शिकागों में बड़े पैमाने पर मांस उद्योग विकसित है वहाँ पर लौह इस्पात निर्माण अनेक कारखाने भी लगे हैं। शिकागो मिशीयन झील के निकट स्थित है तथा डेट्रायड इसी झील के निकट स्थित है। लॉस एंजिल्स - फिल्म उद्योग के लिए प्रसिद्ध है तथा वियना में शीशा का प्रमुख कारोबार होता है।

83. (a) सरक्रीक गुजरात के कच्छ में पड़ता है भारत 24° अक्षांश रेखा को विधायन रेखा मानता है, जब कि पाकिस्तान इसे नहीं मानता। सर क्रीक एक दलदली स्थान है।

84. (c) 1. पूर्वी बिन्दू—किबियू (अरूणाचल प्रदेश)
2. पश्चिमी बिन्दू—गौरमोता (गुजरात)
3. उत्तरी बिन्दू—इन्दिरा काल (जम्मू एवं कश्मीर)
4. दक्षिणी बिन्दू—इन्दिरा प्वाइंट (निकोबार)

85. (a) भारत म्यांमार का विभाजन अरकानयोमा पर्वत श्रृंखला से होती है, जो हिमालय का ही पूर्वी-विस्तार है। अरूणांचलन, नागालैण्ड, मिजोरम, मणिपुर, इससे सटे राज्य हैं।

86. (b) उत्तर से दक्षिण पर्वत श्रेणियों का क्रमः

1. **ट्रांस हिमालय**—कराकोरम, लद्दाख, जास्कर
2. **वृहदहिमालय**—एवरेस्ट, कंचनजंगा, मकालू, नंगा पर्वत
3. **मध्य हिमालय**—पीरपंजाल, बनिहाल
4. **शिवालिक वाहय**—इफला, मिरी, अबोर

87. (b) 1. **कराकोरम**—सियाचीन, बाल्टोरा, वियाफो, हिस्वार, स्कर्मी
2. **वृहदहिमालय + पीरपंजाल**—मिलाम, गांगत्री (उ.ख.) जम्मू (जम्मू एण्ड मश्मीर)
3. **मध्य हिमालय (गढ़वाल)**—गांगरी
4. **मध्य नेपाल प्रदेश**—लिडान्डा

88. (d) गुरू शिखर (1722 मी.) अरावली की सर्वोच्च चोटी है। अरावली की सर्वोच्च चोटी है। अरावली विश्व की सबसे प्राचीनतम पर्वत श्रृंखला है, जो आर्कियन चट्टानों से निर्मित है। (2635 मी.) दोदाबेटा, नीलगिरि तथा अनाइमुडी, अन्नामलाई की सर्वोच्च चोटी है। पश्चिमी घाट एवं पूर्वी घाट के मिलन स्थल पर नीलगिरि स्थित है तथा बालघाट दर्रा इसके दक्षिण में है। अनाइमुडी दक्षिण भारत की सर्वोच्च चोटी है। धूपगढ़ (1350 मी.) महादेव की सर्वोच्च चोटी है, जो सतपुड़ा पर स्थित है।

89. (b) बेम्वनाड (केरल) झील में ही वेलिंगटन द्वीप है, जहाँ पर नौकायन प्रतियोगिता होती है। यह एक लैगून झील है। पुलीकट आन्ध्र प्रदेश व तमिलनाडु पर स्थित एक लैगून झील है। चिल्का (उडीसा) में स्थित खारे जल की तथा भारत की एक वृहत्तम झील है। यह झींगा उत्पादन हेतु प्रसिद्ध है। सांभर राजस्थान के जयपुर से 60 किमी. की दूरी पर स्थित भारत का अन्तः स्थलीय वृहत्तम खारे पानी की झील है। भारत में 60 प्रतिशत नमक की आपूर्ति करता है।

90. (a) चांगला समुद्रतल से 5270 मी. अधिक ऊँचाई पर स्थित है। यह लद्दाख को तिब्बत से जोड़ता है यह महान हिमालय में स्थित है।

91. (c) थालघाट NH-3 द्वारा मुम्बई को नासिक से जोड़ता है तथा मुम्बई-नागपुर कोलकत्ता रेलमार्ग भी गुजरता है भोरघाट-मुम्बई-पुणे NH-4 को के द्वारा जोड़ता है। यह दोनों उत्तरी सहयाद्रि (पश्चिमी घाट) में स्थित है।

92. (b) नर्मदा विन्ध्य एवं सतपुड़ा के मध्य में स्थित भ्रंश घाटी में प्रवाहित होती है कावेरी कर्नाटक व तमिलनाडु के बीच वर्तमान समय में विवाद का कारण है। दामोदर DVC पर परियोजना बनायी गयी है जिस पर तीन बांध बनाए गए हैं पहले यह पश्चिम बंगाल के लिए अभिशाप थी अब वरदान है। गोदावरी की सहायक नहीं पेनगंगा है।

93. (b) दक्षिणी पूर्वी मानसूनी पवनें जब हिन्द महासागर को पारकर भारत के पश्चिमी तट से टकराती हैं ढाल के सहारे ऊपर उठकर संघनित होकर बादल का निर्माण कर पर्याप्त वर्षा है तथा हवाएं आद्रर्ता मुक्त हो जाती हैं पुन: सहयाद्री पार कर हवाएं पश्चिमी तरफ उतरी है। हवाएं जब नीचे उतरती हैं तो शुल्क व गर्म हो जाती हैं तथा वर्षा नहीं कर पाती। पूर्वी घाट तथा तमिलनाडु दक्षिणी पश्चिमी मानसून के समानान्तर (स्थानांतर) स्थित है। वहां उत्तरी पूर्वी मानसून से वर्षा प्राप्त होती है।

94. (a) यह मानसून से पूर्व की वर्षा होती है जो तेज हवाओं के साथ होती है इसे विभिन्न स्थानों पर विभिन्न नाम से जाना जाता है—

आम्रवर्षा—यह चेरी, अम्र हेतु लाभकारी केरल व तमिलनाडु

नाखेल्टर—पश्चिम बंगाल में धान की बसंत की फसल के लिए लाभकारी

चेरीब्लासम—कर्नाटक तमिलनाडु - कॉफी हेतु लाभकारी

कालबैसाखी—पश्चिम बंगाल व असम में

लू—पंजाब, हरियाणा

बोर्डोइचिल्ला—असम

95. (a) कोपेन ने भारत को 8 जलवायु प्रदेशों में विभिक्त किया है:-

1. AMW—पश्चिमी घाट (गोवा के दक्षिण)—लघु शुष्क ऋतु वाला मानसून प्रकार
2. AS—शुष्क ग्रीष्म तमिलनाडु कोरोमण्डल—ऋतु वाला मानसूनी
3. AW—कर्क के दक्षिण प्रायद्वीपीय पठारी भाग—उष्ण कटिबन्धीय सवाना प्रकार
4. BSHW—उ.प्र., गुजरात + पश्चिमी राजस्थान व पंजाब—अर्ध शुष्क स्टेपी जलवायु
5. BWHW—राजस्थान का सबसे पश्चिमी भाग—गर्म मरूस्थल
6. CWG—गंगा का मैदान + पूर्वी राजस्थान + शुष्क शीत ऋतु वाला मानसूनी
7. DTC—अरूणांचल प्रदेश वाला जलवायु—लघुग्रीष्म तथा ठण्डी आर्द्र शीत ऋतु
8. E—जम्मू-कश्मीर तथा हिमांचल प्रदेश + उत्तराखण्ड—ध्रुवीय प्रकार

96. (c) महत्वपूर्ण वनस्पितियाँ एवं उनके तृक्ष:

1. उष्णकटिबन्धीय सदाबहार—महोगनी, चन्दन, गटापार्चा, रबर, एबोनी, सिनकोना, रोजवुड, आबनूस, नारियल।
2. उष्णकटिबन्धीय कांटेदार—बबूल, कैक्टस, खेथड़ी, नागफनी, रीठा, करे-बेर।
3. आर्द्रपतझड़ (मानसूनी वन)—साल, सागौन, जामुन, महुआ, पीपल, बरगद, नीम, टीक
4. अल्पाइन—सिल्वर फर, जूनियर फर, स्प्रूश चीड़, सनोवर, ब्लूपाइन।

97. (b) भारत की प्रमुख जन-जातियाँ-

जम्मू-कश्मीर—गुज्जर, चौपान, बकरावल

हिमांचल प्रदेश—गद्दी किन्नौर, जद्दा

उत्तराखण्ड—थारू, भोटिया, खस, बुक्सा, जौनसारी

उत्तर प्रदेश—थारू

राजस्थान—मीणा, भील, गरसिया, बंजारा

अण्डमान निकोबार—सेंटलीज, ओंगे, जारवा, ग्रेट अण्डमानी

तमिलनाडु—टोड, बगड़ा

आन्ध्र प्रदेश—चेंचू बंजारा, लंबाडा

मध्य प्रदेश—भील,

नागालैण्ड—नागा, कोन्यक

मणिपुर—कूर्की

मिजोरम—लाखर, मीजो

मेघालय—खासी, गारो, जेयतिया, मिकिर

अरूणाचल प्रदेश—डफला, आपातानी, मिशी

असम—बोडो, लुसाई मीरी, मिशिंग

सिक्किम—लेप्चा

केरल—मोपला, नायर

झारखण्ड—संथाल, मुण्डा, हो, बिरहोर, कोरबा

छत्तीसगढ़—मुरिया

पंजाब—सांसी

98. (b) भारत में स्थानान्तरित कृषि-

झूम—असम, पश्चिम बंगाल,

पोडू—आन्ध्र प्रदेश

कुमारी—केरल

कमान, विंगा धाती—उड़ीसा

बत्रा—दक्षिणी पूर्वी राजस्थान

वेवार—बुन्देलखंड सम्भाग

डहियार + दीपा—बस्तर जिला (म.प्र.)

जारा + एरका—दक्षिण भारतीय राज्य

दाल—मध्यप्रदेश	जायफर—केरल
चना—मध्य प्रदेश	हल्दी—आन्ध्र प्रदेश
ज्वार—महाराष्ट्र	अदरक—असम
मोटे अनाज—राजस्थान	

99. (a)

फसल	**बोने के समय**	**काटने का समय**
खरीफ	मई-जून	सितम्बर—अक्टूबर
रवी	अक्टूबर-दिसम्बर	फरवरी-मार्च-अप्रैल
जायद खरीफ	दिसम्बर-जनवरी	मार्च-अप्रैल-मई
जायद रवी	अप्रैल—मई	सितम्बर-अक्टूबर

100. (a) फसल उत्पादक राज्य सर्वाधिक-

गेहूं—उत्तर प्रदेश (प्रति हेक्टेयर - पंजाब)	
चावल—पंश्चिम बंगाल (प्रति हेक्टेयर—पंजाब)	
सूरजमुखी—कर्नाटक	सोयाबीन—गुजरात
चाय—असम	लौंग—तमिलनाडु